非日常の観光社会学

森林鉄道・旅の虚構性

小川 功

日本経済評論社

はじめに　観光における非日常性・虚構性

　観光客（観光サービスの需要者）と観光業者（観光サービスの供給者）との間の需給関係等の問題は従来主に経済学、経営学等の領域で取り扱われてきた。しかし残念ながら従来型の経済学一本槍では観光現象＝観光客の非経済行動を十分には説明できない部分が多く残り、また観光業者がしばしば過大な投資に走り、その結果廃墟になった観光施設が山積するメカニズム等をも十分に解明できない。たとえば経済合理性をもっぱら信奉してきた国鉄は、山陰本線の電化に際して輸送上の隘路と考えた亀岡〜嵯峨駅間を高速・快適化するために、景観を破壊してまで小倉山等の下にトンネルをぶち抜く新線を建設した。その結果、旧京都鉄道[1]が心血を注いで建設した保津川沿いの名高い景勝線路があたら廃線となった。この山陰本線の旧線区間を観光資源として是非とも活用してほしいとの古いものを大事にしてきた地域社会の切なる要望を受け入れ、ＪＲ発足時に設立されたのが嵐山のトロッコ列車[2]で知られるＪＲ子会社・嵯峨野観光鉄道である。当時の国鉄幹部の大半は当該観光デザイン[3]を経済・経営学的視点から疑問視し、物好き相手のトロッコなど長くても数年しか存続できないだろうと半ば嘲笑していた[4]。

　しかし経済合理性を追及する通勤客は別として、然らざる観光客は高速・大量輸送には適するのだが、景観性を一切欠く暗黒の新線部分を選択しようとはせず、自己の意思で別に高料金を払ってまで低速、吹き晒しで、乗り心地、アコモデーション（accommodation）が最悪のトロッコ風列車に喜んで乗車した。かくいう著者も当時福岡に暮らしていたが、トロッコと聞いて新幹線で京都に駆けつけてまで喜んで開通間もないトロッコに乗った物好きの一人で、その後縁あって嵐山に程近い洛外に寓居、週末ごとに通いつめたのである。

　その結果、旧国鉄が切り離したローカル線を継承した鉄道会社中で抜群の好

成績をおさめ表彰までされている。観光客のかかる経済合理性を欠く"最悪の選択"は経済学のメカニズムだけでは説明できない。旧国鉄には効率性に裏付けられた鉄道工学、経済学等を修めた優秀な技術者・官吏が実に多く在籍していたが、観光現象の本質を理解する人物が意外にも乏しかったことを如実に示している。ここにこそ、摩訶不思議な観光現象の本質を理解するのに観光社会学の出番があるものと著者は考えている。この観光社会学は何事につけても決して額面通りには受け取らず、まず疑ってかかるという生来の特性がある。たとえば旧国鉄・JRが「嵐山のトロッコ列車」を名乗るのにも当然ながら異議を唱える。曰く「これはトロッコではない。ニセ・トロッコだ」と。

少しばかり「ニセ」の講釈を垂れると、本書のカバーに掲げた元の安房森林鉄道への便乗写真を再度ご覧いただきたいのであるが、トロッコ（英語のtruck）とは本来軽便鉄道や産業鉄道、軍用鉄道等のいわゆる特殊鉄道において決して高価ではない土砂や鉱石、木材等のばら積み貨物を運搬するための簡易な貨車、もしくは人力によって走らせる手押しの台車をいう。そもそも当該路線はかつて旧京都鉄道を国家枢要の一大幹線なりとして国有化した山陰本線の一部を構成しており、鉄道事業者として免許を得た正規の営業鉄道（真正性ある鉄道）であって、決して低規格の軽便鉄道や身分卑しき非正規の虚偽鉄道（産業鉄道、軍用鉄道など）の類ではない。しかも亜幹線使用レベルの本格的な機関車が立派に屋根のある高規格客車を何両も牽引するという堂々たる真正鉄道である。

かかる由緒正しき真正鉄道たる者が、いかに商売とはいえ、身分卑しき虚偽鉄道の仮面をかぶってまで無知蒙昧な客を吸引する行為は、真正鉄道たる本質を隠蔽する"虚偽商法"である。かつて「便乗ノ安全ニ付テハ一切保証致シマセン」と注意書きしたほどの「黒部峡谷のトロッコ」[5]並みに真正なる虚偽鉄道として「嵐山のトロッコ」を目指すならば、沿線に蝟集する人力車のお兄さん達をアルバイトに雇って人力車の場合とは逆に台車を後ろから手押しさせる「嵐山人車鉄道」に変身すべしと。

浦島伝説の寓意

　では何故に観光客は見事に"虚偽商法"に引っ掛かって高速・低料金の真正鉄道を忌避して、低速・高料金の虚偽鉄道に吸引されるのであろうか。この観光社会学上の難問を解析するカギとして日本の古いお伽話・浦島太郎の伝説を援用して検討してみたい。この伝説は見知らぬ土地への旅・観光という現象に不可欠の五大構成要素を端的に示していると思われるからである。

　すなわち①夢かと思わせるほど魅力的な観光施設としての「竜宮城」、その観光施設内部にあって②「おもてなし」を担当する魅力的な女将・「乙姫」（おとひめ）、③歌舞音曲に合わせて舞い踊り客人を楽しませる芸達者な「鯛や平目」、そして④観光地へ客を巧みに誘う、律義な「亀」、⑤旅の思い出を詰め込んだ、見るからに豪華・絢爛の「玉手箱」などの道具だてである。この浦島伝説の寓意は旅人・浦島太郎が追い求めるのは竜宮城のような「絵にも描けない」非日常であるとか、観光の魅力に酔い痴れるうちに時の経過も忘れるとか、旅行に不可欠の土産の意味合いとか様々に解釈できるであろう。

　所詮子供騙しの昔話にすぎないと思われるだろうが、[**写真－1**]に示した合名会社なかや旅館の鋼索鉄道のごとき、浦島伝説に由来する数々の観光施設・遊園等[6]の存在が、日本人の観光への潜在意識への影響の大きさを示唆している。因みに当該鋼索鉄道は典型的な虚偽鉄道であったが、恐れ多くも昭和天皇の丹後行幸の際に、お召し列車となったことを契機に真正鉄道に大躍進を遂げた奇跡の「ロマンスカー」である[7]。麓の地上駅の名が浦島、遊園地のある山上駅の名が乙姫であり、浦島と乙姫との間を結ぶ「亀の背」に相当する愛の乗り物だから「ロマンスカー」という創設者・石間金造の洒落であろう。

　著者にとって浦島伝説は、日々の労働に明け暮れる現実世界・現世において亀を助けるなど陰徳・善行を積んだごく少数の旅人だけにご褒美として与えられた、特別に乗車を許される特殊な「乗り物」に乗って、あたかも極楽浄土のような理想的な非現実世界、すなわち「非日常」世界へワープする超常的な飛躍・移動こそが「旅」の本質を示しているように解される。

[写真-1] 浦島〜乙姫間を結ぶ小田急特急と同じ「ロマンスカー」
(著者所蔵パンフ)

　しかし、決して極楽往生して来世での永久市民権を得たわけではなく、期限付のビザを得ただけの一時滞在許可者たるにすぎない旅人は、やがて邯鄲の夢から覚めて娑婆すなわち「日常」世界に舞い戻らねばならぬ物哀しい宿命にある。古来日本人が「旅」に追い求めてきた「竜宮城」なるものは、あくまでも想像上の理想的な宮殿であって、実在しない「架空（fiktiv）」の「虚構」であるという点も大きな意味を持っているように思われる。

また、「玉手箱」という乙姫様から手渡された土産という、いかにも豪華そうな財貨が物語の終焉に大きな役割を果たして伝説の鍵になる点も象徴的である。いかに立派で高価な、もっともらしい箱で豪華に包装された乙姫心尽くしの土産でさえ、旅の感激そのものを完全に再現できないばかりか、中身が実は成分未詳、正体不明の「けむり」にしか過ぎず、長期滞在旅行の中で喪失した時の経過という代償を、現実社会に適応不可能な高齢者＝「今浦島」に重い刑罰[8]という最も過酷な形で主人公の浦島に突きつける、決してハッピーエンドではない物恐ろしい形でお伽話は終わる。

　この寓話の通り「旅」という比類なき「商品」の本質は、結局のところ一見いかに豪華に包装されてはいても「玉手箱」の中身の「けむり」のごとき実態のない空虚なものにすぎず、はかない線香花火のように保存も再生も一切不可能な、誠にもって摩訶不思議な「夢・幻」を売る特殊な商品である。それ故にこそ、日本人は米国流の有名遊園地に集う今風の若者でさえ、一瞬の感激の叶わぬ永続性を請い願って必死に米国流の「玉手箱」を買い求めるのであろう。

現実世界からの「逃避」手段

　つぎに「非日常」世界に込められた現実世界からの「逃避」の意味を考えてみたい。回避という並の言葉に比べてより強い意味合いを持つ逃避とは、自ら解決せねばならない現実のわずらわしい事柄を苦痛に感じて、進んでそれを避け、それから完全に逃れることをいう。「旅行」の目的が単純な観光旅行ではなく、こうした逃避行の場合、人目をさけなければならないほど、深く特別な込み入った事情があるために、住みなれた所を離れてまで、誰も知らない所に潜み隠れたりするという「非公然性」が極めて高い真剣な旅行である。その深い事情が中高年の借金取りからの夜逃げでは面白くもないが、若手人気俳優らの「駆落ち」「恋の逃避行」となれば思わず週刊誌を買って、その真相を読み進めたくなるのが人情であろう。

　いま「恋の逃避行」の例として『東京行進曲』という昭和４（1929）年５月に発売された流行歌の一節をあげてみよう。有名な「シネマ見ましょか　お茶

飲みましょか　いっそ小田急で　逃げましょか」という歌詞がある。時の小田急重役は「駆落ち電車みたいに書くとはけしからん、と怒った」[9]という。

　愛し合っている相愛の男女二人が周囲の反対にあって結婚を許されないために、住みなれた東京を離れて、誰も知らない新天地に潜み隠れようと手に手を取ってひそかに逃げてゆく「恋の逃避行」という、特殊な状況下での観光旅行の手段として特別に選択された高速交通機関が、当時開業間もない小田急であった。「近江の人と語りけり」の芭蕉の句の議論のように、歌詞の「小田急」の三文字は、もちろん「常磐線」「東上線」等の旧態依然とした下駄履き電車にも「動く」（置換可能）かも知れないが、作詞家の西條八十なりの絶対の自信があったと思われる。人目を忍んで大急ぎでどこか遠くの温泉場へでも「逃避」しようとする二人が乗り込むには、一直線、ひたすら目的地の箱根方面へ急行する開業したばかりの新鋭・長距離・高速・ガラガラの「小田急」こそ、新鮮味溢れた恰好の「非日常」路線であった。

　『東京行進曲』は虚構の主題歌であり、実は開業当初極度の経営不振に苦悶していた小田急の内実とはかけ離れた、架空のイメージを世に拡散していった「ニセモノ」の歌詞にすぎない。しかし、虚構であればこそ、当時の人々が現実にはとても実行できなかった「いっそ小田急で逃げましょか」という甘い恋の逃避行＝現実逃避の夢＝観光現象の本質を、この歌詞の中の架空の理想世界として自由に思い描くことを可能にしたのである。そして、一切の束縛のない理想の二人だけの「愛」の世界（浦島では「竜宮城」に相当）への「乗り物」（浦島では「亀の背」に相当）である小田急の、少しばかりロマンティックなイメージを飛躍的に高めた。軍部が台頭する暗い世相の中で、軽快なリズムの『東京行進曲』のレコードは爆発的にヒットし、当時まだ無名に近かった小田急の名を広めるCMソングの意図せざる役割を果たしたため、「はるか後年…会社は西條八十に終身、優待乗車証を贈って当時の恩誼に報いた」[10]という結果と相成った。同様な電鉄会社の古参CMソングに駿遠電気（現静岡鉄道）の「ちゃっきり節」があるが、これは電鉄会社側が作詞家に制作を依頼した正真正銘のCMソングであったものが、いつしか当地の民謡と誤認されるまで

広く流布するに至ったものである。

「駆落ち電車」みたいなロマンティックな小田急の豪華特急は昔から「ロマンスカー」の名が定着している。真似をしたのかは別として、[写真-1]の浦島～乙姫間を結ぶ「亀の背」も豪華ではないが「ロマンスカー」を名乗るので、二つの話には車両名の共通性がある。因みに著者は「ロマンスカー」の草蒸す駅舎跡を探索する旅と、現役の「メトロ箱根号」の地下鉄千代田線乗入れ区間の暗黒の走行に言い知れぬ「非日常」を感じる。

旅の「非日常」とは何か

ここで観光現象の目的である「非日常」とは当然ながら「日常」に非ざる状況であり、著者は個々人の日々平常の「真正性」ある、平々凡々たるあるがままの現実の状態とは切り離された、全く異質の、一見理想的にも見える「虚偽」「虚構」の"別世界"[11]を意味するものと解する。ところで観光の虚構性については、「真正性」と関連づけた多くの観光社会学分野の業績があり、また現実の観光ではない"観光的現象"を「フィクショナル・ツーリズム＝虚構観光」と呼ぶ池田光穂氏らの研究[12]も別に存在する。

この「非日常」という概念は絶対的なものではなく相対的で、客観的でなく主観的であるため、グローバルスタンダードな「非日常」など存在しない。したがって、近世の日本人のありふれた「日常」に接した西欧人がこれぞ「非日常」と感じて強く憧れ（ジャポニスム）を抱いた如く、個々人の置かれた常日頃の状態が均一でない以上、同様に「非日常」世界も均一ではありえない。世の中でグローバル化が進み、金融や貿易の領域ではグローバルスタンダードを名乗る実質米国流儀が蔓延している。もとより観光の世界でも、東西南北の人々がお互いに訪問しあうグローバル・ツーリズムの時代に突入している。しかし観光客の求める「非日常」に、グローバルスタンダードなどあろうはずはない。遠い将来、地球人類の何十億人の「日常生活」が完全に一致しない限り、米国人は米国人なりの「非日常」を求めて世界中を旅し、日本文化が封建思想の残滓として全否定された占領時代ならいざ知らず、日本人はまた日本人

なりの「竜宮城」のような「非日常」を求めるはずであろう。敬虔ではないが、一仏教徒たる著者は、キリスト教社会の西欧人の「非日常」感や「真正性」認識こそが統一的なグローバルスタンダードであって、これを金科玉条として観光社会学が成立しているとは自己の宗派上の偏見からも到底考えられないからである。

個人の趣味・嗜好・主観により、観光目的に適合して快適と感じる「非日常性」の中身・内容・許容範囲には大きな個人差がある。感受性の極めて高い伊勢物語の主人公のように単に「都鳥」という名前だけで、都に残してきた愛しい女性を思い浮かべるとか、「さいはて」「最北」という語彙が寂寥感を掻き立てるとか、水面に立ち込めた淡い川霧が幻想の世界を醸すとか、樹木に囲まれた閑静な和風旅館の風雅なたたずまいが日本情緒を感じさせるとか、往時の栄光を僅かにとどめるとはいえ、幾歳月の風雪に耐えきれずに崩れ果て、夏草の繁茂する荒廃した廃墟が懐古の涙を誘発する…など、非日常を感じさせる要素は、受け取る旅人側の生来の資質・感性や人生観・リスク感覚等によって、多種多様、千差万別であろう。

そこで、人々の日常の居場所を無理やり置き換える「旅」という特別の仕掛けによって、衣食足りた人々にも十分に「非日常」であると感じる機会を与える「観光」という仕組みの現代的意義が重要になってくる。しかし、かつては「物見遊山」に過ぎぬ「観光」なんぞは長らく不要不急の存在であり、産業としても、投融資対象としても、研究対象としても重要視されてこなかった。それどころか戦時期等においては観光産業は不要不急の非国策分野とされて、圧迫、迫害、禁止、撤去、接収等を余儀なくされる最弱・最劣後の吹けば飛ぶような存在でさえあった。

著者なりの非日常世界への旅の具体的提言は、以下の第二部各章において具体的に詳述することとしたい。

なお、本書の第一部等を除き、大部分は書き下ろしであるが、一部の初出論文[13]および着想のもととなった関連論文は注記[14]の通りである。また頻出する基本文献等の略号は巻末に一括して掲げた。インターネット上のWebサイト

の検索・閲覧日は初出論文執筆時期により区々であるが、校正中の平成29年1月14日〜16日に一括して再閲覧したので、閉鎖サイトを除いて表記は略した。

　使用した古写真等について極力著作権者の所在等を探索したが、一部は当方の調査が及ばなかった。関係者・権利継承者がおられればご連絡を頂ければ幸いである。

注

1) 拙稿「嵯峨・嵐山の観光先駆者－風間八左衛門と小林吉明らによる嵐山温泉・嵯峨遊園両社を中心に－」『跡見学園女子大学マネジメント学部紀要』第10号、平成22年10月参照。
2) 拙稿「鉄道史学会大会共通論題『観光と鉄道』問題提起と総括」『鉄道史学』第29号，p63〜65参照。
3) 「日本では純粋に観光目的で設立された鉄道はここが初めて」(岡本，p14)との高評価もある。観光デザインは拙著『観光デザインとコミュニティデザイン－地域融合型観光ビジネスモデルの創造者"観光デザイナー"－』平成26年4月、日本経済評論社、p227以下参照。
4) 岡本氏によればトロッコとの命名について「オープン列車というより、トロッコ列車と呼んだほうが、語呂がよく、意味がわかりやすい」(究極，p43)との説を紹介している。
5) 3区間に細分される黒部峡谷のトロッコの真正・虚偽の判定は第二部第5章参照。嵯峨野観光鉄道ご自身が「トロッコ嵯峨野」駅に展示されている「嵐山人車鉄道」の奇抜？なアイデアは跡見学園女子大学観光マネジメント研究会編『逆転の日本力』イースト・プレス、平成24年、の第7章第2節、第3節の拙稿を参照されたい。
6) 浦島伝説に由来する観光施設・遊園等としては、①「ホテル浦島」、②ロマンスカー「浦島駅」「乙姫駅」、③ホテル「龍宮殿」、④米国遊園地の模倣とされた奈良ドリームランドの中、亀の背に乗り訪れる「龍宮城」、⑤読売ランドの「龍宮城」、⑥近鉄あやめ池遊園地「こどもの汽車」終点「リウグウ駅」、⑦新舞鶴の芸妓置屋業貸座敷の「龍宮株式会社」(大正5年設立)など、興味深いものが多数ある。昭和32年開業した元箱根の③ホテル「龍宮殿は"蓬莱山水"にも比すべき芦ノ湖畔に、宇治平等院の鳳凰堂を模して建築、外観を古典にもとめ」(昭和40年代の筆者収集「龍宮殿」パンフレット)た模倣と説明されている。
7) 拙稿「日本三景天橋立の最高の展望を追い求めた"観光デザイナー"石間金造」『跡見学園女子大学マネジメント学部紀要』第18号、平成26年7月参照。
8) 著者のような年配者を日々襲う過酷なデジタル・デバイド刑罰に相当しよう。
9)10) 『小田急五十年史』小田急電鉄、昭和55年、p105。
11) 高野誠二氏は別子銅山跡の廃墟となった建造物群など近代化遺産について「非日常

空間への憧憬を満たすものとしての魅力」(高野誠二「廃線・廃道・旧道の探索がもたらす地域振興と地理教育における効果と問題点」www.dobm.u-tokai.ac.jp/kiyou/ronbun2014/03_takano.pdf) を挙げている。

12) 池田光穂「虚構観光論－移動なんて糞喰らえ！－」www.cscd.osaka-u.ac.jp/user/rosaldo/990310ft.html。

13) 初出論文は以下の通り。

第一部第1章——「観光における虚構性の研究－観光社会学の視点で捉えた『旅の疑似体験』－」『彦根論叢』第403号、平成27年3月。

第2章——「観光地における虚構性の研究－観光社会学からみた観光地の「本物」「ニセモノ論」－」『彦根論叢』第405号、平成27年9月。

第3章——「遊園地における虚構性の研究－観光社会学からみた奈良ドリームランドの「本物」「ニセモノ」論－」『彦根論叢』第404号、平成27年6月。

第4章——「観光鉄道における虚構性の研究－観光社会学からみた"擬制鉄道"の非日常性」『彦根論叢』第407号、平成28年3月。

第二部第2章——「観光コンテンツとしての森林鉄道の魅力－王滝、川上、嬬恋の"擬制鉄道"群の観光社会学的考察－」『跡見学園女子大学マネジメント学部紀要』第21号、平成27年12月。

第8章——「特殊鉄道と地域コミュニティ－奥秩運輸組合軌道を中心に—」『跡見学園女子大学観光コミュニティ学部紀要』第1号、平成28年3月。

14) 特殊鉄道、無免許私鉄など本書のテーマとも密接に関係する一連の「ニセモノ」関連論文は以下の通り。

「50年前の日本一周の鉄道旅－現地調査旅行の再現可能性の検証－」『跡見学園女子大学マネジメント学部紀要』第23号、平成29年3月。

「遊覧鉄道発起の虚構性－八幡電気軌道の観光社会学的考察」『彦根論叢』第411号、平成28年12月。

「明治期会津地域の鉄道網形成と地域コミュニティ間対立－会津烈士"鎮魂の旅"で着想した観光社会学的接近－」『跡見学園女子大学マネジメント学部紀要』第20号、平成27年6月。

「京都人の温泉への憧憬を鼓舞した京都鉱泉の虚構と地域社会の落胆—新たな観光コミュニティ理論構築への試論—」『跡見学園女子大学マネジメント学部紀要』第19号、平成27年1月。

「北軽井沢の観光デザイナー－草津軽便鉄道の構想を中心に－」『跡見学園女子大学観光マネジメント学科紀要』第4号、平成26年3月。

「日本三景天橋立の最高の展望を追い求めた"観光デザイナー"石間金造」『跡見学園女子大学マネジメント学部紀要』第18号、平成25年6月。

「明治期東京の"疑似温泉"の興亡－観光デザインの視点からビジネスモデルの変遷に着目して－」『跡見学園女子大学観光マネジメント学科紀要』第3号、平成25年3月。

「土倉庄三郎」ほか、鉄道史学会編『鉄道史人物事典』日本経済評論社、平成25年2月。

「着実に成果を上げていった京都嵐山の事例」「目指すは超Ａ級『地域ブランド』戦略」『逆転の日本力』第７章「地域からはじまる日本再生」第２節、第３節、跡見学園女子大学観光マネジメント研究会、平成24年、イースト・プレス。

「明治期東京ベイ・スパ・リゾートへの投資リスク－"奇傑"木村荘平による大規模観光経営・芝浦鉱泉旅館の興亡を中心に－」『跡見学園女子大学マネジメント学部紀要』13号、平成24年３月。

「地勢難克服手段としての遊園・旅館による観光鉄道兼営－箱根松ケ岡遊園・対星館の資料紹介を中心に－」『跡見学園女子大学観光マネジメント学科紀要』創刊号、平成23年３月。

「雨宮敬次郎」小池滋・青木栄一・和久田康雄編『日本の鉄道をつくった人たち』第４章、悠書館、平成22年。

「草軽電気鉄道乗車体験」『現代文化表現学科紀要 Visions』第１号、平成22年10月、跡見学園女子大学文学部現代文化表現学科、p9。

「標準軌を選んだ関西私鉄－京津電気軌道と龍野電気鉄道の場合－」岡雅行・山田俊明編『ゲージの鉄道学』古今書院、平成14年。

「生保内営林署生保内森林鉄道について」『急行第二いぶき』滋賀大学鉄道研究会、平成12年３月。

「無免許の旅客・貨物兼用馬車鉄道としての早川軌道について」『急行第一いぶき』滋賀大学鉄道研究会、平成11年３月。

「語られざる鉄道史」『大正期鉄道史資料月報』第９号、昭和59年１月、日本経済評論社。

「鋼索鉄道史（番外編）－旅客用インクラインを中心に－」『鉄道史研究会会報』第７号、昭和58年３月ほか多数。

目次

はじめに　観光における非日常性・虚構性　i

第一部　観光における虚構性の研究（総論）

第1章　観光における虚構性 …………………………… 3

1．はじめに　3
2．我が国を代表する観光現象と「真正性」　6
3．「真正性」を構成する要素　7
4．観光における品質保証（真正性と虚偽性の背景）　11
5．本物とニセモノとの間の中間領域　13

第2章　観光地における虚構性 …………………………… 25

1．はじめに　25
2．模倣地名の集積した模倣ゾーン　26
3．模倣を推進した企業・人物　29
4．知多の模倣ゾーン　32
5．小括　39

第3章　遊園地における虚構性 …………………………… 51

1．はじめに　51
2．奈良と横浜の各ドリームランドの概要　52
3．奈良ドリームランドとディズニー社　55
4．東京ディズニーランド開業後の奈良ドリームランドの変容　62

5．東京ディズニーランドの欠落部分と奈良ドリームランドでの補完　64

6．小括　66

第4章　観光鉄道における虚構性 ……… 73

1．はじめに　73

2．土工森林組合による軌道の築設　74

3．徳島県の民営森林軌道の概要　75

4．森林組合経営軌道の"擬制鉄道"化　81

5．平井森林軌道での想像を絶する「非日常」体験　85

第5章　特殊鉄道における虚構性・非日常性 ……… 93

1．はじめに　93

2．文筆家等の描く特殊鉄道の「非日常」　94

3．特殊鉄道とは何か　100

4．「小佐谷の弾丸列車」と呼ばれた大宝正鑑経営森林軌道　103

5．飯豊山系の謎の特殊鉄道群　106

第二部　鉄道における非日常性の研究（各論）

第1章　鉄道における虚構性と非日常性 ……… 119

1．はじめに　119

2．無免許私鉄の一例・幻の「蔵王モノレール」　120

3．熊野地方の民営専用軌道群　123

4．台湾の鉄道監督法制と特有の「台車」　127

5．「真正性ある鉄道」とは何か　132

6．殖民軌道・簡易軌道の虚偽性　134

7．殖民軌道・簡易軌道の粗悪性　136

第2章　幽寂・森林鉄道"毛細管観光"の「魅力」……………… 151

1. はじめに　151
2. 森の轍の遺跡を探索する"毛細管観光"　152
3. 森林鉄道の概要・沿革　156
4. 特殊鉄道・森林鉄道の特性「ゆるさ」加減　159
5. 「犬車鉄道」という特異性　167
6. 上信越地方の民設森林鉄道・軌道（川上村、嬬恋村）　170

第3章　「真正鉄道」と「虚偽鉄道」との境界……………… 189

1. 鉄道監督当局の想定する「鉄道」の範囲と適用除外の考え方　189
2. 軌道・専用鉄道・専用軌道等を巡る官庁間の所管争い　193
3. 「真正鉄道」と「虚偽鉄道」の境界　199
4. 鉄道監督当局の思い描く自己の「版図」　204
5. 真正鉄道と虚偽鉄道との間の境界のあいまいさと「境界型」鉄道　209
6. 真正鉄道と虚偽鉄道との間の転換可能性　211

第4章　遊戯鉄道の虚偽性 …………………………………… 221

1. はじめに　221
2. 我が国における遊戯鉄道の端緒・自動鉄道　226
3. ホンモノに近い本格的遊戯鉄道の例　228
4. 遊戯鉄道（観光鉄道）の虚偽性　235

第5章　専用鉄道の「目的外使用」 ………………………… 245

1. 専用鉄道　245
2. イギリス初期鉄道の運行形態と専用鉄道との類似　246
3. 専用鉄道の「目的外使用」　248
4. 専用鉄道の目的外使用の「穏当でない」事例　250

5．黒部峡谷の専用鉄道　263

第6章　「便乗」等による"擬制鉄道"化　275

1．はじめに　275
2．危険な鉄道への「便乗」制度　278
3．森林鉄道解放運動と政府側の対応　280
4．当局側の対応の変化と便乗の黙認・容認化　285
5．便乗者・民貨輸送の実態調査　288
6．東北地方の森林鉄道の便乗実態　293
7．軌道利用組合等の組合形態による林鉄便乗　301
8．民営森林軌道・特殊鉄道等における便乗　309

第7章　民営の森林鉄道・軌道　319

1．はじめに　319
2．会社形態の森林鉄道・軌道　326
3．森林組合形態の森林鉄道・軌道　327
4．個人経営の森林鉄道・軌道　330
5．準森林鉄道・軌道　330
6．正体不明の鉄道・軌道　332
7．森林鉄道会社の事例　333

第8章　特殊鉄道と地域コミュニティ　353

1．はじめに　353
2．秩父の森林軌道の概要　354
3．関東水電専用軌道　356
4．関東水電と地域社会との関係　359
5．裁判の和解と奥秩運輸組合結成　363
6．両神施業森林組合　367

7. 市之沢施業森林組合「大洞川森林軌道」の敷設　368
 8. 関東木材小森川事業所（夕暮の事業①）　372
 9. 関東木材入川事業所（夕暮の事業②）　375
 10. 前田夕暮の疎開と秩父兵器工業への家業売却　379
 11. 小括　383

第9章　特殊鉄道遺産の活用・復元　395

 1. 草の根の動き　395
 2. 八ヶ岳での草の根の動き　396
 3. 続々生まれる森林鉄道等のツアー　397
 4. 道南トロッコ鉄道など、最近に誕生した道内の虚偽鉄道群　399
 5. 安房森林鉄道を活用した屋久島の観光トロッコ復活　401
 6. 特殊鉄道復活プロジェクトの直面する諸課題　402
 7. 猪苗代町「軽便ウォーク」とくびき野レールパークの活動　403
 8. 奥秩父等での展開の可能性の検討（沼尻と比較して）　405

終　章　"森の轍"森林鉄道の非日常性・虚構性　413

 1. "擬制鉄道"の非日常性　413
 2. "虚偽鉄道"の発生・展開　414
 3. 虚偽鉄道と地域社会との関係　420
 4. 細分化された上下分離方式と軌道利用組合　423
 5. 注目すべき林鉄解放事例（生保内森林軌道）　426
 6. 著者自身の森林鉄道便乗体験（御嶽、屋久島等）　430

結論　449

 1. 「非日常性」の根源　449
 2. 観光現象における「非日常性」の意味　450
 3. 旅と「日常性」との乖離度　452

4．「日常性」と「非日常性」の同質化 455

5．非日常性を味わう疑似体験装置としての茶道 457

6．著者の希求する「非日常性」「虚構性」 458

7．非日常性を求めて旅する観光客は本当に真正性を探求するか 462

8．"擬制鉄道"の真の意味 464

あとがき 469

参考文献・略号一覧 475

索引 481

第一部

観光における虚構性の研究（総論）

第1章　観光における虚構性

1．はじめに

　彦根城は取り壊しを奇跡的に免れた正真正銘の真正の古城であって、近年にいたりコンクリート製なんぞの安普請で再建したようなニセモノ・模造品ではないことを彦根市民は大変誇りとしている。

　観光の世界でよく目にするのは、築城以来何百年を経た本物のお城と、[写真－2]のようなニセモノの「模造」「模擬」城との対比である。築城400年祭にあわせて国宝彦根城の抜本的な補修工事が平成8（1996）年12月完成し覆い

[写真－2]　模擬城（岐阜市金華山の岐阜城）
（著者所蔵絵葉書）

が外された時、市民はその余りの華麗な姿に驚愕した。おそらく文化庁のご指示で400年前の築城当時の姿[1]に忠実に戻した結果と考えられる。天守・附櫓および多聞櫓の屋根の葺き替えと壁や漆の塗り替え、木材の腐食部分補修、唐破風飾金具の金箔押し直しが行われた結果、彦根城は創建当初のオリジナルな姿に戻されて、補修工事後にこの華麗な彦根城を初めて見学する遠方からの観光客は、築城400年祭にあわせて登場した井伊家お召しの飼い猫「ひこにゃん」ともども大満足した。

しかし、これまでずっと薄汚れた古色蒼然たる彦根城を日夜仰ぎ見てきた彦根市民は、当局から400年間の経年の痛みや汚れを補修し、その後の加工を排除したものとの説明を受け、「天守の34種類約6万枚にも及ぶ屋根瓦の吹き替えと白壁の塗り替えが中心に行われ、現代に美しく蘇っ」[2]た華麗なお城の出現になにか割り切れぬものを感じたはずである。いわく「こんなキンキラキンの金亀城はまるで再建されたヨソの安物の城のようだ」と。何も知らぬ一見の素人観光客の受けはすこぶるよいのだが、玄人筋の受けはイマイチ？かと当時一観光客のまなざしでなく、彦根城の一角に勤務していた著者には感じられた。果たして「観光用につくりあげられた」キンキラキンの金亀城と、補修前の古色蒼然たる旧彦根城と、一体どちらが本物の彦根城なのか、観光客が満足すればよいのか、住民の受け取り方こそが大切なのか、果たして何が観光における真正性かという難問が本章の主たる課題である。

世界遺産に登録するために求められる条件として、世界遺産の価値を構成する必要な要素がすべて含まれるという「完全性」とともに、文化遺産を構成する素材やデザイン、用途、機能などが本物で、関連した伝統や技能、精神、感性が正しく伝えられている「真正性（Authenticity）」という遺産登録基準を満たさなければならない。昭和40（1965）年イコモスで採択された「記念建造物および遺跡の保全と修復のための国際憲章」[3]には修復の際に「オリジナルな材料と確実な資料を尊重する」ことが明記されていた。このため日本では平成4（1992）年の世界遺産条約批准が「真正性」とは何かを問う論議を生む契機となった。その代表的な場が平成6年に奈良で開催の「世界遺産国際会議」

であり、佐藤信氏は当時の世界遺産は概してヨーロッパに集中し、キリスト教関連遺産が多い背景として、石造り建造物を前提に「素材の真正性」などを要求する世界遺産条約が西洋中心主義の考えを色濃く反映しているためなどと批判した[4]。そうした一連の文脈からは厳格な「真正性」論の根底には西欧キリスト教文化のイデオロギー、とりわけ真正なる唯一絶対神を崇め、他を邪教として排斥する一神教的教義の影響を色濃く感じ取れるように著者には思われる。

　それ以前からも観光学分野、とりわけ観光社会学研究では、Boorstin（1962）が観光客は観光客目当てに人為的に作られ、真正性の欠落した「疑似イベント（Pseudo-event）」を見ているにすぎないと指摘[5]して以降、多くの真正性の議論が展開された。すなわち観光客が観光地で人為的に作られたものではなく、真正なものに接したい、体験したいというモチベーションとして真正性（Authenticity）なる概念が主要な課題とされて Trilling（1972）と MacCannell, Dean（1973）との論争[6]以来、観光客はまがいもので満足するのか否か、「ほんものらしさ」をいかに提供するかなど、さらに劇場化された「演出された真正性」（staged authenticity）の是非等、多種多様な「真正性」のあり方が主に社会学的視点から盛んに議論されてきた[7]。

　著者はこうした「真正性」論争にあえて介入する意図はなく、従前から日本社会の土壌が有する「真正性」でない、「非真正性」なものを受容し、享受し、独自の文化的構造の中に組み込んできた数々の伝統の一端を明らかにしたいと考える。端的な例を示すと盆栽（英語でも BONSAI）という自然の景観に似せた「ミニチュア文化」が存在する。様々な技巧をこらし、深山に自生する大木の勇姿を手間暇をかけて身近で縮小再現するものを、「真正性」を欠く単なる「ニセモノ」の老人趣味と一刀両断に切り捨てるべきかどうかである。おそらく大自然を愛好しつつも遠くまで観光する機会に恵まれず、さりとて大名のように広大な庭園に本物の樹木を移植する経済力もスペースもなかった庶民が深山幽谷に自生する大木の姿を想起して、居ながらにして観光する気分を楽しむ、一種の「旅の疑似体験」[8]ではなかろうか。盆栽にも見られる「市中の山居」などの「真正性」を欠く虚構は日本文化の他のジャンルでも随所に見られ、

同時に我が国の観光の歴史にも色濃く反映しているように感じられる。

　著者としては西欧社会に依拠する「真正性」の議論とは別の視点から、観光学、とりわけ観光社会学領域で、観光における「真正性」というよりも、むしろ観光における「虚構性」の論議を創始したいと念じている。

2．我が国を代表する観光現象と「真正性」

　伊勢参宮が我が国を代表する伝統的な観光現象であり、伊勢御師等の活動等が我国の観光業者の端緒であることも異論はなかろう。しかし「真正性」の視点からは大きな問題がある。昨年の平成26（2014）年の式年遷宮で「本物」を壊し、その部材を一切再利用せず、「社殿をはじめとして御神宝、装束などの一切を作り替え」て全面リフレッシュしたお伊勢さんは観光資源として桁外れの存在であるが、「常若」[9]思想に準拠してきた式年遷宮のお伊勢さんが仮に世界文化遺産に登録しようと考えた場合には、修復の際にオリジナルな材料と確実な資料を尊重するとのヴェニス憲章に全面的に抵触する。市民の投稿に対する伊勢市観光企画課の2010年8月の回答は以下の通りである。「神宮司庁へ意向を確認しましたところ、遷宮により20年に一度社殿を建て替える行為が、保護を目的とする世界遺産の趣旨にはそぐわないという理由で、登録申請することは難しい旨回答をいただきました。御存知のように、伊勢神宮は20年に一度社殿をはじめとして御神宝、装束などの一切を作り替えることにより、常に若々しく美しい姿を私達に見せてくれます。また、技術伝承という意味合いでの20年毎という意義についても伊勢の文化であると考えます」[10]。

　この憲章のいうようにお伊勢さんは俄かづくりの「ニセモノ」であろうか。壊された方の「本物」も20年前に同様な式年遷宮を経たものであり、やはり「ニセモノ」となる。さすれば日本人は千何百年にわたって延々と「ニセモノ」詣でを続けてきたのか。「伊勢詣」「伊勢御師」など、日本の観光分野の由緒正しい出発点を「真正性」の議論だけから判定すれば、すべて「ニセモノ」の上に成り立つ「ニセモノ」ということになりかねず、おそらくこうした意味での

「本物」「ニセモノ」の区別が一切ない「常若」思想は、そもそも欧米流の「真正性」の議論にはなじまないのではなかろうか。

一方、近年我が国を代表する観光現象である有名テーマパークに関する関係者自身の記述にも、「真正性」を意味する「本物」の字句が目立つ。勤務経験を持つ芳中晃氏は「建物の外観はもちろん、目にするすべてが、まるで本物であるかのようにつくり込まれ…とてもつくりものとは思えないほどのリアリティあふれるものばかり」[11]と「本物志向」を強調する。その証拠にオリエンタルランドの高橋政知第二代社長は着工時に「とにかく本物を創ってほしい。ハリボテまがいのものでは絶対にダメだ」[12]と訓示し、日本へパークを移植した当人であるマーティ・スクラーも「一九八〇年代の日本人は、品質やブランドに敏感になり、オリジナルを見分ける力もついてきた。彼らは『本物』を求めていた」[13]と回顧している。

遠い将来に「真正なるアメリカの伝統」を代表するものとして、1955年開業のアナハイムのディズニーランドの世界文化遺産登録問題が浮上した場合を想定してみよう。「常若」思想ではないのであろうが、当園も創設者の永遠に完成しないとの哲学に基づき、「私の親友ウォルト・ディズニー氏」と親交ぶりを強調する永田雅一（大映社長）もいうように「毎年新構想の施設が加えられ」[14]絶えず追加投資をしつづけ、創建当初の姿をとどめていないため、お伊勢さんと同様な問題が生じるかもしれない。

3.「真正性」を構成する要素

「真正性」はオリジナル、リアルといった別の語句で説明されることが多いが、なかなか判然とし難い概念であり、長年の論争に決着がつかない。たとえば我が国でも佐々木土師二氏は真正性の尺度について「昔のまま」、「人為的加工がない」、「装飾的でない」、「近づきやすくない」というような意味で、「演出的でない」という特徴に集約しようと試みた[15]。

こうした真正性を構成する要素に関する先行研究を踏まえて、一般的に「真

正性」を担保する要素と考えられるものを、権威ある英英辞典や真贋の議論を参考に、著者なりに再構築・整理すれば順不同だが、①合法性（適法性）、②実在性[16]、③独創性（自律性）、④正統性（legitimacy）[17]、⑤純粋性（無添加性、非演出性）、⑥非遊戯性、⑦希少性（唯一絶対）、⑧高品質性・良質性（純正）、⑨誠実性・規範性（無垢性）、⑩本格性、⑪高級性・高コスト性[18]、⑫完全再現性[19]、⑬優位性、⑭天然性（自然）、⑮当然ながら同義語としての唯一無二のオリジナル性などである。これらの要素を著者は仮に「公然性」で要約したいと考える。

逆に虚偽性を構成する要素と考えられるのは、同じく順不同に、①非合法性（違法性）、②架空性[20]、③模倣性（準拠性、随伴性）、④非正統性（無資格性、亜流、傍流）、⑤演出性（不純性、添加性）、⑥遊戯性（観光目的）、⑦豊富性（大量生産）、⑧粗悪性、⑨不誠実性・作為性（意図的な悪意性、詐欺性）、⑩未熟性、⑪安価性[21]、⑫縮小性（ミニチュア、手抜き[22]）、⑬劣後性、⑭人為性・人工性（人造[23]、養殖）、⑮当然ながら同義語としての疑似性・複製（コピー、写真、印刷）などである。これらの要素を著者は仮に「非公然性」で要約したいと考える。

以下、「真正性」の論議にこのような基準を仮に設けたとしても、真贋の判定は容易ではないことを例示しておきたい。そもそもオリジナルは唯一無二との先入観があるが、美術界でも版画やリトグラフ（lithographe）、エッチング（etching）の類はナンバリングされた何枚もの複製品がオリジナルとして「公然」と通用している。また学校や美術館等では教育や啓蒙のための多くのレプリカという名の「ニセモノ」が合法的に所蔵され、オリジナルでは果たし得ぬ展示、公開、時に消費される「公然性」を有している[24]。また国家や発券機関が発行する紙幣も単なる印刷物にすぎないが、リトグラフ以上に厳格に品質、枚数管理され番号が打刻されたものが本物として「公然」と通用している。「非公然」組織が密かに偽造し、当然に違法行為となる「ニセ札」は論外としても、合法的な複製品のほかにも、「ニセモノ」としての程度が軽微で、黙認ないし堂々と露出できる「公然性」あるものに「模造」、「模型」、「模擬」と

いった中間領域の類語群が存在する。

（1）「模造」

　食品などでニセモノを意味する接尾語に「そのものにそっくり」の意の「もどき（擬き）」がある。たとえば京都で「ひろうす」と呼ぶ揚げ豆腐の変形商品は関東では「がんもどき」と呼ばれる。同様なニセモノにカニ風味の「カニカマ」などがあるが、あくまで高価なカニの廉価な代用品であり、万一にも冬の北陸の老舗旅館で観光客に供されたりすると「食品偽装」と騒がれよう。

　一方「がんもどき」も「本物」のカモ肉のニセモノであるが、わざわざ本場の永平寺あたりで、名物精進料理の一品として観光客がじっくりと賞味した場合を仮定すれば「本物」の肉が入っていないと苦情をいう人はいない。「がんもどき」が「本物」そっくりに出来ていると感心する人も少ない。むしろ、僧侶から精進料理の由緒を聞き、そこにオリジナルとは異なる独自の世界が繰り広げられてきた史実そのものに大いに納得するに違いない。「もどき」料理の発祥は禅宗の曹洞宗開祖・道元が中国・宋から持ち帰りわが国で確立した「精進料理」といわれ、戒律で禁止された肉の代替品として、多くの「本物」に似せた「ニセモノ」料理が庫院の責任者「典座（てんぞ）」達により次々と考案され、現代に継承されて喜んで賞味されている。

（2）「模型」

　個人が自宅で楽しむ鉄道模型など、観光とは一見無縁のようにも見えるが、根っからの鉄道愛好者だったW.ディズニーがディズニーランド創設しようと妄想した段階では、ほとんど大型の模型鉄道を走らせようとの単純な動機からではなかったかと同好者には映る。また著者が鉄道を愛好するに至った契機も裕福な友人の邸宅に鎮座していた高嶺の花たるHOゲージを羨望のまなざしで見つめつつも、W.ディズニーの場合とは異なり「ニセモノ」鉄道を我が物とする夢を容易には果たせなかったという屈折した幼児期の思いに由来する。

(3)「模擬」

　虚偽の類似語として、やや軽度の語感を伴う「模擬」という用語がある。模擬は本物をまねて同じように作ったり行ったりすることをいい、例えば模擬店は宴会・学園祭・運動会などで実際の店をまねて臨時に設ける簡単な飲食店をいう。この場合、真正性を有する正規店舗と、虚偽性を構成する模擬店との外形的判別は極めて容易ではあるが、利用客の得られる効用に関しては相対的に高級な位置付けにあるはずの正規店舗が常に高く、低級と見做される模擬店の方が低いとは限らない。仮に同一メニューが同一素材、同一価格で提供されたと仮定しても、学園祭の独特の雰囲気の中で飲食した思い出の方が正規店舗の場合よりも良好であった経験も少なくないと思われる。

　「本物」「ニセモノ」は所詮法律問題だから、グレーな中間領域を含めてすべて裁判で黒白をつければよい話と短絡的に考える向きもあろう。たしかに通貨と「紛らわしい外観を有するもの」を作った場合に適用される、「通貨及証券模造取締法」で「誰が見ても本物でない」シロモノ（無罪）と「誰が見ても本物に見える」シロモノ（有罪）との中間だった場合は、個々の裁判でどう判断されるか微妙なものがあると解釈されている。一般論としては日本銀行が正規に発行した日本銀行券が本物であり、「非公然」組織が非合法に贋作したものは、素人の目では一見本物と見分けがつかないほど精巧な偽札でも虚偽ということになる。しかし明治10（1877）年の西南戦争の際に、西郷軍が発行した見た目にも安っぽい「西郷札」が単純に「ニセモノ」かどうかとなると議論があろう。もし勝ち目の少なかった革命勢力側が戦争で逆転勝利すれば、明治維新政府側で発行した当時の国立銀行券に代って「西郷札」が本物の紙幣として流通する可能性も僅かながらも存在したからである。したがって発行紙幣の真贋と政権の正統性の有無は表裏一体の関係にある。

　通貨に対する信用、すなわち通貨の真正に対する公共の信用が一度失われると、国家の信用そのものを揺るがし、その真贋が判定できぬことを理由として通貨の受け取りを拒否する輩を生むなど通貨の円滑な流通を阻害し、経済活動

にも大きな支障が生ずる恐れがあることから、通貨偽造罪は国家の信用そのものに関わるような重大な犯罪と位置づけられる。各国の法制で通貨偽造の罪を金額の多少にかかわらず、たとえ遊び心で紙幣のカラーコピーを一枚作っただけでも、意外なほど厳罰に処する所以は通貨の混乱がひいてはその国の信用そのものを揺るがし、西郷さんの挙兵と同様に時の政権の正統性をも揺るがし兼ねない"国家転覆罪"を形成すると考える政権側の論理に基づくからである[25]。

極限すれば「単なる紙切れ」にすぎないものを価値ある「本物」と信じ込ませている国家当局の情報操作という国家信用そのものの、意外に脆い「堤」を壊そうとする不届き者は、たとえ「蟻の穴」一つであったとしても見せしめとして「国事犯」並みに厳しく処刑する必要があるからであろう。

種々議論してきた「本物」「ニセモノ」も所詮は歴史的所産であり、時代と共に内容も当然に変化する。著者よりも上の旧世代には「本物」＝舶来、高価、入手困難という高級イメージ、「人造」＝（残念ながら当時の）国産、廉価、粗悪という低級イメージが染み付いて取れない人が属しているのではなかろうか。しかし、「本物」の白米から「銀シャリ」なる賛辞が消えて、時の首相から「貧乏人は（我慢して安い）麦を食え」といわれた「ニセモノ」のはずの麦飯の方が健康志向の今日では評価が上がるなど、「本物」と「ニセモノ」の上下関係も時とともに変化する相対的なものにすぎない。戦前期から人造絹糸などと呼ばれた「ニセモノ」のはずの合成繊維は格段の進化を遂げて、いつしか「本物」のシルクを駆逐、富岡製糸場を世界遺産に押し上げた。御木本幸吉の養殖真珠また然り。「人造」人間が本物の棋士を真剣勝負で負かしつつあるご時世、天然物と養殖物との間の圧倒的な価格差も縮小、やがて逆転する日も来るかもしれない。

4．観光における品質保証（真正性と虚偽性の背景）

こうした本物とニセモノとの間に介在する、解決が容易ではない諸課題を参考に、本題の観光における真正性（authenticity）と虚偽性の議論にはいろう。

そもそも観光という特殊な商品の品質や効用は概ね計測困難であり、定量的に評価できる部分が少ない。団体旅行中心の一時期は旅館・ホテルの近代化・大型化がよしとされ、客室数や建物の階数を誇示する風潮もみられたが、眺望の点を別にすれば高層・超大型建築が必ずしも観光客の満足を保証するものではないことは明らかである。このように遠隔地に居住する観光客に事前に正確に品質情報、ましてや結果としての顧客満足度を伝達することはなかなか困難である。今日のようにネットで動画が容易に発信できる環境がなかった時代には案内書、ポスター、パンフレット、新聞雑誌等の文字中心の広告、口コミ等の限られたスペースで僅かな情報量を伝達するしか手段や方法がなかったのであろう。

　その際に観光客が享受するであろう顧客満足度を事前にある程度保証するには、権威ある公的な機関等の「お墨付き」か、既に一流の観光資源であるとの定評があるブランド名等を拝借するほかない。前者がユネスコによる世界遺産登録、政府による国立公園等といった認定諸制度であり、後者が本書の主要課題である「本物」を擬した各種の「ニセモノ」群の古くからみられる横行である。

　この中間的存在に個人や任意機関等による「グループ」化ともいうべき、勝手格付け行為である。すなわち、「ここの観光資源は、×××と△△△とともに『日本三大〇〇〇』の一つと呼ばれております」といった宣伝文句の類である。〇〇〇の中には観光資源のジャンルが、×××と△△△の中には、当該ジャンルの中で超一流と見做されている「本物」の名前が入るが、大抵の場合、どのような権威ある機関が認定したのか、という主語は省略されることが多い。この宣伝文句を聞いた観光客の側からすると、挙げられた地名等は既知である場合が多いため、「本物」と同一ランクにある品質が権威ある機関によって認定したのだろうか…と勝手に思い込むという仕掛けである。このトリックの化けの皮が剥がれるのは、別の地域を訪れたときに、やはり同一の「日本三大〇〇〇」の名前を聞かされた時である。後の二つは不動の位置にあるのに、もう一つはいわば空欄扱いで、ご当地の方で勝手に挿入自由なシステムになってい

ることに気付くからである。

　空欄のある「日本三大○○○」は極端な例としても、権威ある先達などが指南書や案内記等の中で霊地・名勝等を三、八、三十三、八十八、百といった縁起の良い数だけを選定する格付け、ランキング行為が近世以降に流行した。たとえば人口に膾炙している「日本三景」は江戸時代前期の儒学者・林春斎が、寛永20（1643）年に『日本国事跡考』の中で海浜リゾート地として言及したのが初出とされる。「日本三景」の場合は空欄がなく、固定化しているが、その順序はご当地ごとにランキングが異なって、ご当地が優先されているのはご愛嬌である。

5．本物とニセモノとの間の中間領域

　日本語には「たそがれ」（黄昏）、英語には twilight という、ほぼ同義の言葉がある。黄昏は「誰（た）そ彼（かれ）は」と、人の見分けがつきにくい時分の意味から、夕方の薄暗い時、夕暮れ・夕闇を意味する。「たそがれ時」の意味から、不思議な場所転じて「現実と空想の境目、現実の淵に突如現れる異世界」を意味する twilight zone という派生語が生まれた。その意味は（二者間にあって，両方の特徴を備えている，はっきりしない）境界領域，中間地帯をいう。たとえば a twilight zone between fantasy and reality（空想と現実との間の分かちがたい境界領域）といった使われ方をする[26]。アメリカで1959年に放映されたSFテレビドラマのタイトルとして、「昼」でも「夜」でもない曖昧な時間帯である「夕暮れ時」を「怪異が起こる時間」という意味でトワイライト・ゾーン[27]を名乗ったことから、「不可思議」や「超常現象」が起こる場所などを指す造語となったようである。

　このように「真正性」と「非真正性」との中間には、正とも邪ともつかぬ中間領域（トワイライト・ゾーン）が種々存在し、日本人は以下に述べるように、この中間領域を活用した様々な文化・芸術・趣味活動等を展開してきた。とりわけ観光現象と密接な関係を有する事象を二、三紹介しておきたい。

(1) 物語の世界での虚構性（神話、昔話、伝説、伝承等）

　本物とニセモノとの間には「真正性」といった価値基準には馴染み難い神話、昔話、伝説、伝承といった古くからの世界があり、近年「都市伝説」なるものも加わってきている。日本各地、特に人里離れた山間僻地には「平家の落人」「義経伝説」「業平伝説」など数多くの「貴種流離譚」の系譜に連なる伝説が存在し、湯西川、祖谷、椎葉等の秘境の貴重な観光資源ともなっている。旅の俳人・松尾芭蕉の幕府隠密説などという異説もあり、本当に『おくのほそ道』六百里の旅程を45歳の芭蕉が山谷跋渉できたのかを検証しようと徒歩での調査を志す御仁もいる。

　伝説の類を非科学的なりとして一把ひとからげに虚偽説として葬り去る者が多い中、これら概して不遇のヒーロー・ヒロインに同情する「判官贔屓」もあって、後年に脚色された信憑性の薄い伝承を信じて現地を訪れる数寄者もあとをたたない。重大な関心を持った水戸光圀などは『大日本史』編纂の一環として、義経北行説の真偽を確かめるため快風丸を建造し、数回に亘って蝦夷に探検隊を派遣するなど、幻の「義経伝説」に執着したほどである。西欧でも、幻のトロイア伝説を発掘調査費を自弁してまで実在を証明した、数寄者シュリーマンの例もある。

(2)「ニセモノ」の社寺乱造を正当化する「勧請」制度

　勧請とは神仏の霊を分けて、別の所に移し祭ることで、神仏の霊のおいでを願うことをいう。霊験あらたかな京都の伏見稲荷、宇佐八幡、富士の浅間神社など各神社の御神体を各地に分祀した結果、全国の神社には何派かの有力系統が形成されている。この結果、ご近所の小さな「お稲荷さん」も決して「ニセモノ」というわけではなく、繰り返し"細胞分裂"を続けて来た源を糺せばれっきとした京都の伏見稲荷の系譜に繋がる「本物」であるとして信用されることになる。本山と末寺という本末制度などと同様に、「真正性」を欠くコピーなどではなく、霊験あらたかな神仏の正統性を保証する、一種の「フランチャ

イズ・システム」とも解される。

(3) 茶道での虚構性

虚偽性を構成する要因を多重的、重層的に配合することによって、ニセモノの「本物らしさ」を向上させる努力が払われる。たとえば千利休は日常空間と明確に仕切られた茶室の出入口に躙り口という一種の結界を設けることで、全く別の非日常空間であることを意識させることに成功したといわれる。また利休は「市中の山居」という虚構を構想して、現実は市中にありながらも、あたかも深山の静寂の中に遊ぶかのような気分にさせるための茶室や周辺のしつらえに創意と工夫を凝らした。オリエンタルランドの前社長の福島祥郎氏によれば、パークの入り口も「茶道で茶室に入る『にじり口』と同じで…入り口からゲストを日常から解き放つ魔法にかける」[28]「トンネル」だと解して、「パークには和の心があふれています」[29]と「和魂洋才」[30]ぶりを発揮している。

(4) 伝統文化での虚構性

和歌や俳諧、浮世絵等の伝統文化の世界では古くから「本歌取り」「見立て」等と呼ばれる本物を超越した知的な遊びの技法が伝わっている。歴史的、伝統的な正統な部分をそのまま表現せずに、ある種の類似性を保持しつつも、時代、概念、視点などを移し替えて、全く別のものになぞらえて表現して楽しむ一種のオマージュである。いわば、本物を本物として単純に楽しむだけではなく、表現者側の自由な空想力にまかせて幾通りものバリュエーションという名前のニセモノを次々に創作して楽しむという一種の言葉遊び、知的遊戯とでもいえようか。こうしたニセモノ技法は戯作文学、歌舞伎、落語、ミステリーなど日本の様々な芸術分野でも用いられ、その価値を高めている。風刺的な色彩が強くなると西洋のパロディにも近付くかもしれない。

同様に日本庭園の世界でも「見立て」技法が用いられる。たとえば龍安寺石庭の枯山水は、白砂や小石の文様が「水の流れ」に見立てられる。同じく水戸徳川家二代藩主光圀が将軍家光の助言も得て作庭した小石川後楽園の大泉水は

実在の琵琶湖を巧みに表現し、西端岬の巨松を唐崎の松と呼び、島を琵琶湖に浮かぶ竹生島に見立てるなどである。さらに園内を流れる川を京都嵐山に沿った大堰川に見立て、架かる土橋を渡月橋と呼ぶなど、家光や光圀ら江戸期の支配層が中国の名勝と並んで京都や近江八景にも憧れていた様子がうかがえる。平安中期『作庭記』には冒頭の基本理念に、"石をたてん事まつ大旨をこころうへき也"として、「一、地形により、池の様子に従い、因って生ずる所々に、趣向を廻らし、自然の山水を考えて、あそこはああであった、こうであったと、思い浮べながら立てるのである。一、昔の名人が立て残したのを手本として、家主の意向をも酌んで、それに自分の趣向を凝らして、立てるべきである。一、国々の名所を思い廻らして、その趣のある所々を取入れ、自分のものにして、大体の模様をその所々に象どり、和らげて立てるのである」[31]と説いており、「模倣の美学」、日本の伝統的な「型」、名所の模倣「見立て」などを重視している。

(5) 「ニセモノ」を「本物」として愉しむ虚構

冒頭に述べた「ニセモノ」の「大木」をあたかも「本物」として慈しむ盆栽文化と同様に、数々の「ニセモノ」の中で「山」を「本物」として愉しむ虚構の例を具体的に挙げてみよう。

①「山」の雰囲気を愉しむ「市中の山居」の虚構、②「山」の「ミニチュア」で愉しむ「市中の築山」の虚構、③「市中の築山」を観覧させる「見世物」の虚構（各地の人工富士）、④「市中の築山」をあたかも「名山」の如く取り扱って愉しむ「市中の登山」の虚構（大阪築港の天保山）などである。時期や場所、主宰した人物や設置の動機は区々であるが、いずれも結果として「ニセモノ」を排除することなく、「ニセモノ」の効用をフルに活用している点で共通している。

ここでは世界文化遺産たる富士山の盆栽版ともいえる富士塚の例を紹介しておく。関東地方を中心に広く分布する富士塚とは本物を模した小型の模型の富士山をいう。関東に広く分布する富士塚の元祖とされる高田富士を創設した植

木職・藤四郎の意図は「富岳を模して、男女老少とも心安く登山するようとて築立せしもの」[32]とされ、大正2（1913）年大町桂月は「関東には富士講の連中多し。而も富士山は東京より近しとせず。日々参詣する訳には行かず。是に於て、東京には諸処に、富士山の小模型あり。品川神社、深川八幡、高田八幡、護国寺など一々数ふるに違あらず。重蔵の富士山もその一也」[33]と書いている。

別名サマーパレスと呼ばれる中国最大規模の皇室庭園・故宮「頤和園」は年老いた旅行好きの皇后のために、中国各地の名所の精巧なミニチュアを造った避暑用の離宮である。

富士塚は富士信仰に基づいた富士講員らが富士山の溶岩を積み上げて、富士山に模して造営された人工の山や塚で、頂上には浅間神社を祀り、富士山の山開きの7月1日に富士講員が白装束に講紋を染めた袈裟をかけ、「六根清浄」と唱え富士塚に登り富士山を遠望、近隣の七富士巡りをする習慣がある。大町桂月のいうように本物の「富士山は東京より近しとせず。日々参詣する訳には行かず」[34]実際の登山に代る代替財として、地域社会の氏神の境内等を借用して、塚に登ることで富士登山を疑似的に体験する趣旨の「富士山の小模型」（ミニチュア）としてのニセモノを築造していった。築造する過程において、村人を代表して富士講員が富士山に上り、現在では違法行為であるが、「峨々たる岩肌を再現するために」[35]黒い溶岩の断片を輸送するなど相当の手間隙と費用をかけて完成させたものであろう。完成後も富士登山の出発に際して地元の富士塚に登って安全を祈願し、下山時も地元の富士塚に帰着、無事を感謝した。こうした富士信仰や富士への畏敬の念に支えられて築造され、活用され、大事に保存されてきた多種多様なニセモノの富士山の存在は、決して本物の富士山と相対立する、相並び立たぬ不倶戴天の敵というわけではない。むしろ本物の富士山に対する日々の敬慕・憧憬の念を増幅させる、富士信仰の重要な「よすが」である。

富士講など富士信仰に基づかない見せ物・出し物としての「人造富士山」が浅草公園六区にあった。この浅草寺の境内で立派な模型の富士山を見ていたく感激した甲州出身の雨宮敬次郎は「俺も今にもっとでかい富士山を作って見せ

る」[36)]と密かに決心、後年の明治39（1906）年9月22日自分の還暦祝の招宴の出し物、「余楽富士登山案内」[37)]として東京九段の4,000坪もの大邸宅の前に「一夜造りの不二の山峰」[38)]なる「模造富士山」を築造した。富士山からの下山道には甲州特産の葡萄棚をしつらえ、自由に葡萄狩りをさせ、山麓の西側には富士の名勝・人穴を開け、その中は模擬茶店を並べた宴会場という徹底した甲州流の趣向[39)]であった。さすが甲武鉄道等を敷設した"鉄道王"雨宮敬次郎だけに掛けた費用は8万円、「その美観、さすがの豪華、翁が招待ぶりを発起」[40)]、やることのスケールが大きいと大評判で「登山者の満足一方ならず」[41)]、「庭園の一方に造りたる模造富士山にて高さ七十五尺、頂上に登れば東京中を一眸の下に瞰下ろすを得べく、甲州出身なる雨宮氏の意気と相対して頗る妙なりし」[42)]と大きく報じられた。富士講の富士塚に影響され、御嶽信仰でも「嶺の御嶽」と呼ぶ人造御嶽を築いた[43)]。

（6）背景にある「旅の疑似体験」

　ここで著者はこうした「ニセモノ」を許容する社会的な背景の一つとして、江戸期までに形成された「旅の疑似体験」という概念を提唱してみたい。上述した通り、遠方の京都、伊勢、富士山などの社寺・霊山等への本格的な観光が様々な制約から実現困難な時期にも、地域の集団による「勧請」で近隣に末社を誘致し、末寺を建て、富士塚を築いた。支配層は庭園を京都や近江の勝地に見立て、茶室で「市中の山居」の雰囲気に浸った。比較的豊かな庶民は朝晩に盆栽を眺めて深山の大木を夢想した。一般庶民は旅土産として配られた社寺「境内図」や草津・伊香保等の「霊泉図」を見たり、湯の花を入れた湯屋の薬湯や壁の富士山の絵で代替した。いずれも本格的な「旅」の代用品として、日本人特有の省力・省資源・低コスト志向のお手軽な「見立て」であり、一種の虚構でもある。

　江戸期の庶民が旅に出る際に「村落社会や若者組を代表し…代参という大義名分をもつことで、お上の目こぼしを得」[44)]たとされる。我が国の観光は伊勢参りというその出発点においてすでに、数多くの虚偽・虚構に満ち満ちたもの

であった。19世紀末、伊勢大神宮の御札が天から降ってきたとの根拠の不確かな噂や虚報に浮かれ出て、爆発的に流行した「御陰参り」の狂信的集団の中には主人に断りなく奉公人が飛び出した「抜参り」という発禁乱舞者まで現れ、幕末の「ええじゃないか」には討幕運動を隠蔽したものまであったといわれる。観光の欲求は、幕末の「御陰参り」「流行神」に代表されるように時代や時流を色濃く反映して、極めて可変的な大衆の趣味、嗜好、流行等の非経済的要因、心霊的・宗教的要因等に大きく左右される。

［写真－3］　長野原町の代参犬顕彰碑
（平成28年9月21日著者撮影）

　幕末から明治初期にかけて存在したとされる、「犬の伊勢参り」といった西欧の「真正性」基準からみれば荒唐無稽な作り話のように思えるものも、解明に取り組んだ仁科邦男氏によれば「体力に自信のない人などが、犬が伊勢参宮してよいのなら、うちの犬を代参させようと送り出した」[45]史実であるとし、一大社会現象であった爆発的な「御蔭参り」ブームの派生現象の一つと分析している。いかに代参講がブームとなったとはいえ、「旅の疑似体験」という思想が本人に代わって、なんと愛犬に代参させようという前代未聞の擬人化の発想にまで到達したことに驚かざるを得ない。群馬県吾妻郡長野原町大津地区の有志多数は土地に伝わる愛すべき代参犬の物語を長く保存すべく、[写真－3]のような「ハチ公」に似た代参犬の立派な顕彰碑まで建立して、犬塚の地名の由来を詳細に記している。

　その後の我が国の観光施設としても本格的な温泉場での長逗留に代えて、近場に疑似温泉[46]を設け、日帰り程度で満足した。明治大正期に欧米から導入し

た鉄道も狭軌鉄道で我慢し、さらに低コスト・低規格の人車鉄道[47]、軽便鉄道等で参詣・遊覧した。近郊に設けた遊園地なども高価な鉄道「旅の疑似体験」を家族に享受させる乗り物等を設置したものであった。近年全国各地に出現した外国名を名乗る「○○村」でさえも、外国「旅の疑似体験」[48]を主な目的にしていた。有名テーマパークで土産物をどっさり買い込む特異な風習も、近隣に「旅の疑似体験」をお裾分けする趣旨[49]であろう。有給休暇の消化率が低く、長期滞在型の観光旅行が未だに根付かぬ貧乏性[50]の国民性の背景には、僅か数日程度の「旅の疑似体験」で満足する体質の故でもあろう。

注
1) 日本の歴史的建造物の修理改造では創建当初の姿が最も美しいものとの大前提のもとに画一的に創建当初の形に復原する方針をとっている。国宝彦根城の史跡に敷地の一部が指定されていた滋賀大学でも既存の学生関連施設の建替えが一切できず苦慮していた。
2) 「彦根城のご案内」公益社団法人彦根観光協会 www.hikoneshi.com/jp/castle（平成27年1月7日検索）。
3) 通称ヴェニス憲章。原文が文化庁監修『月刊文化財』9、第一法規出版、平成3年に所収。彦根城の事例で前者は文化庁の考える真正性に則した大改修の結果であり、後者はユネスコの真正性（「ヴェニス憲章」の修理や改造は現状有姿のまま保存する）に近い。
4) 佐藤信編『世界遺産と歴史学』平成17年、山川出版社。
5) Trilling, Lionel (1972), *Sincerity and Authenticity*, Cambridge, MA: Harvard University PressTrilling (1972)（ライオネル・トリリング『＜誠実＞と＜ほんもの＞：近代自我の確立と崩壊』、法政大学出版局、平成元年）。
6) MacCannell, Dean (1973), "Staged Authenticity: Arrangements of Social Space in Tourist Settings," *American Journal of Sociology*, Vol.79, No.3, pp.589-603.
7) 佐々木土師二『旅行者行動の心理学』、関西大学出版部、平成12年、田中祥司「真正性の評価過程」平成25年（https://dspace.wul.waseda.ac.jp/ShogakuKenkyukaKiyo_77_Tanaka.）など。
8) 庶民とは隔絶した地位にあったご三家・大名でさえも自邸に近江八景等を模した庭園を築き、同様に「旅の疑似体験」を楽しんだ。世界のディズニーランドの中で東京での物販収入が群を抜いているのは江戸期以来の日本の「土産物」文化の反映とされるが、戦前期の観光地絵葉書の流行と同様に日本人が享受してきた「旅の疑似体験」を何がしか隣近所にも分与する意味合いもあろう。
9) 式年遷宮のお伊勢さんは常に新しくあり、永遠に滅びないとの「常若」の思想で成立している。京都には「洗い屋」と呼ばれる木造建築・木工製品専門のクリーニング業者

が存在する。老舗業者の宣伝文句には「新築の数寄屋建築のお茶室は、更に雅な仕上がりとなり、年数経過した建築物は従来の姿を取り戻し、更に生きながらえることができる」（京の匠　京都の伝統の技をかたちに　洗い屋 http://www.miyako-life.com/arai.html）とある。お施主さんを大切に大切に思う「洗い屋」は、神社のご依頼には新築同然の「ピカピカ」に仕上げるが、お寺さんのご依頼には匠の技で経年変化の侘び、さびを消さぬように手間暇をかけて、古くなって味の出た古刹の雰囲気を大事にするのがコツだそうである。京都の「洗い屋」の真正性はダブルスタンダードとなっていて、神社には文化庁基準で最も美しい創建当初の姿に復原する方針をとる一方、お寺には「ヴェニス憲章」の現状有姿を尊重している。京都の「洗い屋」稼業は民間の商売だから、お施主さんのご意向次第で二重規準でも一向に差し支えない。

10) 「伊勢神宮を世界遺産登録へ」2010年7月受付（公開一覧/ 伊勢市 http://www.city.ise.mie.jp/dd.aspx?moduleid=10761&category=kanko&misid=2728)。
11) 芳中晃『ディズニーランドはなぜお客様の心をつかんで離さないのか』中経出版、平成21年, p90。
12) 『オリエンタルランド50年史』平成25年, p72。
13) マーティ・スクラー著、矢野薫訳『ディズニー　夢の王国をつくる』河出書房新社、平成26年, p234。なお松尾國三より先、日本の財界人としてはごく初期の1957年にアナハイムを訪れた弘世現（日生社長）は「その成果の要因は、ディズニーの真剣さ、ごまかしのない創造性のある企画にある」（昭和35年8月株主候補者宛松尾発起人「御挨拶」）と分析している。
14) 昭和35年8月株主候補者宛松尾発起人「御挨拶」。
15) 佐々木土師二『旅行者行動の心理学』、関西大学出版部、平成12年。
16) 実在性もリアル、在地性、地産性など所在する地域コミュニティとの不可分の関係性などを含む。
17) 信頼できる出所・著者、異議なき源から発し、偽造・贋作・真偽不明でない（Oxford English Dictionary, 1989, p796）。
18) 「ディズニーの本物志向は…つくりものを使用せず、時間とコストをかけて集めた本物を使用している」（芳中前掲書, p92）。
19) 「『非日常的な世界』を完全に再現するため」（芳中前掲書, p118)、「ディズニーの本物志向、ものつくりへのこだわり、細部の忠実な再現」（芳中前掲書, p95）。
20) 換言すれば非実在性、非在地性など所在する地域コミュニティとの絶縁性等を意味する。所在する地域コミュニティとの絶縁性に関しては拙著『観光デザインとコミュニティデザイン－地域融合型観光ビジネスモデルの創造者"観光デザイナー"－』（日本経済評論社、平成26年）参照。
21) 中国では「本物とニセモノを区別する唯一の手段は『値段が高いか安いか』なのだそうだが…カモフラージュのために、わざと値段を本物に近く設定している」（青樹明子『日中ビジネス摩擦』平成15年, p141）こともあるという。
22) 三橋俊雄氏は建替えられた旧三井銀行京都支店を「カサブタ保存」、旧第一勧業銀行京都支店を「レプリカ保存」として、不完全な保存「建築として、そして、景観とし

ての真正性（authenticity）が問われる」（「京都における景観の Authenticity」『日本デザイン学会研究発表大会概要集』平成18年、http://ci.nii.ac.jp/naid/130005022610/）と指摘した。また「失敗したテーマパークを手がけた企業は、ことごとくソフトの構築段階で手を抜きました」（芳中前掲書，p59）とされる。

23) 虚偽性を有するものを手軽な観光の対象とする行為そのものは、たとえば西欧基準の本家の古代ローマにおいても、王子の名主滝よりもずっと古く、人造滝（⑭の人工性）「マルモレの滝」を造営して鑑賞し、今も広く市民に親しまれていたり、世界遺産「アッシジ」の中世の町並みを信仰深い一市民が17年もかけて1／30のミニチュア（⑫の縮小性）で再現して話題（ＮＨＫＢＳ「関口俊宏のイタリア鉄道の旅」平成28年8月25日放映）となるなど、おそらく世界各地に普遍的に存在するものと思われる。虚偽性の要因のうち、とりわけ「人工」、「人造」という語句にいいしれぬ劣等性を掻き立てられるのはズルチン・サッカリンなどの「人工甘味料」、バターとは程遠い「人造バター」なる代物に苦い思い出を有する旧世代である。純正牛乳から純良バターを抜き取った後の廃物利用かと疑う「脱脂粉乳」などとともに粗悪給食のお世話になった旧人類には周囲にあふれ過ぎていた「人工」、「人造」という「ニセモノ」接頭語には過敏に反応する。彼らの容易に到達できなかった彼岸には、「純正」「純良」などの「本物」をことさらに強調した接頭語があふれたアメリカのような生活を夢見る世界が存在した。

24) 第4部複製教育論、西野嘉章編『真贋のはざま デュシャンから遺伝子まで』東京大学総合研究博物館、平成13年。

25) 佐伯仁志「通貨偽造罪の研究」『日本銀行金融研究所リサーチペーパー』平成16年（www.imes.boj.or.jp/research/papers/japanese/kk23-h-2.pdf）。

26) 『ランダムハウス英和大辞典』小学館、平成6年。

27) 日本では「未知の世界」「ミステリーゾーン」等の邦題で放送された。当時『タモリ倶楽部』に存在したコーナーである「東京トワイライトゾーン」をモチーフに、鉄道雑誌「レイルマガジン」のコーナーとして「鉄道に関する怪しい物件」の総称として、トワイライト・ゾーンと名づけられた。編集者の名取紀之・滝沢隆久両氏はコーナー別冊『トワイライトゾ～ンマニュアル』を「異端の極みに思える」（ＴＭ２，序）と自覚し、滝沢隆久氏によれば、「日本全国に未だ存在する謎めいた引き込み線や専用線、スイッチャーや変な車両や廃車体などを皆さんから寄せられる情報を元に愉しんでしまおう…という"発掘企画ページ"」に「探求心旺盛の鉄道趣味をお持ちの皆さんから、それこそ山のような情報をいただくことができた」（ＴＭ２，p134）と説明している。著者なりに整理すれば「公然性」ある「真正鉄道」よりも、「怪しい物件」即ち「非公然性」ある「虚偽鉄道」の類のほうが異端の鉄道趣味者には魅力的に映るということであろう。近代化遺産として、珍しく廃線・廃道・旧道を取り上げた高野誠二氏は、「月刊誌『Rail Magazine』における1990年からの連載「トワイライトゾ～ン」では、知る人ぞ知る廃線や鉄道車両の来歴などについて、詳細に調査した情報を多く掲載した。この連載テーマに関して更に詳細な調査内容を採録した同社刊の名取・滝沢編（1992～2009）の『トワイライトゾ～ン MANUAL』シリーズも刊行されるなどを経て、

鉄道マニアの間での興味関心の対象として廃線というものが認知されていくようになった」(高野誠二「廃線・廃道・旧道の探索がもたらす地域振興と地理教育における効果と問題点」www.dobm.u-tokai.ac.jp/kiyou/ronbun2014/03_takano.pdf)として滝沢隆久氏らの地理教育における貢献を評価している。

28)29)　平成21年4月17日日経⑪。非日常性演出方法として千利休に起源する「市中山居」とは、人工物に囲まれた市街地の真ん中に居ながらにして、山奥のひなびた風情を楽しむことをいい、妻恋谷の磯辺亭の場合の如く「幽邃閑雅の庭園あり…人をして別天地に入るの想あらしむ」(20.5.10②)るものであろう。

30)　昭和59年4月4日読売⑥。

31)　口語訳　03.06.02松本宏喜 http://www.nakatani-seminar.org/kozin/niwa/sakuteiki/sakuteiki.html。

32)35)　岩科小一郎編『東京の富士塚』昭和50年、山村民俗の会, p3, p6。

33)　「近藤重蔵の富士山」『桂月全集　第二巻』大正15年, p130所収。

34)　「狭山紀行」『桂月全集　第二巻』大正15年, p75所収。

36)39)　小林和生『伝記　天下の雨敬』山梨企画、平成3年, p319。

37)38)40)41)　明治39年10月23日国民新聞。

42)　明治39年10月27鉄道時報⑨。

43)　宮田登「近世御嶽信仰の実態」鈴木昭英編『富士・御嶽と中部霊山』名著出版、昭和53年, p180, p186。

44)　神崎宣武『観光民俗学への旅』河出書房新社、平成2年, p86。

45)　仁科邦男『犬の伊勢参り』平凡社、平成25年, p254。

46)　疑似温泉は拙稿「明治期東京の"擬似温泉"の興亡－観光デザインの視点からビジネスモデルの変遷に着目して－」『跡見学園女子大学観光マネジメント学科紀要』第3号2013年3月参照。

47)　人車鉄道の発案は拙稿「雨宮敬次郎」小池滋・青木栄一・和久田康雄編『日本の鉄道をつくった人たち』第4章、悠書館、2010年6月, p92～11参照。

48)　一連の「外国村」現象を外国人は「国内の観光客は自国を離れずして、楽しむことができる」(アラン・ブライマン『ディズニー化する社会』能登路雅子監訳・森岡洋二訳、明石書店、平成20年, p104)ものと観察した。

49)　鈴木勇一郎氏は共同体を背景とした団体旅行・代参講に始まる「土産」を「神仏から授かった『おかげ』を郷土の親族や知人にわかつ」(鈴木勇一郎『おみやげと鉄道』講談社、平成25年, p19)趣旨にあるとする。鈴木氏の分析通り地産の食品が多い理由を著者は現地に行って名物を賞味した気分になってもらうためと解したい。

50)　鈴木大拙は昭和13年「とに角、禅と茶とは貧乏趣味である。枯淡澹清泊と云ふも、侘数奇と云ふも、貧乏趣味に外ならぬ」(鈴木大拙「茶と禅」井上哲次郎『禅の講座　第6巻　禅と文化』春陽堂書店、昭和14年, p167～168)として、「詫び」「さび」の本質を「貧乏趣味」と看破した。

第2章　観光地における虚構性

1．はじめに

　国立歴史民俗博物館は平成27（2015）年3月、「『ニセモノ』と『ホンモノ』は非常に微妙な関係性の上に成り立っており、『明と暗』『黒と白』といった単純な二項対立的な説明では不可能な場合が多い」[1]との趣旨で様々な興味深い「ニセモノ」を展示した。観光の領域でも各地を旅行すると様々な「ニセモノ」に遭遇する。

　たとえば現在では普通の地名となった感さえある「アルプス」「ライン」など、世界の名勝の「ニセモノ」は枚挙の暇がないほどである。後者は「大正の始め…地理学者故志賀重昂（矧川）氏太田に舟遊を試み、欧州ラインに比すべき勝景なりとし…日本ラインの称を附して激賞」[2]したのが由来とされている。

　伊豆・修善寺温泉の嵐山や埼玉県比企郡にある嵐山町など全国各地に模倣嵐山がある。たとえば今日ではあまり聞かないが、大正3（1914）年の『両備軽鉄便覧』は芦田川上流・河面村の「其形状実に京師洛西の嵐山に酷似せり」[3]として「備後嵐山」の称を紹介している。

　前者は「桂川越に聳えますが嵐山で、桜の名所…満山これ花の山、一目千本修善寺吉野を彷彿せしめます」[4]と桂川沿いに渡月橋まで架かる嵐山という景勝地である。また伊豆の山中には上狩野村に「月ヶ瀬」なる炭酸泉が湧き、湯ヶ島温泉には「実際に西国還りをした様な気分が出」[5]る　「熊の山三十三番」のミニ霊場巡りもあり、観光客にあたかも嵐山・吉野・熊野など西国各地に遊ぶ気分を味合わせていた。湯ヶ島の嵯峨沢温泉も周辺が京都の嵯峨野に似た景

観であることから、現に「伊豆の嵯峨野」（伊豆市観光協会）と呼ばれるなど、現在に至るまでこの地の京・上方・西国方面への憧れは相当根強いものがあったと考えられる。

後者は昭和3（1928）年に訪れた本多静六が、槻川が蛇行して比企丘陵を深く掘り込む風光明媚な景勝を京都の嵐山に見立て、「武蔵国の嵐山」という意味で菅谷渓谷の名としたことに由来する。東武鉄道は観光客の増加を当て込み昭和10年10月1日菅谷駅を「東武嵐山駅」[6]に改称したが、当時の菅谷村議会は大家の私見による模倣に納得せず、駅名を元の名に戻すよう要請した。しかし地元の異議にもかかわらず、現駅名の武蔵嵐山の名が次第に定着、昭和42年4月町制施行により菅谷村は嵐山町と改名するに至った。私人の単なる印象が駅名に採用された結果、「本物」の町村名となり、歴史ある「菅谷」の名が廃され姿を消した例である。一方、本家の嵐山は区内に嵐山を冠する幾つかの町が存在する程度である。したがって地名上の格付けは「ニセモノ」の「らんざん」の方が、「本物」の「あらしやま」より格段に上位を占める逆転現象が起きている。

本章は従前の「縮景庭園」[7]や「写し霊場」[8]、模倣地名論の先行研究[9]を踏まえ、観光地そのものの虚構性と、模倣の背景となる社会現象を分析したい。歴博展では「ホンモノ」「ニセモノ」の対比だけでなく、「『ニセモノ』と『ホンモノ』との複雑な関係性が、時代や社会背景によって、どのような原理で振幅してきたのか」[10]が問題とされた。本章の観光領域でも「ホンモノ」「ニセモノ」間だけでなく「ニセモノ」同士の相互の諸関係や所在地域との関係性にも着目したい。

2．模倣地名の集積した模倣ゾーン

都市の成立という視点でみて、平城京は当時の日本が理想と考えた国際都市・唐の長安を模し、久仁京は洛陽、紫香楽宮は龍門をそれぞれ真似た都市計画とされるなど、古代以降の日本の都市計画は中国をお手本とした模倣都市の

系譜が支配的であった。その後も江戸は一部京の都を模した地名・町割りを導入するなど、やはり模倣都市の考えに影響されてきた。また中世からは有力社寺の勧請、写し霊場、名所の縮景、見立による造園、風光の秀逸な名勝地の模倣地名（舞子、須磨、吉野等）など、各種の虚偽・虚構現象が続出した。京都を模倣した「京都模倣都市」や、冒頭に見た嵐山等の名高い名勝地を模倣した「○○舞子」「○○耶馬渓」の類のほか、外国の模倣に関しても古くから中国の西湖等の景勝を模した庭園などが存在したが、近代になるとパリのエッフェル塔への憧憬を動機として浅草十二階[11]、新世界通天閣[12]等西欧のランドマーク建築物に強い刺激を受けた模倣建物、「日本（東洋）の○○○」[13]を名乗る模倣地名の事例も出現した。

　近代以前にも個々の模倣にとどまらず、地域を挙げて面的まとまりを有する以下のような模倣ゾーンさえ現れた。

（1）後白河法皇勧請による京都「三熊野」

　京都にも熊野神社、新熊野（いま）神社、若王子神社という京の熊野三山、「三熊野」があり、若王子は熊野三山の那智大社にあたる。熱烈な熊野信者の後白河法皇は一生のうちに34回も熊野参詣したが、当時の都人が熊野に参ることは至難であった。熊野信仰が盛んで、天皇や上皇、公家などが紀州の熊野神社に詣でることがブームであった平安末期、憧れの熊野詣を近場で疑似体験するために、熊野社の新宮・別宮として後白河の勧請により御所内に造営されたのが新熊野である。熊野の新宮・別宮たる鎮守社（＝法皇邸の神棚）として新熊野神社が、鎮守寺（＝法皇邸の仏壇）として三十三間堂がそれぞれ仙洞御所、法住寺殿内に創建された。法皇の命を受けた平清盛は造営に当り「故らに本山の土砂を運んで…樹木岩石に至るまで悉く之を熊野より移し来て境内に植ゑ」[14]、本物の熊野の砂や木々を用い、那智の浜の青白の小石を敷いて霊地熊野を厳かに再現したという。

(2) 信者の老女が熊野三山を名取に勧請

本物同様に、熊野三社が地理的・方角的に同じ配置であるのは、全国に無数ある熊野神社のなかでも宮城県名取市の熊野三社（名取熊野本宮社、熊野那智神社、新宮社）だけである。仙台湾を熊野灘、名取川を熊野川、高舘丘陵を熊野連山に模し、本宮、新宮、那智の三社が別々に勧請され、熊野の世界を「写し霊場」として「縮景」（縮小版）的に再現する勧請は、東北における熊野信仰布教の一大拠点にふさわしい。なお、山形県南陽市の熊野大社も日本三熊野の一つに数えられ、昔から「東北のお伊勢さま」（南陽市観光協会）として多くの信仰を集めるなど、当地では伊勢と熊野が同一視されている。

(3) 豪族が熊野を勧請、若一王子に由来の王子

中世の豪族・豊島氏は熊野勧請の手続きとして所領の一部を京都東山の新熊野社の荘園として献納し、一帯を熊野の神域に見立て「紀州熊野の本社に模して、若一王子社を迎へ、幸ひの石神井渓流を紀州の音無川に見立て」[15]「紀州の名をとって…音無川と呼ぶ」[16]ほか、さらに音無川の南に新宮の摂社・飛鳥社（現阿須賀神社）を分霊し飛鳥山と改名した結果、「この辺一帯の地名に紀州まがひが随所にある」[17]「ニセモノ」の熊野（現代のテーマパーク風にいうなら「熊野村」）となり、熊野参詣の分社・若一王子社に由来する王子を正式の地名とした。和歌山藩主から将軍職についた八代吉宗は王子に鷹狩に来て一帯の紀州由来の懐かしい地名群にいたく感激、「王子権現を中心に、江戸市民のために観光地としよう」[18]と考え、旗本の知行地を取り上げ王子権現の別当金輪寺に寄進、飛鳥山を庶民が花見を楽しむことができる近郊行楽地として広く開放した。

　模倣されたホンモノ側と模倣したニセモノ側とを比較すると、概ね模倣されたのは文学に登場したり、歴史上の逸話も豊富な文化的先進地域に所在していることが多い。例えば銀座、有楽町、代々木など東京の地名が多く模倣された山口県周南市（旧徳山市）の戦後の区画整理事業における「町名地番整理委員

会」メンバーに「東京への憧れもあった」[19]とされるように、先進地域への文化的憧れの発露として、こうした模倣行為が古来続出したと考えられる。もっとも、当時の先進地域内に所在する模倣地名として京都の新熊野、「関西の身延山」（左京区妙傳寺）、大阪上町の新清水寺[20]、大阪府の摂津耶馬渓、兵庫県須磨の新吉野[21]、「関西身延」（能勢妙見山）、滋賀県湖西の近江舞子、マイアミ、湖南アルプス、小江戸（彦根）など例外も多く存在するが、奈良県桜井市の多武峰神社を「西の日光」[22]と呼ぶ俗説には異論もある。

さらに鉄道交通が主流となる明治後期以降、私鉄を含む観光企業が主体的に模倣的な各種観光施設を建設する事例が多数続出した。比較的安易に設営可能で、気軽に命名したと思われる個人・組合形態の海水浴場などに模倣例が散見される。

明治末「鉄道院に在て、常に旅行に関する事務を執りつつ傍ら種々な研究をして居た」[23]旅行のプロ・森永規六は「日本三景も大分古臭いと云ふ人もあらうが、腐っても鯛は矢張り鯛である。新和歌浦が佳いとか新舞子が宜いとか云ふが、名所の新の字の付く所にロクな所はない」[24]と、当時台頭しつつあった新興勢力の模倣観光地を容赦なく酷評している。鉄道界・観光業界に通暁して、裏事情にも明るい森永の現状追随でない指摘には、今日の観光社会学の批判的精神にも一脈相通ずる鋭いものが感じられる。

3．模倣を推進した企業・人物

単純な模倣にとどまらず、営利的な動機から本格的にある種の「ニセモノ」を意図的に作り出して、世の中に発信した首謀者・建設主体として企業・個人等が具体的に判明する事例を、以下に森永の指摘例を含めて数例紹介することとする。

（1）名湯の代用品でお茶を濁した阪急・小林一三

本来の鉄道目的地である天然温泉の有馬に代わる、取り敢えずの代替財とし

て仮終点に沸かし湯の"疑似温泉"を宝塚"旧"温泉の対岸に宝塚"新"温泉と銘打って少女歌劇に発展するスパリゾートを建設したのであるが、あまりに著名な周知の事例であり、詳細は別の機会[25]に譲る。

（2）「紀州の新勝地」新和歌浦

和歌山県多額納税者・森田庄兵衛は明治38（1905）年病気療養のため和歌浦に転地した際、「一帯が天下の勝地であるに拘らず其儘顧られないのを遺憾として」[26]、和歌浦雑賀崎周辺の山野45町歩を買収し44年から出島〜田の浦の道路、望海楼等の旅館兼料亭の建設と業者への貸与、水道敷設等の開発に着手した。森田は「新たに開発された勝地」[27]を昔からの「古典的の和歌浦」[28]と区別して「饒かな近代的新味を加へた新和歌浦」[29]と呼び、大正6（1917）年新和歌浦土地株式会社を創立して自ら社長となり、個人所有の山林、諸施設一切を譲渡した。8年には会社直営の旅館仙集館と「宏大なる人造滝を設け」[30]た付属山上庭園、美術館等を開業、第3期の開発として索道架設、道路の延長を計画した。

和歌浦の旅館主・中尾文三は「森田氏が新和歌浦を開拓したる際率先して」[31]望海楼を新たに経営するなど、浜口弥は古来の和歌浦と「紀州の新勝地」[32]新和歌浦とが「相寄って一の勝地を、成して居る」[33]と一体視した。安治博道は「新和歌浦は明治四十四年森田庄兵衛氏が開拓せる所にて風光明媚なる事和歌浦に優る…第二トンネルの入口に新和歌浦土地株式会社直営の旅館仙集館、及び望海楼、米栄別荘、あしべや等あり…之より鷹の巣の絶景に至るべく、尚蛸頭子山頂に通ずるケーブルカーは架設中にあり」[34]と和歌浦より高評価した。しかし同様にリスク管理を十分に意識すべき銀行家出身で"新"施設を旧施設に隣接して開発し、今太閤と称えられた小林一三のその後の栄達の軌跡と比べて、森田の零落ぶり[35]は痛々しい。

（3）「東北ノ宝塚」松島遊園を開園、野蒜を「東北須磨」と改称

手島典男氏が宮城電気鉄道（宮電）出身者から聴取されたところでは、「阪

急の創始者、財界の大御所小林一三氏や、東武の根津嘉一郎氏が屡々来仙され指導」[36]を仰いだ結果、「松島海岸に劇場を造って宝塚からスターを呼び、野蒜は東北須磨と名づけ」[37]たという。

仙台、松島を経て石巻に達する宮電は昭和2（1927）年沿線に「観光客の慰安、娯楽等に就て設備の見るべきものなきを以て、遊園設備の必要を認め」[38]、「小林一三流の商法」[39]を見習い、「東北ノ宝塚」松島遊園・松島劇場を開園した。宮電発行の松島遊園案内には「東北ノ宝塚、松島遊園ハ本社ノ経営ニシテ、劇場、食堂、貸切別館、浴場、人形館、児童遊戯場、売店等ノ設備アリ。劇場ハ椅子席、観客一千名ヲ収容シ得ラレ、五彩ノ照明ハ特ニ誇ルニ足ル。常設活動写真館ナルモ時折東都一流歌劇、歌舞伎ヲ招シテ特別興行ヲナス…各館共、浴室付御家族同伴一日ノ清遊ニ適シ、実ニ東北一ノ極楽境タリ」[40]と自画自賛する。

松島以外でも沿線開発の一環として野蒜に「本社直営東北一　野蒜不老山海水浴場」[41]と直営長寿館を建設した。野蒜海岸を須磨に見立て野蒜駅を「東北須磨」と改称して奥松島の景観を宣伝、「東北須磨南〇・三粁　駅前松林中ニ当社経営ノ長寿館アリ…此ノ海原一帯会社直営ノ海水浴場ニシテ、プール、売店、休憩所等万般ノ設備整ヒ東北一ノ海水浴場ナリ」[42]と観光客誘致を目指した。「東北須磨」との異例の命名も「東北一」の標語を好む宮電社長山本豊次[43]らの強い意向を反映したように感じられる。

（1）の小林一三（阪急）と、（2）の森田庄兵衛とは隣接ないしほぼ近接する既存の観光地の名称を借用して、接頭語としての「新」を追加する模倣方式であり、模倣行為にある種の合理性、説得性、必然性、住民の合意性が認められる（小林の場合、事前に旧温泉側への共同出資を呼び掛けてからの新温泉の着手であった）。同種の系譜として旧軽井沢に対する新軽井沢があり、さらに亜流ともいうべき南軽井沢、北軽井沢、西軽井沢…と、県境を越えてまで軽井沢エリアが無限に拡大し続ける事例[44]が有名である。

これに対して（3）の山本豊次などの事例は、県境を越えるどころか、遥か遠方にまで「飛び火」した模倣方式であり、当地の風光が彼の地に幾分か似通

った点がある点を除けば、牽強付会のような印象を与えかねない。訪れる観光客には命名のもっともらしい根拠を、地元住民には旧地名を放棄する必然性を示す必要があった。「東北須磨」などの無理な駅名は定着せず、いつしか本来の「野蒜」に戻るなど、住民の合意性が薄弱な模倣地名は消滅[45]することとなった。

4．知多の模倣ゾーン

「須磨、舞子、明石 誰れ知らぬものもない天下の名所で、孰れも淡路島を眼前に控へて朝暉夕陰の景色は実に筆紙に尽し難い」[46]と評された古来の海浜景勝地のうち、新舞子を名乗る海岸は全国にいわき市、富津市、知多市、たつの市など少なくとも数ヵ所ある。(ほかにも福島県四ッ倉の「仁井田浦は東北舞子の称あり」(安治，p409)、石川県の小舞子など)ここでは昭和29(1954)年当時の『日本観光年鑑』の「海水浴場」[47]欄にランクされた舞子、須磨、明石の全部が揃った模倣集積地たる知多(知多半島[48]・知多湾岸)を典型的な模倣ゾーンの事例として取り上げよう。

(1) 知多の信仰風土

そもそも知多は、遠隔地の熊野や四国のパワースポットへの憧憬の気持ちが古来強い土地柄であったと考えられる。知多には11世紀に源頼義が熊野の分霊を請い、造営した碧南熊野神社(碧南市)や、長田白正氏が熊野より勧請した大浜熊野大神社(碧南市)など古来熊野信仰が盛んであった。弘法大師の霊場でも「尾張三河地方の信仰の力は恐しいもの」[49]があり、近世に妙楽寺住職が発願し、四国霊場にならって開創した「新四国八十八ケ所霊場」は小豆島、篠栗(福岡県)とともに日本三大新四国霊場に数えられる存在で、現在も名鉄等のツアーが盛んに行われている。なお札所の一つ、時志観音には大和の信貴山毘沙門天も勧請された[50]。

（2）知多半島・知多湾岸の海水浴場

　知多周辺の海水浴場は愛知電気鉄道（愛電）の開通を機に、名古屋からの遊客を当て込んで旧地名に代え、著名な兵庫県の地名にあやかり命名した海水浴場が続出した。まず我が国最古級といわれる大野海水浴場は明治14（1881）年、海音寺住職が海水浴場と加温浴場とを開き、水質も清良であるため[51]「古来より海水浴の名ありし處にして明治十五年以降益繁栄なり大磯と比肩する程」[52]とされた。14年から愛知病院長として勤務していた後藤新平が当地の風習「潮湯治」と西洋の海水浴を融合し、大野に最初の海水浴場を開いたとされる[53]。著名な旅館は海浜館、恩波楼等であり、「海浜館は、大野川河口の右岸海に斗出せる地を卜して三層の高楼を建設し、其海浜を以て水浴場に充て館内別に温浴の設けあり」[54]とされた。愛電は大野の加温浴場を地元から引き継ぎ[55]、明治45年二階建ての温浴場（千鳥温泉）を開設、大正5（1916）年新聞社と提携、納涼桟橋、人造海水大滝、児童海水プール、潮湯（千鳥温泉）などを設けた（案内中，p129）。

（3）新舞子土地会社

　大野浜に続く知多郡旭村下松原（現知多市新舞子）に、[写真－4]のように舞子を模した海浜リゾートを土地会社が建設した。新舞子は「風光明媚な勝地で、兵庫県の舞子の浜を思わせる老松白砂の海浜が、新舞子と名乗る所以」[56]で、三輪喜兵衛、手塚辰次郎[57]らは愛電常滑線が新舞子、大野海岸まで開通するのを機に明治45年新舞子土地株式会社（資本金100万円）を設立、「市の急劇なる発展…或は郊外に電鉄の延長…が為め従来草叢の蔓るに任せし郊外の地所の忽ち奔騰して一坪十円或は二十円を唱え」[58]る地所熱の中、大遊園地を造成する計画のもとに御料局から7万5,600㎡の土地払い下げを受けたが、地域住民の反発を受け、「社長三輪喜兵衛氏は字民を招待し感情を融和せんと計りしも、之が為め却つて気勢を挙げ」[59]るなど御料林処分をめぐる紛議が発生した。

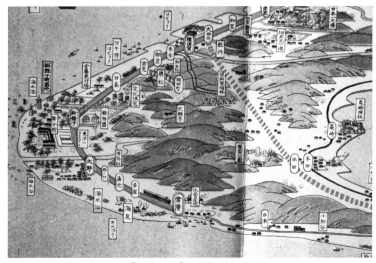

[写真－4] 新舞子土地
(『愛知電鉄沿線御案内』昭和4年、著者所蔵)

　明治43 (1910) 年に客室百余部屋を持つ旅館兼料理屋「舞子館」を建てた。舞子館は蒲郡「常盤館」、熱田「南陽館」と共に愛知県下の三大旅館と呼ばれた。愛電も開発に協力、大正2 (1913) 年無料休憩所を設け海水浴場として広く紹介した[60]。

　舞子館は「避暑客を吸引することに努力したが、財界の不況其他の事情の為めに其発展も思ふやうに出来なかった」[61]ため経営振わず、大正11 (1922) 年7月新舞子を支援していた愛電に合併された。愛電社長藍川清成は新舞子の風光が気に入り、ここに新宅を建て開発の陣頭指揮をとり、新舞子文化村を完成させた[62]。ここに土地会社主導の模倣地名は定着し、「格好の住宅地帯として多大の賞讃を博して」[63]名古屋の別荘地ないし一流の郊外住宅地としての地歩を堅めていった。

（4）三河鉄道による新須磨

　大浜町（現碧南市大浜）は矢作川の河口と衣浦湾が交じりあうことから、

「三河五湊」の港町として栄えた。鶴ヶ崎の鈴木徳松[64]は「少し前、兵庫県を旅し…須磨海岸が近所の海の景色と似ていることをヒントにそれまで貯木場しかなかった海を整備し、海水浴場とするアイデアを思いつきました。そして名前を『新須磨』とし『遠浅で波が穏やか』『白砂青松』を謳い文句にした」[65]海水浴場を大正3（1914）年7月上之切・熊野神社の神苑に開業した。しかし売店「衣浦館」単独の宣伝では限界があり、「眺望絶佳の風致…須磨・明石に似ることから、土地の商店主が新須磨と呼んだことに始まり、三河鉄道専務の命名によって通り名になった」[66]とされる。すなわち、当初の発案者よりも、翌大正4年7月海水浴場に臨時駅を開設し「新須磨」と命名して宣伝した三河鉄道（三鉄）側の功績が目立つこととなる。当時の三鉄社長は地元の武山勘七の辞任を受け、アイデアマンの久保扶桑[67]にかわり、専務は阪東宜雄、取締役は神谷伝兵衛らであった。三鉄は「三河鉄道再興の恩人」[68]として出身地に「神谷」駅を設置するなど、駅名をかなり弾力的に付与する傾向が見られる。昭和30年代前半までは新須磨は海水浴場として賑わっていたが[69]、昭和37（1962）年防潮堤建設で新須磨海水浴場が消滅し、昭和40年には新須磨塩水プールも閉鎖、昭和56年に新須磨駅が北側に移設、駅名も碧南中央駅と改名したため新須磨の模倣地名は完全に消えた[70]。

（5）もうひとつの新須磨海水浴場

模倣地名を混乱させる要因として、愛知県東南部には三鉄主導の新須磨（現碧南市大浜）とは別に、愛電沿線の大野（現知多市）にも同名の新須磨海水浴場が存在したことが挙げられる。

大野の郷土史を研究する「ヨクロー」氏は地図を示して「大野の南に位置する西之口の海岸に、しっかりと新須磨海水浴場と書かれています。以前、新須磨海水浴場は碧南にあった海水浴場ですよというコメントを頂きましたが、確かに、少なくとも大正時代には、大野の南にもその名の海水浴場はあった」[71]と別物と指摘する。「大野の北に新舞子があり、大野の南に新須磨があるが、新舞子も新須磨も愛電線が西浦を走るやうになつてから附せられた名称」[72]で、

「近来更に大野海岸より南部新須磨（西之口下）方面が既に別荘及海水浴場地帯になりつつある」[73]とされ、大正14（1925）年発行の大野の案内書の書名は『新舞子　大野　新須磨　海水浴案内』であり、挿入地図には大野駅の南の西ノ口駅の外宮海岸に新須磨海水浴場が記載されている。

　しかし前述の三鉄沿線の新須磨が比較的長く存続したのに対し、なぜか愛電沿線の方の新須磨の名は浸透せず、すぐに消えてしまった由である[74]。名古屋からの海水浴客にも同一の「新須磨」が県南方面に二か所あったのでは混乱を招いたことであろう。

（6）新明石海水浴場

　鶴ヶ崎の加藤志奈松が新川山神社の下の林間に無料休憩所を開設し、やがて鶴ヶ崎区役員ら主導の海水浴場を新たに整備した。大正10（1921）年新明石海水浴場と命名し宣伝に努めたとされる[75]。須磨にちなんだ熊野神社に対抗し、南に位置する鶴ヶ崎（現碧南市松江町）は須磨の西に位置する明石を名乗った。大正末期には「新明石遊園」という子供向けの遊園が併設され、戦時期には高台に衣浦温泉街もできた[76]。しかし昭和30年代後半から始まる臨海埋め立てで海岸が消滅、新明石も閉鎖を余儀なくされ、「明石公園」という公園に名をとどめるにすぎない。

（7）新浜寺海水浴場

　さらに新須磨と玉津浦の間に昭和初期「新浜寺海水浴場」[77]が新設された。ここに位置し、「海浜に面して風光宜しく海水浴の設備あり」[78]と三河鉄道が推奨していた老舗旅館「海月倶楽部」あたりの肝煎りであろう。

　こうして"三つ巴""四つ巴"の模倣地名海水浴場のうち、先発の新舞子は風光明媚で舞子の浜を思わせる基礎条件があり、支援に乗り出した有力私鉄の社長自ら陣頭指揮で文化村を構築した結果、現在も正式地名として定着した。しかし、三河鉄道などの執行役員は地元出身者でなかったり、資本系統の関係から、模倣地名を受容し易い体質があったのかもしれない。あるいは経営難・

資金難の中で、さほど金の掛からぬ改善策として、もっともらしい模倣地名に改称する方策を選択したのかもしれない。その点で鉄道会社の駅名やバス路線名は、地名とは異なり、一応は監督当局の形式的な許可を要するとはいえ、鉄道側の都合にあわせて比較的容易に改変可能な「企業施設名称」にすぎなかったといえる。反面で背景が弱体な新明石、新須磨や新浜寺はやがて忘れ去られた。

　名鉄百年史は「海岸線を走行する特徴があったから海水浴客に力を入れ」[79]ざるを得なかった愛電の「沿線は貧弱であり…無謀な事業」[80]と冷静に分析する。他に類例をみないほどの模倣地名の乱立の背景には、近隣の海水浴場の成功に触発された地域間の根強い対抗心もうかがえる。愛知県東南部の海岸に上方を擬した模倣地名が集積[81]する理由は、愛電・三鉄という複数の私鉄間での激しい海水浴客獲得競争の中で、無名の片田舎を強引に別荘地開発しようと企む土地会社の株主獲得の秘策として編み出された有名ブランドを借用する模倣ビジネスモデルが他の隣接地での起業に次々と飛び火したものかと解される。その後三鉄・愛電を統合した名鉄の社史を紐解くと、その後も新箱根線[82]の開通（昭和10［1935］年）、名古屋信貴山の勧請[83]（昭和11年）、成田山名古屋別院の勧請（昭和11年計画、昭和28年建立）などが散見され、計画を推進した企業として、あるいは地域として模倣を受容し易い気風[84]といったものが潜在していたのかもしれない。大正期の舞子、須磨、明石、浜寺等に代り、昭和初期には新たに箱根や成田が登場したのは、上方地名の魅力が薄れて流行の対象が箱根の関を越える東漸傾向も見てとれる。

（8）玉津浦海水浴場の"虚偽鉄道"

　なお新須磨、新浜寺の先に所在した玉津浦海水浴場は模倣地名ではないが、「夏季には新須磨海水浴場と競い合った様々な誘致策もあって、玉津浦海水浴場にはごった返すほどの客が押し寄せた」[85]という。地元の古老は「子供の頃、新須磨、玉津浦海水浴場へ行きましたよ、三河線の木造造りのガタガタ電車に寿司詰めで汗を掻き行った記憶がよみがえって来ました、涼を求めて行く筈の

…何の為の海水浴か解からないが、楽しかったなぁ」[86]と回想している。このように大量に押し寄せた玉津浦「海水浴客の利便を図るため、玉津浦駅から延びる貨物用構外側線を利用して電車を走らせた」[87]が、「この電車は『お伽の国電車』と呼ばれ碧南の観光に貢献した。当時の運賃は玉津浦駅〜貨物駅（当時の駅名：『玉津浦海岸』）5円であった」[88]とされる。

碧南市所蔵の「海水浴客を運んだお伽の国電車（碧南市・昭和25［1950］年頃）」[89]は、電車の側面に「お伽の国電車」と書いた紙を吊して喜んでいる中年の男女10人の乗った車両と、乗客が鈴なりになったもう1両の計2両とホームには制服姿の乗務員数名も写っており、恐らく「お伽の国電車」の運行開始を記念した関係者集団の記念写真のように読める。この貨物線は昭和10年大浜臨港線運送株式会社が設置した、本来人員輸送はできないはずの専用側線にすぎなかった。「玉津浦駅から南の方角、一ツ橋付近まで貨物線が存在していた時代がある。戦時中は下山に軍のガソリン貯蔵施設があり、軍事物資を運んでいた」[90]という。

専用側線よりランクが上の専用鉄道に対してさえ鉄道官僚は「目的外使用の範囲が拡まるに従ひ、専用鉄道は漸次に営利的性質を帯びて来るのである。殊に人の運送に付て乗車券を発売して、誰彼の区別なく、吟味を為さずして乗車せしむるなどは如何なものであらうか」（片山, p10）と厳しく糾弾している。したがってランクが下の専用側線では人員輸送はできないのが常識だが、昭和19（1944）年9月「戦時中における輸送力増強の特別措置」（専用線, p220）という通牒が出されていた。戦時下の特例として人員輸送も特認する趣旨の通牒は昭和30年代でもなお取り消されておらず、「従来認めているもの」（専用線, p220）がなお存在していた。「軍のガソリン貯蔵施設があり、軍事物資を運んでいた」大浜臨港線は特例として人員輸送の特認[91]を受けていた可能性もあり、僅か数年後の昭和25年頃は時期的には正に特別措置の有効期限内に該当していた。

ここからは著者の推量になるが、地元で懐かしく思い出されている通称「花電車」[92]の運行の中心人物は専用側線の契約者・大浜臨港線運送社長の平岩種

治郎、新須磨と競争している玉津浦海水浴場の経営者たち、さらに車両や乗務員を提供した私鉄などが想定される。彼らが中心になって観光協会のような任意団体を組織し、関係筋の了解を得るために奔走、いわば「ニセモノ」専用側線を使って「ニセモノ」海水浴場へ行く異例の「お伽の国電車」運行という知恵を編み出し、企画・実行したのではなかろうか。その際には専用鉄道の目的外使用の許容基準にある「恒久的でない」という点に着目し、時期が「夏季シーズン」だけに限られること、当時外貨獲得のためにカジノの類を含む観光立国が叫ばれていた点にも着目し、碧南の観光にも大いに貢献することなどを恐らく強調して、当時なお有効だった人員輸送特認の通牒を活用したものかと思われる。

5．小括

　観光地名の模倣行為が発生する端緒は、「本物」を旅した新須磨の売店主の例のように、住民や旅行者が単に印象として著名な名勝との類似性を認識し、そうした声の累積が旅行記等への記載、駅名等への採用がきっかけとなっていつしか本物を模倣した名称が成立・定着していくようなストーリーが一般に想定される。近代には現地を訪れた学者、造園家、作家、記者等の印象が活字化されて流布され、模倣行為が発生する例もみられる。現代ではマスコミからネットまでの多様な媒体によって、海外模倣の事例が増殖しており、旧来の模倣地名が駆逐されつつある[93]。

　上述のように、模倣行為の動機としては根底に本物・本家筋への根強い憧憬があるが、近世以前には純粋の信仰心に基づく場合が多く、近代以降には次第に営利的な動機が強まり、遂には先発のビジネスモデルの踏襲に至る。模倣の受容度は地域で差があり、時に模倣が連鎖する。本物を模倣する行為にはある種の後ろめたさが伴うためか、模倣を正当化しようとあれこれ弁解する傾向が散見される。

　まず①当該地域との隣接・近接性、②景観等の類似性、③勧請など本家筋か

らの許諾、④本物と同一の部材使用、⑤本家筋との密な因果関係、⑥第三者たる権威者による命名などである。模倣のレベルにも①単なる別称・愛称の初期段階から、②施設の呼称、③社名、④駅名、⑤付近の通称、⑥正式の地名、⑦さらに市町村名にまで昇格する最終段階まで各段階がある。

模倣側と所在地域との相互関係は①地域の総意による模倣[94]、②模倣の是認・定着、③黙認、④不同意、⑤反発、⑥改称・原名への復帰要求など多様である。地域の歴史や文化を軽視した安易な模倣や、根拠が薄弱で無理な模倣の場合、住民の十分な理解が得られず、地名として定着せず、あるいは反発を受け短期間に駅名が本来の地名に戻されたり、根付くことなく消え去り住民の記憶にも残らなくなった場合もみられる。反対に同じく本家を模倣した地名でも模倣行為にある種の合理性、説得性、必然性、住民合意性等の認められる事例では地名として定着する傾向がうかがえる。一例を挙げればディズニーワールドの所在する米国フロリダ州マイアミ浜をもじった外国地名模倣[95]の浦安市舞浜は、①埋立地で元の地名がなく、②米国流遊園地の所在地でもあるためか、米国流の駅名も和名に改名[96]すべしというような反対の声は寡聞にして知らない。

模倣行為そのものの価値評価はなかなか困難であり、一概に「ニセモノ」だからという理由だけで一刀両断に切り捨てるといった一筋縄にはいかない。当時その場所に「ニセモノ」が真に必要とされた歴史的背景や「本物」の入手可能性等の諸要因を総合的に斟酌し、公平に比較考量する必要があろう。たとえば東北・平泉に根付き、花開いた平泉文化[97]を京の貴族文化を移植しただけの模倣文化であると軽蔑する論者も少なくないが、我々日本人が平泉の本家筋と考える京でさえも、その都市計画は当時の中国の模倣であることを否定し難い。

観光現象を人々の「真正性」追及のための純粋の宗教的行為の如く狭く解し、観光目的を「真正性」あるもののみに厳格に絞り込むべきと解する極端な原理主義者にとっては、模倣はいずれも「真正性」を欠く存在として徹底的に排斥すべきものとなろう。その結果、平泉も、京都でさえも「真正性」なき模倣にすぎず観光する価値なきものになり、観光すべき対象を自ら削除していく結果、

世界中で四大文明の源流さえ見れば事足れりとの結論となろう。まして著者の列挙した日本国内に無数に存在する模倣観光地など、一顧の価値なき無用の存在ということにもなりかねない。

　しかし著者は近・現代などの日本人の観光現象の分析結果から考えて、観光目的を「真正性」のみに絞り込むのは実情からかけ離れた議論のように感じられる。近世の見世物小屋が常設化、集結した進化形たる明治期以降現代に至る各種遊園地には、多様な「ニセモノ」、「張りボテ」「ミニチュア」の類が敷地内の各所に所狭しと集結し、利用客はあたかも「本物」の「国内旅行」「外国旅行」時には「宇宙旅行」等の疑似体験をお手軽に楽しんで現在に至っているのである。

　米国まで遠路の海外旅行が叶わぬ庶民救済のために建設した第3章の奈良ドリームランドも、こうした延長線上に位置していたものと考えられる。近代でも遠隔地の名高い「本物」よりも手軽な「ニセモノ」を近場で安価に楽しむ代替需要が底堅く存在し、着実に利用され庶民層に好意的に受容されていたことを第1章でも幾つかの事例で明らかにした。現在は銀座や有楽町の地名が盛んに模倣される側に回っている東京も、江戸初期には比叡山を模した東叡山（寛永寺）や琵琶湖を模した不忍池などを擁する上野地区などに象徴されるように、京滋の「本物」に憧れて模倣する「ニセモノ」側の一員であった。

　したがって「本物」を求める旅行者はすべからくＪＲのＣＭではないが、本家筋の京都を目指すべきものであろうが、観光社会学を極めるべく「本物」「ニセモノ」の境界を追い求める著者は平成27（2015）年6月東京を出発して「本物」に取り囲まれた京都の中であえて「ニセモノ」を探索した。早朝嵐電に乗り、世界遺産仁和寺の荘厳な堂宇を足早に通り抜けて裏山の成就山に向かった。ここには旅の目的地たる四国八十八ヶ所霊場を模した「写し霊場」×「縮景」の「御室八十八ヶ所霊場」が現存する。四国への巡拝が困難であった文政10（1827）年、仁和寺29世門跡の御本願により四国八十八ヶ所霊場のお砂を持ち帰り、裏山に埋めて四国霊場を模した八十八ヶ所のお堂を建てたのが、2時間で参拝できる手頃な巡拝コースの由来[98]である。京都徳島県人会が建立

した「是より阿波の國　発心の道場」の石碑に導かれて第一番札所から四国各地を巡る心地で参拝を試みると、健康法として毎朝登山を楽しむような元気な年配者と多く遭遇した。古都の「本物」の社寺に囲まれた中の「ニセモノ」ながら、信者はもちろん毎朝登山者や四国出身者など結構多くのリピーターを集め、なかなかの盛況とお見受けした。

「虚構観光」の提唱者・池田光穂氏は「シミュレーション・トラベル」を「簡単には実現できない旅行、危険を伴う旅を、シミュレーション装置で体験すること」と定義した上、「実現できないことを疑似的に"現出"させ、そこでの体験を享受するというシュミレーションのフレームの中で完結する、あるいはそのことが自己目的となるような経験で…リアルさの演出であり、現実の現象をいかに上手に模造するかというオーセンティシティの再現」[99]こそ肝要と述べている。

参詣する人々は「本物」の八十八ヶ所と騙されているわけでなく「ニセモノ」の「シミュレーション装置」と知りつつ、あたかも四国霊場を巡礼しているような清々しい気分で非日常世界を楽しんでいる訳である。いわば仁和寺門跡が四国まで遠路の巡礼が叶わぬ庶民救済のために建設した、四国を主題とした江戸時代の「テーマパーク」が今なお脈々と活用されている。本家の四国側から「ニセモノ」だとして抗議を受けるどころか、度々は帰郷できぬ四国出身者の望郷の念を満たす場所としての効用も現にあるようだ。

我が国の巡礼でも空海の修行の場を追体験する四国遍路の旅など本格的なものがある一方、次第に近場に置き換えたお手軽コースが人気を集めるなど、本物志向とは言い難い。本膳料理の変遷を論じた中で「明治の改良はいつも御手軽といふことであつた」[100]として、日本人が窮屈な「ホンモノ」にこだわることなく、終始一貫して「お手軽」を志向したと看破した柳田國男は、昭和初期に観光に関しても「ホンモノ」の四国のお遍路が減った「代りには…瀬戸内海の島と沿岸には、三日路一日がかりの新霊場の組合せが出来、関東東海にも地方限りの三十三所八十八個所が多く」[101]出現したと観察している。このほか全国各地に各種各様のお手頃コースの「ミニ霊場」[102]が乱立しているが、営利目

的の開発業者などの手によるのでなく、宗教的権威ある総本山自身が世界遺産の境内に隣接して堂々と「ニセモノ」を建立し、信者に参拝を呼び掛けている御室こそ「本物」と「ニセモノ」が対立することなく、共生・共存し、共に役割を発揮し続ける姿を象徴するものであろう。

　こうしたお手軽な「ミニ霊場」の大繁盛は第1章の「勧請」「本末制度」等と同様に本格的な遠路巡礼を避け、ご近所のミニチュア版である程度我慢しようとする日本人の特性かもしれない。

注
1)10)　企画展示「大ニセモノ博覧会－贋造と模倣の文化史－」国立歴史民俗博物館は平成27年3月, p3。
2)　『ライン探勝案内』美濃太田遊船、昭和2年以降、日本八景選定当時に発行。
3)　奥條種蔵『両備軽鉄便覧』大正3年, p94。
4)　芹沢天岳『伊豆の番頭』伊豆温泉名所案内所, p207。
5)　前掲『伊豆の番頭』, p220。
6)　『東武鉄道六十五年史』昭和39年, p212。ただし東武鉄道のサイト・武蔵嵐山駅のプロフィールでは「京都の嵐山に似ていることから、「武蔵嵐山」と呼ばれ、昭和10年「武蔵嵐山駅」と改称しました」と一致しない。
7)　縮景とは庭園の題材・主題となる自然の風景や名所を箱庭のように縮小して再現する取景の造園技法で、中国の西湖、琵琶湖、松島、天橋立などの代表的な名勝地を模写縮小した象徴的な庭園をいう。代表的なものに広島市の縮景園などがあり、現代の東武ワールドスクウェアもこの系譜か。
8)　「本物」の「コピー」を意味する「写し霊場」とは長く故郷を離れる巡礼が可能なのは富裕層に限られ一般庶民にとっては夢であった当時、講による代参形式の考案とともに、全員が回れるよう西国あるいは四国などの巡礼に真似て考案され、近くに作った簡便な地方の霊場で、規模は国単位、郡単位、郷村単位と様々、中には一寺の境内に作られたものもある。古いものは鎌倉時代初期の坂東三十三ヶ所、室町時代の秩父三十四ヶ所等があるが、多くは四国遍路、西国巡礼が一般庶民に普及した江戸中期からブームとなった。
9)　鏡味明克「海岸観光地名の分布と変化」『愛知学院大学文学部紀要』第37号 p59～61（愛知学院大学学術紀要データベース kiyou.lib.agu.ac.jp/pdf/kiyou_01F/01__37F/01__37_59.pdf)。
11)　凌雲閣（浅草十二階）は越後長岡の生糸商・福原庄七が渡仏してエッフェル塔を見て「日本にもあれに模した高塔を造って登覧せしめたいといふ趣旨」(「東都名物十二階の爆破」T12.9.23中央②)との趣旨から御雇外国人ウィリアム．K．バルトンが設

計し、工費5.5万円で明治23年10月落成した。
12) 新世界の通天閣（初代）は明治36年開催された第5回内国勧業博覧会の会場跡地に、パリの凱旋門の上にエッフェル塔の上半分を乗せるという設計者設楽貞雄の奇抜な発想で、明治45年7月にルナパークと共に建設された（読売新聞大阪本社社会部編『通天閣　人と街のものがたり』新風書房、2002年、p141）。
13) たとえば「日本ダボス」を名乗る長野県上田市の菅平高原は「昭和五年三月シュナイダーが来て、日本ダボス！と称賛した」（『上田丸子電鉄小誌』上田丸子電鉄、昭和28年，p92）という世界的名選手の招聘を契機とした昭和初期地元私鉄のスキー場経営戦略の中から生まれたとされ、同様に「東洋のサンモリッツ」志賀高原も昭和4年長野電鉄が招いたノルウェーのヘルゼット一行が激賞したことに由来するとされる。（『神津藤平』銀河書房、平成元年，p92）。しかし上田温泉電軌が昭和7年に発行した小冊子では「ハンネス、シュナイダー氏来場しその雄大なる景観に驚嘆し、端西の名スキー場『シュワルツ、ワレド』に彷彿たりと激賞した」（藤沢直枝『北東線に沿える史蹟名勝』昭和7年、上田温泉電軌，p18）と、何故か発音し難い別の地名が挙げられている。
14) 野崎…野崎左文『日本名勝地誌　第一編』博文館、明治34年，p99。
15)17) 『王子電気軌道三十年史』昭和15年，p159。
16)18) 『新修北区史』昭和46年，p217～218。
19) 「地図の雑学事典」205地方に広がる東京名所：「地図豆」（s.webry.info/sp/kaempfer.at.webry.info/201404/article_32.html）。
20) 京都の「音羽山から本尊を愛に移し、享保年中に新清水寺となった」（『南海鉄道案内　上』明治32年，p32）「新西国三十三箇所観音霊場客番」札所に認定されている現大阪清水寺は上町台地の寺院が並ぶ口縄（くちなわ）坂にあって、大阪湾を見渡す眺望が「本元の音羽山にも劣らぬ眺め」（南海，p32）の崖の上の墓地の西に柱を組み上げて本家の清水の舞台を模した「堂の前の舞台」（南海，p32）を配置し、明治初期には「大阪市内では、唯一の天然の滝」（第2番清水寺　近畿三十六不動尊霊場会公式ホームページ　大阪清水寺 www.geocities.jp/general_sasaki/osaka-kiyomizu-ni.html）と称せられる「近年は音羽の滝の模造品も出来て」（南海，p33）、衛生上の観点から飲用不可の水量はわずかながらも立派な滝行場とするなど、大坂人の遊び心満載の、本家の清水寺を幾分でも彷彿とさせる有名な"虚構の寺"である。著者同様よほど「ニセモノ」に興味を抱いたのか『南海鉄道案内』の著者・宇田川文海も延々3頁にもわたってこの名刹を紹介している。なお新清水寺を名乗る寺院はほかにも遠国京都の清水観音に帰依した北条政子が鎌倉の扇ガ谷に創建し、寿福寺とともに鎌倉屈指の霊場であった新清水寺（しんせいすいじ）（焼失して廃寺）や、やはり落差5mの滝を有する佐賀の新清水寺（佐賀市大和町）など、長谷観音信仰の流行で誕生した大和の長谷寺の亜流寺院と同様に各地に広く存在した。なお清水の名を戴かなくても清水寺の建築様式を模したものは上野寛永寺、尾道の耕三寺など無数に存在する。
21) 「時の＜須磨寺＞住職之れが維持策として二十余年前始めて荒蕪地を拓き数千株の桜樹を移植せしに、今や既に桜の名所…」（『兵庫電気軌道沿線案内』大正6年，p24）。

22) 多武峯神社側では徳川家康の死後、遺言により二代将軍・秀忠がこの神社の本殿を手本として日光東照宮を造営した史実から、本当は日光の東照宮を「東の多武峰」と呼ぶべきと反論している。
23) 森永規六『趣味の名所案内』大鎧閣、大正6年, p1。
24) 森永前掲書, p212。
25) 平成27年6月6日企業家研究フォーラム「小林一三のデザインした観光ビジネスモデル－阪急宝塚の「真正性」と「亜流」温泉・遊園・歌劇群－」。
26) 浜口弥『名所案内・和歌浦と新和歌浦』大正8年7月, p7。
26)27)28)33) 浜口前掲書, p1〜2。
30)31)32) 浜口前掲書, p15〜17。
34) 安治, p159〜160。
35) 森田家の末路について平松憲夫（阪和電気鉄道取締役）は「時利あらず、人に運なしか、忽ち大蹉跌を来してしまったが、時を経、日を過ぎて遂に今日の殷賑新和歌が出来上った。…ここに哀れを止めたのは独り森田家である。近く同家を知るもの、此の開拓者のため像を永久に記念せんと議しつつある」（昭和12年2月28日月刊誌『阪和ニュース』、平松憲夫『阪和百景』昭和14年, p23所収）と森田の功績を称えた。森田の観光デザインは田中修司「森田庄兵衛による新和歌浦観光開発について」『日本建築学会計画系論文集』635号、社団法人日本建築学会、平成21年1月, p291〜7。
36)37) 手島典男『下りやまびこ』昭和58年, p22。
38) 東京市政調査会『本邦地方鉄道事業ニ関スル調査』昭和7年, p172〜173。
39) 手島前掲書, p14。
40) 『宮城電気鉄道株式会社　沿線案内』大正14年6月以降、宮城電気鉄道発行。
41) 『宮城電鉄案内』。
42) 『宮城電鉄沿線案内』早坂印刷、昭和14年ころ。
43) 山本豊次は山口県豊浦の出身、明治39年東大理学部卒、化学技術者として中国で教育研究に従事した後、明治45年7月高田商会が所有する高田鉱山（細倉鉱山）の所長となり、高田商会大寺精錬所、栗原軌道に関与する一方、抱え込んだ大量の余剰電力を消化するため、大正11年宮城電気鉄道の設立にも深く関わり、宮電の経営多角化を推進した。省線との競争ぶりは平山昇「社寺参詣と鉄道－東北の事例から－」老川慶喜ほか『鉄道がつくった日本の近代』成山堂書店、平成26年, p264以下参照。
44) 「以前は軽井沢といえば、ここ＜旧軽井沢宿＞のことで…その後別荘地が西へのびるにしたがって軽井沢の名称に含まれる地域が広くなった」（軽井沢文化協会編『軽井沢案内』軽井沢タイムス社、昭和38年, p12）。拙稿「第二の軽井沢を夢想した"観光デザイナー"松本隆治と宮崎寛愛－観光リスクマネジメントの観点から－」『彦根論叢』第399号、平成26年3月参照。
45) 昭和36年毎日新聞社が編集した鉄道書に「"東北の須磨、明石"と、白砂青松の海岸美をほこる野蒜」（毎日新聞社編『日本の鉄道Ⅲ』有紀書房、昭和36年, p58）との形容詞が使われ、当時の松島町長も「東北の宝塚をつくる」（同, p56）と公約するなど、仙石線での模倣傾向はなお継続していた。

46)　森永前掲書, p105。
47)　『日本観光年鑑　1955版』昭和30年, p932。逆に愛知県には模倣地名は新舞子しか掲載されていない（観光年鑑, p932）。
48)　「多年に亘り知多半島の海陸観光諸施設の改善整備その他観光開発一般」（『日本観光年鑑　1955版』昭和30年, p1434）に貢献して表彰された「影の人物」として内田佐七が存在する。
49)63)　『愛知電鉄沿線御案内』愛知電気鉄道、昭和4年。現状は「歩いて巡拝知多四国／名鉄のオススメ／名古屋鉄道」（www.meitetsu.co.jp/recommend/hiking/pilgrimage）参照。
50)83)　宇佐美浩『名古屋鉄道社史』名古屋鉄道、昭和36年, p498。
51)　野崎左文『漫遊案内』明治30年7月, p134。
52)　林荘太郎『全国鉄道賃金名所旧跡案内』明治27年, p65。
53)　中川浩一『観光の文化史』1985年, p142〜149。
54)　大橋又太郎『旅行案内』『日用百科全書』第14編、博文館、明治29年7月, p151
55)61)　『大野町史』昭和4年, p303〜308。
56)62)　小林橘川『藍川清成』昭和28年, p147〜149。
57)　手塚辰次郎は熱田の石炭商、三輪喜兵衛は呉服反物商の巨擘、三輪は「何でも大きな物を好み、邸宅の如きも総て大きな…」（手島益雄『名古屋百人物評論』日本電報通信社名古屋支局、大正4年, p90〜91)、「極めて精力家」（『地主名鑑．第1編』p17〜18）で、「何事に就ても大を好む…何物を問はず大な物を備へ付け、事業を目論見ず新舞子土地会社の社長となりて、知多郡の片田舎へ行て海水浴場を設備たり、大旅館を建築するが如き事をする」（長江金圭太郎『東京名古屋現代人物誌』大正5年, p192）と評された。手塚辰次郎は水谷盛光「『新舞子』の開発と手塚辰次郎覚書」『郷土文化』35巻1号、名古屋郷土文化会、昭和55年。
58)　中京財界の近状（一）地所熱の余殃、T2.11.18中外。
59)　『愛知県史　資料編32　近代』平成14年, p176。
60)68)　伊藤正『名古屋鉄道百年史』平成6年, p492, p296、伊藤正『社史余話』平成6年、名古屋鉄道, p32, p27
64)70)　『新須磨海水浴場　失われた海を探して トボトボ歩く碧南市（http://www.katch.ne.jp/~hiro32/atlantis/lost_sea04.htm）。なお「ビジネスホテル新須磨」に名残がある由。
65)　茶亭「風和里」店主の投稿、2012年10月20日（「町の歴史ホリオコシ隊」owarioono.blog62.fc2.com/blog-entry-69.html 平成27年6月29日検索）。碧南の新須磨海水浴場開設者「衣浦館」の子孫も大野に「もう一つの新須磨があったことに驚いて」いる。
66)69)　『三河を走って85年　保存版写真集』郷土出版社、平成11年, p118。当時の専務は阪東宜雄。
67)　久保扶桑は1851年生まれ、千葉県平民、慶応義塾卒、日本郵船函館支店支配人、明治31年日鉄に入社、運輸課長、営業部副部長、経理部長を歴任、奇抜な発想から「素人建築の奇才」といわれた。三河鉄道は大正2年刈谷から大浜港まで着工したが、株

式払込が難航し地元代表の武山勘七社長が辞任、大株主東京渡辺銀行を代表し久保が後任社長に、阪東宜雄が専務に就任した。(名鉄社史, p295) 東京渡辺銀行との因縁は拙著『企業破綻と金融破綻』九大出版会, 平成14年, p316〜319参照。

71) 74)　WEBサイト「町の歴史ホリオコシ隊」(owarioono.blog62.fc2.com/blog-entry-69.html 平成27年6月29日検索)。

72)『大野町史』昭和4年, p303。

73)『大野町誌』昭和4年, p308。

75)『新明石海水浴場』失われた海を探して トボトボ歩く碧南市 (http://www.katch.ne.jp/~hiro32/atlantis/lost_sea09.htm)。

76)『西三河今昔写真集　保存版』樹林舎, 平成18年, p86。

77)『碧南市史』第2巻, 昭和45年, p722。

78)『三河鉄道営業案内』三河鉄道, 大正3年。

79) 80)　前掲名鉄百年史, p97。

81)　昭和7年「知多鉄道が開通し、白砂青松の富貴海岸は海水浴や別荘地として脚光を浴び観光地化への動きが見られた。武豊では建設途中で放棄された朝日キネマ撮影所を利用して『東海の宝塚』にするべく、武豊町長を務めた青木市松や加藤新三郎らが奔走したが、翌年不審火で建物が焼失し断念」(滝川武彦『角川日本姓氏歴史人物大辞典23愛知県』角川書店, 平成3年, p326) した例もあった。このほか周辺では南知多町篠島は変化に富んだ海岸線と湾内に点在する島々の景観から「東海の松島」(篠島観光協会)と、また西尾市佐久島も同様に「東海の松島」と称される。

82)　昭和9年本宿と蒲郡を結ぶ愛知県道38号線が開通し、愛電自動車は鉢地峠から見る「山上の景勝が箱根に似ているところから…新箱根線と名付け」(前掲名鉄社史, p432)9月バスを開業した。昭和15年発行の名鉄『沿線御案内』は新箱根線に初投入した豪華な流線形バスの写真を掲げ、「景勝地へは豊橋線本宿駅から新箱根越の快適なバス…重々々たる連峰の眺めと、蒲郡風景の鳥瞰とは新箱根のその名にふさわしい…本宿、蒲郡間三十分, 各急行電車に接続」と大いに宣伝に努め、行楽期には積み残し客が出るほど評判となった。社史にも「第一に指を屈するの観光路線」として写真入りで特記された「新箱根」の名は現在では全く廃れ、観光案内や地図に載ることもなく僅かに交差点名に「新箱根入口」と残っているだけという。

84)　磯村英一は「名古屋人の東京、大阪に対して示す姿勢を『拒否しながら模倣する』ものである」という説を紹介して、「東京と大阪にはさまれて位置し、主として東京を中心とする文化の一体化が進行しつつある現状のなかで、名古屋が文化的独自性を育てるためには、名古屋人がより…名古屋が東京、大阪のメトロポリスに対応できるだけの文化的メトロポリタンシンボルを持ち得るか否かは、名古屋人の人間形成の上でも、また都市全体の成長のためにも大きな課題である」(『日本のメガロポリス:その実態と未来像』昭和44年, p94〜95)と名古屋人の模倣性に言及した。最近「自分の住んでいる街を他人に勧めたいかどうかを全国の主要8都市の住民に聞いた名古屋市のアンケートで、名古屋を推奨したいとした市民は12ポイントにとどまり、8都市で最下位となった」(H28.7.7日経電子版)という名古屋が「魅力に欠ける街」1位との報道

を聞いた市民は「東京と大阪の間にあるけど、特に何もないっていうイメージ」(平成28年7月6日テレ朝news)と答えた。但し「新箱根」で名古屋人が模倣した先の箱根でも、昭和32年開業した元箱根のホテル「龍宮殿は"蓬莱山水"にも比すべき芦ノ湖畔に、宇治平等院の鳳凰堂を模して建築、外観を古典にもとめ」(昭和40年代の著者収集「龍宮殿」パンフレット)た模倣にすぎないとの反論もあろう。とはいえ、元来龍宮殿は昭和13年開業した浜名湖ホテルを浜名湖畔から芦ノ湖畔へ移築(龍宮殿「プリンスホテルズ&リゾーツ」HP)したものなので、やはり根本は東海地方の京都文化の模倣となろうか。

85)87)88) 棚尾の歴史を語る会 テーマ82「大浜臨港線運送株式会社」『第50回 棚尾の歴史を語る会 次第』平成27年12月17日(「資料 碧南市」www.city.hekinan.aichi.jp/kyodoka/04keikakutyousei/.../katarukai50.pdf)。

86) 快談爺のコメント「陸橋下の絵」(地域密着ブログサービス「かめぞう」2016年10月31日をもってサービスの提供を終了)。

89) 『西三河今昔写真集 保存版』樹林舎、平成18年, p86。

90) 「牧場跡」思い出半ズボン トボトボ歩く碧南市 www.katch.ne.jp/~hiro32/tribute/tribute06.htm。

91) 同じ名鉄では小牧線鷹来工廠専用線では軍が民間から徴用したディーゼルカーを使用して工具輸送を行なったという。

92) 「玉津浦駅の今昔:故郷は三河鉄道」BIGLOBE ウェブリブログ s.webry.info/sp/2196213.at.webry.info/201308/article_20.html。

93) 福島県郡山市の浄土松公園きのこ岩は「陸の松島」(郡山市教育委員会)と呼ばれていだが、最近のTV番組で「日本のカッパドキア」と紹介され、こちらが定着化しつつある。

94) 近代の新十津川町は明治22年の集中豪雨後、地域コミュニティの総意による団体移住の決断としての町名であった。

95) 浦安市は漁民の総意で漁業権を放棄し、漁業に代わる主力産業を遊園地と思い定めた住民自身の決断の反映であり、米国から本家パークを勧請した行為にはそれなりの必然性が感じられる。同様に京浜急行は昭和41年の路線延長を機に野比から三浦海岸一帯を同じくフロリダ州の有名海浜リゾート地に見立て、「青いデイトナビーチ」と呼ぶ一大キャンペーンを展開したが、バブル崩壊後の定着具合はいかがなものであろうか。

96) JR先輩諸駅を見習えば、京葉線流に「海浜浦安」「浦安浜」「浦安海岸」、武蔵野線流に「西浦安」、常磐線流に「浦安沖」などか。

97) 藤島亥治郎『平泉 毛越寺と觀自在王院の研究』昭和36年, p10。藤島氏は「平泉文化を単なる模倣文化としていやしめたり、あるいはひなにはまれな珍奇をよろこぶ程度の評価を、きびしくこばむ。平泉文化は、広い日本文化の歴史の場で、その存在理由が正面から問われなければならない種類の文化なのである」(同書, p201)と主張している。

98) 御室八十八ヶ所霊場 | 世界遺産 総本山仁和寺(www.ninnaji.or.jp/hallowed_ground.

html)。
99) 池田光穂「虚構観光論－移動なんて糞喰らえ！－」www.cscd.osaka-u.ac.jp/user/rosaldo/990310ft.html)。
100)101) 柳田國男『明治大正史　世相篇』朝日新聞社、昭和6年，p75。本場の四国霊場でさえも「全部に参詣せんとすれば…余程の健脚者でも四十日を要する」(『阿波鉄道』昭和6年) ため、短縮版の「八十八ヶ所巡拝の代参」、すなわち一番から十番までを「四国霊場十ヶ所巡り」と称して「一日にて霊場札所十ヶ処を巡拝せる旅客非常に増加」(『阿波鉄道沿線案内』大正15年) した。
102) 富山県南砺市（旧福野町）の安居寺は加賀藩前田家の祈願所として寺盛を極め、境内に西国三十三ヶ所のミニ霊場があることなどから「北陸の高野山」と呼ばれている（南砺市観光協会)。岡山県笠岡の沖にある神島の月照山日光寺の「寺内には『神島八十八ヶ所霊場』がある」(吉田初三郎『南備名所御案内』観光社、昭和5年) との例や、会津若松市飯盛山「さざえ堂」旧蔵の三十三観音、高野山の八十八ヶ所霊石、千葉県勝浦の仏国寺の百体観音など、全国には多数の「お手軽」例がある。

第3章　遊園地における虚構性

1．はじめに

　平成26（2014）年9月「本物」「ニセモノ」を追って大和路を巡っていた著者は、東大寺二月堂からの奈良市街の甍の中に異様な「ドリームホルン」なる「山岳模型」と木製コースター「ASUKA」の遺構を望見した。日頃、浦安市民として新浦安の市街地から同様の「山岳模型」プロメテウス火山の噴火を見慣れている著者でさえも、万葉の故地・黒髪山に残る「氷金時」と呼ばれていた一種異様な遊園地の残滓と古都の景観との不釣り合いな組合わせに驚くほかなかった。この悪評芬々たる景観問題の根源である奈良ドリームランド跡地のある黒髪山に直行し、すぐ脇を走る公道から遊園地の入り口でもあった外周鉄道の駅舎を観察した。著者自身も観光客としてほぼ半世紀以前に初めて訪れて見た開業当時の姿と変わらぬケバケバしい原色の色合いに、なぜか無性に「本物」の"ディズニーランドらしさ"とでも表現すべき特殊な感情を抱いた。

　今、著者の前に眠る奈良の"産業遺産"は、「偽ディズニー」などと酷評され続けてきた大規模遊園地の外側を一周していた外周鉄道の草蒸す元「ドリームステーション」駅舎である。いわば元々価値のない「ニセモノ」の、しかも長年放置され風雨に晒され続けて来た無残な廃墟にもかかわらず、米国の「本物」をそっくり移植した東京ディズニーランドの入り口よりも一段と「本物」らしい独特の雰囲気を感じ取ったのは「真正性」を判別できぬ浅学非才故の著者の目の錯覚でもあろうか。

　本章では遊園地における「本物」「ニセモノ」問題を取り上げたい。以下の

議論に登場する頭文字では同じくD.Lとなる4カ所の遊園地間の真正性や、模倣性の有無如何を具体的に検討したい。本章に頻出する各遊園地の名称は区分上、所在地名の頭文字であるAアナハイム、N奈良、Y横浜、T東京[1]で表記することとする[2]。

さて、観光社会学で論じられてきた「真正性」という概念から考察して、これらの4遊園地に関する一連の起源・創造・模倣・許諾等の行為のうちのどれとどれを「真正性」あるものと判断すべきなのであろうか。一般に真正性あるものと解されているAとTは世間周知の既存最有力テーマパークであるのに対して、然らざるNとYは業績不振等で既に閉園（Y平成14［2002］年2月17日、N平成18［2006］年8月31日）を余儀なくされた過去の遊園地であるため、虚構性を追及する本章の分析の中心はおのずからNとY（とりわけN）となる。既に勝負がついているとはいえ、遊園地間の真正性如何という問題は、当然に知的財産権を巡る当事者間の微妙な対立関係を避けて通れないため、可能な限り当事者の公式資料、当時の発言記録等に依拠することを心掛けたが、現時点での入手資料の限界からやむなく二次的資料に依存せざるを得ない部分が多く残された。

2．奈良と横浜の各ドリームランドの概要

「ディズニーランドの日本版奈良市黒髪山に出現か」（S35.4.20大和③）とか、「ディズニーランドの構想と施設がそっくりそのまま奈良の地につくられる"ディズニーランドの日本版"」（S36.1.1読奈良）などのNの初期報道が、AとNとの間の誤解を生んでいたことが判明する。

まずNを経営する株式会社ドリームランドの情報が親会社筋に当る雅叙園観光『有価証券報告書』に最初に登場するのは昭和36/2期であり、関係会社「(株)ドリームランドは昭和35年9月22日創立、米国デズニーランド[ママ]と同規模の遊園地を企画して居り昭和36年7月開店の予定である。尚当雅叙園観光㈱とは関係会社である」（雅36/2）と注記されている。同社は35年8月10日設立に

伴う株式申し込みを開始し8月20日締切ったが、その間の14日には「新会社設立に伴う新株式の公募について」の新聞広告を出した。そこで発起人代表の松尾国三[3]は「先般私共発起人一同が世界的に有名な遊園地であります米国ディズニーランドに範をとり、日本的施設を加味したディズニーランドの日本版とも云うべき我国に類のない大規模な遊園地を奈良黒髪山（関東にも同規模なものを明年着工の予定）に建設を計画し、奈良に於ては約十万坪の敷地の整地工事も着々進捗中でありますが、これが経営会社として『株式会社ドリームランド』の設立を目論んでおります」（S35.8.14読売⑪）との声明を出した。したがって初期報道に使用されたＡの「日本版」という表現自体の発信源が、松尾サイドであったことを推測させる。同時期に松尾が出した株式勧誘目的の「御挨拶」でも「米国ロスアンゼルスの郊外にあります世界的に有名な遊園地『ディズニーランド』と広さも施設の規模も殆ど同様でありますが、『ドリームランド』にはこれに日本的な施設を加味して、娯楽と科学教育を兼ね具えた独特の雰囲気をもり上げるもの」（挨拶）と同趣旨が謳われている。

昭和38（1963）年7月期の日本ドリーム観光（千土地興行がドリームランドを吸収合併し改称）の有価証券報告書でも「奈良ドリームランドはアメリカのディズニーランドに範をとった大規模な総合的遊園地」（ド38/7, p12）であると記載している。35年5月21日地鎮祭後の記者会見で公表された計画によれば、「未来の国、過去の国、未開の土地、オトギの国の四郡にわかれたディズニーランド」（S35.5.28朝日⑩）のゾーニングに範をとった「ドリーム・ランドはこのほかとくに『日本の過去・江戸の町』を加えた五ブロック。…江戸時代の日本の町は、むかしのカゴに乗って見物するといった具合」（S35.5.28朝日⑩）となっていた。Ｎの開設前後の松尾の話では「『ディズニーランドのマネばかりではケタクソ悪い』というので、それを上回るスケールにし、日本的特色も加味しようという考え」（大仏, p12）から、「回想の国（日本）…のアイデアは日本独特のもので、"ディズニーランド"にはない。だから、特に力をそそいでいる」（大仏, p11）と松尾の強い意志が語られている。

松尾の部下でＮの実質的な観光デザイナーである阪上勉[4]も、対談で次のよ

うに語っている。「当社の松尾社長という人の夢ですね。具体的に考え出したのは今から五年前ですが、その出発点となったのは松尾社長が、ブラッセルで博覧会があった帰りに方々回りました。勿論ディズニイ・ランドもみたわけです。そういうものを見て感じたことは、日本にもこういうものがなければいけないということでした。…奈良ではアメリカのディズニイ・ランドをそのまま真似しようとしましたが、色などの点で、日本にはアメリカンスタイルは少し飛躍しすぎるようです」[5]。

昭和35（1960）年8月30日の「拓けゆく奈良生駒」という広告には「『ドリームランド』は米国ロスアンゼルス郊外にある『ディズニーランド』から計画の概要を学び…①過去の国、②日本の過去、③未開の土地、④未来の国、⑤オトギの国の五つに分けられて」（S35.8.30読奈良）との、Aから「計画の概要を学」んだ当初のNのゾーニング案として「園内はメインストリート、冒険の国、幻想の国、未来の国、過去の国の雰囲気の異つた五つの部分から構成」（ド38/7, p12）されていた。松尾自身も放送番組でも「芸術院会員の村野藤吾先生に一緒に行ってもらい、設計してもらった」（銅像）と語っている。Nの設計は村野藤吾が主宰する村野・森建築設計事務所が行ない、施設全般の施工は清水建設（S36.6.23大阪読売夕刊②）であった（総覧, p668）。

次に昭和36（1961）年7月8日Yの計画を報じた『朝日新聞』は「デズニーランドのような…大規模な遊園地"ドリームランド"を建設する計画」とし、「松尾氏は同じ構想のドリームランドを奈良市につくり、この一日開園した」（S36.7.8朝日⑭）とした。また開園後の昭和40年11月13日の『朝日新聞』も「アメリカのディズニーランドを手本に去＜39＞年八月開園した」（S40.11.13朝日⑤）と報じた。このように、YをNと同様にAの模倣とする報道も少なくないが、実はこの時期当事者は異なる発信を行なっている。まず昭和39年8月2日開業したYに関して、経営主体の日本ドリーム観光自身の有価証券報告書は次のように記載している。

①「奈良ドリームランドがディズニーランドに範をとっているのとは趣きを異にしたヨーロッパ的雰囲気の大規模な遊園地」（ド39/7, p13）、②「世界中の

有名な遊園地の諸施設及び奈良ドリームランド諸施設の基礎資料に基づき更に研究改善した」（ド39/7, p16)、③「世界に未だ類を見ない近代遊園地」（ド39/7, p16)、キャッチフレーズ「横浜に世界最大の国際観光都市誕生」（現代, p91)、④「メインストリート、冒険の国、子供の国、過去の国及びスポーツランドの五つの国を造成」（ド39/7, p16）。

3．奈良ドリームランドとディズニー社

　Nという存在に対してA側がどういう対応をしたかについて、関係者の見解は全く異なっており、しかも確たる資料を欠くこともあって、残念ながら真相は闇の中である。一般的にはNが質の低い施設を勝手に作ったことが、ディズニー社に強い日本人不信の念を抱かせたとの理解が支配的である。それはオリエンタルランド関係者が折にふれて、その趣旨の発言を続けているからでもある。これに対して阪上は「ディズニイもそうなんですよ…チボリーという百八十年つづいている遊園地があるのですが、ディズニーランドはここ＜チボリー＞とよく似ています」[6]とチボリーとの類似に言及している。

　地元誌の『大和タイムス』を例にNの当初計画段階の記事を追いかけると、①昭和35（1960）年の新春対談で奥田奈良県知事（Nの用地をあっせん）は「世界的規模の施設誘致も計画」（S35.1.1大和②）している旨を仄めかし、②昭和35年3月24日の敷地売買調印式を機に「ディズニーランドの日本版奈良市黒髪山に出現か」（S35.4.20大和③）との推測が報じられ、③地鎮祭を前に昭和35年5月16日高椋奈良市長の記者会見で「黒髪山の"夢の遊園地"」（S35.5.17大和①）の概要が公表された。市長が松尾側から得た情報によればAとの接触の状況は次のとおりである。「松尾氏はすでに三回渡米し、米国ロサンゼルスの郊外にある有名なディズニー・ランドを視察、昨年秋にはディズニー側の技術援助を得ることを確約しているほか、ことし三月には建築設計家の村野藤吾氏、遊園地施設設計者の坂上勉氏（ママ）とともに技術面における細部の視察もすませており…」（S35.5.17大和①）

さらに④昭和35（1960）年5月21日の地鎮祭の際の松尾自身の記者会見でも「この施設はディズニー側の技術援助を得ることになっており、建設は日本でははじめて…来秋には関東の千葉県下に建設が予定されている」（S35.5.22大和①）と、同系の千葉観光による手賀沼ドリームランド構想[7]を意識した発言とともに、Aからの技術援助を明言している。地元市長・松尾自身による「ディズニー側の技術援助」という耳障りの良い言葉が繰り返し地元誌等に掲載されたという事実そのものはディズニー側の真意如何は別としても、結果的には甘い期待が地元・関係者に長く浸透していく経緯となったものと考えられる。またNの閉園時、高校卒業後の昭和56年ころ入社した計算になる「同園に25年間勤めてきた浦崎光一・営業部副部長（43）」（希代）の伝聞によれば「ディズニー側と契約して『ディズニーランド』を名乗る予定だったが、最後の契約書をかわす段階で折り合いがつかず、話が流れた」（希代）とのN側の社内の伝承も存在する。この特集記事を書いた産経の内山智彦記者は、松尾の長女である松尾昌出子松尾芸能振興財団理事長にも取材して「奈良に建設するときも、技術者を派遣してくれたと聞いています。パテント料も一切なし。好意に父は感激していた」（希代）との伝聞を閉園時の署名記事に記載している。産経大阪本社がNの閉園特集の中で特に署名記事としているものであり、単なる"与太記事"とは決め付けにくい。また同時期発行の『週刊新潮』でも前述の松尾理事長は「技術者まで連れて訪ねてきた父の熱意にディズニーさんも心を打たれたのだと思います。父は"協力を得られた！"と、それはえらい喜びようでした。…父とウォルト・ディズニーさんとの間での話だったので、契約書やお金のやり取りはなかった」（夢の跡，p60～61）と同趣旨の発言をしている。同園「生え抜き」古参社員等の伝聞は、Nの存在に着目する米国人らのブログ[8]とも大筋で一致する。

　著者にはこれらの伝聞・風説の類の真偽を判別する能力がないが、一切のメモを残すことのなかった松尾の口述筆記によると考えられる自叙伝には、ウォルトとの対面の場面が生き生きと描かれており、松尾がディズニーランドに一目惚れし、天才・ウォルトの人柄にも惚れ込んだ様子もうかがえる。また、な

第 3 章　遊園地における虚構性　57

かば神格化されているウォルトにも、初対面の大映の永田ラッパを信用して日本での配給権、商標許諾権等を一任してしまうような意外な一面もあった。ウォルトと松尾という二人の異色の経営者には正規の教育を受けることなく叩き上げで成功をおさめた苦労人という共通点[9]もあった。上記のような状況証拠を積み上げていくと、著者の想像の域を出ないが、若い頃は「実川延十郎」を名乗る関西歌舞伎役者でもあった松尾の演技力[10]（英語力ではない）に、千両役者のウォルトも（周辺の心配をよそに）ついつい過剰なリップサービスを口外してしまった可能性も残されているのではなかろうか。

　双方の不一致を埋めるに足りる情報を持ち合わせていない著者としては、まず、昭和35（1960）年8月新会社設立に同意した以下の20名の発起人を分析することからはじめたい。「財界、電鉄、興行界の代表十八人」（S35.5.28朝日⑩）に地元の知事、市長を加えた20名の発起人の多くは日映の発起人など松尾人脈に繋がる人々であるのはもちろん、Aないし遊園地ビジネスに多大の関心を有する財界人らであった。資料上で明らかなのは「私も米国へ行く度に、必ずディズニーランドを訪れる」（挨拶）ほどの本格的リピーターの永田雅一を筆頭に、開園2年後の昭和32年に弘世現[11]、開園3年後の昭和33年に松尾國三、昭和34年佐伯勇の指示を受けた部下[12]、昭和35年森永太一、高椋三次[13]、岡崎真一らがすでに現地を訪問していた。

　最大のキーパースンである永田雅一自身の回顧によればディズニーとの配給権の交渉経過は以下の通り。昭和25（1950）年8〜9月の訪米時「ディズニーとサミュエル・ゴールドウィンに会うと…『どうだ、日本におれの映画を入れたらどうか…』と云うので約束した。こうして…僕はアメリカでサミュエル・ゴールドウィンとウォルト・ディズニーのエージェントを引受け…大映に洋画部を作り、ディズニーの長篇漫画を輸入配給した」[14]。

　昭和26（1951）年刊行の『大映十年史』にはウォルトが大映の創立十年を祝賀し「今後とも貴社と契約下にある当社の長篇及び短篇映画が引続き成功裡に配給されることを期待」[15]する内容の署名入りの英文書簡が転載されている。こうして新設された当時の大映洋画部の宣伝にも携わっていた人物も「ディズ

ニー映画は、戦後、大映を通じて日本へ輸入されていました。永田雅一社長とウオルト・ディズニー氏の親交から発して、ディズニーの長編アニメ・劇映画・長編記録映画などは、大映洋画部が配給していた」[16]と永田とウォルトとの親交を証言している。このように永田はディズニー社の本業である映画業界での輸入代理店たる関係から朝日新聞が昭和33年4月三越本店屋上にAのパノラマ模型を展示する「こどもの夢の国　楽しいディズニーランド」（S33.4.30朝日⑧）展にも協賛している。またバンビ等の「名称と図案は米国のデイズニーが登録を持つており、日本で大映株式会社がこの権利を預っていた」[17]が、久美薫氏が開示する池田製菓株式会社の社史にも「初代社長の池田泰夫氏は、かねてから知り合いの映画会社・大映社長、永田雅一氏に『ディズニーキャラクターを使用できないか』と相談を持ちかけた…当時、ディズニー日本の代表者であった永田社長は、ウオルトディズニープロダクションとの契約に基き『バンビ』の図形意匠についての日本国内に於ける使用権、並びに第三者にその使用を許可する権利をもっており、池田康夫氏の願いを即座に受け入れ、あっという間に『バンビ』の使用が認められ契約を結び…」[18]とある。

　ディズニー本社でも1947（昭和22）年、「バンビ」等の商品化ビジネスのためのパリ事務所を設立（伝説，p270）する一方、「ディズニーのキャラクターを守る」（伝説，p311）ための法務活動を展開したが、「外国での海賊行為の追及は難しく、特に南米では手を焼いた」（伝説，p312）という。日本代表たる永田は「図形意匠についての日本国内に於ける使用権、並びに第三者にその使用を許可する権利」を有して本国に稟申せず即決できたとも解され、朝日新聞がAのパノラマ模型を、池田製菓が「バンビ」を許可されたと同様なことが、少し規模を大きくしてNに関しても発生した法的可能性を示唆している。

　なお昭和32年「大映洋画部箕浦甚吾退社して日映へ走る」[19]など、ディズニー映画に関わった大映人も松尾らの発起した日映に加わるなど、松尾と永田との関係は微妙であった。しかし京王という金主を喪失した日映構想は昭和31年竜頭蛇尾に終わり、昭和32年千土地興行が20％出資して設立した映画製作プロダクションの日映は昭和33年1月末をもって、渉外営業の箕浦甚吾を含む全員

を解職、製作を中止して休眠会社となった[20]。その後昭和40年日映と千葉観光（手賀沼の公有水面埋立）が合併し、雅叙園観光も36％出資する昭和不動産が発足した。

　昭和35（1960）年8月永田雅一自身の発言によれば松尾の「友人」であり、「松尾君とディズニー氏との仲介の労をとった紹介者」（挨拶）であると前置きした上で、「このドリームランドは…ディズニーランドを踏襲するものであるが…今般ウォルト・ディズニー氏了解の下に、日本に於てもその実現をみる運びとなったのは洵に御同慶の至り」（挨拶）として、ディズニー日本の代表者たる永田自身がウォルト本人に松尾を紹介し、米側と交渉の末に「ウォルト・ディズニー氏了解」の存在まで明言している。松尾が日映騒動の際の敵方であったはずの永田とも日映休眠化の過程で関係を修復し、恩讐を超越して米国側へのパイプとして活用した巧みな交際術が窺える。

　以下はN・A間の直接的な資料を未発掘の現状にあって、唯一当時の米国側の対応が垣間見える読売ランド構想段階でのA関係者の発言をもとに、NとAの行き違いの発生理由を類推することとしたい。まず、天下の大新聞・読売が一身同体の日本テレビとともに正力社主直々に何度も出馬して、新聞紙面でも繰り返し好意的に報道して、読売ランドでの提携を期待する読売側の熱意と本気度を相手側に何度となく伝達したにもかかわらず、結局先方から実のある言質は引き出せなかったように解される。米国側から見て提携相手としての実力の点で読売・正力とN・松尾を客観的に比較すれば、その優劣は自ずから明らかであろう。ウォルト自身がA開園にあたり、米国大手テレビ局ABCの資金的支援を受けるなど、テレビ局の影響力を熟知していた。その証拠に米国側が正力社主を訪ねる先は新聞社でなく、常に日本テレビ本社であった。有力テレビ局を擁する読売側の熱心な働きかけでさえも期待したようには奏功しなかったことから類推して、一介の興行師・松尾の一二度の面会だけでは勝ち目があったとは到底考え難い。

　つぎに米国側の読売側への返答は「ディズニー・プロには世界各国から＜遊園地建設への＞協力を求めてくるが、これまではみんなことわってきた」

(S38.6.29読売⑪）という従来からの一貫した大方針を明確に伝えたことである。Aの成功後「テーマパーク…をほかにも国内に作らないか、という申し出がいくつか出された」(WD, p318) が、ウォルト自身も1959（昭和34）年以前には「ディズニーランドを二つ作るつもりは全くないと何度も発言」（伝説, p317) していた。しかしこの時期は主に米国内の話で「世界中から誘致の声がかかって」(D, p230) くるのは1971（昭和46）年開業のディズニーワールドの大成功からであって、マービン・デービスによれば「ウォルトは世界中の人々から、いろいろな場所にディズニーランドを作ってほしいと頼まれ続けた。…それに対し、彼は断固として拒否してきた」[21]という。ようやく1959年になって考えを変え「＜米国＞東部に第二のディズニーランドが作れるかどうか調査をはじめ」（伝説, p317) た。ウォルトは「＜西部の＞自分の作ったアトラクションが、もっと洗練されている東海岸の人たちに受け入れられるかどうかが心配」（伝説, p319) だとしたほど、国内での増設にさえ慎重であった。1960（昭和35）年ニューヨークの不動産会社から、頭痛の種の「フリーダムランドの経営で提携したい…共同経営にあたって主導権を主張するつもりはありません」（伝説, p309) との救助の要請が来たが、疑問視した兄弟とも拒絶で一致した実例が知られている。1961年に22年間にわたるバンクオブアメリカの借入金が返済を終えたため、兄のロイもようやく第二のパーク案に賛成したという。こうした兄弟そろっての増設話への慎重な対応ぶりを考えると、この時期のウォルトが兄ロイにも諮らず、日本への進出にも等しい松尾からの誘致話にその場で安易に乗ったとは考えにくく、まして松尾側が主導権を握った形での日本進出は想定しにくいように思われる。

　読売側への原則論確認とは別に、米国側の現実的対応として相手側の面子を立てて、しかるべき役職の首脳陣を何度も来日させ、その都度言質を取られない範囲内での最大限の"リップサービス"を繰り返し、どうやら読売側に「多少は脈がある」との淡い期待をその都度抱かせることには成功しているようである。もし全く脈がないと判断したら、こう何度も来日を記事にすることもなかったであろう。昭和33（1958）年当時松尾の懇願に対しても親交ある永田の

顔を立て、相手側に明確に拒絶の意思を伝えることはしない婉曲的な表現による現実的対応があった可能性も残されていよう。

　松尾よりも先に、戦前「三井物産でのニューヨーク駐在時代にも、カーネギーホールやメトロポリタン劇場で…感激」[22]を味わったほど米国文化に通じた弘世現日本生命社長が昭和32（1957）年にAを見学しているとはいえ、開業して2〜3年のAを訪れる日本の財界人はまだ珍しく、しかもウォルトに面会まで申し込む物好きは珍しかったのであろう。親友の永田の紹介状を持ってきた遠来の松尾にウォルトが「おもてなし」の意味で相応のリップサービスをしても不思議ではあるまい。仮にウォルトが松尾からNへのアドバイスを求められたと仮定すると、恐らくその返事は「大衆にサービスするこの種の設備はその国独自のスタイルが一番適当だ」（S38.3.20読売⑪）として、和風「竜宮説に賛意をのべ」（S38.3.20読売⑪）た前述のジャック・カッティング技術部長の「読売ランド」構想への回答内容と五十歩百歩ではなかったであろうか。偶然かもしれないが、Nの当初案「お伽の国」には「他の施設のまねをするのではなく、はるかにざん新で雄大なもの」[23]を目指した「読売ランド」と同様な「竜宮城」が存在した。

　松尾自身も「ディズニーランドのマネばかりではケタクソが悪い」（大仏, p10）という発言をしており、大義名文として「日本人が日本に独自の遊園地を作る」というポーズも取っていた。益田啓一郎氏によれば「1961（昭和36）年の開園時のウォルト・ディズニー、ディズニーランドのエピソードに興味を持ち調べたら、当時の読売新聞などに読売や日テレも絡んで支援する記事も見つけました。結局ディズニーとモメて中途半端な施設のまま開園」[24]したとある。読売新聞はNの開園に際して「本社機も祝賀飛行を行ない開場を祝」（S36.7.2大阪読売⑦）い、「本社機から開場を祝って投下された務台光雄大阪読売新聞社代表のメッセージが、海野秀雄本社編集局次長から松尾国三ドリームランド社長に手渡され」（S36.7.2読奈良）たほか、「開場を飾った音楽会」として大阪読売新聞社主催「小、中、高校生の楽しい音楽会」（S36.7.2読奈良）をNで開くなど、N開園に協賛する姿勢を見せている。著者は現時点でこ

れ以外の「支援」の具体的内容を明確にはできないが、当時世界一のレジャーランドづくりに熱意をみせていた正力社主や、ディズニー関連テーマへの読売側の熱の入れ方から見て、何らかのさらなる支援姿勢があったとしても不自然さは感じない。

　ここで、川崎千春が米国を表敬訪問して米国側のただならぬ心証を察知した、昭和37（1962）年1月以降のY側の発言をみてみよう。日本ドリーム観光松尾栄之（松尾社長の女婿）専務は「ここ＜Y＞はディズニーランドよりも、勿論、先輩格の奈良のものよりも大きく、しかも、少しも模倣しておりません。いうなれば我が社の－というより、日本の独創味溢れた遊戯施設の結晶」（現代, p91）だと胸を張った。また阪上も対談で「奈良ではアメリカのディズニイ・ランドをそのまま真似しようとしましたが、色などの点で、日本にはアメリカンスタイルは少し飛躍しすぎるようです。こちら＜Y＞の方が我々にはしっくりいくんじゃないかと思います」[25]、「今までの日本の遊園地という観念を一切抜きにして、ヨーロッパ、特に北欧の遊園地に焦点を当てたわけです…そういう遊園地のあり方…をみて来て、そういう様式を大きくして、＜Y＞ドリームランドに採り入れているのです」[26]と米国流から北欧流への全面的宗旨替えの顛末を語っている。

　「ディズニイ・ランドをそのまま真似」との阪上の言のように、昭和36（1961）年以前のN構想ではAの模倣を明白にしていた。しかるにYでの「少しも模倣しておりません」という意味深の松尾専務の言は、この時期に日本ドリーム観光側に対して何らかの"外圧"が伝えられ、この結果当初想定していたはずのNの設計図面をY用にそっくりコピーするという安易な方法を断念、Yでの新たな観光デザインを模索すべく多忙な松尾が50日間も渡欧する羽目[27]になったものかと想像される。

4．東京ディズニーランド開業後の奈良ドリームランドの変容

　閉園時の記念パンフレットは「外輪船や帆船に乗って写真で見たり、本を読

んで知っているフランスやドイツの古城、アイヌの村、江戸時代の城下町や厳島神社など過去の情景が体験できました。※現在ではカプリプールになっています」(アルバム) と改修の事実を示している。昭和60 (1985) 年 「TDLがオープンした現在、いつまでも"ディズニーの和製版"では通用しないという…理由から、同園では昨＜昭和60＞年より3カ年計画で園内の改造を進め…アメリカンムードでつくってきた園内をTDLに対抗すべくヨーロッパ風に変貌させ、個性化を図ろう」[28]としたことによる。昭和「五三年から相次ぐ大型機の導入で再整備」[29]の結果として開園時撮影の航空写真と「1985年カプリプール新設時撮影」(アルバム) の航空写真とを比較すると、開園20周年の昭和60年に「『過去の国』を全面的に改造、大規模なプールを新設」[30]すべく、正門入って左手の水路一体の緑地が取り壊され、昭和60年新設の「ウォーターパーク『カプリ』は5万㎡の敷地をもつ」(総覧, p668)「西日本最大で地中海ムードの漂うウォーターパーク (アクアパルコ、カプリ)」(総覧, p475) にそっくり置き換わっている様子が写されている。

　「今＜昭和61＞年初頭よりメインストリートの改造にも着手、それまでの18世紀後半のアメリカ西部の雰囲気をもった街並をヨーロッパ風に一新」[31]させた。改造の理由は「大型機が設置されている未来の国や幻想の国への客の流れが多く、冒険の国、過去の国への流れは少なくなった」[32]との分析の結果であった。この結果、「ゾーン全体の名称も『過去の国』から『アクアパルコカプリ』と変えられ…『冒険の国』『未来の国』の名称も改造後にふさわしいものに変更」[33]され、Nの特色も「園内はヨーロッパ調に統一された落ち着いた雰囲気」(総覧, p475) に一変した。つまり、構想時にN (Aを模倣) を安易にコピーした米国式をイメージしていたはずのYが、なんらかの外圧を受けて途中で西欧風に急遽設計変更したのと同様な変更を、Aを"勧請"したTの出現を機に、Nは「いつまでも"ディズニーの和製版"では通用しない」[34]と考えて開園20周年の昭和60 (1985) 年から「3カ年計画で園内の改造を進め」[35]ざるをえなくなったものかと想像される。

5．東京ディズニーランドの欠落部分と奈良ドリームランドでの補完

　アメリカ最初のディズニーランドはウォルト一家が失望した東海岸のコニーアイランドを反面教師として、ウォルト自身が気に入って視察したコペンハーゲンのチボリ公園の詳細なメモを出発点として、また入り口のサンタフェ・ディズニーランド鉄道はウォルト自身が幼少期を過ごした実在のサンタフェ鉄道がモデルになっている。つまり、発想の起源はチボリ公園やサンタフェ鉄道であり、ウォルト自身の想像力によってディズニーランドという形に創造された作品である。ウォード・キンボールによれば「最初ウォルトは…スタジオ敷地内にハーフインチスケールの鉄道模型を置きたいと考えていたらしい」[36]といわれる。1953年Aの最初の完成予想図で「盛り土で周辺を取り囲み、中からは外の景色が見えないようにする。盛り土の上には小型の鉄道が走り、汽車に乗りながら園内のアトラクションを眺められる」（WD，p262）と描かれた外周鉄道の所有権についてウォルトは「ディズニーランドの周囲に蒸気機関車を走らせ、それを自分の所有にすること」（伝説，p322）を強く主張し、株主の反対を懸念するロイを困らせた。白熱した議論の末、「ウォルトの個人会社WEDが鉄道を所有し…ウォルトは自分の望むものを手に入れた。大好きな鉄道が自分の自由になった」（伝説，p322〜3）という経緯からみても、熱烈な鉄道愛好者のウォルトが園内の単なる一遊戯物としてではなく、"結界"としての外周鉄道という形態に強いこだわりを有していたことが判明する。

　こうした創設者自身の強い嗜好で実現したディズニーランドを正規の許可を得なかったとしても、松尾・阪上らの視察した際のメモを出発点として、ほぼそっくり模倣したものが現存するNの外周鉄道である。昭和35（1960）年8月20日の「新会社設立に伴う新株式の公募について」の新聞広告（S35.8.14読売⑪）の中で「ドリームランド」を取り囲む線路の上を煙を吐いて驀進する外周列車の図柄が描かれている。Nの象徴として外周列車を採用したことは松尾らがAにおける外周列車の重要性を十分に認識していたことを示す。ところが

正規の許可を得たTの方は、なんらかの未解明な理由でウォルト自身の鉄道へのこだわりをあえて変更した別のデザインを採用した結果、Nの正面は「東京ディズニーランド以上にアメリカのディズニーランドに似ている」[37]との見方まで生んだ。

　Aにあって、Tにない外周鉄道と中央駅舎、メインストリートと馬車鉄道などの欠落部分がNには存在するという事実をどう考えるべきか。著者の勝手な想像はAを模倣したNの外周鉄道と中央駅舎が運輸省から地方鉄道法違反の嫌疑をかけられ、危うく「本物」の鉄道に"昇格"させられそうになるほどの見事な"出来栄え"であり、利用客にもNを象徴するモノとして強く印象に残ったという事実が、上記の欠落に何らかの因果関係を有しているのでは…という見立てである。よく知られている史実として米国側はT候補地の一つとしての富士山麓を、多くの日本人にインプットされている富士信仰の対象物たる御神体を米国領たるべきパークから遮蔽し難いとの理由で忌避したとされる[38]。同様な忌避思想が連綿として継続しているものと仮定すれば、当時は現に存在していた"忌むべき施設"を連想させかねない部分を敢えて削ぎ落としたのではなかろうか。

　前述の通りNはTの出現を機に米国式を西欧風に大改造したが、人気のあった外周鉄道と中央駅舎は「ジャングル巡航船」などとともに留保され、現在も廃墟として往時の姿をとどめている。また日本ドリーム観光の有価証券報告書の「横浜ドリームランド建設計画」の「構造及び規模」にも 「お伽鉄道」とは別に「外周列車」（ド39/7, p16）が短期間ながら存在していた。米国側の強い意向を考慮した結果でもあろうか、米国式を断念し開園当初から西欧風で出発したはずのYにも、Nと同趣旨の外周列車を置いた松尾・阪上らは当該施設によほどのこだわりがあったようにも感じられる。Nの敷地の公売が報じられている昨今、遊園地の真正性・虚構性を考察しようとする著者にとって、「奈良の恥」「ネガティブリスト」などと蔑視される中、今日まで半世紀以上にわたり奇跡的に保存され続けてきた当該外周鉄道と中央駅舎[39]は、観光学とりわけ観光社会学等の研究素材・教材としての価値のある一種の「産業遺産」

（テーマパークの歴史の上で未解明の数々の謎を秘めている点や、当然に人類の陥った過去の愚行を表象するマイナスの価値を持つ「負の遺産」の意味合いをも込めて）でもあろうかと思量する。

6．小括

　著者の単なる想像だが、旅芸人一座の親分出身の松尾としては、いわば「勧請」のための仁義を切るために子分を引き連れて渡米し、シンボルとなる入口の「鳥居」などを金を掛けてそれらしく造営すれば、こどもたちに米国の「本物」に行った気分にさせる「模倣遊園」としてはことたれりと考えたのかも知れない。現に彼は奈良の春日大社を横浜の姉妹遊園内に勧請している。
　松尾の考え方からすればニセモノのテーマパーク（模倣遊園）も決して本物のテーマパークと相対立する、相並び立たぬ不倶戴天の敵というわけではない。むしろ遠い異国にある本物のテーマパークに対する日々の敬慕・憧憬の念を増幅させる「旅の疑似体験」であった。なぜなら昭和30年代当時は米国にだけ存在した憧れの一流テーマパークは日本よりあまりにも遠かったからである。当時の渡航規制や外為の制限の故に、観光企業のトップであった松尾国三や川崎千春などのごく少数の数寄者を除けば庶民は遠く彼の地にまで参詣する訳にはいかず、ニセモノと知りつつ家族を模倣遊園に連れ出した。連れて来られた子供たちは、おそらく「これこそ本物」と信じ込まされていたことであろうか。ひょっとしたら、松尾に口説かれてドリームランドの発起人たることを承諾したディズニー好きの財界人らも、松尾らから本社・本山にしかるべき仁義を切った「本物」の「勧請」と信じ込まされていた可能性すらあろうか。
　N開園を報じた当時の記事を見ても知的財産権という観点からの懸念を示すものは極めて少ない。そんな当時のわが国の風潮の中で子供向けの『学習画報』の以下の見学記事は注目される。同誌は「おやにてるぞ　ディズニーランドとくらべて」という項目を特設して、両者の写真を比較した上で「ドリームランドは、ディズニーランドのような遊園地を、というわけでつくった遊園地

だから、少しぐらいにていても、しょうがないけどね」「もっと、もっと、日本らしい遊園地を考えたほうがずっとおもしろかったと思うわ」[40]と、独創性の欠落に気付いた豆記者という設定で、観光デザイナーたる松尾らに対して「これをつくった人たち、気がつかなかったのかしら」[41]など子供向けの雑誌としては結構辛口のコメントを語らせている。

　著者はウォルトが面会した松尾一行を幾分でも評価した点があると仮定すると、同業に当る遊園地の専門技術者たる阪上の同行ではなく、「新歌舞伎座の設計に当った村野藤吾先生」（人生, p320）という超大物建築家の同行がなんらかの成果に結び付いた可能性を指摘しておきたい。村野藤吾ともあろう大家が単に「パチパチ写真を撮って」[42]まがいものを安易に設計したとは考えたくない。なぜなら村野藤吾は大口の施主にも「そんな馬鹿な設計は出来ない、お断りする」[43]、大手建築業者の懇願も「断じて聞かん」[44]と断固拒絶する「妥協ということは、大嫌いな」[45]こわもて勇猛果敢の大建築家として知られているから、やはり何らかの「"協力を得られた！"」（夢の跡, p60）可能性を示唆しているようにも著者には感じられる。しかし日米の関係者の大半は既に死亡し、松尾は一切のメモ類を残さなかったと伝えられるから、ウォルトが松尾にどういう英会話をしたのかは残念ながら真相不明である。両者会談に際して「仲介の労をとった」「親友」（挨拶）の永田雅一の「顔」を立てて、ウォルトが遠来の松尾や村野らに並の「絵葉書」「パンフレット」以上の"手土産"を持たせた上、誤解を招くかもしれない「リップサービス」を思わず漏らしたと仮定しても、それを同行の通訳が松尾にどう的確に翻訳したのか、「耳が大分遠い」[46]松尾がどの程度聞き取ったのか大変興味あるところであるが、一切は謎に包まれたままである。はたして真っ赤な「ニセモノ」か、松尾が当時の日本の青少年に与えたいと念願した米国有名遊園地への「旅の疑似体験」にはなんらかの「真正性」のかけら[47]が残るのか、こうした観光社会学の問題意識を持って外周鉄道の遺跡を観察すれば、何がしかの観光価値を認めることも可能であろう。

注

1) A（米国カリフォルニア州アナハイム／1955年7月17日開業）、N（奈良市法蓮町／昭和36（1961）年7月1日開業）、Y（横浜市戸塚区俣野町／昭和39（1964）年8月1日開業）、T（東京／正しくは浦安市舞浜／昭和58（1983）年4月15日開業）。

2) 遊園地名称のほか、本章では頻出する基本的文献について以下の略称を使用した。
［ドリームランド関係］挨拶…昭和35年8月株主候補宛発起人代表松尾国三「御挨拶」「発起人の言葉＜順不同＞」ドリームランド.jp「昭和35年奈良ドリームランド案内パンフレット」（http://xn--gdka2erbd0d2c.jp/23010401.html「奈良ドリームランドの経緯」所収）／大仏…「奈良の大仏を驚かした松尾国三」『週刊コウロン』昭和35年9月13日／現代…「うちの会社・フレッシュ・ポイント」昭和38年10月『週刊現代』、p91／雅36/2…『雅叙園観光　有価証券報告書』昭和36/2期／ド38/7…『日本ドリーム観光　有価証券報告書』昭和38/7期／銅像…ドリームランド.jp「松尾社長夫妻寿像」（http://xn--gdka2erbd0d2c.jp/douzou.html）収録の「松尾社長の肉声」（日経記者とのインタビューに答えるラジオ番組）／人生…松尾国三『けたはずれ人生』昭和51年／総覧…『レジャーランド＆レクパーク総覧90～91』綜合ユニコム、平成2年／アルバム…「開園当時の思い出アルバム」『奈良の夢の国NARAドリームランド　45年間の思い出コーナー』平成18年8月閉園記念展示／希代…内山智彦「奈良ドリームランドきょう閉園　希代の興行師　夢45年で幕」平成18年8月29日『産経新聞（大阪本社）』夕刊⑥／夢の跡…「ディズニーランド30周年でこっちは夢の跡になった『奈良ドリームランド』」『週刊新潮』平成25年8月29日号，p59～61。
［ディズニー関係］伝説…ボブ・トーマス『ディズニー伝説　天才と賢兄の企業創造物語』山岡洋一・田中志ほり訳、日経BP社、平成10年／WD…ボブ・トマス『ウォルト・ディズニー　創造と冒険の生涯』玉置悦子・能登路雅子訳、講談社、平成22年／D…マーティ・スクラー著、矢羽野薫訳『ディズニー　夢の王国をつくる』河出書房新社、平成26年。
［新聞雑誌］夕刊のみ夕、紙面は○数字で表示。大和…『大和タイムス』／読売…『読売新聞』東京本社／大阪読売…『読売新聞』大阪本社／読奈良…『読売新聞』奈良版／朝日…『朝日新聞』東京本社。

3) 松尾国三の資質は上記の自叙伝、三鬼陽之助との対談（「ドリームランドへかける夢」『財界』昭和36年11月15日）や、常見耕平「松尾國三の『けたはずれ人生』」（社団法人現代風俗研究会編『現代風俗2001　物語の風俗』第23号、平成13年）等の先行研究を参照。

4) 日本ドリーム観光の阪上勉常務は昭和19年浜松高等工業卒業、大阪機工、新明和工業勤務を経て、34年1月「遊園地デパート遊戯機械の設計、製作を自営」（ド38/7，p1）、35年3月株式会社ドリームランド設立準備委員となり、昭和35年9月同社設立とともに取締役就任。

5)6) 『実業往来』昭和39年11月，p79～80。松尾自身は「ベルギーのブリュッセルでは万国博覧会を開催中である。私は『万博』の見物と劇場、映画館視察も兼ねて…急遽ヨーロッパに飛んだ」（人生，p305）と述べているが、ブラッセル博覧会は昭和33年4～9月

7) 手賀沼の開発計画は田口了麻・高田正哉「手賀沼ディズニーランド開発計画はなぜ失敗したのか　戦後とポスト戦後の狭間で」『日本観光研究学会全国大会学術論文集28』平成25年，p177〜180，『我孫子市史　近現代篇』我孫子市教育委員会，平成16年，p629以下，佐藤清孝「幻の『手賀沼ディズニーランド』」（2012年6月24日朝日）ほか。

8) Nの現況写真を多数アップしている外国人の運営するサイトはNの歴史を「1961年日本ドリーム観光が建設したパークは、カリフォルニアのディズニーランドを訪れた松尾国三のアイデアであり、ドリームランドの構想はそれに基づいている。建設の過程では日本のデベロッパーはディズニーランド側と協力した。最終段階において双方の会社間になんらかのよくない問題が発生し、ドリームランドはそのスタイルを根本からやり直すこと、すなわち、米国側によってディズニーの商標を使用することが禁止されたため、同園独自のキャラクターたちを作る必要が生じた」（00110010: Nara Dreamland (http://2wid.blogspot.jp/2013/09/nara-dreamland.html)）と要約する。また別のサイトでも「松尾はディズニーランドの日本版を作るためウォルトと直接に接触し…ディズニーのエンジニア達とも直接接触したが…有名なキャラクターのライセンス料で合意できなかったので、日本側は独自のマスコットを作り、奈良ディズニーランドの考えを放棄した」（nara-dreamland-frequently-asked-questions-faq/　https://abandonedkansai.com/special-nara-dreamland/）とある。派遣された技術者の名前は記されていないが、ディズニー映画の日本語版製作のため度々来日している日本通のジャック・カッティング技術部長あたりの可能性もあろう。

9) 「ハイスクール初年までしか学校で学ばなかったにしては、ウォルトは見事な独学ぶりを発揮」（オリー・ジョンストン談、エイミー・ブース・グリーン＆ハワード・E・グリーン著、阿部清美訳『ウォルト・ディズニーの思い出』竹書房、平成25年，p298）したとされ、永田雅一自身のW. ディズニーへの追悼によればウォルトは永田に「私たち兄弟は以前漫才師だった…もし漫才師として成功していたら、今日のわれわれはなかった」（『キネマ旬報』昭和42年1月，p79）と語ったと追想している。

10) 作家の今東光は「みみずく問答」で松尾の苦労話を聞き、「松尾さんほどの苦労を経た人は一寸稀だと思う…これほど美しい話に僕は近来になく打たれた」（昭和34年3月『財界』，p68）との最大級の賛辞をおくっている。

11) ボーイスカウト運動など青少年問題に関心の高い弘世現は草創期の劇団四季の最初の理解者の一人となり、自ら主宰する日生劇場での児童劇上演に意欲を燃やした。彼の持論として「いいものを見たときの感激はその人の一生を支配する」（弘世現『私の生命保険昭和史』東洋経済新報社、昭和63年，p108）との考えから、かねて「いいもの、ていねいに仕上げたものを見る」（弘世，p108）「ホンモノ」主義を実践していた。このためか松尾より先に逸早くディズニーランドを訪れたほどの熱心なディズニー派で、「その成果の要因は、ディズニーの真剣さ、ごまかしのない創造性のある企画にある」（挨拶）と独自に分析した。こうした「青少年に夢を与える健全な遊園地の建設」（弘世，p170）は「人々の心に少しいでも潤いを与え」（弘世，p108）るものと確信して、後に本命となるオリエンタルランド計画でも「計画地がまだ海の底にあった頃だ

から、計画を危惧する声も当然あったが…社会的に必要な事業だと考え」（弘世，p170）最初の熱心な理解者の一人ともなった。
12) 「社員を米国…に派遣して、その施設を研究」（挨拶）。
13) 「数年前アメリカに行ったとき、ディズニーランドを見て『こんな施設が奈良にあれば』と思っていた」（S36.1.1読奈良）。
14) 永田雅一「映画自我経　連載第9回」『キネマ旬報』昭和31年12月上旬号，p83。
15) 『大映十年史』大映株式会社、昭和26年（頁付なし）。
16) 映画「塔の上のラプンチェル」日記 - 映画が中心のブログです！- Goo ブログ（blog.goo.ne.jp/ken401_001/c/aecf27cda65b7c9b5477e690a59226a5/313）2011/03/17。永田とウォルトとの親交に関しては田中純一郎『永田雅一』昭和37年，p120。
17) 『小樽市史』第5巻、昭和42年，p301。
18) 『池田製菓株式会社　社史』（久美薫の世界 kumikaoru.otaden.jp/e248491.html）、平成27年2月閲覧。池田製菓会社の宣伝映画「おいしいキャラメルのできるまで」、「バンビ誕生」などが存在した。
19) 『映画年鑑　1958年版』時事通信社、昭和33年，p13。
20) 田中純一郎『日本映画発達史　Ⅳ』中央公論社、昭和51年，p224。
21) マービン・デービス談、前掲『ウォルト・ディズニーの思い出』，p291。
22) 弘世現『私の生命保険昭和史』東洋経済新報社、昭和63年，p108。
23) 『よみうりランド　レジャーとともに40年』よみうりランド、平成元年，p108〜111
24) 益田啓一郎「奈良ドリームランドの絵葉書」平成25年4月1日「博多湾つれづれ紀行」（blog.goo.ne.jp/mapfan01/e/ 919f47e7cdf44af683145660fd04f2c0)。
25)26)　阪上勉対談『実業往来』昭和39年11月，p79〜80。
27) 松尾は「私は多忙の中を抜け出して、今一度世界各地の遊園地視察に旅立った。ヨーロッパから、アメリカへ…。約五十日の視察旅行であった。特に、私の頭に残ったのは、コペンハーゲン（デンマーク）のチボリの遊園地であった」（人生，p327）と述べている。
28)30)31)33)34)35)　『アミューズメント産業』昭和61年5月，p75〜77。
29)32)　『レジャー産業資料』13巻10号、昭和55年10月，p108〜109。
36) ウォード・キンボール談、前掲『ウォルト・ディズニーの思い出』，p240。
37) 奥野一生『新・日本のテーマパーク研究』竹林館、平成20年，p32。
38) 桂英史『東京ディズニーランドの神話学』青弓社、平成11年，p9以下。
39) Nの主要施設はDreamStationと呼ばれる駅に至るまですべてAのコピーだとするブロガーでさえ、「でも、入り口は〈本物のAと〉同じに見えた！」(nara-dreamland-frequently-asked-questions-faq/ (https://abandonedkansai.com/special-nara-dreamland/))と感嘆する。
40)41)　「アフリカ探検もできるぞ！－奈良ドリームランドをたずねて－」『学習画報』世界文化社、昭和36年10月，p78〜79。
42) 加賀見俊夫『海を超える想像力－東京ディズニーリゾート誕生の物語』講談社、平成15年，p46。

43)44)45)46)　松尾と今東光の対談、昭和34年3月『財界』，p68〜69。
47)　著者は高校生の時、開園間もないNを遠足で訪問した実体験を持つが、松尾が同時期に推進していた「芦山荘」の温泉会館拡張反対の市民運動（拙著『観光デザインとコミュニティデザイン―地域融合型観光ビジネスモデルの創造者"観光デザイナー"―』平成26年4月、日本経済評論社，p206以下）の渦中にあったこともあり、正直なところ少年期より松尾には好印象を抱いて来なかった。したがって本章のN等の評価にも著者の年来の独断と偏見が混入していることを自覚している。本章執筆に当り、N等の真実を明らかにすべく、当時の一次資料・内部資料を公開中の私的サイト（注記済み、平成27年3月末検索）を参照し、引用させていただいたことに感謝する。また平成27年12月19日跡見学園女子大学文京キャンパスで開催の「ディズニー研究会」で「遊園地における虚構性の研究」として報告した際に出席者の桜美林大学山口有次氏ほかから有益なご意見を多数頂戴したことにもお礼を申し上げる。

第4章　観光鉄道における虚構性

1．はじめに

　非日常性ある旅といえば、人は豪華客船による世界一周や豪華列車による大陸横断の高価な観光鉄道の旅を思い浮かべるだろう。著者の場合は第二部第1章に述べるように浦島伝説の「亀の背」ではないが、時速10km程度の低速の台湾特有の原始的で粗末な台車に揺られるのんびりした旅こそ正に「非日常」を感じさせるものではないかと感じる。

　本章[1)]で以下に主題とする現実離れした観光鉄道は、①遊園地の遊戯鉄道等ではなく区間距離も十数kmある本格的な運輸施設である。②本州から遠く離れた島の最南端、交通が極めて不便な奥地に存在。③営業を行っていた期間が極めて短く、廃止されて相当年月が経過。④このため鉄道としてほとんど無名の存在で、これまで専門誌[2)]等でも管見の限りでは取り上げられたことがない。⑤正規に免許を受けた私鉄ではないのに観光客を乗せ有料で相当回数を反復営業実施した。⑥法人形態が株式会社・合資会社・合名会社・有限会社ではなく、森林法に基づく特殊な法人。⑦機関車は導入せず、動力は人力・畜力併用、ロバとイヌを使用したなど、著者にとっては「非日常」の極致と思える数々の虚構性を有する特殊鉄道であって、主題に相応しいと判断した。

　しかしその反面、あまりに特殊な法人、特殊な動力など、とてもこの世のものとは思われず、架空的で虚構かと見做される可能性も高く、時節柄万一にも捏造かと読者やその筋に誤解[3)]されないために、著者としては対象とした観光鉄道の実在性を担保する公的な証拠資料を最初に提示しておく必要があろう。

まず徳島県の観光名所の王余魚滝(かれい)近辺に軌道が確かに存在した事実は、陸地測量部が昭和8（1933）年修正測図した五万分の一地形図「桜谷」に皆瀬－王余魚滝間「林用軌道」として「特種鉄道　一軌」の記号で描かれている。また森林鉄道領域での基礎資料として重要な旧川上村備付「林道台帳」[4)]に同軌道の主な要項が他の資料と矛盾なく正当に記載されていることも確認できた。次に特殊な法人として平井土工森林組合が大正12（1923）年5月18日設立認可されたことは記事（T12.5.19徳日②）で確認でき、昭和2年4月18日事務所を徳島県海部郡川上村大字小川字皆ノ瀬41番地ノ1に移転したことは登記公告（S2.4.22徳毎①）で確認できる。当該情報に依拠して請求した徳島地方法務局発行の「森林組合登記簿謄本」で平井土工森林組合が当該軌道の築造と運搬等を目的としたことを証明できる。

　さらに同組合経営の森林軌道が本来の「林産物の搬出だけでなく、地域の人々の生活物資も『トロ』に積んで押し上げた…平井の重要交通機関だった」（下巻, p775）だけでなく、本章の主題たる観光鉄道としても一時期ながら十分に機能した事実は林野庁図書館等を含め入手し得た諸資料を駆使して、以下の本文において可能な限り実証していきたい。

2．土工森林組合による軌道の築設

　森林組合は明治40（1907）年の森林法改正で新設された中小林業者の共同施設・合同施業のための組織で、造林・施業・土工・保護の四種類があった。このうち土工森林組合は「協同して森林産物の運搬に必要なる工事を行ない、それを維持するもの、事業の内容は木馬道・軌道の築設および維持、河川の疎通工事等」[5)]であった。

　明治44（1911）年農商務省山林局長は各府県知事宛に「森林組合設立奨励ニ関スル件」を指示して以降、設立奨励策が継続して採られ、例えば栃木県は昭和2（1927）年6月内務部長名で町村長に対し、こうした「林道築設ヲ目的トスル森林組合設立奨励ニ関スル件」[6)]を通知している。霊峰石鎚に源を発する

加茂川流域は愛媛県の林業地の一つで、加茂村（現西条市）の加茂土工森林組合が昭和4年「幅員1.8m、延長5,753mの軌道（トロッコ）を開設し、支流から集積された木材を大量に搬出する方法を導入した」[7]ことが特筆される。すなわち千町山に存在した千町(せんじょう)鉱山の鉱石運搬のため、大正2（1913）年大阪の日本窒素肥料㈱が加茂村八之川から李、大平、東宮、長瀬を経て神戸村船形（舟形）まで敷設した馬車軌道が大正末期に千町鉱山の閉山をきっかけに、日窒軌道を借り受けて木材を搬出しようとの声が村の山林所有者の間に高まった。11～13代村長伊藤善也が昭和2年に加茂土工森林組合長を兼ね、基安（もとやす）鉱山を経営する大阪の東亜工業や銀行から何万円もの資金を借りて、既存路線改修と八之川から下津池、黒代、中之池を経て、伊予富士の麓、標高500mの川来須(かわぐるす)までの延長により15,756mの森林軌道を完成させた。「昭和三年に着手し、同九年に竣功し、幅一・八米、全長一万二千七百米、神戸村から加茂村に達する。総工費は五万二千六百円で、此内一万一千六百円は国費県費の補助、一万円は低利資金によった」（林道網，p10）。

　第二次大戦中、組合員の困窮から日窒への軌道使用料を払えなくなったため、船形～八之川間軌道が除去された。木材搬出に大きく依存していた加茂村民が協力し、沿道の山林所有者から反当り70銭の負担金を出させレールを買い戻し、軌道を敷き直した。馬で牽引、上りと下りのすれ違う場所や時間なども厳密に決められ、下津池（川来須）～船形間を1日1往復で1人役、八之川～船形間は2往復で1人役、トロッコ引きは20～30人、1人1往復で約20石ずつ船形まで搬出、馬車やトラックで製材工場へ運んだが、昭和29（1954）年撤収され、現在の国道194号となった[8]。

3．徳島県の民営森林軌道の概要

　明治2（1869）年藩籍奉還により、幕府・諸藩の森林は政府所有の官林に編入された。しかるに阿波藩は「家老井上高格の英断によって…藩有林はことごとく従来からの村役人・地主・商人層に払い下げられ」（高知局，p544）たた

め、「徳島県内には、藩有から編入された国有林はわずかで、そのほとんどが民有林となった」(高知局, p442)とされる。このため昭和10(1935)年時点の精密な「高知営林局管内図」(5万分の1)を見れば日本有数の林業地である隣県・高知県には本格的な官営森林鉄道・森林軌道が多く描かれているのに対して、徳島県には国有林を示す緑の範囲は見当たらず、従って官営森林鉄道も一切描かれていない。逆に徳島県は民有林2級軌道が林鉄末期の昭和23年度末56.3km(現況, p328所収)、昭和27年度末58.2km(宮本, p49)も存在する特異な地域である。西裕之氏の『全国森林鉄道』巻末資料には、徳島県の森林鉄道として祖谷山林道、祖谷山林道11支線の官営のほか、勝浦郡福原村福原に本社を置く①殿川内森林鉄道合資会社(第二部第7章参照)を記載している。

このほか川上村には本章主題の②平井土工森林組合の軌道、③相川軌道[9]、那賀郡日野谷村の④薩摩藤太郎経営軌道、勝浦郡福原村の⑤八重地土工森林組合が築設する軌道)、森林鉄道の敷設計画があった⑥木頭森林組合、認可された三重水力電気設置の⑦祖谷川運材軌道(T13.8.8徳毎⑤) など、少なくとも数カ所の民営森林軌道(計画を含む)の存在が確認できる。さらに、森林軌道と近親性ある林業索道でも大正林業索道(大正7 [1918] 年5月徳島市寺島町本町に資本金175万円で設立) などが存在した(通俗, 1040)。これらの中で「幅二呎六吋で十二封度を使用」(郡誌, p193)した当該軌道の路線概要は「川上村林道台帳」により、[表－1] のように判明する。

徳島県の風景を紹介する「阿波の風光」の歌詞に、「王余魚の滝は九十九の白糸垂れて美を誇る」(風土, p195)と歌われる阿波第一の名瀑「王余魚滝の神秘境」(風土, p208)は大阪毎日新聞により「実に荘厳な気に満ちてゐる」(風土, p195)と評されている。王余魚滝の伝説として「一名を王余魚滝と云ひ、往古猟夫滝の下流に王余魚の浮游するを見しより名づくと云ふ。昔此の里に独居の樵夫あり。或時容顔美麗の女人来りて示して曰く、『我は南海の竜女なり。竜神命なり。阿波の国平井の山中に王余魚滝と云ふ浄地あり…永く住処とし、万人の利楽を護るべし』…と制詞あれば、深く秘して口外せざりし」[10]という話があった。川上村の奥地の「物資の運搬はすべて高瀬舟による海部川

第4章 観光鉄道における虚構性

[表-1] 平井土工森林組合軌道の概要

	巾員 (m)	延長 (m)	県費	自費	建設費計(円)
本線　　　皆の瀬～大木屋	2-319,577			204,574	204,574
大比支線　字大比地内	2	54	571	1,446	2,017
川又線　　字大比地内	2	169	100	808	908
王余魚谷支線　王余魚谷地内	2	2,243	1,900	10,284	12,184
皆ノ瀬橋（鉄線吊橋）	6尺	30間　同線最大の立派な橋梁			
乙女橋（鉄線吊橋）		20間　海部川を左岸に渡る箇所			
轟橋（鉄線橋）		20間　海部川と王余魚谷の合流点			
(参考) 相川軌道　岡東～上皆津	1.8	13,752	10,567	113,392	123,954

[典拠資料]「川上村林道台帳」『林業金融基礎調査報告 (22)』全国森林組合連合会、昭和31年11月、p168～9、『海部郡誌』、p193。『海南町史』、p263では本線約40km、大比～川又間支線約12km。

の利用」（報告, p129）しかなく、「用材や木炭を人肩によるのでは大変だということで軌道を施設」（報告, p129）することとなった。大正12（1923）年春に「川上村に於て村道開鑿の計画あり、林業家に寄付を求めたるに、山林地として車道よりも寧ろ軌道の有効なる意見続出」（優良, p256）した。軌道敷設は自動車運材に比して一般に「多額の建設費を要するから連年多量の運材を行わなければ不経済」[11]とされるため、当時の沿線地主は将来の産出量を相当強気に見込んでいたのであろう。『海部郡誌』に「名東郡殿河内森林軌道の例に倣ひ」（郡誌, p193）とあるように、①の殿川内森林鉄道合資会社の成功例に刺激され、折からの好景気で木材価格が急騰しており、未利用の豊富な山林資源を抱える大地主たちの間に巨額の投資を敢行しても「林道網の整備を進める気運」（下巻, p667）が高まっていたと思われる。

そこで殿川内森林鉄道のような合資会社形態ではなく、当時制定された新しい「法律の規定に基き厚き保護の下に自由に活動なし得る森林組合」（郡誌, p195）形態に着目し、「軌道を管理、維持するために森林組合を設け利用料を徴収」（報告, p129）することとなった。こうして平井土工森林組合は「海部川の上流、高瀬舟の終点」（報告, p130）である「皆ノ瀬から海部川の上流」

(下巻，p775)に当たる「大木屋三か山の所有者」(下巻，p774)であった森六郎外24名の発起者の提唱で、「徳島県海部郡川上村大字平井及小川一部」(優良，p253)の台帳面積3,008町4反9畝14歩を組合地区として「大字平井、寒ケ瀬、川又、大木屋、以上部落有森林にして軌道開さくに要する道路用地に該当する場合は無償無条件にて組合に使用せしむることとす」との「大正12年5月に組合加入決議を見」(報告，p31)て、「組合地区内に森林を所有する左記部落は協議の結果組合員に加入」(報告，p31)することとなり、地区内の単独所有者私人・法人102名、共有者12名に「一名の異論もなく森林組合を設立」(優良，p256)した。「名東郡殿河内植林軌道の例に従い、川上村の豊富な林産物を運搬するために森林軌道を敷設」(町史，p263)するため、大正12(1923)年5月18日森林組合設立を許可され(登記)、監事に就任する上田紋蔵(死亡後大正14年2月25日監事に就任した上田類太郎)の住所に一致する「徳島県海部郡川上村大字小川字皆ノ瀬十六番地」(登記)を事務所として「森林産物搬出ノ施設ヲナス」(登記)目的で、「出資又ハ費用分担ノ方法」を「森林ノ面積ニ比例シテ之ヲ定ム」(登記)るなど、「村外のM家、K家の2大地主によって占められている」(報告，p34)川上村の「山林所有者其他有志が協力して」(郡誌，p193)大正12年6月1日登記された。

　登記簿に記載された設立時の役員は**[表－2]**の通りである。役員のうち大正元(1912)年12月発行『商工資産信用録』、大正14年3月発行『帝国信用録』に記載あるのは本計画を主唱した理事の森六郎一人であり、他は少なくとも徳島県レベルで有力な商工業者の域には達していなかったと思われる。徳島県多額納税者の森六郎は肥料、染料、材木、醤油(帝信 T14, p20)等を手広く扱う徳島市通町の有力な商人で、㈱森六商店代表取締役、日本製飴取締役、徳島製函、重要物産信託各監査役(要 T11役下, p218)を兼ねた。また後任の組合長となる森下元太郎(鞆奥町大字鞆浦字南町)は勝浦、那賀両郡、徳島市等に耕地を有し、小作人の戸数255戸(渋谷，p31)の大地主であり、木材業の傍らカネ今カネ大の商号で米商、物品販売業をも営む地元の資産家であった。森下元太郎経営のカネ今製板所(川上村)は明治44(1911)年12月創業、動力

水力、馬力10、丸鋸2台、従業者10名の規模であった（製材, p142, 工場T10, p1224）。

非役員ながら「轟滝と平井森林軌道」と共に「川上の三大名物」（S6.5.14徳毎②）に数えられた村長・谷崎加太郎も、財政力の乏しい中を巨額の補助金を捻出した軌道敷設の立役者であった。

地元紙の報ずる当初の記事は以下の通り。

「森林軌道九哩敷設　平井森林土工組合創立　海部郡川上村平井森林土工組合は既報の如く組合設立の認可されたので二十四日午後一時より鞆奥町金元半蔵氏方にて会員七十二名集合し県林業課竹内[12]県属臨席、役員選挙の結果組合長に多田岩太郎氏当選し、氏議長となり大正十二年度予定事業及び低利資金借

[表－2]　平井土工森林組合設立時役員一覧

組合長	多田岩太郎	川東村大字大里字浜崎、林業（帝信S11, p21）、船主、創立総会で組合長当選
理事	森　六郎	徳島市通町、肥料商、醤油醸造業、大正13年所得90,993円（大所得者, p18）
理事	坂本縫吉	川上村大字平井字寒ケ瀬
理事	大沢久太郎	浅川村大字浅川浦、大地主
理事	元木貞吉	鞆奥町大字鞆浦字仲町、製材業、大正13年所得41,321円（大所得者, p20）、鞆奥の樵木商人で村外大地主
理事	三浦松太郎	鞆奥町大字奥浦字町内、木材（帝信S11, p49）、相川土工森林組合長、村外大地主、昭和6年時点で副組合長
理事	（後任の組合長）森下元太郎	鞆奥町大字鞆浦字南町、大地主、木材業、米商、営業税41.35円、所得税140.48円（商工T3, 渋谷, p68）、大正13年所得31,565円（大所得者, p21）、営業税42円、所得税776円（商録S5, p75）
理事	工藤常太郎	川上村大字平井字平井
監事	川脇常太郎	浅川村大字浅川浦、物品販売業、営業税31.34円、所得税49.74円（商工T3, p68）、製材・木材商、営業税30.07円、所得税…円（商工T3, p68）
監事	上田紋蔵	川上村大字小川字皆ノ瀬（事務所所在地）。大正13年9月13日死亡（登記）
監事	平岡菊太郎	川東村大字大里、大正13年11月26日死亡（登記）

［典拠資料］平井土工森林組合閉鎖登記簿（昭和38年移記　徳島地方法務局）。属性は特記以外は『海部郡誌』、『海南町史』渋谷隆一編総覧など。徳島県海部郡、住所の地番は省略。

入の件を議定し八時閉会した。同組合は川上村会の補助として三万円を支出し残りは低利資金十万円借入事業遂行の筈で七月上旬測量に着手、川上村皆之瀬より平井字大木屋への軌道一万間（九哩）を敷設するもので、工費十三万円を要する見込」(T12.5.27徳毎②欄外)。

「平井土工森林組合事業　八月上旬より起工　海部郡川上村平井土工森林組合は二十三日鞆奥町里屋旅館13)で重役会を開き、新任技師長山口三二氏から工事の実地踏査報告あり、外数件を付議した。同工事は二ヶ年の継続事業で十数万円を要するとの事である。川上村では同組合へ三万円を寄付する事となり、既に村会では満場一致で議決14)してゐる。組合は農工銀行から五万円の借入をなし八月上旬から起工する予定で工事は競争入札とするか随意契約として請負に付するか未定であるが、神戸市からは重成隆哉15)氏来県して同地に滞在し、又川東村伊沢福七、川上村谷田治平諸氏16)を始め数名も工事請負の希望があって目下入乱れて暗中飛躍を試みてゐる」(T13.7.27徳毎②)。

「皆ノ瀬から大小屋川又までの軌道22km 総工事費219,683円で敷設を始め」（報告，p31）大正12（1923）年第1回測量、大正13年3月第2回測量、大正13年7月第3回測量（郡誌，p193）、大正13年8月着工、大正13年度に6,597mの土工事、大正14年度に5,793mの土工事、大正15年度に6,919mの土工事を施工、19,309mの軌条を敷設（優良，p256）して大正「十五年七月を以て竣工するの予定」（郡誌，p193）が大正15年「11月1日に落成」（報告，p31）、平井森林軌道落成式を挙げた（下巻，p774）。この結果、「皆ノ瀬から上流にも森林軌道が入り、林産物の運搬、人や品物の移動がしだいに活発化…奥浦の発展はめざましいものがあった」（下巻，p715）という。軌道完成を目前にした大正15年6月20日組合は事業目的を「関係区域内ノ軌道林道ノ築設及森林産物搬出ニ必要ナル一切ノ施設」（登記）に変更して7月26日登記、「施設物の利用」を落成式後の「大正十五年十一月開始」（優良，p258）した。

平井土工森林組合は、昭和2（1927）年4月18日事務所を皆ノ瀬17)41番地ノ1（S2.4.22徳毎①、登記）に移転した直後の6月27日、海部郡鞆奥町で理事会を開催、「県から勝野技師出席、借入金の処理其他につき協議」（S2.6.29徳

毎②）している。郡誌には「本軌道敷設の経費が二十万円の予算であって、其資金調達方法は川上村より三万円の補助を得、残額は県の援助に依り低利資金を借入れて償うてゐる。之が償還の方法は林産物搬出の運賃にて利益を挙げ年賦を以て返還する筈」（郡誌，p194）としており、資金調達が当面の懸案であった。徳島県技師が出席したのは、県知事が森林組合設立奨励の一環として、測量、林道設計、築道設計等への強い指導権限を有していたためであり、県が斡旋する低利資金とは明治44年の「森林組合低利金融供与ニ関スル通牒」に基づき各県農工銀行が行なった制度融資である。

4．森林組合経営軌道の"擬制鉄道"化

軌道落成の直後「日本新八景候補地」に交通不便ながらも王余魚瀧が選ばれ、主宰者の大阪毎日は昭和2（1927）年6月25日「交通は徳島から南岸廻りの定期船によるか、或は徳島から阿南鉄道で古庄駅に出でそこから乗合自動車で鞆奥町に出るか、あまり交通の便には恵まれてない、しかし滝までの海部川の渓谷美またすてがたいものがある」（S2.6.25大毎②）と紹介した。「阿波の南方（みなみかた）」（大毎，p146）徳島県那賀、海部両郡は県都から隔たった僻陬の地で、大正期にも「一哩の鉄道もない」「阿南海部の地は…山岳重畳たる処にして交通の不便なる事県下一と称せら」（T12.6.12徳日夕①）れ、昭和初期でも「昔から原始的産業に従ひ、生活程度も低かった」（風土，p213）とされ、現在の徳島市民の声でも「ここはたどり着くのが大変でした。徳島駅から車で約3時間！」[18]もかかる遠隔地である。

こうした王余魚瀧への交通不便を解消し、観光客に海部川の渓谷美を鑑賞させ、かつ懸案の森林組合借入金の処理策が観光客に軌道に有料で便乗させる方法であった。昭和5（1930）年農林省山林局が各県に指示して優良森林組合事例調査[19]を行った結果を昭和6年大日本山林会が編纂した『優良森林組合事例』には「五九　平井土工森林組合」が「一二　両神施業森林組合」などと共に選ばれている。

両神施業森林組合は第二部第8章で述べるように、観光客に対して軌道の有料便乗を積極的に推進した営業センス溢れる森林組合である。両神と同様に、「林産物の搬出だけでなく、地域の人々の生活物資も「トロ」に積んで押し上げ」（下巻，p775）た平井組合の軌道利用料は「補修費、耐用年数を見込み、年間その林道より搬出される木材石数と見合わして決定する。又その軌道施設当時借入金によってなしたなら、その利子をも含めて計算」（報告，p134）するものとされた。優良森林組合の意味に「資金を借入れ…運賃利益をもって年賦返還を行った」（下巻，p775）返済力如何も含まれていると解すれば、支線延長した上に折から「日本新百景」に選定された王余魚滝への観光客激増を奇貨として、員外利用の運賃利益をも積極的に追求した点も評価されたのかもしれない。同組合が県庁を通じて農林省山林局に提出した軌道の「施設物の利用」実績数値によれば、まず「上雑貨」の摘要欄には「食料品日用品其の他」（優良，p258）とあり、鉱石は「昭和四年に三菱金属鉱業株式会社が、平野鍋吉から…買収」（下巻，p715）した浅川鉱山ではなく、沿線奥地の轟鉱山の「鉱石の運搬は山道は木馬、樫谷から森林軌道によって皆ノ瀬まで運ばれ」（下巻，p723）たことを示すものと思われる。

　著者が本章の主題として特に問題とするのは［表－3］の通り昭和2（1927）年度から独立した種目として登場する「トロ貸切」「トロリー貸切代」の摘要欄に「特殊貨物運搬の為」（優良，p258）と記載されている点である。分離前の昭和元年度の摘要欄には「杉、檜、栂、樅、松材、板、雑木、樵木、木炭、其の他日用品雑貨」（優良，p258）とあり、特記した鉱石でもなく、こ

［表－3］　平井土工森林組合軌道使用料徴収高内訳（昭和1～4年）

	人員	使用料(円)	上雑貨(円)	トロ貸切(円)		鉱石(円)	
S 1	120	4,562.79	NA	…	…	…	…
S 2	293	11,346.80	1,713.14	…	40.50	…	…
S 3	206	17,553.48	2,632.65	52回	286.27	87,840kg	163.84
S 4	236	17,511.47	2,178.93	209回	1,227.26	98,520kg	183.74

［典拠資料］大日本山林会編『優良森林組合事例』昭和6年，p258。

れらのいずれとも全く性質を異にする「特殊貨物」とは一体何を意味するのであろうか。

「農林省山林局に於ては…特に其の成績優秀と認むべきもの」（優良，p1）として調査した結果を、大日本山林会が『優良森林組合事例』として発行したものに堂々と掲載された数値である。よほど、農林省山林局・大日本山林会の視座から逸脱した特殊性を具備した「トロリー貸切代」であったことが強く推測される。大正7（1918）年1月県道298号海部川線鞆奥～小川間が車道として開通、「大正6年県道（現在の海部川沿の道路）が改修され大正13年に6人乗りのバスが入った」（報告，p32）結果、大正12年の阿南自動車の広告にも沿線観光地として終点の皆瀬の奥に王余魚之滝の絵が描かれている。この「皆の瀬から滝まで西約七粁」のトロッコとは、[表－1]に掲げた皆の瀬～大小屋間の平井土工森林組合軌道の本線と、王余魚谷地内の王余魚谷支線を、貸切のトロッコが便乗した観光客を乗せて直通運行したことを示すものと考えられる。

昭和初期に発行された当地の絵はがきを検索すると、少なくとも数種[20]のシリーズの存在が図書館等で確認でき、昭和初期に川上村一帯の有志・諸団体が日本新百景に選定された王余魚瀧の観光振興に相応の努力を払っていたことがわかる。

このうち、著者が所蔵するシリーズには[写真－5]左側の「王余魚瀧参道 十影の内軌道側　上瀬戸峡谷」と[写真－5]右側の「王余魚瀧参道　十影の内軌道側　保勢」[21]と題する写真があり、「上瀬戸峡谷」には海部川沿いの崖の上には貧弱な軌道らしきものが写されている。このシリーズはタイトルにわざわざ異例の「軌道側」の字句を使用するなど、多分に軌道の乗客を意識し車上からの景観を楽しむ乗客向に「王余魚滝保勝会」なる組織が販売した乗車記念の意味合いの絵葉書と考えられる。

しかし昭和8（1933）年、平井土工森林組合長森下元太郎は、相川土工森林組合と連名で衆議院に「森林組合融通資金年賦償還期間延長の請願」を提出した。請願の要旨は「徳島県海部郡川上村平井及相川土功森林組合は国家より低

［写真－5］「王余魚瀧参道十影の内　軌道側　上瀬戸峡谷」（左側）
（著者所蔵絵葉書）

利資金を借入れ、数年前森林軌道を敷設し大に森林の経済的価値を増加せしめたるも、其後財界悪化し既定計画に依る収入激減せる為、償還財源欠乏し、既定の年賦償還方法を励行せらるるに於ては組合は当然破産の運命を免れさる状態にあり。依て既定の年賦償還法中5ケ年間の据置期間を設け、且つ之に伴ふ年賦期間を延長せられたし」[22]というものであった。

　これに対する政府の意見は「大蔵省預金部の融通に係る農山漁村方面に対する各種低利資金の償還緩和の要を認め、右資金の借受主体の能力より見て真に其の償還困難なりと認めらるるものに付ては新に償還資金の供給をなすこととし目下貸付手続中に属す」[23]とあり、借換資金が認められた。昭和6年優良森林組合に選定された組合が翌々年に早くも返済猶予を申し出た背景は「其後財界悪化し既定計画に依る収入激減」であった。収入の一定割合を占めるまでに急拡大した特殊貨物運搬も昭和恐慌の深刻化で「激減」を余儀なくされたのであろうか。

　ここに請願提出の前年の昭和7年4月時点で「王余魚瀧…海部川に沿ひ遡ぼり行く、今は近くまで自動車の便がある」[24]との興味深い記述がある。もしこ

のころ公営自動車の路線が終点の皆ノ瀬から滝の近くまで延長されたことを意味すると解すれば、同組合の「特殊貨物」が激減し優良組合を返上させた可能性もあろう。

　戦後になって昭和31（1956）年8月時点で「軌道は逐次車道に切り換えられつつあり、平井部落では寒ヶ瀬まで車道に改修されたし、奥地、川又、大小屋線も今年度…切り換えられる予定」（報告，p33）で、「軌道はまだ残存しておるところが１／３程度あり」（報告，p134）、「軌道による山稼で生活していた『トロ乗』と呼ばれる人々は、車道の切換によって大方は失業」（報告，p33）した。また「昭和26年より林道の改修が町に移り、林道の開発が進むに従い軌道の手数料は漸次低率となってきて森林組合の運営を困難ならしめ…組合経理は倒産寸前の様相を示し」（報告，p130）、昭和8年の請願文通り「組合は当然破産の運命を免れさる状態」に陥った。なお管見の限りでは戦後の徳島県の観光地の中で王余魚滝（轟の滝）が大きく取り上げられているような全国レベルの刊行物に接することができなかった。

5．平井森林軌道での想像を絶する「非日常」体験

　以上のように、平井森林軌道の利用実態は林業面の公式資料からは容易に解明できなかったが、地元新聞に僅かに見出だせた同軌道の事故報道から類推してみよう。昭和2（1927）年5月28日利用者の字樫谷の少女二名は「叔父…の所有トロッコに叔父と共に乗り遊び中あやまって五十間も下の箇所へ転落し…裂傷を負うたが、場所が懸崖をさけたため一命を取止め得た」（S2.6.3徳毎③、個人情報は削除）という「トロッコに乗った叔父姪　崖へ落下」（S2.6.3徳毎③）する事故が発生した。わずか10日後の昭和2年6月8日にも平井森林軌道の利用者の「日稼」OはK家の「田植の日傭に行きトロッコに稲苗を積み、傍らに…外三名を乗せ字蔭と称する勾配の森林軌道を疾駆中、字樫谷橋に差しかかった刹那、トロッコの激しき動揺に…外一名は橋際に振り飛ばされ…も橋の中央より高さ七間の谷間へ投げ墜とされ頭部顔面左足等に重傷、其他同乗の二

名も橋の終端の曲線にてトロッコの脱線と共に墜落負傷」(S2.6.16徳毎③、個人情報削除)するという「稲苗を積んだトロッコ　同乗の五名墜落　一名は惨死四名は重傷」(S2.6.16徳毎③)を負った大事故が発生した。先の事故の利用者は字樫谷の21歳のトロッコ所有者が少女二名と「乗り遊び中」、後の事故の利用者は大字平井の56歳の「日稼」の「田植の日傭」の際の事故であり、いずれもプロの森林軌道従事者による山林作業とは言いがたい森林軌道の員外利用の結果であった。純然たる山間部ではない路線のため、当初から員外利用の多い森林軌道であったと思われる。

　同軌道の特徴として、①元来村道整備の代替案として計画され、②敷地は組合員たる地主から無償提供、③敷設工事費の一定割合を村が税金を投入して整備した準「村道」、④走行するトロッコの「台車」は利用料金支払を長期契約している組合員・沿線住民らの個人所有(プライベート・キャリヤー)、⑤利用者は一台に5名程度までの同乗者を乗せ、⑥自ら手動の制動をかけて運行、⑦すぐ下が崖になった勾配・湾曲路線を、⑧今日の遊園地の"遊戯鉄道"並に相当の速度で「疾駆」するため、⑨報道された大事故を含め、事故が日々多発する危険な軌道であったことが判明する。

　戦前期の徳島県の案内記・観光案内書[25]として少なくとも数点の存在が確認できる。このうち『阿波案内』の「轟滝」(王余魚滝)の項目には鞆奥町「奥浦より皆瀬へ約四里自動車の便がある、皆瀬からトロリー道一里更に坂道一里にして轟滝に達する。…自動車は奥浦にて一旦下車し奥浦より皆の瀬行に乗替す。皆の瀬より轟滝迄約二里、此間御好みに依り『トロッコ』に乗用出来る」(阿波, p86)と明記されている。巻末に海部郡町村自動車公営組合、阿南自動車協会等の昭和3年4月1日改正時刻表を添付するなど、交通機関や地元町村等から最新の情報を直接収集できる立場にある徳島県社寺兵事課自らが編集した公式ガイドブックであり、その記載内容は信頼できよう。また昭和初期に発行された最も定評ある観光案内書として鉄道省が編纂して傍系の日本旅行協会が昭和9(1934)年3月に発行した『日本案内記　中国・四国篇』の「轟滝」の項目にも『阿波案内』等も参照したと思われる以下の交通案内がある。

「日和佐町から自動車を利用、西南二五粁の奥浦にて一旦乗換へ[26]、更に海部川に沿うて遡り、西北約二〇粁の皆の瀬下車、皆の瀬から滝まで西約七粁、トロッコに便乗する事が出来る」（案内中，p413～4）。

　これら官製観光案内書の記述から、昭和3（1928）年ごろから少なくとも9年ごろまでの時期には轟滝を訪れる一般の観光客多数が皆の瀬～轟滝約7ｋｍの間、平井土工森林組合軌道のトロッコに便乗できるような各種の準備体制[27]が既に整っており、徳島県や鉄道省が公共交通機関に準ずるものと判断して自ら編纂する観光案内書に堂々と記載したものと推測される。偶然にトロッコの運行に遭遇した少数の観光客が運転中の地元民にヒッチハイク的に頼み込んで幸運にも便乗させてもらえたというようなレベルではないと考えられる。

　平井軌道も滝見客相手には事実上犬車を貸出し旅客運賃相当額を収受する方式を併用した。しかし平井土工森林組合の経理上は「軌道使用料徴収高」内訳で「特殊貨物運搬の為」の「トロリー貸切代」（優良，p258）と記載されている。森林組合の建前上、旅客運賃を収受する運輸事業の直営表示までは踏み切れなかったのであろう。前述の案内書にも「トロッコに便乗する事が出来る」「御好みに依り『トロッコ』に乗用出来る」と有料表示は避け、注意深く単に「便乗」「乗用」との表現にとどめている。

　組合の使用料徴収高のトロ貸切回数が昭和3（1928）年52回286.27円、昭和4年209回1,227.26円と4倍にも激増しているのは、昭和4年4月10日トロッコ便乗を記載した『阿波案内』が発行されるなど、観光客側のトロッコ認知度が飛躍的に高まったことの反映でもあろう。

　前掲写真－5の「王余魚瀧参道十影」シリーズの「分れ」と見られる同種の別の絵葉書「王余魚瀧参道　平井軌道　王余魚滝保勝会発行」[28]と題する貴重な画像1枚もＷｅｂ上で存在が確認できる。この絵葉書には白ワイシャツにネクタイ、山高帽の紳士然とした男性2名と和服姿の女性1名、木製のハンドブレーキを操作する「トロ乗り」と思しき屈強な髭の男性1名の合計4名が、1台のトロッコに乗って海部川の渓谷を遡っている探勝風景が鮮明に写されている。恐らく『阿波案内』『日本案内記』などを見た県内外からの観光客3人連

れが組合に「トロリー貸切代」(昭和3年平均＠5円50銭、昭和4年平均＠5円87銭)を支払い、「トロ乗り」の運転する「皆ノ瀬から滝まで西約七粁、トロッコに便乗」した事実がこの画像から確認できよう。さらに著者を驚愕させ、極度の「非日常性」を感じさせたのが、トロッコの動力がなんと耳の垂れた脚の長い、たった一匹の可愛らしい「洋犬」であった点である。非力な小さな犬が大の大人4人を乗せ、健気にも重いトロッコを牽引して、海部川を遡って王余魚滝まで引っ張りあげ、帰路は犬もトロッコに乗り込んで「トロ乗り」がブレーキを操作しながら皆ノ瀬まで下っていったのである。通常の森林軌道で犬を使用するのは、隣県の高知県魚梁瀬などで「空車曳上げは荷役用の犬2頭に曳かし、上げ荷がある場合には夜間牛に曳かせてあげた」(高知局, p204)のであるが、平井軌道では1台の貸切代5円50銭程度の有料での旅客営業において、上りの動力として「洋犬」を1頭曳きで使役していたことになる。

　先行研究によれば、畜力としてロバを利用した例として徳島県海部郡川上村の軌道(小林, p173)があるとされ、川上村の軌道は「イヌ」だけでなく「ロバ」まで利用するなど、ことのほか畜力利用に熱心であったことが判明する。もし絵葉書発行元の「王余魚滝探勝会」ないし「川上村観光協会」「とどろき保勝協会」などに地元有力者でもある森林組合理事等が加わって一連の観光振興策として実行したと仮定すれば、「轟口からの王余魚谷線二キロメートルの支線」(下巻, p775)建設の意図は当初から観光客輸送を目的とした「王余魚滝近道」たる観光鉄道にあった可能性すら否定できまい。さらに推論を重ねると、著名な阿波鳴門でさえ新八景に入れようと鳴門保勝会・撫養自動車・検番等を中心に「撫養方面に激烈なる運動」(S2.5.7徳毎⑤)が展開されたのと同様に、当時まだ無名に近い王余魚瀧を「日本新百景」に押し上げたのも同組合の組織力・ネットワークであった可能性すら検討しても良さそうである。そうなれば、川上村の林業関係者のコミュニティデザインとして出発したものが、王余魚瀧の観光資源の発掘・発信力の顕著な成功例となるだろう。

　平井軌道は昭和31 (1956)年8月時点で1／3程度残存し、昭和32〜3年頃には全廃された。同軌道には神秘境の王余魚滝への探勝ルートとしての別の側

面もあり、観光案内書に記載され絵葉書が発行されるほど便乗によって不特定多数の一般観光客の目に触れる機会も少なくなかったことから、今後とも当時の旅行記、紀行文の類に末期の消息が記されていないかなど、有料便乗の詳細を解明するため、「非日常」の極致の探索を続けたい。

注
1) 本章では頻出する基本文献等は以下の略号を使用した。／報告…『林業金融基礎調査報告（22）』全国森林組合連合会、昭和31年11月。阿波…徳島県社寺兵事課編『阿波案内』徳島県、昭和4年4月。／郡誌…『海部郡誌』海部郡誌刊行会、昭和2年。／町史…『海南町史』海南町教育委員会、昭和41年。／下巻…『海南町史　下巻』海南町、平成7年。／風土…大阪毎日新聞編『経済風土記　四國の巻』刀江書院、昭和5年。／登記…平井土工森林組合閉鎖登記簿（昭和38年移記　徳島地方法務局）。
2) 徳島県の治山林道課長は昭和52年「昭和初年に設立された土工森林組合には、勝浦郡高泉寺、八重地、海部郡平井、相川等、活躍のめざましいものがあったが、これについては他稿にゆずることにしたい」(高瀬正「徳島県の林道50年史」50年史，p589) と、同書で愛媛県の林業課長が加茂施業土工森林組合の軌道に言及する中で他組合を省略している。
3) 10年余しか存在しなかった幻の八ヶ岳の軌道を地域誌に投稿した伊藤哲郎氏も「読者は狐にでも化かされ…夢そらごとを唱え」(伊藤哲郎「昔日の南諏訪横断軌道」『オール諏訪』平成3年3月，p54以下、八ヶ岳，p98以下所収) ているかと誤解されぬよう、軌道を掲載した諏訪教育界発行の　『諏訪地図』を最初に提示している。
4) 林道台帳は「林道の沿革歴史・種類・構造・資産・内容・維持修繕等を明らかにし、その位置を明確にした図面を添付」(松下帰智朗『林学の要点』林業書房、昭和33年，p18) した帳簿。
5) 『日本林業発達史　上巻』林野庁、昭和35年，p687、金丸平八『日本林政史の基礎的研究』昭和44年，p69)。
6) 『いまいち市史：通史編』第6巻、いまいち市、昭和44年，p127。
7) 愛媛県林業課長・正岡喜久利「林産物搬出形態の変遷と林道発展の過程」50年史，p600。
8) 「加茂川林業」(9.pro.tok2.com/~arajishi/kamo02/08kamogawa/kamogawa.html)、『愛媛県史　地誌Ⅱ（東予東部）』昭和63年、『四国の鉄道廃線ハイキング』。
9) 小林，p173に記載の徳島県海部郡川上村の軌道に該当。
10) 「轟神社略記」(宮坂宥勝、梅原猛、金岡秀友『密教の文化』春秋社、昭和52年，p251所収)
11) 『林業機械化ガイドブック』地球出版、昭和34年，p208。
12) 竹内常蔵は殿川内森林鉄道の開削、敷設の作業に従事した人物。
13) 里屋旅館は徳島県社寺兵事課が当地で推奨する「旅館　里家（鞆奥町奥浦）」(阿波、

14) 村長・谷崎加太郎の尽力によるものであろう。
15) 類似の重成千代吉は神戸市旗塚の土木請負業者（帝信 T14, 兵庫, p89）。
16) 谷田治平は名東郡八万村下分の土木請負業者（商工 T3ア, p7）。
17) たとえば組合事務所を置いた大字小川字皆ノ瀬41番1の土地台帳・登記簿を閲覧すると、「所有主氏名」は「皆ノ瀬字」（台帳）「字皆ノ瀬」（登記）と記載されている。
18) WEB「阿波十二景今昔その12～轟の滝～阿波十二景絵葉書」小山助学館HP（koyama jyogakukan.com/ kyodosho/201301_12.php）。
19) 「優良森林組合事例調査」「森林組合一件（S4～5）」『奈良県庁文書』。
20) ①徳島市の書店・小山助学館が昭和の初めに発行した「阿波十二景絵葉書」（12枚組）の十二景目（王余魚之滝）、②「川上村観光協会」が「日本新百景」選定の昭和2年以降に発行した「王余魚瀧　日本新百景」（10枚組）、③「王余魚滝保勝会」が発行した「王余魚瀧参道　十影」（10枚組）、④「王余魚滝保勝会」が昭和12年ごろ発行した何枚かの絵葉書シリーズ。発行者個人の特定はできなかったが、当時「同地方発展策を研究」（S3.7.28徳毎①）する地域活動として昭和3年7月28日川上村轟神社夏祭りにあわせて「轟滝を如何に天下に宣伝すべきか」（S3.8.2徳毎⑤）との研究会が現地で開催され、梅枝轟神社宮司、佐出神職、谷山轟神社総代や井上徳島毎日主筆等が「具体的方法及びこれが設備の…意見の交換を行った」（S3.8.2徳毎⑤）と報じられ、こうした人物の関与が想定されよう。
21) 平井の保勢地区には昭和10年11月「とどろき保勝協会」が石碑を建立している。（上巻, p1169）。
22)23) 「森林組合融通資金年賦償還期間延長ノ請願ニ関スル件」『公文雑纂・昭和8年』（公文雑纂・昭和八年・第三十二巻・帝国議会四・請願一、昭和8年3月22日内閣作成　請求番号本館-2A-014-00・纂02048100件名番号09　マイクロフィルムリール番号：054200、開始コマ：1024）。
24) 小川國太郎『商工五十年感想史　付阿波名勝紹介』ミヤコ印刷、昭和7年4月, p69。
25) ①石毛賢之助『阿波名勝案内』黒崎書店、明治41年、②阿波名勝会機関誌『阿波名勝』各号、③鳴門保勝会編『鳴門案内者』鳴門保勝会、大正11年再版、④岡本呑洋『東洋一位阿波名所案内』2版、阿波名勝保勝会、大正15年、⑤徳島県社寺兵事課編『阿波案内』徳島県、昭和4年4月。
26) 阿南自動車協会の路線図は「星越」（阿波、巻末）を南端としており、阿南自動車から「海部郡町村自動車公営組合」へと「必ず那賀と海部の郡境、星越峠の山の中で、自動車の乗換へを強要される」（風土, p208）点も正確に記載されるなど、『阿波案内』『日本案内記』の記述の信頼度は高い。「公営自動車営業地図」「沿道の名所旧蹟」にも皆ノ瀬終点に「轟の滝－かれい滝（川上村）」（T12.6.12徳日夕①）を記載。
27) トロッコ貸切代の制定と専用の「トロ乗り」職員の適切な配置等を含む。例えば高知営林局安芸営林署の伊尾木軌道（横荒作業所～伊尾木貯木場28.83km）の場合、1915年には牛を利用してトロリー運材を行なっていたが（林技, p230）、「トロ乗り人夫は約60名で各々犬2頭乃至3頭あて飼育して従事しているので、犬の総頭数は150頭に

達する」(高知局, p304)ほど多数配置していた。また秋田県抱返り渓谷の営林署林用手押軌道の場合では昭和14年10月の旅行案内に「日曜祭日には特に営林署の許可を得て便乗することができる。トロは無料であるが、手押人夫賃として一人に付一円位で、1台に2人を要する。ときには人夫雇入れ不能のため利用できないことがある」(水車, p123)と注意喚起されている。

28)「犬曳 軌道」でヤフー検索「Xm3452 風俗 王余魚谷 平井軌道 犬曳き」裏面「union postale universelle carte postale ・utsunomiya 星印」【中古】Xm3452 風俗 徳島 王余魚谷 平井軌道 犬曳き 絵葉書の価格をみる ...aucview.aucfan.com/yahoo/l321767158/ (http://aucview.aucfan.com/yahoo/l321767158/)。因みに著者は当該絵葉書を模写してその道の有識者相当数に鑑定方を依頼したが、初見との返答が多く、従来あまり流布していない代物かと思われる。

第5章　特殊鉄道における虚構性・非日常性

1．はじめに

　観光現象と交通手段たる鉄道との関係は、観光客の移動手段の数ある選択肢の一つとして鉄道も存在するといった単純なものではない。旅行業者の祖たるトマス・クックと鉄道との繋がり、ディズニーランド等の遊園地と鉄道との関係など、両者の間には切っても切れぬ深い因縁が潜在している。ウォルトの熱烈な鉄道観を十二分に反映させた芸術作品がディズニーランドであり、その象徴が外周鉄道の駅舎をメインゲートとする独特の構造である。本来彼の個人的な趣味に属する自宅鉄道が「ミッキーマウスビレッジ」構想に発展、最終的に5年後にアナハイム・パークの外周鉄道「サンタフェ・ディズニーランド鉄道」に結実したこと、そのウォルト流の鉄道観を北海道の開拓鉄道に置き換えた和製のニセモノが奈良ドリームランド鉄道であったことは第3章に述べたとおりである。

　著者は現代の観光現象にとどまらず、過去の観光現象にも等しく関心を有して、特別に乗車を許される特殊な「乗り物」に関する史料や記事を探索してきた。その折には人里離れた深山幽谷の地に残されているかもしれない、二条のレールの微かな痕跡[1]を探索しようとする特別な旅を夢見てきた。本章の鉄道における虚構性の探求は、本書第二部での各論を展開するにあたっての導入部に該当する。さらに、先を見越していうなら、虚偽鉄道にこそ観光資源としての潜在的価値を見出だして、観光を抑圧しようとする官側の抵抗勢力に屈することなく、観光客の利用をなんとかして認めさせようとする趣旨の息の長い特

殊鉄道解放運動[2]の歩みでもあった史実を明らかにしようとするものである。

2．文筆家等の描く特殊鉄道の「非日常」

小説家、文学者、文筆家等が森林鉄道・特殊鉄道等を見聞したり、乗車した際に、感想・印象をどのように記述しているのか、はたして「非日常」感を抱いているのか見てみよう。まず一般の軽便鉄道の描写として、高村光太郎は花巻電鉄を「花巻市から、ちやうど宮沢賢治の詩の中に出てくるやうな、夢の話みたいな可愛らしい電車がトコトコと東西へ分れて走つてゐる」[2]と表現する。耶麻軌道（沼尻鉄道）に乗車した河上徹太郎は「猪苗代湖畔の川桁駅から円太郎馬車に玩具の機関車をつけたやうな支線に乗換へ、夕刻前に終点の沼尻へ着いた」[3]と書いている。一般の軽便鉄道も彼らには「夢の話」「玩具」と、十分に幻想的なものに映ったようだ。

次に文学者・文筆家等の文人がさらに虚偽・虚構の程度の進んだ専用鉄道・森林鉄道とどういう具合に関係したかをみると、紀行文学の世界、特に東北・甲信越地方などでは奥地への足として森林鉄道・林用軌道等が盛んに登場することが判明する。森林鉄道の本場である津軽出身の太宰治は「津軽」の中で、さすがに「森林鉄道」という正式名称を使用しているが、この方面の知識も関心も乏しい多くの作家は簡略に「軌道」ないし「トロ＜ッコ＞」と略称することが多い。『日本百名山』の著者として有名な登山家である『深田久弥作品集』から、一例として北アルプスから流れ出る高瀬川沿いの葛温泉方面への軌道の描写場面を挙げてみよう。「バスは大町を離れると間もなく高瀬川の谷に入り、ずっと川に沿って、葛温泉をすぎ、やがて終点の七倉材木置場に着いた。高瀬川上流で伐り出した材木は軌道によってここまで運びおろし、これから下はトラックで運搬する仕組みになっている。…七倉貯木場から上の軌道は一般に乗車を禁じられているので（ただしリックサックだけは運んでくれる）…倖せにも私たちは地元の丸山さんの顔で、特別に軌道に乗せてもらうことができた。材木を積みに山かけるこの運輸機関は、空のトロッコを幾つもつないで小さな

ガソリン機関車が引っぱって行く。少し前従業員が軌道の事故で死に、それ以来一般乗車禁止[4]はいっそう厳重になったそうである。濁ノ小屋の前を過ぎ、東信電気第五発電所の近くで軌道は終わる」[5]と特殊な鉄道の独特の仕組みへの深田の観察眼は鋭く、かつ、「非日常」描写も要を得ている。

　次にガソリン機関車よりも、さらに「非日常」の特殊な乗り物の記事として、「台北駅よりばん地角板山に成らせられるべく…蕃山ゆゐ一の交通機関たる台車（トロッコ）に御乗換へになった。これより角板山上までは六里七町の緩傾斜の道、数十台が列を成して、わだちをきしる音はしずかな蕃山にこだまして神秘な響きを告げた。長さ百二十間の淡水渓大橋を渡られ快走すること一時間半、一帯の楠木林に入る…」（T14.6.1東朝⑦）。これは大正14（1925）年5月31日秩父宮が台湾の景勝地・角板山に行くに際して民営企業の桃園軌道が経営する「手押台車」[6]という特殊な「乗り物」に召された時の記事である。日頃何不自由ない豪華な生活を送る皇族が「わだちをきしる音」の神秘な響きと揺れの中を遠く台湾の蕃地と呼ばれた山奥を台車で進まれた心境は、さぞかし「非日常」の極致であったものと拝察する。さらに同じく台湾の台車への乗車記事ではあるが、なんと夜間に走らせた「古峡生」の「非日常」の風景は次のようなものであった。「昼間ならば行合ふトロに度々降りたり待合たりしなければならぬのであるが、今は夜のこととて全く其面倒が無い。鉄軌の上を走るものは只我一台のトロあるばかり、其に二人の苦力が変る変る押すのだから疾駆の快は云ふに堪へぬ、家が飛ぶ、藪が走る、甘諸畑が暫く続く…提灯の火が田毎の水に星を流す。余は其提灯の明に折々地図を照しながら、今通る処は此辺かなどと想像する」（T2.6.20東朝③）。

　「総てが平民的」（T14.6.1東朝⑦）で登山がお好きな秩父宮は昭和2［1927］年8月北アルプスを踏破する際にも「島々谷登山口にてトロッコに召さ」（S2.8.22東朝②）れ、幌付きの特別仕立の珍しい「御召しのトロッコ」台車の写真が大きく報じられるなど、何度も特殊鉄道を御召し列車とされたトロ好き？の皇族であった。

　戦前に岩手県の小岩井農場（長大な自家用軌道を保有）を訪れた吉井勇は

「小岩井で、そこで汽車を捨てた私達は、停車場の前に待ち受けてゐて呉れたトロに乗って、細く狭い軌道の上を、馬に曳かれて運ばれていった。…トロに乗ってゆくといふことは、もう既に農場気分があって、仄かに匂って来る草の香にも、或る懐しみが感じられた」[7]「今度のトロは周りに板囲ひや布団が敷いて腰掛のあるもので、さっき停車場から乗って来たものよりは上等で乗心地もよかった」[8]と、駅前に専用のトロッコを差し回して、農場内も別の上等なトロで案内してくれた農場側の格別の好意[9]に感謝している。

また柳田国男も「青森大林区署の官用軌道の軽便に乗せて貰って」[10]津軽の旅を楽しんだが、「僅かに木屑を焚くような汽動車」[11]、「碌に修理もせぬようだが軌道はやはり軽便なもので、山と町とを半分の距離にした」[12]と、外観上の軽便のみすぼらしさとは裏腹の相応の効用を認めている。

また田沢湖の奥の玉川温泉の案内に「生保内駅…前から営林署の玉川林用軌道[13]に便乗、玉川の渓谷に沿って西北にさかのぼり、…渋黒川との合流点に出て…五十曲の急坂を約三時間上れば玉川温泉（鹿湯）に達し…」（費用 S32, p62）とあるが、乗車した田部重治は「この軌道はこの沿道の村の人たちにとって、また、通学児童にとってなくてはならぬ交通機関、多くの人たちはそれを利用している」[14]と評価している。

徳本(とくごう)峠を越えて上高地に入る際に、荻原井泉水は松本営林署の梓川島々谷森林鉄道の支線・島々〜魚岩留(いわなどめ)[15]間約12kmの馬車軌道に便乗した様子を用意された車両ともども以下のように克明に描いている。「幸いなことに島々から岩魚留まで、私達はトロッコを出させる事が出来た。私達といっても初めからの連れではなく、私は独りとして山にかかるつもりだったが、この島々に来て、同じく上高地方面に行くという人達がしぜん落合い…丁度、荷を積んで上るというトロが支度していたので、それに、も一つ車を継ぎ足さして、しかも特に早く出すように、Hが懇意の上から頼んでくれたのだった。その車は普通に木材を積出すのに使うものだというが、藁座を二、三枚敷いてくれた。私達七、八人はその上にあぐらをかいたり、また、脚をぶらさげたりした。これで三里の道は疲れずして行けるという安心…トロッコは馬が曳くのだった。南沢川の

流れに沿うて軌道がついている。徒歩するものはその軌道の桟木をつとうてゆく。私達がトロの支度をさせている間に、二人三人ずれ幾組かが先発して行ったが、それらの人には岩魚留に着くまで遂に追付かなかった。トロッコの進みは徒歩するより遅いとも早くはなかったけれども、私達はしごくのんきな気持で、膝を抱きながら辺りを眺めていた。…岩魚留に着いたのは、まだ十一時だった」[16]。同行者と営林署との「懇意」な関係が著者に特別な待遇という「幸いなこと」をもたらしたという、便乗制度にありがちな不公平性も垣間見える。

　この林鉄は上高地方面への登山ルートに合致するため、皇族方の登山の際にも何度も利用された。たとえば大正5（1916）年8月12日東久邇宮は「松本小林区署用の材木運搬用トロッコ四台を仕立てられ…馬に曳かせて出発せり。斯くて殿下には島々より二里の二股なる小林区署出張所にて昼飯を認め…トロッコに召される際カメラにて御撮影相成たり」（T5.8.14東朝⑤）と報じられた。昭和2（1927）年8月にも「島々谷登山口にてトロッコに召さるる」「御召しのトロッコ発す」と題する馬が幌付きの特別仕立の台車2台を曳く「北アルプス御踏破の秩父宮」（S2.8.22東朝②）の珍しい「御召しのトロッコ」台車の写真が大きく報じられている。やんごとなき皇族方が、危険が付き物の特殊鉄道を御召し列車とされるというご決断は、戦前期においては大変な出来事であったであろう。

　たとえば明治41（1908）年9月の皇太子（大正天皇）の小坂鉱山行啓の際「同鉱山へは大館より十四哩の鉱専用鉄道にて成らせられ」（M41.9.1東朝③）る原案に、宮内省では明治「三十五年には小坂に於て鉱石運搬の為め鉱業所、精練所間八粁に敷設…明治四十年…大館と山許間に二二・四粁の＜専用＞鉄道を開通」（鉱業, p269）、後年普通鉄道に転換する「専用鉄道の如きも最初は危険を恐れたが、行啓について逓信技師が検査に行き、其設備の意外に堅固なるを確かめ」（M41.9.1東朝③）た上で御召しを内定した。藤田組が既設の長木沢森林鉄道（大館〜茂内〜二ツ屋間）を譲受け、路盤を流用して明治41年9月15日小坂鉱山専用鉄道を開通させたのは鉱山行啓の僅か一週間前であった[17]。

　さらに大正10（1921）年8月淳宮・高松宮両皇子をも小坂鉱山にお迎えする

こととなり、宮内省からの「一般の迷惑を及ぼす様な事はせぬ様に」(T10.7.19東朝⑤)との「思召」を賜った藤田組安田所長は「精練所から一二里も隔る元山をも御覧になる御予定と承はり…同所へは鉱石を運搬する汚ない電車が通って居ります。両殿下も小さなトロック式の運搬電車に召されることと拝察し甚だ恐懼の至りです」(T10.7.19東朝⑤)と語っている。

『現代日本紀行文学全集』の南日本篇にも盛んにトロッコが登場する林芙美子「屋久島紀行」[18]なども収録されている。王滝森林鉄道を主題とした井口泰子「森林鉄道みやま号」[19]、北原昌弘「森林鉄道搭乗記」[20]などの作品のほか、石田波郷は王滝森林鉄道について「王滝川に吊橋がかかってゐた…それをわたると、上松に通ずる材料運輸の軌道がはしってゐた。駅のやうなものの前に四五人の女房づれが待ってゐた。上松まで何の位あるのかときくと二里の余もあるかいのう、乗って行けばよかろといふのであったが、三人は狭い軌條の上を、今度は急に単調になった静かさで歩きはじめた。枕木の間隔がせまいのでとても歩き難い」[21]と便乗を断念している。

辻村太郎は昭和17(1932)年7月薬師岳に登山する際に、富山県営発電事業から日本発送電へ移管された直後のインクライン2本を含む大規模な有峰軌道網[22]を利用した。富山県営鉄道「本宮駅で下車し、電力会社の軌道に乗りかえる。村から昇降機で三百メートルの急傾斜面を登り、高度六百メートルの緩傾斜地に達する…日暮れまで架空索道の音がして、脚下にはダム工事の電灯の光、コンクリートを流す夜業のにぎわいも聞こえる」[23]と書いている。

何本もの森林鉄道が網の目のように分布していた八ヶ岳山麓でも登山客の目に触れ、大門沢・川俣林用軌道の場合は清里「駅前の材木の間を通り、トロッコ道に沿って…伐採小屋へと曲がる。…程なくトロッコが二本、左右に延びてゐるが、右の山へは進まず、左ヘトロッコ道に伝はつて登る」(S9.9.13東朝)などと同線の特色である分岐点の二股がよき道標となっていた。近年でも八ヶ岳山麓の稲子湯を訪れた池内紀は紀行文「遊園地の木馬」の中で臼田営林署の渋・横沢森林鉄道[24]を「広大な山腹を縫って赤さびたレールがうねうねと走っている。かつて『戦時興産』の名のもとに、木材が切り出され、丸太を満載し

第5章　特殊鉄道における虚構性・非日常性　99

たトロッコが奇妙な獣のように斜面を走り下った」[25]と生々しく表現している。同林鉄は3度にわたり路線を変遷させているが、「こまどり沢付近の連続ヘアピンカーブ」を遺跡調査した竹内昭氏は「凄まじい"軌道版日光いろは坂"」[26]と表現している。

　このように文人たちによる軌道便乗の例が多い中で特に宮本百合子は大正2（1913）年10月福島県飯坂の湯野村に架設された貨物専用の電気索道株式会社（資本金10万円）[27]を取材して、『中央公論』大正6年7月号に発表した。この「禰宜様宮田」の中に、全国でも3番目という珍しい乗り物を見て驚愕した少年六が「乗せてくんろ！よ、おじちゃん。俺らこれさのせてくろよ！」[28]と乗車する話が登場する。宮本の創作メモには「索道は、今から五年前に出来た。もいわの村から荷を運搬するためで、十二円五十銭ずつの株式組織である。が、今は利益は全然なく、二円五十銭、三円で、一株が売買されることになって居る。今のところ廃する問題はないが、こんど改築のときがあやしい位費用だおれになって居る」[29]と経営内容まで細かく観察した。同様に木材、米や雑貨などを山上に運ぶ役割を果した貨物索道の各地の事例を見ると、益田索道の現地調査報告では「町に出る人がよく便乗していた…内緒で乗った」[30]とされ、北山索道でも「重役の人たちはよく利用したし、一般の人たちもよく便乗した」（三重，p76）、「芸者がこれに乗って尾鷲から来たり」[31]と伝えられる。

　著者が平成16（2004）年3月20～21日現地調査をした、勝浦索道[32]取締役の久保種松の孫にあたる逸郎氏のご教示によれば「勝浦索道の従業員に汐崎福次さんという身の軽い方がおり、索道の荷台に乗り、油を引き乍ら索道に乗っていったのをハラハラしながら見ていた」と記憶されている。また平成7年著者が聴取した大浦治雄氏（奈良大学理事長）も「桜井周辺・鹿路村には奥吉野・川上村にあったようなヤエン・索道はなかったが、私自身も京終～都祁村間の高野豆腐搬出用の貨物索道に日傘をさした女性が乗っていたのを目撃しておどろいたことがある。交通の不便な地域では法律で禁止されていても、実際には旅客用にも利用されていたのであろう」[33]と危険な便乗行為を目撃している。これは都祁地域から木材、薪炭、凍豆腐等を奈良へ運んでいた貨物専用の奈良

安全索道[34]である。かような虚偽鉄道にあっても、便乗、目的外使用等の手段により実質的に旅客運輸の"ヤミ営業"を行っていた数多くの"擬制鉄道"が隠蔽されていたことが判明する。

3. 特殊鉄道とは何か

上述のように世の中には実に種々雑多な特殊な鉄道が数多く存在するのであるが、けいてつ協会編『知られざる鉄道』は副題に「専用鉄道・遊覧鉄道・特殊鉄道全リスト」[35]と銘打ち、幅広く軽便鉄道、森林鉄道、北海道の簡易軌道、リニアモーターカーの実験線から遊園地のお伽列車、地図にも載らない商店のトロッコまで最広義の「特殊鉄道」を取り上げている。この分野の代表的な出版物である同書の場合は恐らく特殊鉄道を最も広く解釈している例であろうが、逆に極めて狭い意味で使用している場合もある。法律で規定されていた特殊鉄道として「旧運輸省令」の「特殊鉄道構造規則」第一条は「懸垂式鉄道及び跨座式鉄道、案内軌条式鉄道、無軌条電車、鋼索鉄道並びに浮上式鉄道（常電導吸引型磁気浮上・リニアインダクションモーター推進方式のものに限る。以下同じ）」を「特殊鉄道」というと定義していた。これは「旧運輸省」管轄の鉄道の中で、通常の鉄道とは構造が異なるものを「特殊鉄道」と総称して、異なる取り扱いとしていたものである。古くは仲摩照久『万有科学大系』などの著作で技術者の興味をひく「歯軌條、懸垂、鋼索諸鉄道の外、圧搾空気を使用するもの等猶多数の特殊鉄道を挙げることが出来る。」[36]としたものをはじめ、生方良雄氏の『特殊鉄道とロープウェイ』（交通ブックス）、創元社が毎年発行する『鉄道手帳』巻末資料編の「日本の特殊鉄道一覧」など「旧運輸省」系統の影響下にあると目される出版物や、『世界大百科事典』第2版などの特殊鉄道の用語解説内容は上記の最狭義の「特殊鉄道」に依拠していた。

さて、観光社会学の立場に立って「ホンモノ」「ニセモノ」の境界を探索しようとする著者としては、まず「真正性」ある鉄道を国家の監督当局によって公式の許認可を得た正規の鉄道であって、広く一般の交通の用途に供されるも

のを想定する。現代にあっては鉄道事業法によって免許を得た普通鉄道がその典型である。逆に「ニセモノ」の鉄道とは青木栄一氏の指摘を拝借して、とりあえず「鉄道の法律とは無縁の鉄道で、その存在や実態を把握しにくい鉄道」（トロッコ，p14）とでも第一段階はラフに考えておきたい。長らく「旧運輸省」内部では近親の「旧建設省」を含む他省の管轄の「所管外鉄道」などは、有無に関して当方は一切関知しないという態度であった。たとえば定評ある『鉄道の百科事典』[37]を紐解くと、鉄道学入門の項には鉱山軌道、公共鉄道などの用語が使われ、技術の項でも狭軌の例として黒部峡谷鉄道の名が出るほかは、本書で取扱う「特殊鉄道」分野への言及は見出せず、完全に無視する態度をとっている。また当時の国鉄当局でさえも専用線制度以前の「専用線敷設数の推移については、何ら正確な資料がないので詳らかにすることができない」（専用線，p211）と匙を投げている。

　しかしたとえお役人から無視されたとしても現実には管轄外の「旧運輸省」非公認鉄道が数多く存在するので、同省系統の時刻表の付属地図には載せなくても、一般の地図には所在を示しておかないと様々な支障が出てくる。そこで国土地理院の『地形図図式適用規程』（昭和30年式）では以下のように定めている。①「特殊軌道」として表示するものは軌間1,067mm未満の地方鉄道、全部の軌道と「もっぱら特定の事業に使用するために敷設された軌道等」（第114）、「工場等に至る専用引込線で、その経路が長く…道路記号等と読み誤りやすい」（第117）ものとする。「鉱工業用または林業用のもの等にあっては、その主要なもの」（第234）だけに「鉄道の名称」を表示する。②「側線」として表示するものは、「駅構内、操車場等における退避用もしくは操車用の軌道」、経路が短い「工場、市場等の専用引込線等」とする。③「建設中の部」として表示するものは、「軌条等の施工がすでに着手されたものであって、その経路が確実なもの」（第123）とする。④地形図に表示しないものは、専用鉄道のうち「短期間で臨時的なものまたはその延長が図上におおむね2.0cm未満のもの」（第116）とするので、5万分の1では延長1,000m未満の短距離軌道が該当する。また「特殊軌道」の主要でない駅、「索道」の途中駅なども省略でき

る[38]）。

　こうした国土地理院の規程に準拠した「地形図の読み方・使い方」等を名乗る解説を検索すると、地図記号の中の「特殊鉄道」の解説として、「特殊鉄道とは、物を運ぶためなどに専用に作られた鉄道をあらわし、つぎのものを表示しています。（1）工場などの敷地内の鉄道（2）採石場と工場を結ぶ専用鉄道（3）貨物だけを運ぶ鉄道で、ほかの路線とつながっていない鉄道」[39]と、かなりゆるやかに（広義に）解釈している。他の地図記号解説にも同様に「特殊軌道　普通鉄道以外の、木材や鉱石などを運搬する鉄道に使います。…工場から駅周辺まで敷かれている鉄道のうち、普通鉄道に接続していないものに特殊軌道記号を使います」[40]とある。また別の地図表記の解説にも「ロープウェイやスキーリフトなどは、その構造から索道の記号で表示します。一方、ケーブルカーはというと、レールの上を通行しますから民営鉄道の記号で表示します。それでは、遊園地のスパイラルコースターなどの遊戯施設は…規模が条件を満たせば、その形態により、特殊鉄道や索道の記号を利用します」[41]などと細かく列挙されている。

　一見して、運輸省（戦前は鉄道省）が立入らないような特殊鉄道の分析は現地測量が専門の国土地理院にお任せしてよさそうな気がする。しかし、平成24（2012）年3月国土地理院が地図表記の見直しを検討している中で、ユーザーから「特殊鉄道の半数が普通鉄道として表記されていること、車庫線などが特殊鉄道に分類されていることなどの指摘もあり、データーの誤りは修正することとした」[42]とあり、権威ある国土地理院の地図でさえも、普通鉄道と特殊鉄道との区分や、現実の表記そのものにもなおあいまいさが残るようである。

　以下には第二部のサンプルとして、臨時・仮設のためか権威ある地形図にも載っていない「小佐谷の弾丸列車」と、地形図には一応載ってはいるが正体がはっきりしない飯豊山系の特殊鉄道群を取り上げ、どうしても虚構性・非日常性が付きまとう特殊鉄道という魔訶不思議な存在そのものをまずご理解頂くこととしたい。

4．「小佐谷の弾丸列車」と呼ばれた大宝正鑒経営森林軌道

　地元の一部を除き世の中にほとんど知られていない特殊鉄道の一つの具体的事例を挙げると、但馬国の人里離れた山奥に妙見杉と呼ばれる鬱蒼たる大森林に囲まれた妙見山という霊山があり、ここに存在した神仏混淆の古刹には明治維新後の混乱期に生じた悲しい秘史が残されている。そうした秘史の一環として、妙見山から山麓の駅までの谷筋に、大正初期から「弾丸列車」と呼ばれた草創期の森林軌道が存在したとのことである。すなわち、兵庫県日畑村妙見山からグンゼの下手にあった貯木場、八鹿駅まで民営森林軌道のトロッコが走っていたという不鮮明な写真一葉あるだけの謎めいた伝承が存在する。

　兵庫県出身で、昔から森林鉄道にも興味を持っていた著者にとっても初耳の謎の廃線跡の話であって、①霊山、②古刹、③美林、④弾丸…などという、数々の神秘的な形容詞に彩られた古典的な鉄道の正体は果たして如何なるものか？という好奇心を掻き立てる道具立てが揃っているのである。

　軌道を敷設した人物は牧駿夫によれば、「当時日本材木界に雄飛せし名古屋市大寳組」（牧，p197～9）とされ、「巷間伝ふる処に依れば、大寳組は木材界の好景氣に乗じ三百万円を利したと云ふ」（牧，p197～9）ともあるので、「名古屋市」は震災後に株式会社大宝農林部が名古屋市東区葵町37に本社を置いたこと（通俗，p1040）の反映と思われる。大正3（1914）年7月16日「妙見杉材」の広告を出している大宝商店は本店を東京市深川区門前仲町47番地に置き、店主が大宝正鑒であることが確認できる。広告によれば、大宝商店は但馬支店を但馬国養父郡八鹿町に置き、大正3年3月20日から東京で開催された大正博覧会に「妙見杉」で館外特設建造物を設置し、「杉材及写真」を出品して金牌を受領、「宮内省御買上の栄を賜ふ」（T3.7.16東朝⑥）と広告している。確かに著者所蔵の大正博覧会絵葉書中の[写真－6]「（大正博覧会）妙見山杉材陳列場」と題する1枚には、大宝商店特設と思われる杉材で組み立てられた八角形の建造物（看板は「但馬国妙見山杉材陳列場　林業主…大宝…」と読める）

［写真－6］「妙見山杉材陳列場」
（大正博覧会絵葉書（部分）　著者所蔵）

が写されている。大宝正鑒は深川区黒江町26に居住する木材商で、当時まだ珍しかった電話を「本所二四九八番」のほか、長距離専用の「長一五九四番」を併設、かなり遠方まで広範囲に積極的な山林伐採を行っていた。明治末期には「妙見山杉立木買主」となったり、出雲木材を設立したり、宮崎県に銀鏡軌道を創設した木村桂七郎や大阪市西区の有力木材商仲間と日加物産を設立した。

　大正期には樺太東海岸において京都帝大の演習林の業務を引き受け、伐採にあたっていたが、大正9年10月資本金百万円で創立された三菱の別働隊・樺太木材に事業を売却、同社取締役に就任した。大正末期には株式会社大宝農林部監査役のほか、出雲木材代表取締役、日本プライウッド、樺太木材、日加物産各取締役を兼ねたが（要T11, 役中, p37）、大正12年9月1日の関東大震災では「本店及住宅共類焼致候得共家族店員一同無事避難」[43] し、小石川区大塚阪下町100に立退き、大阪市西区北境川町243番地に置いた大阪支店で営業を継続した。大正13年1月現在では、元の深川区門前仲町に戻って「材木卸売小売」（T13.1.1東朝④）を再開、同業の泰陽組（深川区万年町）と年賀広告を出している。林業界の古参として、大正9年4月大日本山林会第30回大会で「会員総代大宝正鑒氏答辞を述べ」、大正13年4月第34回大会で「有功銀章を授けられ」[44] ている。

　八鹿町の「ふるさと歴史講演会」や平成28（2016）年2月21日八鹿公民館で

の「小佐谷の弾丸列車」[45]と題する講演会での資母小学校の児島直記氏の研究報告によれば、大正時代兵庫県日畑村（現養父市）妙見山の妙見杉を切出し小佐川沿に八鹿駅に運ぶため、ブレーキがなく坂道を利用したトロッコ「小佐谷の弾丸列車」が走っていたという[46]。当事者である日光院側がこの児島直記氏の講演に「歴史的な背景を追加し解説」[47]したブログによれば、明治39（1906）年6月23日「日光院の提訴理由が100％認められ妙見全山が日光院に帰する事になり」[48]、「これにより妙見杉を伐採し、裁判報酬と日光院の再興隆の資金に当てられ…明治44年12月28日日光院と東京の大宝正鑒が契約を結びました。つまり小佐谷の弾丸列車の依頼主は日光院なのです」[49]と解説されている。

　多額の裁判報酬と建物の再興資金に当てるべく日光院が東京の大宝正鑒と契約して、日光院側の所有に帰すことになった妙見杉を伐採し資金化するため、国有鉄道八鹿駅近くの貯木場まで小佐谷に沿って森林鉄道を敷設した。妙見杉をあの険しい妙見山から搬出するのに、用いた杉の重さだけで八鹿駅まで一気に駆け下るという、とてつもない列車が八鹿町を駆け抜けたのである。運材列車は木の重さと傾斜のエネルギーで動き、弾丸のように早く山を駆け下ったので小佐谷の弾丸列車といわれた。資本の回転率を高めるべく、一刻も早く裁判費用を回収したい日光院側の厳しい財政事情を反映した猛烈なスピードを、土地の人々はあえて異例の「弾丸列車」という、相当な畏怖を込めた表現を用いたのであろうか。日光院側は「35年もの間、殆んど収入も無く…檀家さんも、信者さんも、必死でこの困難を乗り切る努力をしてきた」[50]として、檀家・信者でもある沿線の「石原、椿色、日畑、加瀬尾の住民のお年寄りに、この事実を知らない人はいません」[51]と断言している。おそらく初期の手押軌道のため木製ハンドブレーキの制動能力の難問があり、急傾斜で加速度がついたスピードを十分に制御し得なかったものと考えられる。たとえば八鹿町小佐の育苗家である西村明生氏は朝日新聞の甲斐俊作記者に「近くの畑などに残る石垣」を「大正時代に妙見杉を運んだトロッコの軌道跡」[52]と教え、弾丸のように山を駆け下る「危険な作業で命を落とした作業員の霊は日光院にまつられている」[53]と語っている。現に日畑集落にも「日畑谷遭難者碑という石仏があり…弾丸列

車でなくなった方を弔う石碑」[54]という。

　こうした遭難者碑の存在からも推測できるように、妙見山杉立木買主である大宝正鑒の荒っぽい施業方法に対しては地元民（作業員の関係者）として放置しがたい何らかの問題があって、それゆえに地元集落との間で深刻な紛議が生じたようである。その解決金として大宝側から提供された金2万円と利子4,000円の合計2万4,000円の配分を井上（重造）、大宝正鑒ら三者合議の上、石原村水路開鑿費に9,000円、椿色倶楽部新築等の公共事業に3,000円、椿色日畑間里道改築に8,000円、郡公会堂建設というように、軌道が通過する石原村、椿色、日畑、加瀬尾等、かなり広範囲の各村住民の必要とする公共事業に充当された[55]。

5．飯豊山系の謎の特殊鉄道群

　特殊鉄道は不思議なことに一か所に離れ孤立して存在するのではなく、あるエリアに集中的に存在することが多い。そんな特殊鉄道の集積地の一つで、しかも正体がよく判らない、文字通りのトワイライト・ゾーンの一つを訪ねてみよう。大正11（1922）年8月飯豊山系に登った登山家の武田久吉は「飯豊山の大部分は、東京営林局管内に属し、一ノ木及び弥平四郎方面は喜多方営林署管内、実川方面は村松営林署管内…に属する」（武田，p228）と、営林署の管内にも精通していた。8月23日磐越西線の山都駅に下車、一ノ戸川に沿って最奥の「数軒の木地挽きの小部落」（武田，p212）川入で宿泊、飯豊山を目指した後、30日福島県側の飯豊山の登山口・弥平四郎まで下山、「二時三十分出発…村の下手で奥川の左岸に移る…十丁ばかりも下ると、官行斫伐のためのトロの終点に来た。あいにく下るトロもないので便乗もならない。しからばとスピードをかけていやなトロ道を下る。下着から何から汗でビッショリ…四時半頃極入に来て…ここまで来てひと休み。…あいにく旅行案内を携行しなかったので、徳沢発の列車時間が不明なのと、トロ道を下るの繁に堪えかねて、峠をこえてまた山都に出ることにした。極入から小一時間掛かって、峠の頂まで上る。…

一、二度道を尋ねた外立止りもせず、山都に到着したのは八時頃であった」（武田，p226〜7）と書いている。大正11年時点で喜多方営林署官行斫伐のためのトロ終点が弥平四郎付近に存在し、便乗も可能であったことを示している。

　長尾宏也も昭和4（1929）年7月『北越雪譜』を読んで秋山郷をたずねる際、磐越西線の新潟・福島県境付近の福島県側、「途中、徳沢からトロッコの便があるときいたが、あいにく農やすみの日で、軌道車はたまりにつながれたままであった」[56]と断念したが、福島県側の当時でもほとんど知られていない奥川林用軌道の便乗も企てているなど、戦前期には趣味として十分な量的ひろがりがなかった鉄道愛好者よりも、むしろ陸測地図を手にした山岳紀行専門の岳人たちのほうが、特殊軌道便乗の達人でもあった。

　はたして、武田、長尾ら戦前の山岳愛好家が便乗を試みた飯豊山系の「官行斫伐のためのトロ」とは何かを解析してみよう。先行研究によれば飯豊山系には少なくとも、①徳沢駅に接続する前橋営林局喜多方営林署所管の奥川林用軌道、②その支線としてさらに奥地の久良谷沢に伸びる久良谷森林軌道、③日出谷駅に接続する新潟水力電気（後の東北電力）の小荒発電所の資材運搬用軌道としても活用された実川馬車軌道、④山都駅に接続する一ノ木林用軌道の、4本の「トロ道」が存在した。

　まず、①の奥川（おくがわ）林用軌道は明治45（1912）年開設（橋本，p82）、大正4（1915）年「東京大林区署が約三里半に亘る軽便鉄道を敷設…薪炭用材を採伐して徳沢駅より搬出しつつあるが、該軌道は林区専用の為め村民の不便尠からざるより数次其筋に民間使用方を切望せるに、本年四月二十六日より…許可する事となりし」（T5.7.19福島）経緯があり、大林区署は大正5年当時「薪炭・木材を…軌道の便を以て岩越線に運搬する」（T5.7.1福島）民貨輸送業務を岡野辰次郎経営の奥川運輸株式会社に全面委託していた。その上で東京大林区署は希望する民間荷主に対して奥川軌道の「軌道使用許可」を直接に行うこととし、荷主に対して「六、使用人夫ハ官行運搬人夫ヲ車体共貸付スルコト。七、使用許可ヲ受ケタルモノハ、トロリ保管人ヨリトロリ及人夫配給ヲ受ケルコト。八、賃金ハ官ノ賃金ニ甚シキ径庭ナキ様相定ムルコト」[57]等を規定して

いた。大正12年版『専用線一覧』（ＴＭ10, p377所収）には磐越西線徳沢駅を接続駅とする「東京大林区署」の手押専用側線と、「東京大林区署専用側線ニ接続」する「奥川水力電気」の手押専用側線とが併存しており、奥川水力電気株式会社も丸杉製材所や秋田木工㈱など奥川村の製材所（民設, p222）ともども主要な民間荷主の一つであったことが判明する。昭和5（1930）年には商人の木材木炭を民貨輸送して803円27銭の料金を徴収している（便乗調、第二表）。

　磐梯西線の福島県西会津町徳沢駅から三国岳山麓の再奥の集落で、木地師の里でもある弥平四郎（尾根を越えると飯豊鉱泉）方面へ奥川を遡る「奥川林用軌道」として描かれ（鉄地２, p6, TM6, p200）、昭和35（1960）年度には「廃道軌条撤去」（橋本, p82）された。大正11（1922）年8月30日前述の武田が「官行斫伐のためのトロの終点に来た…いやなトロ道を下」ったのは、奥川軌道の弥平四郎〜極入間で、この間極めて歩き難い「トロ道を下るの繁に堪えかねて」、「極入から小一時間掛かって、峠の頂まで上」り、山都側の宮古へ逃れた。『Rail Magazine』編集長の名取紀之氏によれば「徳沢駅から奥川に沿って北上する軌道は、前橋営林局喜多方営林署の所管する奥川森林軌道で、さらに奥地に伸びる久良谷森林軌道と合わせて10キロ以上の延長を持つ…この軌道については写真・資料が発見されておらず、その実態は謎に包まれたまま」[58]と評している。

　②の久良谷森林軌道は昭和6（1931）年①の支線として久良谷沢に開設され、延長4.5km、軌条別延長6.0km（橋本, p82）であった。

　同じ飯豊山地の県境を越えた③の「実川馬車軌道」[59]はさらに謎の存在であって、新潟県阿賀町の磐越西線日出谷駅より上り方から約2km磐越西線と並んだ後に北上して紅葉の名所・実川の深い渓谷に沿って、発電所のある小荒を経て実川集落まで結んでいた特殊軌道である。磐越西線の新潟県側には津川町に桜木製材所（民設, p68）がある程度で、はたして森林鉄道なのか、どのような種類の特種軌道なのか、運営主体、開設、廃止時期ともども一切不明とされるが、末期には昭和9（1934）年以降に実川鉱山の鉱業権者となった昭和鉱

業所属の鉱山用馬車鉄道（日出谷駅〜山元10km)[60]であったとみられる。

　サンゴロウ（ふくしま YM310）氏の聞取りによれば沿線の集落への生活物資とモリブデンの鉱石を運搬していたが、昭和30年代には廃止された由[61]で、「大日嶽」の昭和32（1957）年発行まで地形図上に表記されていることとも符合する。名取氏が「実川流域には発電所がいくつか存在することから、電源開発用の資材運搬軌道だったのか」[62]と推理する通り、東北電力小荒発電所は磐越西線日出谷駅より実川上流約5ｋｍの新潟県東蒲原郡阿賀町豊実に所在した。大正12年4月新潟水力電気[63]が運用開始し、日本発送電を経て東北電力に所属が変わったが、新小荒発電所の再開発に伴い廃止された[64]。同軌道の沿線で小荒発電所と小荒ダムを建設中の新潟水力電気は大正12（1923）年時点において磐越西線日出谷駅を接続駅とする手押専用側線の契約相手方として登場する[65]。したがって新潟水力電気（東北電力）は同軌道の最大級の荷主として後の設置主体・実川鉱山（昭和10年以降昭和鉱業）とも当然に深い関係があっても不思議ではなかろう。

　④の山都駅に接続し、一ノ木〜川入間に軌道が確認できる一ノ木林用軌道は大正15（1926）年度開設、昭和35（1960）年度「併用道へ軌条撤去」（橋本，p82）されたので、大正11年8月24日川入に泊まった武田の記録にトロが登場しないのと矛盾しない。サンゴロウ氏によれば、終点と思われていた川入集落からさらに上流の山形県境付近に存在したマンガン鉱山まで延び、トロで運搬していた山都鉱山は昭和12年ごろから開発したらしい由[66]で、大正11年の武田の紀行文にも「小白布川の右岸に湧くという鉱泉は、鉱山師に貸してある」（武田，p212）と山師の出没を伝える。

　著者も最近、これら先達の紹介や近年急速に拡充されつつあるネット情報に唆されてクマの襲撃と足腰の悪化を恐れつつ、ビクビクしながら徒歩で（当然に公共交通機関なし、当方自動車運転免許もなし）現地を少しだけ覗いてきたが、[写真−7]のようなわずかばかりの痕跡は確認できたものの全貌が解明されるどころか、ますます謎が深まるばかりであった。過疎化・高齢化の限界集落が多いこともあって、なかなか地元の人に行き合う機会すら乏しい中で、

[写真－7] 奥川軌道の橋梁遺跡
（平成28年8月26日著者撮影）

そこそこの年配者達に軌道の存在を尋ねてみたが、答えは「我々の年代は見たことも、聞いたこともない。うんと昔の話だから…」というものばかりで、具体的な証言は残念ながらほとんど得られなかった。とうとう暑さと疲労に困憊して救いを求めた地元タクシーの運転手氏が心当たりがあるとしてご案内いただいた①の奥川軌道の中間点の小屋集落のある老人夫婦だけが、軌道の位置を正確に語ってくれた程度であった。軌道が通過していたはずの地元集落でさえ、軌道の記憶が急速に消え去りつつあることを実感した。こうした謎の廃線跡は他の人には何ら一瞥の価値すらない、無残に打ち捨てられた過去の廃棄物・単なる廃墟に過ぎないのであろうが、それは著者の空想・妄想というか、想像力を極限まで掻き立てる、著者にとっての格別な「非日常」世界だからである。

　以下の本書第二部では、こうした著者個人が長い歳月の間に幸運にも見聞きしたり、あるいは、たまたま文献にも遭遇できたという、極めて主観的な「非日常」世界を独断と偏見を恐れず、可能な限り書き残しておきたい。飯豊山地で痛感した軌道の記憶の喪失傾向のように、やがて全国レベルでも消え去ることが必定だからである。

注

1) 本章では以下の略号を用いた。牧…牧駿夫「妙見杉に就て」『林学会雑誌』11巻4号、昭和4年。武田…武田久吉『山への足跡』二見書房、昭和45年。
2) 高村光太郎「花巻温泉」昭和31年3月『旅行の手帖』『現代紀行文学全集　北日本篇』昭和33年，p278。戦後、昭和30年代の北海道の開拓地には踏査した湯口徹氏でさえ「さっぱり判らない」（湯口，p38）点が多くあるなど、簡易軌道と呼ばれる謎の鉄道が存在し、昭和35年中茶内に到着した牛乳列車を撮影した湯口氏自身「まるでお伽列車みたい」（湯口，p85）と評している。
3) 河上徹太郎「中の沢温泉」『エピキュールの丘』昭和30年『現代紀行文学全集　北日本篇』昭和33年，p402。
4) 逆に「事故が起きた場合、その責任を営林署側で負わねばならないから」「従来から、かたく登山者を乗車させないできた」（S36.8.3読売③）千頭森林軌道も「このごろは事故の発生もまれになってきたので、前もって依頼しておけば、まじめな登山者で人数が業務にさしつかえない程度だったら、便乗を許してくれる」（S36.8.3読売③）と便乗にやや寛容に変化した。
5) 深田久弥『拝啓山ガール様　深田久弥作品集』広済堂出版、平成27年，p129。
6) 昭和10年版『台湾鉄道旅行案内』では大渓から角板山まで台車1人乗1円44銭、2人乗1円64銭、3人1円84銭、1等は料金が五割増、所要時間は3時間半であった。大正8年5月12日台北鉄道ホテルで開催された「全島軌道業者懇話会」では「夜間雨天及び泥濘の際割増金改正の件（但し五割以内）」（T8.5.12台日）との議案が出されている。
7)8) 吉井勇『陸奥紀行』昭和11年『現代紀行文学全集　北日本篇』昭和33年，p289
9) 昭和2年1月14日東日記者・日高利市も「小岩井駅から雪跡まだらなる寒林の間をトロリで抜けつつ、牧場本部へ、更に馬から羊へと場内見物を仕り候…辞して再びトロリに乗れば挽馬はかつかつと、ひづめをならして駅へ走り下る」（杉山幹『経済風土記』東京日日新聞、昭和3年，p376）と馬鉄に乗り「俄かに感傷に襲はれ」た。
10)11) 柳田国男『紀行Ⅰ』『柳田国男選集』第6巻、昭和47年，p1, p2。
12) 前掲柳田，p.83。
13) 玉川林用軌道に関して「本国道も、日本一の湧泉量を誇る玉川温泉を目指す。そして、軌道もまた、玉川温泉を目指していた。実際、軌道は多くの湯治客達も運んだ」（玉川森林鉄道－廃線レポート（http://yamaiga.com/rail/tamagawa/main.html）とある。
14) 田部重治『八幡平』昭和24年、志賀直哉他監修『現代日本紀行文学全集』6 山岳編上、昭和51年，p95所収。
15) 魚岩留は徳本峠の登り口に位置する。
16) 荻原井泉水「上高地に入る－徳本峠を越えて－」『日本歳時紀行』昭和35年、85ページ。島々の先の梓川の島々谷出合から島々谷を遡る「島々谷林用軌道」（鉄地6，p10）として描かれている「島々から魚岩留まで約十二粁、木材搬出用の軌道がある」（案内中，p248）。

17）『大館市史』第三巻上、昭和58年，p529。
18）「主婦之友」昭和25年7月、志賀直哉『現代紀行文学全集　第五巻　南日本篇』、修道社、昭和33年，p396以下。安房貯木場～小杉谷間の安房森林軌道は大正11年6月着工、翌12年12月開通した。
19）『長野県文学全集』第3期／現代作家編、第4巻、郷土出版社、平成2年、所収。
20）北原昌弘「小林一行先生を偲ぶ　小林一行氏との接点は森林鉄道搭乗記」雑誌『伊那路』2012年5月。
21）石田波郷「木曾路」『馬酔木』昭和14年7月、『現代紀行文学全集　第三巻　中部日本篇』、修道社、昭和33年，p156。
22）有峰の和田山軌道の全容は草卓人『富山廃線紀行』桂書房、平成20年，p106以下に詳しい。
23）辻村太郎「薬師岳登山記」昭和18年記、『日本の景観』東都書房、昭和33年、『現代紀行文学全集　第三巻　中部日本篇』、修道社、昭和33年，p86。
24）横沢森林軌道は戦時体制下の昭和15年度に「稲子貯木場から八ヶ岳国有林79林班い小班までの3,314mを開設」（データ中部，p90）されたが水害で流出した。このため昭和23年調製の『長野営林局管内図』に記載なく、昭和24年度には代替する渋森林軌道が「稲子の湯下方の貯木場を起点に八ヶ岳国有林80林班まで稲子岳東麓をみどり池南方に延伸。横沢林道の軌条流用」（データ中部，p262）した。これは「軌條の入手が非常に困難なため…国有林の方におきましては従来使用しておりました箇所の利用度が非常に薄くなつたような箇所…を総合的に利用…最も重要なるところに敷設替え…実行を進めておる」（「第92回昭和十四年法律第七十八号を改正する法律案委員会」7号、衆議院、昭和22年3月22日、帝国議会会議録検索システム）事情による。『日本鉄道旅行歴史地図帳6　北信越』（新潮社、平成22年，p10）には八ヶ岳山麓の渋温泉の付近を蛇行する「渋林用軌道」として描かれている。後藤純「八ヶ岳の林鉄　稲子湯からみどり池に至る登山道にて」『ＲＭ』158号、平成8年11月、「みどり池トロッコ軌道」は『小海町公民館報』第472号（平成26年6月）（小海町ホームページ www.koumi-town.jp/office/files/pdf/472.pdf）参照。
25）H7.11.10日経／伊藤哲郎氏は隣接する富士見軌道の場合「尾根があと、巻くようにしてレールが敷かれた。だから軌道は、くねくねまわっていたんです。…勾配をゆるやかにしないと大変だからね」（八ヶ岳，p93）と曲線の理由を証言する。
　「屏風橋」付近より「ミドリ池」までの直線距離約1.5Km、標高差約350Mを．何度も何度もヘアピンカーブを続けながら登っていた「渋林用軌道」。下る時はあたかも「ジェットコースター」の様だったのでは？そんなバカな！渋林用軌道1「級」・「Km」不明（1949～1962頃）（長野県南佐久郡小海町）（2005・10・30）（渋林用軌道1・森林鉄道・林用軌道 http://2nd.geocities.jp/rintetu2/sibu11.htm）。
26）竹内昭「南アルプス北部『林鉄』行脚」（TM8, p186）。現地調査した柳沢美樹子氏も「こんな急カーブを、木材を積んだトロッコがよく下りられたもの」（廃線Ⅵ, p86）と感心する。ここに放置されていたトロッコの車輪は隣村の川上村の「森の交流館」（第二部第2章）に運ばれて展示されている（TM8, p182）。

27) 電気索道㈱は斎藤達男『日本近代の架空索道』コロナ社、昭和60年, p15以下参照。
28) 宮本百合子「襧宜様宮田」『中央公論』大正6年7月号。
29) 『宮本百合子全集 第十八巻』新日本出版社、昭和56年。
30) 杉崎行恭「益田索道」廃線Ⅵ, p142。同 p142には搬機に2人の男が乗る写真が掲載。
31) 小川直之「山村の生活と共有林－奈良県吉野郡上北山村西原・天ケ瀬－」『国立歴史民俗博物館研究報告』18号、昭和63年3月, p94～5。
32) 勝浦索道株式会社は大雲取・高倉山の木材輸送を目的として口色川～天満高岸間7哩（11.3キロ）を大正7年7月7日開設した。「高倉の設けた索道」である勝浦索道の本社は索道の起点口である和歌山県東牟婁郡色川村（現那智勝浦町色川）に置かれ、藤平が那智山の西北に当る太田川上流の大雲取山（和歌山県東牟婁郡色川村および小口村所在）の山林公簿692町8反4畝8歩を買収した6年に、林業地の色川村と、木材の積出港である勝浦町の間10.5km、毎時5トンの輸送能力を有する玉架式単線索道を架設した。7年7月に勝浦索道株式会社が「貨物運搬其他」を目的に設立され、8年12月時点では本社は和歌山県東牟婁郡那智村に移転、資本金50万円、払込20万円、積立金なし、損失金15,879円、無配、11年時点で払込20万円、社長高倉為三。索道ルートは標高749.5mの妙法山を西に避け、南平野に屈曲停留場を設置した。大雲取への接続は都合で中止され、専ら口色川～高岸間の物資輸送に充当された。事務員4名、職工8名。しかし大正13年ごろから支柱の腐朽が目だち、これが改修を要したので、村営移管の議が起こった。いろいろ検討された結果、経済的に見通しつかず、ついに昭和9年解散。この索道運行に要した時間は口色川～高岸間を一時間かかった。従来の牛車輸送に代わった索道は色川地区の物資流通史上画期的事業として注目されたが、改修運営の目途たたず、ついに16年の歴史を閉じた。
33) 大浦治雄氏については拙著『観光デザインとコミュニティデザイン－地域融合型観光ビジネスモデルの創造者"観光デザイナー"－』平成26年、日本経済評論社, p93以下参照。
34) 奈良安全索道は大正8年11月奈良市肘塚町19に資本金27.5万円で設立され京終～都祁村（山添村小倉）間16.9kmの高野豆腐搬出用の貨物索道を経営した。天理市観光協会の「索道跡」の解説には「大正八年奈良市京終駅から索道が架設され…大正一一年一一月終点山辺郡山添村小倉駅まで全通しました。（延長一六．九キロ）…昭和二七年に廃止」とある。
35) けいてつ協会編『知られざる鉄道』JTBパブリッシング、平成9年, 表紙カバー。
36) 仲摩照久『万有科学大系続編』第5巻、昭和3年, p676。
37) 菅建彦ら編『鉄道の百科事典』丸善出版、平成24年, p1～5, 220～221。ここでの特殊鉄道とは、一般には広義の「専用鉄道」のうち、「専用鉄道規程」の適用がない「その他の専用鉄道」を指す。すなわち「道府県其ノ他ノ公共団体又ハ私人カ専用ニ供スルカ為敷設スル鉄道」であって、かつ「公衆ノ用ニ供スル鉄道又ハ軌道ト直通…連絡」（「専用鉄道規程」より一部抜粋）しない孤立したものを著者は特殊鉄道と考えている。鉄道専門家による実務書には「これ以外の専用鉄道とは、通常『森林鉄道、鉱山鉄道』と称されているもの等があり、森林内のみの原木輸送、鉱山内の鉱石等の輸

送を行っているものがあり、これについては別に統一された法律はないのであって、各府県における土木取締規定によって規律されている」(専用線, p168) と解説されており、当方は一切知しないという風な記述である。

38) 『地形図図式適用規程』国土地理院、昭和35年, p32～35。
39) 「地形図の読み方・使い方」(www.gsi.go.jp)。
40) 川柳五七の地図のページ2 (http://www.tawatawa.com/chizu2/)。
41) 地図の雑学事典 - Biglobe19. スパイラルコースターも表示される (http://www5a.biglobe.ne.jp/kaempfer/archive/ac-otona/chzumame001-099.pdf)。
42) 「第2回電子国土基本図あり方検討会」。発言したユーザーは相当の鉄道通とお見受けした。
43) 大正12年9月21日大朝②震災見舞謝礼広告。
44) 『大日本農会、大日本山林会、大日本水産会創立七拾五年記念』大日本農会、昭和30年, p43, p47。
45) 『ふるさと通信』54号、八鹿地区自治協議会、平成28年2月15日 (www.yoka-jichi.com/wp-content/uploads/2013/02/furusato_00054.pdf)。
46) 児島直記「八鹿町の文化財」、『ふるさと通信』54号、平成28年2月15日
47) 48) 49) 50) 51) 明治の出来事小佐谷の弾丸列車！(http://www.fureai-net.tv/myoukensan/page043.html)。
52) 53) 西村明生氏談「聖木に託す林業再生」(46) H27.8.12朝日デジタル (www.asahi.com/area/hyogo/articles/MTW20150812290130001.html)。
54) 小佐谷の弾丸列車の軌道跡を歩く (the other story)：山と川のあいだで (http://deityriver.exblog.jp/16909911/)。
55) 『密教文化』第105号、密教研究会、昭和49年2月, p5～6。
56) 長尾宏也「東北の古典の山」昭和8年7月『東京夕刊』、志賀直哉他監修『現代日本紀行文学全集6』山岳編上、昭和51年, p123所収。なお石田波郷も武田と同様にトロ道は「枕木の間隔がせまいのでとても歩き難い」(石田波郷「木曾路」『馬酔木』昭和14年7月、『現代紀行文学全集 第三巻 中部日本篇』、修道社、昭和33年, p156) とこぼしている。
57) 『西会津町史』第5巻下 近現代資料』平成11年, p92所収。
58) 62) 徳沢・日出谷…有名撮影地の知られざる軌道。(上) - 編集長敬白 (http://rail.hobidas.com/blog/natori09/archives/2007/11/post_658.htm)。
59) 「実川馬車軌道」は5万分の1地形図「大日嶽」昭和28年応急修正版の名称。
60) 『新潟県鉱業の趨勢』新潟県経済部資源課、昭和27年、『鉱区一覧』東京鉱山監督局、昭和16年, p16。昭和鉱業は昭和9年昭和電工系の鉱山企業として設立。
61) 実川馬車軌道の面影(写真)- 会津 さとやま探検隊 公式ブログ(http://blogs.yahoo.co.jp/yamato_food/18032035.html)。
63) 新潟水力電氣は昭和5年新潟電気と合併し、新潟電力と改称した(『新潟電力株式会社三十年誌』昭和12年)。
64) 水力発電所ギャラリー 東北電力小荒発電所跡 - 水力ドットコム (http://www.

suiryoku.com/gallery/niigata/koara/koara.html)。
65) 大正12年版『専用線一覧』TM10, p377所収。
66) 【飯豊山地に眠る幻の森林鉄道】#01『会津 さとやま探検隊』-(https://www.youtube.com/channel/UCveNW480VMVUFKOUKDMUcHw)。

第二部

鉄道における非日常性の研究（各論）

第1章　鉄道における虚構性と非日常性

1．はじめに

　第一部「観光における虚構性の研究」と、第二部「鉄道における非日常性の研究」との対応はいうまでもなく総論と各論との関係である。観光の各領域において、ごく少数の「ホンモノ」（たとえば不二の富士山）以上に数多くの「ニセモノ」（たとえば各地の〇〇富士や富士塚など）が存在し、定着し、愛好され、それなりの機能をそれぞれのエリアで果たしてきた事実を総論として述べた。各論では観光の各領域の中で長い歴史を有する陸上交通、特に鉄道を取り上げたい。大量輸送機関である堂々たる正規の鉄道の成立と発展が、生業の域にとどまっていた観光を近代の産業レベルに転換させる過程で様々な役割を果たしたことはいうまでもない。本書では一般的な鉄道・観光相互関係論とは全く別の視点で、とても「ホンモノ」とはいえないある種「ニセモノ」のお粗末な鉄道が観光領域で果たした、あるいは今後の地域活性化の貴重な観光資源の一つとして果たし得るかもしれない可能性を探っていきたい。

　鉄道における虚構性を象徴するような近年のニュースとして、「２本のレールは川から数キロ先の伐採地まで続いていた」（H26.6.5読売夕）と題して、インドネシアの密林の奥の違法伐採現場で、２カ月前に「堂々と敷かれたレール」の上を走行する怪し気な男達を乗せたトロッコ写真入りの現場レポートがある。かくも大規模かつ大胆な違法伐採の黒幕は「政治家と深い関係がうわさされる有力者」（読売）だという。同様な事例として戦前期の我が国の森林軌道にも「不正手段により、森林官の何人かも関係して落葉松の大伐採を企て、

木の軌條を敷き、目の廻るやうな桟道も多くかけられた」[1]盗伐・違法伐採目的のヤミ作業軌道が存在した。山岳愛好家の原全教が奥秩父の里人から聞いた巷説で、結局「事成らずして主謀者は官民共に亡く、草に埋もれる軌道の如く、企業家達の骨も朽ちてしまった」[2]と書いている。こうした違法伐採用レールなど、存在が明らかになること自体も稀であろうが、正式に許可を受けたはずもなく、その筋の高官に袖の下を渡して内密裏に敷設した違法そのものの行為であって、正に虚偽性を構成する要素ばかりで成立した究極の虚偽鉄道ということになろう。

2．無免許私鉄の一例・幻の「蔵王モノレール」

東北の霊峰・蔵王を目指した鉄道計画は、不思議なことに何度となく挫折している。すなわち①高湯電鉄（大正11［1922］年頃植村子爵）、②昭和9（1934）年高橋熊次郎らが再度計画、③蔵王高速電鉄（昭和23年5月7日免許）と、④本項の蔵王モノレールである。

①は秋田の鉱山師佐藤久七が発起し、電鉄、温泉開発を名目として子爵を担いで120名もの賛成者を集め、路線測量、敷設請願書提出まで進んでいたが、実は札付き山師の硫黄採掘が真の目的と判明して反対運動が起って頓挫した。③も車両は日立製作所に発注され、熊谷組が請負った敷設工事も泉川（上山市）まで路線ができ、松尾川の橋や築堤が完成したものの、昭和25（1950）年朝鮮戦争による物価高騰で資金難となり工事が中断するなど、蔵王を目指す私鉄には何故か虚構性が高く、種々の虚偽鉄道が相次いで発生している[3]。さらに法的な許認可を得ていない無免許私鉄であった可能性のあるものとして昭和38年7月遊園地の「蔵王後楽園」が建設中の蔵王モノレールが存在する[4]。これは山形市蔵王温泉のバスターミナルに近い始発駅「下駅」と、盃湖畔の「上駅」との約300メートルの区間を結ぶ跨座式のモノレールであった。車両は2両連結、定員30人、重さ約2トンであった。昭和38年7月19日に起工、「ハレの日」の夏祭りにあわせて開園する「蔵王後楽園」への交通機関として8月

4日地元出身の官房長官夫妻を招いて午前11時に開業する予定で、突貫工事をしていたが、前日の8月3日午前7時半の試運転中に重すぎた車両にたえきれず、レールがアメのように曲がって、車両が9メートル下に転落して建設会社の作業員3名が重傷を負うという不祥事を起こした。「無届けで設置の疑い」とのモノレール事故を詳しく報じた8月3日の朝日新聞によれば、「新潟陸運局鉄道部の話では、モノレールは地方鉄道法により工事前に免許を申請し、検査を受けなければ観光客などは運べないことになっているのに、同園関係からは申請が何も出ておらず、同部ではさっそく事情を調べる」(S38.8.3朝日夕⑦)、同じく同日の読売新聞によれば、「新潟陸運局鉄道部遠藤健一技術課長の話『全然申請は出ていなかったが…地方鉄道法に基づく交通機関とも考えられる。近く責任者を読んで調べる』」(S38.8.3読売夕⑨) とある。会社側は単なる遊園地の遊戯施設程度に軽く考えて、運輸省への免許申請手続きはしていなかったようであるが、遠藤課長は「山形県警の話を聞くと一部民有地の上を通っている」(S38.8.3読売夕⑨) ため、「遊園地などの中で遊覧用として客を運ぶ」運輸省の「管轄外」取扱とはならないと解した模様である。同業者の日本高架電鉄島信正取締役も「蔵王のモノレールは運輸省に営業免許の認可申請が出されていない模様で、会社が無断で工事をした」(S38.8.6読売③) と推定している。この蔵王モノレールは建築基準法も遵守していなかった模様で、運輸省サイドで免許の有無を云々するまでもなく、このまま廃業に追い込まれたものと推定される。万一試運転で事故を起こすことなく、予定通り8月4日開業しておれば、間違いなく無免許私鉄の仲間入りしたものと思われる。

　地方鉄道法令の定番の解説書では「地方鉄道法は免許を受けずして鉄道を敷設した場合（即ち任意に運送設備を建設したる場合）及認可を受けずして運転を開始した場合は公益を害する危険性大なるが故に、之等の違反者に罰金を処する」(壷田, p251) とあり、危険極まりない蔵王モノレールは明確に公益を害する「ニセモノ」鉄道の典型例と考えられる。

　鉄道分野はもちろん、観光分野での先行研究者である青木栄一氏は編著『日本の地方民鉄と地域社会』の中で、特殊鉄道の一形態である「工事資材輸送用

の鉄道」を取り上げ、「発電所建設工事に用いられた簡易軌道の実態は、ごく一部のものを除いてはあまりよくわかっていない。鉄道史研究のなかでも盲点になっている部分である」、「この種の鉄道は従来の鉄道史の研究対象になることは稀であった」（民鉄，p190）と総括している。

数少ない先行研究として『知られざる鉄道』[5]が、「鉄道モドキの全体像を初めて明らかにした」と評する「とれいん工房」主宰者の森口誠之氏は「鉄道でない鉄道」なる特殊な領域に深く関心を寄せてきた。森口氏によれば、「こうした『鉄道でない鉄道』の総称としては『限界鉄道』とか『疑似鉄道』とかいろいろ考えてみたのだが、やはりしっくり来ない。この手の鉄道モドキの全体像を初めて明らかにした『知られざる鉄道』に敬意を表して、「遊覧鉄道」としておこう。とりあえず、『鉄道であるような雰囲気を醸し出しつつ、鉄道としての要件を満たしていない旅客輸送用の運搬器具』ということにしておきたい」[6]と独自の視点に立脚して新たに定義している。別の箇所でも「遊園地などの遊具の延長線上にある運搬具で、モノレールと類似の機能を持ち合わせている」「スロープカー」を「疑似鉄道の一種」[7]としている。

このように真正な鉄道としての要件を一部又は全部満たしていない、真正ならざる特殊な鉄道群をどのような名称で総称するかに関しては、①「鉄道でない鉄道」、②「限界鉄道」、③「疑似鉄道」、④「鉄道モドキ」、⑤「知られざる鉄道」、⑥「遊覧鉄道」、⑦「怪しい鉄道」、⑧「『ちゃんとした』鉄道以外」、⑨「B級列車」、⑩「トロッコ」、⑪「ナローゲージ鉄道」など、巷間数限りない意見や苦心の用語が捻出されていて全く定説を欠く現状である。

著者の現時点での定義としては「真正鉄道」に対する反対語として本書では第一段階としてまず「虚偽鉄道」[8]を広範囲に使用する。さらに、その「虚偽鉄道」が一般に解放され、広く便乗を許可し、あるいは不穏当な目的外使用を継続・反復して鉄道監督当局から問題視されるような"ヤミ営業行為"を行っていて、あたかも「真正鉄道」であるかの如く仮装し、外観上は区別が甚だ困難な場合の特別の呼称として「擬制鉄道」[9]を第二段階として使用することにしたい。したがって「虚偽鉄道」のごく一部が便乗等の特定条件が付加される

ことによって「擬制鉄道」に転化するものと考える。

3．熊野地方の民営専用軌道群

「虚偽鉄道」を探索することを愛好する人々が、謎めいた軌道群が多数集積する地域を「トワイライト・ゾーン」[10]と称して、『レイル・マガジン』誌が別冊という形で同名の専門誌を年刊で発行するに至っている。

著者にとっても、かような特別の雰囲気を有する地域と感じるものの一つが、宗教的にパワースポットとして名高い熊野地方である。日本の森林鉄道は一般的な理解では明治34（1901）年の阿寺軌道[11]敷設、明治37年の高野山軌道敷設から始まるものとされている。また純粋に民間企業が敷設した初期の森林軌道として、明治42年3月開通の合資会社殿川内森林鉄道の11.6kmの軌道が、同社発行の社史『合資会社殿川内森林鉄道沿革』という現存史料により確認できる。しかし［表－4］の年表[12]によれば、熊野地方においてはこれより以前に先駆的な森林利用上の画期的事象が数多く集団発生しているからである。

このうち民有林の森林軌道の最初の事例の一つではないかと考えられる相賀軌道は尾鷲地方の民有林で誕生したとされるが、近年異説（三重，p209）も

［表－4］　伐木集運材年表（明治22～37年）

明治22（1889）	明治中期、尾鷲地方で木材の鉄線運搬が始まる
明治24（1891）	［足尾銅山、運用材に牛車・馬車軌道を開設］鉱業，p269
明治25（1892）	足尾銅山、運用材にハリジー式単線循環式索道を架設
明治29（1896）	御料林（神奈川県津久井郡）、木軌道による木材搬出
明治30（1897）	尾鷲地方、民有林の相賀軌道（5.6km）初めて敷設
明治31（1898）	御料林（富士）、鉄線運材実施
明治34（1901）	御料林（木曽阿寺）、日常品運搬用の軌道3.4km敷設
明治35（1902）	大井川流域に木馬導入（桟手・梳・駿動車）
明治36（1903）	玉村勇助、単線把握クリップによる複線式索道を考案
明治37（1904）	高野山国有林、わが国最初の森林軌道を開設
〃（〃）	［足尾銅山、運用材用牛車軌道37km 日光に到達］林道，p214
〃（〃）	［丸三合資須川口軽便軌道（安芸郡）13km 開設］林道，p214

［資料］森林利用学会（jfes.jp/machine.html）の伐木集運材年表。［　］内は著者が他の資料で補完。

ある。尾鷲地方は明治初期多くが民有林であったため、「森林組合軌道2カ所、索道1カ所、森林組合林道が主なものであり、この外簡単な架線がかなり敷設されて」（小林，p152）おり、笠原六郎氏によれば「9路線、50,000m近い」（笠原，p127）民間の森林鉄道が存在していたとされている。

　官庁データが続々公開され、全容が明らかになりつつある国有林の森林鉄道に比べ、民営林用軌道は依然として暗黒大陸のまま残されている。『林業技術史』は「民間においても資力に富む木材商や経営規模の大きな森林所有者が軌道を敷設して、盛んに木材の搬出を行なったようであるが、記録に残っているものは少ない」（林技，p231）としている。先行研究の蓄積ある尾鷲地方でさえ、その民有林軌道の全貌は必ずしも明らかではなく、尾鷲の専門家・笠原氏自身も9路線の「他にも軌道はあったと思われる」（笠原，p127）とする。西裕之氏も「紀伊半島の山間部で林務作業をしている蒸気機関車を目撃された方がいる」（西，p113）との衝撃的な情報を開示されているが、詳細は不明の由である。他の資料と開設時期、延長距離、軌道名称等の不一致や不明点も多いが、今回主に片岡督氏の長年にわたる研究成果（索道部分は割愛）に基づき、年代順に①〜㉒の整理番号を付し以下に列挙してみた[13]。そんな地元精通者・片岡氏をしてなお「三重県における森林鉄道・索道…一体どこにどれくらい存在していたのか、正確な記録がないのでよくわからない…全体像がわからない」（三重，p4）などと深く嘆かせるほど、熊野地方には無数の林鉄・索道群が相互に複雑怪奇に絡まり、著者のような局外者には皆目見当が付かぬほど真相は藪の中、五里霧中の「青木ヶ原」状態である。熊野権現のおわす熊野三山をはじめ、幽寂なる霊地・霊山の連なる熊野という土地柄に得体の知れぬ「虚偽鉄道」が蝟集していたという事実こそが虚構性を探索する本書にとって重要であり、土地勘のない著者ごときの容易に切り拓ける藪でないため、整理を試みたつもりがかえって藪蛇になったほどの超常的な「トワイライト・ゾーン」だと理解いただければ幸いである。

　①相賀[14]　[明治30年、幅員2m、延長5,680m]
　　相賀軌道は多くの文献で「ドイツ人技師の指導で、軌条はイギリスから

の輸入」(50年史, p523) とされるが、近年片岡督氏は「三重県最初の森林軌道として明治30 (1897) 年からあったかどうかも含めて史料がないので真相は定かでない」(三重, p209) と異説を唱えた。もちろん以前からも「軌道を誰が所有し経営していたか明らかでなかった」(小林, p158) と指摘されていた。門外漢の著者に語る資格はないが、もし初期に存在したものと仮定すれば「相賀組内の230か所」(笠原, p159) を所有し、「地域の林業・木材業者の先頭に立って林道・索道を開設して奥地の開発を図り」(笠原, p159)、明治36 (1903) 年に「近来、新式ノ運搬装置ヲ設置シテ、天然林ノ利用ヲ開キ、或ハ鋸機械工場ヲ建設シテ、製材ノ改良ヲ図」[15]ったと表彰された土井八郎兵衛、野中林兵衛、明慶万十郎ら明治38年に開設された「柳ノ谷索道」の共同出資者・丸三索道組あたりが関与していた可能性が高いと考える。

②＜軌道名未詳＞［木組〜出合間[16]。相賀とほぼ同じころ（笠原, p127）］

斎藤達男氏によれば、奈良県吉野郡上北山村「東ノ川流域の林業開発は明治30年ごろといわれ、上北山村東ノ出合から上流に向かい五味、出口と林業軌道が伸び木組に達した」(斎藤, p170) という。

③＜山口製板関係か？軌道名未詳＞［明治末期、千尋峠〜〜嘉茂助谷の製板運搬軌道（三重, p211）、沖見峠〜花抜峠（三重, p211）］

④滝ノ川軌道［大正2年、幅員2.0m、延長3,500m］

⑤大台[17]［大正4年、大台ヶ原牛石〜海山町樫山間に軌道開設、大台ケ原天然林開発、昭和36年廃止］

⑥坂下作業軌道[18]［大正4年、柳ノ谷〜又口〜矢所間7.2km］

起点の柳ノ谷（尾鷲町柳谷）は「出合の索道」の起点で、「土井家の製板所が設けられ、柳ノ谷索道による木材他は、ここで製材した」(斎藤, p170) 場所で、接続させた索道（矢所〜座ノ下間）の終点・座ノ下は尾鷲町「市街地の北、現紀勢線の線路付近…土井本店の事務所があり、ここから牛馬車に積み替えて尾鷲港に送られた」(斎藤, p172) ので、土井家

の輸送システムの一部を構成していた。

⑦四日市製紙専用軌道「河岸線」(三重, p149) [大正6年、相賀〜猪ノ谷]

⑧三国木材株式会社専用軌道[19)] [大正8年ごろ、何枚田〜脇ノ浜・三国木材株式会社船着場・倉庫間]

⑨三国木材株式会社白川又製材軌道 [大正8年ごろ、高木道之助個人経営白川又山製材所第一号工場〜白川又山製材所第三号工場(三重, p68)]

⑩＜内山鉄之助経営、軌道名未詳＞ [大正9年、坂下鹿見峠〜八幡峠、砥石谷〜小原野、約1kmを組合が改軌(三重, p168)]

⑪新宮営林署「古和谷線」[20)] [昭和2年木馬道を軌道化、古和谷土場〜古和谷6林班(三重, p149)]

⑫八木山[21)]土工保護森林組合 [昭和3年、真砂川〜向井木場、幅員1.8m、軌間600mm、延長2.767m(笠原, p127では2.740m)、昭和35年頃廃止]

⑬小原野土工保護森林組合[22)] [昭和4年、幅員1.8m、延長6,448m 小原野砥石谷〜中川橋〜尾鷲町の国市浜・土井本家の製材工場、昭和38年廃止]

⑭相賀町営「滝ノ川線(魚飛支線)」(三重, p149) [昭和4年、木津〜矢所、幅員2.0m、延長3,500m、町営、橡山南麓の古和谷国有林開発、大阪営林局が「借上契約締結」(三重, p160)、昭和36年廃止]

⑮大河内土工保護森林組合[23)] [昭和3年4月「請負制度によって、御料林の林産物の運搬を主目的」(三重, p125)に船津村に設立。昭和7年、幅員2.5m、上里〜柚ノ木間延長10,977m、帝室林野局線と併用する「第3セクターのような組合」(三重, p130)だったが、昭和36年廃止]

⑯赤羽村土工保護森林組合 [昭和7年①赤羽本線、②十須線、③三戸線(三重, p116)]

⑰土井林業私有軌道 [昭和7年以降、⑫の十須線の終点・大野内から数百米(三重, p121)、森林組合線の引込線]

⑱橡　山[24]［昭和 8 ～19年、幅員 2 m、延長6,800m］
　　ツルバミ
⑲矢ノ川[25]［区間・時期等未詳］
⑳加賀山事務所経営軌道［昭和11年ごろ、高見峠付近の架線場～キワラ谷付近のベニア板製造工場間 4 km 以上（三重，p212）］
㉑＜軌道名未詳＞大和谷簡易軌道[26]［昭和12年まで。久豆～三滝間約1,500m］尾鷲営林署「二ノ股線」（三重，p149）［昭和26年、猪ノ谷～二ノ股］
㉒大又林道［昭和14年、昭和27年廃止（三重，p172）］

　これら①～㉒の軌道群のうち、上北山村の宣伝映画『昭和 3 年の記録』「前編」には「北山側にかかる釣り橋、河合区内に敷かれた北山索道のトロッコのレール、木材搬出場『索道場』ではたらく労働者など」[27]が珍しく動画として撮影されている。この『昭和 3 年の記録　後編』には昭和 3 （1928）年 7 月10日大阪から三国丸で尾鷲に輸送され北山索道で大台ケ原に搬送された神武天皇御銅像除幕式（三重，p80）と大台教会における除幕奉祝祭が記録映像[28]され、高木道之助が社長の三国木材、北山索道両社も「特別会員」として祭に協賛しており、当該映画に関係するトロッコや索道が盛んに登場する背景となっている。尾鷲営林署等のように映画まで制作した官営軌道[29]は別として、単なる絵葉書類はともかく、民営の森林鉄道・軌道が鮮明な動画で残されているのは極めて貴重であり、かつ注記したように、経営主体・経営者の実態まで判明する事例も少ない。

4 ．台湾の鉄道監督法制と特有の「台車」

　戦前期の台湾島における単純明快な鉄道監督法制（鉄年，p625～635）を例に、当時の台湾の鉄道監督当局（内地とは異なり私設鉄道と私設軌道を一元的に監理）が自己の監督エリアをどのように把握していたかを観察してみよう。明治41（1908）年制定の「台湾私設鉄道規則」では、広く「鉄道ヲ敷設セムトスル者ハ台湾総督ノ許可ヲ受クヘシ」（第 1 条）を原則としつつも、「個人ノ専

用ニ供スル鉄道ニシテ瓦斯力蒸汽力又ハ電気力ヲ使用セサルモノハ本令ヲ適用セス」（第13条）、「一般交通運輸ノ用ニ供スル為公共道路上ニ敷設スル軌道ニ付テハ本令ヲ準用ス」（第14条）と、鉄道と軌道とをすっきりと一元監理した。すなわち畜力・人力等の専用鉄道、道路に敷設しない軌道は明確に本令の適用除外とした。しかし道路に敷設し人力による軌道である台湾特有の低規格かつ零細な手押台車群が多数存在し、同一法制には馴染み難い点があるため、別の府令として明治45年1月制定した「台湾私設軌道規程」では広く「軌道ト称スルハ軌條ヲ敷設シ一般交通運輸ノ用ニ供スル設備ヲ謂フ」（第1条）と定義しつつも、「瓦斯力、蒸汽力及電気力ヲ用ウル軌道ハ私設鉄道ノ規定ニ依ル」（第1条）と、高規格軌道は本令の適用除外とした。

こうした台湾の鉄道監督当局の適用除外判断上の着眼点を著者なりに要約すれば、①「一般交通運輸ノ用ニ供スル」か否か、②「瓦斯力蒸汽力又ハ電気力ヲ使用」か否か、③「公共道路上ニ敷設」か否かであって、イエスは適用、ノーは適用除外となる。極めて単純明解な結論として畜力・人力等を用い、道路上にはみ出すことなく、個人の敷地内に敷設する「個人ノ専用ニ供スル鉄道」でありさえすれば、戦前期の台湾島においても普通鉄道・軌道としては一切規制されないということになる。

戦前期の台湾には「台車」と呼ばれた粗末な人車鉄道が多数存在し、鉄道の真正性、逆にいえば虚偽性・虚構性ある鉄道とは何かを考えるに際して我々に貴重な素材を与えてくれる。まず「台車」「人車」の実像をご存知ない読者に**[写真－8]** を掲げた。昭和51（1976）年11月25日トワイライト・ゾーンを求める著者は、「基隆炭坑鉄道と友蚋[30]炭坑人車軌道は完全に併走しているわけではなく、ところどころで離れ、また出会う」[31]あたりを散策して、写真のように女性が手押しする友蚋台車軌道が基隆炭礦との交差点付近を走行する様子を間近でたっぷり実見し、是非ともこちらへの乗車を念願したが、並行路線の基隆炭礦軌道の小型老朽ＳＬ（振動が甚だしい）の方に団体で乗車することに決定したため、残念ながら折角の台車乗車という千載一遇の好機を逸した。昭和51年に実施された同じ旅行社による台湾ツアーの参加者が「台湾五堵にあった

第1章　鉄道における虚構性と非日常性　129

友蚋炭鉱の人車軌道」に団体乗車して、基隆川に架けられた恐ろし気な吊り橋を渡る動画が平成19（2007）年6月30日にアップロード[32]されており、この際には基隆炭礦ＳＬではなく、友蚋台車軌道の方が選好されたようである。

「亀の背」ではないが、時速10km程度の低速の台湾特有の原始的で粗末な台車に揺られるのんびりした旅は、島外からの観光客に正に「非日常」を感じさせるものであり、著者にも戦前期東日本に多く存在した人車軌道がどのようなものであったのかを実物で理解させてもらえる生きた化石でもあった。しか

[写真－8]　女性が押す友蚋台車軌道
（昭和51年11月25日著者撮影）

し著者が昭和54（1979）年1月5日に再度五堵を訪問した際には隣接の基隆炭坑も昭和52年に閉山となっており、友蚋台車軌道も姿を消し廃墟となっていた。おそらく昭和51年時点の台車の動画・写真は台湾でも最末期の貴重な映像と考えられる。

　このように「台湾ニ於ケル私設軌道ハ主トシテ手押台車ニ依ル特種ノ設備ニシテ台湾特有ノ輸送機関トシテ発達シ鉄道ト相俟テ島内交通上重要ノ地位ヲ占」（鉄年，p633）め、「台車ハ多ク苦力一人ニテ押送シ、貨物台車ニ至リテハ構造最モ粗略ナル」（M43.11.19Ｒ⑬）ものであったが、昭和2（1927）年時点で609.7哩に達していた。大正8（1919）年の地元紙は台湾煉瓦会社の台車について「錫口駅を降りて小一里を滑るように台車が走ると、沿道の彼処

此処は煉瓦の山が幾つとなく続き、又しても向うから搬出される煉瓦積の台車か後から後からと限りなくやって来る…見渡す限り一帯の水田は原土発掘の為めに所々赤土の層を露出しているのを見る、それらが恰も台湾煉瓦会社の勢力範囲でゴザイと言ったように…稍にして工場に著た」[33]との訪問記を載せている。昭和8年の鳥瞰図『台湾』は「島内の交通は一、五三八粁余の鉄道と約一、〇七八・二粁の軌道（台車）により現在殆ど不便がない」とした上で、鉄道にほぼ匹敵する「台車（俗称トロッコ）」に関して「本島特有のもので現在五千台以上あり。危険は殆どなく晴天の際山腹を疾走する時など実に痛快である」[34]と称賛している。昭和15年5月日本旅行協会台湾支部が発行した『台湾鉄道旅行案内』でも口絵に「山路を下る　台車の旅」の写真を掲げ、「道路や橋など充分に完成してゐない地方では頗る便利で、唯一の交通機関として其の地方の開発に役立つてゐる。軌間は概ね一呎七吋半、軌條は多く一二磅。普通に台車と呼び、板張又は竹張腰掛を用ひ、特等台車には藤張または革張腰掛に日覆ひを付してゐる。其の乗車制限は、普通台車は四人、特別台車は二人を限度とし、一人押しは多く平地で、上り勾配のある線路は人夫二人がつく事を例としてゐる…台車の運行速度は、普通時速一〇粁内外で、運転中格別の危険はないが、乗客の心得方一、二をあげると、腰掛は成るべく台車の中心より前方に据ゑ、重量を前方に置くやうにし、屈曲の箇所では身体を其の内側の方に少し傾けるとより安全である。最近の台車数三、五四五台」（台案, p19～20）と乗り方まで詳しく解説している。

　次に法制面、監督面の実情に立ち入ると、台湾の台車は明治45（1912）年1月制定の全26ケ条からなる「台湾私設軌道規程」を中心に、「営業者及台車後押人夫取締規則」等の諸規制を受けるほか、鉄道部より「屡々当部長より通達ある」[35]など、監督当局の規制に服する「真正性」ある鉄道のはずであった。しかし大正8（1919）年5月12日開催の第二回「全島軌道業者懇話会」の席上の鉄道部菅野監督課長からのこと細かい注意事項は全部で23項目[36]にも及ぶものであった。たとえば「軌道面上の不□及軌面の通り不整は従来屡々当部長より通達ある所なるも未だ充分と認め難きもの多し。特に注意の上軌面の維持に

努むること」37)といった具合で、規則が十分に遵守されていなかったように見受けられる。

とくに注目されるのは「乗務員」の項目で、「近来後押人夫の乗客に対し体度不遜増長の傾向あり」「婦女子を乗せたる台車後押人夫が卑猥なる俗謡を歌い乗客に不快の感を生せしむる者」「乗客に於て時間を争う場合に故意に速力を緩め心附けを獲んとする者」「軌道の主脳者は後押人夫に対し常に規程の励行其他客貨に対する作法の教諭に努むべきこと」38)が列挙されている点である。

客に迷惑を掛ける乗務員は内地の人車鉄道でも見られたようだ。元祖の豆相人車鉄道は旅行案内書の「世界無比　人車鉄道の案内」に「人車鉄道は安全にして線路は海に沿ひ巍峨たる山腹を繞くり一転瞬毎に眺望の佳趣を替ゆ。車体は構造美麗にして走行中震動少なく、且つ完全なる緩急機ありて之を操縦する車丁は何れも錬磨を経て其巧妙殆んと神に入り、一度乗り試みられたる人々の常に賞賛さるる処なり」39)と、車丁（後押人夫）の操縦を賞賛している。しかし明治39（1906）年4月改称後の「熱海鉄道発着時間表」の裏面には「一、車丁に於て乗客に対し不敬を為し、又は不都合の所為有之候時は最寄停車場の者へ御通知被下度候。一、手当又は何れの名義を以てするも、車丁へ金銭物品等御投与被下候事御断申候」40)などの「乗客の御心得」が列挙されており、神技と称えられた巧妙な車丁にも実は大きな問題があったことが窺える。

60日に1回定期的に回ってくる帝釈天への庚申（かのえさる）の信者大量輸送に備え、明治45（1912）年1月現在で64両もの四輪客車41)を擁する帝釈人車鉄道の場合も、常雇の職員は僅かに4人、給与月額48円（@12円）であったが、別に「臨時雇押夫延人員九百二十一、其給料額一千五十四円」42)もあり、庚申の日に対応した大量の臨時雇押夫の給与月額@1.144円は常雇の1割未満の低水準であった。同社の明治35年『備忘録』43)によれば3月7日「東京府軌道監査員来訪ス」とあり府庁の監督も機能していたが、5月28日「庚申人夫募集方奥戸組及新宿組へ通知ス」6月3日「長谷平吉人夫百人募集方依頼す」と求人に奔走、8月5日「庚申　乗客九千〇四十四人　列車回数三十四回」のピークに備えるのに苦労している様子がうかがえる。

5.「真正性ある鉄道」とは何か

前述したような、様々な「ニセモノ」鉄道の具体例を参考に、はたして「真正性（Authenticity）」ある鉄道（以下、単に真正鉄道）と呼ぶに相応しい要件とは何か、裏をかえせば鉄道の虚偽性を構成する要素とは何かを、著者なりに考察し逐一列挙してみよう。（カッコ内は真正性を欠く真逆の場合の事例など）

①真正なる企業家により発起（虚業家）
②真正なる鉄道敷設手続きに準拠（無免許・免許取消・産業鉄道等。免許が復活した希有な東京日光電鉄[44]の事例）
③真正なる動機を有する出資者を募集（免許権転売目的の利権屋）
④資本金額の完全なる払込を完了（空株など架空払込）
⑤会社設立など、真正なる法的手続きを経て（詐欺的鉄道、会社設立無効の八幡電気軌道[45]の事例）
⑥真正なる建設業者により（悪質な不正建設業者等による架空工事）
⑦真正なる軌間（模型、ミニチュア鉄道）
⑧真正なる鉄製の軌条（木道馬車、木製の軌條、無軌道電車[46]、請負業者に軌条売渡し、完工するも軌条を欠いた常葉軌道[47]の事例）
⑨真正なる動力（普通鉄道と「連絡するものも人力や馬力を動力とするものは専用鉄道としてゐない」（常識，p26）として、専用鉄道から除外されたように、人力による手押しの人車・台車、犬車鉄道の類）
⑩真正なる鉄道車両（レールバス、鉱山用車両を使用した草軽電気鉄道[48]の事例）
⑪十分な路線距離
⑫異なる起点と終点（環状線）
⑬環状線に途中駅が存在
⑭公道等との交差（自宅等、同一敷地内の遊具、上野公園自動鉄道）

⑮以上の設備を完備した鉄道設備が現実に完成（未完成鉄道、蔵王高速電鉄、桑田知明経営[49]）
⑯真正なる社名・路線名の下に（不実の社名を掲げた磐梯急行電鉄（第二部第9章参照）の事例）
⑰真正なる運賃を授受（便乗扱、一円電車[50]の事例）
⑱現実に営業運転を開始（鉾田馬車鉄道[51]や、試運転までいった堀之内軌道[52]の事例）
⑲一時的な仮設路線ではなく、長期にわたり営業路線として継続（作業軌道[53]、廃線、廃止届の出されていない休止路線[54]）
⑳上下分離、譲渡担保、リース等による鉄道設備の所有名義人ではない
㉑真正の駅（「特に停留所といった場所はなく、お客は途中どこでも都合の良い場所で降り、また乗」[55]った東葛人車鉄道や枝幸殖民軌道[56]、台湾台車[57]、王滝森林鉄道[58]の事例）
㉒真正な橋梁（「雑木の屈曲甚だしきものを使用し又は桁の寸法小なる為撓止として丸太を見込みたる」「一時的仮設工事の橋梁桁」台湾）
㉓真正な「ポイントクロッシング」（「掃除不行届にして之れが為「ポイントレール」不密着を来すもの」台湾）
㉔真正な軌道面（「軌道面上の不□及軌面の通り不整」台湾）
㉕真正な軌道継目の締付「ボールト」（「四本宛を使用すべき筈なるに往々三本又は二本を使用しあるもの」台湾）
㉖真正な軌道の床（「枕木間雨水の為土砂流失せる儘放置せるもの」台湾）
㉗真正な乗務員（人車鉄道の車丁、押夫、後押人夫等）
㉘真正な定員（「運行途中に於て乗客を制限外に搭乗せしむるもの」台湾）
㉙真正な車両（「台車前後の四隅に嵌めある棒は油及塵垢の附著し甚敷不潔なるもの」台湾）
㉚真正な装着・付属品（「制動器を省略」枝幸）

この結果、鉄道の虚偽性を構成する要素として考えられるのは、①非合法性（違法性、無免許鉄道）、②架空性、③模倣性、④非正統性、⑤遊戯性、⑥粗悪

性、⑦詐欺性（不誠実性・作為性・意図的な悪意性）、⑧縮小性（ミニチュア）、⑨劣後性[59]、⑩省略性（手抜き、設備欠如）などである。

6．殖民軌道・簡易軌道の虚偽性

　ここでは上記の虚偽性要素のうち粗悪性などを数多く具備した、典型的な虚偽鉄道として殖民軌道・簡易軌道をとりあげたい。殖民軌道・簡易軌道というのは開拓途上にあった北海道の奥地、しかも山間僻地の地域住民限定の特殊な交通機関で、以下詳述するように乗客の乗り心地や快適性を一切無視し、極端に低コストを追及して、規格をギリギリまで下げた一種のLCC（low cost carryer）である。その半端でない低規格・劣悪さと、運行はもとより存在そのものまで情報の極端な乏しさから、逆に希有なる非公然交通機関として一部の愛好者の高い関心を呼んだためか、平成29（2017）年2月10日「釧路地域の開拓を支えた簡易軌道」と題したご当地フレーム切手が発売された。しかしマイカー時代でなく、レンタカーも皆無の昭和30年代という「この時期に開拓地の奥まで足を運んだ」（湯口，p96）外部旅行者は物好きな鉄道愛好者の中でも「実際に乗車走破した鉄道好きは少なかった」（今井，p12）という事情もあって、現物を実際に調査・撮影・乗車できたのは湯口徹、今井啓輔両氏など探求心が尋常ではない、相当ハイレベルの"数寄者"層[60]に限定されていた。観光地理学者の青木栄一氏も昭和29（1954）年8月に19日間道内を巡ったほどの猛者であるが、そんな青木氏でさえ「当時無数にあった森林鉄道や北海道殖民軌道は訪れる機会がなかった」（青木29，p3）と謙遜されるように、殖民軌道雪裡線は「一度乗ってみたいとは思ったが、日程上とうてい無理…列車を見るだけにとどめ」（青木29，p12）ている。時期的には廃線直前でギリギリ探索可能性があり、当時簡易軌道の存在も朧気ながら知っていたとはいえ、「自分の目で確かめるまで、どんな車がどんな運行をしているのか本当に判らなかった」（湯口，p96）ほどの幻の乗り物ゆえ、著者ごとき腰抜けの弱輩者はあたかもアマゾンの秘境を一人行く手漕ぎのボートか何かのように恐れおののい

て、容易に近付けるような対象ではなかった。したがって、以下の記述はクマの襲撃をも恐れず、北海道奥地を長期間"探検"した勇気ある先覚者の体験談と貴重な写真を公開された著作物・写真集等に全面的に依存している。

　戦後の簡易軌道の虚偽性とは単に車両がお粗末だということだけではない。実はその監督行政は北海道開発局農業水産部開拓課簡易軌道係が一応所管する建前であったが、湯口徹氏によれば「技官の係長と事務官1名計2名というささやかなもの」（湯口, p98）であり、当時大学生の湯口氏が現地視察の口外し難いお粗末ぶりの調査結果を報告に及ぶと「担当課として相当のショック」（湯口, p39）をうけた模様という。察するに戦前期の台湾島の人力による台車網約1,000キロより、戦後の自走客車主体の北海道の簡易軌道網約600キロの方が多分に自由放任主義の下で、のびのびと気楽に能天気に運営されていた節がうかがえる。たとえば昭和35（1960）年3月湯口氏は運良く簡易軌道茶内線の新鋭自走客車の試運転時に乗車したが、「相手は定期列車、当方は臨時で、しかもダイヤも確かめずに突っ走った」（湯口, p76）無謀運転の結果危うく正面衝突寸前の異常事態に、双方の公務員たる運転手同士が「荒野のまん中で…そっちが引け、お前が後退しろの押問答」（湯口, p76）を公衆の面前で延々と繰り広げるという、とてもこの世のものとは思われぬ前代未聞の"荒野の対決"なる珍風景に幸運にも遭遇している。これこそ著者が探し求めつつも果たし得ぬ"擬制鉄道"の虚偽性を象徴する出来事ではなかろうか。

　「馬力に依り農家の共同利用に供する」旧型の殖民軌道を権宜の措置として黙認するまではよいとしても、雪裡線の藤村敏一などのように「ガソリン機関車による運輸事業を直営し旅客及貨物運賃を収受」[61]する時代に副った進歩形の殖民軌道なるものは、一体一般の普通鉄道とどこが異なるのであろうか。とりわけ殖民軌道でも「国営にして北海道庁管理」枝幸殖民軌道のように、鉄道省側との正式な協議を経て、昭和7（1932）年6月30日「工施認可」に代えて「承認」（鉄軌S7, p13）となって、「未開業軌道」として『地方鉄道軌道一覧』に掲載され、藻琴線、枝幸線のように市販の時刻表に長らく掲載される線区もあった。こうなると、誰が考えても真正な鉄道だと信じて疑わないであろ

う。こうした類型は真正鉄道と虚偽鉄道との中間に位置する「境界型」鉄道と呼ぶことができよう。

7．殖民軌道・簡易軌道の粗悪性

　[写真－9]は別海村営軌道奥行臼「のりば」と事務所・車庫の開業当時の姿である。この簡易軌道は先行研究者の今井啓輔氏によれば「そのころは、殆ど紹介されておらず」（今井1，p35)、厚床～上風連間約15.1kmの路線だったものを、昭和35（1960）年に路線改良に着手、昭和38年に起点を国鉄標津線奥行臼駅前に付け替えたばかりの新鋭路線であった（なお改良以前の昭和32年8月31日、厚床駅前の風連行の組合運行の馬車軌道の貴重な写真（湯口，p95）がやはり先行研究者の湯口氏により撮影されている）。「おくゆきうす 奥行臼」と書かれた駅名標の真ん前には新設間もないホーム[62]とは名ばかりで、ミカン箱のようなものを数箱地面にただ並べ、車庫前に留置された青色と白に塗り分けられた自走客車（ディーゼルカー）に乗客が乗り込む際の踏み台としただけの極めてお粗末なものである。著者が一昨秋「黒部峡谷パノラマ展望ツアー」で便乗した関西電力専用鉄道は竪坑エレベーター前に踏み台を新設、平成28（2016）年10月9日「王滝森林鉄道フェスティバル」でも「管理棟」前停車場に一日限りの階段付きの踏み台を新設していた。台湾の台車の基準でみても「発著所と見るべきものも設置なき」最低レベルであって、とても真正な鉄道駅とは見做せない代物であった。

　しかし昭和7（1932）年2月19日付で鉄道省と正式協議を経た枝幸殖民軌道においてすら「起業目論見書」において、堂々と「乗降場…ノ設備ノ必要ナキモノト認メ、当分其ノ設備ヲ為ササルモノトス」（枝幸）と省略を大原則としており、湯口氏が訪れた戦後の歌登線でも「歌登構内は広いがプラットホームは全くない…押せばつぶれそうな片デッキの客車やら、ボロボロの貨車やら、何しろ全く番号というものに無縁の別世界」（湯口，p17）だったというから、この辺りの野趣溢れる、独特の「ゆるさ」が開拓地の簡易軌道ならではの魅力

[写真－9] 別海村営軌道奥行臼「のりば」
(昭和42年ころ犬塚京一氏撮影)

でもあろう。しかし当該簡易軌道は撮影からわずか数年を経ずして昭和46年3月廃止されたため、やや不鮮明ながら幻の「奥行臼」ホームの貴重な写真となった。湯口氏のいう「改良、新設などはほとんど必要なかった」(湯口, p98)「全く無益な投資」(湯口, p98)の一つであろう。ちなみに現在は「奥行臼駅逓所」とともに、簡易軌道車両の保存展示場所となり、ホームの背後にあった「事務所兼待合所」(「奥行臼停車場構内」図、今井1, p35)も平成25 (2013)年の「日本一周の旅」ブログ写真によれば、保存自走車（朱色に白帯）ともども現存している模様である[63]。しかし廃止直前の昭和45年6月に続き、平成14年5月にも現地を再訪された田沼建治氏の貴重な現地調査[64]を拝見しても、残念ながらあのホーム代用ミカン箱は撤去されて姿をとどめていないように解される。

　真正なる鉄道車両とは思えない例として、湯口氏は著書『簡易軌道見聞録』の中に「法律上立派な"鉄道"」(湯口, p86)の筈の根室拓殖鉄道を特に取り上げ、酷く劣ったキハ3「銀竜号」などの粗悪車両群を「こんな車でよく金を取って人を乗せているものと感心」(湯口, p86)する反面、「殖民軌道のスプ

リング無しの客車や、貨車を代用した客車に比べれば、さして遜色なし」（湯口，p86）として同線を簡易軌道レベルと結論づけた。また青木栄一氏も真正なる鉄道車両メーカーには名を連ねていない田井自動車工業なるバス・ボディ屋の苦心の作品であった同社キハ2を「バスを思わせる車体のガソリンカー…正に辺境の軽便鉄道」（青木29，p14）、キハ3を「ものすごい形」（青木29，p17）、「奇怪な形態のガソリンカー」（青木29，p14）と各氏とも多彩な低レベル形容詞を総動員して評している。上には上があるもので、山鹿温泉鉄道キハ101は戦後、進駐軍が放出した「ホンモノ」のバスを改造してレールの上に乗せただけの、見紛うことなき「ホンモノ」の元祖レールバスであった[65]。しかし、昭和16（1941）年10月20日釧路市鳥取の藤村敏一が殖民軌道雪裡線初の自走客車を運行したが、それは「自動車を改造した粗末な」（鶴居，p240）旅客車（ガソリンカー）であったので、殖民軌道ではバス改造の自走客車はなんら珍しいものではなく、むしろ標準品であったのかもしれない。

(1) 殖民軌道の"擬制鉄道"性

ここで"擬制鉄道"というのは、たとえば大正9（1920）年森林鉄道の一般解放を強く要求した津軽人民の請願を審議した貴族院の場で、渡辺子爵が「客車類似の人間の乗れるような車をつけて、そうして普通の鉄道省経営の列車のような具合に農商務省の責任ではない公衆が自分の希望によってこれを使用」（小林，p93～4）させてみてはどうかと農商務省に採用を強く迫ったような、表面的には類似してはいるが、本質的には普通鉄道に非らざる簡易な鉄道・軌道システムのことを指している。しかしこの時の農商務省当局は「公的には決して運ぶことは出来ない」（小林，p94）として、かかる擬制鉄道の存在可能性そのものを強く否定したのである。しかし殖民軌道こそ、まさに「客車類似の＜最低限＞人間の乗れる」簡易な鉄道システムを「公衆が自分の希望によってこれを使用」する趣旨の北海道奥地の"擬制鉄道"ではなかったのか。

まず殖民軌道（戦後の簡易軌道）という北海道だけの特異な"擬制鉄道"がかつて道内に広く存在した事実は、存在した当時世間では皆目認識されていな

かった。末期の簡易軌道を実際に現地で確認することができた塚本雅啓氏でさえ、「北海道には不思議な鉄道がある…ということを知ったのは、昭和43 (1968) 年頃だったように思う。…しかし、その軌道の運営や実体はよくわからず」（トロッコ, p136）と回顧している。近年、現地調査した先駆者たちの訪問記が相次いで発表され、ようやく少しずつ解明が進んできたため、今日では普通鉄道とは格段に違う、その特異性がかなり知られるようになってきた。

「市街を距ること遠く為に農作物及日用品の運搬に不利不便多く」[66]公共交通機関に恵まれない僻陬の地である「新開殖民地に十二封度乃至二十封度の簡易な軌道を敷設して、物資の輸送及交通に便し且輸送費の軽減を図る」[67]目的で、自由移民にあらずして移住補助金を受ける「許可移民を漸次入植せしむべき特定地」という、いわば今日の「特区」扱いの「特殊の新開地に簡易な軌道を敷設し、馬力に依り農家の共同利用に供する」[68]便法、権宜の措置（臨機のみはからい）として黙認されて鉄道監督当局の規制を一切受けなかった。国費により敷設された殖民軌道は「建設後約十年は地方住民の任意使用に委し設備しある台車の配給を受け各自所有の馬力に依り運行せしめ」[69]る計画であった。

（2）枝幸殖民軌道の鉄道省協議の実態

昭和4（1929）年12月1日小頓別〜上幌別六線（→歌登）間（19.053km）枝幸殖民軌道利用組合（殖民軌道使用開始告示1461号）。昭和5年9月2日上幌別六線〜枝幸間使用開始。昭和7年7月10日小頓別〜枝幸間（35.000km）道庁殖民軌道となる（殖民軌道運輸直営線）。

唯一、根室線とともに昭和7（1932）年2月19日鉄道省と正式協議を経て「軌道法ニ拠ル軌道ニ変更セントスル」枝幸殖民軌道でも、担弾機、救助機、制動機等の基本的保安用機器類の不備を突く鉄道省側の数々の度を越した諸要求に対して、佐上信一北海道長官は「本軌道ノ運輸貨物ハ雑穀類及林産物ヲ主トスルモノ…交通稀ナル地方ナルヲ以テ危険無シト認メラレルニ依リ省略致度」[70]と平身低頭、ひたすら「お上の見逃し」式に懇願する道側のタフな態度に、鉄道省側の最終判断は明確に「軌道法建設規程ニ抵触スルモ既設工事ニシ

テ且ツ極メテ簡易線ナルヲ以テ此ノ仮処理然可哉」(枝幸)と、やむなく不適切な数十箇所もの指摘事項を涙を飲んで黙認、鉄道省の敗北であった。文書には現れてはいないが、一方「特に鉄道を主管する官庁にも軌道に関する事務に関与するの官制上の職権を与ヘ」(武井，p143)た軌道の元締めを自認する内務省側では、国営軌道「経営に付ては普通軌道と同一に律するを要せず…軌道法を適用しない」(武井，p237)との伝統的考え方に立脚していたから、暗に道側の拒絶を支持したと解される。数か月に及ぶ空しい時間の浪費を体験した北海道庁・鉄道省とも、その後の殖民軌道各線の動力化に際して公式に協議を行った形跡がうかがえないのは、枝幸線での時間の浪費に懲りて双方が「大人の知恵」を働かせた結果ではないかと、部外者の著者は邪推している。

(3) 殖民軌道藻琴線における運行組合の実態

北海道庁殖民軌道藻琴線は公式資料の「殖民軌道使用開始告知一覧表」によれば「網走町大字新栗履村藻琴基線　至同国同郡同町大字東藻琴基線　粁(哩)程　粁数一五・二〇〇　哩数九・四四五」[71)]であった。『東藻琴村誌』によれば、当該殖民「軌道は、本来道庁直営事業であったが、便宜上沿線住民の総てを組合員とする北海道庁殖民軌道藻琴線運行組合を組織、路線敷設に必要な敷地は、地元民寄付…組合長に網走町山内鉄蔵が就任、副組合長に町助役加藤源太郎、地元よりは上田藤太郎を副組合長兼運輸主任会計に選任して、道庁と組合との連絡は町役場内に事務所を置き、道庁よりは、運営補助が支給されることになった」[72)]、「昭和十年十一月十一日藻琴東藻琴間に、簡易殖民軌道の運行が開始されたが、当初は物資の輸送に重点が置かれ、乗客は便乗と言うのであった」[73)]とある。この運行組合というのは道の拓殖計画で想定していた「使用者の団体を組織せしめ…漸次之を町村又は其の他団体の運輸経営に移管し…漸次独立の域に進むる」[74)]使用者団体に相当する。湯口氏は「軌道を利用する入殖者で組合をつくり、各人所有の馬で牽引する。利用者は台車の使用料を国に払う、という仕組みで…利用者が多いと数台かそれ以上の台車を連ね…運行した」(湯口，p94)と説明している。なお上ノ国森林軌道の場合、北海

道林務部は「昭和18年…中外鉱業株式会社石崎鉱業所所有の鉱山軌道 6 kmを買収し、檜山営林区署松前営林作業所および中外鉱業ならびに地元木材業者で『軌道運行組合』を結成」（道林，p118）しており、組合員に官民、企業、個人等様々なメンバーが参加する事例もあった。

（4）殖民軌道雪裡線における動力化

殖民軌道雪裡線は「釧路市別途前　至同国阿寒郡舌辛村中雪裡　粁（哩）程粁数二八・七八六　哩数一七・八八七」[75]であった。『鶴居村史』によれば、当該殖民軌道の運行主体は藻琴線等と同様な①「雪裡線運行組合」（昭和29年鶴居村に移管）のほか、時期や線区により②「トロボイ」（馬力という動力を提供する組合員である馭者）、③「貸トロ」業者、④「客トロ」業者に加えて、昭和16（1941）年10月⑤藤村敏一（二代目運行組合長）が経営者として新動力「自走車」を運行[76]して新たに参入するなど、多種多様な専門業者[77]が重畳的に併存するという英国初期鉄道並みの複雑怪奇な運行形態を採用していた。

元来「農家の共同利用」だった殖民軌道の中でも「距離、貨物等より見て馬力の共同利用は不適当」[78]な路線、すなわち根室線、枝幸線では「沿線付近漸次移民の増加に伴ひ、該地方の開発著しく進捗し、農作物或は日用雑貨等の輸送年次激増を見、馬力による運行は到底…時代に副はざるものあると、輸送力の増進並運賃の軽減を図る為、路線の要部を改良して動力を瓦斯倫機関車とし…直営を以て運輸事業を開始」[79]した。確かに『地方鉄道軌道一覧』に昭和4（1929）年8月20日運輸開始した根室殖民軌道と未開業軌道として枝幸殖民軌道の2線が掲載されている。昭和3年3月末日現在では担当官の理解不足からでもあろうか、鉄道名「標津殖民」はなぜか地方鉄道未開業線として「熊牛村〜標津村」47.47kmが『昭和三年三月末日現在　日本全国鉄道線路粁程』に掲載されている（粁程 S3未開業線の部，p36）。昭和21年8月鶴居村からの請願では「鶴居村は面積四十万里であり…釧路區に於きましては陸の孤島と申されまして、洵に釧路市の傍の新富士の驛から二十八「キロ」拓殖軌道が付いて居りまするが、馬で僅かに一箇月十囘位小さい汽車を曳きまして、物資の輸送

に當つて居ると云ふ、全く交通杜絶の状態」[80]に置かれていた。

（5）根室殖民軌道

　昭和10（1935）年12月1日現在では根室殖民軌道（国営）は中標津〜標津間、粁程32.7、動力瓦、軌間2呎6吋、軌条重量…、決算期3月、本社所在地　根室国根室郡和田村、管理者　長官佐上信一、資本金60.7万円、枝幸殖民軌道（国営）は小頓別〜枝幸間、粁程35.2、動力瓦、軌間2呎6吋、軌条重量…、決算期3月、本社所在地　北見国枝幸郡枝幸村、管理者　長官佐上信一、資本金56.2万円であった（鉄軌 S11，開業線の部，p41）。

　根室殖民軌道は開業に先立ち、昭和4（1929）年7月1日「特許」に代え、「承認」（鉄軌 S7，p13）され、また枝幸殖民軌道も昭和7年6月30日「工施認可」に代えて「承認」（鉄軌 S7，p13）されている。和久田康雄氏は「軌道法第32条には国営軌道の規定[81]があって、特許は不要である代りにこれを設置する官庁が主務大臣に協議することになっている。…正規の協議の行なわれたものは…根室・枝幸の2線しかなかった」（和久田，p40）とするので、軌道法第32条に基づく正式な協議を経た結果の鉄道省側による「承認」である。

（6）東藻琴村営軌道の例

　昭和25（1950）年藻琴線運行組合を審査した運輸省作成の「審査概要」によれば、「本組合は北海道庁開拓部の所管に属し…組合準則（民法上申合組合）を設け、地方の輸送確保を期する為出来た」、「関係区域住民で軌道を利用する者を以て組織する」、「各地区より選ばれた代議員で組織する代議員会」を機関とする「営利を目的としない」[82]ものと説明されている。添付された「調査資料」には組合長、副組合長、代議員23名の名簿、各地区別の組合人員、「組合員一三七九人とは組合員戸数の意」[83]との北見道路運送処理事務所の説明書等が付されている。

　簡易軌道を実質的に運営した東藻琴交通は昭和29年現在、東藻琴村市街65に本社を置き、東藻琴村〜網走市など39kmの運行粁、車両数4両を有する同村

第三セクター的なバス会社であった[84]）。

　戦後簡易軌道たる東藻琴村営軌道も地方鉄道への転換を志し免許を取得した時期がある。しかし何らかの事情があって地方鉄道への転換は見送られたまま、免許は期限切れで失効した。その後も何食わぬ顔をして簡易軌道のまま運行し続けたので、この東藻琴村も虚偽鉄道（簡易軌道）→真正鉄道（特許取得のみ）→虚偽鉄道（簡易軌道）の例の変形と考えられる。

注

1)2)　原全教『奥秩父　続編』木耳社、昭和10年，p126～7。
3)　『蔵王今昔温泉記－伊東久一覚書－』昭和48年，p60～p61。
4)　H.FUK「日本観光史：会社編」（web2.nazca.co.jp/xu3867/）。
5)　岡本憲之『知られざる鉄道』けいてつ協會、JTBパブリッシング、平成9年。
6)7)　［鉄道旅行］［特殊鉄道］三好市（旧西祖谷山村・東祖谷山村・池田町）にある鉄道モドキの「遊覧鉄道」めぐり（http://d.hatena.ne.jp/katamachi/20061206/1165416846）。
8)　「けいてつ協会」では固定観念にとらわれず「特殊な鉄道やトロッコ等」ひろく「レールの上を走るもの」を「知られざる鉄道」（前掲岡本，p192）として探求対象とすると宣言している。
9)　擬制（fiktiv）とは実質は違うのにそう見せかけること、架空の、虚構のという意味。擬制鉄道は実質は真正鉄道とは全く異なるにもかかわらず、恰もそのように見せかけている虚構の鉄道であるが故に命名した。
10)　名取紀之・滝沢隆久編『トワイライトゾーンマニュアル』全16巻、平成4～21年、ネコ・パブリッシング。「トワイライト・ゾーン」の意味については2号参照。『レイル・マガジン』誌は昭和59年2月の創刊号に西裕之氏の林鉄連載記事を掲載するなど、一貫して「虚偽鉄道」に理解を示す編集方針であった。
11)　阿寺軌道については「わが国の森林部局が敷設した最初の森林軌道」（データ中部，p11）と位置付けられている。
12)　『林業技術』通巻700号、平成12年7月10日日本森林技術協会デジタル図書館www.jafta-library.com/pdf/mri700.pdf。この資料は『日本の森と木と人の歴史』（日本林業調査会）、「機械化林業」バックナンバー（林業機械化協会）、『林業技術史』（日本林業技術協会，p7）を参考に『林業技術』編集部が編集した伐木集運材年表の最初の部分に相当する。
13)　馬岡隆清『尾鷲林業発達史』林業発達史調査会、昭和29年，p70、笠原，p128、小林，p164）尾鷲森林組合編『尾鷲林業視察の栞』尾鷲森林組合、1958年11月、鉄地8，p12、『帝室林野局五十年史』昭和14年，p805、『尾鷲林業発達史』昭和29年，p70、片岡督・曽野和郎『三重県の森林鉄道～知られざる東紀州の鉄道網～』CARGO、2013年等を参照して著者が作成。

14) 銚子川沿いの「相賀林用軌道」(鉄地8、p13)で、昭和6年要部修正の5万分の1地形図「尾鷲」には「古和谷国有林付近－相賀間が又口川～銚子川沿いに記載され」(斎藤、p172)、「古和谷国有林は又口川、銚子川沿いに林用軌道を敷設して相賀町に搬出した」(斎藤、p176)。

15) 明治36年第五回内国博覧会金牌表彰状(笠原、p160所収)。

16) 木組は東ノ川の平谷の上流の集落(斎藤、p178)、「木組峠」は橡山の西にある尾鷲市と奈良県上北山村との県境の峠名(『ゴールデン最新旅行案内地図』昭和49年、p81)。出合(上北山村東ノ川出合)は「出合の索道」の終点、「竜ノ谷索道」の終点で「尾鷲索道」の経由地(斎藤、p171)だが、竜ノ谷は「柳ノ谷は尾鷲町又口のすこし北にある谷間で奈良県側は竜ノ谷と書く」(斎藤、p170)。

17) 大正4「年に、大台ヶ原山の原始林開発のため銚子川に沿う大台林道(軌道)の開設を始め、大台ヶ原の牛石、正木ヶ原付近より海山町の樫山まで軌道を布設し、ここから猪ノ谷までインクライン(索道)で下し、猪ノ谷から相賀軌道の木津へ連絡した」(大台ケ原（尾鷲辻～）10/7 - FC2melody513.web.fc2.com/2012/20121007oodai/oodai.html)。

18) 大正4年坂下索道の一部(矢所～柳ノ谷間)4.8kmを廃して代りに「柳ノ谷～又口～矢所間に作業軌道7.2kmを敷設して、この区間の輸送を軌道に切り替え、索道は矢所～座ノ下2.4kmに短縮して接続」(斎藤、p172)、その後軌道は柳ノ谷～栗ノ水間に短縮、昭和8年ころに全線廃止(笠原、p125)、昭和6年要部修正の「尾鷲」には「柳ノ谷～矢所間がない。この軌道は早期に自動車に切り替えられた」(斎藤、p172)。なお坂下は北山索道の経由地、矢所は竜ノ谷索道の起点に相当。

19) 三国木材株式会社は大正8年4月に大阪市西区幸町通5-6に資本金100万円で設立され、社長山本唯三郎、専務高木道之助、取締役土居理七郎、稲生二平、監査役土井与八郎、草場正五郎(諸T9上、p644)。高木道之助(尾鷲町)は北山索道[大正7年8月特許。昭和10年直後に「家業」が「林業」(幸福相互銀行の行史p613)の頴川家四代目の頴川徳助＜幸福銀行創業者＞が社長に就任]社長、尾鷲電気、三国木材各取締役(要T11役中、p56)、上北山村河合の白川又原生林の伐採事業をはじめ、個人で白川又索道[大正8年5月特許、上北山村河合～同村白川又奥地間4.7kmの蒸気動力の索道(『上北山村の地理』、p125)]を経営、玉村工務店等に関与『尾鷲市史』)、三国木材は昭和3年9月上北山村河合字渡瀬～河合字桑瀬間1.5kmの電気動力の索道特許(『上北山村の地理』、p125)、昭和10年ころ北山索道から18.8kmの索道を譲受した(紀伊半島の貨物索道の話)。なお高木道之介経営の「製材業の会社」は大正3～4年ころ「尾鷲の坂場と奈良県吉野郡の間」(小林、p159)に「ハリージー式」索道を所有し、「尾鷲の奥と…奈良県の北山から尾鷲港に木材を搬出」(小林、p159)していた。起点の何枚田(尾鷲町中井浦何枚田)は北山索道の起点で同社の製材置場があり、製材を船積み(笠原、p126)した軌道終点の脇ノ浜の同社倉庫付近は今も「サンゴク」と呼ばれる。

20) 古和谷は古和谷国有林の所在地で、北山索道の京良谷と平谷の中間に位置する経由地(斎藤、p178)。

21) 八木山（＝八鬼山）の南麓にある「森林組合林用軌道」（鉄地8，p13）で、終点の向井木場は矢ノ川の河口の港で、船積みされ東京方面に輸送。
22) 高峰山の北麓の「森林組合林用軌道」（鉄地8，p13）で、起点の砥石谷は内山鉄之助が開設した「八幡峠～砥石谷間の索道」の終点、なお小原野には昭和38年林道開設されている（笠原，p129）。内山鉄之助は鹿見峠～八幡峠間、砥石谷～小原野間の軌道の経営者であり、同時に傾成木屋～金木屋～鹿見峠間と八幡峠～砥石谷間の索道も経営した（紀伊半島の貨物索道の話　その1「とれいん工房の鉄道省私文書館」miseisen.blog50.fc2.com/blog-entry-9.html）。
23) 大河内土工保護森林組合（三重県北牟婁郡船津村大字中里92）は昭和3年4月25日設立、組合員数55名（『全国森林組合一覧』昭和7年，p33）、上里‐柚ノ木間1万1,189mの上里森林鉄道を着工、昭和6年帝室林野局は「大河内土工森林組合に対し軌道布設費」（あゆみ，p826）3万2,675円を補助（帝室、年表）し大杉谷軌道着工、昭和7年1,099mの軌道延長に国県も補助（一班 #18，p220）、昭和9年名古屋支局が組合軌道上里線を927m延長して組合と共同使用し、柚ノ木以遠を着工、組合線を「船津林道」（軌道）として併用、大杉谷御料林インクラインと連絡し、「交通手段としての人間輸送等、その果たした役割りは大きく」（大杉，p188）、昭和27年ころ「民間のトロをけん引しての入山風景」（大杉，p188）が残る。なお「大杉谷御料地と大河内土工保護森林組合軌道とを連絡する総延長九〇〇米のインクライン…上下二段に分れ上部は延長四八八米勾配最急四一度平均三一度であり、下部は延長四三米勾配最急三三度平均二四度」（『御料林大観』昭和18年，p158）。
24) 樫山（笠原，p127）か。橡山の南麓の「森林組合林用軌道」（鉄地8，p13）に相当か。
25) 矢ノ川は熊野街道にあり、尾鷲市と熊野市との市境の峠名（『ゴールデン最新旅行案内地図』昭和49年，p81）で、ここに紀伊自動車経営の旅客用索道も存在した。
26) 大和谷（久豆御料地）民有林の薪炭搬出用簡易軌道を昭和12年帝室林野局がトラック道に改良の上、連絡する索道・軌道を三瀬谷土場まで敷設した。（大杉，p99）終点の三滝は現宮川貯水池の西端の集落、延長先の三瀬谷は当初久豆にあった貯木場を昭和16年に移転、大正14年紀勢東線の三瀬谷駅が開設され、土場で貨車積みした。
27) 島岡哉「戦前期日本農村における映画製作」『京都社会学年報』第10号、平成14年，p156。
28) 島岡氏によれば神武天皇像は「尾鷲町に本社を置く三国木材会社が所有する三国丸に乗せられて、大阪港を出発した。三国丸は、北山索道を開設した高木道之助氏の所有であった。7月20日に尾鷲町に到着した銅像は、尾鷲町の在郷軍人と青年団によって北山索道に運ばれた。北山索道古和谷駅に到着後、北山青年団らが「労力奉仕」して、台高山地の「四里の険道」を牛石ヶ原まで運んだ…「神武天皇」の碑の台座には…正会員153名の名前とともに、「特別会員」として上北山村長杉若金平氏、銅像運搬を主導した河合区の更谷太三郎氏、高木道之助氏の名前と彼が社主を努める「北山索道会社」と「三國木材会社」の名前が刻まれていた」（前掲島岡，p122）という。
29) 営林署制作映画としては昭和12年製作の『きょうは愛林日　熊本営林局』、昭和30年

　　　　林野庁企画の『森林鉄道』、昭和42年尾鷲営林署製作の『大杉谷国有林をたずねて』、
　　　　上松運輸営林署製作などが存在する。
30)　　大正7年開坑した「友蚋炭坑」は戦前期は赤司鉱業の所有で、「同社は昨＜大正7＞
　　　　年五月の創立、資本金百万円（五十万円払込）同地の外に新里三角埔、青潭、友蚋の
　　　　五炭坑を有し」（「（十九）炭坑生活（二十）炭坑生活」大正8年1月13日～29日『台湾
　　　　日日新報』）ていたが、大正12年士林炭礦が友蚋炭坑を承繼した。（「放羊的狼」
　　　　1030913七堵-友蚋泰山巖、億達煤礦（修記煤礦）ivynimay.blogspot.com/2014/09/
　　　　1030913.html）
31)　　友蚋炭坑人車軌道（www.kurogane-rail.jp）。『已遺忘之台湾鉄路』Rails to the
　　　　mines Taiwan's forgotten railways, Charles S.Small, 1978にはYu Na railroadとして紹
　　　　介されている。炭鉱専用軌道の「炭車の乗り心地は最悪」（「三和三松炭鉱専用軌道」
　　　　www.geocities.jp/sendaiairport/kawabe/mimatu2.htm）といわれるが、著者の体験
　　　　した基隆炭礦ＳＬも想像を絶するレベルであった。
32)　　『Video:台湾の手押し軽便鉄道　友蚋炭鉱人車軌道』Handcar Tramway at Taiwan
　　　　Wudu Yourui in 1976。なお前掲サイト31）の管理人も同じく昭和51年11月に訪問か。
33)　　「台湾煉瓦会社へ」「工場巡り　台北附近（一～三十三）大正8年1月13日～29日台
　　　　日。
34)　　鳥瞰図『台湾』（改訂四版）交通局鉄道部、昭和8年2月。
35)37)38)「全島軌道会議」T8.5.13台日。
36)　　○駅「貨客の取扱を為すべき係員は勿論発著所と見るべきものも設置なき」発著所
　　　　にして「発著所名の看板及賃金其他の認可条項を掲出」しない。／○橋梁「雑木の屈
　　　　曲甚だしきものを使用し又は桁の寸法小なる為撓止として丸太を見込みたる」「一時的
　　　　仮設工事の橋梁桁」／○「ポイントクロッシング」「掃除不行届にして之れが為「ポイ
　　　　ントレール」不密着を来すもの」／○軌道面「軌道面上の□及軌面の通り不整」／
　　　　○軌道継目の締付「ボールト」「四本宛を使用すべき筈なるに往々三本又は二本を使用
　　　　しあるもの」／○軌道の床「枕木間雨水の為土砂流失せる儘放置せるもの」／○定員
　　　　「運行途中に於て乗客を制限外に搭乗せしむるもの」／○車両「台車前後の四隅に嵌め
　　　　ある棒は油及塵垢の附著し甚敷不潔なるもの」（T8.5.13台日）が不行届の具体例とし
　　　　て列挙されていた。
39)　　『旅行案内　日用百科全書第十四編』博文館、明治29年、前付p12。
40)　　明治39年4月23日改正、3136、広正寺431、埼玉県文書館。
41)　　鉄道院監理部『軌道一覧表　明治四十五年一月二十日調』人車ノ部, p14。
42)　　『鉄道院年報』明治43年, p235。
43)　　『帝釈人車鉄道』葛飾区郷土と天文の博物館、平成18年, p36所収。
44)　　大正12年7月15日巣鴨～日光町82哩を免許された東京日光電鉄は13年9月4日免許
　　　　取消され行政裁判所に提訴、昭和4年2月20日勝訴して免許が復活した稀有な事例
　　　　（S4.3.5法律、大町雅美『栃木県鉄道史話』落合書店、昭和56年, p210）。
45)　　八幡電気軌道は拙稿「遊覧鉄道発起の虚構性－八幡電気軌道の観光社会学的考察」
　　　　『彦根論叢』第410号、平成28年12月参照。

46) 無軌道電車は拙著『虚構ビジネス・モデル―観光・鉱業・金融の大正バブル史』日本経済評論社、平成21年、p17以下参照。
47) 常葉軌道は、「売買契約ヲ結ブニ至リシ事情明白ナラズ」（「会社ノ解散シタルニ付認可申請ノ件」昭和8年4月20日『福島　常葉軌道　一』自大正12年、内務省文書）も、極度の資金難等で工事請負業者の土屋繁八に恐らくや「譲渡担保」の形式で融通を乞い、敷設中の「軌条並ニ枕木ヲ金三千円ニテ売渡シ」（同上）た結果、昭和6年12月「枕木、軌条ノ敷設、鉄橋ノ架設等大体ノ施工ヲ終リ」（同上）工事完成を目前に、鉄道として省略することの出来ない肝心の軌条・枕木の所有権を欠いた状態で開業も出来ず、昭和7年7月「全然営業開始ノ見込無キ」（同上）刀折れ矢尽きた状態で解散に追い込まれた。
48) 草軽電気鉄道は鉱山鉄道ではないのに、「鉱山」用電気機関車が牽引した。昭和34年8月5日著者は新軽井沢発14：40、上州三原17：02着、17：03発、草津温泉着18：15の9列車に乗車した。初めて乗車した著者は某テーマパークの鉱山列車より凄い実体験をして、草軽に魅了されてしまった。思えば橋梁流失のわずか9日前に草軽全線を完全乗車できたのだが、以後夢には見ても再び乗車すること一切叶わず、一期一会の得難い機会を与えられたことになる。北軽井沢駅舎に併設された草軽機関車の木製レプリカはディテールの再現には限界もあるものの、著者には青春時代の幻を想起させるに十分なものであった。
49) 桑田知明の常磐線高萩駅〜秋山地内炭坑間4.22kmの専用鉄道の開業線（粁程S3, p16）は実態のない幻の鉄道。
50) 明延鉱山では大正7年「一月より明神隧道三、九四〇米の開鑿に着手…一時中止の処再び〈昭和〉三年一月より開鑿を開始し昭和四年三月完成し、従来の神児畑選鉱場に至る坑外鉄索運搬を廃止し、全部之を経由する電車運搬に改む。隧道総延長三、九三六米」（鉱業, p238）。
51) 鉾田馬車鉄道は明治23年11月設立、鉾田〜子生間に馬車鉄道を敷設したものの、「大口出資者の債務的な事故によってレールが差し押えられ、明治28年に撤去」（吉田明雄「わずか6年で消えた軽便鉄道－鹿島軌道の跡を訪ねて」TM11, p16〜17）された。「建設だけに終り開業は実現」（TM11, p17）できなかった例である。（原典は『旭村の歴史』通史編、平成10年）鹿島軌道は「土地の買収費用節減のためかつて鉾田馬車鉄道が一度レールを敷設したことのある路盤跡を利用した」（TM11, p24）とされる。同様な例に初代の伊賀鉄道の路盤跡を利用した伊賀電気軌道がある（「伊賀鉄道」、『鉄城翁伝』鉄城会、昭和19年、p60〜61）。
52) 堀之内軌道は前掲拙著『虚構ビジネス・モデル』、p105参照。
53) 作業軌道と同義の「山地軌道ハ幹線ヲ除ケバ一時的ノモノニシテ短年月ニテ廃道トナルヲ以テ…路体ヲ狭メ…十二ポンド軌條ヲ使用」（『営林所台中出張所事業網要』昭和4年ころ）と説明されている。
54) 沖縄には沖縄戦の集中砲火で消滅したまま、正式の廃止届も出されぬ、書類の上だけで存続している幻の鉄道があったとされる。
55) 高橋久雄『法典の昔ばなし』（私案版）、昭和58年, p79。

56)「乗降場…ノ設備ノ必要ナキモノト認メ、当分其ノ設備ヲ為ササルモノトス」(「起業目論見書」枝幸)。
57)「貨客の取扱を為すべき係員は勿論発著所と見るべきものも設置なき」発著所にして「発著所名の看板及賃金其他の認可条項を掲出」しないもの(軌道会議)。以下の台湾の事例も軌道会議による。(単に台湾と略記)
58) 石田波郷は「王滝川に吊橋がかかってゐた…それをわたると、上松に通ずる材料運輸の軌道がはしってゐた。駅のやうなものの前に四五人の女房づれが待ってゐた。上松まで何の位あるのかときくと二里の余もあるかいのう、乗って行けばよかろといふのであった」(石田波郷「木曾路」『馬酔木』昭和14年7月、『現代紀行文学全集 第三巻 中部日本篇』、修道社、昭和33年，p156)。
59) 大正11年農商務省は津軽森林鉄道に関して「国有林経営の為特設せる低度の設備にして…他の一般鉄道とは全く其の性質を異にせる」(政府意見「森林鉄道開放ニ関スル件及青森森林鉄道開放ノ請願ノ件」)と説明した。昭和36年7月高知県の安田川森林鉄道を訪れた橋本正夫氏は「客車はバネがなく振動が直接体に伝わる。それでも中には荷棚やシートもあって、一応客車としての形はしている」(橋本，p6)と評している。
60) 洋泉社MOOKの『昭和の鉄道』(洋泉社、平成23年)は昭和10年代生まれの古参鉄道愛好者達の執筆した「昭和30～40年代の秘蔵写真で振り返る鉄道全盛の時代」の優れた写真集の一つであるが、掲載された虚偽鉄道は王滝森林鉄道(p6)一枚。著者から見て大先輩に当る諸氏でさえ、この時期にわざわざ奥地の林鉄・簡易軌道等を訪問撮影する物好きは例外的であった。拙稿「研究ノート 50年前の日本一周の鉄道旅－現地調査旅行の再現可能性の検証－」『跡見学園女子大学マネジメント学部紀要』第23号、平成29年1月参照。
61)66)67)69)74)75)76) 『北海道第二期拓殖計画実施概要 下』北海道庁、昭和10年, p429。台湾の台車も「道路や橋など充分に完成してゐない地方では頗る便利で、唯一の交通機関として其の地方の開発に役立ってゐる」(『台湾鉄道旅行案内』日本旅行協会台湾支部、昭和15年，p19)と評価されている。なお「権宣ノ措置」という用語は鉄道当局が明治39年の鉄道国有法の提案理由説明書において「鉄道ハ国家自ラ経営スヘキモノニシテ従来之カ私設ヲ特許セシハ交通政策上権宣ノ措置タルニ外ナラス」「鉄道国有問題顛末概略」(『渋沢栄一伝記資料』第9巻、龍門社、昭和31年，p648)として、鉄道国有主義の一時的中断が私設特許という文脈で使用している。
62) 岡本憲之氏は「線路の左横にある板のようなものが＜奥行臼＞プラットホームである」(究極，p25)として新井清彦氏が昭和43年7月撮影した写真を掲げ、終点上風連の写真にも「自走式客車の手前にある板がプラットホームという簡易さ」(究極，p27)、同じく新井氏が撮った歌登駅の踏み台状の写真にも「簡易軌道には完全なるプラットホームがなかった」(岡本Ⅰ，p179)、とコメントしている。なお当時標津方面の友人宅へ旅行すると聞いた著者が簡易軌道の撮影方を依頼し撮影原板を提供頂いた当の犬塚京一氏に今回直接確認したが、「正確な年月等は記憶にない」(平成28年10月10日電話)由。
63) 百二十八日目北海道21－勤めていた工場が閉鎖されたので日本一周の旅(http://

riajyuusine.blog.fc2.com/blog-entry-136.html)。
64) 田沼建治『幻の北海道殖民軌道を訪ねる』交通新聞社、平成21年, p78〜79。
65) 吉川文夫「レールバスの小さな歴史」『とれいん』127号、昭和60年7月, p35。
68) 伊沢道雄『開拓鉄道論上巻』春秋社、昭和12年, p195。
70) 昭和7年5月20日付枝幸。
71) 『北海道庁殖民軌道各線別粁程表』北海道庁、昭和12年3月31日現在, p75,73。
72)73) 『東藻琴村誌』昭和34年, p272, 392。
77) 湯口氏は殖民軌道問寒別線が昭和16年9月北海道庁、運行組合、天塩鉱業の三者協議の結果、沿線で新たに採掘を開始した天塩鉱業の企業運行に移行し17年9月動力化される経緯を詳述している（湯口, p4）。移行以前の昭和13年に鉄道省稚内運輸事務所が発行した時刻表には殖民軌道問寒別幌延線の区間、運賃、所要時間、始発、終発が掲載されている。
78)79) 伊沢道雄『開拓鉄道論　上巻』春秋社、昭和12年, p195。
80) 「衆議院第90回請願委員会」6号、昭和21年8月7日、帝国議会会議録検索システム。
81) 国営軌道の規定は「国ニ於テ軌道ヲ敷設シテ運輸事業ヲ経営セムトスルトキハ当該官庁ハ主務大臣ニ協議ヲ為スヘシ。其ノ工事施行ニ付亦同シ」（法令, p224）。
82)83) 「審査概要」『旅客自動車　北海道9』昭和25年2〜4月、運輸省文書）。
84) 『日本観光年鑑　1955版』昭和30年, p694。

第2章　幽寂・森林鉄道"毛細管観光"の「魅力」

1．はじめに

　平成26（2014）年9月末の御嶽山の噴火で登山客・観光客の激減した山麓の王滝村の地域活性化を長野県から頂いた地域連携の大事な課題として、学生たちが村の柱であった御嶽登山以外の観光コンテンツを新たに発掘しようとした。学生たちの学外実習に同行した著者は、地元のご好意で特別に運行して頂いた王滝森林鉄道を名乗る保存鉄道に体験乗車した。本物の素材を使って、「森林鉄道の聖地」たる現地に再現した「真正性」ある観光鉄道のはずであったが、森林鉄道という「レア」な存在を全く知らぬ若い女性達には必ずしも観光コンテンツとして高い評価を得なかったように見受けられた[1]。むしろ同じ「聖地」でも御嶽信仰の厳しい修行場の方により奥深い「真正性」を感じたように思われた。

　おそらく彼女達が日頃乗りつけているテーマパーク等の「ニセモノ」鉄道たる「遊戯鉄道」あたりとの対比で大幅減点されたと推測される。おそらく、何が「真正性」ある観光コンテンツなのかということを十分に理解するには、森林鉄道とはそもそも如何なる存在で、どのような歴史的経緯のもとに生まれ、いかなる環境変化によって絶滅するに至ったのか、という学問的認識をまず森林鉄道鑑賞の出発点とする必要がある。そこで本章[2]では森林鉄道なる存在をご存知ない若い読者を想定して、観光社会学的な視点から森林鉄道に関する基礎的な概説を行なうこととした。

　著者にとっての最大の非日常は、居住地の町内遊園地に散在する横文字の各

種遊戯鉄道への乗車体験ではなく、本書のカバー表（屋久島）、カバー裏（王滝）に掲げたような、昭和レトロ期まで森の奥にひっそりと隠れていた森林鉄道・専用軌道などという、実質は違うのにあたかもそうであるかのように見せかける虚構性に満ちた"擬制鉄道"（fictitious railway）と呼ぶのが相応しい、森の轍への便乗体験（絵葉書等を眺めての空想・疑似体験を含む）である。

　日々の暮らしの中で利用する真正な鉄道を日常世界における乗り物とすれば、裏道、ニセモノの虚偽鉄道こそが非日常世界の乗り物と考えるに至った。その結果、著者は地域固有の色彩が濃厚な土着鉄道・土俗鉄道を求めて、最初はお決まりの国鉄のローカル線に乗り始め、味を占めて枝分かれした社線・私鉄線に乗り込み、その終点でさらに存在を見出だした特殊鉄道こそ、末端も末端、最末端のどん詰まり・"毛細管"の迷路に迷い込むこととなった。そこで著者一個人の主観として、なぜこうした特殊鉄道に非日常性・虚構性を感じるのかを読者に説明することとする。ただし、著者個人の勝手な主観を絶対的に「真正」なものとして、他人にも"参拝"するよう説得しようという趣旨ではない。

2．森の轍（わだち）の遺跡を探索する"毛細管観光"

　"毛細管観光"の造語者である同僚・松坂健氏によれば、提案の「動脈観光・静脈観光から毛細管観光へ」の意味は「本当に地元の人しかしらなくて狭くて、細くて、目立たないところに着目する」[3]ということである。この種の「特殊鉄道」を早くから観光資源と認識した一般向雑誌に『旅』がある。同誌はたとえば平成4（1992）年3月号で「全国各地をB級列車が縦横無尽に駆け巡る様を夢見つつ」、屋久島、阿里山、別子、尾小屋などの「B級列車で行こう！」特集を組んだ秋田守編集長は編集後記で、「A列車で行こう」をもじって造語した「B級＜おもしろ＞列車」の意味を「どちらかといえば影の薄い列車たちに対する讃辞」「最新の新幹線や特急の持つ華やかさとはひと味もふた味も異なるキャラクターに、限りなき愛慕の念を込めて捧げた呼称」[4]であると遠慮がちに述べている。まだ「特殊鉄道」観光が十分に市民権を得ておらず、

とても相応の観光資源とは認められていなかった当時、特集名の「B級列車」が決して「貶めるつもり」の蔑称ではない点を弁明したものであった。

著者は謎めいた「特殊鉄道」がかつて存在していたと伝え聞くトワイライト・ゾーンを彷徨い歩き、古びて枯れたような閑寂な森の奥に埋もれ果てた幽けき森の錆付いた"幻"の轍を、これぞ「非日常」の極致と感じて、この何十年来の間ひたすら探索してきた。もとより、三十三、八十八、百…世界○○などなど御墨付きを得た官許観光地を大動脈、すなわち"超高速航行体"で巡礼するホンモノ志向の観光客が多い反面で、敢えて「人の行く裏に道あり花の山」ではないが、"毛細管"のような細く狭い裏道を歩くことを好む、ニセモノ志向派の"臍曲がり"の観光者も極く少数ながらも現に存在する。観光客の押しかけるゴールデン・ルートたる新幹線が大動脈、幹線が動脈、非幹線系のローカル線が静脈だとすれば、森林鉄道など単線かつ狭軌の特殊鉄道は末端も末端、正に松坂健氏のいう"毛細管"に該当する。有名な超一流デザイナーが心血を注いで自ら設計し、伝統を継承した当地の匠たちが技を競って協賛した燦然と黄金輝く絢爛たる「豪華列車の旅」を万人が憧れる金襴手の究極の「鉄道の旅」に置くとすれば、俳諧・茶道の究極の境地が「わびさび」にあるごとく、妙なる歌舞音曲、山海の珍味、匠の名器、山吹色の車両などといった豪華な構成要素を千利休の手法に倣って一つ一つ削ぎ落としていって、最後に残ったシンプルで最低条件のみの鉄道たる不可欠な原点である軌條・枕木・台車だけで構成された地味で質素な原始的「森林鉄道」こそ、今一つの閑寂・枯淡の究極の「鉄道の旅」に位置付けられよう。

こうして著者が年来、非日常の極致かと認識して探索に努めてきた、古びて枯れたような閑寂な森の奥に埋もれ果てた幽けき錆付いた"幻"の森の轍とは、かつて昭和30年代ごろまで幽寂の森林の中を「森林鉄道」と呼ばれる特殊な鉄道の原始的な車両が盛んに通っていた結果、その往時の痕跡をかそけくも道に残している遺跡である。かつて山村の暮しを支えていた林業のための木材運搬の貨物専用の森林鉄道は全国の各地、屋久島にも、埼玉県の秩父の奥にも森林鉄道の遺跡が残っている。大枚の金子を投じなければ乗車できない豪華列車の

旅よりも、著者が終生忘れ得ないほど人生で最も感動した観光鉄道の乗車体験は、特殊鉄道への「便乗」であるがゆえに全くの「無料」であって、従前の経済学の理屈からは全く外れた信じがたいものとなっている。著者自身もかねて昭和51（1976）年12月台湾省林務局玉山林区管理処森林鉄路に乗車したのをはじめ、屋久島、秩父、加江田、芦生[5]など国内の森林鉄道の痕跡を探訪したが、幸いにも昭和49年10月15日王滝森林鉄道の定期列車「みやま号」便乗を許可され、王滝川に沿って沿線の見事な紅葉や御嶽湖を観賞しながら、上松から田島まで森林鉄道旅行を満喫しつつ御嶽一帯を車窓から楽しんだ経験がある。このように観光資源としての森林鉄道等の存在に着目して、乏しいながらも若干の乗車・視察・現地調査等を体験し、ごく一部を公刊してきた。

　過去に森林鉄道の車両が盛んに往来していた草蒸す廃線跡には、簡易なレールや枕木の跡がわずかに弱々しく残っているだけである。そもそも近寄り難い人里離れた寂寞たる山村の、さらに奥へ分け入った幽邃な森の奥に位置しており、しかも生い茂った木々や草花の陰に隠れ、往時の様子をたやすくは窺い知ることができないが、丹念に探索すればレールや枕木の跡がわずかに弱々しく残る痕跡を発見・発掘して異様な感激を味わえるほど、終わったあとまで残る一種独特の余韻・余情があるように感じる。

　もとより大自然を愛好する人々から見れば、屋久杉、妙見杉[6]などの貴重な自然林を伐採し尽す官行斫伐などは血なまぐさく悲惨な自然殺戮の現場、いわば修羅道の世界であり、死屍累累の運搬手段たる森林鉄道など憎むべき自然破壊の象徴でしかないことは著者とてもよく承知している。森林鉄道が導入以前の運搬手段として、まさに「修羅」（伐木を運ぶ車。修羅車）という名の運材方法が広くとられていたぐらいだからである。

　しかし観察力を研ぎ澄まし、想像力を極限まで拡大し、対象を凝視し続けることにより、ありし日の往時の姿・形を、このようなものかと脳裏に再現することも可能である。まるで、古代史の愛好家が残されたわずかな情報の断片を繋ぎ合わせ、古代の幻の情景を再現しようと熱中するように…。大和国吉野川の夢の淵にあったという「夢の浮橋」のように、森林鉄道の微かな遺跡は奥深

く、静かで寂しく、はかない、この世のものではない、まるで幽界を思わせる不思議な情景は、とても現実のものとは思われない幽寂性に満ち溢れている。古代史の舞台になった大和国は、日本文明の発祥地の一つであるだけでなく、山また山に囲まれた山林原野の奥地が大半を占める神秘性に満ち溢れた山国で、吉野を始めとする著名な林業地の集積する森林地帯でもある。歌書、軍書に登場する吉野地方は同時に「わが国でもっとも早くかつ広汎に、自主的な民有林業を成立させ」[7]た民有林の先進地でもあった。山持ちの有力林業家が個人ないし組合[8]等を組織して、施業地から木材を搬出するための輸送手段の整備を模索し続けた結果、当然に森林鉄道や、その親戚筋ともいうべきインクライン、貨物索道[9]等といった得体の知れぬシロモノが縦横に張り巡らされた「特殊鉄道」の宝庫でもある。大和国には森林鉄道が淵や沢に架けた小橋の橋脚等の残骸が「夢の浮橋」のように埋もれているはずだが、一時期名誉ある奈良県民の末席に加わった経験（辛くも末端域に在住）ある著者でさえ、吉野・熊野方面への「奥掛け道」は修行の足らぬ身には余りに遠く、険しいものであった。こうした山奥に埋もれ消え果てた"幻"の"秘宝"を発掘して、往時の盛況を偲ぶという、あるがままの現実「日常」を享受するのでなく、ひたすら虚構性に満ちた夢幻世界を追い求める「非日常」の旅に出ようというのが、本書第二部各章の主な内容である。

　世阿弥が完成させた複式夢幻能に登場して、土地の人間に憑依して現れる化身（前シテ）の昔話しを興味深く聞き出し、後場の物悲しい物語や舞を引き出すワキの旅の僧のような立ち位置で、ひたすら虚構性に満ちた夢幻世界の舞台を各地に追い求め、生前の苦しみや思い出を語りつつ舞う修羅道の亡霊（後シテ）を回向するが如き「非日常」の旅に出てみよう。前場でのワキの旅の僧の気分で著者は旅先で得た断片的な情報を繋ぎ合せ、僅かに残された轍の跡を踏みしめて、往時を偲んでいるうちに、想像、空想、妄想が重なりあって、いつしか後場の舞台のような過去の世界に一人迷い込み、そこで語られ、謡い舞い踊られる往時の修羅道の世界が著者の脳裏にまざまざと蘇ってくるような錯覚・幻覚に陥るかのようである。

廃仏毀釈の混乱期に生じた妙見杉の事例のように、まさに「修羅」という木材の運搬手段の進化した森林鉄道という、修羅道の負の遺産であるが故に、更に一段と凄みを感じさせる、暗い過去を秘めた、虚構性に満ちた一種独特の産業遺産ではないか…と著者には感じさせる。この辺りの夢か幻か、判然とはしない境地こそが「非日常」の旅の醍醐味というか、一種の恍惚状態というべきであろう。

とりわけ、民有林での民設の森林鉄道・軌道にあっては地元の意思とは無関係に、国家の意思によって一方的に造営された官設・官営の森林鉄道の場合と比較して、乏しい地域の資本を結集し、様々な知恵を絞って軌道の築設に取組み、軌道の維持・拡充を願う地元民の熱い思いが時として直訴・訴訟等の激しい集団行動ともなり、場所によっては自主的な軌道運営組織・「軌道運行組合」[10]形態をも生んだ。民有林の材木等地域の産物を搬出する一方で、地域の必要とする食料・日用品類を奥地まで運び上げるなど、地元民の日々の生業を支え、深く結び付いているという意味合いにおいて、民営の森林鉄道こそ地域性を反映し、よりローカル色の濃厚な地域密着型の「土着鉄道」「土俗鉄道」とでも呼び得る存在ではなかろうか。

幸いなことに、平成21 (2009) 年高知県の魚梁瀬森林鉄道の隧道や橋梁が森林鉄道遺構として最初に重要文化財の指定を受けた。また他方、経済産業省認定の近代化遺産として平成20年の認定近代化遺産群の一つに小川、芦生、魚梁瀬、屋久島等の「山間地の産業振興と生活を支えた森林鉄道の歩みを物語る近代化産業遺産群」[11]が決定した。しかし、重文や近代化遺産等の認定を頂けた保存状態における優等生は全体のごくごく一部であって、大部分の名も無き森林鉄道・特殊鉄道群は風雪に晒されて痕跡もとどめず、残念なことに今や沿線の人々の記憶からも忘れ去られようとしている。

3．森林鉄道の概要・沿革

真岡鐵道のようなローカル私鉄、とりわけ稀少性あるＳＬを運行する路線に

は幹線鉄道では味わえない、奥深い非日常性の魅力がある。さらに稀少性、非日常性の程度が加速度的に深化して極限にまで達した超レアな存在、あまり知られていない幻の特殊鉄道が本章で取り上げる森林鉄道である。森林鉄道とは、人里離れた奥地の森林から伐採される木材等を搬出するために設けられた特殊な産業用鉄道である。『郷土史大辞典』は「木材搬出のため森林内に敷設された鉄道。規模の大きいものを森林鉄道、小さいものを森林軌道と称し、前者は恒久的、後者は臨時的な施設である」[12]と概説する。林学の実用書には例えば「森林軌道とは軌条を布設し其の上に車両を運転し、以て林産物の輸送をなすもの」(萩原,p265)と解説するものもある。「森林鉄道」と「森林軌道」の用語の区分について、戦前期の林道の教科書にあるように「路面上に軌條を敷設し其の上に車両を運転するものであって、人力・馬力及び木材の自重を動力とするもの」を「森林軌道」、「動力として専ら機関車を使用し、列車を編成して運材を行ふ」ものを「森林鉄道」と扱っている。しかし「一般には此の両者は混用され、森林軌道は森林鉄道の簡単なものと看做されてゐる」(福田,p186〜7)ように、本書で引用した文献でも区分は不明確な場合が多い。

しかし木材搬出を目的として吉野の山林所有者らによって計画され、地方鉄道の免許を受けた吉野山林鉄道[13]のような正規の鉄道は森林鉄道に類似した要素を多分に含んでいるが、ここでは一応対象外とする。昭和28(1953)年林野庁制定の「森林鉄道建設規程」(50年史,p216〜)では「国有林野の森林鉄道」を単に「森林鉄道」と呼び(第一条)、従前の森林鉄道を「1級線」、森林軌道を「2級線」(第二条)に位置付けただけで、特段明確な定義はない。

したがって、たとえば昭和10(1935)年時点の「高知営林局管内図」(5万分の1)の現物を見ると、従前の「森林鉄道」「森林軌道」を区別して管内の官設森林鉄道網をかなり正確に描いた業務用地図ではあるが、徳島県川上村の平井土工森林組合経営の軌道[14]、愛媛県加茂村の加茂土工森林組合経営の軌道[15]など管内に多数存在したはずの民営森林軌道は現地の営林局サイドで関係が疎遠で監督する必要もないためか、一切無視している。

第7章で詳しく取り上げる民営森林軌道を別にすれば、明治34(1901)年長

野県の阿寺渓谷の宮内省所管の御料林内に、我が国初の森林鉄道・阿寺軽便鉄道が敷設され、明治37年農商務省所管の和歌山県九度山国有林にも土場連絡用軌道が建設され、明治41年木材輸送を目的とする動力車がけん引する最初の本格的な森林鉄道・津軽森林鉄道が運用を開始した[16]。明治40年8月の新聞記事では「政府は木材搬出の便を図る為め先年来森林軌道の敷設に従事中なるが、該軌道は山間より道路に達せしむべき所謂林道にして機関車を用ひずトロッコに依り人力を以て運搬するよしなり。其既設開始のものを挙ぐれば…」（M40.8.8東朝③）として青森県小泊、湯の沢、秋田県尻会沢、大阪府高野山、高知県安田川、熊本県白浜各軌道の間数が、「本年度に竣工すべきもの」の一覧ともども列挙されている。明治40年11月ごろ「木曾御料林」を「先頃…聊か見聞」（M40.12.8東朝③）した記者・下村海南は、「阿寺森林鉄道」（M40.12.8東朝③）の写真を掲げ、「広大な森林内に漸く一條の森林鉄道と二條の林道を、而も其入口付近丈けに設けて在る許り」（M40.12.11東朝③）として、今後の林鉄網の形成に期待した。恐らく、海南によるこの新聞記事が森林鉄道について報じられた最初の署名入り新聞記事の一つであろう。

　この後、明治41（1908）年8月「蟹田今泉間十五哩開通に付…村長等を招き鉄道視察旅行を為し」（M41.8.4東朝②）た津軽森林鉄道をはじめ、北は北海道、秋田、山形、長野（木曽）、高知、南は宮崎、鹿児島（屋久島）まで全国各地の林業地域の国有林において官設の森林鉄道が次々に導入された。近年、林野庁が保管する林道台帳を基にしたデータ[17]が次々に公刊され、その詳細が判明するようになってきた。林野庁が現在線区別の明細を把握する官設の森林鉄道の総計は北海道森林管理局管内131路線1,364km、東北森林管理局管内473路線2,950km、関東森林管理局管内78路線374km、中部132路線1,036km、近畿・中国77路線203km、四国108路線795km、九州170路線1,284km、合計1,169路線8,006kmに及ぶなど、「建設主体は、国有林を管轄する国によるものが大半」[18]であった。

　戦後の最盛期には国有林の森林鉄道だけで約1万kmに達したが、昭和30年代後半から森林鉄道は自動車道への転換が進められ急速に廃止されて、昭和50

(1975) 年5月30日の木曽を最後に、全国的にみると実質的に全廃[19]されたといっても過言ではない状況に追い込まれている。長野県王滝村と並ぶ、森林鉄道の里である高知県馬路村農業協同組合代表理事組合長の東谷望史氏は、平成26 (2014) 年の講演で「今思うと随分もったいないことをしたなと思うのがこの森林鉄道です。村じゅうを走っていたその森林鉄道を，昭和40年ぐらいに木材輸送が鉄道からトラックにかわったときに全部やめたのです。幾らかの区間を観光資源として，あるいは，こういう時代が来るということを予測した人がいて残していたらすごい観光資源だったのですけれども，なくなってみんな気がついたのです」[20]と、林鉄を失って初めて得難い観光資源だったことに気付いたと悔恨の情を吐露している。

4．特殊鉄道・森林鉄道の特性「ゆるさ」加減

特殊鉄道の一形態である殖民軌道の特性について、関清秀氏は「資源開発、開拓入植、国防、低廉簡易性等の諸点を整理する上で有効である。諸点のうち、とくに低廉簡易性を、初期の鉄道や殖民軌道について、研究を進めることは重要である」[21]と指摘し、「この殖民軌道のほとんどは最も簡易な馬車軌道にすぎず、動力機関車のあった路線はわずかであったが、沿線地域の人々にとって…私鉄、殖民軌道の建設促進は、開拓鉄道のもつ低廉性、簡易性という要求を反映しているととらえることができる」[22]と簡易性を強調した。

林学書には「森林軌道では急曲線箇所が多い」（萩原，p289）、「森林軌道の軌間は殆ど七六糎で稀に六一糎のものもある」（萩原，p285）、「六〜一〇瓲軌条を普通とし六瓲軌条は主として移動式の伐木道に多く用ひられる」（萩原，p287）などとあり、「森林軌道の如きは事業の性質上取扱が多少粗雑」（萩原，p289）と特徴づけている。別の林学の概説書にも 「一般の鉄道用機関車と異なる点は小型である…森林火災の予防のために大型のアレスターが用ひられ外観上特色を示している」（加藤，p152）、「森林鉄道および森林軌道では制動する場合が多い」（加藤，p163）、「森林鉄道および森林軌道に使用する貨車は構

造が簡単で衝撃に対して堅牢であること、自重が軽くて積載量が大きいこと、荷役に便利なことおよび確実な制動器を備えることを必要条件とする」（加藤，p161）、「レールには往時木レールが使用された時代があって、今日でも簡易な軌道では木レールを使用することがある」（加藤，p183）、「普通鉄道のものに対して軽軌条と称せられる」（加藤，p181）など簡易性等の特徴を列記している。

　森林鉄道の熱心な研究家の筆頭として知られる西裕之氏は近著『特撰　森林鉄道情景』の紹介文の中で、「森林鉄道が他ジャンルの鉄道と異なる絶大な人気を誇る背景には、貨車の種類、線路図、配線図、軌道図の多様性と、複雑な地形と悪路の間隙を走る鉄道が生み出す情景の神秘性があり、それらは掘り下げるに尽きることがない。さらに、複雑な悪立地条件であればあるほど、興味が掻き立てられるのも森林鉄道の魅力」[23]と述べている。西氏は別の著書の中でも随所に森林鉄道の魅力に関して、①「美しい光景」（西，p5）、②「一般鉄道とは異なり、必ずしも地形図に記載があるとは限らない」（西，p110）、③「行ってみなければ分からない」（西，p111）、④「火の粉止めの煙突改良が行われて、独特の煙突」（西，p114）、⑤「客車種類や形態も各線さまざまで、職人のセンスが現れ」（西，p116）、⑥「多種多様な客車も数多く…まさに"ゆかいな森林鉄道の車両たち"」（西，p112）、⑦「森の小人たちさながら個性的な車両たちが森の中を走り回る」（西，p128）のが魅力と評している。同書の「あとがき」で「『森』の中には古くから精霊が宿っている」（西，p128）と書く西氏のいう「情景の神秘性」を著者なりに解すると、日常生活の通勤・通学等で利用する普通鉄道を日常性ある存在とすれば、森林鉄道等は普通鉄道とは配置・目的・形態・構造・運営等の各側面で全く異なる特異な異次元の鉄道、すなわち非日常の世界であるという含意であろう。

　これら諸家の意見を総合すれば厳格な法規に準拠し建設・運営され、正確なダイヤに基づき定期運行される真正性ある「ホンモノ」の優等鉄道群に対して、虚偽性ある一種の「ニセモノ」劣等鉄道群は程度の差はあれ架空性、存在自体の朦朧性、神秘性、軽便性、簡易性、寛容性、粗悪性、危険性、未熟性、安価

性、縮小性などの劣後性を有しているものと観光社会学的には結論できよう。著者としての考えを加えると森林鉄道は山間部、山岳地帯という厳しい条件の傾斜、湾曲路線を往くため、鉄道工学上は様々な限度を超過するための厳格性という特性もある反面、正規の鉄道の持つ「真正性」に対して、軽便鉄道、簡易軌道、森林鉄道等に共通する、ある種「ゆるさ」[24]ともいうべき特別の弛緩要素があり、この「ゆるさ」こそが観光社会学的には旅行者の緊張感を解き格別の非日常性を醸成する主要な要素の一つではなかろうか。たとえば、老舗旅行雑誌『旅』グラビア「森林軌道に乗って 秘境魚梁瀬へ」には小塩佳司カメラマンが「田野からの軌動車は有料で、不精ヒゲをはやした車掌さんが切符をきりにくる」[25]と、有料旅客営業していた林鉄の虚偽性をしっかりと捉えるとともに、「連結器を太い縄でしばったりするのも、ここならではの風景。でも不思議と事故はない」[26]と解説する粗雑な縄製連結器の写真などが、この「ゆるさ」を象徴している。今少し著者なりに「ゆるさ」の敷衍を試みてみたい。

(1) 他軌道との双方向性

正規の鉄道では保安上、安全上の要請もあって、設備や運営面ではいわば100%自前主義を原則としていたと考えられる。即ち異種の鉄道・交通機関に対しても容易に受容せず、もっぱら排他的な姿勢を貫くよう厳格な規制をはめていたため、近年まで「直通運転」「相互乗り入れ」「上下分離」「鉄道の賃貸借・リース」等は例外的[27]にしか認められてこなかった。しかし森林鉄道等では戦前期から鉱山会社、電力会社、林業会社等、奥地との資材・原材料・製品等の搬出入を必要とする企業との間で「相互乗り入れ」「上下分離」「鉄道の賃貸借・リース」等、一般営業用鉄道では規制が厳格な「買受、借受又は使用」行為を広く活発に行っていた[28]。これは森林鉄道をあくまで鉄道として見ているために生じた誤解にすぎず、林業関係者のように単に「林道」の一形態として捉えると、むしろ一般交通との併用が原則であって、「運材専用施設であるから道路の如く一般交通施設との併用が困難」（加藤，p151）な点をむしろ森林鉄道の欠点として把握している。

林業当局者が森林鉄道を自動車道をも含めて「林道」と総称しているように、そもそも普通鉄道のように他者の利用を一律に排除していない。さらにいえば、森林鉄道や殖民軌道を下部構造である「運河」同様に考えると、本来開放されている「運河」の水面を「運河」会社の自社船（上部構造である営林署の車両）だけでなく、「運河」使用料を支払う限りにおいて他者の船（与志本林業などの車両）も等しく就航できるという「上下分離」方式を想定しているともいえる。こうした森林鉄道と電力会社、殖民軌道、簡易軌道等、類似の特殊鉄道・軌道との間の多種多様なコンバージョンにみられるような柔軟性を担保する法的根拠として「国有林野の管理経営に関する法律」[29]第2章の「貸付け、使用及び売払い」には「貸し付け、又は使用させる面積が5ヘクタールを超えないとき」など「用途又は目的を妨げない限度において、契約により、貸し付け、又は貸付以外の方法により使用（収益を含む。以下同じ。）させることができる」と国有林野の貸付、売払等が原則可能となっている。しかも「当該林野に特別の縁故がある者で農林水産省令で定めるもの」「当該林野をその所在する地方の農山漁村の産業の用に供する者」などから「その買受、借受又は使用の申請があつたときは、これを他に優先させなければならない」として明確に縁故者や地元優先が謳われていた。公益性の高い電力会社はもちろん、同じ地域の山林を互いに錯綜しながら所有しあっていて国有林野とは特に縁故の深い鉱山、林業会社などからの森林鉄道等の「買受、借受又は使用の申請」も当然に優先されたものと想定される。当該法律自体は昭和26（1951）年の制定であるが、戦前期より広く実施されてきた国有林野の低廉賃貸慣行を反映したものであろう。

　森林鉄道の使用料がいかほどの水準であったかを知ることは容易ではないので、数値が判明したものとして、宮崎・熊本両県にまたがる日肥林業株式会社[30]が甲佐貯木場〜内大臣国有林間13.7kmの内大臣森林鉄道（あゆみ, p747）を利用して、終点の甲佐で接続する御船鉄道で熊本の春竹駅まで製品を搬出し、ここに熊本荷扱所を置いていた例で見てみよう。浜町小林区署の官行斫伐事務所の内大臣森林軌道は「ここから緑川の下流甲佐迄はトロ軌道がし

かれて居て、木材の運搬をして居る」[31]が、同社は延長約 4 km もの長大な「循環式交走索道」（九州，p272）を建設して「県境の峯を越して内大臣側に運ばれた製品は、そこから専用軌道で内大臣林道本線に接続、そうして、それを利用して宮内村（現、甲佐町）の集荷所に軌道運搬」（九州，p272）していた。「日肥林業株式会社が製品運搬のために浜町小林区署に毎年納入していた林道使用料は約一万円であった」（九州，p272）が、その当時には「内大臣斫伐所の年間経費が十万円そこそこだった」（九州，p272）というから、内大臣林道使用料がその 1 割程度を賄う計算である。この使用料が低廉な賃貸なのかを判断する材料を欠くが、日肥林業から林道使用を申し込まれた営林署側としても、事業の採算が大幅に好転する使用料収入の金額を考えると敢えて拒絶する理由はない。しかも同社は「当該林野に特別の縁故がある者」であり、初代社長は「元熊本大林区署長」（九州，p272）でもあってみればなおさらであろう。

複線許可で官民相乗りを始めた魚梁瀬「森林鉄道が民有林の材木を運ぶようになったのはガソリン機関車が入ってきて…許可制で、国有林の分がすんだあと汽車を走らせ…民間用に複線部分を増設する許可を得てからは、貨車を増結してもらって官民が一緒に運んで」[32]いたとされる。

長野県下の例を挙げると遠山森林鉄道では「営林署に軌道使用料を払い、複数の企業が自前で列車を走らせていた」（遠山，p31）と、与志本林業（後述）など 6 社への軌道開放を実施した。

また「篠ノ井線松本駅から信濃鉄道に乗換、同終点信濃大町駅から三里十八丁、同駅から二里の笹平迄東信電気運輸軌道（電車）は浴客に限って無賃輸送してゐる」[33]とされた東信電気専用鉄道も昭和 2（1927）年 2 月長野営林局との併用管理[34]となり、『長野営林局管内図』（昭和23年調製林野局、昭和24年 3 月印刷地理調査所）には笹平から奥を「会社用馬車軌道」と黒字で描いた上に森林軌道を意味する赤線を塗り、途中から「高瀬川森林鉄道」を描いていたが、さらに昭和35年には建設省が営林局からまたがりする形で三者共用軌道となっている（信州，p131〜6）。

東信電気は高瀬川発電所の建設資材の運搬に、大正12（1923）年信濃大町駅〜笹平間約12kmの専用鉄道を敷設し、第１発電所の電力による電車を運行した。しかし笹平以西はガソリン車、「急カーブの連続で電車の運行はできず、笹平〜七倉間は馬に貨車を引かせ」（信州，p118）、更に東沢出合南の第５号発電所建設予定地の「三ッ沢付近まで牛が貨車を引いた」（信州，p119）複雑な動力源であったと伝えられる。昭和２（1927）年３月10日発行の鉄道省編纂の『東京から一二泊名勝案内図』には、信濃大町駅から葛温泉の手前の笹平までの一見「細い線路」らしきものが描かれている。これが北アルプスの登山客や葛温泉・高瀬渓谷への観光客にも親しまれた、東信電気が建設した高瀬川渓谷沿いの資材運搬用軌道であるが、情報不足のためか編纂者の鉄道省も当該「軌道」を、有料で登山客輸送を実施していた久原鉱業の部奈〜大河原専用軌道のように、一般の営業鉄道並の＋＋＋＋線で示すことはせず、あいまいな細い線で示すにとどめている。昭和５年７月発行の『松本市を中心とせる日本アルプス大観』の鳥瞰図には信濃鉄道終点の信濃大町駅から高瀬川北岸を遡って、葛温泉の手前の笹平までの二里の間、東信電気の軌道が信濃鉄道や池田鉄道と同じく赤字で示された営業用電気鉄道の線路として描かれている。鉄道省、信濃鉄道といった情報収集能力の高い編纂者でさえ、真正か虚偽かヌエ的存在の東信軌道の正体を完全には把握し切れていなかったことを示していよう。

　また明治40年代に神子畑〜新井を開通させた明神電車下部軌道（神新軌道。軌間は当初の500mmから762mmへ改軌した）は、先発の進藤林業の木材搬出軌道の２線の特殊鉄道相互の関係について、「神子畑川右岸にあった軌道から神新軌道は分岐し、今村橋で川を渡って左岸の進藤林業軌道という森林軌道に乗り入れて新井駅へと向かう。乗り入れたといっても、進藤林業軌道は軌間が610ミリであったので三条軌方式をとっていた」[35)]とされる。先発の森林軌道は後発の鉱山軌道の乗入れを受容した結果、新井駅付近で両軌道の共用線区は１本の軌條を600mmと762mmとの車両が共用する三線式であったと推測されている。

（2）貨物専用鉄道からの逸脱性

　日頃から乗り慣れている地元民が作業着、土足で乗り込み、恐怖に強張る必死の形相の初体験の旅人を尻目に高笑いする「土着鉄道」「土俗鉄道」車内は地域にとっては最も日常的情景であるが故に、逆に旅人にとっては両者のギャップこそが最も非日常的性を感じ取るものなのである。こうした森林鉄道などの低規格の「特殊鉄道」が虚構性に満ちていると著者が感じるのは、ひとたび「便乗」という漢字2文字の"魔法の呪文"を吹き掛けると、とても危険だからとの理由でこれまで部外者の利用をかたくなに拒絶し続けてきた「自家用専用貨物鉄道」なる、コチコチの堅物・人を寄せ付けない「特殊鉄道」がたちまち劇的に内部変化を来たし、長らく利用を強く待ち望んでいた沿線住民はもちろん、沿線の深山幽谷への登山客・湯治客・釣り客など、果ては「命の保証はしない」云々の「便乗券」にある決まり文句の警告が逆に評判を呼んで、評判を聞き付けた「恐い物見たさ」の一般の物見遊山の遊覧客まで次々に便乗を願い出て来て、乗り場に押し寄せる結果、危険とは裏腹に断崖絶壁からのスリリングな景色などを存分に楽しめる、まるで有名テーマパークの今様人気遊戯設備ででもあるかのような魅力的な「知られざる観光鉄道」へと、不可思議な一大変身を遂げる可能性を秘めているのである。

　森林鉄道は旅客輸送を目的とする公共交通機関とは異なり、本来は木材搬出等を目的に敷設された純粋の貨物専用鉄道である。しかし本来の木材運搬以外でも、山間奥部に伐採現場や集落が存在するため、例外的に職員輸送・客扱いを行った路線も存在する。こうした路線では山間部住民の足や生活物資の輸送手段、時には登山者、湯治客、観光客の貴重な探勝路としても利用された。その結果として木材輸送用の運材車だけでなく乗客を運ぶ一般客車、一部は学童の通学専用列車「やまばと」[36]、理髪車、皇族が利用したお召し車両などユニークな車両群も存在した。

　官営の森林鉄道においても、遅くとも昭和初期には地域住民や登山者・湯治客・観光客等の便乗を対価を収受して実施したり、民貨輸送を担うことが広く

行われていた事実が、農林省山林局自身の昭和9 (1934) 年の調査 (第6章参照) により統計的に明らかにされている。この調査には漏れているが、土工・施業森林組合等の設置した一部の民設森林軌道、その他一般の産業鉄道でも事実上の有料運行、営業用鉄道化傾向[37]がある程度存在したものと推定される。

ここに特殊鉄道が本来のあるべき本質を逸脱して、普通鉄道のベールを被り、あたかも真正性ある鉄道であるかの如く"擬制鉄道"化する背景がある。さらに特殊鉄道の非日常性・ハイリスク等に目聡く着目した観光資本により、一見西部の開拓鉄・鉱山鉄道などを装う特殊鉄道を擬制した、二重の虚偽・虚構性を兼ね備えた遊戯鉄道 (第4章参照) も遊園地内部に相次いで誕生し、やがてリスクを限界まで追求した"絶叫型"へと変態する。

(3) 虚偽性・非公然性

著者は第一部第1章で虚偽性を構成する要素を検討した結果、①非合法性 (違法性)、②架空性、③模倣性、④非正統性 (無資格性)、⑤演出性 (不純性、添加性)、⑥遊戯性、⑦豊富 (大量生産) 性、⑧粗悪性、⑨不誠実性・作為性、⑩未熟性、⑪安価性、⑫縮小性 (ミニチュア、手抜き)、⑬劣後性、⑭人為性、⑮疑似性などを列挙し、これらを「非公然性」で要約したいと述べた。

「便乗」という"魔法"によって、一見「普通鉄道」であるかのような外観を呈することになった「特殊鉄道」を、実質は「普通鉄道」とは異なるのに、あたかもそうであるかのように欺瞞しているという虚構性に着目して、著者は特に「擬制鉄道」と呼ぶこととしたい。鉄道監督当局が公認した「真正性」ある正規の鉄道に比して、正当な手続きを踏むことなしに無免許で乗客を貨車か客車まがいのオモチャのような劣悪なトロッコ車両に、本来の敷設目的になく、目的外使用の許可も得ていない不特定の観光客という無資格者を多数、反復して便乗させ、真正鉄道を模倣して乗車券を違法に発行して便乗料まで徴収し、危険極まりない山奥の路線を隠れるように秘密裏に走行して、当時の鉄道監督当局から厳しく糾弾された「特殊鉄道」時代の黒部峡谷鉄道の有料便乗の横行 (第5章参照) などは、まさにこの「非公然性」あふれる「擬制鉄道」の代表

格であろう。

 とはいえ、運賃さえ支払えば誰でも乗れる「普通鉄道」とは本質的に異なり、便乗一切厳禁とか、急病人・大怪我・妊産婦…めったなことでは便乗が許可されないという極めてガードの堅い「特殊鉄道」ほど、敷居が高く、高嶺の花であって、幸運にも特別に今回に限り便乗が認められたとすれば、それだけ観光する価値の高い、レアな「特別感」のある乗り物である。また日常の通勤・通学等で目にする「普通鉄道」の本格的な堅固な設備に比べ、「特殊鉄道」のあまりにも簡易で珍奇な低規格設備の数々は、まるで「お伽の国のオモチャの鉄道」然としており、その結果こうしたニセモノ「擬制鉄道」は、今回限りの特別な恩恵として"便乗"を許された乗客に、強く「非日常」感を抱かせるのである。同時に鉄道における虚構性の探求、幽寂の森に消えた不思議の"森の轍"という"秘宝"発掘は、虚偽鉄道に観光価値を見出だし、観光利用を認めさせようとの地域の人々による特殊鉄道解放運動の歩みの確認でもある。

5．「犬車鉄道」という特異性

 森林鉄道の「ゆるさ」あるいは現実離れした架空性を表象する典型的な事象として、「犬車鉄道」の存在がある。そもそも「犬車」自体が現実性を欠くものと見做されて、郷土の玩具か、童話（小川未明童話全集）の世界の空想的な言葉で、「新案四頭立犬車」[38]を発明した空想家の世間知らずの失敗談は滑稽画の対象にもされている。ただし軍事面では欧州大戦で「車を曳く為め、及び運搬の為めにも利用された」[39]ことが大真面目真に詳しく報告されている例もある。「犬車鉄道」という聞き慣れない珍奇な鉄道に関しては、古くは中川浩一氏が「変わった動力考」と題して『国有林写真帳』に掲載された高知県馬路の入口にある五味隧道付近で犬がトロを曳く**[写真－10]**（大正5年撮影）を紹介している[40]。また、その後も「台車を引くのに犬を使った記録は、世界広しといえども、日本のここの軌道だけである」[41]といった具合に、「犬車鉄道」の珍奇性をことさら特別視した記述も少なくない。しかし著者の現段階での仮説

[写真-10] 魚梁瀬森林鉄道の「犬車鉄道」
(大正5年撮影)

として、現実性を欠いたロバやブタ[42]はともかく、森林軌道の空車引き上げに犬を使う事例は日本では決して珍しいことではなく、「大正9〔1920〕年ごろまでは、大正11年鉄道開通まで手押しトロリー運材を作り、空トロ曳き上げには犬や牛を用いた」（林技, p102）ため、「当時はトロッコを犬に牽かせるのが普通だった」（三重, p120）ようである。地理的には三重[43]、長野（阿寺など[44]）、高知（魚梁瀬など[45]）、熊本、鹿児島、宮崎[46]、群馬[47]等各地に広く分布しており、時期も機関車導入以前の大正期、石油の枯渇した戦中期[48]などをピークとしつつも長期間根強く存在し、営林局所管の森林軌道だけでなく民営軌道でも幅広く使用されてきたようである。犬車鉄道の高コスト性に着目する西裕之氏は「内燃機関車の導入が始まり…手押しや畜力の森林軌道は姿を消していった」（西, p115）と指摘されている。むろん統計的な資料を欠く大雑把な著者の考察ではあるが、機関車を導入した森林鉄道の方がむしろ例外的存在であり、導入には至らぬ森林軌道の方が圧倒的に多かったことを考えると、犬は馬と並んで森林軌道の標準的な動力源の一つであったといっても過言ではあ

るまい。では馬車鉄道ではなく何故「犬車鉄道」がことさらに珍しい存在であるかのように誤解されてきたかの背景を社会学的に考察したい。

　まず、①森林鉄道・軌道の情報源として研究者が重宝している各営林局等が発行する機関誌の記事は、対外的な広報政策の見地からガソリン機関車の導入・試運転等前向きのネタに重点が置かれ、従前からの変わり映えしない畜力併用[49]では記事にならないという一般的傾向があろう。

　さらに②日本では犬は愛玩動物であるから働かせるのは残酷だとする「動物愛護と云った立場から、多くの地方では公然と使用することを許されてゐない」[50]という状況が、広く慣例化していたはずの「犬車鉄道」の存在を忌むべき旧弊の如く、非公然化・隠蔽化する方向に作用したと考えられる。トロッコに従事した関係者自身も使役した犬たちを憐れみ「死んだ時は本当に可哀想で涙がでた。遺体は河原に丁重に葬った」（三重, p119）、「今から考えると本当に可哀想だった」[51]と回想している。

　さらにより現実的な問題として、国家予算に裏打ちされ「国家の力による多大の資本の投入が可能だった」（宮本, p17）官設森林鉄道・軌道の場合と異なり、資金力が乏しく施業面積も狭隘な「民有林経営は…いわゆる計画性の乏しいのが一般の状況で…林道を敷くだけの余力をもたず」（宮本, p18）、ましてや簡便な軌道を敷設することすら、以下の川上村の事例に見る如く負担能力を超えた過重な設備投資であったに違いない。さらに蒸気機関車・ガソリン機関車が相対的に高価であった時代には動力源として豊富かつ安価に入手可能であり、飼育・訓練も馬より容易な犬に着目して高価な機関車に代替させるという経費節減行動はむしろ当然といわねばなるまい。愛犬家による動物愛護が叫ばれる大都会から遠く隔絶した山間部の森林や鉱山においては、古来犬を狩猟に同行させるのと同様に、何憚ることなくヤマ仕事に同行させ、調教・使役する犬との共存文化が根付いていたのではなかろうか。そう考えると、主人に忠実な犬が空車を曳く「犬車鉄道」はヤマの日常的風景として、当時の当該地域の人々には肯定的に、決して違和感なく受け止められていて、当時まだ高価で珍しかったカメラを使用して、わざわざ撮影するほどの価値ある素材とは見做

されてこなかったのではなかろうか。

　しかし、人里離れた深山幽谷にも分け入って来た特殊な観光客は、偶然に遭遇した「犬車鉄道」の非日常的風景に驚愕し、童話の世界にでも迷い込んだかのように感動するであろう。たとえば戦時期に日向長井駅から祖母山系・大崩山を目指した登山家の橋本三八は宮崎県延岡営林署並松森林軌道[52]の「下赤まで軌道伝いに歩く」[53]際に「犬車鉄道」に遭遇、「この軌道は木浦、下赤方面から鉱石や材木、木炭などを日向長井駅まで運ぶトロリー（馬曳き）であるが、われわれを追い抜いてゆくトロリーは犬二匹で引張つている。畳十枚ばかりと日用品を山と積んでいるが、犬も大したものだと感心して大いに声援してやる」[54]と同情を込めて記している。昭和19（1944）年の旧版に収録された戦時下での山旅であるが、文章改編前の旧版では「珍らしく」犬二匹が本来の「馬に代って運ぶ」「トロリーは可憐に見えた」とも表現して、生活物資を山積みしながらも健脚の登山家一行を追い抜くほどの健気さに思わず声援を送っている。

　石油資源が枯渇した戦時下においてガソリン機関車の代替として、秋田営林局矢島営林署の国有林では昭和16（1941）年から馬、大阪営林局高野営林署の国有林でも昭和18年から牛をそれぞれ利用した軌道運材が再開された[55]。この畜力に依存する明治期に戻った「林業機械化の後退期」（林技，p261）には、不足する馬に代って非力な犬たちまでが森林軌道に徴用された。森林軌道が運材台車の回送でなく、奥地住民らに必要な日用品を山に上げる生活路線として活用されており、しかも「犬車鉄道」がお国のために立派に役立っていた事実を橋本は活写している。

6．上信越地方の民設森林鉄道・軌道（川上村、嬬恋村）

　「レア」な森林鉄道群の中でも旧赤沢・王滝のような著名な官営森林鉄道は、本省の既定方針にそって粛々として建設・運営される性格の官製の造営物であって先行研究も豊富にある。これに対して雑多な民有林の森林鉄道・軌道は、

主務官庁もなく系統的な資料を欠くためさらに未解明部分の多く残る、いわば得体の知れぬ謎の多い"暗黒の森"である。しかし官営とは異なり、一般の民営鉄道の分析の場合と同じく経営者・株主・地域コミュニティとの関係を個別経営体として考察可能な対象であること、今一つは必ずしも地元でも正確に伝承されてこなかった"幻の存在"を掘り起こし、地域の資源として発掘できる可能性をより秘めていることなどの理由で著者はこの"暗黒の森"に敢えて分け入ることとした。本節では民有林の民設森林鉄道・軌道の事例として上信越地方の川上、嬬恋地区を取り上げた。前者は前述の犬車鉄道の好例であり、後者は高名な経営史学者が執筆した大手製材企業（改称後も盛業中）の社史にかなり詳細な記載があるという、林鉄としては異例の幸運に恵まれた事例である。

　平成27（2015）年8月31日のたった1日の午前と午後に、上松町の赤沢自然休養林と、王滝村の松原スポーツ公園の二つの保存鉄道に連続して乗車できるという得難い機会を得て、強く本書の着想を得た次第である。契機となったのは著者の所属する跡見学園女子大学が近年諸官庁・自治体等と協定を締結して、地域コミュニティの活性化等に貢献できるデザイン力の実践を学生たちに次々と経験させつつある。一例を挙げれば、平成27年10月24日真岡鉄道のSLイベント列車が運行されたが、これは栃木県茂木町と大学が連携して、同町「道の駅もてぎ」の新企画スタートを記念した特別運行である。黒光りしたC12機関車の先頭には色鮮やかな「秋の味覚記念号」のヘッドマークが飾られる。学生たち自身がデザインしたことを示す大学名の掲示には、この日大学創立50周年の式典が11時から開催され、ほぼ同時刻にSLが出発進行するという二重の記念の意味が込められている。

　平成27（2015）年6月22日著者の所属大学は長野県とも包括協定を締結し、長野県下の地域コミュニティの活性化等に関して相互に協力していくこととなった。協定の一環として初年度の平成27年夏には①王滝村、②須坂市、③東京都（アンテナショップ）などでの長野県側で主催する地域振興策・各種イベント等に大学側から学生・教職員が随時参加させていただくこととなった。多くの学生が学外実習の場として学ばせていただき、かつ著者自身も教員として同

行・視察させていただいた王滝村と特に深い関わりのある森林鉄道を取り上げた次第である。学外実習を現地で体験させていただいた学生たちが今後とも地域研究を進める際に何らかの示唆を与える意味を込めて、無数に存在した上信越（長野・群馬・新潟）の森林鉄道群のなかから、特に地縁あるものを選択した。一般にはあまり認知されていないと思うが、実は27年夏②の須坂市内の学外実習先である「峰の原高原　ペンション村」は群馬県との県境に聳える四阿山（白山権現を勧請した修験道の霊山）の西麓に位置するが、その東麓に当る群馬県嬬恋村にも長野県の大手林業会社が敷設した森林鉄道（後述）が存在した。また候補地にあげていただいた川上村は山梨県との県境に聳える霊山・甲斐金峰山の北麓に位置し、同様に長野県の別の林業会社が敷設した森林鉄道（後述）が存在した。川上村の金峰山、嬬恋村の吾妻山（四阿山）はともに、御嶽山と同様に、かつて山岳信仰の対象になっていたことも不思議な縁ともいえよう。

（1）川上村の林用軌道群（田城製材専用軌道と川上林業専用軌道）

　竹内昭氏が作成された「関東周辺の森林鉄道」（TM5，p136～7）の番号⑳「川上林用手押軌道」は小海線信濃川上駅から東方・甲武信岳山麓方面に向かって相当の距離が延びている。またその北側には㉑三川森林鉄道、東側には⑱梓山森林鉄道、南側には⑲川端下森林鉄道がそれぞれ別の森林鉄道として示されている。秩父鉄道が昭和初期に発行した『奥秩父登山案内畧図』（行田今津印刷所印行　著者所蔵）には長野県側千曲川に沿って原、大深山、居倉、秋山、梓山の集落を遡る川上村の川上林業「林用手押軌道」も丁寧に描かれている。

　このように長野県南佐久郡川上村周辺には数路線もの森林鉄道・軌道群が集積しているにもかかわらず、川上村の「林業センターのすぐ前にも森林軌道が通っていたが、道路に転用されて痕跡はない」（廃線Ⅵ，p86）等の断片的情報が多く、管見の限りでは十分に解明されていないトワイライト・ゾーンのように思われる。「小海線が通ずるまでは県下有数の隔絶山村で"秘境川上"とまでいわれた」（小海，p384）川上村には、「森の交流館」の展示によれば

「山川木材」(＝川上林業の屋号の「ヤマ川」) 第一～第五工場をはじめ、30軒余の製材業者が存在した（100年, p36）。その中の一軒である田代喜保を主任とする「製材直販売　川上産天然木材」（小海, p268〜9）の田城製材所[56]は大正14（1925）年水力タービンを設置、「川俣橋際より水利を得て此処に水力応用製材工場を設置」（小海, p262）していた。『小海線総覧』は「川俣橋の景観」「田城製材専用軌道橋付近の景」の写真2葉を掲げ、「此の渓谷に田城製材所専用の木材搬出用軌道橋が架橋されてある」（小海, p262）と名所扱いしている。後者の写真は不鮮明ながら、手前の軌條は枕木との間に空間があり、西裕之氏が「ぐにゃぐにゃの木軌道」（情景, p154）と形容した東京木材興業の写真と同様に、不自然に屈曲していることから正規の鉄製軌條ではなく、「明治末期頃までの鉄道黎明期には民間のこうした軌道が各地に敷設された」（情景, p154）とされる安価で原始的な木軌道[57]の生き残りであった可能性もあろう。

　さらに「地方業界の巨星」（小海, p250）として大規模な製材業者である川上林業株式会社は、大正9（1920）年4月25日長野県南佐久郡川上村大字御所平に資本金100万円で設立された（要T11, p10）。当社常務の川上愛太郎自身の大正8年7月の申請書には「私儀、先代の遺業を継承し、製材業に従事すること茲に二〇年…大正三年以来…第三、第四、第五の各工場を増設」（川上, p459）とあり、川上愛太郎経営の川上製材所は南佐久郡川上村に第一（大字秋山字川又、明治33年5月開設）、第二（大字秋山字川又、明治43［1910］年4月開設、第一と併せ年産3万石）、第三（軌道起点の御所平、大正3年11月開設）、第四（軌道終点の梓久保西、大正6年9月開設）、第五（大字梓山、大正6年9月開設、第四と併せ年産2万石）の計5工場（川上民, p203）を擁して、「各工場総事務ハ本店管理部ニ於テ取扱可申候。一ケ年ノ製材力ハ五万尺〆位ニ付、右ノ範囲内ニ於テ御用命被仰付度奉懇願候」[58]との広告を出していた。大正5年12月の調査で社紋「ヤマ川」、創業明治35年8月、動力水力、80馬力、丸鋸4台、従業者17名の規模であった（製材, p84）。大正9年12月の調査で社紋「ヤマ川」、製材製板、創業明治35年8月、職工数男77、女5、

原動力「日」数3、実馬力45馬力であった[59]。大正10年11月の調査で職工数男47、女－、原動力「日」数6、実馬力148馬力であった[60]。

　当社の役員陣（相当数が予定線変更期成同盟会役員をも兼ねる）にとっては当社の設立による木材搬出と、当地における佐久鉄道開通は表裏一体、不即不離の関係にあった。すなわち大正4（1915）年郡会議員に再選、大正8年県会議員に当選（100年，p32）した川上硯一郎（当社社長に就任）は「豊富な木材を搬出、それにより活路を見出」（小海，p99）そうとしていた。硯一郎をはじめ川上愛太郎（当社常務）、川上広之助（大正4年3月第11代川上村長就任、当社取締役）、渡辺栄重（原区会議員、当社取締役）ら川上村の有力者は、隣村の南牧村の井出昶（当社取締役）、津金兵太（当社監査役）らとともに大正9年1月20日「予定線変更期成同盟会」を組織し、川上村を当初の原案通り再度経由するよう「佐久鉄道にその変更をせまった」（小海，p106）のであった。

　さて川上林業の敷設した森林軌道について以下の記述がある。御所平の「住吉神社の下に大正三年十一月川上愛太郎氏によって山川製材所（水力）が出来、ここへ材木を運ぶ為、工場から西畑、宮田せんぎ下を大深山へ出て居倉、秋山を抜け、梓山迄トロッコ軌道ができた。カラのトロッコを犬に引かせて、梓山迄行き、材木を積んで下り、住吉神社下の貯水池に落とした…原区でも…由井安平[61]家前からトロッコ軌道が分かれ、里宮迄敷かれ、木材の運搬がトロッコにより行われた」[62]、「本社を御所平区上町住吉神社の辺りに置き、川端下、秋山、川又の各一ケ所、御所平に二ケ所の五大工場を有し、本社所在地に置く第三工場より、川端下の奥地金峰山麓の大森林地帯まで、茫々実に十七哩に及ぶトロリー軌條を敷設しあり、是れが沿線各工場と相連絡して巨材満載のトロリーは日々数十台が間断なく搬出に活動を続けられて居るのである。川上林業会社の専用軌道は会社設立と同時に工作敷設をせられたのであるが、此の工費は実に数十万円の巨費を用し、同会社としては実に莫大の固定資金であると供に亦財産である」（小海，p250～1）。

　確かに昭和3（1928）年3月末の同社第8期決算では、運搬軌道7万4,981円、

道路橋梁2万6,807円、山林土地及原料代75万9,989円の3勘定科目合計は、優に86万円を超えていた（帝S3, p11）。

川上林業はいわゆる大戦景気の「好況時代の波潮に乗って、信越木材会社[63]と共に相前後して各々資本金百万円を以て設立された地方稀れに見る大会社」（小海，p248）であった。設立当初こそ川上「林業会社に於ては常に自村、時の栄銀行支店には多額の預金をなし、其の隆盛旭日昇天の勢ひ」（小海，p249）であり、津金、土屋両監査役を派遣するなど、同社の資金面の後ろ盾になっていた栄銀行[64]の懐をも大いに潤した。

川上林業の設立の直前、佐久鉄道が予定線を広瀬から野辺山へ直行する案に変更する「南進計画」が明らかになって川上村がルートから除外されるという由々しき事態が発生した。佐久鉄道が大正12年7月20日発行した『佐久鉄道案内』の金子常光画伯の描いた鳥瞰図でも終点の小海駅から八那池～野辺山ノ原～美ノ森～＜赤岳山麓方面＞へ予定線が赤の点線で示されているが、川上村の表示は一切なく当時の佐久鉄道当局が川上村を軽視していたことの反映とみてよい。裏面の小海駅の解説にも僅かに「相木・川上及野辺山原の物資出入の咽喉たり」[65]とあるに過ぎない。

昭和10（1935）年発行の『小海線総覧』は [写真－11] の「川上名所の王座を占めてゐる」（小海，p259）「金峰橋　犬のトロリー曳上げの奇観」の写真を掲げ、延長30余間、高さ1,500尺もの釣り橋である金峰「橋梁は川上林業会社専用軌道橋にして、先年会社創設と共に架橋されたものである。巨材満載せるトロリーは、連続的に本橋を疾風の如の通過する光景は、見る者将に壮絶快絶、絶叫を禁じ得ないのである。然も其の珍風景としては満載せる木材の上に大柄の洋犬数頭が悠然として乗車して来る態は亦頗る奇観である。此の犬はトロリーが工場より伐木場への帰路軌道を曳きあげの作業をなさしめるのであるが、初見物の人亦一驚を禁じ得ないであらふ」（小海，p260）と念入りかつ力を入れて犬車鉄道の奇観を解説している。

現在林業用トロリーの現物を玄関先に保存・展示し、当該写真の大型パネルも掲げている川上村森の交流館は、同時に「川上犬」の展示犬舎をも兼ねてい

[写真-11] 川上林業「犬のトロリー曳上げの奇観」(金峰橋)
(昭和初期、川上村森の交流館所蔵)

るので、あたかも「川上犬」がトロリーを曳上げていたかのように思われがちである。この「川上犬」とは甲武信ケ岳で境を接している「秩父山塊のヤマイヌ(ニホンオオカミ)が、猟師によって飼い慣らされたもの」(「川上犬」信州川上犬保存会)との言い伝えもある長野県天然記念物の固有種である。しかし牽引力を必要とする「林業のパートナーとして洋犬が川上村に持ち込まれ」(「川上犬」)トロリーの曳上げに活躍したため、放し飼いされていた「川上犬」の雑種化が進む一因ともなったといわれる[66]。

ここを観光名所として「今期の鉄道開通に俟つて散策するもの日と共に多かるべし。就中秋紅葉季の景色は…其眺望の佳なる事洵に明状すべからざるものがある」(小海, p260)とまで絶賛している。『川上村誌』にも「軌道は、西梓を起点に秋山原から金峰山川の渓谷に、高さ五〇メートルもある吊り橋を架け…トロッコに満載された木材の上には必ず数頭の犬が乗っていた。この犬は帰りにトロッコを曳きあげてくるためのものであった。木材を積んだトロッコが、数台続いて降って行く様は森林王国を象徴する如くであった」(川上民,

p356〜7）との記述がある。しかし好事魔多しの喩え通り、同社設立後、程なく大正バブルが崩壊し、「川上名所の王座」たる運搬軌道などへの巨額の投資を賄った借入金は64万5,448円に達し、繰越欠損も払込資本金の半分を超えた。「川上常務は、万難を排して刻苦克く之に闘ひ…全生命を是に捧げ血涙苦闘の努力は空しからず…工場の黒煙は濃厚の度を加へつつある」（小海，p249）と評されたものの、同社の内実は火の車ではなかったであろうか。

さて、川上林業の軌道には今一つ重要な主役が存在する。当該軌道の共同運行会社であったと考えられる信越木材は「凡そ儲かる仕事なら如何なる事業にも手を出す」[67]浅野総一郎が「山の富を狙っては木材会社を起し」[68]た浅野財閥の傍系会社の一つである[69]。大正9（1920）年9月浅野総一郎らにより資本金100万円で麹町区永楽町1-1に設立され、大正末期には払込資本金50万円、役員は浅野社長以下、浅野系で占められていた（通俗，p1044）。

そもそも大正7（1918）年7月浅野総一郎らが川上村梓久保の共有林を11.7万円で買収、川上村に軌道敷設を要請したことに始まる（100年，p30〜2）。

「浅野木材部」（＝浅野物産）が「客＜大正7＞年七月中…大字秋山字梓久保東山林の一部を買受け」（川上，p457）た時期からみて、大正7年3月浅野合資貿易部を母体として「アメリカに於ける世界的大貿易商たるグレース商会と握手して創立」[70]た日米合弁の浅野物産の系譜に繋がる 「流石の浅野翁も、これを機会に止めて終はふ」[71]とした投機的事業の整理形態の一つとして、大正バブル崩壊直後に当該山林の利権を法人化した受け皿会社と考えられる。大正11年時点で払込30万円、代表取締役浅野総一郎、専務緑川賢策（秋田県扇田町）、取締役浅野泰治郎、鈴木紋次郎、浅野良三、金子喜代太[72]、監査役浅野八郎、菊池季吉であった（要T11，p240〜1）。大正10（1921）年8月3日「信越木材が梓山から御所平へ軌道輸送を開始、金峰橋竣工開式を行う」（100年，p32）、「御所平から梓山まで、手押軌道をつくった信越木材会社が、大量の原木を輸送した」[73]などと記されている。

昭和10（1935）年時点では、地元を代表する形で昭和5年2月第15代川上村長に就任（100年，p37）した川上歳太郎（川上村梓山）が監査役に加わって

おり、南牧村海ノ口に製材所、川上村御所平に事務所、川上村梓山に「山ノ上伐木事務所」を置いていた（諸S10上，p146）。川上村「森の交流館」の製材所所在図展示でも梓山の上流と信濃川上駅前の２ヵ所に信越木材の表示がある。昭和12年時点では資本金100万円、払込50万円、総株数２万株、浅野系持株数「…」[74]であった。浅野系の信越木材と地元系の川上林業の両社とも川上村の軌道に深く関与したことは間違いないが、軌道の所有・運営面で両社の相互関係がどのような形態で分担されていたかは未解明である。たとえば三重県に「三井物産・林用軌道」（鉄地８，p13）なる軌道が表示されているが、物産が赤羽村土工保護森林組合三戸線を頻繁に利用するユーザーであった事実を外部から正確に窺うことは至難の業である。逆に山五林業が低利融資の特典を狙って、栗平土工施業森林組合の名義を借り、奈良県十津川村で軌道に改修した事例では表面的には単なるユーザーが実質的には資金を出したオーナー的立場であるなど、民営軌道の共同経営の実態は甚だ不透明な場合が多い。

　川上林業は「戦時統制」[75]により、長野・群馬両県の指導の下に北佐久業者十店余を統合し、御所平1409番地に昭和13（1938）年３月川上木材株式会社を設立している。その後、川上村周辺にはまず昭和16年に臼田営林署の梓山森林軌道が開設され、「川上村大字梓山の土場を起点に梓山川、その上流の西沢沿いを41林班まで遡上」（データ中部，p262）し、昭和24年度までに8,896mを開設した。続いて昭和19年には臼田営林署の三川森林軌道が開設され、「南相木川上流の南相木山国有林38林班を起点に39林班まで延伸」（データ中部，p262）し、昭和30年度までに6,110mを開設した。さらに昭和25年には臼田営林署の川端下森林軌道が開設され、甲武信登山口である現在の毛木場駐車場（旧営林署貯木場）に相当する「川上村大字川端下字廻目下546付近を起点に西股沢沿いを両股国有林52林班まで遡上」（データ中部，p262）し、昭和28年度までに5,546mを開設するなど官設軌道網が完成した。『日本鉄道旅行歴史地図帳６　北信越』には梓山方面に向かって千曲川に沿う「川上村森林組合林用軌道」（鉄地６，p11）のみ描かれているが、当該追補責任川上村森林組合の設立は昭和17年７月１日（100年，p45）である。

川上村の林用軌道に関しては共同で運行したと思われる信越木材株式会社との具体的な取引形態や、昭和13（1938）年3月設立の川上木材株式会社、昭和17年7月設立の川上村森林組合など後継者と想定される組織との交渉過程、沿線の製材業者の工場への引き込み線の存在[76]等の未解明部分が多く残された。なお川上村の「森の交流館」玄関には「千曲川源流の森で伐採された約200年」の天カラ材を満載したトロッコが八ヶ岳の渋・横沢森林鉄道より移転展示され（TM8，p186）、往時を偲ばせている。

（2）与志本合資会社「吾妻山搬出専用軌道」

竹内昭氏が作成された前述の「関東周辺の森林鉄道」（TM5，p136～7）の番号㉚「万座森林鉄道」はJR吾妻線万座鹿沢口駅付近から北方・吾妻山麓方面に向かって延びている。今回はこの万座森林鉄道との因果関係に関心が払われるべき与志本という木材商の「吾妻山搬出専用軌道」の正体を取り上げる。遠山森林鉄道の写真集に「与志本は、佐久や群馬県嬬恋村で林用軌道を使用していた」（遠山，p31）と記載されているように、著者所蔵の絵葉書の中に「群馬県吾妻山搬出専用軌道」「群馬県利根川伐木の流送」という「与志本合資会社の林業（其四）」シリーズの1枚がある。旅客鉄道とりわけ観光鉄道が遊覧客誘致の目的で絵葉書を発行することは珍しくもないが、非営業の専用軌道等の絵葉書は別の目的でしか発行されることはなかろう。この群馬県の吾妻山とは四阿山の嬬恋村方面の呼称と見て、嬬恋・長野原・北軽井沢方面の文献を検索すると、『長野原町誌』には「北軽井沢開発に尽力した民間諸会社」として「与志本合資会社　社長　由井直人」（長野原，p313）の名前が挙がっている。与志本商店は明治20（1887）年、由井定三が長野県南佐久郡大日向村で木炭問屋油屋を創業したことに始まり、木炭生産の片手間に枕木を生産して関東甲信越の私鉄各社、明治38年から官設鉄道に納入、明治42年4月資本金50万円の与志本合資会社に組織変更した。出資社員である社長由井定右衛門、常務由井七郎右衛門、支配人由井真年の3兄弟は企業家精神が旺盛で、大正5（1916）年には東京丸の内に進出し本社を置いた[77]。

大正末期の群馬県吾妻郡内の製材業者としては中之条製材㈱（大正8年12月設立）、丸三製材（大正11年11月設立）、三友製材（大正12年11月創業）、丸原製材所（大正13年3月創立）、本庄製材所（大正13年3月創立）などがあったが、昭和初期に解散する業者も出るなど与志本より概して弱体であった[78]。
　与志本合資会社は大正11（1922）年ころ「浅間山北側山麓（北軽井沢地方）吾妻地方において…大規模に山林（立木を含む）を買付け、その開発事業に着手」（与志本，p77）し大正12年5月植林事業を開始した。群馬県吾妻郡大笹村（嬬恋地区）、長野原町（栗平地区）の「二地区からなり、山林面積は、いずれも約二百数十町歩」（与志本，p77）を伐木・造材、最寄り駅の「妻恋駅に製材工場を設け、必要に応じ原木を角材・板材に加工」（与志本，p77）する計画であった。与志本が吾妻出張所を駅前に置いた妻恋駅は草津軽便鉄道が吾妻郡嬬恋村大字芦生田に大正8年11月7日当時の終点として開業しており、嬬恋村の大笹はJR吾妻線大前駅の西にある集落名であり、栗平出張所を置いていた長野原町の栗平は北軽井沢の一つ南の駅名である。また南木山は「吾妻郡西部大笹村外五ケ村入会の広漠たる山野の総称」（吾妻，p1353）で、「南木山下戻し」運動で南木山組合の所有者に帰した。しかし南木山「組合などの力ではとても経営の見込みは立たぬ」（嬬恋，p1169）と見なされ、大正期には「自称周旋屋なるものが、東京始め武州、上州、信州の各方面に簇出」（嬬恋，p1169）、「東京の山師連で南木山を知らない者は一人もあるまい」（嬬恋，p1169）とされたほど、山師が跳梁跋扈する恰好の投機対象であったという。
　大正11（1922）年11月16日与志本は製材所建設のため公用水路使用免許を出願、関東大震災後の13年1月20日付嘆願では「南木山林ノ大宝庫開発上必要欠クベカラザルハ為業者ノ何人モ意見ヲ全フスル所…右山林ハ目下京浜大震火災ノ復旧復興上木材ノ需要切迫ナルノ時ニ際シ…理想的建築用材タル赤松ノ単純林ニシテ…需求者京浜地方ヨリ殺到スルノ状態」[79]と現地の林産事情等にも言及した。結局出願1年半後に許可された。
　与志本の買い付けた嬬恋地区の山林と最寄りの嬬恋駅までは約8kmの距離があり、「途中の行程は地形が複雑で、その間の輸送は木馬・馬力・トラック

第2章　幽寂・森林鉄道"毛細管観光"の「魅力」　181

［写真−12］　与志本合資群馬県吾妻山搬出専用軌道
(大正末期、著者所蔵絵葉書)

のいずれも不適当」(与志本, p77) であった。そこで与志本としては「ここでは山林軌道を敷設し、石油発動機の機関車によって、＜嬬恋＞駅前まで搬出する方法が採用」(与志本, p78) された。［写真−12］は大正末期にガソリン機関車が牽引する「群馬県吾妻山搬出専用軌道」の堂々たる運行状況である。西裕之氏から形態的にはミルウォーキー製の国産コピー機の可能性が高いとのご示唆を受けたことを付記する。

　与志本は大正13 (1924) 年得意先を草津温泉に招待して「見たか与志本、聞いたか事業」(与志本, p79) との与志本音頭を披露したが、その折などに事業を紹介すべく配付されたのが冒頭の「与志本合資会社の林業」の絵葉書シリーズであろう。与志本の50年史に掲載された群馬県の実況写真 (与志本, p79〜80) は、おそらく同シリーズの「其一」〜「其三」に相当するものかと推定される。50年史は「この事業は、先の八ヶ岳山麓の事業と比較すれば小規模で、年産額は三万石程度であった。着手後半年足らずで、関東大震災が起っ

たので、復興資材としての丸太や挽材の需要に応じ、繁忙状態を続けて、大正一五年に完了した」（与志本，p78）と総括している。草軽側でも大正15年8月15日草津温泉まで延長したため、「同地方の物産たる大豆、蕎麦、小麦、木材、薪炭、硫黄等を移出し…発展目覚ましかりし」（吾妻，p716）嬬恋駅も「終点草津に移るや当年の勢を失ひたり」（吾妻，p716）と駅勢圏が衰退した。木材搬出の使命を終えた与志本の山林軌道を構成した敷地・軌條・枕木等の処置[80]についての記載は見当たらない。

敷地等の転用の可能性が高い万座森林鉄道[81]は周辺で硫黄を採掘していた鉱山企業の社史である『小串鉱山史』に「万座峠まで広汎な山地の木材を搬出した草津営林署の軌道」（小串，p71）があり、同書に掲載の地図（小串，p20）に万座峠の南を起点として、万座川の東岸を蛇行して嬬恋村干俣仁田沢に達する特殊軌道が描かれているのがそれに当る。さらに関連する事項として「昭和二十六〔1951〕年から約十年間、褐鉄鉱を赤沢川左岸で採掘」（小串，p71）した関東鉱産株式会社浦倉鉱業所[82]が、この「万座森林鉄道」＝「営林署施設の軌道をかりて仁田沢貯鉱場へ搬出した」（小串，p71）とされる。しかし小串鉱山自体と草津営林署軌道との利用関係の有無に関する記述は見当たらないなど、営林署の軌道との譲渡・継承の有無は現時点で未解明に終わっている。

注

1) 磯貝政弘「長野県と本学の包括協定に基づく2大プロジェクト実施報告－王滝村の新観光戦略提案事業と峰の原ペンション村インターンシップ事業」『観光コミュニティ学部紀要』第1号、平成28年3月、p115～134。

2) 本章では頻出する地誌等について以下の略号を使用した。川上…『川上村誌　通史編　近代』平成27年、川上民…『川上村誌　民俗編』昭和61年、100年…『川上村100年のあゆみ』平成元年、小海…篠原武『小海線総覧』甲信社、昭和10年、嬬恋…『嬬恋村誌』下巻、嬬恋村、昭和52年、長野原…『長野原町誌　下巻』昭和51年、吾妻…『吾妻郡誌』昭和4年、与志本…由井常彦編『与志本五十年のあゆみ』昭和36年、与志本合資会社、小串…『小串鉱山史』昭和56年。

3) 松坂健「観光と地域創生　地域文化発信起点としての宿文化論」『旅行作家　旅の眼』123号、現代旅行研究所、平成28年4月20日、p15。交通論の領域では以前から「都市を一個の人体にたとえるならば、高速自動車網は動脈であり、その毛細管に相当する交通

機関が必要」（『現代日本の交通問題　ジュリスト増刊特集　第2巻、有斐閣、昭和50年，p85）といった文脈で語ってこられ、富士山麓一帯のレジャーの議論でも、高速道路という「動脈だけが貫通して、それを結ぶ静脈、毛細管が不十分なため、動脈硬化をおこす」（『実業の日本』第72巻、第22〜25号、昭和44年，p132）との同趣旨の指摘が過去に出されている。観光指南書でも岡部伊都子『観光バスの行かない－埋もれた古寺』（新潮社、昭和37年）など毛細管に着目したものが古くから刊行されている。

4)　編集後記『旅』平成4年3月号，p258。
5)　京都大学の芦生演習林は平成15年4月「森林ステーション・芦生研究林」と改称した。
6)　妙見杉は第一部第5章参照。
7)　『日本林業発達史　上巻』林野庁、昭和35年，p504。
8)　森林組合は第7章参照。
9)　貨物索道は拙著『民間活力による社会資本整備』昭和62年、鹿島出版会、p42〜44参照。
10)　軌道運行組合は終章参照。
11)16)18)　林野庁／森林鉄道：林野庁（http://www.rinya.maff.go.jp/j/kouhou/eizou/sinrin_tetsudou.html）。なお兵庫県朝来市ホームページ、平成26年3月18日「生野鉱山及び鉱山町」の「鉱石を運搬するための鉱車の軌道跡」（http://www.city.asago.hyogo.jp/0000003263.html）なども文化的景観として選定されている。
12)　『郷土史大辞典』第1巻　歴史学会、平成17年，p936。
13)　吉野山林鉄道の上市町〜川上村22.23kmの地方鉄道免許は昭和4年大阪電気軌道に譲渡された（壺田、巻末第35表）。
14)　平井土工森林組合は第一部第4章参照。
15)　加茂土工森林組合は第7章参照。
17)　データ東北、九州、中部は巻末の参考文献一覧参照。
19)　現役の森林鉄道は「国有林のものでは屋久島の安房森林鉄道及びそれ以外のものは京都大学芦生演習林の森林軌道のみ」（前掲林野庁HP）とされる。
20)　東谷望史「講演　ゆずの村の産直が村へ人を呼ぶ　1000人の村の観光振興」『北海道大学地域経済経営ネットワーク研究センター年報』第3号、平成26年3月。
21)22)　関清秀『北海道開発と技術移転』昭和54年，p24〜25。
23)　『特撰　森林鉄道情景』（西裕之）｜講談社BOOK倶楽部（http://bookclub.kodansha.co.jp/productisbn=9784062703123）。
24)　これらの要素を一言で表現するなら、融通無碍な柔軟性、換言すれば「ゆるきゃら」が人気をあつめているのと同様な、一種の「ゆるさ」ではないだろうか。
25)26)　『旅』昭和34年12月，p94。
27)　吾妻軌道は先発の利根軌道の渋川〜鯉沢間の軌道を共同使用して、中之条〜渋川間を運行（吾妻，p925）したが、公共道路を使用する馬車軌道相互の共同使用例である。
28)　多くの事例は森林鉄道側が他線に利用させる形をとるが、逆に大井川電力専用軌道の千頭〜沢間の場合は千頭森林鉄道の一部として林野局が昭和43年林鉄廃止まで「無償使用」、「営林署、電力の列車が共用し、営林署側が借用の形」（白井昭「千頭森林鉄

道と智者山軌道」『産業遺産研究』6号、平成11年5月、p47）とした例もある。
29) 国有林野の管理経営に関する法律（http://law.e-gov.go.jp/htmldata/S26/S26HO246.html）。また「当該国有林野の所在する地方の市町村の住民又は当該市町村内の一定の区域に住所を有する者の共同の利用に供するため左に掲げる土地として貸し付け、又は使用させる場合において、これらの者の生業の維持又は農林漁業経営の安定のため特に必要があると認めるときは、その貸付又は使用の対価を時価よりも低く定めることができる」と地元民等への無償・低廉賃貸も広く可能であった。
30) 日肥林業は第7章参照。
31) 『山岳』第18巻、第1号、日本山岳会、大正13年9月、p47。
32) 甫木義郎証言（物語、p152）。
33) 鉄道省『温泉案内』昭和2年、博文館、p100。
34) 「松本営林署協議事項、契約証（東信電気）」昭和2年2月（「大町市清水家文書」57/C/314-4長野県立歴史館蔵）。
35) 神新軌道｜otamachanのブログ－アメーバブログ（http://ameblo.jp/ultimate-otama/entry-11503984825.html）、進藤林業 木材搬出軌道のトロッコ車輪：Ever Green Forest -- blog（http://egf.air-nifty.com/forest/2013/04/post-6c66.html）。
36) 昭和34年から運転された王滝森林鉄道の通学専用列車「やまばと」は「貧弱な分校で勉強をつづけていた…子どもたちをみて…なんとしても交通の便をよくしてやらなくては」（S36.11.3朝日⑧）と考えた村人たちは…補償金の一部八百万円をさいて、スクールカー（機関車と客車二両）を買い入れ」（S36.11.3朝日⑧）たという「目がしらがあつくなるような」（S36.11.3朝日⑧）美談の結果であって、「気動車のあとに客車をつけて…小学生九十三人の通学に利用していた」（S40.12.2朝日夕③）「オモチャのような列車が、ことしいっぱいで姿を消す」（S40.12.2朝日夕③）こととなるため、「来年からテクテク二時間半」と写真入りで大きく報じられた。また厚生施設としての巡回理髪車も「昭和30年には、職員の牧野能一さんが、林鉄の客車を理髪車に改造し…理髪屋として親しまれ」（データ中部、p180）たもの。
37) 岡本憲之氏も木曽森林鉄道の王滝本線に関して「ディーゼル機関車が牽引する便乗旅客列車。本来は、木材を運ぶ森林鉄道であるが、充分と一般営業の軽便鉄道の香りがしていた」（究極、p7）との感想を述べている。
38) 堺枯川編『家庭画報』5号、由分社、明治36年8月、p145。
39) 「犬車利用問題」『極東時報』91号、由分社、大正8年5月、p31。
40) 中川浩一「鉄道動力考」『鉄道ピクトリアル』通巻153号、昭和39年1月、p10。
41) 小林宇一郎『信州の鉄道物語』信濃毎日新聞社、昭和62年、p93〜94。
42) 畜力としてロバを利用した例として徳島県海部郡川上村の軌道がある（機械、p173）。またブタ軌道は名取紀之「『どうぶつ鉄道』四方山話」TM5, p85参照。
43) 三重県赤羽村の軌道関係者は「トロッコを持っている家は子供の犬から育てていた」（三重、p119）と回想している。
44) 阿寺森林「軌道は約八キロメートル軌間六百九・六ミリ、機関車はなく台車を二両連結し、木材を積んで下る時は、作業員がブレーキをかけながら坂道をくだるという

「自力運転式」だったが、山へ帰る時は人が押したりした。ところが何と山へ帰る時に土佐犬がよく使われた。いくら戻りの空車とはいい、台車を引くのに犬を使った記録は、世界広しといえども、日本のここの軌道だけである」（小林宇, p93～94）と記載している。

45)　「山内軌道は自ら急勾配軌道の必要あるに至り、大正八年當営林署谷山作業所に於て堀田式制動器の考案あり。最急八分ノ一勾配にまで自由にトロリーを運転し得るにより、軌道益々普及を見るに至れり。急勾配軌道の普及により搬出系統は単純化し、運材能力は増進せるが、空車押上げには相当困難なるに至り独り、人力を以てしては容易に操業を持続し難きに至り、犬を利用するの風次第に流行し、トロリー一台当り一頭乃至三頭を飼育し、遂には敢えて人力押上げを行はず、或は犬に代ふるに牛馬を以てし運材経費は比較的嵩上するに至れり」（魚梁瀬営林署『魚梁瀬』昭和6年、森林鉄道トロッコ鞦曳犬｜帝國ノ犬達 - アメーバブログ (http://ameblo.jp/wa500/entry-10531606519.htm)。

46)　熊本・鹿児島大林区署管内では「トロリー乗り下げ運材が一般的で、空車の引きあげには人力または牛・馬・犬などの畜力を利用していた」（林技, p230）。

47)　群馬県下仁田森林鉄道も「当初は牛や犬が引いていた…傾斜地だったので、動力は空車を引き上げる時だけ必要だった」（やまだくんのせかい：グンマの昔：下仁田森林鉄道 - 山田君の世界 http://yamada.sailog.jp/weblog/2014/11/post-0eac.html）という。

48)　『国有林（下）』には宮崎県高岡営林署の去川国有林で空車の曳き上げに犬を使用する写真が掲載されている。（農林省山林局編『国有林（下）』大日本山林会、昭和11年, p224）『九州の国有林百年』には「ガソリン不足のため犬も甘藷を食べて空トロを引いた」（九州, p317）去川事業所の写真が掲載されている。宮崎県高岡営林署の内山研伐所でも昭和18年ころ 「最初は牛をとり入れたが、これは足が遅くてどうもよろしくない。そこで犬を使うことになった。曳き綱を肩にかけた犬が、空トロリー一台に二頭から三頭ついて、運材手の掛け声とともに死にもの狂いで曳いていた」（九州, p317）とされる。

49)　畜力軌道全般については大正8年の『林学雑誌』2号、昭和7年の雑誌『高知林友』150号、昭和9年の雑誌『青森林友』222号、昭和17年の雑誌『青森林友』324号などに記載がある。徳島県の王余魚谷の平井軌道でも犬曳きの台車に旅行者が乗っている絵葉書が存在する（第一部第4章参照）。

50)　白木正光編『犬の研究』17巻2号、犬の研究社、昭和16年8月, p61。明治維新政府が西欧列強との体面上、淫猥な邪教陰祠の類を抹殺しようとした性急な欧化政策等とも一脈通ずるところがある。米英と対決する戦時下で豚にも召集令状を発してブタ鉄道を公然と賛美したとは好対照である。

51)　三井物産山林事務所元勤務者はトロッコ「運転手にもいろいろあり、犬をムチでビシビシ打ってトロッコを牽かせていた者もあったし、トロッコが脱線して積荷が落ちて犬が死んだこともあった」（三重, p120）と証言している。

52)　別名赤水林道。日向長井駅から北川に沿って八戸（やと）を経てさらに下赤製材所

(土場)から赤水・藤河内貯木場を経て、夏木山麓の並松橋の並松斫伐所に至る14.7km(九州, p246以下)。貯木場のあった下赤は宮崎県北川村(現延岡市)の北川の上流部に所在し、延岡営林署の藤川内(地名は藤河内)森林事務所が配置されていた。(データ九州, p41) なお並松は山の名前・夏木に改称された。

53)54)　橋本三八『九州の山旅』昭和27年, p158。
55)　　林技, p262,『林業技術』通巻700号、平成12年7月10日, p8。
56)　　川上村「森の交流館」展示では山川木材第一第二工場の西隣の「田代製板」。
57)　　金属資源が枯渇した戦時下の熊本営林局加久藤営林署の国有林では昭和19年からすべて木製のトロリーが製作され、「軌条には5cm角の木軌条が使用された」(林技, p261)という。
58)　　農商務省編纂『工場通覧』日本工業倶楽部, 大正7年10月, p1032。
59)　　農商務省編纂『工場通覧』日本工業倶楽部, 大正9年12月, p1101。
60)　　『工場通覧』大正10年11月, p1194。
61)　　由井安平は大正8年未利用共有林の区民への部分貸付を建議した植林に熱心な原区会議員(川上, p460)であり、川上林業軌道の原区支線の敷設主体と考えられる。「森の交流館」展示によれば原区には現「金中産業」(川上村大字原)の前身と思われる「金中製材」が存在したが、由井安平と金中との関係は未詳。
62)　　由井千秋『信濃川上　原村郷土誌』平成3年, p115。
63)　　信越木材と川上林業とは、例えば王子製紙と中村組のような運行請負方式や、銀鏡軌道組合のような組合方式などで相互に緊密に軌道経営に参画したのではないかと想像されるが、具体的な軌道経営の分担関係などは未解明である。
64)　　栄銀行は昭和3年4月他8行と信濃銀行を設立。栄銀行は「金融恐慌以後は、主要な貸付先であった製糸業の不振や相つぐ預金の引出しに会って、資力は全く薄弱となった」(与志本, p106)とされる。与志本の由井定右衛門と、同業の川上林業の津金、土屋両監査役は栄銀行の役員会のメンバーでもある地域の名士同士であり、不良債権の整理に頭の痛い新設の信濃銀行の立場からも、長野県内の業界のなんらかの調整工作が両者間で行われても不思議ではなかろう。なお栄銀行川上支店は大正10年12月11日開業(100年, p32)。
65)　　『佐久鉄道案内』佐久鉄道、大正12年7月20日。
66)　　長野県指定天然記念物の川上犬に関するブログには「小海線開通で森林伐採が進み、伐採した木を運ぶトロッコを引く大型で力の強い洋犬も次々と村に入った。この結果、川上犬の雑種化も進み、純粋な川上犬は急激に数を減らしていく」(「川上犬」奇跡が生んだ復活のドラマ - 花と山歩き - Gooブログ http://blog.goo.ne.jp/gookodacya/e/84dfb226c87e86c1e579e37b11235aad)との指摘がある。
67)　　西野入愛一『浅野渋沢大川古河コンェルン読本』春秋社、昭和12年, p55。
68)　　前掲浅野コンェルン, p48。
69)　　中外産業調査会編『中堅財閥の新研究　関東篇』中外産業調査会、昭和12年, p177。
70)71)　北林惣吉『浅野翁物語成功秘談』千倉書房、昭和6年, p191〜272。
72)　　金子喜代太は浅野セメント、日本セメント各専務、関東水力電気、浅野物産、浅野

石材工業各監査役。
73) 『隔絶地の探訪』新潟県社会科教育研究会、昭和58年, p180。
74) 前掲浅野コンェルン, p54。
75) 『信濃産業大観』信濃毎日新聞社、昭和27年, p323。現地の林業に精通された要氏が「トロッコの出発地点」と比定する「製材業者の中でも大手だったY木材の第四工場」(「トロッコの歴史をたずねて」全国林業改良普及協会 http://www.ringyou.or.jp/sansonkigyou_log/somabito/2006/07/post_12.html) の大手「Y木材」とは「山川木材」(=川上林業の屋号の「ヤマ川」) のことか。
76) 由井安平による原区支線の敷設以外にも、川上林業軌道には支線が存在しなかったかどうか等を含め、今後とも関係者からのご教示を頂き、昭和戦前期の川上村の軌道の態様を引き続き解明していきたい。
77) 「企業家研究と伝記執筆―由井常彦先生に聞く―」『企業家研究』3号、平成18年6月, p61。
78) 吾妻, p731、『中之条町誌』昭和51年, p1164, p1416。
79) 末尾至行「群馬県の水車設置出願文書を巡る諸問題」『歴史地理学』177号、平成8年1月 (http://ci.nii.ac.jp/naid/40004341488/)。
80) 戦後の遠山での事例であるが、与志本は機関車2両、台車、土場等の施設を後発企業の池端林業に売却して撤退した (遠山, p58)。なお与志本合資の後継企業某社 (先方の親会社法務部門の指示で社名は非開示) を訪問したが、十数年より以前の社業を知る古参社員は社内に在籍していないとの趣旨のご返事のみ頂戴することができた。
81) 木村道紘氏によれば「草津の森林インストラクター・湯田さんの話では、その昔、嬬恋村干俣仁田沢から万座の旧熊池付近まで、草津営林署が管理する森林鉄道が運行され、ブナやミズナラなどの大木が切り出されていた」(もうやめたこと---「虹の谷」計画 http://ecotourism.or.jp/akagi/kokoromi/nijinotani.html) とされる。森林鉄道起点の旧熊池ゲレンデの位置はプリンスゲレンデの南側の奥万座川の谷を隔てた所一帯という。
82) 関東鉱産株式会社浦倉鉱業所 (「関鉱」) に関する調査報告によれば、「採鉱地から鉱石は架空索道により「新川原動場」、「千枚原動場」に運ばれ、そこからは森林鉄道の軌道を賃借して搬出され…この軌道は、もともとは森林鉄道として利用され…「ドウフン」と呼ばれる地区で伐採した…木材運搬に使用したのは5～6年という短い期間」廃鉱山探検 浦倉鉱山 (浦倉鉄山) 軌道編 - livedoor Blog (http://blog.livedoor.jp/urayamaex/archives/4288121.html) であったとされる。「ドウフン」は万座スキー場の南、標高1827mの万座峠近くにある野湯「銅粉の湯」である。なお万座温泉スキー場が昭和40年代に発行した「ＭＡＮＺＡ」地図 (著者所蔵) には万座山と万座峠との間に「銅粉」との表示があり、万座川に沿って吾妻鉱山も描かれている。

第3章 「真正鉄道」と「虚偽鉄道」との境界

1. 鉄道監督当局の想定する「鉄道」の範囲と適用除外の考え方

　ここで「真正性」を欠く鉄道とは、現象形態こそ鉄道の外観を有してはいるが、府県段階での何らかの許可を得ていたとしても、監督当局による正式な免許・特許を得ておらず、概ね私的で限定的な輸送に供されるものを想定する。地方鉄道法（現鉄道事業法）・軌道法の範囲外とされた専用軌道、森林鉄道、簡易軌道などがその典型である。多種多様な鉄道形態を鉄道監督当局の統制下に置くべきか、適用除外とするかの判断が個々にどうなされたのかは大変興味深いところであるが、『鉄道省文書』等に登場する鉄道・軌道は専用鉄道を含めて統制下に置かれたものに限定されている。逆に適用除外とされた、または監督当局自身がその存在に気付くことなく見過ごされた特殊鉄道が『鉄道省文書』等の公開行政資料に登場する可能性は、山梨県営軌道の除外例（後述）等ごく一部の例外を除いて、極めて少ないものと考えられる。

　したがってこの種の「鉄道省所管外線」のうち、別の公文書や官庁統計等に掲載される可能性のある森林鉄道等の官設の鉄道を除けば、多くのものは（府県段階での簡易な工作物等の設置許可は別として）整然とした法令の網から逃れているため、官庁統計や各種施設一覧等の政府刊行物での掲載上も捕捉不可能なため不備が多く、その実態の多くは不明であると考えられる。

　そこで、まず鉄道監督当局の刊行物等を一瞥することにより、当局がどこまで「鉄道省所管外線」の存在を把握し、あるいは進んで把握しようと意図していたのか否かを検討してみたい。鉄道監督当局は明治末年頃から『幹線鉄道網

局部鉄道網線路一覧』[1]）、『私設鉄道一覧表』、『軽便鉄道一覧表』、『軌道一覧表』、『私設鉄道軽便鉄道及軌道未開業線一覧表』、『地方鉄道一覧』など各種一覧表の刊行を順次開始した。これらの一部を鉄道同志会などの業界団体が鉄道監督局の許可の下に『鉄道監督局編輯　地方鉄道一覧』『鉄道監督局編輯　軌道一覧』『鉄道監督局調　地方鉄道軌道一覧　附専用鉄道』等の名称で翻刻して業務資料として刊行した。したがって免許・特許を得た「真正鉄道」であれば、これらの官庁統計類によって、すくなくとも概要の把握程度なら極めて容易である。さらに低級な専用鉄道、専用線であっても発行頻度は多くないものの『専用線一覧』等で概要は判明する。

　唯一ともいえる「鉄道省所管外線」のごく一部が記載された希有な資料が鉄道省『日本全国鉄道線路粁程』であろう。これは国有鉄道と地方鉄道との間に、「鉄道省所管外線」欄を特設して、帝室林野局、大蔵、陸軍、海軍、農林各省、北海道庁の所管する各線の明細を挙げるが、何分にも官設の鉄道・軌道に限られており、普通鉄道に連絡する専用鉄道を除けば、当然ながら民営の所管外線は全く記載されておらず、情報収集の手掛かりを得ることすら容易ではない。

　こうした官庁の情報公開事情を熟知され、特殊鉄道にも通暁された青木栄一氏は共著『森林鉄道からトロッコまで』の中で、「産業用鉄道」を取り上げ、「多岐にわたる産業用鉄道は…一般の公共鉄道と違って、人々の関心を惹きにくい鉄道であっただけに、その調査・研究も十分には行われておらず、その全容を把握するのも容易ではない」（トロッコ，p184）と指摘し、また同編著『日本の地方民鉄と地域社会』の中でも「特殊鉄道」の一形態である「工事資材輸送用の鉄道」を取り上げ、「発電所建設工事に用いられた簡易軌道の実態は、ごく一部のものを除いてはあまりよくわかっていない。鉄道史研究のなかでも盲点になっている部分である」（民鉄，p190）、「この種の鉄道は従来の鉄道史の研究対象になることは稀であった」（民鉄，p203）と総括している。

　斯界の先覚者・青木氏の指摘するとおり、著者の考えるこうした「虚偽鉄道」に関する統計資料はもとより、研究蓄積も極めて不十分であり、「真正鉄道」と「虚偽鉄道」との不明瞭な境界に関しても十分に議論されてきたわけで

はない。境界に関する数少ない著述は主に鉄道・軌道を所管する中央省庁の官僚等によって法律的に、さらに有り体にいえば省益的視点から散発的に議論される程度であった。

　我が国の複雑多岐にわたる私鉄史の全貌を最初に精緻かつ網羅的に総括した研究者として、第一に和久田康雄氏を挙げなければならない。運輸省出身の和久田氏は「…工場・鉱山の鉄道、建設工事用の鉄道や森林鉄道など、ほかの鉄道から独立したものは…『専用鉄道』にもあたらず、鉄道事業法の関係からは除外されている。遊園地などの遊戯施設としての鉄道も同じ」（和久田, p18）く鉄道監督法規の適用除外であると的確に解説している。和久田氏は近著においても「本書が取り上げる私鉄の範囲」として、「一定の軌道の上を走り、形の上で鉄道と見られるものの中には、旅客・貨物の運送を事業として営むもの（営業用鉄道）のほかに、工場・鉱山・山林などの事業用地内で運行したり土木工事などに使われる自家用のもの（専用鉄道）がある」（私鉄, p5）として、同書の範囲を鉄道監督法規が適用される前者に限定して禁欲的に研究を進めてこられた。著者はむしろ和久田氏が立ち入ることを回避された暗黒世界の方には、一体全体どんな化け物が棲息しているのかが、ずっと気になっていた[2]。

　複雑な特殊鉄道を巡る法規の錯綜した諸関係を現段階で著者なりの理解で模式的に示したのが、[図－1]である。その骨子を要約すれば、普通鉄道と特殊鉄道とは明確に峻別できるほど判然とした概念とは考えにくく、両者の中間に、①「専用鉄道」、②知事限りで認可（ないし黙認）する「軌道条例ニ依ラサル軌道」、③大正12（1923）年以降の「専用軌道」のような、グレーゾーンともいうべき中間領域が存在するものと想定し、若干整理を試みた点である。もっともこの中間領域という考え方は、岡本憲之氏が簡易軌道を「トロッコと軽便鉄道の中間的な存在」（究極, p29）と位置付けたように、この分野の研究において従来からある概念を借用したにすぎない。

　鉄道監督法規の対象外となるのは普通鉄道に非連絡の専用鉄道と、たとえ連絡しても人力・馬力を動力とする簡易な専用鉄道である。ただし適用除外の専用鉄道であっても、たとえ一部でも道路上に敷設するものは「専用軌道」とし

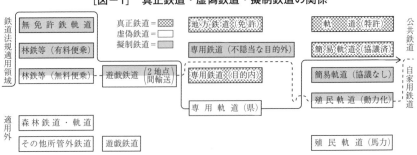

[図-1] 真正鉄道・虚偽鉄道・擬制鉄道の関係

て扱われる。鉄道省管轄の「専用鉄道」であっても「一部でも道路上に敷設するものであったならば専用軌道となる」（堀江, p645）とされる。この「専用軌道」とは「一般交通の用に供せざる軌道」（堀江, p644）であって、「専用の目的で道路に敷設せむとするものは総て＜内務省令第45条の＞適用を受ける」（堀江, p644）と解される。「専用軌道の敷設は地方長官の許可を要し其の監督に属する」（堀江, p645）から、鉄道省には管轄外となる。

　「専用軌道」がはたしてどのようなものか、府県文書レベルまで深く掘り下げていない浅学の著者にはあまり適切な情報がないのだが、例外的に管轄外のはずの『鉄道省文書』に登場する「専用軌道」の一例として静岡県の御料林内に敷設された大宮製材のケースをみると、「大正十年八月十五日及大正十三年六月六日＜静岡＞県土木工事取締規則ニ依リ木材運搬専用軌道トシテ許可シタルモノニシテ軌道工作物撤廃ニ関シテハ何等ノ条件的規定ナク、又許可条件ニ於テモ…条件ヲ付セス」[3]というものであった。簡単にいうなら、一人前の鉄道・軌道とは見做されず、いわば道路に仮設される道路工事用の臨時の作業用トロッコ同然（森林鉄道の世界でいう「作業軌道」の類に相当か）の扱いであるため、建前上は「地方長官の許可を要し其の監督に属する」（堀江, p645）とはいえ、「軌道工作物ノ撤廃ニ付テハ経営者ノ自由処分ニ任ス」[4]る、きわめて緩やかな規制の下におかれていた。明治44年鬼怒川水力電気の発電所建設の「材料運搬専用の軌道」（M44.2.14東朝③）敷設の例でも敷設に反対す

る住民は「県当局は之に対して未だ一回の視察だに行はず、＜鬼怒電＞会社の為すが侭に放任」（M44.2.19東朝③）し、業者の言い分を丸呑みしていると苦情を申し立てている。多忙を極める県庁の役人の立場に立てば恐らくや、「たかがトロッコなんぞに一々構っていられるか…」というのが本音でもあろう。

特定人の専用に供する、著者の想定する「特殊鉄道」（一部分のみ例外的に鉄道監督当局の監督下におかれるが、大半は鉄道・軌道法令の適用外）の領域では、道路への敷設云々ではなく、動力に機械を使用するか否かにより、機械動力による鉄道と人力・畜力による軌道に区分される。これは「高速度の交通機関として我国鉄道網を完成せしめんが為」（壷田, p22）、「地方鉄道は其の動力に於て、人力又は馬力其の他之に類するものを以て動力と為すことが出来ない制限があるから、若しも人力に依る交通機関或は馬力に依る交通機関を計画するならば、結局＜動力＞制限の無い軌道法に拠らねばならぬ」（壷田, p20）という事情があり、（森林）鉄道＝機械動力、（森林）軌道＝人力・畜力というような動力による区分が森林鉄道の世界では慣例となっていたことにもよるのであろう。

動力による区分の発想は「専用鉄道規程」において「人力又は馬力を動力とするものを除く」として、簡易な低規格の専用鉄道など特段取り締まる必要もあるまいと考えたものか「人力又は馬力を動力とする専用鉄道にして鉄道又は軌道と連絡するものには本令＜＝専用鉄道規程＞を適用しない」（壷田, p425）としている点にも現れている。

2．軌道・専用鉄道・専用軌道等を巡る官庁間の所管争い

寺前秀一氏は「鉄道、軌道を区別する制度は我が国独自のシステムのシステムであり、歴史的、沿革的なことに起因する」[5]として、「都道府県知事を活用する軌道法の体系と、国の出先機関である地方運輸局を活用した鉄道行政を融合する」[6]ことを提言している。そもそも公衆の用に供する普通鉄道の領域（原則として鉄道監督当局の監督下におかれる）は主に新設軌道に敷設される

か、主に道路上に敷設されるかにより（地方）鉄道系統と軌道系統の二つに区分されていた。

　後者の軌道系統に関しては、明治23（1890）年8月「軌道条例」公布以前は確たる監督法規が存在しなかった。このため、軌道系統を道路に定着した不可分の一部と見做す道路管理官庁（内務省～建設省）と、物的設備たる道路施設と軌道とを厳密に切り離して考える鉄道監督官庁（逓信省～鉄道省～運輸省）との間に長年にわたって激しく所管争いが繰り広げられ、宿命の対立関係にあった建設省と運輸省とが統合されて国土交通省となった現在でもなお同一省内の局益対立は解消されず、あるべき鉄道と軌道との統一法規は成立していない。

　昭和初期の鉄道官庁側の主張を要約すれば、①軌道も鉄道の一種であって独立した存在ではない。②鉄道たるものは等しく統一的な法的規制の下に同一官庁が専門的に所管すべきである。③道路行政は物的設備たる道路施設に限るべきである。④すくなくとも、道路上に敷設されない部分は軌道ではなく、鉄道官庁が所管すべきである。⑤この主張の根拠として「軌道法」の運輸規制は鉄道省令に準拠していることを挙げている。

　これに対する昭和初期の内務省土木局の主張は、内務事務官武井群嗣によれば、①軌道と「地方鉄道と混同する者が絶無とは言ひ難いけれども、軌道は鉄道特に地方鉄道と対立して独立の存在を有し其の効用並目的を異にする交通機関」（武井，p144）である。②軌道という「交通機関と其の利用すべき道路設備とは之を併せ統制するを要」（武井、序）する。③道路行政を「道路施設に限ると称するものあらば、そは…曲解であって…道路行政輓近の発達を無視する形式論」（武井、序）、④「全く道路に非ざる堤塘上若は…新設する軌道敷に敷設せんとする場合に在りても尚軌道法の支配を受くべきものである」（武井，p146）、⑤の鉄道官庁側の主張は「単なる事務処理の便宜に出たのに過ぎないのであって…別に内務省令を以て制定するのに何等の差支なき」（武井，p152）と切り捨てている。

　明治「二十年以後連年四五ノ馬車鉄道敷設ノ出願アラサルハナク」（年報M41～3，p1）、急遽制定された「軌道条例」も僅か3カ条からなる極めて簡単

なもので、「第一条　一般運輸交通ノ便ニ供スル馬車鉄道及其他之ニ準スヘキ軌道ハ起業者ニ於テ内務大臣ノ特許ヲ受ケ之ヲ公共道路上ニ布設スルコトヲ得」[7]という、道路上に布設するのに鉄道監督当局ではなく、道路管理者たる内務大臣の特許を必要とすることを内容としていた。従ってこの時期には「軌道」でさえも鉄道監督当局の立場では、所管外の「特殊鉄道」扱いということになり、まして一般運輸交通の便に供しない、道路上に布設しない専用鉄道（広義）は鉄道監督当局とは全くの無縁の存在であった。しかし馬車鉄道会社については、所管外とはいえ、将来の共管を目指してか多大の関心をもって日頃から軌道の状況や企業の内容の把握に努めていたものと考えられる。

　これ以降に鉄道・軌道界に幾多の技術革新が生まれ、新しい鉄道形態の「処理方ニ関シ法律上ノ明文ヲ見ズ…主管上疑義」[8]が次々に発生して、その都度関係省庁間に摩擦が生じた。まず明治25（1892）年9月出願が相次いだ電気鉄道を鉄道・軌道いずれの条例を適用すべきかの問題では、内務省がまず「道路上ニ布設シ…速度モ緩…危険ノ虞ナキモノ」[9]を軌道、「別段ニ軌道敷ヲ設ケ…列車ヲ組織シ往復スルモノ」[10]を私設鉄道条例を適用するとの穏当な見解を出し、逓信省も「当省意見無之」[11]同意してすんなり決着した。

　続いて明治26（1893）年4月4日福岡県知事の稟議に係る三池鉱山用運炭鉄道の延長の件に付いて、「鉱業条例ノ支配スル処」[12]か否か、即ち鉱業会社を所管する農商務大臣の主管たるべきか議論の末、「元来鉄道ノ事業タル広ク旅客貨物ノ運輸ヲ為スト、単ニ製造鉱業等ノ用ニ供スルトノ区別ヲ問ハズ、行政上及技術上ノ関係ヨリ其管理ノ統一ヲ必要トスルモノナレバ、本件ハ勿論将来ニ於テモ法令ニ別段ノ規定ナキ限リハ此ノ如キ鉄道ハ逓信大臣ノ所管ト閣議決定」[13]した。この閣議では鉄道を極めて幅広く定義した上で、産業用鉄道をも含めて鉄道所管大臣を統一した点に最大の特徴がある。もしこの閣議決定に立脚してその後諸鉄道法制が整備されていったと仮定すれば、鉄道監督官庁の関与しない鉄道はほぼ皆無となって本書が主眼とする「虚偽鉄道」が誕生する余地はなくなっていたかも知れない。

　明治26（1893）年閣議決定の舞台となった三池鉱山用運炭鉄道に関しては

『明治三十二年度鉄道局年報』の「自家用鉄道」の項に「福岡県三池郡駛馬村大字西米生字逆様川、即チ平原勝立間二哩二十九鎖七十六節ヨリ、同村同大字白川ニ至ル」（局年 M32, p41）とある。翌年『明治三十三年度鉄道局年報』では項目が「専用鉄道」に変更され「福岡県下三池郡逆様川　白川間…哩数三哩五八鎖」（局年 M33, p45）となっている。これは明治33年8月10日私設鉄道法と同時に「専用鉄道規則」が施行されたことによる。同規則は第1条「一個人又ハ一会社ニ於テ個人専用ニ供スル鉄道ヲ敷設セムトスルトキハ地方長官ヲ経由シテ免許ヲ申請スヘシ」、第11条「専用鉄道ハ特ニ認可ヲ受クルニ非サレハ使用ノ目的ニ属セサル物品運送ノ用ニ供スルコトヲ得ス」と規定し、私設鉄道法を一部準用した。明治40年度末で専用鉄道合計の哩数は運輸開始線路28哩11鎖であった（局年 M40, p25）。

　しかし劣勢に立たされた内務省では明治26（1893）年の閣議決定には到底承服できず、3年後に巻き返しと猛反撃を試み、「道路堤塘上ニ布設スル機関車鉄道ハ内務大臣ノ主管トス」[14]、「別ニ軌道敷ヲ設ケテ布設セントスルモノハ前ニ閣議決定ノ旨ニ依リ逓信大臣ノ主管ト為」[15]すとの先の閣議決定の逆転勝利を勝ち取った。この明治29年12月23日の閣議決定こそが今日までの軌道と鉄道とを全くの別物と見做す我が国独特の鉄道法制の根幹を形成する決定的な要因をなしているといっても過言ではない。

　この記念すべき明治29（1896）年末の閣議決定の直後に内務省側は自己の守備範囲の一斉点検に乗り出した。明治30年2月8日内務大臣から滋賀県など地方長官宛に対し「軌道条例ニ依ラズ道路、堤塘上ニ軌道布設出願者ノ処理ニ関スル件」[16]、明治30年2月15日内務省土木局長から滋賀県知事に対して「専用軌道ヲ道路堤塘上ニ布設スルモノニ限リ禀伺ヲ要スノ件通牒」[17]が相次いで発出されている。

　また明治33（1900）年内務省土木局長から東京府第二課に対して「軌道条例ニ依ラザル専用軌道ニシテ従来許可ヲ与エタル分取調方照会」[18]があり、明治33年8月31日埼玉県内務部第二課は「軌道条例ニ依ラサル専用軌道取調ノ件土木局長へ照会」[19]するなど、内務省土木局サイドでは従来把握が不十分であっ

た「軌道条例ニ依ラサル専用軌道」の取扱いを、この際に確立しようと必死に努力している様子が各府県に残された数少ない行政文書の中に散見される。

　内務省の鉱業専用鉄道の取扱方針について釜石馬車鉄道を例にとると、『大日本帝国　内務省第十五回統計報告』に「本表ノ外鉱業者ノ専用ニ係ル釜石馬車鉄道ノ線路延長四里十七丁五十五間、車両五十七、馬匹二十四アリ」[20]、翌年の『大日本帝国　内務省第十六回統計報告』にも「本表ノ外鉱業者ノ専用ニ係ル釜石馬車鉄道ノ線路延長四里十七丁五十四＜五十五を訂正＞間、車両五十七、馬匹二十四アリ」[21]と、連続して「鉱業者ノ専用ニ係ル」馬車鉄道を「表ノ外」の注記欄に記載している。ただし翌年の『大日本帝国　内務省第十七回統計報告』には該当なく、さらに明治35（1902）年12月31日には「岩手　釜石鉱山馬車」として正式に馬車鉄道会社の中に取り込んでいる[22]。このように位置付けが二転三転した様子から見て、当時の内務省も「鉱業者ノ専用ニ係ル」馬車鉄道の取扱いには確たる定見がなかったようにうかがえる。

　『明治四十年度鉄道局年報』，p25〜6には、「本＜専用鉄道現在＞表ノ外内務省及地方庁ニ於テ許可シタルモノアリ。参照トシテ左ニ掲ク」（局年 M40, p25）として9線が掲載されている。非連絡の専用鉄道はこの9線よりはるかに多く存在したものと思われるから、鉄道局として専用鉄道規程の適用を受けさせたいと睨んだものだけを選んで載せていた可能性がある。鉄道局がこの種の情報を承知しているということは、少なくとも鉄道局が当該特殊鉄道の存在に少なからざる関心を払い、内務省、地方庁と協議ほどでないとしても何らかの接触によって所管外の情報を受領し温存していたことを示している。

　その後、鉄道省監督局の堀江貞男事務官が昭和2（1927）年に著した解説書の節々に、鉄道監督当局の鉄道の範囲拡大への悲願が読み取れる。すなわち「道路」という内務省側の領土の上を走る「軌道は明治四十一年以前その主管が内務大臣で鉄道の主管大臣とは全く没交渉であった」（堀江，p6）ため、機能上、軌道は鉄道と実態が変わらないにもかかわらず、鉄道監督当局の規制が全く及ばなかった。この間、明治30年代の大都市圏の軌道は「今まで市街地丈けの交通を目的としたものが、其の余力を利用して郊外に延長…ここに於て地

方鉄道と軌道の対立関係が不可思議のものになってくる」(堀江, p6) として内務省＜軌道＞側の領海＜鉄道＞侵犯行為を強く非難している。堀江の結論として、「全線専用敷のものは地方鉄道法に依るべく…大部分専用敷のものも地方鉄道に変更」(堀江, p6) すべきと、軌道の全面的な自己陣営への取り込みを強く主張した。大正12 (1923) 年軌道法の制定に際しては、こうした「内務、鉄道両省の意見不一致の為め実施遅延しつつあった軌道法は此程内務省側の譲歩に依り解決を見たので愈々公布されたが、右に伴ふ内務省の分担に属する諸規程即ち、軌道法施行規則及び軌道事務委任に関する規程、軌道建設規程、専用軌道規則等は何れも二十八日省令を以て公布される筈」(T12.12.28東朝③) と、水面下で繰り広げられていた両省の省益を巡る暗闘ぶりを報じている。

　従来軌道の管轄を独占してきた内務省側は、明治41 (1908) 年10月22日渋々ながらも 「特に鉄道を主管する官庁にも軌道に関する事務に関与するの官制上の職権を与へ」(武井, p143) た結果、鉄道院側では長年の悲願であった軌道共管の権利を勝ち取って勝鬨をあげ、「四十一年度ニ於テハ我＜鉄道院＞管理ニ属セシ以来僅ニ数ケ月ニ過キサルモ…」(年報 M41～3, p7) と、恐らく喜色満面で、本家・内務省編纂のペラペラの小冊子『軌道一覧』を遥かに凌ぐ本格的な『鉄道院年報　軌道之部』の編纂をこれ見よがしに開始して、内務省への対抗心を露にした。しかしよほどの拙速作業のためか明治41年度の年報には未開業の馬車鉄道会社3社[23]の会社所在地欄に不明点を示す「？」印を残すなど、共管官庁としては甚だ不体裁を余儀なくされている。

　この頃の鉄道官僚側にとって目下最大の懸案事項としては、引き続き本家の内務省側の主導のもとにあった軌道という目障り極まりない「敵方」の急速な拡張対策に手一杯であって、取るに足らぬ山奥の森林鉄道・軌道などの瑣末な便乗行為取締などにまで気を回す暇はなかったものと推察される。

　しかし、昭和3 (1928) 年に逓信省の陸運監督権の自省への移管を勝ち取って意気の上がる昭和戦前期の鉄道官僚はさほど禁欲的とは思えず、片山広丘は監督下の専用鉄道の「目的外に使用される範囲が、漸次拡張される場合には寧ろ其の専用鉄道は之を地方鉄道に変更するに如くはない」(片山, p8) との見

解を示している。また別の官僚も「鵺式の交通機関」(常識, p22)である「阪急沿線の花屋敷にある」(常識, p23)無軌條電車[24]を強引に「鉄道省の陸運監督の範囲に入るもの」(常識, p23)と主張したり、専用鉄道に関してかかる拡張主義的な省令を定めた背景について「自家用とは云ふものの財貨を運送するといふ点は同じである」(常識, p26)とか、「いはば鉄道線路の如き効用を為すもの」(常識, p20)、「レールを敷設して車両が走る以上、それは鉄道である」(常識, p22)などとの自己都合の論理を展開し、盛んに「鉄道省の監督範囲」(常識, p21)の拡張意欲[25]を示している。

3．「真正鉄道」と「虚偽鉄道」の境界

(1) 殖民軌道・簡易軌道の適用除外理由

　戦前期の内地から遠く離れた外地・台湾島の粗末な手押台車でさえ、26ヶ条もの条文からなる「台湾私設軌道規程」で規制され、一応は鉄道部の指導監督に服するという法治国の体裁をとっていた。にもかかわらず、殖民軌道・簡易軌道は事実上北海道奥地の沿線住民等に利用が限定されていたとはいえ、広く一般の交通の用途に供され、乗車の都度対価として運賃[26]相当額を強制徴収するなど、外形的にはきわめて普通鉄道に酷似した性格を有しているのに、なぜ「別段法的根拠も持たずに」(湯口, p96)普通鉄道監督法規の範囲外の虚偽鉄道として位置付けられたのであろうか。

　法律論には暗い著者に相当に荷の重い難問ではあるが、本章の鉄道の「真正性」「虚偽性」を追究していく場合の前提として、避けることのできない解決すべきテーマとして素人なりの一応の仮説らしきものを立てて、かかる虚偽鉄道が生まれるまでの道筋を模式的に説明しようと試みる。

　前述の片山は軌道法の規定の一部を適用除外する理由を「人力又は馬力を動力とするが如き、軽便なる軌道に対して、機械的動力に依る軌道に於けるが如き、煩瑣と責任とを免除するの趣旨」(片山, p37)と解している。北海道が

内地とは異なる植民地・「開拓地」として一付けられていた当時、一般の交通の用途に供される普通鉄道が当面の間に整備されるような可能性のない僻陬地・奥地においては、内地と同様な規制の網をかける"煩瑣と責任とを免除する趣旨"で、種々の便宜的措置が容認される便法、権宜の措置として黙認されて鉄道監督当局の規制を一切受けなかった一種の「特別区」「特区」として普通鉄道監督法規の適用範囲外に位置付けたものであろう。同様に森林鉄道の領域でも、北海道を除く内地の国有林（御料林は別）は農林省山林局の直轄であったが、北海道は全く特別扱いであった。すなわち明治14年農商務省設置の際に内地の国有林は内務省から農商務省に所管替えされたが、北海道は北海道庁拓殖部のまま、内務省の所管に据え置かれ、農林省の所管外に位置付けられていた（データ中部, p10）。そのため農林省山林局の統計でも北海道の民有林の軌道は全く除外され、おそらく北海道庁拓殖部（実効力ある監理が末端まで及んでいたかどうかは、殖民軌道の例から推し量ってやや疑わしいが）に委ねる形になっていたと思われる。この当時の内務省以外の省庁にとっては、人跡未踏の遠隔地であり、植民地同然の北海道は（植民地を拓務省所管とする如く）いわば別扱いするという共通認識があったのではなかろうか。

『開拓鉄道論』の著者井沢道雄は、鉄道監督当局からみて「広漠たる本＜北海＞道の事とて完備に到らず…新開地は鉄道に遠く…斯かる事情から特殊の新開地に簡易な軌道を敷設し、馬力に依り農家の共同利用に供する方法」[27]を特認したと説明している。大正9（1920）年の貴族院での津軽の森林鉄道解放問題の論議で子爵渡辺千冬も、「法律に拘泥するよりは、ああ言う広い地方の交通機関が無い場合でありますから…」[28]という前提で、森林鉄道客車を「地元民が借りても一向に法律にふれないではないか」（小林, p93）と解放を違法だからと渋る政府（この場合は農商務省）に、一種の「特区」扱いを主張している。

このように法規制の及ばぬ「特区」扱い、一種の治外法権として、外見上普通鉄道に酷似した簡易軌道が鉄道営業類似行為を行っていても一々違法性云々を持ち出すことなく見逃し、普通鉄道監督上の管轄外として割り切っていたの

第3章 「真正鉄道」と「虚偽鉄道」との境界　201

ではないかと考えられる。全く同様の発想として、内地でも峨々たる山岳地帯に所在する国有林や、その近辺の山林原野なども普通鉄道が整備される可能性がまずない奥地であって、王滝村のように自ら「其ノ位置僻在セルカ為メ交通ノ便ヲ欠キ物資ノ供給上大ニ困難ヲ訴フルノ部落」（村誌，p1818）などの場合、前述の北海道の場合と同様に一種の「特区」扱いをした国有林の中にいかなる森林鉄道（おそらく、これに準ずる民有林の森林軌道等を含めて）が敷設されようとも当局は一切関知しないという立場をとったのではないかと推測される。

　主に農林省系統の資料を渉猟されている小林裕氏によれば、農商務省が津軽森林鉄道を築設するに際して、農商務省持田技師が当時の「専用鉄道規則」の存在を意識して所管する「鉄道省と協議したところ、一応協議した方がよいということで、本＜津軽森林＞鉄道並びに支線とも協議する慣習となった。しかし実際には鉄道省ではその運営について少しも関与せず、従ってこれを監督する要もないので、大正7（1918）年以降はこの形式的協議を見合わせることになった」（小林，p90）として、農商務省側では一応鉄道院・省側の顔も立ててきたのに、自ら監督権を放棄したのは鉄道省の方だと言わんばかりの農商務省側の立場が示されている。これに関して西裕之氏の解釈では、農商務省側にも協議を要する必然性があり、その結果森林鉄道敷設の「前例がないことから鉄道院に指導を仰ぎ、地方鉄道に準じた設備や構造になった」（西，p28）として、協議が形式的ではなかったばかりか、むしろ鉄道院に指導を仰いだものと指摘している。この点では鉄道院への移管や全面解放を迫った津軽人民の観察の方が、農商務省の拒絶理由より正鵠を得ていたことを裏付けている。

　著者も当初は森林鉄道は農商務省（農林省）自身による直轄事業であるゆえ、別の省庁である鉄道監督当局としてはそもそも介入の余地なく、最初から完全な管轄外であったのか…などと軽く考えていたが、後年の枝幸殖民軌道と同様に実質的な協議が行われたことを知り、愕然とした。著者が先入観を持った理由は地方鉄道法令の定番の解説書とされる『鉄道監督法規論』の中で、著者である鉄道官僚の大山秀雄、壺田修は「国又は宮内省が敷設する専用鉄道、例へ

ば営林局の敷設する山林鉄道の如きは、専用鉄道規程の適用が無いこと勿論である」(壺田, p435) とまで、議論の余地がないと断言しているからである。またずっと後年ではあるが、森林鉄道消滅期の昭和34 (1959) 年の専用線の実務書に、おそらく森林鉄道等を念頭に「国の敷設する専用鉄道についてはどうであるかという問題があるが、専用鉄道規程上国についてはなんらふれられていないので、本＜専用鉄道＞規程の適用がないと解される」(専用線, p169) と、いずれも至極あっさり適用外と解しているからである。

(2) 構内鉄道の適用除外理由

次に都市部、近郊地域等においても、広大な敷地を有する工場等において生産・運輸の便宜上、構内にレールを敷設して構内鉄道を運行する事例が出てくる。一例を挙げると、同系統の岡山倉庫を通じて倉庫業を実質上兼営していた岡山銀行は明治29 (1896) 年山陽線岡山駅との間に、おそらく営業倉庫への米穀類の入出庫の運搬目的と思われる、銀行としては異例の本格的な鉄道を敷設した (局年 M40, p26)。岡山米穀取引所とも関係がある岡山倉庫の人脈から、堂島米穀取引所を買い占めた相場師・松谷元三郎の主要取引銀行となったほど、米穀担保金融に特色のある岡山銀行らしい専用鉄道の敷設ではあるが、同行は明治33年虚業家・松谷との悪縁が祟って任意解散に追い込まれ、山陽商業銀行に営業譲渡した。

また東京市は明治25 (1892) 年淀橋浄水場建設のために、中央東線大久保駅との間に3呎6吋の「工事用材料運搬」鉄道0.11哩を敷設した (局年 M40, p26)。前者は現在の感覚なら専用側線、後者は専用鉄道に該当するもののようだが、いずれも何故か事情は不明であるが、明治20年代の法制上の限界もあってか「内務省及地方庁ニ於テ許可シタ」(局年 M40, p25) ため、いずれも鉄道局の管轄外とされた。

このような管轄外とされたことが珍しく判明する明治20年代の事例に見るように、一私人が自己責任の範囲内で、一般鉄道との直通・連絡・接続等の関係なく、ほかの一般鉄道から全く独立して普通鉄道類似の設備を敷設したとして

も、公道や池塘にはみ出すことなく自己の敷地内で自己の原材料・製品・商品等に限定して運搬する限りにおいては、かつ大規模な工場や鉱山等は別途他の省庁等による安全性確保目的の何らかの法的規制等[29]を受けていることでもあり、自ら鉄道のプロを任じて業務に精励する鉄道監督当局としては、内心では「目的外使用がないか」などが気に掛かるところではあるが、建前上はいささかも関知すべきところではない。大山秀雄、壺田修は遊園地に関して「一定区域内（例へば遊園地内）に於て娯楽機関として経営する単なる工作物と見るべきものは所謂経済的交通機関としての鉄道と区別さるべきものであるから地方鉄道ではない」（壺田, p19）と「一定区域内」にある鉄道の適用除外を明言している。

　以上の考察により、①簡易軌道、②森林鉄道、③構内鉄道等の特殊鉄道群は普通鉄道監督法規（現在では鉄道事業法、軌道法）の範囲外に置かれても不思議ではない。

　しかし①の簡易軌道では北海道の開拓が進み、徐々に内地化が進行するにつれて、当初想定していた「特区」とは見做し難い諸条件が生まれてくる。②の森林鉄道では国有林以外のエリアにおいても、国有林に見習う形で公営、企業、組合、個人経営など各種の民営形態の森林鉄道・軌道が第7章に詳述するように続々と生まれてくる（ごく一部の実質森林軌道は何らかの特殊な事情で日向軌道、銀鏡軌道のように免許・特許を得て普通鉄道化）。

　③の構内鉄道でも生産の大規模化、多様化等の結果として線路が必然的に当初の構内の範囲をはみ出すだけでなく、製品の搬出・原材料の搬入の便宜上、既存の普通鉄道との連絡・接続を指向するようになる（これは専用軌道に該当する）。

　さらに①〜③とも、当初の貨物専用の建て前を逸脱して、自走客車の導入、便乗、目的外使用等が常態化する結果として、旅客輸送をも行う営業鉄道に類似したものに変貌する可能性が高まる。しかし特殊鉄道が正規の許認可を得ないまま営業類似行為を行う状況は、悪くすると「地方鉄道法」第38条の「免許ヲ受ケスシテ地方鉄道ヲ敷設シ、又ハ認可ヲ受ケスシテ運輸ヲ開始シタル者」

（法令，p6）、あるいは「軌道法」第28条の「特許ヲ受ケスシテ軌道ヲ敷設シ、又ハ認可ヲ受ケスシテ運輸ヲ開始シタル者」（法令，p208）として罰せられる可能性もある。地方鉄道法令の定番の解説書では免許を受けた専用鉄道においてさえ、目的の範囲を逸脱して広く「一般不特定人又は其の貨物を輸送するが如きは、地方鉄道の免許を受けずして鉄道を敷設したものと看ることが出来よう」（壷田，p251）と、無免許と同罪と断じている。したがってそもそも全く免許を受けていない特殊鉄道における同様の営業類似行為はさらに重く犯罪性を問われることとなろう。

かくして、「真正性」ある普通鉄道とは本来性質が全く異なった別物であるにもかかわらず、両者を同一のものとみなし、扱うことが可能となる。「真正性」ある普通鉄道になぞらえ、著者はこれらを仮に「擬制鉄道」と呼ぶこととしたい。「擬制」とは実際の性質が異なったものを同一のものとみなし、扱う用語である。会計学で本来は資産ではないのにかかわらず、繰延資産を制度上、あたかも資産と同様な「擬制資産」とみなして取り扱うがごときである。この「擬制鉄道」、噛み砕いていうなら、「真正性」を欠いた「ニセモノ鉄道」こそ、著者にとってはこの世ならざる非日常世界の極致であるかのように常々感じて、自らの観光の究極目標として各地を訪ね歩いて現在に至っている。

4．鉄道監督当局の思い描く自己の「版図」

鉄道監督当局が自己の「版図」、すなわち鉄道監督法制を適用すべき範囲をどのように思い描いていたかを具体的に示す好資料として、以下のような各種の官製地図が存在する。これから彼らの本音を探ってみよう。

（1）『日本全国鉄道線路粁程』と同「附図」

鉄道監督当局は、遅くとも大正9（1920）年頃から『日本全国鉄道線路哩程表』なる一覧表の刊行を始め、大正12年頃には冊子体の『日本全国鉄道線路哩程』に改めた。鉄道省と農商務省等との協議による入手情報を反映して『日本

全国鉄道線路哩程』には「専用鉄道」欄ではなく、国有鉄道と地方鉄道との間に、「鉄道省所管外線」欄を特設して、大正12年版では陸軍、海軍、大蔵、農商務各省、帝室林野管理局の所管する各線の明細と哩程を挙げた。農商務省の明細は津軽、川内、長木沢、仁鮒、魚梁瀬の各森林鉄道と八幡製鉄所、帝室林野管理局は小川、王滝、野尻、阿寺の各線であった。昭和3（1928）年頃から哩制を粁制に変更、『日本全国鉄道線路粁程』と改題して毎年刊行した。当初地図がなかった同書には遅くとも昭和4年頃から『日本全国鉄道線路図』と題する「附図」が作成されはじめ、従前の単体のタイプのほかに「附図」を合冊したタイプも併用したものと思われる。

　鉄道省編『日本全国鉄道線路粁程　昭和九年三月三十一日現在』の「附図」[30]の備考には「一、市街線若ハ短線ニシテ図示シ難キモノハ之ヲ掲載セズ。二、朝鮮台湾樺太南満洲ニ於ケル専用鉄道ハ之ヲ掲載セズ。三、本図ハ大体起終両点ヲ主トシテ現ハシタルモノニシテ殊ニ未開業線ノ経過地ニ就テハ確実ノ限ニ非ズ」と注記されている。この昭和9年の鉄道省の公式線路図線路図には「専用鉄道」（原図では緑色）とは別の「他官庁所属専用線」（原図では黄色）として「協議なし」のはずの殖民軌道各線まで情報を入手した上で漏れなく丁寧に図示している。

（2）『地方鉄道軌道線路図　全』

　昭和2（1927）年11月時点の『地方鉄道累年表（近刊）』は「…推移変遷等を知悉し得べき経営上の最好資料なり」（線路図S2、巻末広告）として鉄道同志会が地方鉄道各社に購入を推奨する業務資料であった。これらの図は鉄道同志会が堀江事務官著『地方鉄道指針』などとともに、『鉄道監督局編輯　地方鉄道一覧』『鉄道監督局編輯　軌道一覧』の姉妹編として鉄道同志会から発売された。

　①昭和2年の線路図には津軽住民の悲願である「青森市ヲ基点トシテ北向シ東津軽郡上磯地方ノ海岸一帯ヲ縦貫シ本州ノ北端三厩港ヨリ左折シテ小泊、五所川原ニ至ル」[31]上磯鉄道のルートにほぼ相当する、上述の「解放問題」の舞

台となった①農林省所管の津軽森林鉄道（青森貯木場〜蟹田〜今泉〜金木〜喜良市間，各支線）をはじめ、②長木沢森林鉄道（茂内〜長木沢間）、③仁鮒森林鉄道（仁鮒土場起点〜濁川間）、④帝室林野管理局の小川森林鉄道（上松起点）が緑色実線の専用鉄道既成線として、⑤同王滝森林鉄道（上松駅起点〜三岳間）が線区名なしで緑色点線の専用鉄道免許線としてそれぞれ描かれている。他の専用鉄道免許線として扇田駅起点〜大谷間（浅野製材株式会社）[32]、苫小牧〜支笏湖（王子製紙）、助川〜大雄院（日本鉱業）、大牟田市内・万田（三井鉱山）なども線区名なしで描かれているので、帝室林野局の王滝線を含めた各森林鉄道と他の民間企業専用鉄道との表示上の扱いに全く差異はない（ただし宇奈月以南は「東洋アルミナム」と線区名を表示）。

次に③昭和10（1935）年の線路図には中標津〜標津間の「根室殖民」、枝幸〜小頓別間の「枝幸殖民」が桃色実線の軌道既成線でそれぞれ描かれている。しかし昭和2年の線路図、昭和9年の線路図にあった森林鉄道は茂内〜長木沢間の長木沢森林鉄道の路盤が小坂鉱山専用鉄道に転用され、地方鉄道既成線の青色実線に変更されたほかは、いずれも削除されて跡形もない。両図の中間に位置する②昭和7年10月1日『鉄道監督局調　地方鉄道軌道一覧　附専用鉄道』鉄道同志会にも「根室殖民軌道」「枝幸殖民軌道」が軌道の部に掲載されているが、森林鉄道は専用鉄道の部に一切掲載されていない。

当初著者は、「附図」を特定年度に鉄道同志会が翻刻して地方鉄道各社に業務資料として頒布したものが『鉄道監督局調　地方鉄道軌道線路図　全』かと単純に考えていた。しかし「附図」と「線路図　全」の凡例を比較すると「附図」の記号は「他官庁所属専用線」等と詳細を極めているのに対して、「線路図　全」は基本的には「附図」の記号に準拠するものの「他官庁所属専用線」に相当する記号はない。両図の記号を比較して、以上のような著者の単純な推論が全く不十分だったことに気付かされた。

これらの事実をどう理解すべきか。鉄道官僚の大山秀雄、壺田修は「国は拓殖、都市計画、其の他必要なる事由によって軌道を敷設しなければならぬ場合がある。国は軌道を敷設する権限を有してゐるのであるから、自由に軌道を敷

設することが出来る」とした上で、「唯当該官庁は主務大臣に協議をすればよい」(壺田, p253) としている。かくして拓殖上、国が敷設した殖民軌道について少なくとも動力化した線区は正式協議を経て軌道に組み入れていた。和久田康雄氏も「軌道法第32条には国営軌道の規定があって、特許は不要である代りにこれを設置する官庁が主務大臣に協議することになっている。…正規の協議の行なわれたものは…根室・枝幸の2線しかなかった」(和久田, p40) とする。昭和2 (1927) 年当時の鉄道監督局は同様に官設森林鉄道にも相応の関心を払って、人力軌道はともかくとして少なくとも蒸気機関車を導入した線区については専用鉄道と見做していたものと考えられる。

　鉄道監督局の一官僚が自分の頭脳の中で自己の版図を大きく思い描いたとしても何ら問題ないし、自分の机の上に当該図を広げて悦に入るのもよかろう。しかし「鉄道監督局調」と銘打ち、業者組織の鉄道同志会が傘下の鉄道会社に推奨する業務資料として刊行した公式図に、森林鉄道を専用鉄道既成線として組み入れるような挑発的な陽動作戦は、対外的に極めて影響が大きい。数年後の同一刊行物の改訂版において、森林鉄道を一転して専用鉄道（短い専用側線は記載対象外）から全面削除したことも単なる誤植の訂正の類ではないだろう。残念ながら現時点での著者の研究が不十分なため、勇み足の背後関係を明確に示し得ない。以下は著者の単なる推量にすぎないが、森林鉄道を専用鉄道既成線として組み入れようと版図拡張を画策した鉄道監督局が敵対勢力に阻まれてその意思を貫徹できず、何らかの事情で不本意ながら昭和初期に渋々引き下がった可能性を指摘しておきたい。昭和10年鉄道官僚の大山秀雄、壺田修は「営林局の敷設する山林鉄道の如きは、専用鉄道規程の適用が無いこと勿論である」(壺田, p435) と明言している（ただし民有林の軌道については言及していない）。大正末期から森林鉄道に関して一般公衆への開放のみならず、鉄道省への移管まで声高に叫ばれていた微妙な時期に鉄道省が軌道法上の国営軌道、専用鉄道規程などの条文を足掛かりに、帝室林野局の王滝線を含めた森林鉄道、殖民軌道等の官設鉄軌道を版図に組み込もうとするかのような積極的な動きをみせれば、当然に他省庁筋から強い反発を招くのではなかろうか。たとえば津

軽人民から執拗に「森林鉄道開放並移管に関する請願」などの国会請願を提出され、議会に呼ばれた農商務省山林局長は「もし…鉄道省に移管して、一般鉄道となれば林産物搬出は甚だ不便である」（小林, p93）と困惑気味に答弁しており、省益上もこの種の移管問題には相当神経質になっていたように感じられる。

　和久田氏の指摘のように、国営軌道としての殖民軌道の正規協議も何故か「根室・枝幸の2線」（和久田, p40）のみにとどまっており、前述の如く森林鉄道に関して農商務省側が大正7（1918）年ごろ鉄道省との「形式的協議を見合わせることになった」（小林, p90）のと同様な事態が仮に殖民軌道に関し大正末期に内務省側でも発生していたと仮定すると、その後の簡易軌道群の"跳梁跋扈"を許す素地となったものか…と想像される。しかし大正末期から昭和初期の鉄道省は決して弱腰一本であったわけでなく、むしろ軌道の共管化、自動車の主管化など、成長性の高い都市圏での自己の版図を大きく拡大し得た黄金期でもあった。幕末の「千島樺太交換条約」ではないが、さほどの魅力を感じなかった山奥・開拓地の森林鉄道や殖民軌道等の特殊鉄道分野では省益面でのある程度の譲歩を決断したのかもしれない。和久田氏の以下の現代の工場系統の専用鉄道に関する記述は鉄道省側の森林鉄道での昭和初期の"妥協"の可能性を強く示唆しているように著者には感じられる。「『専用鉄道』にあたるかどうかを判断する場合の　『接続する』という規定の運用としては、連絡するＪＲなどの駅からその工場までの区間だけを『専用鉄道』とし、そこからさらに工場の中に張りめぐらされた線路は実際上これにつながっていても、鉄道事業法の関係からは除外されている」（和久田, p14）。

　すなわち、この文章を著者が勝手に昭和初期の森林鉄道への読み替えを試みると、「連絡する国鉄などの駅から営林署貯木場までの区間（3 km以内）だけを鉄道省が監督できる『専用鉄道』ないし『専用側線』と認めさせて鉄道省のメンツを立てるのと引き換えに、そこからさらに奥地の山中に張りめぐらされた森林鉄道本支線の長大な線路は実際上これにつながっていても専用鉄道規程の適用除外として鉄道省は一切介入しない」という「千島樺太交換条約」流

の構図が完成する。現に大正12年版『専用線一覧』（ＴＭ10, p377所収）を見るとたとえば、磐越西線徳沢駅を接続駅とする手押専用側線の契約相手方は奥川水力電気と、「薪炭用材を採伐して徳沢駅より搬出しつつある」（T5.5.19福島）奥川森林軌道を敷設した東京大林区署であるなど、随所に専用側線の契約相手方として営林局・営林署の名前が登場している。

5．真正鉄道と虚偽鉄道との間の境界のあいまいさと「境界型」鉄道

　奥秩運輸組合は、奥秩父の農民が地域の生業に不可欠な林用軌道群を大企業との裁判で支配権を奪取するなどの実力行使により住民自身が軌道群を自主管理した事例である。その一方で真正鉄道の中にも一部の人車鉄道のように、特許を得ているとはいえ、屋根もない台車を人が押していくなど実態的には虚偽鉄道の殖民軌道と大差のない低規格のものもあった。たとえば著者の住む東葛エリアに存在した東葛人車鉄道の場合、高橋久雄氏によれば①「県下一の悪路で、雨が降り続くと交通が途だえ」[33]るため、②当初は「貨物の輸送が主たる目的」[34]、③「荷物集積所にだけ引込み線があり、ここに事務所があり」[35]、④「荷物ができると事務所へ行って伝票をもらって利用」[36]、⑤「自分の荷物は自分で押して行く」[37]方式であったとされる。また千葉県南部の長南町の人車鉄道の場合は、①千葉県の事業として公費で賄われ、②鉄道連隊の訓練として敷設され、③現実の運行は「軌道運輸組合」が運営する方式であった[38]。

　また「農家の共同利用」に任せた例として、加波山ふもとの加波山産出の花崗岩（真壁小みかげ）を樺穂駅に輸送するのが目的の樺穂興業の場合も貨物営業に専念し、軌道を敷設しても自ら車輌の運転は行わず、主として沿線の採掘業者が自家用貨車を線路に乗り入れる形態をとり、樺穂興業は通行料を徴収していたと判断される[39]。

　こうした人車鉄道や石材軌道の運行・運営方式は初期の殖民軌道とほぼ同様のものと考えられる。すなわち、真正鉄道と虚偽鉄道との間の境界なるものは、実に曖昧模糊として、あやふやではっきりしないものと考えられる。青木氏は

「特殊鉄道」の分析で「運行形態や、車両、線路などの施設はユニークなものが多く、鉄道という輸送機関の根元を示すものも見受けられ」(トロッコ, p14)ると正しく指摘している。

鉄道システムは経営的にも技術的にも強固に結合した一体的システムとして把握されてきた。近年の公益事業を中心とする規制改革において、独占的な既存企業の組織を改編し、市場における競争的な環境の整備によって、企業の効率を向上させることが行われるようになってきた。鉄道業では鉄道運行(サービス供給)会社と鉄道軌道(インフラストラクチャー)会社に分割(「上下分離」)することで鉄道運行部門に競争を導入することが一般的である。しかし鉄道の発展過程を見れば歴史的にはむしろ上下分離を含む個別的な要素の緩やかな結合体からスタートしている[40]。

たとえば英国運河の「黄金時代」18世紀英国の運河会社と有料道路会社は別の交通機関に運河と道路を有料で利用させる仕組み、すなわち下部構造である「通路」と上部構造である「運搬具=乗り物」が別個に機能していた。これは技術的に個々の「乗り物」移動、相互の退避が可能であったからである。経営難に陥った運河会社の多くは競争を収束させるため、時には運河のライン上に鉄道を構築するために、競争相手の鉄道会社に買収された。1805年に開通した初期の馬車鉄道企業であるサーレイ鉄道は、英国の当時の運河・有料道路システムと同じく、自社の車両を保有せず、軌間に合致する車両幅の私有の馬車に施設を利用させる形態のものであったという[41]。また有名なストックトン・ダーリントン鉄道会社も、湯沢威氏の研究によれば、開業当初は貨車と馬を持込んだ外部運送業者数社に貨物・乗客輸送を分担させて通行料を徴収する線路貸し形態[42]であったとされる。実は真正な鉄道である秋田馬車鉄道も、明治29(1896)～30年においては共通役員が存在する秋田株式会社に「其線路ヲ賃貸セルモノナルニ依リ」[43]、車両、馬匹を直接には所有せず、「本会社ノ事業ヲ秋田株式会社ニ於テ引受ケ営業セシム」[44]るという特殊な経営形態をとっていた。すなわち秋田馬車鉄道が今日の第三種鉄道事業者、秋田株式会社が同じく第二種鉄道事業者に近い、いわゆる上下分離方式をとっていた。秋田馬車鉄道は建

設費の明細を鉄道院に報告する際に、過去の「書類焼失ノ為メ不明ナリ」[45]としたが、この火災が同社の経営に打撃を与え、ひいては異例の線路賃貸の発生と関係あるかは未詳である。

6．真正鉄道と虚偽鉄道との間の転換可能性

（1）真正鉄道と虚偽鉄道との間の相互関係

　真正鉄道と虚偽鉄道との間の相互関係を見ていきたい。まず真正鉄道と虚偽鉄道とは同時に両立し難いという関係がある。

　たとえば小名浜臨港鉄道は旧磐城海岸軌道のガソリン機関車・軌条等を活用して建設工事を名目に「約1年間の仮側線を設け…工場用の製品や原材料」[46]を輸送したという。地方鉄道の免許を受けて正規の工事施工中の小名浜臨港鉄道は真正鉄道たらんとする真っ最中ではあったが、戦時下での諸困難のため工事が進まず、やむなく旧線の資材を流用した俄かづくりの虚偽鉄道（仮側線）で軍需工場の生産に寄与した。しかし虚偽鉄道による貨物輸送そのものは国策として軍部の強い指示に起因するとしても、所詮は「鉱山トシテ必要ノ材料丈ヲ試験的運搬」[47]を名目にして発覚した鶯沢鉱山軌道の場合と同じく、バレれば鉄道監督当局から厳罰覚悟の違法行為であり、公式資料には登場し得ない当局の厳しい目を盗むヤミの稼業であった。また戦後に簡易軌道が存在した歌登町は別に美幸線建設促進運動を起していた際に「鉄道建設公団が予算獲得のために、簡易軌道のようなものがあったのでは新線建設の理由が成り立たない」（長谷部，p96）という横やりがはいった。邪魔者の虚偽鉄道たる「軌道の廃止が＜真正鉄道の＞工事を進める条件」（長谷部，p98）とする中央の論理に押された町当局は絶対反対を叫ぶ住民集会で真正鉄道を完成させる「百年の大計のために現在走っている軌道の廃止に賛成して下さるよう」（長谷部，p97）土下座して懇願し、本来は「この村の唯一の交通機関であったので住民からは重宝がられていた」（長谷部，p95）はずの軌道の存在をヤミに葬るごとく、

抹殺してしまった。湯口氏は「簡易軌道仁宇布線はついぞ言葉のはしにものぼらず、美幸線に人知れず道を譲った」（湯口, p36）と話題を呼んだ日本一の赤字線の影の存在にエールを送っている。

（2）真正鉄道と虚偽鉄道との間の転換可能性

今一つのポイントとして、真正鉄道と虚偽鉄道との間の転換可能性（convertibility）の問題がある。地方鉄道法45条の趣旨について戦前の鉄道官僚・堀江貞男は「専用鉄道の利用を拡張して地方鉄道に変更すべき途を開いた」（堀江, p649）ものとし、専用軌道に関しても「専用軌道の如きは他日之を一般公共の用に供する地方鉄道に変更し得るもの」（常識, p25）と転換可能性を明確にしている。同じく鉄道官僚・片山広丘は専用鉄道の「其の使用の目的…以外の目的に使用するのは、専用鉄道の本質に反する結果となり、遂には営利の目的にも使用されるに至る虞がある…専用鉄道の実際は、人の運送にも使用するの必要に迫られることが普通」（片山, p8）と、監督が緩むと、ともすれば専用鉄道の目的外使用が横行し、営利化して一般鉄道化してしまう危険性をも明言し、「目的外に使用される範囲が、漸次拡張される場合には寧ろ其の専用鉄道は之を地方鉄道に変更するに如くはない」（片山, p8）とした。

直根保護森林土工組合の軌道（袖川〜翁畑間）を矢島営林署が買収し直根(ひたね)森林鉄道としたり、殖民軌道仁宇布線が森林鉄道に所管替えされたのは単に虚偽鉄道の間の権利移転に過ぎない。

宮内省が虚偽鉄道としての森林鉄道計画を地域の要望で一旦真正鉄道として共同出資の坂川鉄道に変更して車両の直接乗入れを行って自己の森林鉄道と一体的運用していたものの、経営不振のため坂川鉄道を昭和19（1944）年廃止として当該施設を買収の上、無駄な経費の発生しないLCCとして虚偽鉄道たる坂下森林鉄道に編入（データ中部, p14）して本来の姿に戻した事例などは虚偽→真正→虚偽の転換例である。また山梨県営の神金軌道が民間解放を計画した際、鉄道省は軌道法による真正鉄道化を促したが、内務省の意向を体した県が強く抵抗し、結局虚偽鉄道にとどまった事例（後述）もある。

第3章 「真正鉄道」と「虚偽鉄道」との境界　213

　霊界と往復したと伝わる小野篁をこの世の者ともあの世の者とも判じ難いように、両界を行き来した坂川鉄道という特殊な存在を真正鉄道とも虚偽鉄道とも判じ難く、正に真正鉄道と虚偽鉄道との境界型というほかないであろう。実は短命な鉄道と誤解されていたものの中に、かように所属領域を変えつつも、地域社会の中で意外に長く存続した"境界型"の鉄道の例が以下のように少なからずあり、そもそも法律や省令、省益といった一方的な官僚側の視点だけから、地域社会に等しく必要な鉄道という存在を真正鉄道と虚偽鉄道といった具合にスッパリと切り分ける行為自体に無理があることを示しているように思われる。

（3）殖民軌道仁宇布線

　殖民軌道仁宇布線美深駅〜仁宇布原野間21.4kmは北海道拓殖部殖民課によって昭和10（1935）年4月25日運輸を開始したが（あゆみ，p753）、北海道林務部が「昭和17年拓殖部殖民課から無償貸付をうけ」（道林，p117）、所管替えされて美深森林鉄道となった。以後「沿線の地方林産物の運搬に使用、昭和十九年に初めて蒸気機関車を用いた」（あゆみ，p753）が、昭和31年森林鉄道としては廃止され、翌32年再度簡易軌道として復活、以後は美深町仁宇布線簡易軌道組合で運行されるという、殖民軌道→森林鉄道→簡易軌道の間を転々とする数奇な運命を辿った。この森林鉄道宇布線の便乗行為に対して「よほど危険な路線」との認識からか「昭和31年、労働安全規則に抵触するとの事で運行停止を命ぜられ」（湯口，p36）たが、「このままでは奥地住民600名が孤立するということで継続運行を願い出、再び殖民軌道として運行を開始した」（湯口，p36）ため戦後まで簡易軌道仁宇布線として存続した由である。規則に抵触して運行停止されるなど、労働行政上一応は安全が担保されている森林鉄道よりも、奥地住民を乗せる殖民軌道の方が一段と虚偽性が高いということであろうか。湯口氏が著書に掲げた美深町仁宇布線簡易軌道組合発行の乗車券裏面には「農林省北海道簡易軌道　仁宇布線　事故の責任は負いません」（湯口，p37）と、有料運行しながらも便乗並みに尋常ではない注意喚起を明記してい

る。なお「仁宇布殖民軌道運行組合」と側面に大書した粗末な客車を使って、昭和32年6月実施された現地調査風景の写真（長谷部，p79所収）が残されている。

（4）北山産業軌道利用組合

　大正6（1917）年ごろ岐阜県揖斐郡の村民16名により岐阜県知事に提出された「設立趣意書」は、「揖斐郡徳山村及び坂内村より揖斐郡揖斐町に至る沿道七ケ町村を一円となし、北山産業軌道利用組合を組織し以って地方の開発を図らんとす」[48]る趣旨で、虚偽鉄道たる水電用「産業軌道」を「東横山～東杉原間はもちろん、徳山村へも延長して物資輸送を図」[49]り、真正鉄道に準じたレベルに引き上げようと軌道利用組合を発起したものの所期の資金が集まらず挫折した内地の例である。揖斐電会社は「東横山発電所建設工事中ため東横山～東杉原間は工事物資輸送のため、道路にレールを敷設し、トロッコを馬に引かせて輸送していた。発電工事完成に伴い、この線路を格安の価格で譲り受けることが出来た」[50]ため、沿道に在住の有力者16名[51]は工事用の線路を利用して北山産業軌道利用組合を設立しようと趣意書を配付して組合員を募集した。なんとか岐阜県知事へ許可申請を出す段階まで進んだが、「種々検討した処、脱退者も出て、遂に組合を設立することも出来ず解散するに至った」[52]とされる。足並みの揃わなかった一因として江戸期に東杉原、西杉原は藩が異なり、「集落間に交流の少なかった上、根強い対抗意識が培われて来ていた」[53]事情もあったのであろうか。当時の川尻橋に揖斐電の専用軌道が敷設されている様子も掲載されている[54]。

　このほか虚偽鉄道の長木沢森林鉄道（大館～茂内～二ツ屋間）を小坂鉱山が譲受け、路盤を流用して明治41（1908）年9月開通させた専用鉄道が後に真正鉄道たる小坂鉄道へ転換したり、黒部峡谷のトロッコが正式の免許を得て、真正鉄道たる黒部峡谷鉄道へと転換した例や、帯広町～大正村間の「北海道製糖株式会社専用鉄道ヲ譲受ケ後之ヲ地方鉄道ニ変更」（鉄軌S7，p4）した十勝鉄道、同じくサトウキビ搬入用専用軌道であったのが、製糖期を除くと使い道が

なかったため、別途に旅客運送を目的に大正3（1914）年3月設立した沖縄人車軌道（製糖工場へのサトウキビ搬入代が収入の大半を占めていた）、「発電所工事資材運搬軌道を利用した下野軌道株式会社の創業」[55]、日本ニッケルの専用鉄道から転換した上武鉄道などのように、かような虚偽鉄道から真正鉄道への転換例は数多い。

（5）新町軌道と共栄土地

①新町軌道

　福島県の新町軌道の場合も、専用軌道すなわち「軌道法第一条第二項ニ依リ開業」（営年，p93）した「一般交通ノ用ニ供セサル軌道」（軌道法第一条第二項）による「営業軌道運輸、林産物搬出」（小野，p684）を目的として大正10（1921）年12月18日設立、本社を郡山市字燧田71に置き、資本金25万円、払込14万円（鉄軌S7，p26）であった。大正8年夏井軌道発起人藤田虎三郎外13名は「木材・薪炭・石材その他一般貨物の運輸営業の目的を以て軌道敷設するについて、＜夏井＞村の里道を使わせてほしい」（小野，p684）と夏井村に申し入れた。新町軌道は「川内村有志の敷設にかかる…二哩を買収」（川内，p638）する計画で、夏井軌道発起人の藤田虎三郎は新町軌道取締役（営年，p93）にも就任しており、時期と役員の重複等から両者は同一の系譜に属するものかと思われる。経由地の夏井村会は公益性に欠けるとして営利企業への里道の貸付を断るなど軌道敷設に消極的であった模様だが、同様な申し入れを受けた終点の双葉郡川内村は「民家及私有共ニ公林野ニ火災ヲ起」すことを危惧して「火気アル諸機関ヲ使用セザルモノトス」（小野，p686）との条件付きで、軌道敷地として「許可ノ日ヨリ五ケ年間、料金一反歩ニ付一ケ年金九円ノ割合」（小野，p685）での貸付を大正12年村会で可決するとともに、さらに村の公金を投じて200株の大株主となり、川内村長・佐久間直衛自身も大正11年時点では監査役に就任するなど、公益性を評価して前向きの姿勢を示した。

　昭和2（1927）年12月13日福島県田村郡小野新町～双葉郡川内村20.41哩（33.01km、鉄軌S7，p26では河内村33.014粁）の2呎6吋（762mm）、馬力

による軌道敷設を特許された（鉄年，p563）。

大正12（1923）年6月期の『第三回事業報告書　新町軌道株式会社』に添付された「新町軌道線路一覧図」（小野，p687）には「新町停留場」～小白井～古間田付近までが「工事中」、以東「上川内停留場」までが「計画中」で図示されている。大正13年新町～川内村上川内間27.3kmが竣工した（小野，p686）。この結果、鉄道省『昭和三年三月末日現在　日本全国鉄道線路粁程』，p43）では新町軌道は「小野新町～川内村間　33.01粁程」の敷設特許線、『帝国鉄道年鑑』では新町軌道は「軌道未開業」（鉄年，p562）の部に掲載され、『地方鉄道軌道営業年鑑』でも「未開業線　小野新町川内村」（営年，p93）、『地方鉄道軌道一覧』でも小野新町～河内村33.014粁の「未開業線（特許線）」（鉄軌S7，p26）と表示されている。

小宅幸一氏によれば、新町軌道は「当初は蒸気機関車やガソリン機関車による一般営業をもくろんだ…しかし…急勾配を通ることができず、馬を使って上り下りするのがやっとで…設計工作も貧弱で、ついに最期まで営業許可を獲得できず、専用軌道として利用するしかなかった」[56]とされる。このように軌道未開業にもかかわらず、「営業軌道運輸、林産物搬出」を目的とする新町軌道の営業収入は『地方鉄道軌道営業年鑑』掲載の大正14（1925）年11月期の第8回以降、第13回まで毎決算期5～6千円計上され、営業費も毎決算期6千円程度計上されている。かつ同社の「他事業」欄は空欄（鉄軌S7，p26）であることから「未開業軌道」たる新町軌道は「一般交通ノ用ニ供セサル軌道」として大正13年以降確かに「専用軌道」として開業していたことが決算数値でも確認できる[57]。昭和8（1933）年4月15日新町軌道は新町商事への合併を認可され、昭和8年5月15日合併を実施した。（壺田、巻末付録第34表）これは業績不振の新町軌道としては増資が困難なため、別途同系統の新町商事を設立し、新町軌道を新町商事へ吸収合併した上、再度新町軌道と改称するという変態増資の形態をとった苦心の策であった。しかし結局「昭和九年ついに廃止の運命をたど」（小野，p686）り、昭和10年現在で新町軌道は小野新町～河内村間、粁程33.01、動力馬、軌間2呎6吋、本社所在地　郡山市堂前町8、社長西山

亀大郎、資本金17.8万円、決算期5月、11月であった（鉄軌 S10特許線の部，p45）。

②共栄土地

　新町軌道の接続駅小野新町の西側2駅目の川前駅は、大正6 (1917) 年磐越東線全通と同時に開設されたが、その頃神楽山麓の鹿又川に沿い下桶売字荻－川前駅に敷設された人力や馬による軌道のトロッコが存在した。村民が引き戻し運動を展開し、大正元年行政裁判で共有林と認められた鹿又川の奥地の山林は、引き戻し裁判費用捻出のために伐採し鉄道で消費地に運ばなければならないという、前述の妙見杉と同様な事情があった。発生する設置費用を地元民では対応できず、「伐採・運搬には…外部資本に頼らざるを得なかった」[58]という。「現在は県道287号上川内川前線となったこの道も、元は共栄土地林用軌道の線路跡」[59]と報告されているように、東京の共栄土地株式会社が鹿又川沿いに川前駅〜荻間の「民営の林用軌道」（竹内6，p210）を馬力で開業したが、昭和3年に廃止したとされる。林業会社が異例の「土地会社」を名乗り、地名でも人名でもない「共栄」を冠し、かつ金融恐慌の最中に店仕舞する点など、非公然性の高い不良債権の受皿会社の臭いもするが、地元に詳しい小宅幸一氏の分析でも未解明のまま残されている。新町軌道の沿線の山林にも同様な背景があったかどうか興味深い。

(6) 山梨県営神金軌道

　神金軌道は塩山駅〜東山梨郡神金村裂石の県営石材採取所間5哩3分の採掘石材・伐採林産物搬出のため手押軌道である。軌道用枕石など関東大震災の復興需要を期待した県営石材事業のため大正13 (1924) 年内務省から起債許可、大正14年11月敷設した。用地買収の際の地権者からの要求で「農林省営林局所属ノ林産物搬出用軌道ニ於テ沿線地方民ノ物資輸送ヲ有料受託ノ例ニ倣ヒ」[60]民間にも軌道を開放すべく、稗方弘毅内務部長が鉄道省監督局田中信良総務課長に面談したところ、大正15年4月田中から「一般運輸を為さざるものとは認

められず…運輸事業の経営に該当…特許を要する」との返答を得た。単に県営各軌道の手続不備にとどまらず特殊鉄道全般に鉄道省の監督行政が波及することを懸念した内務省の意向を反映したのか、内務官僚の稗方は承服せず、「使用料ヲ徴シ、各其ノ荷主ニ運転使用セシメ…県ハ直営材料運搬ノ外全ク貨物運送行為ヲ為サス…単ニ輸送設備ヲ使用セシメントスル…県有財産ノ管理行為」[61]ゆえ「軌道法第三条ノ運輸事業ノ経営ニアラス」[62]と強硬に主張した。専門家筋の入れ知恵を受けた県側の予想外の反駁に困惑した田中は内務当局と協議、9月17日付で県からの特許申請を両大臣が「軌道トシテ軌道法ニ拠リ特許ヲ受クヘキ筋合ノモノニ在ラサルヲ以テ、貴官限リ可然御処置相成度、申請図書類及返戻候」[63]と返付する形で決着を見た。その意味は「有料運輸事業ヲ営ムモノニアラスシテ、軌道ノ一部及貨車ノ賃貸借ヲ目的ト為スニ止リ、軌道法第三条ニ謂所運輸事業ノ経営ニ該当セス、従ッテ主務大臣ノ特許ヲ要セサルモノ」[64]と両省が認定したのである。内務官僚に押し切られた形での決着に不満の残った監督局は「軌道使用規則中恰モ運輸事業ヲ経営スルカ如キ疑アル字句アル」、「将来蒸気汽缶車ヲ併用スルニ至ラハ専用鉄道規程所定ノ手続ヲ為スヲ要ス」[65]など捨てぜりふを書き残している。昭和2(1927)年3月山梨県令「神金軌道使用規則」を制定して有料で一般利用に供していたが、昭和32年廃止された[66]。

注
1) 最古版（明治45年1月20日現在）の扉に「本調査ハ…臨時線路調査課ニ於テ実地調査ヲ遂ケ…布列シタルモノニシテ尚ホ院議ヲ重ネ…完成スヘキモノ」とあることから初版と推定した。なお『専用線一覧』刊行の事情に関してはTM8, p86、TM10, p364等に詳しい。
2) 拙稿「語られざる鉄道史」（『大正期鉄道史資料月報』第9号、昭和59年1月、日本経済評論社）は内容の粗雑さは論外として、昭和59年時点に著者が既に無免許のヤミ営業行為をしていた本書の主題たる「擬制鉄道」分野にも相応の関心を払っていた史実を示すものである。
3)4) 昭和13年8月9日付静岡県知事「回答」『鉄道省文書　富士軌道　巻二』。
5)6) 寺前秀一「鉄道・軌道法体系の再構築に関する考察」『地域政策研究』第9巻第2・3合併号、高崎経済大学地域政策学会、2007年2月, p128。

第 3 章 「真正鉄道」と「虚偽鉄道」との境界　219

7) 岡村良朗『鉄道要鑑　完』明治29年, p38。
8)9)10)11) 「電気鉄道主管ニ関スル件」明治25年9月6日内務大臣『公文類聚』第16編巻38。
12)13)14)15) 内務省「内甲二二〇」明治29年11月30日〜12月26日（国立公文書館蔵）。
16)17) 滋賀県公文書目録「明に001-034」(www.pref.shiga.lg.jp/b/kemmin-j/kenseishiryoshitsu/files/mei-22-ni.xls）。
18) 東京都公文書館　第二課文書・土木・第18類・道路・第1巻　府明Ⅱ明33-021。
19) 埼玉県立文書館所蔵の行政文書番号：明2479。
20) 「第三五四＜表＞　馬車鉄道会社　明治二十八年十二月三十一日」『大日本帝国　内務省第十五回統計報告』明治29年12月, p761。
21) 「第三六五＜表＞　馬車鉄道会社　明治二十九年十二月三十一日」『大日本帝国　内務省第十六回統計報告』明治30年12月, p787。
22) 田中製鉄所馬車鉄道は明治38年12月31日現在で軌道延長10哩46鎖ある軌道として公式統計にも登場している。(「第一四〇＜表＞　馬車鉄道又ハ自動鉄道　明治三十八年十二月三十一日」『大日本帝国　内務省第二十二回統計報告』明治38年12月, p288)。
23) 君津馬車鉄道、吉川直矩外四名、日高馬車鉄道。君津馬車鉄道以外の2社は翌明治42年度の年報から削除されている。(年報 M42, p87)。また明治41年度の年報にある開業の野中御殿場馬車軌道（個人）は明治42年度の年報では「元野中御殿場馬車鉄道」を買収した「御殿場馬車鉄道」(年報 M42, p127) に代替している。
24) 和久田康雄氏は無軌条電車の管轄権に関して「路面電車なみに扱うよう内務省と鉄道省の意見が一致するまでには、かなりの時間がかかった」(和久田, p18) と解説している。
25) 同書では「エスカレーターに依る登山機関を計画したことがあった」(常識, p25) として現実に適用除外か否か当局の判断がなされたことを示唆している。
26) 湯口徹氏の著書『簡易軌道見聞録』には美深町仁宇布線簡易軌道組合など、「事故の責任は負いません」と断りつつも無料便乗でなくキッチリ運賃を明記した簡易軌道「乗車券」の写真多数が収録されている。
27) 井沢道雄『開拓鉄道論』春秋社、昭和12年, p195。
28) 『青森林友』69号、大正10年4月, p56。
29) 名取紀之氏によれば鉱山鉄道は「通産省管轄の『鉱山保安法』中の 『金属鉱山等保安規則』（もしくは石炭鉱山保安規則）に準拠」（名取紀之「『専用線』とは？」TM12, p224) すると解説する。
30) 縮尺130万分の1『昭和九年三月三十一日現在　日本全国鉄道線路図（附南満洲鉄道線路図）鉄道省』（袋には「昭和八年度　日本全国鉄道線路図（附南満洲鉄道線路図)」。
31) 「青森市、五所川原間（上磯鉄道）鉄道敷設ニ関スル請願」。
32) 扇田線（扇田駅起点〜大谷間）は昭和9年3月31日現在では「他官庁所属専用線」ではなく、「附図」の表示通り鉄道省所管の専用鉄道であった。
33)34)35)36)37) 高橋久雄『法典の昔ばなし』昭和58年, p76〜80。
38) 白土貞夫『ちばの鉄道一世紀』崙書房、平成8年, p95。

39) 「名無しの車窓から樺穂興業軌道」(http://www.kk-net.com/~tabuchi/KABAHO.htm)。なお加波山では英人技師の指導で明治20年代から採石場～岩瀬駅の石材用軌道 8 kmが敷設されていた(稲田，p104)。
40) 寺前秀一「鉄道・軌道法体系の再構築に関する考察」『地域政策研究』2007年(tcue.ac.jp)。
41) 小野寺英輝『京都地方の車石輸送システムとその遺構』産業考古学110号、2003年12月20日，p8～13。
42) 湯沢威「イギリス初期鉄道業の基本的性格－ストックトン、ダーリントン鉄道をめぐって」『流通経済大学論集』11巻4号、昭和52年3月。
43) 「第三六五＜表＞　馬車鉄道会社　明治二十九年十二月三十一日」『大日本帝国　内務省第十六回統計報告』明治30年12月20日，p787。
44) 「第三五九＜表＞　馬車鉄道会社　明治三十年十二月三十一日」『大日本帝国　内務省第十七回統計報告』明治31年12月22日，p792。
45) 『明治四十一、二、三年度鉄道局年報　軌道之部』，p7。
46) 小宅幸一『小名浜・鉄道往来記』平成6年，p44。
47) 「始末書」鶯沢鉱山軌道『鉄道省文書　花巻電気』大正7年。
48)49)50)52)　『藤橋村史　上巻』昭和57年，p892。
51) 藤橋村東横山の中島竹之丞、岸鶴松(ともに明治42年の道路工事寄付「東横山区民惣代」)、東杉原の中川松太郎(明治30年の道路改修「請願者惣代」)ら。
53)　前掲藤橋村史，p897。
54) Blue Stars :北山産業軌道利用組合 - livedoor Blog or.jp/meteor63。
55) 『いまいち市史　通史編』第6巻、いまいち市、平成18年，p127。
56)58)　おやけこういち「いわきの森林鉄道」『うえいぶ』いわき地域学会、平成元年7月、p168，167。
57) 現地調査の詳細は寄稿者・TUKA 氏による新町軌道(前・後編)『日本の廃道(ORJ) The Obsolete Road in Japan』第40～41号、2009年8～9月、「バックナンバー CD集 vol.1」収録。
59)　夏井川の利水1 (http://kaido.the-orj.org/2800/nat1.htm)。
60)～65)　「山梨県営軌道敷設特許願返付ノ件」『敷設請願却下』巻21、大正15年、運輸省行政文書。
66) 『塩山市史　通史編下巻』平成8年，p156。

第4章　遊戯鉄道の虚偽性

1．はじめに

　日立鉱山専用鉄道（通称「助鉄」）を愛する元職員の柴田勇一郎氏が「助鉄」を回想した著書『鉱山電車むかし話』の副題は、ウソとしか思えないような「無賃電車が走った町・日立」[1]である。「午後ハ特ニ便乗車ヲ増結シ海岸遊覧者ノ便ヲ計リ」[2]海岸遊覧者にも無賃で乗車させる、一種の観光鉄道的な色彩をも有していた。姉妹編の『写真帖　想い出の鉱山電車』にも甲型「役員便乗車」・乙型「便乗車」[3]の区分など多くの珍しい写真が収録されているが、中でも我が目を疑うほどの圧巻は「大正五、六年の景気のよかった時代、鉱山の盆祭りのとき、花電車が出た」[4]「大正時代の花電車」[5]である。鉱山景気に湧いていた最中とはいえ、ヤマの専用鉄道の軌道の上を花で華麗に飾りつけられた花電車が衆人歓喜の中粛粛と行進するのは大正バブルの夢物語としか思えない、この世ならざる鉄道風景である。

　花電車を専用鉄道に走らせた張本人、日立鉱山の当時のオーナーで政界の黒幕といわれた久原房之助という人物もタダモノではない。著者はかねて大正バブルに踊った"虚業家"[6]的性向を色濃く兼ね備えた経営者と見ていたが、本書の主題たる"虚偽鉄道"の世界でも日立鉱山専用鉄道のほかにも数々の並外れた実績を有する鉄道オーナーたる資格を有している。

　その一つは登山客を相手に有料運行した久原鉱業木材部経営の木材運搬用軌道[7]で、以下の諸点で虚構性が特に高いと考えられる。①設置された時代が大正バブルの絶頂期であり、②経営者が"虚業家"としての色彩が濃厚な久原房

之助。③営業用鉄道としては無免許であるにもかかわらず、④登山客を恒常的に便乗させ、⑤運賃相当のかなりの料金を設定して公示し、⑥１両当りの料金、一人当りの料金を肌理細かく受領していた。⑦しかし大正バブルの崩壊とともに主力事業事業の製材が不採算化し、⑧わずか10年余りで木材運搬用軌道ともども事業所全体が姿を消して、⑨地域社会に森林の荒廃、自然破壊等の負の遺産のみを残した。⑩南アルプスへの登山家を除き、利用者も極めて限定されていた専用軌道として、ほとんど知られることもなく姿を消した「幻の鉄道」である。さらに資料の限界から真偽のほどは定かではないものの、当該専用軌道は、空車の巻上げ動力として「猛犬」の畜力を利用した類例の乏しい「犬車鉄道」（第二部第２章）であった可能性もあった。

　西本願寺法主・大谷光瑞は贅を尽くした山荘「二楽荘」を六甲山麓に構築し、我が国では他に類例を見ない個人専用のケーブルカーまで複数設置した[8]。「光瑞前法主が海外に去るに臨んで其住居であった六甲山二楽荘を一手に買取った」（S4.1.31岩日）のが、西本願寺に帰依していた久原房之助であった。明治37（1904）年「二楽荘」の麓・「金持ち村」と称された住吉村の住吉川沿いに久原が建てた豪邸（現甲南大学敷地の一部）は「敷地が三万坪をこえ、六甲山系から水を引き、庭内に池を配して六甲山より冷風を引き込んだ風洞、和洋の建物、茶室、宴会場、クジャクやフラミンゴを飼った鉄骨の大鳥籠など緑の木立に囲まれた贅を凝らした」[9]ものであった。個人金融業者として名高い乾合名は、久原の保証で政友会総裁田中義一大将へ300万円の巨額融資を現金で即座に用立てたが、後に乾は保証人の久原邸を差押えるなど、政治史・金融史にも登場する舞台である。

　久原は個人専用ケーブルカーの祖・光瑞の向うを張ったのか、3.5万坪もの敷地に奈良のドリームランドのような本格的な外周鉄道を建設し、広大な豪邸の各門ごとに駅舎を設置したといわれる。北浜の大相場師・松永定一も「長男の遊びのためといって，三万五千坪の別荘の回りに鉄道をつけた。その豪華さは言語に絶するものがあった」[10]と久原邸に度肝を抜かれている。自己の庭園哲学を有していた久原がどこの国の大富豪の豪邸をモデルにしたかは不明だが、

第4章　遊戯鉄道の虚偽性　223

すぐ近くの「二楽荘」の専用ケーブルカー敷設を意識したことは間違いなかろう。これらの施設群が現存しておれば阪神間の観光遺産として脚光を浴びることは間違いなかろうが、もし、ディズニーランド創設者のウォルト・ディズニーが久原邸の外周鉄道の存在を知っていたら、斯界（自家用鉄道業界）の大先輩として脱帽したことでもあろうか…と想像される。

　このように個人が自宅や別荘などの自己所有の敷地内において、自己や家族等が楽しむためにレールを敷設して機関車を運転させようとした「ミニチュア鉄道」は単に模型鉄道を実物大に拡大して、屋内から屋外に持ち出した程度に過ぎず、ほかの鉄道から完全に独立しており、鉄道監督当局がなんら関知するところではない。しかし「鉄道ファンの多くが夢見る"自家用鉄道"の世界」（岡本Ⅲ, p59）の遊戯鉄道においても、旺盛な趣味嗜好の赴くままに車両の大型化志向・長距離志向から、土木工事を施し、現実の森林鉄道でも手押トロ、畜力トロ等の作業軌道で使われていたJIS規格[11]の「6kgレールで線路を敷設し、車両運転を楽しむ」（岡本Ⅲ, p59）結果、往々にして自宅の敷地内からはみ出したりする。この結果「本物の鉄道路線も負けそうな」「個人鉄道の"総本家"」（岡本Ⅲ, p70）桜谷軽便鉄道のオーナーは、最初敷設していた「自宅近くにより広い土地を取得して、新たな路線」（岡本Ⅲ, p70）を敷設したが、自ら「特に法的な規制を受けているものではなく、個人的に楽しむ鉄道模型の扱いで運転会参加費は不要（無料）」[12]としている。自宅用鉄道をはみ出し、ここまで立派な桜谷軽便鉄道のレベルになると、明確に一線が画されていたはずの「実物と模型の境界線」（岡本Ⅲ, p178）は曖昧なものとならざるをえない。こうした必然性の中で、観光資本による遊園地・テーマパークなどの遊戯鉄道の中には本格的な鉄道となんら遜色のない大規模なものが出現してくるようになり、ごく一部の遊戯鉄道[13]は普通鉄道との間の区別が曖昧なものも現れてくるようになる。

　ディズニーランドには「一攫千金の夢に駆り立てられた金を採掘する人々で賑わっていた鉱山の跡地を再現した」[14]人気アトラクションがある。ある生保がスポンサーとして提供している鉱山鉄道は「半年間もの年月をかけて、実際

にアメリカ中をまわって集めてきた」[15]本物の小道具であるという。

　ディズニーランド創設者のウォルト・ディズニーの伝記[16]には彼の熱烈な鉄道趣味の記述が散見される。幼児期から鉄道に憧れ続けてきたウォルト自身の鉄道への現実の目に見える"投資"は、以下①〜④の4段階を経て、最終的に1955年ディズニーランドとして結実した。

　　①1947年誕生日に電気機関車の鉄道模型を購入
　　②1948年スタジオ周辺に鉄道を中核とするミッキーマウス・パークを妄想
　　③1950年5月完成したホルムビーヒルズの自宅裏庭に約800mのキャロルウッド・パシフィック鉄道を敷設
　　④1952年ディズニーランド建設を推進するWEDを設立

　すなわちウォルトの鉄道における「真正性」の追及は、誰もができるレベルの鉄道模型の段階から、次々に「真正性」の要件を引上げ、最終的な「本物」の鉄道パークの実現を目指して、創意と工夫を重ねていった拡大一途の揺るぎなき道筋が見えてくる。

　③の1／8縮尺で忠実に再現した自宅鉄道は、自宅へ招いた「ゲストを自分の蒸気機関車に乗車するよういざなう」[17]ウォルト手作りのおもてなしという特別のしつらえであった。たとえば、ゲストの一人であるシュールレアリストのサルバドール・ダリは同鉄道会社の副社長（＝ゲスト）に任命され、特別にデザインされた「乗車券」[18]をうやうやしく受取って、ウォルト自身の運転する「リリー・ベル」号に乗り込んだ。ダリは細部のディテールにまで忠実に「ホンモノ」を求めるウォルトの異常なまでの探究心（これは鉄道模型愛好者に共通する「忠実度」の性向であると著者は理解するが）に驚き、これは「模型」の域を超えていると絶賛した。ウォルト個人だけの「非日常」世界の「真正性」に芸術家ダリまでも同調、賛美したことはウォルトの脳の中の妄想を現実化することを加速させたことでもあろう。

　自宅鉄道敷設に際して岡本憲之氏は「意外と大きなハードル」として「家族（特に奥方）の同意」（岡本Ⅲ, p59）を挙げている。この点でもぬかりのないウォルトはよく知られているように、走行する列車に愛妻の名を付して巧

みにご機嫌をとっただけでなく、妻子の反対を予め懸念して「鉄道の運営にあたってはウォルトが完全、十分かつ自由で、いかなる妨害や制限を受けない支配と監督を常時行使することができる」[19]合意書を妻子と取り交わして、土地の所有権を100％留保するほどの用心深さを見せた。またウォルトは最終段階でも「ディズニーランドの周囲に蒸気機関車を走らせ、それを自分の所有にすることも提案した。ウォルトが趣味で自宅の回りに作ったキャロルウッド・パシフィック鉄道から始まったものだから」[20]だと、伝記作家のボブ・トーマスは書いている。ウォルトの鉄道への情熱というか、愛する妻子でさえも趣味世界への過剰な介入を極力排除しようとした彼の異常なまでの執着心を感じさせる挿話である。

①ウォルトが幼少期を過ごした1880年代の大陸横断鉄道の夢の蒸気機関車を自ら設計・製造し、②自宅にトンネル、鉄橋、駅舎、町並み、植栽等をほどこしたジオラマを製作し、③本物そっくりの「乗車券」を印刷し、④自宅に招いたゲストに愛妻の名に因む「リリ・ベル」号に乗り込んでもらい、⑤ホストである彼自身が鉄道員の本物の制服・制帽に身を包み、⑥彼自身が運転手となって、⑦得意そうに運転してゲストに感動を与える。この「しつらえ」の本質は「乗車券」を「パスポート」と読み替えるだけで現在のパークにおいてもなんら変化がない。

この自宅鉄道が「ミッキーマウスビレッジ」構想に発展、最終的に5年後にアナハイム・パークの外周鉄道「サンタフェ・ディズニーランド鉄道」にまで拡大・結実したことはいうまでもない。ウォルトの鉄道における「真正性」の追及姿勢は常に一貫しており、個人の鉄道趣味の小さな鉄道模型の世界が自宅鉄道へと発展、普通人ならこの辺で満足しそうだが、彼の空想・妄想はいささかもとどまることなく次第に増殖・膨張して、ディズニーランドのプロトタイプになり、やがて世界的なテーマパークに昇華・結実していったことがウォルトの伝記から読み取ることができる。

このようなウォルトの「非日常」世界であった初期ディズニーランド構想の歴史的経緯に納得した著者には、当然のことながらパークの中心に鉄道を据え

て見てしまう結果、主役の鉄道模型をより本物らしく見せる模型必須アイテムのシーナリーとして、馬車鉄道やマーセリンの古い町並みその他が配置されているのであって、パーク全体も鉄道模型の原寸大に近い「縮景」ジオラマなのだと勝手に理解することとなる。したがって、ウォルト同様の鉄道主義者たる著者の目には鉄道こそがパークの中心に見えて、その他大勢は単なる引き立て役のシーナリーにしか映らないわけである。さらにいえば、最重要アイテムたる鉄道が中央に置かれていない遊園地は欠陥施設としか思えない結果となる。二つの"擬制鉄道"が町内施設として存在する場所を著者が居住地として選んだ理由でもある。一般には運送を行っていないので鉄道事業ではないとされた遊園地の遊戯施設としての遊戯鉄道の類がはたして、「真正性ある鉄道」といえるのか、「真正性（Authenticity）」ある鉄道との差異はどこにあるのかを本章で検討してみよう。

2．我が国における遊戯鉄道の端緒・自動鉄道

　明治43（1910）年９月10日映画撮影専門の吉沢商店が設置した「浅草ルナパーク」は「南極旅行館」「海底旅行館」など「旅の疑似体験」が売り物の今様「体験型パーク」の先駆であったが、当時の庶民にとって、「汽車型の乗り物に乗ると、窓の外には東海道線沿線の景色を撮ったフィルムが流れて、乗り物はリズミカルに揺れて、汽車の旅の気分を楽しめる」[21]という、南極・海底よりも手の届きそうな「汽車活動写真館」が一番人気であったという。

　この「汽車活動写真館」よりも、約20年も古く、我が国における遊戯鉄道の端緒は意外なことにジェットコースターの元祖・自動鉄道であった。ジェットコースターを辞典で調べると、遊園地にある乗り物の一種。急勾配の高所から滑走し、その速度を利用して起伏・曲折のあるレールの上を疾走する豆列車。英語では「ローラーコースター（Roller Coaster）」と呼ぶとあった。このコースターの由来には、アメリカのトロッコであるとの説がある。著者も特殊鉄道のトロッコが遊戯鉄道に変じたものと考えるほうが自然であろうと思っている。

（1）上野公園・自動鉄道

　自動鉄道には多様な意味合いがあり、明治中期には東京自動鉄道（東海銀行投資先）など圧搾空気式鉄道の意味で、大正期には「『ガソリン』ノ爆発力ヲ動力トスル鉄道自動車」[22]すなわち瓦斯倫鉄道の意味で使用されていた。橋爪紳也氏は「第三回勧業博覧会　明治二十三年…権現様の側に出来た自動鉄道」[23]との絵を掲げて、「明治二三年の第三回では…トンプソン式のコースター『自動鉄道』も興行している」[24]と紹介している。以下当時の記事を列挙する。
　「自動鉄道　上野公園東照宮境内なる自動鉄道は工事全く竣はりしに付昨十四日より運転を開始したり」（M23.6.15東朝②）。
　絵入り広告「自動鉄道　原名スウィッチバック、レールウェー　上野公園東照宮大鳥居左側に於て六月十四日午前九時より午後七時まで毎日運転仕候。此鉄道は今より五年前米国にて多年の工夫を凝し、最近理学の発明に因り惰力の効用を実地に表はしたるものにして、最も心身の運動に適するのみならず、併せて学術研究の資となすに足る前代未曾有の一大発明なり。男女を論ぜず来って乗試せられよ」（M23.6.15東日⑦広告）。
　「自動鉄道（スウィッチバック、レールウェー）は近年米国に於て発明せられたる遊具なり。其法地上に木橋を構まへ、此にレールを敷く。客車は腰掛台五六個を備へたる簡単なる仕組にして、之に十二三人の人を乗せ、一端より之れを下しやるに、墜下の勢にて自然高処に達するなり。此の度上野公園東照宮大鳥居内の左側に設けたるは即ち之れなり。此鉄道去十四日より開場して午前九時より午後七時迄運転するものなるが、構造元より堅固なれば婦人小児と雖も墜落の憂無くて壮快云ふ計り無し。一昨日曜日は開場式とて数十名の賓客を招きて博覧会場内の風月堂にて饗応せしが、来場せし賓客試乗して何れも快を呼ばぬものは無かりき」（M23.6.17東日⑤）。
　しかし世の注目を浴びた自動鉄道も「翌＜24＞年遂に取毀ちて今は無し」[25]と遊戯鉄道の宿命というべきか極めて短命に終った。

（2）今宮臥龍館　自動鉄道

　大阪・天王寺から今宮にかけての地域には、明治の中頃に、「有宝地」や「偕楽園」といった展望台を中心にした大遊園地があったという。そして、明治23（1890）年、「偕楽園」には「今宮臥龍館」と名付けられた遊技場も造られた。移動型のローラー・コースターを中心とする遊技場で、2本の線路を持ち、コースターに片道ずつ傾斜がつけられて、人は片側通行で坂道を下る仕組みになっており、100m位の坂道を、15秒位で下り降り、往復楽しめるようになっていたという。大阪以外にも自動鉄道が派生した例があるかは未詳である。

3．ホンモノに近い本格的遊戯鉄道の例

　「豆汽車」「豆電車」の類は東京周辺でも「アフリカ旅行」[26]の疑似体験を謳っていた鶴見花月園、二子玉川園、多摩川園、向ヶ丘遊園、横浜野毛山遊園地、小田原動物園等の多くの近郊遊園地にはもちろん、都心の大型百貨店の屋上遊園地にさえ、プラットホームや信号機とともに必ずといっていいほど普通に存在する定番の遊具であった。この分野に詳しい岡本憲之氏の表現を借りると「少し昔の遊覧鉄道は、ちゃんとした小さなレールを使い、子供だましとしてはリアルすぎる小さな夢の鉄道を演出」（究極，p148）していた。このうち、たとえば花月園では従前の幼児向「お伽」路線に飽き足らず、昭和14（1939）年10月「戦時博覧会」開催に合わせ、時局を反映して戦意高揚の一翼を担い、満鉄流線形蒸気機関車を模した「電気豆汽車新設」[27]した。無数に存在した遊戯鉄道の中からホンモノに近い事例を挙げてみよう。

（1）住吉人車鉄道（宮崎県）

　宮田憲誠氏は住吉人車鉄道が「参拝客輸送を目的としたいわば『遊覧鉄道』であった」[28]点を強調するが、著者は更に一歩すすめて、宮崎県営鉄道サイドで一切お膳立てした観光客を喜ばせる遊戯施設であったと考えている。昭和57

(1982) 年 6 月 8 日縁あって現地を訪問した著者は参拝目的としていた住吉神社周辺のあまりの静寂さと、国鉄日豊線日向住吉駅からの沿道の閑散ぶりにも驚愕した。当神社が当時は一種の流行神であったとしても、鉄道を敷設するまでの必要性があったのか、余りに地域住民の生活臭の無さを不思議に感じたからである。内務省や宮崎県の公式文書には住吉人車軌道に関して一切記録が残っていないことから、宮田憲誠氏は軌道条例（後の軌道法）に基づいて敷設された可能性は低く、かつて有吉が千葉県知事であった時代に敷設された庁南茂原間人車軌道と同様、県の特例によって敷設されていたのではないかと推測する。前章の山梨県営軌道のように知事限りで認可（ないし黙認）する「軌道条例ニ依ラサル軌道」「専用軌道」が存在する。「茨城県では、内務省が県に対し、軌道条例に拠らず県知事許可で軌道を敷設してもよいという通達を出していた」[29]との説があり、宮田憲誠氏は「宮崎県統計書」に記載のない「住吉の人車軌道も、軌道条例に拠らず運行していた可能性が高い」[30]と推測する。白土貞夫氏も千葉県営庁南人車鉄道に関して、「庁南は軌道敷設に必要な内務省の特許を得ていないが、当時は内務省任命の官選知事であり、主務官庁（とその下部機関）自営の人車は、許認可は不必要と解釈したのであろうか」[31]と解釈している。

　今一つ、著者の想定するのは住吉人車は宮崎県営鉄道の培養線たる公共交通機関というよりも、観光客誘致のための一種の臨時的「興行物」「遊戯施設」ではなかったかという視点である。宮崎県の公文書にも登場しない秘中の秘の「無免許鉄道」の割に、大正 4（1915）年の『宮崎県大観』をはじめ、大正中期の『宮崎県案内』『宮崎県写真帳』など、宮崎県の刊行物には悪びれた様子もなく写真付で相当露出させている。霊験あらたかな住吉神社本体よりも、住吉人車そのもののレアな存在を盛んに売り込んでいる感まであるほどである。

　有吉宮崎県知事の業績として県営「鉄道敷設直後、乗客数が予想より少なく採算割れになった。そこで次郎ヶ別府駅（現日向住吉駅）から住吉浜まで人車鉄道を引き、格納庫に飛行機などを展示した。県民に鉄道を使って見に来るよう宣伝し、自らも訪れ乗客数の増加をねらった」[32]といわれる。たとえば小田

急向ケ丘の「おとぎ電車」は、次項の京阪の宇治川ライン「おとぎ電車」とともに「遊園地内の単なる環状線ではなく2地点間で一般旅客を運送する事業を営みながら、遊戯施設という名目で地方鉄道法や軌道法の適用をのがれていた事例」（資料，p40）として著名である。是非とも観光客誘致をはかりたい宮崎県営鉄道としては次郎ケ別府駅前に、必要な軌条等の資材を提供し、宮崎県営鉄道所長の石川若蔵自ら台車の製作まで技術指導して、地元の住吉村に観光客を喜ばせる臨時的な「遊戯施設」を運営させていたと考えると、後年の小田急や京阪当局者と同様に、面倒な許認可手続きを省略してしまったものと考えられる。宮崎県営鉄道当局者にしてみれば、そもそもボスである有吉知事の発案であるし、その通りに動いていてよそから文句を付けられる筋合いもあるまいと軽く考えたのであろう。また、後年に至極あっさりと廃止し、後身の客馬車に道を譲っているのも、元来が恒久的な公共交通機関などではなく、同時期に格納庫に展示した飛行機などと同様に、臨時の「興行物」だったと考えると、物珍しさが薄れて落ち目の見世物を、ここが潮時として単に引っ込めただけとも解釈できるのではなかろうか。最初から何年かの短期の寿命だと覚悟していたとしたら、なおさら「軌道法」による特許申請手続きなど、山梨県の場合と同様に真っ平御免と県サイドは考えたはずである。あるいは昭和初期の鉄道同志会の現地視察の際の報道の一環として「日向軌道」と誤記されて運行写真が『鉄道軌道経営資料』[33]に掲載された結果、鉄道省サイドが「無免許鉄道」の廉で問題視したことも廃止と関係する可能性もあろうか。

（2）京阪おとぎ電車

いかにも童話の世界を思わせる「おとぎ電車」と名乗る遊覧鉄道は1950年代、京都府の宇治川沿いに観光目的で運行され、宇治川ライン探勝客の人気を集めた。前身は宇治川電気の発電所建設の資材運搬用に建設された純然たる専用鉄道であった。運行主体が京阪電気鉄道という大手私鉄でありながら、転用に際し熟知している地方鉄道法や軌道法に基づく鉄道事業としての厳格な規制を意図的に回避する目的で、遊戯施設として認可を受けた。和久田康雄氏は小田急

向ケ丘遊園おとぎ電車とともに京阪おとぎ電車を「地方鉄道法や軌道法の適用をのがれていた…無免許鉄道」（資料，p40）と明確に位置付けている。すなわち、たった10年間だけの運行ではあったが、特殊鉄道が2地点間で有料運行する"無免許私鉄"たる遊戯鉄道に直接的に転用された代表的な事例である。

　大正13（1924）年宇治川電気によって志津川発電所が建設された際、発電所に先だって大正9年に大峯堰堤と発電所との間を結ぶ3.6kmの資材運搬鉄道が建設された。軌間610mm（狭軌）、直流600Vで電化された本格的な電気軌道は、完成後も従業員などの輸送に使われた。戦後、阪急から分離独立した京阪電気鉄道が新たな旅客誘致策としてこの路線を観光用に活用することが立案された。ちょうど嵐山のトロッコ列車がJR西日本の発足時に廃物利用策として企画されたのと軌を一にしている。宇治川には「宇治川ライン」と呼ばれる観光船が大正15年から宇治川汽船により就航、昭和50（1975）年に廃止されたが、観光船は大峯堰堤よりも宇治寄りには運行することができず、そこまでのアクセスが問題となった。

　昭和25（1950）年再発足早々の京阪が、新たな旅客誘致策を講じる必要から、日本発送電所有の資材運搬用鉄道の設備一式を約870万円で譲受して遊覧鉄道に転用するに当たり、地方鉄道法や軌道法といった運輸事業目的の鉄道として事業申請を行う場合、手続きが煩雑になり、法定対応の為に必要なコストや租税額が大きいため、手続が簡便な遊戯物扱いすることとした[34]。

　そこで便宜上、宇治寄りの乗り場に「宇治川遊園」を形式的に開設し、当該遊園地の施設として児童福祉法に基づく遊戯物とすることとなったとされる[35]。

　昭和25（1950）年10月11日天ヶ瀬駅と堰堤駅の間約2.5kmを「おとぎ電車」として開業した。運営は車両は凸型車体の電気機関車にタルゴ式6車体連接式客車7両1編成が充当された。運賃は大人40円、小人20円で、当初は1編成のみで、冬季は運休した。遊覧鉄道ながら平日は地元民の足としても利用された。京阪自身も当初の広告で「宇治川の激流に沿って天ヶ瀬、堰堤間をバク進するお伽電車は、途中にトンネルあり、鉄橋あり、その規模の雄大なることは日本一」（岡本Ⅱ，p130所収）と宣伝した通り人気を集め、行楽シーズンの休日に

は乗り場に乗車を待つ観光客の長蛇の列ができたが、天ヶ瀬ダム建設におとぎ電車の線路が水没するため、昭和35年5月31日惜しまれつつ廃止された。

(3) あやめ池遊園地一周モダン観光列車

昭和35（1960）年3月20日近鉄があやめ池遊園地に「あやめ池に世界一誕生」（S35.3.19大和①広告）、「新たらしく誕生のすばらしい施設」（S35.3.10大和⑮広告）として導入した「遊園地一周モダン観光列車」のキャッチ・フレーズは「ひとまわり1.45キロメートル　ビスタ・カーで楽しい夢の小旅行」（S35.3.19大和①広告）であった。2編成の汽車による既存の「こどもの汽車」（約530m）は、戦前からあやめ池の停留場に近接する上池の南端に位置する「カチカチ山駅」「のりば」から、「子供の汽車は汽笛一声カチカチ山駅を出る。花咲山駅、楽園前を経て魔法の島の入口、リウグウ駅に着く」[36]という具合に上池の北端に位置する終点「リウグウ駅」までの約530mの間、途中に駅があるとはいえ、単調な折り返し運転であった。これを今回約920m延長して上池畔を一周する環状線として「池畔をめぐり、コースターと交差し、橋を渡り、山腹を通り、谷を過ぎ銀色のトンネルをくぐってつっ走る」（S35.3.10大和⑮）など「池畔一周の所要時間は駅での停車を含んで約二十分間」（S35.3.10大和⑮）もの本物そっくりの「遊園地一周モダン観光列車」に衣替えしたものである。「本物」らしい雰囲気を醸し出すため、延長に併せて「線路の新構造物として橋、陸橋、水路橋、架道橋、地下道、踏切道、トンネル、駅、車庫などが建設」（S35.3.10大和⑮）されたが、特に新造した1編成の車両は昭和33年7月11日世界初の二階建て電車を謳ってデビュー[37]したばかりの、ご当地[38]近鉄沿線のこどもたちの憧れ[39]の「ビスタ・カー型、四両」（S35.3.10大和⑮）とした点が近代化といえる。平成4（1992）年時点の「園内一周観光列車」は近鉄興業の直営で、利用料金は300円、案内図では「正面ゲート前駅（乗車のみ）」[40]であった。

（4）奈良ドリームランドの遊戯鉄道

　奈良ドリームランド創設者の松尾国三の自叙伝には、松尾が偶然に立ち寄った開業3年目のディズニーランドに一目惚れして、日本の子供たちに疑似体験させようとした経緯が語られている。松尾がウォルトと同一の趣味だったわけではないのであろうが、結果として6年遅れで開業した奈良ドリームランドは外周鉄道、鉄道馬車、モノレール、スカイウェイなどウォルトの鉄道趣味を（後の東京以上に）忠実に反映した品揃えとなった。前述した奈良ドリームランドの観光施設そのものの虚構性（第3章）に加えて、今一つの課題として遊具と鉄道の境界に関する問題が存在する。奈良ドリームランドの設置者の意図も、実際に乗り込んだ利用者の意識も、ともにあくまで「ニセモノ」たる遊具のはずであったが、米国アナハイムのディズニーランドの外周鉄道のしつらえを模倣して「本物」らしさを追及し、本格的な「ニセモノ」に仕上ってしまった結果、出来栄えを大いに評価してくれた鉄道監督当局から予想もしていなかった「本物」の鉄道たり得ると危うく認定されかけ、有難迷惑の関係者が大いに困惑したという話である。

　開業以前の奈良ドリームランド関係者への『週刊コウロン』記者の取材によれば、外周「列車を走らせると、鉄道営業法にひっかかるかも知れないという。列車の運行計画は、いちいち報告しなければならないうえに、人員配置は私鉄なみ。おまけに三キロまでは十円で運ばなければならない。と言って、私鉄と同じ規制を受けるとなると大変だ。この点で目下、松尾氏と運輸省とのあいだに話し合いがすすめられている」[41]とある。それでは昭和36（1961）年7月1日の開園当初から導入された[**写真－13**]の外周鉄道はどれほどの「真正性」を有していたのであろうか。外周鉄道はJR在来線と同じ軌間1067mm、動力内燃機関、距離1.84ｋm、乗車時間約8分、車両は1/1スケール、原寸大のレプリカ、機関車のメーカーは遊戯具メーカーではなく東急車輛に合併前の帝国車輛工業、同園の直営で、大人300円（末期は500円）、小人200円であった（岡本Ⅱ，p118～119）。

[写真-13] ドリームランド鉄道の中央駅
(開業当初の案内パンフ、著者所蔵)

　開園前日の紹介記事には「園内は『五つの国』に分かれ、外周は日本最古の輸入第一号『弁慶号』を複製した列車が走っている」(S36.6.30読奈良)として「明治十三年、北海道を走った弁慶号(ボルト、ナット一本にいたるまで忠実に復元されている)」(S36.6.30読奈良)の写真を掲げている。しかも「『弁慶号』が、大きさ、型もそのままに再現され、しかもゲージ、信号機、給水炭装置、踏み切りなど諸施設も日本国有鉄道建設規定に基づいて敷設」(S36.7.1大和②「奈良ドリームランド特集」)されているなど、関係者はかなりの程度「真正性」を追及しようとしていた。
　岡本憲之氏はこの外周鉄道の車両を鉄道愛好者の立場から「本格的な鉄道であり…全体的な造りは実に立派で…さすが、プロの鉄道車両メーカーだけあって驚くほどの精巧さ」(岡本Ⅱ, p118)と評価している。また奥野一生氏も距離が1840mで、ウェスタン・リバー鉄道(軌間762mm)の1610mよりも約200mも長く、「新製車輌使用により、この軌間を採用したのは唯一で、距離の長さもあわせて、日本の遊覧鉄道の歴史に残る本格的な鉄道」[42)]と、それぞれ好意的に評価している。
　日本には距離も、軌間も、車両も、動力も、経営組織体も、この外周鉄道より劣る短距離、ナロー、中古車両、馬力、人力、個人経営の低規格・零細・貧弱な「本物」の免許私鉄がいくらも存在したことから、国鉄建設規定に準じて

敷設され、「80円（一区間）」(S36.7.1大和②）の運賃を徴収する外周列車は「真正性」の判断基準から考えても、「本物」の鉄道に比べて一切遜色ない規格を備えているといえよう。

　開業当初の案内を見ると「メインストリートの入口にはドリームランド鉄道の本格的な駅があって、日本最初の機関車が夢の国一周の楽しい旅にお誘いします」「この＜幻想の＞国へゆくには外周列車のスイス山小屋風の『ファンタジー駅』からも…乗ってでもゆけます」と「鈴をならして走る弁慶号列車」[43]の写真を掲げている。閉園2年前の平成16年11月に訪問したサイトによれば「幻想の国ステーション」を「島式ホーム1面2線の"幻想の国ステーション"跡を通過。樹木の茂りかたからして、駅の営業が休止されてから、相当の時間が経過している模様である。こちらの出発信号機は進行現示のまま、錆び付いてしまっている」[44]と既にスイス山小屋風の駅が廃止されて長期間を経過した現状をレポートしており、遊戯鉄道には御法度の途中駅まで当初は存在したことが判る。

4．遊戯鉄道（観光鉄道）の虚偽性

　普通鉄道とは全く別次元の鉄道の範疇として、遊戯鉄道（観光鉄道）の虚偽性如何を検討する。個人が自宅等の敷地内において、自己や家族等が楽しむためにレールを敷設して機関車を運転させようとした「ミニチュア鉄道」[45]も、単に模型鉄道を実物大に拡大して、屋内から屋外に持ち出した程度の差に過ぎない。

　和久田康雄氏は「…工場・鉱山の鉄道、建設工事用の鉄道や森林鉄道など、ほかの鉄道から独立したものは…『専用鉄道』にもあたらず、鉄道事業法の関係からは除外されている。遊園地などの遊戯施設としての鉄道も同じ」（和久田，p18）く鉄道監督法規の適用除外であると明確に解説している。和久田氏の大先輩に当たる鉄道官僚の大山秀雄、壺田修は「一定区域内（例へば遊園地内）に於て娯楽機関として経営する単なる工作物と見るべきものは所謂経済的

交通機関としての鉄道と区別さるべきものであるから地方鉄道ではない」（壺田, p19）と適用除外を明言している。

今、東京横浜電鉄が昭和初期に経営していた「多摩川園案内図」を例にとると、「丸子多摩川停車場」前の「多摩川園」正門を潜り、園内に入るとすぐに煙を吐いて一周する有料の「豆汽車」設備（途中駅なし）が描かれている。両名の除外の適用根拠を基に敷衍すれば、①当該遊園地とそれ以外の地域が何らかの「結界」等により、明確に仕切られている。②一周する間の乗車行為はあくまで娯楽を目的としている。③単に形状が鉄道に類似するだけの環状の工作物である。④園内の幼児等を対象とするものであって、広く一般公衆の交通を目的とするものではない。⑤たとえ幼児等の親から些少の料金を徴収する有料営業であっても、国民経済的な視点から考え「地方鉄道業」たる要件を欠くなどが考えられる。

昭和9（1934）年の解説書に於いて、「最後に一つ付け加へておきたい」（常識, p25）と念を押して日光華厳滝にある有料エレベーター[46]に関説した一鉄道官僚の私見を引用しておく。

「斯く一般公衆の用に供する以上是＜華厳＞も陸運事業の一つである。斯様に考へれば尚陸運事業として考へられるものは沢山あるであらうが…要するに行政の立場よりみるときは、それが広く一般に利用され、交通の統制其の他公益上より之に行政監督を加ふるの必要の程度如何にもよることであって、斯様な意味に於て観るときは、以上述べた程度で先づその大要を尽したものとみることが出来る」（常識, p25）として一応この辺で矛を納め、当該事例を当面適用除外と認めている。敷衍すれば外観上は一見「陸運事業として考へられ」るものであったとしても、滝の見物客のみなど①利用の程度が極めて限定的で、②同一地域に類似業者が乱立するなどの「交通の統制」上の懸念がなく、③わざわざ中央の官僚が乗り出してまで「之に行政監督を加ふるの必要」がないと判断すれば、「陸運事業として考へ」ないとの結論が導かれている。さらに滝の見物客等を相手にした、いわば見世物小屋の単なる遊戯物に過ぎないものであれば、なおさら行政監督を加える必然性が乏しいと判断したのであろう。

第4章　遊戯鉄道の虚偽性　237

　これら上述した鉄道諸官僚の見解を著者なりに敷衍すれば、外観上は一見「陸運事業として考へられ」る移動手段としての鉄道類似の工作物であったとしても、①ほかの普通鉄道との乗入れ、接続、連絡等を欠く独立した存在[47]。②他の領域と明確に区分し得る一定区域内にある[48]。③利用の可否について吟味を為し、輸送対象がたとえば幼児・児童に限定されるなど、広く一般公衆の用に供するという公開性の程度が相当程度低い[49]。④輸送区間が短く、輸送量の規模が小さい[50]。⑤入場料的に有料制を採用していても利益を目的としないなど、営利性が低い。⑥輸送期間が恒久的でない[51]。⑦利用の程度が極めて限定的（旅館の専用ケーブルなど）。⑧総じて営利的性質を帯びた「経済的交通機関」とは認め難い。⑨同一地域に類似業者が乱立するなどの「交通の統制」上の懸念がなく、⑩わざわざ中央の官僚が乗り出してまで「之に行政監督を加ふるの必要」がない。⑪利用客が滝の見物客のみを相手にしたなど、いわば見世物小屋の単なる遊戯物に過ぎないなどと判断すれば、鉄道・軌道として行政監督を加える必然性が乏しく、適用除外と判断されよう。

　しかし、当時の地方鉄道法（現在は鉄道事業法が機能を代替）の免許を取得した「本物」の鉄道と、遊園地の単なる工作物たる「ニセモノ」の鉄道との区分というと、冒頭の「本物」の近鉄特急と「ニセモノ」の「ビスタ・カー型」の遊具のように一見簡単に思えるだろうが、実はその境界たるや甚だ微妙なもので、紙一重というか、時々の監督当局の担当官の裁量（あるいは内務省等他官庁筋とのせめぎあいの如何）といってもよい曖昧なものなのである。

　ここで、旧鉱山の鉱山鉄道を観光客に利用させている、ある温泉旅館の実例を検討してみよう。開業当初の朝日新聞の記事によれば、「トンネルの約一キロをガタゴト約十分」「一両に六人前後、すわっても天井に頭がつきそうなかわいいサイズの五両編成」「鉱山で活躍していたトロッコ（坑内電車）で結ぶ」「往復キップと湯元の入浴料がセットで三百円」（H8.5.2朝日夕）とある。森口誠之氏によれば「一般的に、①ループの形状で駅が１箇所しかない場合は、交通機関には当たらない。複数の駅を設けた場合は、構造を問わず鉄道と見做され、輪にして一周するようにすれば、法的には鉄道ではなく遊戯施設となる。

鉄道事業法や軌道法の適用を受けない場合は、工作物として建築基準法が適用される。②私有地内にある場合は、交通機関とみなさない。という解釈で、鉄道事業法や軌道法の管轄外の事業と判断する。単独の敷地内であれば鉄道ではないが、土地や公道を跨げば鉄道である。距離は関係ないはずだが、鉄道でないと道路法の関係で私道との交差を除いて踏切の設置ができないため、事実上、長距離の路線は難しい」[52]という。

　当該事案を按ずるに、①入り口（旅館）と終点（湯元）の2点間輸送で環状ではない。②距離は約1kmとそこそこの距離で短距離とはいえぬ。③5両編成の専用客車で貨車ではない。④利用者は幼児等に限定されぬ。⑤設備は恒久的である。⑥料金を徴収する有料営業である、との諸点では、児童向の遊戯施設の域を超えた本格的な鉄道に酷似する側面が認められる。観光を毛嫌いする戦前の鉄道官僚なら、即専用鉄道の目的外使用と来るだろう。しかし注意深く観察すると、⑦利用客は終点の温泉に入浴後に必ず旅館に戻り、片道輸送にはならない。⑧利用料金300円を仮に入湯税込みの入浴料[53]と見做すと、輸送は無賃となる。⑨距離は長いが、ほぼトンネルであって、外界に出ることはないとも解釈可能である。温泉旅館の大浴場がたまたま客室から離れた湯元に構築され、宿泊・入浴客が無料のエレベータに乗って大浴場に向かう入浴前行為（または逆の入浴後行為）と経済的にはなんら変わるところは認め難い。著者のような心配症を除き、入浴客はまさか自分が専用鉄道の目的外使用という忌むべき違法行為に関与・加担しているなどとは露ほども思わないであろう。

　しかし、実は同一県内にあった別の某大手温泉旅館[54]の館内エレベーター代りに設置された旅館利用客専用の簡易ケーブルカーは「地方鉄道法」に抵触するものとして、正式の免許手続きを余儀なくされていた。昭和50（1975）年9月16日著者も擬制鉄道でない、この真正鉄道に違法行為に関与する懸念なく、晴れて堂々と乗車させて頂いた。

　しかし戦後一時期の大阪陸運局等にみられた形式主義者の判断で、管内の旅館の自家用ケーブルが軒並み免許を取得させられ、旅館業者が大迷惑したことがあった。森口氏によれば、「戦後、関西ではこの種の施設に行政指導があっ

たようで、有馬温泉・兵衛向陽閣や、新宮・和歌山観光、丹後宮津・玄妙庵なかや旅館、勝浦温泉・ホテル浦島、京都・鞍馬寺は地方鉄道法による鋼索鉄道（ケーブルカー）としての運行が実施されている」55)と指摘する。

　大阪陸運局の行政指導にもかかわらず、関東の箱根宮の下の「対星館のケーブルカー56)は地方鉄道法で言うところの「鉄道」なのかどうか…ケーブルカーが鉄道趣味的に貴重なのは、地方鉄道法→鉄道事業法とは別枠で運営されてきたから…対星館は、免許取得をすることもなく、ケーブルカーの運営を継続する。なぜなのかよく分からない…この対星館のケーブルカー。宿泊客のみ無料で運ぶと主張しても、国道沿いから旅館までの320m、人間を「輸送」するのは確か。鉄道か否かはグレーゾーンなはず。でも、地方鉄道法の適用外とされてきた。関東運輸局と近畿運輸局と地方鉄道法の運用について解釈が異なったからだろう。行政指導というのが担当官のさじ加減で変わってくると言うのがよく分かる事例だ」57)との興味深い指摘がある。

　この延長線上に、遊園地内の遊戯鉄道や、エレベーター代りに設置された旅館利用客専用の簡易な豆ケーブルカー等においても同様な適用除外の判断がなされるのが自然であると考えられる。

　遊戯鉄道においても、旺盛な趣味嗜好の赴くままに車両の大型化志向・長距離志向の結果58)、往々にして自宅の敷地内からはみ出したりする。また自宅が別荘に、旅館に転向する中で、傾斜地に立地する旅館等が自家用ケーブルを設置する例も山間部等に現れ、自己の娯楽を超えて本格化・有料化・営業化しようとする内在的欲求に基づく虚偽的な傾向が働く。こうした必然性の中で観光資本による遊園地・テーマパークなどの遊戯鉄道の中には普通鉄道となんら遜色のない本格的な大規模施設が出現するようになり、ごく一部の遊戯鉄道はディズニーリゾートラインなどのように鉄道監督当局の勧奨もあってか、免許を得て普通鉄道化するものも現れた。JR西日本の子会社の運営する嵐山のトロッコは真正鉄道であるが、かつての京阪「お伽電車」は非公然の虚偽鉄道で押し通した。

　能勢電鉄も①鋼索線終点の妙見山の社有地に、②社員が休日を返上して、③

自社の「ホンモノ」の車両機器を流用して、④ベガ駅～アルタイル駅の2地点を結び、⑤乗車料金200円を徴収する「シグナス森林鉄道」[59]を名乗る虚偽鉄道を敷設した。巨大幹線鉄道会社でさえトロッコ風情に身をやつすご時世だから、大手私鉄系列とはいえ、中小私鉄が「ニセモノ」の「森林鉄道」商法を展開するのも不思議ではない。専門家の目で見ても「鉄道プロのセンスをうかがわせる」「立派な山岳鉄道」「本格的な鉄道車両」(岡本Ⅱ，p117)と評価されるほどの出来栄えの当該森林鉄道を、所詮軌間381mmのミニ鉄道にすぎず自社の園内に「お遊びで作った模型」の類として国民経済的に見た公共交通機関に非ずと大目に見るのか、京阪の場合と同様に鉄道会社自身が2地点間の旅客輸送を有料で営業するものと断じて「無免許鉄道」(資料，p40)と見做すのか、はたして「真正性」、「虚偽性」や如何。

しかしこの愛すべき森林鉄道の最大のポイントは堅苦しい免許の要否問題にあるのではなく、むしろ前述の「個人鉄道の"総本家"」(岡本Ⅲ，p70)桜谷軽便鉄道という、近辺に所在する「自家用鉄道に刺激を受けて誕生した」(岡本Ⅱ，p72)模倣の森林鉄道という意外な誕生秘話そのものにある。何と「ホンモノ」の鉄道会社の多数の社員たちが、ご近所に出現した「ニセモノ」の自家用鉄道の何ともいえない魅力に嵌まって何度か通ううちに、ついつい自分達も欲しくなって「鉄道プロ」の意地にかけても"総本家"に負けぬように「立派な」「本格的な」「ニセモノ」を自発的に損得勘定抜きで、趣味的に一気呵成に作り上げてしまった結果、あまりに見事な「ニセモノ」たる誘客施設に仕上がったので、上司も不用品の社有設備等を流用したとして処罰するわけにもいかず…といったところが模倣の真相でもあろうか。

第一部第1章で検討した虚偽性を構成する要素としての③模倣性、⑤演出性、⑧粗悪性、⑫縮小性、⑬劣後性などの分析結果を桜谷軽便鉄道という「遊戯鉄道」製作過程に当てはめてみると、花巻電鉄の馬ヅラ電車や尾小屋鉄道の気動車といった有名なナローの「ホンモノ」名車両の愛すべき「オンボロ」具合の特徴を、オーナーが縮小・模倣するに際して意図的にデフォルメし、「ホンモノ」らしさをよりリアルに凝縮させて、ある種の「可愛らしさ」まで表現する

ことに成功した見事な演出性、「車両ばかりではなく、沿線の雰囲気も出したいと、鉄橋なども造り上げた」（岡本Ⅱ，p72）徹底したこだわりの模倣性などがこれに該当しよう。こうした花巻などの「ホンモノ」を丹念に模倣した「ニセモノ」集団の存在が「ホンモノ」社員に刺激を与えて、他の「ニセモノ」作りを思わず誘発させ「ニセモノ」の連鎖を生んでしまうほど、「ホンモノ」さえも魅了する「ニセモノ」の有する、「ホンモノ」を凌ぐ「ニセモノ」の底知れぬ妖しい魅力というのが花巻電鉄等→桜谷軽便鉄道→シグナス森林鉄道→自家用鉄道の密かな流行…という一連の模倣行為の連鎖の根底に潜む観光社会学的含意でもあろう。このように、「真正性」ある鉄道（真正鉄道）と「真正性」を欠く鉄道（虚偽鉄道）との境界は次第にあいまいなものとなり、今や両者を厳格に峻別することは至難であり、堅苦しい法律論はともかく、観光現象の本質を究める観光社会学的にはあまり価値がないといっても過言ではない。

注
1) 柴田勇一郎『鉱山電車むかし話－無賃電車が走った町・日立－』筑波書林、昭和60年。
2) 前掲柴田，p67。
3)5) 柴田勇一郎『写真帖　想い出の鉱山電車』筑波書林、平成元年，p3。
4) 前掲柴田むかし話，p76。なお、大正初期下北半島川内町の大正「鉱山の軌道の上を花馬車が出発」（『目で見るむつ下北の100年』郷土出版社、平成12年，p47）する山神祭りの写真も存在する。
6) "虚業家"は拙稿「企業家と虚業家」『企業家研究』第2号、企業家研究フォーラム、平成17年6月，p59〜69参照。
7) 久原鉱業木材部経営の木材運搬用軌道は第二部第7章。
8) 『二楽荘と大谷探検隊』芦屋市立美術博物館，平成11年，p132〜4。
9) 神戸市東灘区　御影村と住吉村の歴史　株式会社イーグルハウス（http://www.eaglehouse.co.jp/0/0/0/m2）。
10) 松永定一『北浜盛衰記』昭和34年，p205。
11) 松下帰智朗『林学の要点』林業書房、昭和33年，p17。
12) 桜谷軽便鉄道（http://www.nakanoke.com/sakuradani/index.html）。
13) 明治30年代の鉄道人が使用した「おもちゃ鉄道」、「遊ビ鉄道」（『第八回鉄道会議議事速記録　第11号』明治30年4月5日，p123〜7）という用語は観光地を結ぶ純然たる遊覧鉄道で、「国家必要ノ線」たる幹線鉄道網とは無縁の不要不急路線を意味した。その結果、京都遊覧鉄道の出願は他の泡沫路線ともども「鉄道線路大体ノ系絡上其必要

ナキモノト認ムルニ依リ…総テ之ヲ却下」（同上）された。
14)15) 芳中晃『ディズニーランドはなぜお客様の心をつかんで離さないのか』中経出版、平成21年，p91。
16)19) ボブ・トーマス『ウォルト・ディズニー』講談社、平成22年，p231。
17)18) ジム・ファニング「キャロルウッド・パシフィック鉄道」『ディズニー・トレインをつくる』第4号、平成26年2月，p12。
20) マーティ・スクラー著、矢羽野薫訳『ディズニー 夢の王国をつくる』河出書房新社、平成26年，p322。
21) 「浅草ルナパーク遊園地」（asakusa lunapark (now-defunct)）。
22) 「変更理由書」大正10年，『鉄道省文書 茂木鉄道』。
23) 『現代漫画大観 漫画明治大正史』中央美術社、昭和3年，p109。
24) 橋爪紳也『日本の遊園地』講談社、平成12年，p46。
25) 『東京名所図会下谷区・上野公園之部』睦書房、昭和43年，p225〜226。
26) 柏村一介編『昭和国勢人物史』昭和3年，極東社，p59〜65。
27) 秘話，p334。
28)29)30) 宮田憲誠「住吉村営人車軌道」『鉄道ピクトリアル』756号、2005年1月，p131。
31) 白土貞夫『千葉の鉄道』彩流社、2013年，p95。和久田康雄氏は「軌道法第32条には国営軌道の規定があって、特許は不要である代りにこれを設置する官庁が主務大臣に協議することになっている。…正規の協議の行なわれたものは…根室・枝幸の2線しかなかった」（和久田，p40）とする。国営軌道の規定は「国ニ於テ軌道ヲ敷設シテ運輸事業ヲ経営セムトスルトキハ当該官庁ハ主務大臣ニ協議ヲ為スヘシ。其ノ工事施行ニ付亦同シ」。内務省任命の官選知事の有吉知事は国営軌道の規定の「国」を「県」に置き換え、民間軌道ならともかく、「県営軌道」（ないし「村営軌道」）を千葉（あるいは宮崎）県「ニ於テ軌道ヲ敷設シテ運輸事業ヲ経営セムトスルトキハ当該官庁ハ主務大臣ニ協議ヲ為スヘシ」と解し、県知事限りの措置として特段特許不要と考えたのであろうか。
32) 有吉忠一－みやざきの101人（http://www.pref.miyazaki.lg.jp/contents/org/chiiki/seikatu/miyazaki101/hito/036/036.html）。部下の石川若蔵は『宮崎県大観』大正4年，p74。
33) 『鉄道軌道経営資料』昭和2年1月号、通巻100号。この場合、問題ある住吉人車ではなく、「軌道法」による特許を得た「日向軌道」と敢えて誤記したのかもしれない。
34) 『京阪70年のあゆみ』京阪電気鉄道、昭和55年，p451。
35) 特別展図録『走れ‼おとぎ電車』宇治市歴史資料館、『レイル』No.78号、髙橋弘「宇治川おとぎ電車ばなし」『鉄道ファン』平成12年8月号、岡本憲之『全国軽便鉄道』JTB、平成11年、京阪宇治交通『地域とともに六十年』京阪宇治交通、昭和58年。
36) 「奈良・あやめ池・生駒山上」大軌参急電鉄。観覧車通信懐かしの遊園地—あやめ池遊園地のパンフレットをゲット！（http://blog.livedoor.jp/tenbosenkaisha/archives/2011-04-16.html）。

第 4 章　遊戯鉄道の虚偽性　243

37) 「ホンモノ」の近鉄特急「ビスタカー」登場の様子は『昭和の鉄道』洋泉社、平成23年，p98〜101参照。
38) 東京圏でも本家小田急百貨店屋上は当然として、ライバル店・新宿伊勢丹屋上にもご当地のお子様の憧れ（現実にはなかなか乗せてもらえない）小田急ロマンスカーのお手軽な遊戯鉄道が存在した（究極，p148)。
39) 同世代の著者自身の体験でも、運行開始した阪神電気鉄道の大阪〜神戸間「ノンストップ特急」は阪神沿線に住んでいた著者でさえ、（全線を2往復する運賃を払うだけの余裕もなく）なかなか乗車の機会がなく高校野球開催時に甲子園に臨時停車した際に、やっと初乗車がかなったほど、憧れの存在であったといえる。
40) 『全国レジャーランド名鑑』サンケイ新聞データシステム、平成4年，p665。
41) 「奈良の大仏を驚かした松尾国三」『週刊コウロン』昭和35年9月13日，p11。
42) 奥野一生『新・日本のテーマパーク研究』竹林館、平成20年，p32。
43) 開業当初の奈良ドリームランド案内パンフレット『夢の国』。
44) 奈良ドリームランドの遊覧鉄道　外周列車（http://hse.dyndns.org/hiroto/Railway/04dream/dream10.htm）。
45) 著名な鉄道模型製作家の原信太郎氏が主宰する「原鉄道模型博物館」の世界最大級の室内ジオラマでは、可能な限り「ホンモノ」の部材を随所にちりばめ、模型車両に取り付けられたカメラがとらえる走行映像は一見「ホンモノ」かと見まがうほどの、一番ゲージの「リアルな模型がリアルな街を走行する情景」が存分に楽しめる。「縮小性」を別にすれば、ほぼ「ホンモノ」の鉄道と評価できる出来栄えであり、「ニセモノ鉄道」呼ばわりすることがためらわれる。とはいえ、いかに「模型の域を超えている」等と絶賛され、有料施設であったとしても、運輸営業の対価ではなく、③の構内鉄道と同様の考え方から鉄道監督当局が敢えて関知するところではない。
46) 現在では寺前秀一氏が述べるように、「構内移動手段としてのエレベーター等は建築基準法、労働安全衛生法により律されるもので…高層展望台等への移動を役割とするもののなかには入場料的に有料制を採用しているものがあるが、鉄道営業法が想定する鉄道ではない」（寺前，p118）というのが通説であろう。
47) 加越鉄道が小牧－青島間の「軌道便乗方…御依頼候也」と依頼した庄川水力電気専用鉄道は普通鉄道との連絡があり、微妙。
48) 奈良ドリームランド外周列車は遊園地の外縁部であり、微妙。
49) 平成27年度「黒部峡谷パノラマ展望ツアー」では「参加者全員の氏名、年齢、代表者の住所等の個人情報を提供いただき…当日の集合時に、公的証明書により本人確認」（kurobe-panorama.jp/detail/）することで不特定多数の利用ではない条件をクリアー。
50) 近鉄あやめ池遊園地の「遊園地一周モダン観光列車」は「ひとまわり1.45キロメートル」（S35.3.19大和①広告)、奈良ドリームランドは距離が1.84kmもあり、微妙。
51) 王滝村松原スポーツ公園の保存鉄道・王滝森林鉄道は王滝森林鉄道フェスティバルの折に「乗車協力金」300円を支払って乗車を楽しむが、3年に1回の開催。
52)57)　さよなら箱根対星館のケーブルカー（ただし鉄道にあらず）- とれいん工房（http://d.hatena.ne.jp/katamachi/20090513/1242220110）。

53) 特殊鉄道によっては便乗料、維持費、協力費、手押し人夫謝礼、入園料、初穂料等名称の如何は問わず、事実上鉄道への乗車行為の対価と見なせる金銭を受領する事例もみられる。
54) この大手旅館幹部は地方鉄道業者としての毎回の膨大な提出書類に加え、「鉄道事故の僅少な優良企業として、大手私鉄さんと並んで表彰してやるから来いと命じられるのですが、全くもって有り難迷惑…」と著者に盛んにこぼしていた。今にして考えると、一時期の大阪陸運局サイドの"勇み足"であった可能性もあろう。
55) 森口誠之「近畿の観光旅館ケーブルカー」廃線8，p160〜164参照。
56) 対星館は拙稿「地勢難克服手段としての遊園・旅館による観光鉄道兼営－箱根松ケ岡遊園・対星館の資料紹介を中心に－」『跡見学園女子大学観光マネジメント学科紀要』創刊号．平成23年3月．p45〜56参照。
58) 自称「熊野簡易軌道」なる「1人で土地を切り開いて、線路まで引いてしま」った紀和町平谷の私設軌道の場合は「本格的な線路…が引いてあり、ポイントまである。おまけに手作りのちっこい駅、踏切まであり…モーターカーを走らせ」(紀州鉱山トロッコ軌道→?「熊野簡易軌道」(紀和町平谷) 熊野簡易軌道を見てきました テーマ：熊野地域2010年10月18日）ていると報告されている。
59) 森林鉄道というワンランク下を名乗ったのは近隣の"本家"軽便鉄道への遠慮か。

第5章　専用鉄道の「目的外使用」

1．専用鉄道

　旧地方鉄道法で規制の対象となる専用鉄道は広く「公共団体又ハ私人カ敷設スル鉄道」（地方鉄道法第1条第3項）の中で、公共の用に供する鉄道に接続するものは命令をもって規定するとしていた。鉄道国有主義廃止により制定された鉄道事業法は、専用鉄道を「専ら自己の用に供するため設置する鉄道であつて、その鉄道線路が鉄道事業の用に供される鉄道線路に接続するものをいう」（第2条第6項)」と範疇化し、専用鉄道の設置者は国土交通省令で定める技術上の基準に従い、施設や車両の維持、管理をしなければならないとされ（第39条）、その規格や仕様は接続する鉄道事業線に準拠することになる。

　森林鉄道もある意味では営林署所属の林産物搬出目的の専用鉄道という色彩があり、前述のように「目的外使用」を制限し、原則として便乗等を排除する場合が多かった。森林鉄道、森林軌道を含む広義の「林道」に関して、林学者・福田次郎は「林道の開通によって森林地帯の交通を容易にする結果、都会の遊覧客を誘致して自然観賞及び愛林思想の普及並びに発達に資する所も大」（福田，p192）と、むしろ遊覧道化することを積極的に評価している。構造上、「車道」たる「林道」は外見上も「一般道」との区別はなく、一般車両の「林道」乗入れも特段の装置もなく極めて容易であるゆえであろう。林学上は「車道」も森林鉄道・軌道も機能的には等しく「林道」と取り扱われているのにもかかわらず、森林鉄道・軌道のみ便乗等の増大により遊覧鉄道化[1]することに、林業関係者からも抵抗感が強いのは何故であろうか。

2．イギリス初期鉄道の運行形態と専用鉄道との類似

　普通鉄道と特殊鉄道という区分の名称からは、先行する普通鉄道から派生して特殊鉄道が遅れて誕生したような語感があるが、歴史的には全く逆である。1823年の世界最古の蒸気機関車による営業鉄道と称されるストックトン・ダーリントン鉄道は、いってみれば今日の「特殊鉄道」の系譜に属するもので、1834年以前の初期段階では今日の普通鉄道とはとても見做し難い形態であった。湯沢威氏によるイギリス初期鉄道業の研究によれば、ストックトン・ダーリントン鉄道「会社は早くから低所得者層が貨車に便乗出来る手段も講じており、こ貨物輸送については会社の所有する15台の貨車と1台の蒸気機関車によって自らの管理下に置いたが、外部の運送業者がしかるべき通行料を支払って、貨車と馬を持ち込むことも出来た。…乗客輸送については最初外部の運送業者主導で開始されたが、1825年10月に早くも会社自身乗客輸送にも手を出している。1832年には5つの外部の運送業者が路線を利用していたが、この頃…会社が乗客輸送のすべてを引き受けることが便利で利益のあることに気付き…1833年10月…外部運送業者の車輛を購入…運送業者の一部は鉄道会社の従業員として採用…1834年に至ってストックトン・ダーリントン鉄道会社は貨物、乗客すべての輸送を直接管理下に置いた」[2]とされている。

　すなわち初期段階の運営形態は①貨物輸送は会社所有の貨車と蒸機によって自らの管理下に置き、②低所得者の貨車便乗を認め、③数社の外部運送業者が通行料を払い貨車と馬を持込み、貨物輸送と乗客輸送を一部分担させた。④開業2年後に会社自身も乗客輸送に進出、⑤1834年会社が外部運送業者を買収し、貨物・乗客の全輸送を直接管理下に置いた直営方式に全面転換したわけである。同鉄道の各段階を我が国にあてはめると①通常の我が国の森林鉄道全般、②「強イテ便乗スルモノニハ空車盈車ニモ乗車セシム」（便乗調，p5）る昭和6（1931）年度の奈半利線など一部の森林鉄道で貨車への便乗を認めた段階、③6社への軌道開放を実施し「営林署に軌道使用料を払い、複数の企業が自前

で列車を走らせていた」(遠山, p31) 遠山川森林鉄道など、④「営林署が村役場に委託して森林組合が運営する形をとり、車掌も乗せ」(物語, p152) 維持費という名目で有料での便乗を本格的に開始した魚梁瀬森林鉄道などにそれぞれ相当しよう。

　我が国でも最古と称される新橋・横浜間の官営鉄道よりも古く、北海道の茅沼炭坑鉄道が開業している。さらに古くペルリ提督が幕府に献上した模型鉄道[3]、これを模倣した佐賀藩の模型鉄道が先行する。電気鉄道でも京都電気鉄道よりも古く、群馬県足尾銅山で電気鉄道が敷設されている。普通鉄道のみを所管する鉄道監督当局が編纂した『日本鉄道史』などの記述において鉄道史を無理に普通鉄道に限定することで削ぎ落してきた貴重な史実が、特殊鉄道にまで考察の範囲を拡大することによって浮き上って、より歴史の展開を豊富かつ魅力的にする場合が少なくない。

　大正8 (1919) 年8月15日「専用鉄道規程」の施行により従前の「専用鉄道規則」は廃止された。両者の差は、大正8年以前は「個人専用ニ供スル鉄道」の全てに免許申請を要求していたのを緩和して、一般鉄道に連絡するものだけに限定した点である。この結果、昭和2 (1927) 年鉄道省監督局の堀江貞男事務官は「専用鉄道規程」とは別に、「公共団体又は私人が専用に供するため敷設する」鉄道として「単に専用鉄道と謂へば実質的にも形式的にも数種に区別される」(堀江, p643) とし、一般鉄道に連絡[4]しないとは一般鉄道「構内に引込むで線路を敷設せず構外で止まるものは連絡とは謂はれないから本＜専用鉄道＞規程の適用ない」(堀江, p644) と解説している。同じく鉄道省監督局片山広丘も、昭和5年の実務書で「専用鉄道規程の適用を受けざる専用鉄道は、何に依つて監督取締を受けるかといふに、それは一般の交通警察取締権に基き、各地方長官の監督取締に属する」(片山, p2) と述べている。さらに大山壼田は「専用鉄道にして所謂専用側線でもなく、又専用鉄道規程を適用する専用鉄道でもない其の他の専用鉄道に就いては、別段統一された規定が無いのであつて、各府県に於ける土木取締規定に依つて規律されてゐる」(壼田, p434) とする。

次に、国有鉄道に連絡する専用鉄道・専用側線（専用線）に対して、鉄道省運輸局勤務の書記官・中山隆吉は、国有鉄道当局者が「専用線の請願を以て甚だ厄介視し運転保安上之を敵視せる場合尠なからず」（中山，p224）、「専用線のみに対して余りに厳格なる態度を執る」（中山，p227）点を反省し、「鉄道国有以前は会社線に於ては一般に専用線の助成発達を旨としたる傾」（中山，p224）に学ぶべきとした。

このように一般鉄道に連絡する専用鉄道の場合であれば、鉄道監督当局の監督に属する必然性は高いわけだが、国有鉄道との連絡を欠く「其の他の専用鉄道」に関しては、鉄道監督当局はいざ知らず、少なくとも現場の国有鉄道当局者においても運転保安上の関係が一切生ずることなく、貨物吸収の観点から専用線の助成（中山，p229）を唱える中山の広闊な著書にも記載なく概して無関心な態度であったと考えられる。

たとえば鬼怒川水力電気は明治44（1911）年発電所建設の「材料運搬専用の軌道」（M44.2.14東朝③）を「敷設する為め県道及里道の使用を出願」（M44.2.19東朝③）した。県道上に敷設する「専用軌道」の出願を受けた里道の管理者である栃木県河内郡豊岡村は「交通往来上危険なれば之が布設を許可せざらん事を希ふとの陳情書を県知事に提出して、同布設工事に反対し」（M44.2.14東朝③）た。しかし「県当局は之に対して未だ一回の視察だに行はず、＜鬼怒電＞会社の為すが侭に放任」（M44.2.19東朝③）したと反対派は憤慨、「一時不穏の模様ありし」（M44.2.14東朝③）と報じられた。鬼怒電のケースは「専用軌道」その他の特殊鉄道に対して監督権を有するとされる各府県がさほど熱心に取り組んでこなかった典型例と考えられる。

3．専用鉄道の「目的外使用」

（1）「目的外使用」

旧「専用鉄道規則」に代り、大正8（1919）年8月13日閣令第19号「専用鉄

第5章　専用鉄道の「目的外使用」　249

道規程」を制定し、「公共団体又ハ私人カ専用ニ供スル為敷設スル鉄道」のうち真性鉄道と直通、連絡するものを「専用鉄道」として監督下に取り込んだ。専用鉄道は認可を受けずに「使用ノ目的ニ属セサル物品運送ノ用ニ供スルコトヲ得ス」（法令，p56）とされた。しかし次第に本来の「使用ノ目的ニ属」する貨物輸送目的を逸脱して、従業員・住民等への無料便乗を黙認する傾向が出るだけでなく、さらに広く一般の部外者にも有料で乗車させるような鉄道営業類似行為を開始するものまで現れる。

　専用鉄道の目的外使用の例を、鉄道監督当局の立場からみて、やむなしとして許容しやすい軽度のものから順に列挙すれば、①「目的外使用　ナシ」（庄川水力電気　鉄軌 S7，p23）、②「砂利及工場用材料運搬」（日本煉瓦製造　鉄軌 S7，p14）、③「炭鉱会社従業員輸送」（真谷地炭鉱　鉄軌 S16，p4）、④「炭坑稼働者輸送」（貝島炭鉱　鉄軌 S16，p55）、⑤「従業員の家族輸送」（日本セメント　要覧 S37，p192）、⑥「鉱山往復者及通学児童輸送」（松尾鉱業　鉄軌 S16，p12）などといった各段階がみてとれる。⑥の松尾鉱業の「鉱山往復者」の範囲はかなり緩めであって、よほどのもっともらしい理由が鉱山側に存在したのであろう。

　専用鉄道の目的外使用の許可について、戦前の鉄道官僚・堀江貞男は「期間が恒久的でないこと。目的外使用の範囲の広ろかざること。有償の場合は利益を目的とせず実費主義なること」（堀江，p649）と態度は比較的緩く、必ずしも有償便乗そのものを頭から排除していなかった。例えば従業員等の特定人の輸送など、無償であり、輸送範囲が広くなく、限定されているなど、趣旨が「穏当」であれば、「専用鉄道規程」第2条の敷設申請に際して、予め「使用ノ目的」にその旨を掲げて免許を受けることもできたのであろう。また鉄道監督局の片山広丘は昭和5年に使用人の親戚知人、行商人までは目的外使用の許容範囲との見解を記している（片山，p10）。

　この許容範囲を遥かに逸脱し、広く観光客に有償便乗させていた黒部峡谷鉄道や、おそらく同様の傾向にあった松尾鉱業、別子鉱山鉄道[5]などの札付の専用鉄道は後年に至って免許を得て普通鉄道化した。

（2）専用側線の異例づくめの目的外使用

　戦時中には軍需工場への工具輸送等が国策上是非とも必要との軍部の圧力に、鉄道省・運輸省側が押し切られた格好で、一時の権宜として専用鉄道よりもさらに規格の低く、本来人員輸送など想定していなかった専用側線においても目的外使用が相当広範囲に特認された模様である。また普通鉄道に準じた専用鉄道の手続よりもさらに簡単な専用側線扱いとして早急に敷設する便法もとられ、軍事目的の輸送が国策として遂行された。

　こうした俄か造りの特認・専用側線の一つである旧汽車製造（岡山市）の不要施設を戦後になって活用して旅客化すべく、岡山県・岡山市と岡南地区の工場など4社の出資で昭和26（1951）年岡山臨港鉄道が設立され、設備が現存するためにただちに同年8月開業した。これは本来は人員輸送ができない建前の専用側線が何段階かの"特進""飛び級"でなんと正式の地方鉄道に昇格し、しかも旅客営業まで行なった珍しい出世事例である。

　ほかにも戦争直後の混乱期に愛知県の大浜臨港線運送株式会社が所有する、本来人員輸送はできないはずの専用側線を使って、玉津浦海水浴場への臨時輸送として旅客電車が走った[6]というとんでもない特例もあり、混乱期における"擬制鉄道"の例はまだまだ発掘できそうである。

4．専用鉄道の目的外使用の「穏当でない」事例

　昭和26（1951）年10月黒部峡谷の専用鉄道に対して「有料便乗は専用鉄道の目的外である」[7]、「これに反するようなものは…地方鉄道に変更すべき」（専用線，p180）と厳しく指導し、昭和28年11月5日関西電力に専用鉄道から地方鉄道への変更を許可[8]した。旅館の専用ケーブルまで取り締まっていた当時の運輸省の強気な態度からみれば、お上を恐れぬ不届きな無免許鉄道が白昼堂々と違法営業を敢行しているように映っても不思議ではなかろう。むしろ正直に「炭坑稼働者輸送」（鉄軌S7, p43、鉄軌S16, p55）を申告した貝島炭鉱

や、これに倣った三好鉱業・大君鉱業（鉄軌S7, p42）のような正直者の例が極めて少ない。したがって申告されにくい専用鉄道の便乗の実態は、森林鉄道の場合と同様に官庁資料だけでは把握し難いと思われる。

明治41（1908）年10月日立鉱山は逓信大臣に建設中の専用鉄道の便乗許可願を出し、41年11月「助川、大雄院間五・三一粁間に単線架空式電車鉄道を設け」（鉱業, p269）たが、大正初めには旅客専用車を運行を開始、「特に電車を設けて鉱山の人々を無料、其他の人々をも便乗せしめ」[9]た。

逆に戦後は日本セメントの「従業員の家族輸送」[10]、常磐炭礦の「内郷炭鉱及び土部炭鉱の石炭及び鉱業用品…常磐窯業の耐火煉瓦…」[11]のように細かく輸送品の中身を列挙しており、ある時期にその筋から強烈な細かい指導が入ったことが想像される。

三菱経営の岡山県吉岡鉱山は「明治四十一年…田原・成羽間一六粁の専用軌道の布設を見…大正七年田原・本山間八粁を延長」（鉱業, p269）していたが、昭和（1930）5年の整理の際に「三菱では同鉱山縮小に伴ひ、坂本成羽間十五マイルにわたる専用軌道をも廃止」（S5.5.7東朝⑦）の旨を発表したため、「同郡関係町村及び地元有力者商工団体などは極力廃線防止方を協議」（S5.5.7東朝⑦）したが、記事にある「専用軌道も廃止するので沿道商人連の脅威」（S5.5.7東朝⑦）とは普通鉄道に準ずる効用を有していた証拠とも考えられる。以下、いくつかの専用鉄道の便乗・目的外使用の顕著な例を挙げておく。

（1）磐城炭礦

大正9（1920）年磐城炭礦は町田坑と綴製作所間の2,608mに内郷電車線を敷設し、大正10年から日立製電機を購入して客車を牽引して一日10往復程度定期運行した。小宅幸一氏によれば、昭和5（1930）年発行の『内郷読本』の地図に、町田乗降場〜綴坑間の「磐城炭礦電車」線として、他の「専用」線と区別して描かれた愛称「お猿の電車」は「従業員の通勤やその子弟の通学用としても活躍した。もちろん乗車賃は無料。炭鉱関係者以外の人もこれを利用、早

朝から夜までの定期運行…各停留所は多くの人でにぎわった」(小宅, p61～62) という。廃止寸前の昭和33年の地元紙に「朝な夕な市民にしたしまれ、愛されて来た電車」(S33.11.23福島) と報じられた「チンチン電車」を小宅氏は「常磐地方唯一の電車線」(小宅, p67) であり、「全国的にみてもまれではないだろうか」(小宅, p62) と珍重する。当該電車には乗車する機会を得なかったが、ほぼ同時期の草軽電気鉄道に乗車した著者の目から同書に掲載された写真を拝見すると、「お猿の電車」などもってのほか、短距離とはいえ十分に"真正鉄道"の草軽並か、それ以上の充実度を誇る正統派の電気鉄道と評価できよう。無料とはいえ専用鉄道の目的外使用は明白であり、著者の考える典型的な「擬制鉄道」の一つと考えられる (逆に言えば鉱山用電機が粗末な客車を牽引していた草軽は炭鉱の専用鉄道並だったともいえよう)。

　昭和27 (1952) 年、常磐炭礦株式会社所属の入山専用鉄道では気動車を新造し綴坑への労働者の通勤列車を運行した。小宅氏は「専用鉄道の貨車運転の合い間に運転」(小宅, p52) したとはいえ、利用者のニーズを考え「朝3回、昼2回、夜2回程度…ふだんは従業員と家族を乗せ、学生は事故があると困るので乗せませんでした。それでも運動会の時は子供も乗ったし、修学旅行の時は、朝3時ごろから運転」(小宅, p52) したとの元運転士の証言を得ている。

(2) 王子製紙山線

　王子製紙山線は来賓があった際に貨物列車に貴賓車を増結し、支笏湖畔の王子製紙湖畔クラブへ運び、一般乗客の便乗も昭和11 (1936) 年に許可されたとされる。大正11 (1922) 年3月の旅行案内では「支笏湖へは軽便鉄道あれども王子会社の専用線なり」(安治, p475) と便乗に言及しないが、昭和5年の鉄道省編『鉄道旅行案内』では「支笏湖　王子製紙会社の専用鉄道に便乗して湖畔に下車」(鉄旅S5, p597) と、支笏湖の観光客への開放が告知されていた。昭和10年の『旅程と費用概算』では「王子製紙会社経営の専用軌道 (片道一円五銭) に便乗し、途中大森林の間を縫ひ、千歳川の清流を眺めつつ湖の東端の湖畔に至ることが出来る。苫小牧～湖畔一五哩三分、分岐点～湖畔一哩七分」

（旅程S10，p673）として、1日3回の定期列車の時刻表を掲げ、さらに昭和14年の『旅程と費用概算』では「王子製紙会社の木材運搬専用軌道に便乗…便乗料七〇銭、一日四回」（旅程S14，p333）と回数が増えている。有料であった便乗券の裏面に「当専用鉄道ハ当工場原料及発電所用品等ノ運搬ヲ目的トシ乗客ニ対スル設備ハ甚ダ不行届ニテ万一ノ事故発生アリテモ絶対ノ責任ハ保証致兼ヌル故不悪御涼承相成度シ」[12]と事故の責任を負えない旨の注意を明記した上で、便乗を許可していた。

（3）日本窒素肥料千町鉱山軌道

　日本窒素肥料は大正8（1919）年8月愛媛県新居郡加茂村の千町（せんじょう）鉱山を買収し、大正9年11月採掘設備を完成させ送鉱を開始した[13]。さらに大正10（1921）年神戸村船形〜八の川の鉱石運搬用の軌道を完成させた。しかし反動恐慌による価格下落で採算が合わず、鉱山が大正末期に閉山[14]を余儀なくされたのを契機に、使用料を払っての軌道借り受けとその延長を目的に、昭和2（1927）年加茂土工森林組合（愛媛県）が設立された。昭和3年軌道敷設開始、昭和5年神戸村船形〜加茂村川来須15.7km軌道完成、同組合は「トロ引きの組合」[15]と言われた。加茂軌道は、①「軌道は一般交通並に物資の運搬にも大に役立つ」、②「此地方の山村では米、麦を初め、雑穀、諸物資を下流から買ふ必要があり、此為にも軌道は便利で是等生活必需品の価格を安うした」、③「軌道は住民の保健衛生にも大なる効果を齎した。例へば医師の来診を求めることが可能になった」（林道網，p11）と、本来の木材搬出面よりもむしろ付随する便乗効果を特筆大書した。

（4）庄川水力電気の専用鉄道

　この専用鉄道は世にいう「庄川事件」の舞台ともなった有名な存在である。この事件は木材業者の流木権と電力会社の水利権の全面衝突を背景とするが、同時に普通鉄道と、その終点で接続している専用鉄道との間の緊密な関係を考察する絶好の事例でもある。

[写真－14] 小牧堰堤と庄川水力電気専用鉄道
(「越中庄川峡」絵葉書、昭和初年、著者所蔵)

庄川水力電気（庄電）は大正14（1925）年4月、富山県東礪波郡東山見村小牧地先に高さ79mの堰堤を設け、最大出力7.2万kwの発電所建設工事を起工した。その過程で流木権という古来からの慣習を侵害するという飛州木材・平野増吉[16]から猛反対を受け、有名な庄川事件が発生した。実は平野を単なる「木流し」の「庄屋」などと解するのは早計で、加越鉄道を傘下に入れ、手首山軌道を敷設して流送する一貫運材業者たる事実を「軌道ニヨル木材運搬ノ光景」数葉を掲げた『写真帳』[17]を発行して司法当局に誇示していた。この事件の背後で、私的金融業者として有名な乾新兵衛が反対派の勝訴を冒険的に期待して、平野の飛州木材側に多額の融資を行った。飛州木材の主張する流木権にも一部配慮する形で庄電は流木輸送設備として①小牧堰堤付近（十八谷）に「木材運搬用軌道（軌間2呎6吋）約1哩ト運搬車、機関車」。②専用鉄道として「小牧ヨリ発電所下流ノ土入場ニ至ル間…鉄道 約1.4哩軌間3呎6吋）60＃軌條）、電気機関車（25噸）2台、貨車（6噸積）30台」[18]などを設置した。庄電は免許された[写真－14]青島～小牧間の専用鉄道のほかに、昭和2（1927）年時点で加越鉄道青島駅に相当する「東山見村金

屋岩黒ヨリ太田村三谷ニ至ル長二哩四十九鎖」の「弊社発電工事現場内ノ土工用」(庄電)トロッコ軌道を有していた。庄川堤防上に敷いた単なるトロッコの「既設ノ軌條ヲ改善ノ上之ニ充当シ…既設電車専用鉄道ノ支線トシテ」(庄電)昭和2年11月27日東山見村金屋〜柳瀬村柳瀬間五哩十五鎖の敷設免許を得て、平野が牛耳る加越線に依存しない別ルートを開発しようとした。

大正14 (1925) 年1月日本電力が浅野同族の保有する庄川水電株を譲受して系列化[19]したことを契機に、日電と飛州木材両者が全面的に対決した。環境保全を叫ぶ正義の士[20]平野は加越鉄道の経営者でもあったので、大正15年11月乱暴にも「一層憎悪の念が募り、直にポイントを切り、加越鉄道と日電の専用鉄道との連絡を断った」(庄川, p152)ため、加越鉄道で「青島まで輸送して来た諸材料を、一旦貨車より引き下ろし、再び自社の専用鉄道に積み替へねばならぬ…日電の手数と失費は非常なもの」(庄川, p140)となった。そこで「日電は、止むを得ず、別に鉄道を敷うと計画した」(庄川, p153)柳瀬支線敷設を平野が妨害するなど1年5カ月もの泥試合の揚げ句、昭和3 (1928) 年3月に至り「日電は加越鉄道の大株主となり、自社の人を重役に入れて、ポイント問題を解決」(庄川, p152)した。

昭和5 (1930) 年4月一連の減・増資により日電系の庄川水力電気・昭和電力「両社が完全に加越鉄道の支配権を掌握」(庄川, p155)し、以後加越鉄道と庄電軌道は緊密に連携して、日電の黒部専用鉄道と同様に、突如観光化に急展開を見せた。平野が日電を懲らしめようとポイントを断ち切った当時の加越と庄電の敵対関係とは想像もできない「庄電軌道便乗依頼書」[21]の公開画像は、加越が庄電の庄川運輸事務所宛に、青島駅〜小牧間4.77kmの庄電開業線(粁程S3, p19)の「軌道便乗方…御依頼候也」[22]と依頼する形式をとっている。

しかし加越と接続する庄電専用鉄道の敷設目的は、あくまでダム資材など「発電工事用ノ諸材料及機械類等ノ運搬ノ為」(「専用鉄道一覧」庄電)であって、目的外使用は建前として「ナシ」とされていた。しかし完全支配直後の昭和5年9月の地元紙には「人々の便宜を計るのに日電では青島駅から小牧堰堤まで専用軌道に便乗せしめてゐた」(S5.9.11北陸)とあり、昭和7年の案内

書にも「石動駅で加越線に乗替ると、新型ガソリンカーが軽快ないでたちで待受けてゐてスピード時代の有難さ…終点の青島駅で下車する。それより東南二キロ余、庄川水力電気会社の軌道によれば約十分にて達する…近年庄川水力の堰堤工事が完成して上流十二キロ余の間に一大湖水の現出を見、遊覧設備を整へ…」[23)]と、庄川水力電気と加越鉄道がこの時期に連携して砺波嵐山と名付けた庄川峡の観光開発に積極化しており、「便乗依頼書」を発行していた舞台裏が窺える。

現地にあって内情を詳しく調査された草卓人氏によれば「昭和六年二月末の運材作業終了後、同社は小牧ダムまでの鉄道運行と、ダム上流の大牧温泉及び祖山方面への交通運輸を目的として庄川運輸事務所を設置し、同年四月三日より青島町小牧間に「(貨車を) 展望式に改造した」客車列車の運行(無認可営業)と、小牧ダム-大牧温泉-祖山間の客船運航を開始した」[24)]という。前述の案内書にも「満々たる湖面をすべるモータに乗る事約三十分余」[25)]とある。

接続する加越鉄道は小牧発電所の完成を見越して、昭和5(1930)年定款を改正して観光事業を目的に加え[26)]、昭和5年9月ごろ「締切工事中危険のため一時同軌道の便乗を謝絶」(S5.9.11北陸)していた加越鉄道青島町～小牧ダム間の専用鉄道に、昭和6年4月新たに「『(貨車を) 展望式に改造した』客車列車の運行」[27)]を始め、俄かに観光客誘致に本腰を入れ始めた。加越鉄道もこれまでの工事用資材輸送に代り、積極的に誘致した「庄川峡観光客…の増加などで業績は安定」[28)]したが、鉄道監督局の片山広丘は昭和5年の実務書で、使用人の親戚知人、行商人まではともかくも、「専用鉄道の終端(又は途中沿線)に於ける景勝地の観光客を特に列車に便乗せしむる場合(この場合の如き目的外使用は甚だ好ましくないことである)…目的外使用の範囲が拡まるに従ひ、専用鉄道は漸次に営利的性質[29)]を帯びて来るのである。殊に人の運送に付て乗車券[30)]を発売して、誰彼の区別なく、吟味を為さずして乗車せしむるなどは如何なものであらうか」(片山, p10)と、まるで庄電の暴走を見越したかのように、営利に走りがちな運輸業者の弊に強く警告を発していた。

しかし昭和7(1932)年10月1日現在の『地方鉄道軌道一覧 附専用鉄道』

第 5 章　専用鉄道の「目的外使用」　257

には、庄電・専用鉄道の「目的外使用　ナシ」（鉄軌 S7，p23）と届け出ていたので、自社線を敢えて見栄え良く「庄川遊覧電車」と勝手に改称した地図入り広告など、鉄道監督局が見たら目を回すことであったろう。しかし当事者の庄電にしてみれば親会社の日電が黒部峡谷で編み出し、当局からもなかば黙認されてきた"専用鉄道ビジネス・モデル"を単に庄川に応用しただけの軽い気持ちに発したものかと想像される。

　実は、大山・壺田による定番の解説書では正規に免許された地方鉄道において「運輸開始認可前試運転の名の下に招待券を発行して一般地方民を無賃で輸送するが如き」（壺田，p251）、よくありそうな事例でさえ無免許と同罪と厳しく断じている。たとえば『両備軽鉄便覧』の編者である奥條種蔵（箕園）は、大正 3（1914）年 7月17日開通前の 7月 8日「社長河相三郎氏以下重役諸氏は線路視察のために試運転を挙行せらる、不肖また茲に便乗を許され、此記を作りて諸子に報道し得るを光栄とす」[31]として堂々と違法な『両備軽鉄便乗記』[32]を公刊した。しかも地方鉄道でなく専用鉄道たる「庄川水力発電所専用電車で二〇分で小牧発電所堰堤下に達し（賃一五銭）…専用電車は加越鉄道の各列車及大牧・祖山行汽船と連絡して居る」（旅程 S9，p257）という便乗レベルを遥かに逸脱した、反復・定期的・継続的な有料運行という完全な観光路線化は、昭和14（1939）年までの『鉄道省文書』の文面の限りでは目的外使用の申請も見当たらず、一切表面には出てこず（現地サイドでの黙認はあったとしても）あくまで正式の許認可を経たものではなかった。岸由一郎氏の聞き取りでも専用「鉄道が 2両ほどの客車を持っており、非公式ながら切符を売って湯谷温泉への観光客を運んでいた」[33]と地元年配者が証言する。

　こうした草卓人氏らのいう「無認可営業」ないし「非公式営業」も、戦時体制に移行する昭和14（1939）年「発電事業完了ニ伴ヒ地方鉄道（加越鉄道）トノ連絡運輸ヲ廃止トスル」[34]、「青島小牧間ノ専用鉄道ハ今回…地方鉄道トノ連絡ヲ撤廃シ専用鉄道廃止」[35]された。戦後の昭和25年10月ごろ発行の『沿線案内　富山地方鉄道・加越能鉄道』には、石動～青島町間の加越線以南に庄川に沿って湯谷、大牧の温泉、小牧、大牧、祖山の発電所が描かれ、「庄川峡…四

[写真－15] 加越能鉄道「庄川町」駅（旧青島町）
（昭和45年8月21日著者撮影）

時遡艇の便があり青葉と紅葉の峡谷美が観賞出来る」[36)]黒部峡谷と並ぶ大観光地として特筆大書されている。この「沿線観光図」にはまだ「鉄道予定線」として記入されていないが、このころ庄川峡への足としてレールは撤去されたものの路盤が残っていた専用鉄道の復活が再三計画されていた模様で、加越能鉄道は翌26年12月15日青島町〜小牧間4.7kmの免許まで取得した[37)]。

しかし庄川流域一帯の観光振興の立役者として期待された計画も「諸般の事情から着工に至らず、35年9月に起業廃止」[38)]となり"擬制鉄道"の真正鉄道化は実現することはなかった。乾新兵衛ら虚業家連中の足跡を追っていた著者が路線存続の危機を知って [写真－15] の加越線終点「庄川町」駅（昭和30 [1955] 年1月青島町より改称済み）を訪れた昭和45年8月21日の2年後、47年9月15日には赤字続きの加越線そのものも全線廃止[39)]され、「幻の電車」とされる"擬制鉄道"の存在を偲ぶ鉄路は一切が闇に葬られた。

（5）寸又森林軌道・千頭森林鉄道

大井川の奥、寸又峡一帯で盛んに発電所を建設しつつあった第二富士電力株

第 5 章　専用鉄道の「目的外使用」　259

式会社の専用鉄道である寸又森林軌道（沢間～千頭堰堤約20km）の「ガソリンカーは無料で乗せてくれる」[40]が、一般的に知られた昭和 6 (1931) 年12月発行の『大井川鉄道沿線名所図絵』とは別に当該専用鉄道の希有な鳥瞰図も存在する。元来は工事輸送目的であり、目的外使用が厳しく制限されているはずの専用鉄道にとって、自社の沿線名所を広く江湖に紹介する絵図があること自体が自己矛盾であり、鉄道監督当局から見ればあり得べからざる発禁モノといえる。谷田部英雄氏の近著によれば、施工業者「間組ノ神部君カラ…依頼シテ千頭山飛龍橋畔ノ佳景ヲ描」[41]いた「昭和十年初秋　寸又森林軌道沿線名所図絵　南海清一＜印＞」と添え書き瀬尾南海（本名瀬尾清一）画、間組・箒亭誠が製作した『寸又森林軌道沿線名所図絵』が、昭和10年10月「地方来賓、会社関係者、請負業者、一堂ニ会シ」[42]た竣工祝賀会で社長朝倉毎人に贈呈された、極めて少数部だけ製作された記念品であるということが判明する。「数年前までは交通頗る不便なりし」[43]大間集落も「軌道開通人口激増今や文化の光に浴し」[44]た。この珍しい絵図には南海画伯の「滝しぶきトロくぐり行く月夜哉」[45]との句も載せられ、千頭「大堰堤の出現により訪れ来る」[46]観光客に、寸又川軌道沿線の「天下の景勝」を紹介する意図も多分に込められているように感じられる。

　平沼義之氏の調査によれば「本線は基本的に工事輸送専用であったが、昭和 7 年に地元住民により軌道利用の陳情がなされ、地元民と生活必需品に限り便乗が許可されるようになった。そして湯山発電所は昭和10年に、大間発電所も昭和13年に無事完成」[47]したとされる。地元民と生活必需品に限り便乗が許可され、専用鉄道でさえも、当事者の当初の意図がどうあれ、「寸又川軌道沿線の大渓谷は其の雄大なる風光他に類例を見ざるべく」[48]と初三郎まがいの『沿線名所図絵』を発行するほど、完成前の段階で既に半ば観光鉄道としての性格を立派に備えていたことの証拠と考えられる。

　その決定的な証拠として戦後の千頭森林鉄道「すまた号」の存在がある。「昭和26年から38年まで」（西，p55）わずか10年あまりの間、地元の観光協会が寸又峡温泉への宿泊客用に観光列車「すまた 1 ～ 3 号」を千頭森林鉄道千頭

駅～寸又峡（尾崎坂）間に運行していた。昭和27（1952）年の『旅程と費用』には大井川鉄道の終点千頭駅から「森林軌道に便乗して千頭堰堤まで三時間半（二三粁）モーターカー貸切一〇名乗り一八〇〇円、エンジン運転の場合は貸切三〇名乗り四五〇〇円（一人一三〇円）、モーターカー大根沢まで五時間（三五粁）、二〇〇〇円…前記のように森林軌道の便乗が許されるので、肉体的にも時間的にも観光が容易である」（旅程S27, p583）と特筆大書されている。さらに翌28年の『旅程と費用』は「そこ＜千頭駅＞から大井川鉄道の観光用エンジンで営林署森林鉄道を走り、寸又峡の中心地飛竜橋（大間ダム上、千頭から約一七粁）付近の絶景を探って帰るのが普通のコースである。千頭発八時半頃、飛竜橋着十時半頃、同発一三時半頃、千頭帰着一五時半頃、便乗謝礼一人往復一二〇円」（旅程S28, p583）と変更されている。

　昭和27（1952）～28年版の「エンジン」につき、昭和33年版は「ガソリンカー（エンジンといっている）」（旅程S33, p520）と注記している。中部電力所有の機関車が牽引した [写真－16]（上）の『すまた号』客車（元浜松電気鉄道のガソリンカーを改造）の走行写真の解説にあるように「夏になればスリル満点の森林軌道に便乗して訪れる行楽客」[49]が鈴なりの大盛況であった。撮影者は気動車の中間車両の先頭に乗って先頭の気動車とその先に連結された木柵付トロリー２台、枠付トロリー等の車列がカーブしながらトンネルに入る絶好のタイミングを見事にとらえている。運行廃止後に著者が撮った廃車体（下）とも同型であることが判明する。白井昭氏の論文では「昭和26年観光協会は大井川鉄道（大鉄）の協力をえて遠州鉄道（遠鉄）より片ボギーの気動車３両を買い入れ、中部電力㈱のＤＬにより昭和28年よりＧＬ又はＤＬ＋キハ１～３両による観光列車『すまた号』を運転した。…この観光列車は昭和37年に寸又峡温泉が開業して観光客がさらに増加…」[50]とある。農林省直轄の森林鉄道に乗り入れる観光列車は、実質的に「大井川鉄道の観光用エンジン」なのだが、観光協会を表面上の主催者とし、かつ林鉄の元オーナーで移管「後も発電所やダムの維持管理用として…森林鉄道ダイヤの合間を縫って運行していた」（西, p54）「中部電力に委託して…運行」（西, p55）させる妙手に運輸省も管轄外

第5章　専用鉄道の「目的外使用」　261

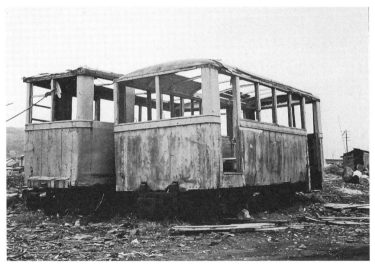

［写真－16］　千頭森林鉄道「すまた号」の走行写真（上）と廃車体（下）
（昭和30年ごろ、『写真で見る日本』所収（上）、昭和41年4月13日著者撮影（下））

と目をつぶるほかなかったのであろうか。「すまた号」の観光デザイナーはよほどの知恵者とお見受けした。

昭和33（1958）年版までは「営林署の森林軌道に便乗…ガソリンカー運転の場合は貸切三〇名乗り四五〇〇円（一人一三〇円位）」（旅程S33, p520）とあった林鉄への便乗が、翌々年35年版では全面削除され、どこかも分からぬ「軌道の沿線には…新緑や紅葉が美しい」（旅程S35, p443）との不自然な表現に改まるなど、生保内森林軌道の戦前期の「非公然組織」による謎の虚偽鉄道（終章参照）の場合と同様に杳として知れず、また走行写真、宣伝資料、切符等もほとんど流布せず、運転が中止になった経緯も全く伝わってこない。ただ「森林軌道は…大根沢まで通じているが、危険なので途中の千頭ダムまでしか便乗できない」（旅程S33, p520）との記述が昭和33年版にわざわざ追加された点を邪推すれば、便乗禁止決定の伏線となる人身事故等の発生が想定されよう。

同じく「大井川鉄道千頭駅から中部電力の専用軌道で（定期一日五往復、無料）奥泉まで一時間一〇分位（約一〇km）モーターカー貸切千二、三百円」（旅程S33, p520）とあった接阻峡の項も、35年版では「大井川鉄道井川線」となって便乗の記述は姿を消している。著者は長年企業や金融機関の破綻の研究に従事してきたが、破綻の真相について関係者に質問しても箝口令が敷かれていたかのように一様に押し黙るという苦い体験をした。その場合、当時の関係者にとって思い出したくないような悪い記憶が頭をよぎったのであろうと想像していた。「すまた号」の歴史にも、温泉軌道ほかの「始末書」提出劇に類似した、表沙汰にし難いような急な幕引があったかどうかが気に掛かる。

事態はその後に急展開を見せたようで、昭和37（1962）年6月林野庁から紹介されて千頭森林鉄道を訪ね千頭〜大根沢を特別に便乗した橋本正夫氏は「作業用台車と運材車が長々と続く編成だが、客車の連結はない。私は最後部の台車に腰を下ろして車体にしがみ付いて行く」（橋本, p11）と悪戦苦闘しており、昭和39年発行の『旅程と費用』にも「千頭からダムまで営林署の軌道があるが、原則として便乗させない」（費用S39, p443）と注意喚起するなど、末

期と思しき昭和38年頃にはどう考えても観光列車どころの話ではなくなっている。営林署ＯＢ谷田部英雄氏の近著には「森林鉄道は大間集落の人達にとり買物などで街へ出る足だ」（谷田部，p98）として軌道への便乗写真も豊富に掲載されている反面、なぜか地域にとって輝かしいはずの観光列車運行には一切言及がないのも気になる点である。著者が昭和41年4月憧れの千頭を訪れたのは時既に遅く宴の後で、「エンジン」の廃車体が大鉄構内に虚しく放置されているだけであった。

5．黒部峡谷の専用鉄道

（1）黒部峡谷への「非日常」の旅

「庄川遊覧電車」や「すまた号」などの便乗体験が決して過去のものでないことを証明するため、黒部峡谷の専用鉄道を探索してみよう。著者は本書を仕上げるに際して、やはりトワイライト・ゾーンを求めてある国内観光ツアーに参加した。目的地への交通手段は順に①開通間もない北陸新幹線、②富山地方鉄道本線、③黒部峡谷鉄道、④関西電力専用軌道であった。著者にとっていずれ劣らぬ格別な鉄道旅であるが、「非日常」を追い求めるツアーの趣旨からは、一昨年開通した初乗り区間を「かがやき」で快走する①より、西武鉄道の旧レッドアローを改装した②の特急車両の方が、さらに小雨が吹き込む窓ガラスなしの③トロッコ電車の方が快適さが著しく劣るのと裏腹に、著者に特別な開放感を与えてくれた。しかし距離も短く、しかも真っ暗で景色も一切見えないにもかかわらず、①②③のいずれよりも、④こそが「非日常」を感じさせる格別の乗り物であった。そして、最後に到着した著者にとっての最終目的地は、さらに専用エレベータで上がった所に鎮座する⑤関西電力上部軌道なる幻の施設である。車両の見学、撮影は許されたが、「関係者以外立入禁止」の警告文により一般客はここまで。黒四ダムへの「黒部ルート」の高熱隧道の初体験の夢は今回もかなえられなかった。

翌日著者は⑥富山地方鉄道本線・立山線に乗って、終点立山に存在する今一つの目的地である⑦立山砂防軌道を結界（入口）からしばし眺めた。⑤は一般人の便乗はもとより、構内への立ち入りすら厳しく制限されている「特殊鉄道」であり、⑦も鉄道監督官庁にとっても所管外の鉄道であり、共に一般人には容易に渡り得ぬ「彼岸」ゆえに、著者には格別の「非日常」を感じさせる特別な存在であった。運賃さえ支払えば誰でも乗れる①②③の「普通鉄道」とは本質的に異なり、便乗が許可されない、集団で申し込んでもなかなか抽選に当らないという極めてガードの堅い⑤と⑦のような「特殊鉄道」ほど、敷居が高く、高嶺の花であって、それだけ観光する価値の高い、レアな「特別感」のある乗り物である。幸運にも今回特別に、④への便乗が数次旅券まで提出させられ「吟味」をされて乗車を認められたからこそ、トンネルの中に隠されていて写真撮影すら不可能な⑤を今回間近に観察することができたのであった。

(2) 日本電力黒部専用鉄道の歴史

黒部峡谷の専用鉄道の場合、大正15（1926）年10月23日の宇奈月〜猫又間の運輸開始[51]と同時に地元民等の利便を図っている。黒部鉄道・黒部保勝会[52]が大正15年発行した鳥瞰図『天下の神秘境　黒部峡谷』には「日電会社軌道…目下猫又まで七哩の間完成…峡谷の探勝客に多大の利便を与へる」[53]と明記され、昭和7（1932）年『旅程と費用概算』には「前以テ黒部鉄道カラ便乗許可証ヲ貰ッテ置ケバ載セテ貰フ事ガ出来ル」（旅程 S7, p259）、鉄道省編『鉄道旅行案内』にも「この軌道には黒部保勝会の手を経て便乗することも出来る」[54]と広く「無料便乗という形で乗車」[55]を認めていたが、「昭和4年からは年ごとに増える観光のお客様に対応するため、便乗料金を徴収した上で一般のお客様にも解放することが認められ」[56]た。

[写真−17] の国立公園指定後の『黒部峡谷』絵葉書の一枚は無蓋貨車に客が乗り込んだだけの粗末な「普通？車」と、すでに等級性を実施していたのか、鉄製の屋根だけ覆った俄か造りの有蓋貨車の今様「リラックス？車」2両を機関車が牽引する様子を写している。オープンの側面には雨を凌ぐシートが掛け

第5章　専用鉄道の「目的外使用」　265

[写真-17]　「宇奈月温泉全景とトロ」（部分）
（『黒部峡谷』絵葉書、著者所蔵）

られている。昭和14（1939）年の案内書には「鐘釣迄一日三往復だけ一般探勝者を便乗せしめてゐる。所要約七〇分（一四粁三）便乗料片道一円、往復一円半」（概算 S14, p408）と明記されている。

　日本電力黒部専用鉄道において「途中猫又まで日電軌道の便ある」（北産, p243）と「其建設トロッコ線を探勝者および湯治客に開放し大いに利便を計って土地の開発、進展に寄与してゐる」（北産, p240）と地元で評価された日本電力は会社の名で「黒部峡谷絵葉書」等を発売した。著者所蔵分には、昭和8（1933）年9月13日付の「専用鉄道　鐘釣」駅のスタンプを「黒部鉄道」印と並べて観光客が記念に押すなど、あきらかに黒部峡谷探勝目的の便乗行為が常態化していた。しかしこの日電でさえも「工事用材料及自家用貨物運搬」（鉄軌 S7, p23）を目的として、表面上「目的外使用　ナシ」（鉄軌 S7, p23、鉄軌 S16, p30、鉄軌 S18, p38）を毎回謳っていた。

　昭和16（1941）年10月、日本発送電時代「その頃の便乗証には便乗ノ安全ニ付テハ一切保証致シマセン」[57]と「キップに注意書きし、これを了解の上で乗

車していただいた」[58]とされ、たとえば末期の昭和26年8月19日付で日本発送電黒部川支社が発行した「便乗証」には「一、本証ハ一回限リ有効デス。一、本証ハ乗車ノ際駅員ニ提示下サイ。一、便乗ノ安全ニ付テハ一切保証致シマセン。一、本証所持者トモ輸送ノ都合ニ依リ謝絶スルコトガアリマス。一、本証使用後ハ到着駅ニ返付下サイ」[59]との林鉄同様の「注意」が印刷されていた。昭和7年11月探勝列車が単機の機関車と正面衝突、「乱痴気を演じてゐた遊覧客一同は真ッ蒼」（S7.11.4北国③）となる重大事故も発生、不穏当な目的外使用を苦々しく思いながら長らく見逃してきた運輸省から「昭和26年10月有料便乗は専用鉄道の目的外であるとの指摘を受け、観光客の便乗取扱いは禁止された」[60]が、「その後、地元の皆様や黒部の自然を愛するお客さまから、観光用列車として利用したいとの声がますます強まり、昭和28年11月5日、関西電力株式会社が地方鉄道業法の許可を得て、「黒部鉄道」として営業運転を開始」[61]したという経緯を経て専用鉄道から地方鉄道への変更を許可され現在に至っている。

　その後も欅平以北は専用軌道のままに留め置かれ、昭和35（1960）年当時の案内書に「欅平からさらに奥の仙人谷まで軌道が通じているが、黒部第四ダムを建設中なので便乗できない」（費用S35, p541）ものの、完成後には「通行可能となって、大町〜ダム〜宇奈月の新しい観光ルート」（費用S35, p542）の一環として当然に一般開放を期待させるような嬉しい表現が、完成後の昭和39年には「欅平から黒四発電所近くの仙人谷までは工事用の上部軌道が通じているが、将来ともこの軌道は利用できない」（費用S39, p541）と関西電力側の方針転換を窺わせる厳しい表現に変更されている。

（3）関西電力専用鉄道と「黒部峡谷パノラマ展望ツアー」体験

　著者も実際に体験した「黒部峡谷パノラマ展望ツアー」[62]の非日常性を醸成する特別な仕掛けを例によって、①日常との隔絶感、②日常との連続性、③関門としての結界の存在、④潜入儀式・小道具・効果音、⑤回帰義務、⑥回帰儀式・小道具・効果音、⑦特別感・優待感・専有感、⑧五感へのほどよい刺激、

⑨現実逃避性、⑩拘束性・不自由性、⑪非公開性、⑫非永続性、⑬夢幻性、⑭非公然性、⑮虚構性の有無という観点で検討してみたい。

　現在の観光商品の「黒部峡谷パノラマ展望ツアー」専用ページ[63]を閲覧すると、「峡谷鉄道の全線往復代金に1500円ばかりの追加」で黒部峡谷トロッコ電車終点「欅平駅」その先の、一般の方は立ち入ることのできない⑪非公開の関西電力施設内の専用鉄道やトンネル、竪坑エレベーター（高低差200m）の体験ができるとある[64]。公式サイトの詳しい説明には「ここから先はこのツアーだけの未知の体験です。欅平駅から上流の軌道（トンネル）は、関西電力の専用鉄道です。一般の方は立ち入ることができません。しかし、このツアーに参加すれば、昭和10年頃から活躍しているこの凸（トツ）型の機関車が、みなさんを竪坑エレベーター前まで運んでくれます。200mの高低差を約2分で移動するこちらのエレベーターは人荷用で、文字のとおり人と荷物を運びます。人のみ運ぶ場合は36名まで乗ることができます。荷物は宇奈月からトロッコ電車で牽いてきた貨車を積み下ろしなく、貨車ごと運べる様にエレベーターの床にもレールが敷設されています」[65]とある。

　しかし「黒部峡谷パノラマ展望ツアーご参加に関する留意事項」には⑪非公開性、⑫非永続性を強調して「当企画は、普段入れない関西電力の施設内を通行する特別企画となります。事前に以下の内容をご理解いただきご参加願います。…お申し込み後参加者全員の氏名、年齢、代表者の住所等の個人情報を提供いただき…当日の集合時に、公的証明書により本人確認をさせていただきます。安全確保のためヘルメットを着用していただきます。（ヘルメットは関西電力が用意し当日お渡し致します。）お申し込み後、詳しくまとめた留意事項書面をお渡しいたします。必ずお読みください」と、④潜入小道具としてのヘルメット着用まである。主催者から交付された当該留意事項書面にも⑧五感への刺激があるとして今回用意した特別の「乗り物は工事用設備の為、一般交通機関に比べ狭く振動もあります…関西電力専用鉄道は、一般交通機関とは異なり不特定多数のお客さまに乗車いただくことは出来ませんので、事前に氏名等を確認させて頂きます。また、欅平駅から上部トンネル出口広場までの地下ト

ンネル区間は工事用設備のため、設備保全上からも氏名等の確認は必須となります…関西電力の工事用施設内は、安全の為動画（ビデオ）による撮影は、ご遠慮願います。（復路も同様。）参加者の過失等により発生した怪我等につきましては責任を負いかねます」[66]などといった通常のツアーではありえないレベルの⑩拘束性・不自由性を示す諸注意がこと細かく列挙されている。

⑧ほどよい刺激・恐怖感を与えた過去の「便乗ノ安全ニ付テハ一切保証致シマセン」との「便乗証」との明確な共通点をみることができる。⑦特別感・優待感、⑫非永続性をくすぐる宣伝文の「ここから先はこのツアーだけの未知の体験です」という意味は、黒部峡谷鉄道の欅平駅までは「真正性」ある鉄道であるが、関西電力専用鉄道の目的外使用欄は「なし」[67]とあるように「ここから先」は「真正性」を欠く、⑮虚構性の最高段階としての"擬制鉄道"への入り口となり、⑬夢幻性ある『高熱隧道』の小説にも描かれ、未知という底知れぬ魅力に満ちた「非日常」世界と②日常との連続点には国境の通過と同様な意味合いにおいて、それ相応の厳しい③関門としての結界が存在し、④潜入儀式である旅券の提示等の厳かな通過儀礼を必要とする、という念の入った仕掛けである。

未知という意味は欅平駅から先の"擬制鉄道"について、一般に入手可能な情報がさほど多く開示されていたわけではない⑪非公開性の故だからである。

たとえば笹津線が大久保町まで開通した昭和25（1950）年9月1日以降で、加越能鉄道が分離独立した昭和25年10月ごろ発行の『沿線案内　富山地方鉄道・加越能鉄道』には「宇奈月から阿曾原迄峡谷に沿って関電軌道に便乗し峡谷探勝が乗車の侭満喫される」[68]として、「沿線観光図」には宇奈月～黒薙温泉～鐘釣温泉～猿飛～仙人谷あたりまで＋＋＋＋印の「他社軌道線」で「関電軌道」が描かれている。昭和28年11月専用鉄道の欅平駅以北の普通鉄道化以前の記述であるため、上部軌道部分を区別することもなく、一体として「関電軌道」と表現するが、専用鉄道の目的外使用が常態化していた証拠でもある。

黒部峡谷鉄道が分離独立後の昭和46（1971）年発行の『黒部峡谷ガイド』には、欅平駅以南の「日電歩道」や黒四は描かれているが、**[写真－18]**の上部

第5章 専用鉄道の「目的外使用」 269

[写真−18] 関西電力上部軌道の見学風景（全員ヘルメット着用）
（平成27年11月15日「パノラマ展望ツアー」で著者撮影）

軌道には一切言及がない。昭和32年ごろ関西電力発行の『黒部川第四水力発電所建設工事の案内』には「欅平から仙人谷までの上部軌道6粁は工事用で、『黒四』建設のため延長工事中であります」[69]として「建設計画図」には黒部鉄道終点「欅平駅」からしばらくしてトンネルとなり、竪坑エレベーター前に達して、ここから仙人谷ダムまで上部軌道が描かれている。たった1枚、高熱隧道らしき写真を掲げ、「物資輸送の動脈である大町ルート、黒部軌道工事並に立山ルートに全力を集中し、これらの完成を見るに並行して、昭和32年度より、いよいよダムの掘鑿…に全力を注いでいます」[70]と簡単に言及する程度である。

昭和33（1958）年5月地元発行の写真集『黒部峡谷』に「宇奈月から上流欅平まで絶壁をぬって軌道が走り（二十一粁）…欅平から仙人谷迄の軌道は六粁の隧道で主に工事用である」[71]、「欅平仙人谷間（七粁）の隧道の最後の箇所六〇〇米は六〇度C位の高熱水蒸気が立ち籠めている中を軌道が突走り、他に類を見ない設備である」[72]とあるのが当時公開情報として得られた最も詳細なも

のである。

　昭和33（1958）年の建設当時に「関西電力黒部川第四水力発電所建設事務所」内の「黒四安全協議会」が、工事関係者向けに少数部のみ発行した『黒部川第四水力発電所建設工事写真輯　A』（昭和58年1月14日入手）なる内部資料においてさえ、以下のような断片的な情報が得られる程度の「謎の存在」であったからである。「欅平でエレベーターに乗ると二百米を二分程で上昇する。此処から又六粁闇ばかりの道をトロッコでゆられる最后の六百米程は高熱隧道、六〇度C位の気温である。これを通り過ぎて漸くにして仙人＜谷＞に到着の順序となる」[73]、「仙人谷　此の工事の材料は先づ軌道で仙人谷迄運ばれる。…軌道の終点約六〇〇米は高熱隧道で其の蒸気が車両の中に迄進出して来る。其の気温は…大体六〇度C位」[74]として「放水路橋上部軌道（33.2.28）」など施工中の写真多数を掲げている。記載された数値は現在公表されたものとも一致しており、技術者集団向けの内部資料として当然のことながら、正確な記載内容であると考えられる。

注
1) 遊覧客誘致を評価した福田次郎も森林軌道の項目では「目的外使用」、便乗等に関連するような記述は一切行っていない。
2) 湯沢威「イギリス初期鉄道業の基本的性格－ストックトン・ダーリントン鉄道をめぐって」『流通経済大学論集』11巻4号、昭和52年3月、p48～49。
3) 宮本源之助『明治運輸史』大正2年、運輸日報社、p7。
4) 絶海の孤島・南大東島に昭和58年秋まで存在した沖縄県唯一の大東糖業専用鉄道にも「かつて島民の足として旅客輸送していた時代」（竹内昭　『南大東島シュガートレイン』岩崎電子出版、平成14年、p36）があり、木製の客車が2～3台も活躍していた由だが、将来とも一般鉄道に連絡できる気遣いもなく、鉄道監督当局も全くのノーマークであったことであろう。寡聞にして大東糖業専用鉄道の乗車券の存在を知らないが、もし有料での旅客営業であったとしたら、淡路交通の鉄道線の旅客営業との法的な差異をキチンと説明するのはなかなか難しい。
5) 銅山に用件のある人に「便乗券」を出した別子鉱山鉄道も「沿線人口が増え沿線の居住者などから別子鉱山鉄道の利用を希望する声が高まってきた」（『愛媛県における鉄道の変遷』愛媛県総合科学博物館 https://i-kahaku.jp/research/bulletin/02/03-fujimoto.pdf）ため、昭和4年11月5日端出場・惣開間専用鉄道を地方鉄道に切り換えた。

6) "棚尾の歴史を語る会　テーマ82「大浜臨港線運送株式会社」第50回棚尾の歴史を語る会（資料　碧南市 www.city.hekinan.aichi.jp/kyodoka/04keikakutyousei/.../katarukai50.pdf）、『西三河今昔写真集　保存版』樹林舎、平成18年，p86。なお小宅幸一氏の調査によれば開戦直前の小名浜臨港鉄道は旧磐城海岸軌道のガソリン機関車・軌条等を活用して建設工事を名目に「約1年間の仮側線を設け…工場用の製品や原材料」（小名浜，p44）を「貨車に鉄道省で使うような貨車番号を記入して当局の目を逃れ」（小名浜，p44）て軍需工場への輸送したという。
7) 黒部峡谷鉄道記念館展示。
8)11) 『私鉄要覧』鉄道図書刊行会、昭和45年，p62，p174。
9) 小西可東「飛騨神岡鉱山鉄道便乗記」『工業界』11巻5号、大正9年5月，p13。
10) 『私鉄要覧』日本法制資料出版社、昭和37年，p192。
12) 『写真集　王子製紙と苫小牧の100年』平成23年、一耕社，p122。
13) 『日本窒素肥料事業大観』日本窒素肥料、昭和12年，p537。
14) 日本窒素肥料は所有鉱山を分離し、昭和10年4月100％出資の日窒鉱業を設立したが、千町鉱山の名は一覧表には見当たらない（前掲事業大観，p397）。
15) 加茂土工森林組合は「加茂川林業 - TOK2.com 加茂土工森林組合の結成」（http://9.pro.tok2.com/~arajishi/kamo02/08kamogawa/kamogawa.html）に詳しい。新城営林署の田口森林鉄道でも車両運行の調整を担当した元職員は規定にはない「夜中に火傷の人や病人、助産婦の迎えなど急を要する要請に何度か応え…地域との関わり、職務との兼ね合いに悩みました」（データ中部，p224）と板挟みの苦悩を正直に告白している。
16) 平野増吉（岐阜県郡上郡八幡町）は飛州木材代表取締役、金沢製氷、砺波鉄道各専務、能勢電気軌道、庄川木材、中央製鉄、美濃製鉄所各取締役、摂丹鉄道発起人（木下青﨑『平野増吉翁伝』昭和35年）。「庄川事件」の経過は石山賢吉『庄川問題』昭和7年、『二つの流れ』昭和45年版、トナミ運輸、p119以下、結末については草卓人『鉄道の記憶』桂書房、平成18年，p372以下に詳しい。
17) 『飛州木材株式会社事業一覧写真帳』飛州木材、大正15年9月。
18) 庄川水力電気『小牧発電工事概要』昭和5年11月（著者所蔵）。
19) 庄川水電と大口需給契約を交わしていた日本電力は事業計画の遂行上、小牧発電所の工事を引き継がざるを得なくなり、庄川水電株の相当数を浅野同族から買収した。
20) 平野増吉について『ダイヤモンド』誌主幹の石山賢吉は「電力会社と喧嘩ばかりして居る…誠に始末の悪い男」（庄川，p2）との先入観を持っていたが、「結論から先きに云へば、飛州木材側の抗争を、単純なるユスリの目的と解釈して居るのは誤り」（庄川，p3）とする一方、「田中、綿貫、乾と云ふが如き兎角の世評ある人物と道連れになった事…彼の行動の瑕瑾たる事は免れなかった」（庄川，p433）と断じた。なお飛州木材は三井鉱山・神岡水電とも「あらゆる手段を尽して軌道輸送を阻止」（三井金属修史委員会編「三井鉱山史　奥飛騨の交通発達史」『三井金属修史論叢』第4号、昭和45年9月，p92）すべく紛争になっている。
21)22) 「庄電軌道便乗依頼書」（砺波市教育委員会デジタルミュージアム「砺波正倉」公

式ホームページ・フォトライブラリ p367（1073shoso.jp/www/photo/detail.jsp?id=11206)。『庄川町史下』昭和50年，p367。「砺波正倉」は砺波市の歴史・文化資源の情報を統一的に整理し情報を配信中。

23)25)　塚田仁三郎『北陸の産業と温泉』北日本社、昭和7年，p73，p80～82。

24)　草卓人「庄川水力電気専用鉄道の成立と変遷－庄川流木争議の一断面－」『鉄道の記憶』桂書房、平成18年，p377。草卓人『富山廃線紀行』桂書房、平成20年，p148。

26)28)　『富山地方鉄道50年史』昭和58年，p136。

27)　「庄川の新名所大湖水への専用鉄道けふ開通」『富山日報』昭和六年四月三日（草卓人『富山廃線紀行』桂書房、平成20年，p148所収)。

29)　「穏当でない」(堀江，p649）営利的の例として豊富駅～一坑間16.5キロの日曹鉱業専用鉄道は昭和40年代「無賃乗車は固くお断り致します」と注意書きの上、「社外者」には「従業員及家族」の10～20円の2～3倍に相当する乗車距離に比例した30～50円の運賃を徴収する「日曹専用鉄道旅客運賃表」を掲げていた（西村雅幸 なつかしの日曹炭鉱専用線｜DRFC-OB デジタル青信号（http://drfc-ob.com/wp/archives/35883))。

30)　大夕張炭鉱は大正5年ごろ「二股清水沢間　専用線内乗車勘合証　一枚一人ニ限ル（ゆき)」「二股清水沢間　専用線内乗車勘合証　一枚一人ニ限ル（かへり)」(「三菱大夕張鉄道　鉄道、列車」「乗車勘合証」（鉄道、列車) - ooyubari9201の blog - Yahoo! (http://blogs.yahoo.co.jp/ooyubari9201/28043152.html))を発行し、真谷地専用鉄道も便乗扱いで客車運行し「勘合証」なる乗車券を発行していた。

31)32)　奥條種蔵『両備軽鉄便覧』大正3年，p109。

33)　岸由一郎「失われた鉄道・軌道をたずねて（69）庄川水力電気」『鉄道ピクトリアル』631号、平成9年1月，p102。

34)　昭和14年10月30日付鉄道大臣宛富山県知事文書、庄電。

35)　昭和14年10月8日付鉄道大臣宛庄川水力電気「御届」庄電。

36)68)　『沿線案内　富山地方鉄道・加越能鉄道』（昭和25年10月ごろ発行、著者所蔵)。

37)38)　前掲地鉄50年史，p609。

39)　前掲地鉄50年史，p612。

40)　『南アルプス八ケ岳連峰』昭和10年，p272。

41)42)43)　朝倉毎人『朝倉毎人日記』静岡県立図書館（谷田部英雄『賛歌　千頭森林鉄道』文芸社、平成28年，p149所収)。

44)45)46)　瀬尾南海『寸又森林軌道沿線名所図絵』昭和10年10月、間組。

47)48)　廃線レポート 千頭森林鉄道 沢間駅～大間駅 - 山さ行がねが「歴史解説編<2>」(http://yamaiga.com/rail/senzu/main.html#s1-2)。

49)　高木恒雄『写真で見る日本5　中部篇』日本文化出版社、昭和31年，p78。「千頭から大根沢間の森林軌道三十四・三キロにモーターカーを走らせてくれ…記者を案内してくれた」(S36.8.3読売③）際の記事では「大井川の支流寸又川をさかのぼる千頭森林軌道は従来から、かたく登山者を乗車させないできた。事故が起きた場合、その責任を営林署側で負わねばならないからである。しかしこのごろは事故の発生もまれになってきたので、前もって依頼しておけば、まじめな登山者で人数が業務にさしつか

えない程度だったら、便乗を許してくれる」(S36.8.3読売③)『千頭森林鉄道：30年のあゆみをふりかえって』昭和44年6月。

50) 白井昭「千頭森林鉄道と智者山軌道」『産業遺産研究』6号、平成11年5月、p56〜57。当時のルポでは「快速『あかいし号』」と「寸又号」」(橋本広介「寸又峡温泉」『温泉』昭和38年9月、p29)とある。

51) 『私鉄要覧』鉄道図書刊行会、昭和45年、p62。昭和3年3月末日現在で東洋アルミナム専用鉄道は黒部鉄道宇奈月駅〜会社猫又間11.67km、跡曳〜二見間1.71km(鉄道省『昭和三年三月末日現在　日本全国鉄道線路粁程』、p19)。

52) 黒部保勝会の事務所は黒部鉄道終点宇奈月駅内にあり、立山への「案内人ノ世話其他」(旅程S7, p261)、「坊主山ニ黒部保勝会建設ノ小舎」(旅程S7, p261)を所有、吉沢庄作ら黒部鉄道会社営業所派出員によって構成されていた別働隊と見られる。

53) 『天下の神秘境　黒部峡谷』黒部鉄道・黒部保勝会、大正15年。

54) 鉄道省編『鉄道旅行案内』博文館、昭和5年、p155。

55) 黒部峡谷鉄道ＨＰ会社概要。

56)57)58)59)60)61)　黒部峡谷鉄道ＨＰ、黒部峡谷鉄道「黒部川電気記念館」展示資料。なお黒部と同様に松尾鉱業専用鉄道が昭和23年3月15日屋敷台〜大更間を地方鉄道に変更して開業したのも、恐らく当局の強い指導によるものと思われる。松尾鉱業は「大更駅より屋敷臺迄十五粁余の間は二十封度軌條を敷設しガソリン機関車にて硫黄、硫化鉄、および材料等の運搬並に人の交通に当つ」(鉱業, p919)として、専用鉄道の目的外使用の欄に「鉱山往復者及通学児童輸送」(鉄軌S16, p12)を掲げるなど、「鉱山付近には村落無く大更駅に出でざれば物資を購ひ得ず」(鉱業, p919)との理由で便乗の範囲が広く認められていた。

62) この「黒部峡谷パノラマ展望ツアー」は好評であったのか平成28年度もほぼ同様な内容で継続され、「安全確保のためヘルメットを着用して」著者のいう"擬制鉄道"たる非営業の「専用列車」に便乗する形で「普段入れない関西電力の施設内を通行する特別企画」という「未知の体験」(『富山とりっぷ（秋）』平成28年10月, p1)を売りにした、本書主題たる「非日常」型旅行商品の一例である。同じ北陸の「非日常」型列車でも「七尾線観光列車花嫁のれん」は「加賀屋監修の和装アテンダントのサービス」を売りにしており、質実剛健の富山と対照的な華麗さである。

63)64)65)　黒部峡谷パノラマ展望ツアー｜トロッコ電車と関電竪坑エレベーターで行く！(http://kurobe-panorama.jp/)。

66) 「黒部峡谷パノラマ展望ツアーご参加に関する留意事項」(https://www.kanko-pro.co.jp/visit/kurobepanorama-ryuui2.pdf)。

67) 『私鉄要覧』鉄道図書刊行会、昭和45年、p188。

69)70) 『黒部川第四水力発電所建設工事の案内』関西電力(昭和32年ごろ発行、著者所蔵)。

71)72) 村上陽岳編『とやま写真文庫1　黒部峡谷』昭和33年5月, p21, p43。昭和31年ごろの上部軌道の便乗記には「終着欅平に到着、100米歩いて、大型エレベータに乗る。…再びトロッコに乗せてもらう。5粁の間一度もトンネルを出ることなく中は真っ暗

闇、途中熱湯井戸と呼ばれる蒸気の中を突っ走る」(『写真で見る日本』第7巻中部篇（福井・石川・富山）、世光社、昭和31年、p126）とある。
73)74)　『黒部川第四水力発電所建設工事写真輯　A』黒四安全協議会，p6，p31。

第6章 「便乗」等による"擬制鉄道"化

1. はじめに

　本章では「虚偽鉄道」とりわけ森林鉄道・森林軌道等の「解放運動」「便乗」「目的外使用」等による"擬制鉄道"化・観光鉄道化現象を取り上げる。戦前期に朝鮮半島北部の朝鮮窒素肥料（朝窒）のインクラインに便乗した記者の探訪記を引用してみよう。[**写真－19**]のようにこの専用鉄道は相当な恐怖感を与える「絶叫型」乗り物として、昭和初期「近来頓に増加した赴戦高原観光にも大いに利用され…強く近代人の心を惹く」[1]当地の観光資源でもあったようだ。

　「新興まで約九里の間は汽動車、新興からは軽便鉄道に乗り換ゆ。これから

[写真－19]　咸南松興駅の「綱索客車」車両
（『車掌写真帖』昭和15年7月3日新興鉄道株式会社、五老写真館製作、著者所蔵）

は朝窒の営業線である。松興まで約五里、松興から下松興まで軽鉄、下松興からはインクラインである。山を超えて道安まで或は汽動車、或はインクラインで其間約八里、道安から貯水池を四里、合計二十六、七里に前後十時間を要し、夕陽高原に沈まんとする午後六時でないと、目的地の漢岱里には着かないのである。…壁のようなインクラインの乗り心地と四辺の風物を叙述して見よう。下松興でトロッコその儘のせいぜい十人位しか乗れぬ小型の屋根も何もない車に席を占める。第一の坂路、約三四百尺の勾配を仰ぎ見た金君は、『何んだ！京都の生駒山程度じゃないか、見ると聞くとは大違いだ』と一笑に附し去ったが、いよいよ中腹の紅葉谷辺りに差掛り、橋脚が深い谷間に屹立する桟橋の上を車がスルリスルリと登り出すと、脚下に夢のように展け行く渓谷、後には郡山が層をなして三重にも四重にも藍に、薄青に霞てその果ては咸南、興南から日本海と覚しき辺りで雲とも山とも見分け兼ねるようにボカされて行く幽大な眺望、それが皆はるかに尻の下にあるのを意識した時ながめはすなわち幽大ではあるが、むず痒いような、薄気味悪い感じがヒシヒシと胸に迫って来る。愈よ白岩山の正面に、例の壁をよじ上るように車が二本の索綱で百五十馬力と百馬力との二動力によって引き上げられ、乗客の体が山容と殆んど直角に、僅かに背随を一本の横木に支えられて空を仰ぎながら、六七人の乗客と黙々として運ばれる時の気持ちは、西松組の門田君の言葉を借りて云えば『幾度も乗った経験家でも、余り気持のいいものじゃありません』…と之こそ真にいつわらざる告白である。…恐ろしくもあるがその度に正比例して眺望はこの世の物とも思われぬ程ズバ抜けて素晴らしいものである。車はやがて顔面蒼白の客を乗せて無事山頂に達した。ホッとして今来し方を顧みれば、木材やセメント運びの為めに作られたこの索道に、よくも一命を託してここまで上って来たものだと熟々考えさせられた。読者或は著者の余りの怯懦を笑うかも知れないが、昨年も東京の某専門学校生徒十数名が…生々しい事実あり、それ迄にも工夫は可成り犠牲となっている筈だ。ただ昨年来会社の材料運搬を改めて一般貨客に対する営業線の許可を受けてからは、絶対安全の装置をしたと伝えられて世間も安心し事実その後は些の事故をも起さない点からすれば、今後はわれわれのよう

に、騒ぐ人は無くなるだろう」[2]。

　残念ながら今日では現地を調査することもままならぬ地域ゆえ、戦後の内地に目を転じて、昭和27（1952）年当時の長野県の浦「森林鉄道搭乗記」を紹介しよう。「林鉄の車両は、煙突をボンネットに立てたガソリンカーを先頭に、十数台のトロッコ…乗客は、途中の村人らしい人と私たち三人を含めて八人ほど…乗り慣れた村人は、私たちの不安気な表情など、まったく無視した高話高笑い…体が遠心力に振られて、思わず鎖を握る手がゆるみひやりとする。…いよいよ巫女淵に入る手前で、対岸に渡る木橋にさしかかった。思わず固唾をのんで鎖にしがみつく」[3]。

　三峰川に沿った林鉄は昭和16（1941）年巫女淵（大曲）まで完成、次いで「荒川渡まで延ばす予定…荒川岳、塩見岳の登山が便利になる」（S15.7.12読売⑥）として、筆者の小林一行氏ら岳人に親しまれた。巫女淵は杉島・岩入を起点とする林鉄の終点荒川近くの三峰川の景勝地で、竹内昭氏の撮影した大曲付近の写真[4]がこの「対岸に渡る木橋」に該当するようである。

　いずれも初体験者による命懸けの専用鉄道の貴重な乗車記録である。逆に八ヶ岳の軌道の修理に従事した元営林署員も「トロッコを集木場まで引き上げるためのガソリンカーが、丸太を組んだだけの桟橋から落ちたときの話」では「三十回も落ちた」[5]、「乗ってる人は、恐かったでしょうね。ミシミシいうしね。おらたちは修理やってるで、逃げりゃよかったからね。アッハハハ」[6]と笑い飛ばしている。この危険な八ヶ岳の軌道の場合も「急用とか急病人がでると…優先して乗せた」[7]が、決して「勝手にのってもよかった」[8]わけではなさそうだが、関係者の証言によれば村の若者たちが「線路わきに裏返しに外されてあったトロッコを起こして軌道に戻すと一両に五、六人ずつ分乗して矢のような早さで富士見の街を目指して下って行った」[9]など、「地元集落の若衆が毎日運行」[10]していて「ガソリンカーの運転手」と「ツーカー」[11]の村民は事実上「軌道の功徳に浴した」のであった。

2．危険な鉄道への「便乗」制度

　戦時において鉄道は、兵隊・武器等の軍事輸送手段として軍隊の直接の管理下に置かれることがあり、満洲事変でも大砲を装備した装甲列車が幹線上を運行された。「便乗」制度そのものは、こうした軍事目的で敷設され、軍隊が直接運営する軍事鉄道においても戦火が一段落した段階で広く行われた。たとえば台湾の手押軽便線は「始め陸軍補給廠が軍需品輸送の為敷設したが、以来公衆の便宜乗車を許可した」（M43.11.19R⑬）もので、明治36（1903）年開始の「便宜乗車」を「便乗」と略したようであり、また樺太島の軍用軽便鉄道は「派遣の鉄道隊員の手を以て一日四列車づつ運転しあり。新領土開発の一手段として軍需品の輸送に差支なき限り一般公衆の便乗並に貨車の貸下を許す事とし…便乗賃は未定なるも一哩二銭五厘以上三銭内外位に決定すべしと」（M40.3.1東朝②）報じられ、有料での便乗であったことが判明する。民間人の日本基督教青年会同盟幹事が、明治39年9月「満洲ニ於ケル守備軍慰労青年会事業視察並ニ韓国ニ於ケル守備軍慰労ノ為渡航」の際に「宇品、門司ヨリ釜山マテノ官船便乗券ヲ交付スル事」[12]を願い出ている。

　軍事鉄道は一般営業の鉄道のような「乗車」ではなく、あくまで恩恵的な「便乗」扱いであるため、軍人以外の者が乗車をする際には事前に兵站（軍隊で輸送などに従事する現業機関）で「便乗許可証」を提出し、これと引き換えに「便乗券」を発行する厳格な制度になっていた。

　軍事以外の一般貨物を軍事鉄道に積載する場合も、同様に事前許可が必要であった。たとえば山東鉄道の「便乗心得」は十五箇條からなり、「第三條　便乗者は少なくも列車出発時刻前三十分迄に本線便乗券の交付を受け改札口を経て乗降揚に集合すべし」[13]といった具合に便乗の際の心得が相当に事細かく指示されていた。この厳重管理されていたはずの「山東鉄道長期便乗券」が紛失する事件が大正4（1915）年8月発覚、山東鉄道は「酒保請負人ニ対シニ等級長期便乗券多数ヲ交付シタルモノニシテ、其ノ処置穏当ナラスト被存候条、事

情調査ノ上通牒相成度候也」[14]として、安易な多数交付の裏事情の取調べが陸軍省でなされている。このように「山東鉄道は現今尚軍用列車として運転しつつあるもの」[15]ではあったが、大正6年時点の「山鉄旅客手荷物規定概要」は冒頭から「旅客は有効なる乗車券を所持せざれば乗車するを得ず」[16]式にすっかり普通鉄道化している。

　以下に述べる森林鉄道等の厳格な「便乗」制度の根底にあるものも、こうした危険な軍事目的の軍事鉄道への軍人以外の非戦闘員の「便乗」に準じて考えることができよう。森林鉄道は旅客輸送を目的とする公共交通機関（コモン・キャリア）とは異なり、木材搬出等を目的に敷設される産業鉄道（プライベート・キャリア：private carrier）である。そもそもプライベート・キャリアとは他人の利用が排除される私的交通手段、つまり特定の個人や企業などが自己のために、自分が所有している貨物を、自分が所有している輸送機関で運ぶ場合の自家用輸送者をいう。これに対してコモン・キャリア（common carrier：公共運送人・公衆運送人）は海運業にあっては、①不特定多数の荷主の貨物をのせ、定まった航路を、いかなる気象条件にあっても定日定刻に出帆し組織的に運航されるなど、専門的に他人の貨物の輸送を引受ける他人運送の営業形態をとる「運賃積」の定期船、②時刻や航路を定めない不定期船とに分れている。さらに広義には、有料道路や運河など本来の運送人に交通手段を賃貸する事業者が含まれる。コモン・キャリアの本質は報酬を目的とする運送人であること、顧客を選択できず、特別な場合以外は運送を申込むすべての顧客に対し運送引受義務を課されていることである。その結果、公共の需要に応え有益な公共目的に奉仕するコモン・キャリアには、免許制度などの行政機関による何らかの規制が働く場合が多い。

　運送引受義務を課されているコモン・キャリアとは全く異なり、純然たるプライベート・キャリアである森林鉄道は、他人の利用が排除されることを原則としている。すなわち「この林鉄輸送は、急勾配であったため、多数の制動夫を用いてもなお機関車は貨車の惰力に押されて危険であって、当時は列車事故による死傷も相当数に達し、『本鉄道は便乗を許さず。強て便乗するとも総て

の危険は自己の負担と心得うべし』という制札」（小林, p102）を立て便乗禁止を原則としていた。

　昭和5（1930）～7年の事故報告でも、昭和5年津軽2件、坪川、仁鮒、岩見、小森各1件、昭和6年津軽、戸草、魚梁瀬各1件、昭和7年奈半利、森ヶ内各1件発生している。昭和5年8月13日津軽「小田川支線ニ於テ脱線転覆死者三名、負傷二十七名、慰藉金一千百八十七円」（便乗調, p3）の最大事故をはじめ、昭和6年7月29日津軽で「相ノ股沢橋梁ヨリ脱線、即死2、重傷3、軽傷3、五所川原へ入院慰藉料590円出ス」（便乗調, p5）、昭和6年10月戸草で「死者2、傷者1、慰藉金トシテ150円支出」（便乗調, p5）など、自己負担原則では対処し切れぬ有責事故もあったことが判明する。昭和5年6月1日津軽「薄井部落付近、空車便乗中ノ婦人一名転落即死、慰藉金十円給与」（便乗調, p3）など、便乗客の転落も含まれている。

　戦後でも中央の新聞に遠隔地の森林鉄道が報道されるのは例外なく、早口「森林鉄道のトロッコ転覆…早口貯木場から約九百メートル奥で、同営林署の気動トロッコの最後部の無蓋客車が脱線して転覆…カーブでスピードを出しすぎたためらしい」（S36.8.7朝日⑦）など、大きな人身事故の記事であった。

3．森林鉄道解放運動と政府側の対応

　森林鉄道のほとんどは国家が税金を投入して敷設した公共投資であって、国家による国有鉄道敷設網の恩恵を将来とも期待できない山間僻地の国民にとっては、目前の森林鉄道を一種の国有鉄道と見做して、相応の期待を抱くのは自然なことである。たとえば王滝村は大正6（1917）年ころから「地元民の便益の為に便乗と貨物運搬方をも陳情」（村誌, p273）し続けた。普通鉄道以外の特殊鉄道を敷設する役所自身は便乗に関してどういう認識をもっていたのか見ておくこととする。しかし帝室林野局でも「終戦直後、それまでの御料の文書・資料類の多くが林野局の命令で焼却処分」[17]されたため、便乗に関する公文書はさほど多くは残されていない。幸いに入手可能な木曾支局関係の文書

(住民) によれば，大正 6 年時点の帝室林野監理局木曾支局長は，森林鉄道と普通鉄道の差異を次のように説明している．

　支局長は森林鉄道の沿線住民からの以下のような①〜③の切実な要望に対して，「上司ノ指令ヲ仰ク迄モナク絶対ニ許可ハ勿論黙認スベカラザルコトニ属ス」(村誌，p1820)と，にべもなく拒絶した理由として述べたものである．①「御料ノ事業ニ支障ヲ来セザル限リニ於テ王滝村民ニ限リ搭乗ヲ許サレ度事」．②「鉄道ノ妨害ヲ来セザル限リ，村民ノ通行ヲ許セラレ度キコト」．③「事業ノ支障ヲ来タサザル限リ，鉄道ニ依テ王滝村ノ輸出入物貨物ヲ搭載セラレ度キコト」(村誌，p1820)．

　国有鉄道網から疎外されて「其ノ位置僻在セルカ為メ交通ノ便ヲ欠キ物資ノ供給上大ニ困難ヲ訴フルノ部落」[18]，とりわけ「冬季積雪ノ候ハ駄馬ノ便全ク途絶シテ物資ノ輸入頗ル困難ヲ極メ…日常ノ生活上甚敷苦慮ヲ重ネ」[19]る王滝村にとってみれば，今回降って湧いたような巨額の国費投入による特殊鉄道たる森林鉄道の出現を奇貨として，可能な限りこれを国有鉄道と同様な普通鉄道並に「是ニ依リ日用品ノ輸送ヲ依託スベキ希望ヲ持シ」[20]て，「王滝村長并ニ同村陳情委員二名当支局ヘ出頭シ…偻々陳述」[21]，「之等住民ニ対シ…同情ニ不堪」[22]と感じた西筑摩郡長ともども懇願に及んだものである．「元来森林鉄道ナルモノハ単ニ運材ノ必要上布設セルモノニテ，其構成モ普通鉄道ノ夫レニ比シ極メテ簡易，殊ニ軌道ノ如キモ国家ノ条例ニ則サルモノニテ，従テ普通鉄道ニ比シ危険モ供フモノナルニ，貴重ナル人命ヲ保護スルハ到底ナシ得ベカラザルヲ以テ，万一故障ノ生ジタル場合，之レガ責任ヲ負フガ如キハ全然認ム可ラザル次第」(村誌，p1820) というのが，当局の回答であった．村誌に記載のない民貨輸送等「反対ヲ唱フルモノアリ…一面輸送ノ必要ヲ感スル村落ヨリハ速ニ開始方ヲ迫ル有様ニシテ…関係町村ノ意見一致セサル」[23]村落間対立の例として，「王滝村トハ古来特種ノ事情アリ地勢上唇歯輔車ノ関係ヲ有シ」[24]上松と競合する「福島町民は上松駅より王滝村に対する森林鉄道開通の暁に至れば…御嶽登山の旅客も亦該鉄道を利用する為め将来福島町の衰微を来すものと誤信」(御料，p282) して，「米穀商，菓子商，運送業者等」[25]の「商取引其他一

部営業者ノ利害関係ヲ異ニスルモノ」[26]が「自町自衛ノ名下ニ」[27]、林鉄への「貨物ノ搭載ハ絶対反対」[28]等を繰り返し叫んだため、当局はことさらに「専用鉄道は単に林産物の運搬に供するものであって、決して一般旅客の乗車を許すべきものではない」(御料, p282)旨説諭して「漸くにして亦＜福島＞町民の諒解を得、本鉄道の布設に支障なきに至った」(御料, p282)という地域間の特殊事情も介在していた。

その後王滝村で交渉の結果、門前払いの硬直的な当局も、「木曾谷ノ如ク土地狭小ニシテ農民ノ困難ヲ唱ヘ居レル地方」[29]での用地買収との関係も勘案した上で、「沿線住民ノ直接需要ニ係ル日用品ニ限リ、当局ノ適当ト認ムル範囲内ニ於テ一定条件ノ下ニ相当ノ便宜ヲ与フル見込」(村誌, p1819)に態度を軟化していった。

その結果として、「二、森林鉄道　其他便乗及荷物搭載ニ附キ不明ノ廉ハ田島詰所又ハ上松運輸出張所ニツキ照合スベシ　途中駅附近ノ者ハ振替貯金振込又ハ便宜制動手等ニ委託納入ノ上搭載ノコト」(村誌, p289)、「第二条便乗者ノ為メ午前一回午后一回特別ノ議ヲナセル梶形乗用車ヲ普通貨車ニ連結シ…第一条便乗者ハ左ノ各号ノ一ニ該当スルモノニ限ル　王滝森林鉄道ノ便乗者ハ左ノ規定ニ依リ之ヲ取扱フ　王滝森林鉄道便乗…」(村誌, p290)との王滝森林鉄道便乗が実現を見た。大正11 (1922) 年の旅行案内でも「御嶽山あり　途中赤沢まで十二哩及び王滝方面十五哩は帝室林野局経営の御料林用森林鉄道の便あり」(安治, p275)と便乗可を示唆している。さらに昭和12 (1937) 年、人員輸送のため専用車が連結されるようになって一層便利になった。

一方、明治42 (1909) 年津軽森林鉄道の開通に際して「民間物資の運搬に利用させるため、軌道の使用許可方を定めた」(あゆみ, p52)ものの、民貨輸送の一部許容程度では満足しなかった津軽地方では、大正末期から一般公衆への開放のみならず、一歩進めて鉄道省への移管まで声高に叫ばれた。たとえば大正10 (1921) 年度の『大日本帝国議会誌』には「森林鉄道開放に関する請願」[30]などが掲載されている。

森林鉄道解放運動の具体的内容としては、青森県東津軽郡油川町長西田林八

郎外9名は大正9（1920）年11月27日「青森市以北東津軽郡各町村の産業微微振はさるは一に交通機関の設備を欠けるに基因するを以て、政府の予定線たる青森五所河原間鉄道の開通に至る迄農商務省所管森林鉄道をして木材輸送の傍一般公衆の為めに之を開放[31]せられたし」[32]と貴衆両院に請願した。

こうした「森林鉄道解放」要求に対し、農商務大臣は「津軽森林鉄道は国有林経営の為め特設せる低度の設備にして他の一般鉄道とは全く其の性質を異にするのみならす農商務省に於ては運輸事業を営むこと能はさる」[33]と拒絶した。その際に農相は盛んに「低度の設備」と謙遜したが、規格は幅員2.73m、最急勾配2.5%、最小曲線半径36.4m、軌条9kgで、後年「わが国最初の森林鉄道にふさわしい規模の雄大さをほこっていた」（50年史，p226）と評されている。

翌々年の大正11（1922）年4月13日、今度は青森県東津軽郡油川町平民西田平八郎外448名、同県同郡滝内村平民渡辺四郎司外573名は「森林鉄道開放並移管に関する請願」[34]を行った。前段は「青森県青森市以北の東津軽郡各町村は豊富なる利源を包蔵するに拘はらす産業の微々として振はさるは交通の不便に基因するを以て鉄道開通まての応急策として、農商務省所管森林鉄道を一般公衆に開放せられたし」[35]との林鉄解放であった。注目すべきは後段の「該森林鉄道を鉄道省に移管し地方開発に資せられたし」との鉄道省移管要求である。

これに対する政府意見は「青森大林区署所管に係る津軽半島森林鉄道は国有林経営の為特設せる低度の設備にして施業計画確立の基礎をなし、他の一般鉄道とは全く其の性質を異にせるのみならす、農商務省に於ては運輸事業を営むこと能はさるを以て、之を開放せんとせは鉄道省に移管せさるへからす。然れとも本鉄道は其の性質に鑑み、到底他の経営に委すること能はさる…」[36]という論理で請願を全て拒絶した。小林裕氏が作成した「津軽森林鉄道解放請願状況」[37]では森林鉄道解放運動が粘り強く継続していたことが判明する。

農商務省中井励作山林局長の政府意見は「線路も機関車等も極めて簡単なものに出来て、唯木材を運搬いたせは宜しいだけのもの…其侭之を一般の交通運輸の用に供し兼ねるような設備になって居り…鉄道省の所管の国有鉄道に移さねば出来ない…一般の鉄道といたしますると…森林の産物を運搬いたしまする

為には甚だ不便…此請願の通り…は農商務省の関係に於きましては甚た困難」[38]というものであった。

しかしほぼ同時期に、青森県東津軽郡油川町長西田林八郎外九名が請願した、「青森ヨリ三厩港ヲ経テ小泊ニ至リ陸奥鉄道ニ連絡セムトスル鉄道ヲ急設セラレタ」[39]しとの「上磯鉄道敷設ノ件」でも後段において、鉄道敷設に代わる「今日ノ応急策トシテ上磯森林鉄道ヲ農商務省ヨリ鉄道省ニ移管シ軌道車体ヲ改造拡張セハ政府予定線ノ一部ハ直ニ開業ニ著手シ得ラルヘク」、「応急策トシテ上磯森林鉄道ヲ農商務省ヨリ鉄道省ニ移管シ、線路車体ニ改良変更ヲ加ヘ一般公衆ニ開放セラレタシ」[40]と、津軽の住民はたとえ林鉄の「低度の設備」でも「軌道車体ヲ改造拡張」すれば技術的に移管可能と見破っていた。鉄道省移管を拒絶した結果として、林鉄は国鉄「津軽線のほとんど全線にわたって平行…木材の貨物輸送に期待をかけた津軽線は…軌道が…健在なばかりにさっぱり」[41]という後年国費による二重投資が生じており、津軽人民の移管論の正しさを実証している。鉄道官僚・片山広丘は監督下にある専用鉄道の目的外使用に関して、「目的外に使用される範囲が、漸次拡張される場合には寧ろ其の専用鉄道は之を地方鉄道に変更するに如くはない」(片山, p8)との見解を示したが、この論理を拡張すると「開放」された森林鉄道は普通鉄道として鉄道省の監督下におくべきとの議論に繋がる。なお上磯鉄道は大正11 (1922) 年、上磯地区の住民の間で上磯鉄道期成同盟会が結成され、今別村長の中井柾五郎らにより青森、三厩間の鉄道敷設計画[42]が樹てられたものである。また帝室林野局関係でも、皇室に関する故に今日まで隠忍自重していた「住民に縁故深き地域等を関係町村に解放し、森林鉄道も地元に利用させることを、宮内大臣などにお願した」[43]とある。村民に開放されていた開田村で昭和19年便乗廃止を強行しようとした際村長は「御局ノ態度ニハ実ニ全村民ト共ニ唖然」[44]と猛反発した。戦争直後にも綿貫代議士は「国有鉄道の一部としての森林鉄道で…今度国有となります所の御料林の中に、森林軌道を引いて居る、ああ云ふものまでも全部運輸省の管下に収めて、之の維持運転をやると云ふことも、運輸の統制上望ましい」[45]と、森林鉄道の運輸省への統合を政府側に質問したが、到底無

理と逃げられた。このように青森県では官設の森林鉄道を概して歓迎する姿勢であったが、北海道では逆に奥地の国有林「官行斫伐と森林鉄道・軌道は民業を圧迫し地元を疲弊させるとして、北海道木材業聯合会を中心に猛烈な反対運動が展開された」[46]が、北海道庁は反対を押しきり官行斫伐の拡大を強行したという。

4．当局側の対応の変化と便乗の黙認・容認化

　昭和28（1953）年林野庁制定の「森林鉄道建設規程」（50年史，p216～）では、第63条「専用客車の装置」に「人を乗せるための車両で屋根および腰板を備えたものは、次に掲げる条件を備えなければならない」（50年史，p226）として、「一人に付4分の1㎡以上の床面積ある車室」「相当の広さのある窓」「機関手又は乗務員に通報することができる装置」（50年史，p226）等の最低限の居住性条件を列挙し、第64条でも「専用客車にあっては定員」（50年史，p226）の表記を定めている。林野庁自身が機関手・乗務員以外の相当数の「人を乗せるための車両」「専用客車」を森林鉄道に配備し、限定的ながらもある種の「運輸事業を営む」という実態を認めている。

　とても危険だからとの理由でこれまで部外者の利用をかたくなに拒絶し続けて来た「自家用専用貨物鉄道」なるコチコチの堅物・人を寄せ付けない「特殊鉄道」であっても、ひとたび「便乗」という漢字2文字の"魔法の呪文"を吹き掛けると、たちまち劇的に内部変化を来たす。長らく利用を強く待ち望んでいた沿線住民はもちろん、評判を聞き付けた登山客・湯治客・釣り客、果ては一般の物見遊山の遊覧客まで次々に便乗を願い出て来て、乗り場に押し寄せる結果、便乗券にある「命の保証はしない」云々の危険とは裏腹に断崖絶壁からのスリリングな景色などを存分に楽しめる、魅力的な「知られざる観光鉄道」へと一大変身を遂げるのである。

　林道について学術的に検討した数少ない研究者である宮本常一は『林道と山村社会』の中で「林道の布設と利用について見ると、山村民がまず林道によっ

て生活をたかめていったのは、国有林地を持つ地方であった。広い国有林地をもつところでは森林鉄道が敷かれ、その利用は民間にもみとめられた。いま青森県内潟村薄市〔北津軽郡中泊町〕担当区における森林軌道の民間利用状況を見ると、第3表のごとくである。運賃がどのようにきめられているのであるか明らかでないため、運搬せられた物品の数量を知ることはできないが、山村民のためにこの交通機関が大きな役割をはたしていることは推定せられる」(宮本, p19)、「森林軌道は毎日二回運行し、運賃をとって村民に利用せしめているものが多いが、木曾の王滝－上松間は一九四kmの森林鉄道を持ち、沿線一町四カ村、約二万名が利用しており、軌道用地買上げの時の契約によって便乗は無料という例もある。したがって、国有林地における林道が地元産業の発展に貢献しているところはじつに大きいといわねばならぬが、同じ木曾開田村〔木曾町〕の場合は…定時運行をおこなわぬため、村民の利用度がひくく…」(宮本, p20)と、有料便乗にも言及している。

上松運輸営林署の当時の「乗車規則」によれば、「一．定期列車に便乗を許す者は次の者とする。1．営林署で発行する証明書を所持する者。2．地元居住者で森林鉄道便乗証を所持する者。二．右の者といえども木材輸送列車には絶対便乗してはならない。三．便乗中は当署係員の指示に従い危害防止に協力されること」[47]などが定められ、停車場にも「森林鉄道乗車の皆様へ　森林鉄道便乗規程による乗車証及証明書の無い者は乗車を固くお断りします。乗車の際は必ず乗車証及証明書を乗務員に掲示して乗車下さい。月曜日及土曜日の入下山日は一般者の乗車を厳禁します。上松運輸営林署」[48]と掲示されていた。

林鉄末期の昭和42（1967）年4月時点の飯田営林署の掲示においても、「この森林鉄道は国有林事業の木材を搬出する為に施設されたものであり、国有林事業に従事する職員以外の人は止むを得ない事情で特に便乗を認め便乗許可証、又は公用証を所持した者でなければ便乗できません。前記により特に便乗を許可された者であっても次の各項を認識の上遵守して下さい。一、事業の運営に支障がある時は乗車を遠慮して頂きます。…一、列車の運行中に於て起きた天災及不慮の災害事故について一切の保償（ママ）に応じられません」(遠山, p23)

とあった。林鉄のプライベート・キャリアたる点、他人利用を排除している点、便乗を認めるのは止むを得ない事情であるなど、極めて例外的措置である点が重ねて強調されている。

しかし飯田営林署の掲示にみられた外見的な排除の論理とは裏腹に、林業従事者の輸送はもちろん、沿線の山間部住民の足や生活物資の輸送手段として、時には登山者、観光客、湯治客、釣り師[49]などの貴重な交通機関としても盛んに利用されたことは、登山家・随筆家の深田久弥が「一般乗車禁止はいっそう厳重になった」東信電気発電所軌道に「倖せにも私たちは地元の丸山さんの顔で、特別に軌道に乗せてもらうことができた」[50]と書いているように、数多くの文学者たちの前述の紀行文に林鉄などの特殊鉄道への便乗体験が盛んに登場していることからも判明する。

また、十勝の森林鉄道でも昭和初期の機関車運転心得で「機関車と列車には便乗させてはならない」とし、昭和26（1951）年7月1日施行の帯広営林局制定の同心得でも「第36条　機関手は職務上乗車するもの以外は機関車又は列車に乗車させてはならない」（帯広，p155）と一般の乗車を禁止していたにもかかわらず、病気で通院する住民を乗せていたなど乗務員が柔軟に対応したとされる（十勝，p159）。足寄森林鉄道の廃止を昭和34年検討した際にも「この林鉄は…地元民とのつながりも深く…廃止に伴う…地元民の動き等も今後の問題点となることが予想され」（帯広，p16）た。足寄営林署の青木酉男も「火粉が飛んで…町の祭を見物するために便乗した農家の娘さんの一張羅や日傘に火がついたなどは日常茶飯事であった」（帯広，p120）と足寄線の便乗常態化を回顧している。また十勝上川森林鉄道でも昭和39年廃止を決定した際に、毎日新聞は「これまで交通の便のないトムラウシ開拓地の人々にとって唯一の足として利用されてきている」（帯広，p18）と報じられた。また民貨輸送も大正15（1926）年以降、「水害・凶作救済に関する貨物無料輸送」（帯広，p58）を含め、資料を欠く戦時期を別として、廃止を迎える昭和40年までほぼ一貫して実施されてきた。これは北海道庁が「本鉄道、軌道は、又地元の農林産物その他日常必需品の貨物輸送に対しても利用され…拓殖上にも裨益するところ多く

…」(帯広, p7) と効能を強調した姿勢にも現れている。

5. 便乗者・民貨輸送の実態調査

(1) 調査の概要

　官営の森林鉄道においても、遅くとも昭和初期には地域住民や登山者・湯治客・観光客等の便乗を対価を収受して実施したり、民貨輸送を担うことが広く行われていた事実が、農林省自身の調査により統計的に明らかにされている。昭和9 (1934) 年3月28日農林省山林局が全国の営林局に昭和5年から7年までの便乗・民貨輸送の実績報告を求めて集計し、刊行した『森林鉄道軌道ノ便乗者及民貨輸送ニ関スル調』(以下単に便乗調) は「各営林局主管ノ森林鉄道軌道ガ一般特ニ地元民ニ如何ニ利用サレツツアルカ」(便乗調、緒言)、換言すれば林鉄が山村の振興、地元民の生活面に深く関わっているかの実態を印刷公表して、農林省の目下推進しつつある「森林鉄道並軌道ニ関スル対策」に活用しようと意図したものである。

　前年の昭和8 (1933) 年には、国有林は「地元町村に対し積極的に経済更生の指導を開始」(あゆみ, p827) し、御料林も地元の森林組合等の林道開設工事に補助金を支出 (あゆみ, p827) するなど、地元に物分かりのよい顔を見せ始めている。これまでともすれば便乗をかたくなに拒絶してきた"超堅物"の感すらあった当局の余りの変身ぶりに驚くが、集計していた昭和7年といえば昭和恐慌下で疲弊した農漁山村振興が声高に叫ばれ、昭和7年6月久原房之助ら24名の代議士が「時局匡救ノ為臨時議会招集奉請ニ関スル件」(あゆみ, p74) の動議を提出して、同年8月いわゆる救農議会が開かれ、内務省・農林省関係の救農土木事業が時局匡救予算の主軸に位置付けられた時期に対応する。あわよくば時局に鑑みて疲弊農山村の救済を大義名分として、森林鉄道建設予算の大幅増額[51]を当て込み、さらに下種の勘繰りだが、森林鉄道の便乗・民貨輸送を一挙に合法化して、内務省・北海道庁の国営・殖民軌道網のごとく農林

省所管の第二の国有鉄道網に格上げして、鉄道省の鼻を明かしてやろうとの腹づもりか…とも勘ぐられるところである。

　この便乗調は WorldCat に検索結果がなく、国内で国会図書館、林野庁図書館、国立公文書館筑波分館、一橋大学、北海道大学等限定された機関のみに少数所蔵されており、国会図書館所蔵本には熊本営林局図書室の昭和9年5月19日受付印（局内回覧票のはがし跡）が押され、農林水産省から移管された分館所蔵本には角型のマル秘（写謄代）の印刷部分の横に「計画部　第63号」の朱印（番号の63は手書き）が押されている。また農林省図書館蔵本には「＜農林省営林局…手書き＞寄贈　昭和9年7月30日収受」印が押され、林野庁資料室蔵本には送付先の一つ「□□＜伊那？＞営林署印」の旧蔵印が押され、桜井、岡田両名の私印が押された署内「供回覧」票が付されているが、本局からの送付状等は付されていない（同署内では回覧者が熊本局管内の軌道に所管署名を手書きしたほか書込みの形跡なし）。「日本の古書店」サイトにも取引履歴がないことから、帝国図書館への納本を含めて外部への流出数は極めて少なく、山林局計画部の厳重な管理のもとに少なくとも63部程度の少数部数を東亜印刷で印刷して、昭和9年5月前後に省内・営林局・関係営林署等に限定配付したものかと推定される。署内でも少数の官吏のみに回覧され、決して対外的に積極的に公刊・宣伝した代物ではなさそうである。林野庁図書館の所蔵資料等を探索しても、同種の便乗調がその後も継続していた形跡は認められず、やはりこの時限りの一時の臨時的施策のように想像される。

　各営林署からの任意の報告により作成されている関係上、便乗者数が僅少な線区の坪川（31人）飯野（60人）長尾（80人）など報告には月別に細かい職業等が付される傾向がある。その反面、便乗者の十分な把握が出来ているのかが極めて疑わしい線区[52]も散見され、どこまで正確な数値かは不明である。末端の営林署レベルでは本省のかかる時局対応の意図を十分に解せず、地元対策上これまで黙認してきた便乗を本省から咎め立てされるのを恐れ、正直に申告しなかった可能性もあろう。さりとて代替可能な資料も見当たらず、以下この貴重な統計により、当時のおおよその傾向を考察することとする。

（2）線区別の便乗者数

昭和7（1932）年度の便乗者推計総数42万1,396人の内訳として線区別便乗者数の多い順は①小阿仁8万9,000（21.1％）、②仁鮒4万9,075（11.6％）、③魚梁瀬3万9,980（9.4％）、④早口3万8,546（9.1％）、⑤岩瀬2万6,549（6.3％）、⑥川内1万9,650（4.7％）、⑦藤琴1万7,400（4.1％）、⑧岩見1万6,477（3.9％）、⑨森吉1万4,400（3.4％）、⑩小森1万4,112（3.3％）、⑪扇田1万3,680、⑫津軽1万2,096、⑬仁別1万1,224、⑭奈半利8,340、⑮若柳6,890、⑯大畑5,110、⑰西川4,540、⑱中川4,390、⑲岩川[53]3,814、⑳東中川2,950、㉒伊尾木2,750、㉓虹具2,556、㉔森ケ内2,555、㉕折合2,340、㉖猪苗代2,300、㉗近川1,956、㉘佐喜浜1,680、㉙大茂内1,140、㉚上野961、㉛石河内900であった。上位10線区の小計32万5,189人で全体の77.2％を占め、「別記統計表ニ記載ナキモノハ其ノ便乗者数殆ンド数フルニ足ラザルモノ」（便乗調, p3）と、便乗者は一部の線区に集中する傾向が見られる。なぜ、線区別に大きな格差が発生するのであろうか。

（3）便乗者の目的別内訳

便乗調巻末の統計表の「便乗者内容」に各線に共通して多く記載されるのは沿線民（地元民）、従業員（局・署員、人夫、＜森林＞労働者など）、視察員（関係官吏、官役人などを含む）で、これに次ぐのが製材業者・木材商人や行商人[54]などであろう。年度別に特色ある者を挙げると昭和5（1930）年度では視察・旅行者（4月～津軽）、「帝大生其他」（7月坪川）・学生（7月～上野）、登山者・湯治客（7月～森吉）、製材業者・木材商人（5月～近川）、登山者（4月～仁別、5月～猪苗代、7月～森吉）、商人（商人其他）（4月～宇筒舞、4月～成山、4月～伊尾木、5月～安房）、検事（9月坪川）、「村議其他」（11月坪川）。

昭和6（1931）年度では登山者（4月～仁別、4月～尾鈴、5月～猪苗代、7月～内大臣）、行商人（4月～宇筒舞、4月～伊尾木、4月～魚梁瀬、4月

～安房、1～3月奈半利)、学生(4月～長尾、7月～内大臣、12月～高山)、警官(6月長尾)、「活動写真員」(5月～安房)、製材業者(5月～近川)。

　昭和7 (1932) 年度では製材業者 (9月近川)、登山者 (4月～仁別、4月～猪苗代)、湯治客・登山者 (7月～森吉)、農民 (4月～戸草)、行商人等 (商人其他) (4月～戸草、4月～宇筒舞、4月～尾鈴、4月～安房)、「村吏事業視察ノ為メ」(9月飯野)、地方有志 (10月長尾)、新聞社員 (2月飯野)、「通年　病者歩行困難者木材商林業研究者ノミ便乗セシム」(戸草) などであった (便乗調, p2～7)。

　明らかに観光目的の旅行者・湯治客・登山者・学生等の外来者の便乗を認めている線区は、津軽 (⑫)、森吉 (⑨)、仁別 (⑬)、猪苗代 (㉖)、上野 (㉚) などに限定されているが、これら線区は概して便乗者数が多くなっている。逆に昭和7 (1932) 年度で31人と極端に少ない戸草 (東京) は観光目的を排除し「病者、歩行困難者、木材商、林業研究者ノミ便乗セシム」(便乗調, p7) とする。昭和7年度で便乗者数が107人と僅少な坪川でも昭和5年7月のみ「帝大生其他」77人と激増しており、時節がら登山目的等と考えられる。

(4) 線区別の特色

　最も便乗者数が多いピークが何月であって、どのようなニーズに基くものかという視点から線区別の特色を探ることとする。昭和7 (1932) 年度の1,000人以上の場合　(　) 内は対年度計に占める率

　①4月がピークの花見型は岩見3,050人 (18.5%)。

　②5月がピークの若葉型は川内3,800人 (19.3%)。

　③7～8月がピークの登山型は早口6,784人 (8月17.6%)、魚梁瀬3,780人 (8月9.5%)、森吉3,000人 (7, 8月とも。20.8%)、津軽2,174人 (8月18.0%)、猪苗代1,000人 (7月43.5%)、大畑1,000人 (7月19.6%)。

　④9月がピークの月見型は仁鮒8,734人 (17.8%)。

　⑤10月がピークの紅葉型は小阿仁20,080人 (22.6%)、仁別2,795人

（24.9％）、扇田2,620人（19.2％）、小森2,478人（17.6％）。

⑥11月がピークの紅葉型は岩瀬6,235人（23.5％）、若柳1,580人（22.9％）。

また便乗者の「大部分ハ国有林事業従事者又ハ官役人等ニシテ、残余ノ少数ハ官庁、学校、其他各方面ヨリノ林業視察員並ニ登山旅行者、鉱山関係者、商用人等ナリ」（便乗調，p1）と総括する。具体例をあげると成田重郎氏は郷里の仁鮒・七座[55]を「全国的に有名な良材の産出地として見学観察に来るもの今日も尚引きも切らず、国大の林学生を始め、多くの研究調査員がやって来る」（二ツ井，p17）と自慢している。

（5）解放・便乗の許容度

便乗調により当時の営林署ごとの便乗設備の充実ぶりからうかがえる発展過程として、以下①～⑱の各段階のように空車の無蓋貨車をそのまま使用する原始的段階から、順次柵、枠、箱等を貨車に施した簡易客車[56]を便乗専用とするもの、さらに有蓋客車、ボギー式客車、大型客車に改め、「相当完備せる客車」にまで到達した線区まで多様に存在したことが判明する。ただし改善の方向に一律に進んだわけではなく、高塚慎司氏の研究によれば付知森林鉄道は開通当初から立派なボギー客車（B級客車）が配備されていたが、戦後には「運材貨車にしがみついて乗る方法が一般的」（データ中部，p45）に逆戻りしたとされ、「資材運搬用と書かれた台車に乗るお客さん」（データ中部，p45）の写真が掲げられている。戦時体制に移行寸前の昭和初期の調査は、その意味でも平時の便乗状況を示す貴重なものであったといえよう。

①「開通当時ニ付特ニ施設ナシ。強イテ便乗スルモノニハ空車盈車ニモ乗車セシム」（Ｓ６奈半利）

②「特に便乗設備ナシ。病者、歩行困難者[57]、木材商、林業研究者ノミ便乗セシム」（Ｓ７東京戸草）

③「便乗者ニ…素材搬出用トロリーヲ使用」（Ｓ５高知西川）

④「無蓋車一台連結」（Ｓ６秋田藤琴）

⑤「毎列車一台ノ無蓋車ヲ連結便乗セシム」（Ｓ６秋田仁鮒）

⑥「柵付トロリー連結」(Ｓ５東京新田川)
⑦「八年一月ヨリトロリーニ木柵ヲ施シタル客車使用」(Ｓ７高知佐喜浜)
⑧「十月　専用車両一台ノ外ニトロリー二台設備」(Ｓ６熊本長尾)
⑨「各列車ニ六人乗枠付貨車一台連結＜便＞乗専用トス。旅行者ノ為メニ箱付貨車七台、枠付十台ヲ備フ」(Ｓ５青森津軽)
⑩「一列車ヘ有蓋車一台連結」(Ｓ５秋田仁別)
⑪昭和６年「五月ヨリ専用車両ヲ連結、有蓋箱車ナリ」(Ｓ６秋田宮田又沢)
⑫「八年三月箱形トロリー一台製作」(Ｓ７熊本尾鈴[58])
⑬「昨＜６＞年迄トロリー無蓋車ナリシモ、本年ヨリ変更」昭和７年「五月ヨリ有蓋客車連結ス」(Ｓ７秋田森吉)
⑭昭和６年「十月簡易客車二台施設、田野、石仙間使用」(Ｓ６高知魚梁瀬)
⑮昭和「六年四月ヨリ客車三台施設、一列車ニ一台連結」(Ｓ６秋田小森)
⑯昭和７年「九月ボギー式客車製作」(Ｓ７熊本石河内)
⑰「最近専用客車ヲ大型ニ改メタリ」(Ｓ７秋田仁鮒)
⑱昭和７年「四月ヨリボギー車一台、七月ヨリ相当完備せる客車一台」(Ｓ７高知奈半利)

　同じころ「相当完備せる客車一台」を増備した高知局奈半利森林鉄道も仁鮒と並んで全国トップレベルの水準にあり、「ガソリン機関車が入ってきてから…しばらくして客車二両と荷物車一両がガソリン機関車の直後に連結」(甫木義郎証言、物語，p166) された。

６．東北地方の森林鉄道の便乗実態

　青森・秋田両営林局管内、一部東京局管内も含めて、東北地方の林鉄便乗容認の程度は群を抜いて充実していたように感じる。逆に東京、大阪両局管内では市街地に近く便乗向きの大規模な林鉄が少ないこともあってか、便乗の報告

事例が乏しいなど地域差が大きい。大都市に近く便乗厳禁の強硬な姿勢も窺える両局とは異なり、東北地方では他の交通手段に恵まれないという地理的条件に加え、津軽人民がいち早く林鉄解放を叫んできたといった歴史的風土も背景にあったのではなかろうか。昭和初期に秋田局は「機関車には特に専用車又はトロリーを連結し、以て山林関係者及地元町村民の便乗と許可…其実績実に多大」[58]と善政を強調しており、農村経済更生の視点から大目に見たのかも知れない。もし交通条件だけで緩急が決まるなら東北地方よりも開拓地たる北海道のほうが、戦前期は北海道庁の拓務部で森林鉄道と殖民軌道を直接監理しており、森林鉄道と殖民軌道を入れ替えるという裏技を持つほどなので、殖民軌道と同様により便乗に柔軟に対応してもよさそうであるが、十勝営林局管内などでは現場サイドでの黙認の域を出なかったように思われる。そこで、登山・湯治客等にも開放されるなど、特徴ある東北地方の森林鉄道の便乗実態に少し具体的に立ち入って見ておきたい。

（1）二ツ井駅周辺の森林鉄道の遊覧鉄道化

昭和7（1932）年「最近専用客車ヲ大型ニ改メタ」秋田局仁鮒森林鉄道の便乗許容度が「便乗調」収録の各線区との比較でも相当に高い水準にあったことが判明する。『国有林森林鉄道全データ　東北編』（平成24年）には仁鮒営林署管内の便乗風景として①原木の上に座る「地元住人の輸送」（データ東北, p266）、②「行き先ごとに分かれて乗車」（データ東北, p266）、③「行き先ごとに立つ札に並ぶ地元住民」（データ東北, p267）、④「地元住民の輸送列車」（データ東北, p267）、⑤仁鮒林道本線終点（昭和45年廃止）の「金山行」、仁鮒林道田代支線終点（昭和16年開設、昭和40年廃止）の「田代行」など「行き先別の立て札の前に並んで乗車を待つ地元住民」（データ東北, p269）の5枚が収録されている。

いずれも時期、場所の特定はないが、昭和30年代までの二ツ井貯木場に各支線ごとに特定の客車を連結した定期列車を運行し、相当数の地元住民が特別の行事だけではなく日常的に便乗していた文字通り"林鉄解放"の様子が窺える

貴重な写真である。西裕之氏も「地域住民の便乗用に客車の保有台数も多く、種々雑多な客車」（西, p39）の存在を特筆している。地元・『二ツ井町史』にも「営林署仁鮒官行事業所で森林鉄道車を待つ人々」（二ツ井, p275）を掲げ、「山地における住民のただ一つの交通機関としての森林鉄道」（二ツ井, p362）の記述にかなりの頁を割いて、二ツ井町の懐かしい思い出としているが、便乗の実態は今一つ伝わってこない。二ツ井「町内には藤琴と二ツ井の二つの営林署があり…一九二八年森林軌道が敷設され、トロッコ

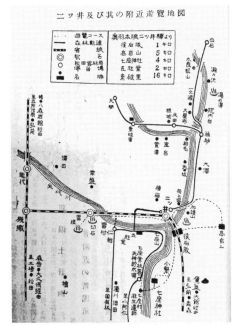

[写真－20] 二ツ井駅周辺の遊覧地図に描かれた林鉄網
（『二ツ井及び其の付近』昭和30年）

による運材が始められた。一九三二年からガソリンカーが走り、軌道は全町的に張りめぐらされ、木材の搬出のみでなく、住民の足ともなった」[59]とされ、「二ツ井町まで通っていた合川営林署の森林軌道が…秋田杉を運搬。また奥地に住む人たちの町への買物にも利用されるなど沿線住民の足ともなり感謝されていた」[60]など、林鉄との結び付きが強いことが判明する。

そこで地元二ツ井出身のフランス関係の文筆家・成田重郎氏が昭和30（1955）年に著した案内書により、[写真－20] の林鉄最盛期・昭和30年の二ツ井駅の周辺の遊覧地図を見ると便乗者数①位の小阿仁、②位の仁鮒、⑦位の藤琴の3線が二ツ井駅に集中する「二ツ井地区の森林鉄道一大ジャンクション」（西, p41）という西裕之氏の表現がピッタリな様子が判る。

昭和11（1936）年時点でも二ツ井周辺には伊藤自動車店、早口丸高自動車商

会、畠山自動車部などの定期バスが一応は運行されていた（二ツ井，p281）。しかし成田氏によれば、「最も好都合なのは、秋田営林局の森林軌道を利用することである。ガソリン車、又は軌道車は、すべて無賃である。森林軌道の基点は、奥羽本線二ツ井駅付近の二ツ井貯木場にあり、二ツ井・太良・白石線と二ツ井・素破里・大開線とがある」（付近，p17）として、二ツ井に集積した林鉄網利用を推奨し林鉄沿線の遊覧地を詳しく紹介する。例えば素破里について、景勝の渓谷を行く藤琴線の手掘りの隧道写真を掲げ、「近年、秋田営林局の森林軌道が、この地方までも延長せられたので、藤琴よりは徒歩のほかなかった素破里も、頗る便利になった。二ツ井からは、二時間足らずで素破里に達するから、最近は、特に夏季の間遊覧の人々が絶えない。…軌道は、素破里神社の傍を通り、左手に滝を樹間に隠見しながら進んで、やがて絶壁の間を縫うて、巧みに開鑿されたトンネルを潜り、右手に深淵を見おろしつつ進む。対岸の岸壁忽ち迫り来るかと思うと、俄に展開して、眼界に入り来るもの、樹と巌と流れ」（付近，p46〜48）といった具合である。

津軽のように利用組合が有料の乗車券を発行したのと異なり、すべて無賃であることを除けば、行き届いた記述内容は通常のローカル私鉄の沿線案内と何らかわるところがなく、一瞬林鉄が虚偽鉄道であったことを忘れさせるほどである。昭和30（1955）年と比べ路線網がまだ不完全な昭和初期ではあるが、当地の便乗者数が全国のトップレベルであった一つの要因がこの辺にあったものと考えられる。また秋田営林局全体の姿勢として地元住民の便乗に対する規制が緩く、おそらく黙認以上の便宜をはかっていたものと考えられよう。

（2）川内森林鉄道と湯ノ川温泉客

宮本常一氏は青森県川内営林署の川内森林鉄道の「車は朝九時に川内を出る。川内の貯木場はこの軌道車に便をかりる人たちでにぎわう。奥へはいる物資もこの車ではこばれる。…軌道車は実にゆっくりはしる。客車も一両ずつついているけれども材木を積む無蓋車に乗る者も多い」[61]と観察している。

戦後の旅行雑誌にも「湯ノ川へは川内から森林軌道を利用するのが、いちば

ん便利だ。これに乗れば一時間半で到着できる。…最も、いくら便利だといっても、この軌道は切り出した原木運びのためにあるので、旅客用ではない。だが、現地営林署の許可さえもらえば、材木なみにロハで乗れる」[62]とある。川内営林署も自身の刊行物で「森林鉄道は，素材（丸太）の輸送を主体としながらも，沿線部落の唯一の輸送機関だった。荷駄馬車曳，人背に変って，自家用薪炭，払下用材，日常必需品，雑貨等，所謂民貨の受託輸送に当ったばかりでなく，諸用務のため本町に通う部落民の輸送面に果した役割も見落しではならない」（川内，p15）と広範囲の便乗を認めている。昭和39（1964）年製作の映画『飢餓海峡』にも末期の列車交換の風景が収録されている。

湯野川温泉の案内に「川内町から川内川に沿って北へ約一五km、営林署軌道のガソリンカーに便乗できる。一時間半」（費用 S32, p53）とある。川内森林鉄道を詳細に分析した神沼公三郎氏は、川内営林署『森林鉄道のあしあと』昭和45（1970）年等を引用しつつ、「林鉄の導入は，当該流域において林道開発に先行しておこなわれるので，沿線住民にとって最大の交通・輸送手段となる。住民が林鉄を利用できるかどうかは，国有林（所有体）がそれを許可するかどうかにかかっており，許可された場合，諸地元施策と同様に多大の「恩恵」を与える」[63]と管轄する営林署の方針次第だとしている。

（3）大畑森林鉄道と薬研温泉客

青森県下北半島の大畑森林鉄道の大畑から薬研温泉までの区間は「薬研温泉…大畑から八粁、トロリーの便を借りることが出来る」（鉄旅，p427）と公示され、薬研温泉への唯一の交通機関として「湯治客の便乗も許され」（西，p31）、大畑森林鉄道の一般客輸送は昭和7（1932）年では年間5,110人（便乗調，p7）であった。昭和15年6月、大畑町小目名の檜皮細工の調査に入山した森本信也は「薬研温泉へはこの小目名から行くのが本道であるが道路と云ふものがない。只一つの道は営林局の木材運搬の軌道のみである。この軌道車の運輸は不定期で客車はつかない。営林局の好意を得て木材運搬車に乗せてもらふか軌道の枕木を踏んで歩くより外はない所である。一行四名はこの軌道の枕

木を踏んで山へ山へと足を進めた。…帰路は山からひば材を満載した軌道車の材木にしがみついて断崖の上を走るトロのスリルを感じつつ無事小目名に戻ることが出来た」[64]と戦時下の便乗の実態を記している。

その後、昭和28（1953）年当時の機関車配置は、5台の「外に構内入替並に来客輸送用兼予備車1台大畑に配置」「5両の人員輸送車（客車）を保有」[65]して、最大8往復のダイヤを設定していた。昭和35年8月慶応鉄研が貸し切り、手作りのヘッドマークを冠した特別列車「やげん」号を運行した（西, p31）。昭和38年11月の『旅』にも「伐採されたアスナロウの大木を引き取りに、大畑の営林署構内からトロッコが出発する。その時間をみはからって、町の人は便乗をお願いする。こうして、長いトロッコ列車は、野を横切り原生林をかき分けて進む。この森林軌道上に薬研があり、湯ノ股がある。この二温泉へ最短時間で、しかも労せずに赴くにはトロッコに乗るのがいちばんだ。四十分で薬研に、湯ノ股なら五十分で到着する」[66]という紀行文が、何台も連なった無蓋台車の上に乗り込む便乗者の写真とともにグラビアに掲載された。「薬研温泉行の森林軌道車　大畑〜薬研軌道車一時間半、無料」[67]と、来客輸送を意識した車両配置と専用のダイヤ設定で、昭和40年の廃止まで幅広く湯治客にも利用された。

（4）仁別森林鉄道と大平山

仁別国有林のある大平山の戦後の観光案内には「秋田駅〜仁別一六km営林署貯木場までバス三分、一〇円、それから軌道で一時間半」（費用S32, p102）とあり、西裕之氏は「県庁所在地駅裏から出ていた」（情景, p54）仁別森林鉄道の特色を「仁別川沿いの集落が多い平野部を通るため、沿線住民用に多くの便乗列車も運行されていたので、大小様々な形態の人員輸送用客車を多数保有していた」（情景, p55）と指摘、仁別森林鉄道の"擬制鉄道"ぶりを、廃止が迫っていた昭和40（1965）年10月の「半鋼製客車を牽引する様は軽便鉄道のようだ」（西, p45）と評する。ここに日本で初めての総合森林博物館を1億7,000万円の費用で建設した秋田営林局自身のサイトでも「徒歩の他に交通手

段のなかった当時の住民にとって、森林鉄道は秋田駅まで運んでもらえる大変便利な交通手段でした」[68]として、ある種のコモン・キャリア的な性格を認めている。かように便利な"擬制鉄道"であったが、「姿消す仁別軌道来月から線路を撤去　時代の波には勝てず」(S41.6.5魁③)と昭和41年度から撤去されはじめ、昭和43年9月25日付で全線廃止された（データ東北，p210)。

（5）森吉森林鉄道と「岳詣り」

八幡平の西に所在する森吉山一帯は現在では風景林に指定され、野外スポーツの盛んなことで知られるが、その登山口として各地から登山者が訪れた森吉集落（森吉ダムで水没）には昭和2（1927）年度以降に阿仁前田駅前の貯木場から小又川に沿って軌道が敷設・延長され、昭和33年度には1級に格上げされた（データ東北，p180)。森吉「森林軌道（ガソリン車）は上り下がりは必ず停車し」、昭和33年度水没復旧工事により（データ東北，p180)「小又川対岸に森林軌道が敷設されると、ガソリン車に乗るため、人々はワイヤーでできた吊り橋を渡って往来した」[69]という。地元民の戦前の記憶でも「ガソリンには、はじめ小さな客車が一両…五六年後には五十人のりの大きな客車にかわり」「湯ノ岱に行くには＜東北＞炭坑の軌道車か営林署の軌道車で…箱が一つ一つトロッコの台の上に置かれていて、その中に石炭を入れて前田まで運ぶ」[70]と証言している。

（6）猪苗代森林鉄道とハイカー

大正9（1920）年から昭和10（1935）年まで、裏磐梯の中津川から猪苗代町まで24km、伐採した木々を運び下ろす営林署のトロッコが走っていた猪苗代森林鉄道は商人農民に木材雑貨を民貨物輸送を許可し、昭和5年には490円23銭を徴収していた。その一方、昭和7年度7月の便乗者数1,000人は年間のなんと43.5％を占め、便乗者内容が「地元民及登山者」となっている。地元誌『裏磐梯』の表紙を飾るアウストロダイムラー（Austro Daimler）製の不思議な形のガソリン機関車の珍品写真には「炭を入れるツゴを満載したガソリンカ

[写真－21] 旧猪苗代森林鉄道の橋台と不動滝
(平成28年8月25日珍品写真と同一アングルで著者撮影)

ーと小野川不動滝を背景に記念撮影／昭和11〜12年頃撮影」[71]との説明が付されている。別の写真を掲げた西裕之氏の解説によれば「同社製ガソリン機関車は…神岡鉱山で使用された…ぐらいで…非常に珍しい」(情景, p64) と評されている。観光名所でもある不動滝は小野川湖の奥にある落差約40mの豪快な滝で、ここへの小野川湖畔探勝路（トレッキング道）は軌道跡を整備した登山道である。近年不動滝前の軌道の橋げたや石垣を活かしてトロッコ道の橋が復元された。昭和11、12年ころとされる不動滝前で12名の男女のハイカー達の記念写真が登山者等にも利用された猪苗代森林鉄道の様子を裏付けている。竹内昭氏による聞き書きによれば昭和16年に沼田の「関東ぶな材工業」[72]が一部事業を引続ぎ運材を戦後まで続けた由である。

なお不動滝の現在の様子を [写真－21] に掲げたが、往時の軌道の面影がよく保存されており、現地にレール復元・珍品機関車のレプリカ展示…とまでいかなくとも、せめて当該珍品写真と由来を示す説明板があれば、滝を訪れる多くのハイカーもこの景観の歴史をより興味深く感じるように思われる。

(7) 新田川森林鉄道

　原町営林署管内の原町森林鉄道新田川支線は原町郊外の大木戸付近で原町森林鉄道本線から分岐し、新田川に沿って石神発電所〜助常林道間約6kmを昭和4（1929）年頃竣功、昭和34年廃止された由である。蕎麦角発電所等の発電利水の目的で建設され、後に鉱山会社が索道で鉱石を新田川線に降ろして利用したという[73]。南相馬市の地元ゼネコン・東北建設所蔵の昭和6年ごろの写真には同社の施工した新田川林道の橋梁の架橋工事と竣工後に同一橋梁をガソリン機関車がトロリー数台を引いて渡る場面などが誇らし気に収録されている[74]。なお原木を満載した台車数台を牽引したＴＧＥ製ガソリンカーの軌道運材（新田川林道）の写真も『昭和九年三月　管内提要　東京営林局』のグラビアに収録されている。しかし便乗の様子を伝える情報が同じ東北でも意外に少ないのは東京局管内の故でもあろうか。

7．軌道利用組合等の組合形態による林鉄便乗

　軌道利用組合、森林組合等の組合形態による林鉄便乗の実態がある程度判明する温根湯、津軽、高知の事例を紹介する。これ以外にも組合形態のものは早川軌道など、数多く存在した可能性はあろう。

(1) 温根湯森林鉄道と野村鉱業

　昭和11（1936）年の暴風雨で発生した風倒木をパルプ用材として搬出するため、森林鉄道延長工事中にイトムカで水銀の大鉱床が発見された。昭和14年5月野村徳七が主宰する野村合名が資本金200万円の大和鉱業を設立して15年精錬を始め、15年12月社名を野村鉱業に変更した。昭和16年以降に仮宿舎、仮事務所等を建設した。昭和25年野村鉱業が留辺蘂町滝の湯に保養所を開設した。

　これ以前の温根湯森林鉄道では「人は絶対に乗せないことにしてあるので…途中の部落へ行く人達が、ようりょうよく、だまってこの箱車へ乗り込んで行

ったものである。運転手も、知らんふり」[75]と黙認していた。その後、沿線人口の増加を追い風に温根湯に移住してきた尾崎天風が「地元の人達の要望止みがたく、林鉄に地元民を乗車してくれるよう陳情して、功を奏した」[76]という。その後同線の便乗環境は以下のように一変する。「東洋一を誇る水銀の野村鉱業イトムカ鉱業所も、森林鉄道が延長されるに従って発見されたものである。この鉱業所に多くの従業員が入るに及んで、道路も完備されないので、この林鉄が人員や物資の輸送に大活躍したのも想い出の一つ。また鉱業所を訪れる商人や、その他関係ない者には、鉱業所で切符を発行して、料金を徴収し、輸送したのもつい先き頃の話であったこともなつかしい」[77]。

　林政記者が北大農学部「小熊米雄先生を訪れて写真42枚、その他貴重な資料をお借りし」(北見、あとがき)たとあるように、「野村鉱業と森林鉄道」の項目には野村鉱業の蒸気機関車、白帯専用客車とともに小熊米雄氏所蔵の社内者用「無料乗車証」と、部外者用「軌道利用組合／乗車券」[78]の写真が掲載されている。「鉱業所で切符を発行して、料金を徴収」したとあるが、社内者用の「無料乗車証」は留辺蘂出張所の名義で発行しながらも、部外者用の有料乗車券の発行主体を「軌道利用組合」なる曖昧な任意団体にしている点は後日問題となることを慮った虚偽鉄道特有の処置と考えられる。貴重な軍事物資だった「イトムカの水銀鉱が最盛期」[79]を迎え、戦時中に生産量が最大となった際の臨時的な対応に端を発したであろう。小熊氏によれば専用客車を牽引する本江機械製作所製のＣサイドタンク機関車が温根湯森林「鉄道の上を走っていたが、昭和27 (1952) 年頃同＜野村鉱業＞社が線路使用料の不払いをしたため国で差押えられ、後に国有財産となって、温根湯森林鉄道で構内入換に使用」(小熊, p71) されたので、昭和27年頃には一連の線路借用は収束したものかと推定される。なお森林鉄道に先行して、昭和3年3月15日温根湯温泉軌道[80]が常呂郡留辺蘂町地内9.66km、762mm瓦斯倫動力の軌道の特許を得たが(営年, p35)、昭和11年特許取消となった。また昭和22年には温根湯軌道利用組合が設立され、軌道利用組合の名義で「留邊蘂〜大町間　乗車券」[81]が発行されている。

（2）津軽森林鉄道の解放・「あすなろ号」「からまつ号」が特別運行

　青森営林局が昭和8（1933）年に発行した『青森特産ひば』は口絵に津軽、大畑、川内各線の森林鉄道を図示したひば林の「分布図」、「森林鉄道運材（其ノ一）」「森林鉄道運材（其ノ二）」など蒸気機関車、ガソリン機関車牽引の運材列車の写真を掲げ、本文で「一度林内に足を入るれば昼尚暗く雄壮の気自ら身辺に迫るを覚えます。就中津軽半島のひば林は眺望山又は焼山と称する地点に於ける展望が一段の壮観で一眸の裡に面積約一千三百町歩蓄積百五十万石のひば林を見ることが出来ます。実況御視察の方に対しては何時でも御案内を致します。積雪期以外は専用の森林鉄道を運転して居りますから御視察は至って便利であります」などと、ひば材売払に「御用の方は便宜の営林署又は当局へ御紹介下さい」[82]と宣伝に努めている。また日本髪に和服姿の女性が数人ずつ山盛り台車に便乗した「トロッコに乗る行楽客」[83]と題する昭和10年代の金木線の写真が残るなど、戦前から津軽には林鉄解放の風土が醸成されていた。

　齋藤淳氏によれば、「津軽地域では、昭和27年ころまで相内－金木間の旅客運行が行われ、『運行中事故発生するも其責に任ぜず』という但し書きのある乗車券が発行された」[84]という。昭和42（1967）年津軽運輸営林署が発行した『津軽森林鉄道のあしあと』の「地域住民との結びつき」の項には「戦後の混乱した交通難から、地元民の要請で、金木－相内間に客車が常時、特別に連結され、便宜をはかったこと（昭和27年廃止）」（津軽, p8）として、「りんご園を走る客車。（あすなろ、からまつ号－当署修理工場製作）」、「終戦後の交通難から、地元民の要請で、特別運行されたときの森鉄乗車券」（津軽, p8）の写真を掲げている。「乗車券」には「組合員乗車回数券　自　□□　至　金木　4区　2円　運行中事故発生するも其責めに任ぜず　森林軌道利用組合㊞」とある。正に大正末期に津軽人民が声高に叫んだ「森林鉄道の解放」がここに実現したわけである。この記念すべき当署機工課製造の「あすなろ号」（西, p29）等の保存に至る経緯については西氏の著書（西, p105）に詳しいが、現在青森市森林博物館の専用展示場に協三工業製4.8ｔ機と保存されている。展

示の解説には「現地視察・学者輸送用」とあるだけで、森林鉄道の解放には言及していない。

津軽森林鉄道相内(あいうち)支線について「山に進むのではなく本線と貯木場を結んでおり、磯松小泊連絡林道と同様に他の支線と異なった性質を持っています。また、第二次大戦直後は、交通が不便であったため、相内、中里、金木の住民は森林鉄道利用組合を立ち上げ、昭和21年9月から昭和27年まで大澤内～脇元間で有料運行を行っていました。地域住民の重要な足という点でも、他の支線とは異なった歴史があります」[85]との指摘がある（以下、ザ・森林鉄道と略）。

地元の自治体史等にも次の記述がある。「また、この間、森林軌道利用組合が創設され、相内―中里間の森林軌道を利用して旅客の輸送も行われていました。当時、交通法による営業には該当しないので運賃は無料でした。このため、予想以上の利用者があり、広く村民から喜ばれたと言います。…村民の足としても寄与した津軽森林鉄道・相内支線が撤去されました」[86]（五所川原と略）。

「津軽森林鉄道　津軽半島のヒバ材開発を目的として明治末期に青森大林区署が青森沖舘を起点として内真部、蟹田、大平、今泉、中里、善良市間に開設した軌道である。これは我国森林鉄道の始めで津軽半島国有林開発に寄与したばかりでなく、その余力を民間に利用させたことは交通機関に…機関車は四輪連動タンク機関車で米国製ボルドゥイン車三台と、ライマー機関車ボギー式を用い、当時としては珍しいものであった。…終戦後は森林鉄道利用組合を作り金木－相内間を料金をとって運行を開始し、昭和二十二年同組合で乗客専用のガソリン機関車を使用するなど軽便鉄道の性格をもって地方の交通に貢献する所甚大なものがあった」[87]（中里と略）。

「第二次大戦終結後は、相内・中里・金木の住民は利用組合をつくって、ガソリンカーを導入し、軽便鉄道なみに、有料運行もした」[88]（北津軽と略）。

以上の5文献相互の内容に微妙に異なる点があるので、著者なりに整理を試みると以下のようになるが、もし別々の地域で個々の利用組合が異なる区間で運行していたと仮定すると、相互に矛盾はないのかも知れない。

①時期は昭和21年9月から昭和27年まで（ザ・森林鉄道）昭和27年廃止

(あしあと)
②区間は金木-相内間（あしあと、中里）、大澤内〜脇元間（ザ・森林鉄道）、相内-中里間（五所川原）と全く一致しない
③有料運行（あしあと、中里、ザ・森林鉄道、北津軽）、五所川原のみ「運賃は無料」
④機関車は乗客専用のガソリン機関車（中里）、ガソリンカー（北津軽）
⑤性格は軽便鉄道（中里、北津軽）、「交通法による営業には該当しない」（五所川原）と真逆の表現
⑥運行主体は森林鉄道利用組合（中里、北津軽）
⑦森林鉄道利用組合を立ち上げたのは、「相内、中里、金木の住民」（ザ・森林鉄道、北津軽）
⑧地元民の要請で「客車が常時、特別に連結され」特別運行（あしあと）
⑨「乗車券」の発行主体は森林鉄道利用組合（あしあと）
⑩当署修理工場製作の客車「あすなろ、からまつ号」が連結（あしあと）
⑪「利用組合をつくって、ガソリンカーを導入」と車両も組合所有（北津軽）

（3）高知営林局の事例

　高知県馬路村の森林鉄道は明治44（1911）年開通した軌道から、順次路線を延長し、当地方の木材の搬出を担い、さらには当地方の足としても欠かせない存在であった。森林鉄道は非営業のゆえに私鉄各社が自線宣伝用に発行した「沿線案内」の類とは無縁と思われるであろうが、大口ユーザーへ視察を呼び掛ける小冊子が存在する。高知営林局が昭和11（1936）年に発行した『土佐材』では、口絵に「木炭瓦斯機関車による軌道運材木、鉄道運材など森林鉄道の写真数葉を掲げ、附言で「是非土佐の雄大なる森林美に親しんで戴きたい…利用課に御問合せになりますれば御案内致します」[89]と土佐材ユーザーへの森林鉄道による現地視察を呼び掛けている。昭和戦前期に特産材の販売に各営林局が積極的に取り組んでいる実態と、森林鉄道に専用客車を運転してのユーザ

一の視察が常態化している様子が窺える。

奈半利線では昭和6（1931）年度は「開通当時ニ付特ニ施設ナシ。強イテ便乗スルモノニハ空車盈車ニモ乗車セシム」（便乗調，p5）る状態であったが、翌昭和7年「四月ヨリボギー車一台、七月ヨリ相当完備セル客車一台」（便乗調，p7）増備した。一方魚梁瀬線では昭和5年度は「有蓋車一台連結」（便乗調，p3）し、昭和6年「十月簡易客車二台施設、田野、石仙間使用」（便乗調，p5）、「八年三月ヨリ有蓋客車二台設備」（便乗調，p7）した。

便乗調には「最近に於ける沿線地域民間乗合自動車路線との関係梗概」欄があり、「安田〜馬路間自動車アリ。同社ヨリ軌道使用ガソリンカー運転旅客輸送方出願、不許可。其後次官宛陳情書提出セシモ不穏当ト認メ取下セリ」（便乗調，p7）との興味深い記述がある。ここに地元奈半利出身の野村茂久馬という「交通王」を当て嵌めると、高知「県下のあらゆる方面にその網が張られ」[90]た野村自動車、高知「営林局の現場用自動けん引車に力点をおいていた」[91]野村鉄工所[92]、林鉄に接続する高知鉄道（後免〜安芸間）等の経営者として林鉄にガソリンカーを運転して旅客輸送を計画するに相応しい、「県民の福祉のためのものであれば、損得を考えずに、引き受け」[93]、室戸岬の新日本八景選定に「総力をこの運動に傾注して挙県的な運動を盛りあげ」[94]た「豪胆細情」[95]な人物として浮かび上がる。

「民間輸送は、奈半利川線全線の完成以前の昭和11年ごろから正式に行なわれたという。村役場が乗車券を発券し、馬路・田野間では、村民20銭・村外住民10銭であったという。昭和24年からは、馬路村農業協同組合と馬路村森林組合が共同で運営にあたり、奈半利川線が撤廃された昭和34年からは馬路村森林組合が運営にあたり、その当時、馬路〜安田間50円、馬路〜釈迦ヶ生間が30円、安田〜田野間が10円であった」[96]とされる。

昭和27（1952）年から高知営林局に勤務した元高知営林局長の松田昭二は「かけ出し当時に乗った森林鉄道の思い出」として「若いころ…板を張ったトロで山を下り…体を支えるものは何もなく、カーブで外側に振られると、ずり落ちそうな気がして、初めのうちは景色を見たり、一緒に乗った人と話す余裕

はなかった」(物語, p128) と証言している。昭和17年から高知営林局に勤務し、23年9月15日馬路営林署長に就任した松形祐堯は「当時の森林鉄道には人が乗る貨車に屋根がありませんでしてね。奥地の人にとって唯一の交通機関なんですから、もっと乗り心地よくしようと思って、屋根付きの客車を走らせることにしました。営林署が村役場に委託して森林組合が運営する形をとり、車掌も乗せました。その分だけ経費がいる訳で、それまでの無料から維持費という名目で料金を払ってもらうようにしました」(物語, p152) と、自己の林鉄改革を証言している。

昭和24 (1949) 年松形署長時代に改革した客車運営システムも、野村自動車の陳情内容に近く、第一種鉄道事業者に相当する高知営林局の魚梁瀬森林鉄道の軌道を借りて、戦前の野村自動車の代りに第一種鉄道事業者に相当する馬路村が「村営軌道」を運行したが、実際には森林組合・農協が客車、機関車等を所有し、車掌等の人員を直接雇用し、運転管理まで一切の運行業務を馬路村にかわって、魚梁瀬「軌道使用ガソリンカー運転旅客輸送方」を代行していたものと考えられる。これは北海道開拓地において戦前から国費で敷設した殖民軌道の上に、地元町村が「町村営軌道」を運行 (実務は運行組合等へ委託) していた戦後の簡易軌道運営システムとほぼ同様の官設民営形態の一種であったと考えられる。

馬路村の旅館女将は昭和30 (1955) 年10月上記「森林組合からガソリンカーと客車、荷物車を借りた特別仕立ての森林鉄道に乗ったのは、通常の便が走った後の午後四時ごろ…着いた時は真っ暗やみでした」(物語, p134) と珍しい林鉄専用列車でのお嫁入り体験を証言している。これは「許可制で、国有林の分がすんだあと＜民有林の＞汽車を走らせていた」[97]官民相乗りの一環と理解される。

昭和33 (1958) 年5月馬路村の森林鉄道に便乗した記録として「女子大学の看護学科を卒業した昭和33年5月、大きな材木を満載して目の前を過ぎ行く森林鉄道に便乗しても「命の保障は致しません」と云う掲示板を見ながら、客車と呼ぶには余りにも貧弱すぎる軌道車に身を託し、婦長さんに伴われ、就職の

喜びと不安の入り交つた気持で任地に向つた」[98]がある。昭和34年12月の『旅』には「森林軌道に乗って秘境・魚梁瀬へ」という記事がグラビアに掲載され、「田野からの軌動車は有料で、不精ヒゲをはやした車掌さんが切符をきりにくる」[99]と、小塩佳司カメラマンが維持費として「便乗券」の料金を官員風ではない森林組合職員[100]の車掌が乗客から徴収する有料運行の現場を撮影している。

　昭和34（1959）年、森林組合長に就任した甫木義郎も上記「委託輸送のためガソリン機関車四台、貨車五、六十両、客車、荷物車、それに車掌一人を組合が抱えていた」（物語, p166）と回想している。これらの回顧のとおり、森林鉄道の駅には以下のような心得が掲げられていた。「一、便乗するものは車掌の指示に従ってください。一、維持費として料金を支払ったものに限り乗車ができます。一、営林職員及家族は営林局発行の身分証明を車掌に提示してください。一、手荷物は自分の膝又はたなにのる位の物と危険物及動物の持込はできません。一、運行中万一如何なる災害が生じても補償は致しません」[101]と、営林職員以外は「維持費として料金を支払」うことが建前であった。現に馬路村郷土資料館に残る魚梁瀬森林鉄道の便乗券の右端には「注意　本軌道便乗は事故発生及び危害があっても総て補償はしません。」、左端には「便乗当日限り途中下車認めず」[102]と小さな字で印刷されていた。この「『命の保障はしない』と印刷された『乗車整理券』が評判になり、北海道から問い合わせ」（物語, p132）があったほどという。

　山村の写真サイトの管理人は「魚梁瀬森林鉄道の懐かしい高知県魚梁瀬です」と題する写真多数を掲げ、「奈半利から魚梁瀬へ１日１回、魚梁瀬から奈半利へも１日１回の発車です。乗り遅れると翌日まで待たねばなりません。私は乗り遅れ一泊したこともありました。箱型の車両には野菜や魚、米など食糧品、郵便物、新聞、一般の荷物などの生活物資が入っています。魚梁瀬に着くと５カ所の事業所に分けられて運ばれます。魚梁瀬の住民には暮らすための大切な定期便です。客車は木の椅子でかたくて狭くくっつきあって合って座っていました。単線ですので待ち合わせしたりさして早く走れないので４時間くら

いガタンコトンとゆられて奥へ更に奥へ登りました」103)と定期便を懐古している。

8．民営森林軌道・特殊鉄道等における便乗

　官営阿里山鉄道の場合、「粁程及賃金表」は「上段二等」「下段三等」の二段階運賃制で、「便乗料金ヲ含ム」と注記されていた。昭和5（1930）年農林省山林局が各県に指示して優良森林組合事例調査を行った結果を、昭和6年大日本山林会が編纂した『優良森林組合事例』には平井土工森林組合、両神施業森林組合など観光客に軌道を開放していた事例も含まれている。

　森林鉄道ではないが類似点の多い立山砂防軌道も昭和38（1963）年の『旅程と費用』の立山温泉の項には軌道を略図に書き入れて「千寿ガ原から約一六・八km、上り約五時間、工事用軌道もある」（費用，S38，p503）と紹介、「乗車心得」も「乗車賃は無料とする。但し便乗中に万一事故が発生し被災しても当所は一切その責を負わない…運搬工事の都合により便乗の余裕のない場合は乗車を断ることがある…本心得を遵守しないものがあるときは下車を命ずることがある　以上」（橋本，p28）と、原則便乗可能の姿勢であった。

①京都大学芦生演習林（現芦生研究林）の場合

　渡辺弘之氏の『京都の秘境　芦生』によれば、「芦生の演習林事務所から、由良川軌道橋を渡り、昭和三年に開通したという森林軌道」（秘境，p26）と紹介されており、昭和3（1928）年開通説が有力である。しかし昭和7年10月20日京都帝国大学農学部付属演習林自身が発行した小冊子によれば、演習林「事務所より本流に沿ひ上りて七瀬に至る軌道を…最初に竣功せしむることとし」（芦生，p32）、昭和2年度に軌道4,384mの「路体ノミ築造、平均順勾配1.17％、最急勾配2.75％、最少半径13米」（芦生，p36）、昭和3年度に軌道3,364mを建設、刊行当時において軌道7,748mの「事務所七瀬間は軌條敷設を残し」（芦生，p32）ており、巻末の入林者への注意書の中でも「七瀬から事務所迄は軌道に添ふこと二里。此間未だ軌條なきを以て徒歩を要す」（芦生，

p40)と明記している。渡辺氏の解説には「軌道には朝と夕方、演習林の職員をのせたトロッコが走る。スリル満点だが、一般の方は乗せない」(秘境, p26)とあるが、「単なる旅行を試むる」ような「一般の来林を歓迎する」(芦生, p39)小冊子の注意書の方向性は軌條の敷設が完了すれば徒歩によらず便乗させる姿勢を示唆している[104]。

②鉱山鉄道等における便乗

　民営の専用鉄道でも便乗記を書いた小西可東は「予は往年東北地方を歴遊したる折…黒沢尻より軌道にて七里奥の綱取、仙人両鉱山を訪ふ」[105]などなかなかの鉱山通でもあったが、大正9年時点で、「日立鉱山の如きは特に電車を設けて鉱山の人々を無料、其他の人々をも便乗せしめて居る。又岩手県の藤田組、三菱等の所有に係る各鉱山も相当の料金を徴収して何れも便乗の利を図つて居る」[106]と述べている。

　便乗、特に有料便乗の事実を証明する証拠品は「便乗券」「乗車券」等の現物ということになるのだが、「非公然性」を反映したものか残存・公開されているものは必ずしも多くない。

　官設の場合でも一般人に乗車を許可し、「頭書の者は人員輸送車えの便乗を認める」とした薮原営林署の有効期間付「森林鉄道便乗許可証」[107]のほか、「入林許可証」、「森林鉄道臨時便乗許可証」[108]、戦後に組合に委託した温根湯「軌道利用組合　留邊蘂～大町間乗車券」[109]等が画像として公開されている。

　民営の専用鉄道等でも王子製紙、北海道炭礦汽船[110]、別子鉱山、大日本製糖[111]などの「勘合証」や「便乗券」[112]を出していたことが画像の存在で明らかになっている。また松尾鉱業専用鉄道の便乗券「屋敷臺－大更間」10銭券[113]や「庄電軌道便乗依頼書」[114]など有償の便乗券[115]を発行していた例もある。これらは、いずれも「甚だ好ましくない」として当局から睨まれる"ご禁制"の品であって必ず回収して廃棄するのが通例なので、外部に出回ること自体が極めて稀な珍品である。

　このように大学の演習林、施業森林組合等の設置した一部の民設森林軌道、その他一般の産業鉄道、専用鉄道等様々な経営形態の特殊鉄道があったが、便

乗への姿勢にはある程度の共通点が見られ、「運転時刻及所要時間不定、非営業線ナレドモ便乗シ得」[116]るという、事実上の有料運行、営業用鉄道化傾向がある程度存在したものと推定される。たとえば特殊鉄道などは戦前の市販時間表にほとんど掲載されない中、例外的であろうが、鉄道省稚内運輸事務所が昭和13（1938）年に発行した稀に見る親切な『沿線案内』付属の「軌道一覧」には道北地域の殖民軌道、森林軌道各線を紹介した上で、鉄道省の現場機関では本省の鉄道監督局の意向がどうあれ、利用者目線・乗客優先の立場で、御法度のはずの便乗情報を「非営業線ナレドモ便乗シ得」と開示していた。

注

1) 『日本窒素肥料事業大観』日本窒素肥料、昭和12年、p300〜308。事業大観、p242〜309に写真があり、『新興の咸南』、p50以下に案内記事がある。昭和58年9月2日鉄道史研究会で著者が「新興鉄道」として報告したものに準拠した。
2) 「五千尺の白岩山を突破して漢岱里の貯水池へ　命がけのインクライン驚異す可き高原の天源資源」(S6.11.29京城)。
3) 小林一行『山の呼び声』名著出版、昭和53年、p73〜75。
4) 竹内昭「南アルプス北部『林鉄』行脚」TM8、p159。『伊那営林署のあゆみ』（昭和53年）にも「林鉄初期は人送専用車はなく空車を…利用して入下山していたが危険なため、後に客車による定期便に変った」(p80) とあり、対岸に渡る長い木橋として大曲トラス橋 (p82)、瀬戸トラス橋 (p83) の写真を掲載する。（データ中部、p217所収）。
5) 6)　宮坂里見氏証言（H18.2.18長野）八ヶ岳、p108、p104所収。
7) 8) 11)　前掲八ヶ岳、p92〜93。
9) 伊藤哲郎「昔日の南諏訪横断軌道」『オール諏訪』平成3年3月、p57、八ヶ岳、p101所収。
10) 前掲八ヶ岳、p78。
12) 「汽車汽舩便乗願の件」防衛庁防衛研究所所蔵文書。
13) 『戦後の青島』大正4年。
14) 「山東鉄道長期便乗券紛失の件」防衛庁防衛研究所所蔵文書。
15) 16)　杉山五郎『最近　山鉄沿線事情　改定第二版』大正6年3月、p1、p10。
17) 『千頭森林鉄道』千頭営林署、昭和44年、あとがき。
18) 19) 22) 28)　「土第一〇七九号」大正6年11月28日付木曾支局長宛西筑摩郡長文書、住民、村誌、p1818所収。
20) 21) 26) 29)　大正6年8月8日付本局主事宛木曾支局長私信。運搬の件、住民。
23) 24) 25) 27)　大正10年7月15日付本局主事宛木曾支局長照会。運搬の件、住民。
30) 「第二百七十一（特別報告第二百四十一号）森林鉄道解放に関する件」『大日本帝国

議会誌』第12巻、第43議会（大正9年）〜第44回議会（大正10年）、大日本帝国議会刊行会, p19, p678。

31) 山間部の住民が生活物資の輸送のため専用軌道の一般公開を設置主体に懇願したのは森林鉄道に限らず、例えば神岡鉱山の鉱物輸送専用軌道でも開設当初から要望が強かったため、会社側は願いを受け入れ線路、施設の改修、市街地乗りれのため鹿間〜船津町（後の東町）間1.6kmを敷設して、大正11年に神岡軌道として発足、翌年7月21日に営業を開始した例がある。（三井金属修史委員会編「三井鉱山史　奥飛騨の交通発達史」『三井金属修史論叢』第4号、昭和45年9月）。

32)33) 「青森県下ニ於ケル森林鉄道解放ニ関スル請願ノ件」『公文雑纂』大正11年・第36巻・帝国議会2。

34)35)36) 「森林鉄道開放ニ関スル件及青森森林鉄道開放ノ請願ノ件」『公文雑纂』大正11年・第35巻・帝国議会」纂01641100、大正11年4月13日。

37) 小林, p92掲載の第30表は林業発達史調査会『明治大正期林業関係法案建議案・質問請願文書目録（第1−第51帝国議会）』林業発達史資料35昭和30年9月により作成。

38) 『青森林友』69号、大正10年4月, p56。小林裕氏の要約によれば「一般の交通運輸の用に供するためには、規定上も実際上も国有鉄道に移さねばならない。もしそうすると森林付近を通っているし、森林中を貫通することもあり、これらのことは行政的に困難をひきおこすし、また鉄道省に移管して、一般鉄道となれば林産物搬出は甚だ不便」（小林, p93）という趣旨であるとする。

39)40) 「上磯鉄道敷設ノ件」「青森市、五所川原間（上磯鉄道）鉄道敷設ニ関スル請願」大正11年3月25日「請願建議関係文書」「議院回付請願書類原議（九）」（国立公文書館蔵）。

41) 『日本の鉄道』第3巻、有紀書房、昭和36年, p32およびp37所収の両線平行の写真。

42) 「中里町立博物館年表」（www2.town.nakadomari.aomori.jp/hakubutsukan/h12/jitsugyo.htm）。

43) 青木慶一郎『日本農民運動史』第5巻, p505。

44) 『開田村誌 下巻』昭和55年, p1218。

45) 「第90回林業会法案委員会」昭和21年8月28日、帝国議会会議録検索システム。満尾政府委員は「所管外のことで…御回答は難かしいのでありますが…占領下に於ける国有鉄道…の新線建設の費用は、G・H・Qの方から非常な削減をされ…極端に新線は抑へて、何は措いても復旧に努力すべし、斯う云ふ方向」だから無理と回答した。

46) 「足寄町史」その他の産業（十勝総合振興局　北海道 www.tokachi.pref.hokkaido.jp/d.../asyoro_sonotanosanngyou.html）。

47)48) 上松営林署「乗車規則及び駅施設」www.rokko.or.jp/users/negi/kiso/yer.htm。昭和27年の運行状況について担当官は、「一般民間物資の運搬は、官材木輸送に支障のない閑散期に運搬するを原則としているが、近時は…薪炭その他沿線居住者の日常生活必需物資等優先的に運搬せねばならぬものもある…以上の外、沿線居住者利用の便乗列車の定期的運転、又、伐木事業その他の視察者見学者等の臨時的運行回数も相当多い」（『長野営林局報』第11号、昭和27年3月25日、データ中部, p68〜9所収）と報

49) 湯治客に便乗を許可していた例として矢板営林署板室軌道があり、「板室温泉」の栞には軌道の便乗が記載されている。(ただし昭和5年刊行の『日本案内記 関東編』には黒磯「駅の西北二〇粁半、自動車の便がある」(案内記, p419)と便乗の記載はない) また昭和27年の『旅程と費用』の南アルプスの案内図には、①新倉〜西山温泉、②杉島〜小瀬戸温泉〜大黒沢土場、③戸台〜黒河内、④梨本〜北又渡〜渡、⑤千頭〜大間〜大根沢の数区間が++++印の「林鉄」として「西山温泉→林鉄二時間100円」(費用S27, p569) など粁程、所要時間、時に料金までが示され、登山客の便乗が通例であったことを推測させる。フィクサー・寝技師として辣腕を振るった児玉誉士夫は趣味の釣り師としても抜け目なく「前もって営林署に頼んで」、「飯田線に乗りかえて水窪に行き、さらに営林署の森林鉄道に乗せてもらって」「午後二時ごろ森林鉄道に便乗」「森林鉄道でガタンゴトンと山を下る」(児玉誉士夫『生ぐさ太公望:随想』昭和51年, p185) などと、遠山川森林鉄道の旅を楽しかったと随筆に書いている。
50) 深田久弥『拝啓山ガール様 深田久弥作品集』広済堂出版、平成27年, p129。
51) 現に「農山村に林道を開設整備して…地元の農林生産物の搬出費の低減およびその迅速化」(あゆみ, p77) を目的として時局匡救事業としての民間林道開設予算が飛躍的に拡大されるなど、農林省の思惑は大部分実現を見た。なお昭和11年8月同省傘下の全国山林会連合会が「軌道が…山村の文化を開発するに如何に役立つか」(林道網, p11) を詳述した実例集である小冊子を配付し、林道網整備の予算増額を主張した。
52) 例えば高知局奈半利の毎月の便乗者数はほぼ100人単位のラウンド数字であって明らかに目の子と思われ、また東京局新田川の昭和5〜7年度の便乗者数も3年とも毎月12人×12月＝年間144人と機械的に報告するなど。
53) 現在では自然観察教育林に指定されてスポーツ施設もある房住山に向かう能代営林署岩川森林鉄道にはガソリン機関車牽引の台車に乗る「従業員家族のレクリエーションでのきのこ狩り」(データ東北, p274) の写真が残されている。
54) 馬路村の林鉄沿いの旅館女将は客筋を「山師(山の立木の売買人)や行商、セールス関係、ダム建設の工事関係者などが常連客でした」(物語, p134) と証言し、魚梁瀬の現・満木荘は「山師御用達の宿」を標榜している。
55) 昭和2年に完成した峯越インクラインは「当初から『東洋一』の規模と持て囃され…全国から多くの視察者があった」(『廃線跡の記録4』, p66〜7)。
56) 簡易客車の写真として『魚梁瀬森林鉄道』に「本来は薪を積むための車両だったが、客車が足りず人を乗せることも日常茶飯事だった」(魚梁瀬, p27) ボギー式無蓋貨車＝「ボサ箱に屋根を取り付けたと見られる簡易客車」(魚梁瀬, p26) があり、これら客車に「地元の大工も製造にかかわっていた」(魚梁瀬, p26) とみられる。
57) 一般の乗車を禁止していた十勝の森林鉄道でも乗務員が柔軟に対応して病気で通院する住民等を乗せていた由 (十勝, p159)。
58) 『経済更生資料第一輯』秋田営林局、昭和10年, p35。
59) 市川健夫「風土発見の旅24 藤里町」『地理』第38巻第10号、平成5年10月、古今書院, p100〜105。

60) あきた（通巻103号） 1970年（昭和45年）12月1日発行（http://common3.pref.akita.lg.jp/koholib/search/）。
61) 宮本常一『私の日本地図3・下北半島』同友舘、昭和42年, p194〜195。
62) 「森林軌道に乗って薬研・湯ノ股へ」昭和38年11月『旅』グラビア。
63) 神沼公三郎「官行斫伐事業における『伐りだし』」『北海道大学農学部演習林研究報告第34巻第2号』1977年, p175-273。大正期、昭和初期の軌条敷設工事年度は神沼論文参照。
64) 森本信也「下北の端にやつかりを尋ねて」『月刊民芸』第28〜32号、昭和16年, p66。
65)66) 島崎文弘「森林鉄道の時刻表」TM12, p214。
67) 『同盟』第24〜29号、昭和35年, p166。
68) 「仁別森林鉄道」秋田営林局ＨＰ。仁別貯木場の元主任は「森林鉄道が走ったころから、便乗者対策があった…有蓋車を増結し、毎朝のように安全委員が指導にあたり、便乗者は行く先ごとに区分して…こどもだけを乗せて、その他はいままで通りとしたのだス。それでも解決にならなくて、…乗せないわけにいかないス。乗せるがらには乗務員たちも注意に注意」（野添憲治『聞き書き資料秋田杉を運んだ人たち』平成3年, p144〜146）したなど、便乗者対策の苦労を語っている。秋田営林局編『管内國有林の運材法』（蒼林叢書3）、秋田営林局蒼林編集部、昭和26年参照。
69) 齋藤直右エ門他著『森吉山ダムのふるさと』森吉山ダム工事事務所、平成14年（「ダムの書誌あれこれ（85）〜米代川水系森吉山ダム〜ダム便覧」damnet.or.jp/cgi-bin/binranB/TPage.cgi?id=555）。
70) 『作文郷土誌みんなで綴る郷土誌Ⅲ』森吉町、昭和56年, p25, 118〜119。
71) 国立公園指定50周年記念誌編纂実行委員会『裏磐梯』北塩原村を考える会、平成13年。安部なか他編『写真でつづる 沼尻軽便鉄道』歴史春秋社、平成12年, p194、TM6, p189などにも同一写真を掲載。
72) TM6, p203〜204。社名の表記は同記事p190所収の写真によった。
73) 廃道日記38「再訪、原町森林鉄道"新田川線"（http://dtm-rt.o.oo7.jp/3.dtm/6.ObRoad-Diary/project-5/38.16Haramachi-N/16.haramachi-n01.html）。
74) 「事業紹介 懐かしい事業」「会社概要 東北建設株式会社」www.touhoku-k.jp/gaiyou.html。
75)76)79) 「尾崎天風さんと森林鉄道」北見。野村興産ＨＰ、「留辺蘂昔話し」niftyなどによる。
77) 「温根湯森林鉄道」北見。
78) 「無料乗車証 □□に乗車する事を承認する。昭和18年4月9日イトムカ鉱業所留辺蘂出張所㊞」（北見）
80) 昭和3年11月設立時に温根湯軌道と改称。社長は小野玉吉（北海薪炭取締役）、取締役は野村鶴二（温根湯の雑貨・雑穀商）ら、監査役国沢歴蔵（層雲峡温泉の発見者で国沢温泉を創始、明治36年滝の下駅逓取扱人）（『留辺蘂町史』, p379、営年, p35、要T1役上, p126）で湯治客輸送・薪炭搬出目的か。なお昭和22年温根湯軌道利用組合の設立には関与したと推定される大江本家ら当地旅館主の関与の有無は未確認。

81)「軌道利用組合　留邊蘂～大町間乗車券」が平成23年11月6日鉄道用品として43,130円でオークションに出品（www.ta-ka-ra.com/rakusatsu/best50111/tetsu4.htm）されている。この温根湯軌道利用組合の昭和22年設立を公式サイト（www.oehonke.com/old140421/hotel/history.html）で報じる老舗の「美白の湯宿　大江本家」など旅館主が関与したか。他にもヤフオク「No.493定期列車の便乗を許可する　自昭和　年　月　日　至昭和　年　月　日上松運輸営林署㊞」との許可証に50.3.31付朱印が押された「森林鉄道　定期列車便乗許可証 S50.3.31」画像（【オークファン】№13920-6◯【森林鉄道 定期列車便乗許可証 S50.3.31】の詳細情報 http://aucview.aucfan.com/yahoo/g90187318/）からはこの時点まで定期列車が運行され数百単位の便乗許可証が発行された事実が判明する。
82)『青森特産ひば』青森営林局、昭和8年，p21，p28。
83)88)　山上笙介『ふるさとのあゆみ北津軽』津軽書房、昭和56年，p10，18。
84)「りんご園を走る客車『あすなろ号』『からまつ号』」「日本林業アーカイブス　森林鉄道の記憶―津軽編―」『現代林業』平成22年8月号，p9。
85)　津軽森林鉄道相内支線 - ザ・森林鉄道・軌道 in 青森（http://thesinrintetudou.sakura.ne.jp/aiuti/aiuti.html）。
86)『五所川原市史通史編2』平成10年，p207，208。
87)『中里町誌』昭和40年，p458。
89)『土佐材』高知営林局、昭和11年、附言。
90)　大阪毎日新聞編『経済風土記四国の巻』刀江書院、昭和5年，p422。
91)『野村茂久馬翁』昭和40年，p195。
92)　合資会社野村組工作所（高知市下知町914）は車両製造業、大正11年1月創業、製品「木炭ガソリン機関車」（工場S11，p665）。大正2年高知営林局のガソリン機関車を試作した「高知市内の鉄工所経営者」は「試作車の不成功で資金的に行き詰まり、安芸郡馬路村内で鉄道関係の仕事を細々と続けた」（物語，p22）と伝えられている。「他県では、酒井工作所や加藤製作所が製造した機関車が主流でしたが、魚梁瀬森林鉄道には、高知市の野村組工作所と谷村鉄工所が…野村工作所．野村工作所は、フォード製V8エンジンを搭載した機関車を開発」魚梁瀬森林鉄道遺産Webミュージアム【ガソリン機関車】（http://rintetu.jp/locomotive_gasoline.php）、廃線後、野村工作所（高知市）のディーゼル機関車（以下DL）、L69型チューン式DLが保存されていたが、2013年1月魚梁瀬森林鉄道（保存）に野村工作所製ガソリン機関車復活した。魚梁瀬森林鉄道遺産Webミュージアム【動態保存・復元】（http://rintetu.jp/locomotive_preservation_movement.php）。
93)　前掲野村，p611。
94)　前掲野村，p370。
95)　前掲野村，p609。
96)101)　アトラスタウン～馬時村特集（http://www.atlastown.com/ja/special/umaji/umaji1.html）。
97)　昭和34年森林組合長に就任した甫木義郎談、物語，p166。

98) 公家艶子「夢多い学窓から山深い任地に来て…」『保健婦雑誌』15巻10号, p9。
99) 小塩佳司「森林軌道に乗って秘境・魚梁瀬へ」『旅』昭和34年12月, p94。昭和36年7月現地を訪れた橋本正夫氏も本線は「車掌も乗っていて切符を切りにやってくる」、上部軌道は「一寸でも油断すればカーブで千仞の谷へ振り落される」(橋本, p6) などと貴重な乗車体験を証言している。
100) 馬路村森林組合は大正13年創設、戦時中に木材搬出のためガソリン機関車・貨車を購入、「終戦後は…さらに事業を拡張してガソリン機関車並に貨車を増設」(馬路, p190) し、軌道の運輸事業を共同経営した。また馬路村農業協同組合側でも昭和23年「製材工場を森林組合と合同経営することになった。そして森林組合設備によるガソリン機関車二台、貨車四十四両をもって…搬出」(馬路, p190) していたが、馬路村森林組合は「昭和三十四年三月十六日、馬路村農業協同組合と共同経営による農村工場及び運輸事業を分離し、その経営を行うようになった」(馬路, p191)。
102) 「魚梁瀬森林鉄道・歴史」(http://sinrinkidou.yumenogotoshi.com/sikoku/01yanase/.../yanase-rekisi.html)。昭和9年大栃～別府間に敷設された大栃森林軌道も「魚梁瀬森林鉄道のように『命の保証はしない』という条件で一般客も乗車させ」(大栃林用軌道別府線廃線跡 | 自然、戦跡、ときどき龍馬 - アメーバブログ http://ameblo.jp/kochi-romp/entry-11712032985.html) た由。
103) 「四国の山村と自然を撮る」(sikokumori.exblog.jp)。
104) 二村一男・笹田昌宏・中島皇「芦生演習林の森林軌道の沿革について」『京都大学農学部演習林集報』通号28号、平成7年3月。
105)106) 小西可東「飛騨神岡鉱山鉄道便乗記」『工業界』11巻5号、大正9年5月, p12～13。
107) 『小木曽森林鉄道』薮原営林署、昭和52年, p13所収。
108) 『木祖村誌 源流の村の歴史』平成12年, p444所収。
109) 2011年11月6日鉄道用品として43,130円でオークションに出品【中古】F042 古い切符 軌道利用組合 留邊蘂 大町間 乗車券の価格をみる http://aucview.aucfan.com/yahoo/w68065301/)。
110) 北海道炭礦汽船真谷地炭鉱専用鉄道は目的外使用欄に「炭鉱会社従業員輸送」(鉄軌S16, p4) を謳っていたが、「一時期「沼ノ沢」「真栄町」(6区)「清真台」(5区)「真谷地」の乗降場が設置され、便乗扱いで客車が運行された時期もあり、「勘合証」と呼ばれる乗車券が発行された」(「専用鉄道」ユニオンペディア (http://ja.unionpedia.org/) という。
111)112) 「大日本製糖株式会社龍厳製糖所便乗券 龍厳～虎尾」(http://www.letao-cn.com/yahoojp/auctions/item.php?aID)。
113) 廃線・無人駅のきっぷたち:編集者・大野哲のブログ (http://bossrat.exblog.jp/21825605/)。
114) 「砺波正倉」(http://1073shoso.jp/www/photo/detail.jsp?id=11206)。
115) 『東藻琴村誌』によれば、殖民軌道藻琴線の乗車券の裏面に印刷された「本軌道乗車中に起きた事故一切は組合で責任を持ちません」(藻琴, p392) 旨の文言に「旅から

来て始めての人々は、いくら便乗でも乗車賃を支払っての乗車だのに、驚きもしどんなことが起きるかと不安にかられた」（藻琴, p392）という。

116) 鉄道省稚内運輸事務所『沿線案内』昭和13年（士別御料森林軌道の記事、「北海道の辺地を走った殖民軌道」「時刻表歴史館」戦前黄金時代 鉄道省 稚内運輸事務所（1938）（http://www.tt-museum.jp/kidou.html）には道北地域の殖民軌道の路線紹介で殖民軌道の仁宇布線、問寒別幌延線、枝幸線の区間、運賃、所要時間、始発、終発時刻等が掲載され、枝幸線の幌別〜シビウタン間、上幌別〜本幌別間には記事として「始終発時刻ハ幌別又ハ上幌別発着時刻トス」と注記されていたのに加え、「士別御料森林軌道（奥士別〜ポンテシオ）」「サンル森林軌道（下川〜サンル）」「一ノ橋御料森林軌道（一ノ橋〜二股、一ノ橋〜然別）」「下頓別宇津内官行軌道（下頓別〜宇津内）」の粁程、所要時間が示されていた。

第7章　民営の森林鉄道・軌道

1．はじめに

　旅と観光にも関心をもち下北半島など多数の森林軌道を現地視察して多くの貴重な写真を撮影すると共に、林道について学術的に総括的に検討した数少ない民俗学者である宮本常一は、昭和32（1957）年「林道に関する諸資料は多くは断片的で、いままで真にまとまったものがない」（宮本，p12）と嘆いている。王滝森林鉄道など木曽谷の森林鉄道群に関しては著者も強く啓発された西裕之氏らの森林鉄道の先行研究（巻末引用文献一覧参照）の蓄積があるが、前述の宮本常一でさえ「民有林には鉄道も軌道もほとんど見られず」（宮本，p17）と述べ、森林鉄道の発達史に詳しい小林裕氏でさえ「残念なことには民間の＜森林＞軌道の様子がわからない」（小林，p80）、「誰がどうして軌道を取り入れたか不明瞭」（小林，p82）と嘆いたように、残念ながら民営の森林軌道群の本格的研究は緒に就いたばかりの初期的段階にある。現在『国有林森林鉄道全データ』の各地方編が刊行されつつあることには大変意義深いものがあるが、平沼義之氏が指摘する通り、「国有林森林鉄道を対象としていますので、民間で敷設した路線は収録されていませんし、途中で民間に払い下げられた路線は、その時点で廃止された扱い」[1]という制約がある。

　岡本憲之氏が指摘されたごとく「森林鉄道というと、国営というイメージが強い」（究極，p87）中にあって、民有林の民設森林鉄道・軌道の概況について当該分野に関心を持って、これから"幻"の"秘宝"発掘を志す身体壮健の方々に何らかの参考になればと考え、本章には民営の森林鉄道・軌道の、文字

通り管見の限り、今現在著者が真偽のほどはともかくも、知り得た限りの情報を取り纏めて、というか単に羅列した程度にすぎないのではあるが、何らかの参考に供することとした。「民間においても資力に富む木材商や経営規模の大きな森林所有者が軌道を敷設して、盛んに木材の搬出を行なったようであるが、記録に残っているものは少ない」(林技, p231)とされるように、もとより未知の「暗黒大陸」を目指す探検家にとって、宝の在処を暗示した玉石混交の「宝の地図」同然の怪しげな代物に過ぎないのではあるが…。

　福田次郎氏が「森林鉄道は御料林・国有林等の如く集約なる大規模の林業経営でなければ其の設置は困難であって一般民有林等の運搬路としては不適当なものである」(福田, p187)と断言するように、そもそも民営の森林鉄道(＝機関車運材)というもの自体が稀有な存在である。『林道事業のあゆみ』も「森林鉄道、軌道等…は当時における一番進歩した搬出手段であり、輸送効率も高かったが、民有林においては、その所有規模および経営意識、組織、資本の劣弱等の理由によりぼう大な資本を要する森林鉄道、軌道は国有林御料林のようには発達しなかった」(あゆみ, p52)、「当時森林鉄道自体、投下資本が大であることから、そのほとんどが国有林あるいは御料林によって建設、経営されたのは当然で、民間では王子製紙、三井物産、あるいは鉱山会社等で経営されたものが僅かに存するのみ」(あゆみ, p740)と断言している。しかし規模は大きくないものの公有林、民有林にも概して規格の低い森林軌道が広く全国的に多数導入された。民有林の統計は甚だ不完全ながら、たとえば昭和16(1941)年1月時点で北海道を除く民有林の既設森林軌道は113路線、71万4,399m(あゆみ, p343)に達し、昭和23年度末の林野庁調査「全国林道現況調書」によれば民有林2級軌道の総延長は687.4km(現況, p327～8)、昭和27年度末では77万0,612m(宮本, p49)も存在していた。

　逆に営業している真正鉄道でありながら、森林鉄道に準じたものと扱うべき鉄道・軌道群が存在する。森林鉄道の研究者である小熊米雄氏は「純粋の森林鉄道」(小熊, p4)は「森林の所有者或は管理者がその森林から実際に木材を搬出するために敷設したもの」(小熊, p4)に限定し、「森林とは関係なく、

木材の運搬に使用した専用軌道や、森林鉄道に接続して通車輸送をする一般の地方鉄道、軌道、或いは森林所有者ではないが、木材の運搬を主な目的とした鉄道、軌道」(小熊, p4) を「森林鉄道に準ずる鉄道及び軌道(主として民営のもの)」(小熊, p25) と定義した上で、「A．民営の運材軌道及び専用軌道、B．森林鉄道と通車輸送をする地方軌道、C．その他の軌道」(小熊, p25) に三分して個別に分析している。

A．民営の運材軌道及び専用軌道 (後述)
B．森林鉄道と通車輸送をする地方軌道

士別軌道[2]は宮内省が株式の過半数を所有し、終点奥士別から延びていた士別「森林鉄道の木材運搬車が、そのままこの〈士別〉軌道内に乗入れ」(小熊, p25)、天塩川御料林の木材搬出を専管していた。

坂川鉄道も宮内省が株式の過半数を所有し、田立森林鉄道の御料林「木材運搬車はこの〈坂川〉鉄道を経てそのまま新坂下まで運転されたもので、専ら森林鉄道的存在」(小熊, p134) であった。

田口鉄道[3]の場合でも宮内省は段戸御料林の木材を運ぶ森林鉄道とこの田口鉄道を接続させ、御料林経営を抜本的に発展させることを目論んだ。大株主も宮内省125万、豊川鉄道75万、豊川鉄道系の鳳来寺鉄道20万、鳳来寺が12.5万とこれだけで80％近くを占めたので、田口鉄道は実質宮内省と豊川鉄道によって設立されたものと言える。

木曽の御料林でも加子母に森林鉄道が敷設され、加子母に接する付知が北恵那鉄道と結ばれ、川による木材搬送から鉄道によるそれに変更、北恵那鉄道も森林鉄道に連結し宮内省の支援を受けた[4]。

C．その他の軌道 (日向軌道、銀鏡軌道など)

台中軽鉄に関して営林所によれば、「大正六年度ニハ山腹ニ軌道ヲ敷設シ一部ハ之ニ依リ運材ヲナシ」[5]、「土牛ニ到着シタル材ハ別貨車ニ積ミ換ヘ台中軽鉄会社ニ依託シ豊原貯木場ニ輸送ス」[6]とある。

農林省山林局の関与しない森林軌道として、大学等の演習林が存在する。国営ではないが、公営の運材軌道として県有林の軌道、町有林の軌道が存在する。

農林省山林局の発行する統計書には昭和4（1929）年創刊の年刊『山林要覧』があるが、第一次（昭和4年）から第四次（昭和8年）までには民有軌道の項目は見当たらない。第五次（昭和9年）以降、第十三次（昭和19年）まで、主として森林組合が築造し、補助対象となったものに限られるようであるが、以下の民有軌道延長（km）の数値が掲載されている。

[表-5] 年度末の民有軌道延長 （単位：km）

昭和 年	延長	昭和 年	延長
7	178	12	387
8	186	13	388
9	219	14	…
10	229	15	…
11	385	16	241

[資料] 農林省山林局『山林要覧』第五次（昭和9年）〜第十三次（昭和19年）の「林道の現況」。（…印は資料欠落）

ただし、備考に「内地（北海道ヲ除ク）民有林道延長及貯木場面積ハ大正十五年度其ノ開設助成ヲ開始シテ以来昭和七年度ニ至ル間ニ完成シタモノノ累計ヲ掲グ（匡救事業ノ分ヲ含ム）」[7]とあり、対象は国の開設助成を受けた民有軌道（＝森林組合軌道）に限られ、助成を受けない民有軌道、当時は内地扱されていない北海道の民有軌道等は除かれている。

戦後になり昭和22（1947）年3月氏原代議士は「単に国有林だけを計画の対象とするのではなくて、所有者のいかんを問わず相当長期の継続作業ができそうな森林団地と駅、土場との連絡のために森林軌道網を完成すべきではないか」[8]と、民有林軌道の整備を質問したのに対して、中尾政府委員は「国有、民有を問わず、必要なところに…敷設するということに今後十分考えていきたい…が…軌條の入手が非常に困難なために、森林鉄道あるいは…軌道を敷設することは非常に困難」[9]と答弁した。

戦後には『山林要覧』が『林業統計要覧』と改題され、現在に至るが、「林道の現況」に「民有林森林鉄道」（単位km）の累年の数値が掲載されているのは林野庁監修『林業統計要覧　時系列版　1982』（林野弘済会、昭和57年）

で、同様の数値が『林道事業50年史』日本林道協会、昭和52年,p264に掲載されている（林野庁図書館の教示による）。

[表－6] 年度末の民有林森林鉄道延長　　　　　（単位：km）

昭和　年	延長	昭和　年	延長	昭和　年	延長	昭和　年	延長
21	625	31	700	36	150	41	122
23	687	32	697	37	122	42	31
25	636	33	674	38	122	43	31
27	771	34	662	39	122	44	0
30	724	35	169	40	122	45	0

[資料] 林野庁監修『林業統計要覧　時系列版　1982』林野弘済会、昭和57年, p60。

昭和43 (1968) 年度末になお31kmあった「民有林森林鉄道」は翌昭和44年度末にはゼロとなっており、府県別『林業要覧』等を精査していないので所在地等未詳であるが、昭和44年度中に最後の民有林軌道（後述する山梨県営軌道の全廃等に関係か）が人知れず廃止となったことを示している。

戦前の「民有軌道延長」(km) の数値である昭和17 (1942) 年3月末の241km [表－5] と、戦後の「民有林森林鉄道」延長 (km) である昭和21年の625km [表－6] との不連続の理由は、①北海道が加わったこと、②山梨県の県営軌道（戦前は「公有林」として別建て）が加わったこと、③戦時中の軍需目的の延長などが想定される。さらに府県別の明細を知り得たのは、以下の昭和23年度末と昭和27年度末である。

昭和23 (1948) 年度末の林野庁調査「全国林道現況調書」によれば民有林2級軌道の総延長687.4kmの府県別内訳は①山梨333.6km、②宮崎70.3km、③奈良60.7km、④徳島56.3km、⑤三重55.9km、⑥北海道24.0km、⑦和歌山21.7km、⑧埼玉15.2km、⑨長野13.7km、⑨愛媛13.7km、⑪岩手7.6km、⑫静岡5.9km、⑬栃木4.9km、⑭島根1.7km、⑮熊本1.1km、⑯秋田0.6km、⑰京都0.5kmとなっている（現況, p327～8）。

昭和27 (1952) 年度末の「民有林林道延長」770,612mは、入手し得た限りの数値でのピークであり、この後は急速に減少していく。その府県別内訳は①

山梨346,878m、②北海道95,757m、③徳島58,250m、④三重55,871m、⑤宮崎36,700m、⑥和歌山25,177m、⑦長野14,699m、⑧栃木14,578m、⑨愛媛12,688m（国庫補助）、⑩岩手7,625m（国庫補助）、⑪埼玉7,460m（国庫補助）、⑫岡山7,000m（その他）、⑬奈良6,224m、⑭滋賀6,000m（その他）、⑮静岡5,860m（国庫補助）、⑯群馬5,498m、⑰京都4,822m（その他）、⑱鳥取1,700m、⑲石川1,200m（国庫補助）、⑳秋田648m（宮本，p49）

昭和23（1948）年と27年との間でほとんど差異がないのは三重、岩手、静岡、秋田の4県ぐらいで、他は大きく増減している。また昭和23年の島根と昭和27年の鳥取とは入れ替わっているように思われる。

民有軌道の半分を占めていた山梨県は県営であり、「民有林林道延長」が昭和34（1959）年の662kmから翌昭和35年の169kmへ、一挙に493kmも激減したのも主に山梨県営軌道の廃止による影響と思われる。大規模なものとして「関東の大震災に遭遇し復興石材[10]の需要激増を予想」[11]した山梨県営石材事業のため、大正14（1925）年開設の塩山駅～三富山元5哩3分の①三塩軌道[12]、昭和4年開設の山梨県東山梨郡の奥千丈斫伐事業所～諏訪村土場間14.5km（50年史，p229）の②奥千丈線、昭和7年から順次開設された③硯島（雨畑～稲又）線（廃線Ⅰ，p157）、④西沢線、⑤奥沢線、⑥栃代川線、⑦鹿留線、⑧野呂川線などの各軌道が著名である。

山梨県では明治40（1907）年、43年の両水害で「甲府言論界の有志は御料林払下の急先鋒となり、全県民の名を以て其筋に請願すべく県民大会を開催」[13]、明治44（1911）年3月11日「特別の思食を以て入会御料地を挙げて本県に下賜せられ」[14]恩賜県有財産となったため、大正12（1923）年以降他県にみられぬ県有軌道が多数敷設された。大正7年山梨県は林務課、恩賜県有財産管理課を統合して山林課を設置し、甲府、鰍沢、谷村の三か所に出張所を設置した。昭和17（1942）年時点では県営斫伐事業所のあった三富39,511m、奥千丈34,460m、釜無12,826m、硯島26,168mの4カ所の軌道、石材事業所のあった神金13,312m、5線計126,278m、その他を含め合計248,169mとの数値が得られる。

また宮崎県でも昭和7（1932）年に限り、時局匡救事業等として幅員2.0mの民有林の森林軌道を渡川、村所、塚原、郷之原（失業救済事業）の4路線で合計57,600m開設した。（宮崎，p449）このうち5万分の1「村所」に描かれた七ッ山川沿いの西米良村村所〜椎葉村大河内間21,300mの馬車軌道である村所線の写真が公開されており、「林業用の軌道ではあるが山村の住民の足でもあった」[15]と便乗が認められており、廃止後は現在の国道265号線となっている（宮崎，p449）。

島根県でも大正3（1914）年森林軌道敷設が計画され、「飯石郡来島村所在八〇〇町歩ノ県有林利用開発ヲ計ル目的ヲ以テ国道ニ通スル迄約六哩間ニ二ケ年継続ヲ以テ森林軌道ヲ布設セムトス…経費支出方法　借入金ヨリ支出　実行期　大正五年着手六年終了ノ予定」[16]として、昭和3（1928）年和恵県有林〜潜り岩木炭倉庫まで10kmの森林軌道を敷設した。この軌道は地元民間で一般の生活にも使われ、昭和4年「県有林軌道民間使用規定」[17]が設けられた。

また町有林に軌道を敷設した秋田県由利郡西目町は民有林の60％を町有林が占めていた。大正4（1915）年村長に就任した佐々木考一郎が林道整備を進め、救農対策の一環として低利借入により、昭和6（1931）年4月着工、同年10月竣工したのが幅員2m、延長約8km、工費3.6万円の西目森林軌道であった。すでに車道が主流になりつつあった当時、珍しく軌道を選んだ理由は秋田県内国有林の軌道の影響と見られている。町営の西目森林軌道は「主・間伐材、木炭、柴などの林産物のほか、米、稲、野菜等の農産物、さらには石材の搬出にも利用され」[18]たが、昭和18年戦時中の鉄材供出でレールが徴発され車道に姿を変えた。

小熊米雄氏の定義した（A）「民営の運材軌道及び専用軌道」として、著者が先学各位の先行研究等から知り得た限りのものを、以下に現時点での暫定的な中間的報告として列挙させて頂きたい。青木栄一氏が共著『森林鉄道からトロッコまで』の中で、同書に「掲載した鉄道はごく一部で、このほかにも多数が全国にあった」（トロッコ，p14）、「その全容を把握するのも容易ではない」（トロッコ，p184）とされているように、当然のことながら全体のほんの一部

を摘出し得たにすぎない。

2．会社形態の森林鉄道・軌道

　森林鉄道・軌道と水力発電用軌道とを峻別することは、東信電気の発電所資材運搬用軌道を営林署が借用したり、安房森林鉄道の一部が屋久島電工に払い下げられるなど、双方の転換複合・癒着の事例が幾つも存在したようにかなり難しい。ここでは水窪川水力電気などのように「重要物産タル木材」（「副申」昭和2［1927］年9月1日、水窪）の輸送を担った林鉄同然の機能を果した可能性のありそうな水電用軌道・石材軌道等も含めている。

　会社組織の森林鉄道の事例としては北海木材㈱（美深）[19]、雲井林業㈱[20]（奥入瀬）、秋田木材㈱[21]、北秋木材㈱[22]、東北パルプ[23]、浅野製材㈱[24]、共栄土地（第二部第3章参照）、丸三会社→双葉軌道会社[25]、関東ぶな材工業㈱[26]、成井農林[27]、新潟水力電気（第5章参照）、東京木材㈱[28]、関東水電㈱・関東木材（名）・秩父兵器木材工業㈱・西武建設㈱（いずれも秩父）、日東山林（資）[29]、日本軽金属[30]、与志本合資会社[31]、東信電気[32]、信越木材㈱[33]、川上林業㈱[34]、久原鉱業[35]、水窪水力電気[36]、天龍運輸㈱[37]・龍川森林軌道㈱（後述）、安五軌道㈱[38]、東邦電力[39]、諸戸林業㈱[40]、四日市製紙（大台林業）専用軌道[41]、土井林業[42]、三国木材㈱（第二部第1章参照）、紀州林業（木軌道）[43]、洞川電気索道（軌道敷設出願）[44]、山五林業㈱[45]、進藤林業[46]・日本土地山林㈱[47]、（資）殿内川森林鉄道[48]、丸三（資）[49]、熊本電気[50]、日肥林業㈱[51]（内大臣）、木村工業（大正末期から昭和初期に木村林業と改称）[52]、福川林業㈱[53]（小林）、屋久島電工㈱[54]、藤田組[55]など。

　このほか軌道自体の所在地等の内容が未詳ではあるが、当該会社等の勘定科目に「軌道」への投資行動が確認できた企業として俵松木材拓殖[56]、日本拓殖興業[57]、抗火木材㈱[58]など。

　可能性あるも法人格の有無の未詳なものは峰村商会（厚別）[59]、中村組（新得）[60]、岸尾木材店（留辺蘂）[61]、三沢・上北町の沼崎貯木場製材所軌道[62]、高

倉製材所（神代駅）[63]、田城製材所[64]、四万簡易製板（四万）[65]、遠藤林業[66]、山梨県営西沢林鉄を継承し短期間運営した民間業者[67]、新潟県津南町または長野県野沢温泉村の「製材所林用軌道」[68]、相賀＜林用＞軌道[69]、大宮製材（駿河大宮）[70]、新宮木材[71]、乾逸太郎製板会社専用軌道（三重，p10〜13）、大正14（1925）年営林署に買収され大正森林鉄道となった四万十川水系の中津川〜大奈路間18kmの民営軌道[72]、長崎県対馬の「製材事務所軌道」[73]など。このほか、営林署から運行業務を受託していた企業として奥川林用軌道を受託していた奥川運輸[74]、智頭町の沖ノ山森林鉄道を軌道を借りて運行を行っていた民間の林業関連企業[75]や安房森林鉄道を受託していた尾之間軌道[76]・武田産業[77]・愛林[78]なども契約内容如何では運行主体と見做せる可能性を有する。

3．森林組合形態の森林鉄道・軌道

　森林組合は森林法を根拠とする特殊な協同組合であって、林業共同施設として公的補助の対象となり、特殊銀行たる日本勧業銀行などから低利融資を受けることが可能であった。昭和2（1927）年発行の『森林組合一覧』によれば、「森林組合ハ森林ノ荒廃防止復旧、協同施業、林産物運搬貯蔵、又ハ森林ノ危害防止等ヲ目的トシテ設立セラルルモノニシテ、政府ハ森林組合ノ設立ヲ奨励スルト同時ニ其ノ運搬貯蔵施設ニ対シテハ奨励金ヲ交付シ、又事業施行ニ必要ナル資金ニ付テハ低利資金[79]融通ノ途ヲ開キ以テ事業成功ノ確実ヲ期シツツアリ」（林組 S2，p1）とし、昭和元年12月末現在の森林組合数は556、組合員数7万2,851人であり、「運搬、貯蔵、保護等ノ各種施設ハ組合自体カ直接之ヲ営ムモノニシテ自明治四十一年至昭和元年十九箇年間ニ於ケル各種施設ノ数量及組合数ヲ挙クレハ次ノ如シ

　　牛道、牛馬道、車道　　110,478間　　組合数53
　　木馬道　　　　　　　　25,372間　　組合数6
　　軌道　　　　　　　　　16,309間　　組合数3
　　索道　　　　　　　　　　1,084間　　組合数1」（林組，p1）

であった。上記の施設の備考には「大正元年以降ノ分」とあり、「調査スルニ明治年間ノ施設ナシ」（林組, p24）とされた。

昭和元（1926）年12月末現在の内訳は京都府の1組合の5,733間、徳島県の1組合（大正期に敷設した八重地傍示集落）[80]の1万531間、高知県の1組合の45間、計3組合で1万6,309間の3軌道が存在した。ほかに静岡県の1組合[81]の1,084間の索道も存在した。「土工森林組合」を名乗った組合は専用軌道等の運営に特化している場合が多く、珍しく沿革や資金源まで詳細に判明する加茂土工森林組合の例のように「土工組合はトロ引きの組合だ、などと言われ」[82]、組合員相互利用の意味で自家用の専用軌道という建前とは裏腹に、その実態は軌道法に基づく軌道会社に極めて酷似していた。加茂の場合、「軌道の使用料は組合員、非組合員にかかわらず同じで、木材、炭、「みつまた」など運ぶ品物によって違って」[83]いるなど、非組合員による員外利用も広く日常的に行われていた。したがって不特定多数を対象とする一般営業の貨物鉄道（鉄道省管轄）の貨物運賃と、員外利用が多い森林組合（農林省管轄）の積荷別の軌道使用料の実質的な差異を見出だすことは困難である。

森林組合形態の森林鉄道の事例を示すと秋田県（昭和23［1948］年度末0.6km）の直根保護土工森林組合[84]、深山土工森林組合（栃木県黒磯市）[85]、山梨県の丹波森林組合軌道[86]、静岡県（昭和23年度末5.9km）の気多村保護造林土工森林組合（気多森林鉄道）[87]、智者山軌道[88]、長野県（昭和23年度末13.7km）の川上村森林組合（第二部第2章）、埼玉県（昭和23年度末15.2km）の両神施業森林組合（第二部第8章）、市之沢施業森林組合（第二部第8章）、三重県（昭和23年度末55.9km）の尾鷲付近の小原野土工保護森林組合[89]、八木山土工保護森林組合[90]、相賀〜木象山付近の森林組合[91]、大河内保護土工森林組合[92]、上里森林組合[93]、赤羽土工保護森林組合[94]、京都府（昭和23年度末0.5km）で5,733間の軌道を設置した名称未詳の森林組合[95]、奈良県の北今西施業森林組合[96]、栗平土工森林組合（＝山五林業軌道）[97]、滝川森林土工組合[98]、川迫土工森林組合、笠捨土工森林組合、伯母ヶ谷土工森林組合、中奥土工森林組合、洞川土工森林組合（未着工）[99]、旭西部土工森林組合[100]、和歌山

県の久留美谷土工森林組合[101]、室川土工森林組合[102]、角間木谷土工森林組合[103]、徳島県（昭和23年度末56.3km）で最初に1万531間の軌道を設置した八重地土工森林組合[104]、平井土工森林組合（第二部第2章参照）、相川土工森林組合[105]、木頭村森林組合[106]、高知県で45間の軌道を築設した名称未詳の森林組合[107]、愛媛県（昭和23年度末13.7km）の加茂土工森林組合[108]、越智今治森林組合[109]、宮崎県（昭和23年度末70.3km）の諸塚村の小原井施業森林組合[110]などである。その他、経営主体は森林組合かどうか未詳であるが、昭和23年度末には北海道24.0km、岩手7.6km、静岡5.9km、栃木4.9km、島根1.7km、熊本1.1km、京都0.5kmの民有林2級軌道がなお残存していた（森林組合名称は時期により変化あるも、一律『全国森林組合一覧』昭和7年に準拠）。

なお森林組合ではないが、入会団体の後身で「数町村が恩賜県有財産に関する諸般の事務を共同処理する団体」（県誌，p217）として恩賜県有財産保護組合（恩賜林組合）が県下で159組合も組織され、これらのうち林業用馬車軌道の運行に関与したものも存在した模様である。昭和3（1928）年「富士下山の八名　トロで重傷　綱が切れ脱線転覆」（S3.7.26東朝②）した富士林用軌道[111]がこれに該当するものと推測される。なお北海道の仁宇布軌道（道林，p118）など森林軌道の利用者で組織された「軌道運行組合」や、岐阜県藤橋村の発電用軌道を活用した北山産業軌道利用組合（終章参照）の計画もあった。

これらの森林組合のうち『森林組合一覧』の名簿に名前のある奈良県の北今西施業森林組合（大正4［1915］年9月3日設立許可）、京都府の雲ケ畑施業土工森林組合（大正5年3月6日設立許可）等を除き、ほとんどは大正8年4月以降に新たに設立許可されたものであり、その軌道も大正期に築設された3組合を除き昭和期に築設されたものである（農商務省山林局編『森林組合一覧』大正8年4月末、昭和元年12月末）。

森林組合が多く、民有軌道も昭和23（1948）年度末なお60.7kmも存在した奈良県庁文書を例にとると土木課の索道・軌道関係の簿冊のほか、勧業課（林政課が引継）が毎年作成した「森林組合一件」なる簿冊群があり、県内森林組

合からの設立認可、事業計画認可、予算及徴収法認可、総会開催、収支決算、理事・監事報告などを綴じた基本的史料である。県から農林大臣への事業報告には、各森林組合の事業報告書、歳出入・財産目録、森林組合借入金現在額報告、森林組合法改正に伴う改組、補助金交付などの関係文書が添付されている。

4．個人経営の森林鉄道・軌道

純然たる個人経営の森林鉄道の事例として姓名が判明する事例は大宝正鑒（第5章参照）をはじめ、小沢花次郎[112]・岸尾義計[113]（留辺蘂）、永田藤兵衛（「永田神童子山製材所」軌道）[114]、内山鉄之助、薩摩藤太郎[115]、長島政令[116]、谷口善吉[117]、谷五兵衛[118]、由井安平[119]などかならずしも多くない。法人とも個人とも経営主体未詳の民営軌道の事例としては仮称＜西谷＞軽便軌道[120]、仮称＜東股山＞軽便軌道[121]、大城川（豊岡）林用軌道[122]、富士軌道を一部継承したと想定される「富士宮林用馬車軌道」[123]など。

5．準森林鉄道・軌道

東信電気[124]、合名会社上田商店[125]、奥羽種畜牧場の軌道[126]、宝達軌道㈱[127]、須縄軌道[128]、房総石材運輸[129]、茨城軌道株式会社[130]、鍋島彦七郎・鍋島線[131]、中野喜三郎の中野組（後の中野組石材工業）・中野線[132]、日東石材株式会社[133]、土屋大次郎・土屋線[134]、長山佐七[135]、高田愿一[136]、大貫亀吉（羽黒軌道）[137]、日本石材株式会社[138]、新川軌道株式会社→大山軌道株式会社→立山軌道[139]。

地方鉄道のうち「吉野山林鉄道」[140]、軌道のうち「製材業ヲ営ミ己成ノ材料ヲ…搬出スルノ便ニ供スル目的」[141]の「身延製材軌道」などの未成線、専用鉄道・専用側線のうち、契約相手方の業種が「木材売買並ニ委託販売」を主要業務とする金沢木材㈱[142]のように林業、木材・製材等であり、「敷設ノ目的」も金沢木材のように「木材運搬」を目的とする木材運搬鉄道は小熊氏指摘の通り

第7章　民営の森林鉄道・軌道　331

森林鉄道・軌道に準じたものと考えられる。たとえば生保内線接続の高倉製材所は営林局と側線を共用するほか、終章で検討する林鉄トロの有料便乗にも一役買った可能性もあるなど、場合によっては近傍の森林鉄道・軌道にも関与する可能性の高い有力企業と考えてここに専用側線契約先の社名と駅名を列挙した。

　大正12［1923］年　小松木材㈱（小松駅）、岩手木材㈱（盛岡駅）、北秋木材㈱（大館駅）、北日本製材㈱（苗穂駅）

　昭和26［1951］年　東広木材工業㈱（沼津港駅）、昭和木材工業㈱（長津田松駅）、飯田製材工業㈱（飯田駅）、牧野木材㈱（中央線塩山駅）、与志本（資）（小海線羽黒下駅）、相模木材㈱（信濃大町駅）、金沢製材所（加古川駅）、西神崎木材㈱（姫路駅）、日本土地山林㈱（播但線新井駅）、簸川林業（出雲今市駅）、久保村木材工業所（四日市港駅）、桜井貯木場（桜井駅）、秋田木材㈱（矢板駅）、久慈川木材工業㈱（水郡線下野宮駅）、大竹木材商事㈱（沼田駅）、最上木材㈱（真室川駅）、二ッ井製材㈱[143]（二ッ井駅）、山瀬製材所（早口駅）、北秋木材㈱（大館駅）、高倉製材所（生保内線神代駅）、秋田木材㈱（能代駅）、富倉屋材木店（飯山駅）、横倉合板製作所（横倉駅）、九州木材㈱（羽犬塚駅）、薩摩木材㈱（松橋駅）、（資）山本坑木店（日田駅）、田崎製材所（五稜郭駅）、倶知安製材工業㈱（倶知安駅）、小熊木材㈱（琴似駅）、松岡木材産業㈱（近文駅）、宇佐美木材店（朱鞠内駅）、泉木材㈱（栗沢駅）、坪田木工場（由仁駅）、滝沢木工場（野花南駅）、斎藤木材㈱（遠軽駅）、三井木材工業㈱（留辺蘂駅）、松下木材㈱（北見駅）、斎藤木材㈱（北見駅）、大建木材工業㈱（加越能　井波駅）、深田木材㈱（北鉄鶴来駅）、白山ベニヤ工業㈱　（北鉄加賀一ノ宮駅）、「木材専用」（p136）の久保林業所（京福新福井駅）、「木材専用」（p136）の福井口木材工業㈱（京福福井口駅）

　専用鉄道として以下のものがある。

　大正12［1923］年　金沢木材運輸㈱（金沢駅）、札幌木材㈱（札幌駅）

　昭和15［1940］年　北秋木材㈱（扇田駅）、金沢木材㈱（金沢駅）

　昭和26年　金沢材木㈱（金沢駅）

申請段階の「身延製材軌道」(前述)、構想段階の京都市北郊の「雲ケ畑森林鉄道」[144]、「祖父江谷軽便軌道」[145]など実現しなかった木材運搬軌道は少なくない。

6．正体不明の鉄道・軌道

平沼氏は秋田県西目駅から延びていた正体不明（前述の西目町営軌道か）の路線を『近代化遺産　国有林森林鉄道全データ（東北編）』に記載がないことから、「それらの路線が民有林鉄であったことが判明」[146]したとする。また小宅幸一氏は磐越東線神俣駅から小白井まで木炭運搬用の木軌条[147]が新町軌道とは別に大正中期に存在したと言及している。著者の気付いたものでも山形県西川町周辺の森林鉄道の多くは、隣町の朝日岳林道を含め、秋田営林局寒河江営林署の軌道群であるが、三山電気鉄道の終点間沢から間沢川に沿って、小倉までの特殊鉄道[148]は三山電気鉄道の貨物輸送を支えた沿線の古河系諸鉱山の専用鉄道か、あるいは民営の森林軌道か未詳である。

明治30（1897）年三重県で最初に相賀町（現在梅山一町の一部）に敷設されたと多くの文献に登場する「相賀軌道」でさえ三重県の森林鉄道の研究者である片岡督氏をして「真相は定かでない」（三重，p209）と言わしめ、また和歌山県の下北山村の軌道も経緯が複雑で「誰がいつ作ったものか特定し切れない」[149]由である。また奥秩父に「不正手段により…木の軌條を敷」[150]いた森林軌道や、「いったいどのような種類の軌道なのかはわかりません。ただこの実川流域には発電所がいくつか存在することから、電源開発用の資材運搬軌道だったのかも知れません」[151]とされた「実川馬車軌道」など、正体不明で未解明の軌道も多く残されている。いずれも片岡督氏のいうように「一般の鉄道と違って…資料がほとんど残っていない…山林の奥地にあって…大半は地図にすら載っていない」（三重，p4）というような諸事情に起因するのである。

7．森林鉄道会社の事例

（1） 合資会社殿川内森林鉄道

　合資会社殿川内森林鉄道は森林鉄道会社として恐らく唯一の社史『合資会社殿川内森林鉄道沿革』[152]を発行している。「民間企業が建設/運行した路線については会社の解散の後では資料が散逸してしまう場合が多く、もはや全貌の解明は不可能」[153]とされるなかで、顛末がここまで詳細に判明する民営森林鉄道・軌道は極めて例外的であろう。

　これらの史料によれば同社沿革は以下の通り。「崎嶇たる山径はこれを搬出するに由なく、涛々たる渓流は之を流下するに術なく」[154]という搬出方法のない実態を遺憾とした徳島市の木材問屋・原伊代次は明治39（1906）年3月1日測量に着手、福原村の美馬一族ら地元有志に諮って、39年9月徳島県勝浦郡福原村大字生実村字位宝滝〜字殿川内ウツロクチ間の林道開設に伴う敷地の無償提供を協定し、明治41年9月林産物運搬の目的で徳島県勝浦郡福原村に資本金3万円で合資会社殿川内森林鉄道を設立、無限責任社員に就任し、橘秀夫が事業専務員に就任した。林道計画の進行中に原は木曾・高野の森林鉄道を視察し、当初案の木馬道を軌道に変え、40年6月着工、42年3月殿川内〜落合間11.6kmの軌道を総工費30,410円で竣工、21日開通式を行った。「二〇台の無動力トロッコを有し、明治四四〜大正二年の一カ年平均運材量は、一五〇万三〇〇〇才」[155]であった。戦時中に「海軍の手でレールを撤収されたこともあったが、戦後すぐ復活し、二十三年にはディーゼル車を入れて約六両のトロッコを連結」（S37.7.19徳島）したが、昭和37年8月末廃止、会社も昭和43年9月21日解散した。

（2） 龍川森林軌道株式会社

　龍川森林軌道株式会社が経営する林用軌道は、秋葉山麓の修験道の霊場・秋

葉神社のある春野町に隣接する静岡県龍川村（龍山町を経て現天竜市三区）白倉山山麓の白倉峡谷の東谷、一軒屋、水舟山林、「稚児の滝」付近から、天竜市佐久を経て「万世橋」を渡り、大川の集落を経て、現秋葉ダム・秋葉湖にある道の駅「花桃の里」付近の相津（木材置場（土場）、製材所、小学校等のある天竜川岸の中心的な集落で会社の事務所も置かれた）まで、天竜川支流の河内川に沿って約4キロの軌道である（鉄地7、p9）。

　龍川村には大正5（1916）年12月の調査で龍川製材㈱、カネ正、水吉、内初、岩崎各製材所が存在した[156]）。大正8年11月1日「資本金二万円で相津、佐久、山中の山林家の出資によって設立され、大石蜂郎が社長となった。また、軌道運材による利益を相津小学校に寄附することを定款に定めて毎年寄附」[157]）し、株主は鈴木祐一郎、大石蜂郎[158]）、松田猪平らの地元の山林家であった[159]）。『天竜市史』の記述によれば、「大正九年（一九二〇）龍川村相津に龍川森林軌道株式会社が設立され、延長六哩（約九、七キロメートル）の軌道を敷設した。第一期は相津と佐久の部落間二キロメートルを、十年後に水舟山林までの二キロメートルを延長し、その後、一軒屋から東谷へ一キロメートル延長した。軌道運材はトロリー（手押貨車で長さ一、八メートル、巾一、二メートル、車軸間〇、九メートル）に材木を積み人力によって動かす人車鉄道である。積載量は五〜六尺〆で四キロメートルの区間を一日二往復した。この軌道によって天竜川岸まで運搬した材木は筏組にして川下げしたが、一部は相津の製材所に搬入された。その後、林道佐久線が完成した昭和三十年（一九五五）頃まで運営された。この会社は、資本金二万円で相津、佐久、山中の山林家の出資によって設立され、大石蜂郎が社長となった。また、軌道運材による利益を相津小学校に寄附することを定款に定めて毎年寄附している」「龍川森林軌道の工事が始まったのは大正9年（1920）。第1期に、相津―佐久間約2キロ、10年後に水舟山林までの約2キロを延長し、その後一軒屋から東谷へ約1キロ延進した」「トロリー（台車）に木材を積み、人力によって動かす人車鉄道で、約4キロの区間を1日2往復した」「龍川森林軌道が廃止されたのは、林道佐久線が完成した昭和30年（1955）頃」[160]）とある。

龍川森林軌道は木材置場（土場）軌道土場のあった現「天竜市相津から河内川を遡って、佐久の部落の奥へと森林軌道があった」「軌道は河内川に沿って造られた木道に敷設された場所が多い…レールは龍山の峰之沢鉱山のものを利用した」「佐久から下ったトロリーがこのトンネルを抜ければ、かつての相津尋常小学校跡、現在の天竜相津マリーナ…の先にトンネルがあり、林道に続く川沿いの道にレールが敷かれていた」[161]ことが判明している。

注

　本章の典拠は特記したもののほか『全国森林鉄道』、『鉄道廃線跡を歩く』、『全国軽便鉄道』、小熊米雄『日本の森林鉄道　上巻』、『全国人車データマップ』葛飾区郷土と天文の博物館、平成18年、『日本鉄道旅行歴史地図帳』（新潮社、平成22～年）、『三重県の森林鉄道』など巻末の参考文献一覧参照。

1) 『国有林森林鉄道全データ（東北編）』の功罪（読書感想文です）｜ヨッキれん（http://yamaiga.jugem.jp/?eid=80）。
2) 士別軌道は昭和29年現在、上川郡士別町字士別1931に本社を置き、士別町～朝日村など66kmの運行粁、車両数5両を有するバス会社でもあった（『日本観光年鑑　1955版』昭和30年，p693）。
3)4) 田口線の歴史（沿革）（http://www.tokai-mg.co.jp/enkaku.htm）。
5)6) 『営林所台中出張所事業網要』昭和4年ころ発行。
7) 『第五次山林要覧』農林省山林局、昭和9年，p42。
8)9) 「第92回昭和十四年法律第七十八号を改正する法律案委員会」7号、衆議院、昭和22年03月22日、帝国議会会議録検索システム。
10) 塩山付近に産出する花崗岩は東京都電の路床の石材にも多く使用されている（『山梨県－新風土記－岩波写真文庫255』岩波書店、昭和33年，p21）。
11) 山梨県山林課『山梨県林業要覧』昭和17年，p39，p41，p45。
12) 「中央線塩山駅から延長25kmにおよぶ県営森林軌道（ガソリンカー）によって広瀬部落に至り…広瀬部落と＜ナレイ沢トバオネ珪石鉱山＞現場直下までは＜山梨県が昭和28年3月＞当時馬搬軌道を布設中」（小関幸治・井上秀雄「山梨県三富珪石鉱床調査報告」『地質調査所月報』昭和29年，p27）と報告された。
13)14) 佐藤源太郎『大正山梨県誌』昭和2年，p11，p22。
15) 「宮崎の森林鉄道地図2」一歩 日豊 散歩 20110608（http://dtikanta.dtiblog.com/blog-date-20110608.html）。なお村所～大河内間の軌道に近い（宮崎県西臼杵郡諸塚村大字七ッ山3659）森林組合としては大正11年11月20日設立、組合員数44名の小原井施業森林組合（『全国森林組合一覧』昭和7年，p68）がある。
16) 『御大礼記念林業』，p431。島根県飯南町の来島湖の南、琴引山麓に「県有林森林鉄道」（鉄地11，p8）として図示。

17) 「島根県：写真で振り返る県有林：運材事業の経過」(http://www.pref.shimane.lg.jp)。
18) 宮腰新市郎「林道網をつくる－西目町の林道整備」50年史，p426。
19) 北海木材㈱は美深工場に林用軌道を保有していた（『北海道案内』初版，p412）。
20) 雲井林業㈱は奥入瀬にあった「養老沢林用軌道」（鉄地 2，p11）に相当。昭和19年菅原光珀が戦時下の木炭需要に鑑み雲井林業株式会社を設立し、青森県の奥入瀬渓流近くにあった惣辺山国有林に「水力自家発電を導入、延長七キロに及ぶ軌道を敷設して、ガソリン機関車二台、トロッコ五台を配置」(『明治大正昭和 十和田』、p40)、製炭地には135人が住み、奥入瀬小学校の雲井分校まで開設した。昭和31年1,500万円を投じて開設した機関車が牽引する惣辺山事務所～馬門岩～屏風岩・製炭地間の炭材運搬用の雲井林業軌道は10年余で無用化、昭和45年頃廃止と推定される。平沼義之氏は廃道写真展「OBROAD　未知なる道」でなんらかの事情で建設途中に放棄された『十和田山中に眠る異形なる林鉄・未成隧道"雲井林業軌道ノ隧道"』（トークショーレポート日活-http://www.nikkatsu.com/report/201412/001901.html2014/12/15。参照）を紹介、平沼氏らの現地調査によれば発見された「峠の隧道…峠越えは珍しい」(『廃線跡の記録4』、p56）として詳しく図解入りで解説されている。
21) 秋田木材㈱は木材搬出入のため能代の本社工場に複線部分を含む複雑な配線の構内鉄道を配置（「能代本店構内地図」参照）して能代駅と接続していたほか、純然たる森林軌道としても大正10年時点で「雑木利用ノ事業ニ一層留意スルノ必要ヲ認メ秋田県内其他数ヶ所ニ雑木林ヲ買入レ目下秋田県由利郡ノ雑木林ニ於テハ伐木運材ノ設備トシテ約十哩ノ軌道ヲ布設中ニシテ愈之ガ出材ヲ見ルニ於テハ木管、樽材、枕木等ノ木取又ハ製材ニ着手スベキ計画ナリ」（『秋田木材株式会社提要』秋田木材、大正10年4月現在，p31）と約10哩の軌道を布設中であった。
22) 北秋木材㈱は大正12年版『専用線一覧』(『トワイライトゾーン10』平成13年10月，p378所収）には奥羽本線大館駅を接続駅とする手押専用側線の契約相手方として登場する。
23) 東北パルプの銀山平事業所軌道・索道は新潟県北魚沼郡湯之谷村の製材所を索道の起点として中荒沢、蛇又沢の二方向に昭和24年12月敷設され、米国製3.5ｔの機関車を導入した（『東北パルプ社史』昭和27年10月，p305～310）。
24) 浅野製材㈱の扇田軌道（浅野軌道）は大谷～扇田間17.86kmの専用鉄道の開業線（鉄道省『昭和三年三月末日現在　日本全国鉄道線路杆程』、p16）で、明治35年閉山した浅野総一郎経営の熊沢硫黄鉱山の軌道を明治41年譲受、秋田杉の搬出に利用された。浅野製材㈱は明治45年6月創業、職工数男93名（『工場通覧』大正9年，p1106）昭和3年秋田営林局が買収し、扇田森林鉄道となった（秋田営林局『80年の回顧』、p285，データ東北，p162）。
25) 製板業の丸三製材所（双葉郡木戸村）は大正4年11月創業、工場主西岡重好、職工数13、原動力50馬力（通覧，p1040）。木戸川軌道の沿革は複雑怪奇で不明箇所が多いが、『川内村誌』（平成4年，p633～641）に依拠すれば大正3年まず丸三製材所が木戸川沿いに木材搬出軌道を敷設したが、大正11年氾濫と山崩れで製材所は全滅した。翌

12年虚業家・余目永綱が発起中の双葉軌道が引継ぎ、常磐線木戸駅〜川内村坂シ内間17哩中約8哩の国有地使用許可を得て、大正末には目下工事中とされた。しかし実際には着工せず、使用許可も失効となったのを遺憾とする地元民の請願もあって、昭和8年富岡営林署の森林軌道敷設に至った（詳細は別稿予定）。

26) 関東ぶな材工業は沼田に所在し、昭和16年磐梯森林鉄道の一部「事業を引き継ぎ、運材も…行い、ＧＬもそのまま引き継」（竹内昭「林鉄行脚その2」トワイライト#9, p193）いだ。

27) 成井農林（旧成井林業）は昭和22年前橋営林局が開設した白河営林署河内川森林軌道を昭和40年代に継承しエンジン軌道車を運行（岡本憲之 『失われた「狭い線路」の記録集 究極のナローゲージ鉄道Ⅱ』講談社、平成27年、p36）。

28) 東京木材㈱は明治29年初めて神奈川県津久井郡茨狐山御料林に1,923mの鉄板を打ちつけた木製軌道を敷設し、トロリー台車で御料林の木材を搬出した（林技, p224）。

29) 日東山林合資（大阪）は県有林の立木処分の買受人、山梨県南巨摩郡雨畑県有林の処分箇所に約13kmの軌道を新設して伐出を行なった（林技, p244、林野庁監修『林道事業50年史』日本林道協会、昭和52年、p229）。

30) 日本軽金属は雨畑ダムを所有するほか、昭和14年波木井発電所を開業（『身延町史』昭和45年、p547）するなど、早川水系の電力事業に関与している。日東山林（資）（雨畑）は林技, p244参照。

31) 与志本合資会社の敷設した「吾妻山搬出専用軌道」は第2章参照。

32) 東信電気の専用鉄道は長野営林局との併用管理となり、さらに昭和35年には建設省が営林局からまたがりする形で三者共用軌道となっている（小林宇, p131〜6）。

33)34) 信越木材㈱は大正9年9月東京市麹町区永楽町1ノ1に資本金100万円で設立された。（通俗, p1044）川上林業株式会社と共同して敷設した森林軌道については第二部第2章参照。

35) 久原鉱業木材部経営の木材運搬用軌道は第二部第4章参照。

36) 水窪水力電気は終章参照。

37) 天龍運輸㈱が浦川に設置した「□天製材軌道」は約1哩。天竜運輸株式会社の『創立二十周年記念誌』（青葉延太郎編、大正元年刊）参照。

38) 安五軌道㈱は大正2年8月「軌道布設材木薪炭運搬」（帝T5, p44）を目的に静岡市安西五ノ四三に資本金3,400円で設立された。社名は所在地の略称か。

39) 東邦電力が昭和8年豊岡ダム資材運搬軌道として建設した植田〜倉柱間約13kmは昭和14年帝室林野局が買収、気田森林鉄道となった。（『廃線跡の記録4』三才ムック, p64）

40) 諸戸林業㈱（三重県多気郡）は大正9年栗谷山林滝又口〜下沖間1,948mの軌道を敷設、大正11年芦谷山林まで700m延長（林技, p231、三重, p14）。

41) 大正9年3月四日市製紙の富士製紙への吸収合併に際し、不採算の大台山事業の受皿として同年12月木材商・株式仲買人（（資）井桁商会、四日市商事監査役、伊勢電㉑2,250株主）の熊沢一衞の親友・水谷孝三が中心となって四日市市浜町2040に資本金153万円で設立、オーナー熊沢一衞が社長となったが、「大正十年頃大台林業がそっ先

して、アメリカのロバート商会と特約し…その年の上半期に、三百万円の米材を買ったところが運悪くガラガラと値さがりが来て結局百十八万円の負債を背負ひこんでしまった」(『中京実業家出世物語』p67)という「米材の思惑買ひで…大穴をあけた」巨額損失事件が発生し「結局百十八万円の負債を背負ひこんでしまった」ため、社長の熊沢が和解金として「六十五万円の現金をつくり…ダラーに渡した」(桐井宗雄『三重県の産業と産業人』昭和5年11月, p48〜53)ほか、大台林業の自分の持株を提供した。このため再起不能に陥った大台林業は大正11年末大台山事業を休止、専用軌道は空しく放置され「昭和9年頃にはすでに錆び朽ち」(三重, p48)ていた。

42) 土井林業は昭和7年に開通した赤羽村土工保護森林組合十須線の終点・大野内から引込線的な数百米の私有軌道を保有した(三重, p121)。

43) 紀州林業は野迫川村に発電所を有し、トロッコ軌道を運営(8月16日野迫川村訪問第一回(近遺調)、木軌道は北今西施業森林組合の事業地に所在、11月7日野迫川トロ軌道調査(近遺調)(旧道倶樂部録" (2012-08-22) www.kyudou.org/cgi-bin/tdiary/?date=20120822)

44) 洞川電気索道は「大正元年の創立に係り吉野郡下市町大字下市、天川村大字洞川間十二哩十三鎖にして大正五年黒滝村大字笠木、宗檜村大字四日浦間に二哩六十六鎖の支線及び大正六年に下市、下市口駅間の延長線一哩四分を完成したり。全部電力を使用し一分間三百六十呎の速力(延長線は三百呎)を有す。一箇年の運送量上下二百万貫以上にしてその八分は木材其他林産物の搬出なり」(「索道　山間部の物資運輸機関」大正7年4月11日大阪朝日新聞大和版)、大正8年2月以降洞川電気索道の軌道敷設の出願に対する特許、命令変更、延期に関する往復文書類(「洞川電気索道株式会社軌道」土木課. 1925年奈良県庁文書).、洞川電気索道・長瀬駅跡(8月12日近遺調)、洞川電気索道川合駅跡・川合峠支柱跡(天川村私訪(11月25日近遺調)、洞川電気索道・笠木駅(天川村訪問12月13日近遺調)。

45) 山五林業軌道をもつ山五林業とは「東京に本社をもつ山五林業KKは、昭和一二〜一三年頃から滝川に大規模の製材工場を設け、一五年から一六年にかけて内原地内…工場の規模は機械二台、動力約五〇馬力、年間の製材石数二・二万石前後で、伐採個所から工場までは軌道を敷設し、製品は…」(『十津川』十津川村役場、昭和36年, p732)、「山五林業は奥地一帯に一、…軌道延長二キロにおよんだ際に敗戦となり、昭和二八年に当初の契約に基づいて軌道を撤去した」(前掲十津川, p731〜732)由。

46) 進藤林業は岡本憲之・松木勝範『明神物語』昭和62年以降、私家版, p6, 神新軌道 | otamachanのブログ - アメーバブログ (http://ameblo.jp/ultimate-otama/entry-11503984825.html)。

47) 日本土地山林㈱は兵庫県朝来郡新井に約18kmの軌道を敷設(林技, p251)。

48) 殿内川森林鉄道は後述。

49) 丸三(資)は明治37年高知県安芸郡奈半利村の須川口〜野川山寺谷約13kmの須川口軽便軌道を経営し、国有林の木材を搬出(林技, p225)。

50) 熊本県水源村広川原〜永山間の「水源林用軌道」(鉄地12, p7)「トロッコが乗客十三名を乗せ熊電発電所付近」(S4.8.27東朝⑦)で死傷事故。

第7章　民営の森林鉄道・軌道　　339

51) 日肥林業㈱（内大臣）は大正9年に椎葉村尾前で大規模な山林開発を行い、製材工場を建て、主にブナ材の製品を県境の稜線を越える延長5.6kmもの「山越えのケーブル」（宮崎, p448）を設置し、この長大索道で熊本県内大臣に搬出したが、「数年後に経営放漫と折からの不況のためあえなく没落」（宮崎, p1139）した。

52) 木村工業は大正8年12月に大阪市東区上本町八丁目新六（代表取締役木村桂七郎自宅内）に資本金100万円で設立され、代表取締役は木村桂七郎（後述）、取締役は木村栄太郎［浜松市元魚131, 木村工業取締役のみ（要T11役下, p132）］、宮崎長九郎［静岡県浜名郡雄踏村, 木村工業取締役, 西遠酒造研究所（要T11役下, p169）］、監査役宮崎常七郎［静岡県浜名郡雄踏村, 木村工業監査役のみ（要T11役下, p170）］であった。（要T11, p104）木村工業は大正8年宮崎県東米良村上揚〜銀鏡間に森林軌道を敷設した。（宮崎, p448）、「運賃を定めて運んでいた」（廃線10, p216）が、大正15年槙ノ鼻〜銀鏡間軌道を受託関係にあった銀鏡軌道組合に売却した。（東米良郷土誌編さん委員会編『郷土誌東米良』平成元年）

53) 福川林業㈱は明治43年宮崎県小林町夷守の製材工場〜小林駅間、大正3年宮崎県北方村二股〜細見間に森林軌道を敷設した（宮崎, p448）。

54) 屋久島電工㈱は終章参照。

55) 「明治三十九年藤田組は阿里山経営の許可を得て森林の調査、鉄道の開鑿に着手し…四十一年一月に至り事業中止の止むなきに至り」（『台湾の林業』台湾山林会、昭和10年, p82）官営で再開した。

56) 俵松木材拓殖株式会社は大正8年9月大阪市西区北堀江三番町27に資本金100万円で設立され、同社の大正10年11月期決算では「土地山林軌道」勘定522,730円、「矢来築堤費」勘定6,866円などを計上しており、場所は未詳ながら九州かどこかに山林を所有して運材用軌道を敷設するなど、現実に「木材拓殖」事業に資本金100万円の半分以上を投資していた。

57) 拓殖水電興業（麹町区内幸町15）は「大正四年以来神戸鈴木商店系統にて経営し来りし秋田林業及び岩手木材乾溜の両社を合併した」（T11.12.10内報①）日本拓殖興業を「買収、基礎とし」て、大正9年6月「拓殖及水電、鉱業、製作部其他」を目的に資本金500万円、払込125万円で設立された。前身の日本拓殖興業秋田工場は秋田県仙北郡生保内村で大正5年11月創業、大正9年1月1日現在では製品種類は酢酸石灰、メチールアルコール、木炭、クレオソート油、職工数男65, 原動力, 汽1, 実馬力130, 日1, 実馬力40, 電2, 実馬力1であった。（農商務省工務局工務課『工場通覧』大正10年, p912）大正10年2月期決算で「生保内軌道外出資金」勘定93,990円を計上し、製材部などの組織を有し、「山林鉱区運材設備原燃料外」勘定1,268,627円を計上するなど、「山林鉱区運材設備」に相当する「生保内軌道」に深く関与していた。（要T10, p174）拓殖水電興業は「秋田県に二個所」（T11.12.10内報①）の工場を保有、生保内川流域に山林や鉱区を所有して、製鉄、製材などを行うために、必要な運材設備として大正10年2月期において「生保内軌道」を建設していたことを示している。大正11年4月「秋田県下に於ける拓殖事業に就ても前経営者＜＝日本拓殖興業＞が運輸不便の為め、往々予期り成績を挙ぐる能はざりし」（T11.4.8内報①）状態にあったが、

「秋田県大曲より盛岡に通ずる陸羽横断線の来る八月を以て、同社事業地付近なる生保内停車場を開通する事になり」（T11.4.8内報①）と期待していた。

58）　抗火木材㈱は資本金100万円、大正14年5月期に「軌道インクライン及水道設備」勘定40,890円を計上（通俗，p1042）。

59）　峰村商会（厚別）は厚別事業所〜節度間に3哩6鎖の軌道を保有していた。（『北海道案内』初版，p352〜3）。

60）　中村組は大正8年新得〜厳松間に専用馬車鉄道を敷設（『北海道案内』初版，p252）、近年の小林實氏の聞書きによれば「王子＜製紙＞と中村組の共同出資により＜社名未詳の＞軌道会社を設立、搬送業務は中村組が受託した」（小林實『十勝の森林鉄道』森林舎，平成24年，p257）由。王子製紙の十勝上川運材軌道は昭和4年全線改修し内燃機関車を使用、昭和14年ころ蒸機を使用した。（あゆみ，p756）十勝上川地区の直営化を計画した農林省は「岩松中土場間は現王子軌道路床を使用…王子会社に対し岩松水切場中土場間の不用軌道撤去交渉」（『森林鉄道』，p11）、昭和26年農林省が王子製紙軌道の屈足25号〜岩松間8,098mを買収し、十勝上川森林鉄道の輸送事業に着手、昭和28年「王子製紙より買収、使用していた軌道8,098m 全線用済撤去」（『森林鉄道』，p41）。

61）　武華村留辺蘂「仲町武華川畔で酒造業を営んでいた」（『留辺蘂町誌』，p338）岸尾義計は大正7〜8年ごろ小沢花次郎から軌道を譲受した岸尾木材店を経営か？（小熊，p132）。4〜6kmの岸尾木材店運材軌道は「現在の北見市内にある省線（当時）石北本線・留辺蘂駅近くの貯木場を起点とし、佐呂間道路（注：現在の道道・留辺蘂浜佐呂間線）に沿って北に向かっていた路線」（岸尾木材店運材軌道「森林鉄道/林用軌道とは」niftyhomepage3.nifty.com/gonzo/ruins/ruin2.html）で「大正4年8月（ただし手押）蒸気動力化大正7または大正9年頃　廃止大正13年まで」（『日本の森林鉄道（上）』p139）とある。「大正七年…同＜岸尾木材＞店の伐採地に至る四〜六粁、七六二粍軌間の鉄道で、大正八年まで使用された」（あゆみ，p756）が、唐津軌道試作車は最終この岸尾木材店運材軌道（留辺蘂）に納まったとされる。（小熊米雄『日本の森林鉄道　上巻』、吉川文夫『唐津軌道の蒸気動車』『鉄道史料』31号）。

62）　三沢・上北町の沼崎貯木場製材所軌道は『明治大正昭和三沢』，p54）。

63）　高倉製材所は昭和26年版『専用線一覧』（TM8，p79所収）には生保内線神代駅を接続駅とする手押専用側線の契約相手方として登場し、「日本発送電会社線に接続」していた。

64）　田城製材所は「川俣橋際より水利を得て此処に水力応用製材工場を設置」（小海，p262）していた。『小海線総覧』は「川俣橋の景観」「田城製材専用軌道橋付近の景」の写真二葉を掲げ、「此の渓谷に田城製材所専用の木材搬出用軌道橋が架橋されてある」（小海，p262）と名所扱いする。

65）　四万簡易製板（四万）は『国有林』第2巻、昭和11年、大日本山林会、『全国工場通覧』平成8年，p1987。

66）　遠藤林業が関係していた小佐飛軌道は『黒磯市史』に橋梁を渡る手押トロの写真（『黒磯市史』，p603遠藤林業提供）が掲載され、黒磯市小佐飛山の山麓にある「古い作業道（軌道跡らしい？）に出る。それを辿ると小蛇尾川沿いに進み、鉄の橋を左岸に

渡る」小佐飛山‐WAKWAK（http://park15.wakwak.com/~seiya/seiyaclub/kosabi/kosabi.html）との平成14年4月の山行記録あり。

67) 西裕之氏によれば「三塩軌道と西沢軌道の運行廃止は1964（昭和39）年度で…県から＜広瀬以奥＞軌道を借り受けた民間業者によって1969（昭和44）年9月まで、細々と馬力による運材が続けられた」（TM3, p160）由で、廃止後の昭和49年広瀬地区に広瀬ダムが完成し軌道跡の一部は水没した。水没を免れた軌道跡の一部は旧三富村によって西沢渓谷遊歩道として整備される際に輸送に再活用された。

68) 長野県野沢温泉村付近の「製材所林用軌道」（鉄地2, p6）に関係ある企業として横倉合板製作所［飯山線横倉駅を接続駅とする手押専用側線の契約相手方（昭和26年版『専用線一覧』（TM8, p86所収）］あたりが想定できよう。

69) 相賀軌道は「軌道を誰が所有し経営していたか明らかでなかった」（小林, p158）が、明治30年に幅員2ｍ、延長5,680mで相賀町（現海山町の一部）に敷設された尾鷲地方最初の軌道（笠原六郎「尾鷲林業の成立と展開」『三重大學農學部演習林報告』昭和60年, p126）で、「積載貨物は工場生産物、木炭を人馬車の通ずる一定の停車場まで搬出し、帰路は米、日用品を運んだ」（小林, p157）という。同じころ尾鷲町内でも木組～出合間にも軌道が敷設された。（笠原, p127）また樫山＜森林組合＞軌道は『尾鷲林業発達史』昭和29年, p70）、三重県相賀～木象山付近付近の「森林組合林用軌道」は鉄地8, p12参照。

70) 大宮製材（駿河大宮）は拙稿「真正鉄道と虚偽鉄道との混然一体性－世界遺産の地を走る富士軌道の非公然部分を中心に－」『跡見学園女子大学観光コミュニティ学部紀要』第2号、平成29年3月参照。

71) 新宮木材は「製材工場から新宮駅までレールがあり、製材をトロッコで押して運び」（小川りょういち『紀南地方社会運動史－戦前－』昭和41年, p32出した軌道敷設者。新宮軌道組合は当該トロッコ労働者が結成した労組で、昭和4年12月木友会を脱退し結成、昭和6年労働組合対製材業主の争議に参加（『新宮市史　史料編』昭和58年、新宮市, p602）

72) 明治34年小松尾山の立木処分で年期売払を受けた民間業者が軌道を敷設した（「大正中津川集落　四万十町」http://www.town.shimanto.lg.jp）。

73) 『歴史地図帳』には国有林等の存在しない長崎県対馬市の佐須奈から山手の「製材事務所」（鉄地12, p6）まで民営軌道が描かれている。佐須奈は対馬市上県町の中心集落、古くからの港町で朝鮮半島に近いために重要視され、1672年宗氏の朝鮮貿易の開港場となった。1955年仁田村と合体して上県町となる。（ブリタニカ国際大百科事典）大正8年当時の佐須村には鯖淵製材所（大正7年2月創業）、澱浜製材所（大正7年5月創業）等が存在し、現在でも糸瀬建設など製材関連の企業が現存するが、軌道との関係の有無未詳。なお下県郡厳原町大字樫根には坑内外に軌道延長3.0kmを有する東邦亜鉛対州鉱業所があった（東京地方鉱業会連合会編『全国鉱山要覧』昭和42年, p376）。

74) 東京大林区署は大正5年当時「薪炭・木材を…軌道の便を以て岩越線に運搬する」（大正5年7月1日『福島民報』）業務を岡野辰次郎経営の奥川運輸に全面委託し、希望する民間荷主に対して奥川軌道の「軌道使用許可」を行っていた。（『西会津町史』

第 5 巻下　近現代資料』平成11年，p92所収）なお「奥川郷土史歴史講座」では「徳沢駅を起点に再奥の集落、弥平四郎まで続いていた軌道。僅かに残る軌道跡の石積みを見学…木地師の里、弥平四郎の軌道跡などを訪ね」（なでしこ（石竹花）へようこそ　残雪が美しい！（http://nadeshiko2011.blog.fc2.com/mode=m&no=5））る昭和35年頃には撤去された軌道跡を訪ねる現地見学会を行っている。

75）「沖ノ山森林鉄道の保存機」前掲「編集長敬白｜鉄道ホビダス」(rail.hobidas.com)。

76）昭和28年の屋久島登山記録には山岳指導員から「林用軌道は営林署のトロッコは無愛想で荷物も運んでくれないらしいが、民間のものは親切だ」との情報を得て「小杉谷まで入りたいので、早速軌道に交渉に行くも問題にもならず。諦めて…尾之間軌道（民間の業者？）に交渉に行き、明朝六時半出発の便に荷物を積んでもらう」（昔のノートをめくっていたら、当時の登山記録があったのでご紹介します（http://tokuyoh.sakura.ne.jp/before-07/photo-yakushima/yaku-67.htm））とある。

77）武田産業は営林署から軌道を借り受けて土埋木等を輸送していた地元企業（西，p100）。

78）(有)愛林は武田産業の後任として同じく営林署から運行を受託（西，p100）。

79）昭和元年12月末現在の森林組合の借入金現在高は686,118円中381,683円は低利資金で、「残リ304,479円527ハ銀行個人其ノ他ヨリ借入レタルモノ」（林組，p2）であった。

80）八重地傍示（徳島県那賀郡の集落）は林道網を管理し、昭和6年「川口ヨリ高野越迄ノ線路ヲ＜八重地＞土工＜森林＞組合へ売却」（『上勝町誌』昭和54年，p634）した。西三子山（鉄地11，p13参照）には「大正から昭和初期にかけて八重地土工森林組合のトロッコ軌道が敷かれており、炭焼き用のツガやモミの木の搬出を行っていた…が線路は戦時中の鉄材供出で全部外された」（西三子山 - 倶楽部まーくつう（http://mark22.fc2web.com/nisimineyama/album01.html））由。

81）可能性ある組合の一つ、大正5年4月17日設立許可された東川根村保護土工森林組合は志太郡東川根村大字藤川、組合員567人、事業項目は「五　林道開鑿並其修繕、六　木馬道軌道鉄索電話ノ布設並ニ其ノ修繕」（林組 T8，p17）であった。

82）83）前掲ＷＥＢ「加茂川林業」。仮に鉄道省がかかる組合相互利用の実態を軌道法違反の疑いで調査しても所詮は所管外であり、森林法に基づき農村大臣が正式に設立許可した森林組合の法定行為には手が出せなかったと思われる。その意味で農林省所管の軌道会社群が別に存在したと見るべきか。

84）直根保護土工森林組合（秋田県由利郡直根村猿倉字長造野4）は昭和6年4月27日設立、組合員数68名（『全国森林組合一覧』昭和7年，p3）、鳥海山北麓の袖川〜翁畑間に軌道を敷設、矢島営林署が買収して直根（ひたね）森林鉄道線として整備した（『日本の廃道』2005年9月号、秋田営林局 - 失われた鉄道 - 秋田各駅停車の旅 - Biglobe（http://www7a.biglobe.ne.jp/~akitetu/lost/l_sinrin/））。

85）深山土工森林組合（栃木県那須郡黒磯町大字黒磯196）は昭和4年10月9日設立、組合員数11名（『全国森林組合一覧』昭和7年，p7）、中断した白湯山森林軌道工事を続行、昭和6年栃木県の補助を受けて築設（廃線レポート 白湯山林道（森林軌道）(http://yamaiga.com/rail/miyama/main.html)、『黒磯市誌』昭和55年，p606）。

86) 丹波森林組合軌道は丹波川に沿った旧青梅街道の余慶橋→中尾根→岩岳［山梨県都留郡丹波山村，標高1,520m］の登山ルートの火打石谷出合，小常木谷との中間尾根に「軌道への踏跡」が存在したとの近年の登山報告（余慶橋→中尾根→岩岳 - バリエーションウォーキング（http://medi-terra.net/yama/yama/yama_151230.html））がある。
87) 気多村保護造林土工森林組合（静岡県周智郡気多村大字気田814）は昭和4年5月10日設立，組合員数89名（林組S7，p29）。気多村森林鉄道の篠原貯木場〜植田「南側の区間四一二〇メートルについては，気多村森林組合によって昭和八年三月着工され，昭和十年十一月に竣工…その三分の一を補助金として交付している。この区間には小石間トンネル（延長六八二メートル）があり，かなりの難工事だった…その後，〔東邦〕電力会社が発電所，ダム工事のために所有していたが，昭和十四年六月に帝室林野局が軌道上物件のみを買収」（『春野町史通史編』第2巻，p536）した。
88) 智者山軌道は白井昭「千頭森林鉄道と『産業遺産研究』6号，平成11年5月，p56〜57参照。
89) 小原野土工保護森林組合（三重県北牟婁郡尾鷲町大字南浦86）は昭和4年9月10日設立，組合員数156名（『全国森林組合一覧』昭和7年，p34）昭和4年小原野砥石谷から中川右岸を通り，尾鷲町の浜・土井家の製材工場に達する幅員1.8m，延長6,448mの「小原野軌道」を敷設した。（笠原，p128。小林，p164では延長7,050m）なお「小原野軌道」のうち，砥石谷〜小原野の区間は索道も所有する内山鉄之助経営の軌道（紀伊半島の貨物索道の話）。
90) 八木山土工保護森林組合（三重県北牟婁郡尾鷲町大字南浦86）は昭和3年5月31日設立，組合員数58名（『全国森林組合一覧』昭和7年，p33）昭和3年八鬼山の山麓にある尾鷲材の植林地から矢ノ川の支流・真砂川に沿って矢ノ川尻の「共同貯木場」である「向井の木場」まで，幅員1.8m，延長2.767mの「八木山軌道」を敷設（『尾鷲林業発達史』昭和29年，p70，笠原，p127では2.740m）。
91) 相賀〜木象山付近の森林組合は第二部第1章参照。
92) 大河内保護土工森林組合は同第1章参照。
93) 上里森林組合と大河内保護土工森林組合が着工した上里森林鉄道との関係未詳。
94) 赤羽村土工保護森林組合は昭和5年8月紀伊長島町に設立され，昭和6年軌道に着工，昭和7年①赤羽本線（名倉недоступ〜赤羽川に沿って〜宮前）と，②十須線（宮前〜十須〜仙人千代ケ峰山麓の大野内・土井林業事務所），③三戸線（宮前〜赤羽川の支流・三戸川に沿って〜三戸〜宮川第一発電所〜ハナシ）の3線を同時に敷設し昭和32年全線廃止した。（三重，p116）昭和7年経費17,136円での幅員2.1m，3,712mの軌道築造に国県から5,500円補助され（一班 #18，p220），昭和10年事業費8,967円での幅員2.1m，2,258mの軌道築造に国県から4,119円補助された（一班 #19，p228）。
　　一方，三戸線沿いの山林を糟谷家から購入（三重，p116）した三井物産・第一物産も沿線組合員として「この軌道を行使していた」（三重，p122）ため，「三井物産のトロッコは9組18台くらいあり，多いときには5組続行で運転」（三重，p120）し，途中には「三井物産の事務所」（三重，p120。旧糟谷山山林事業所）も置かれたから，組合三戸線は外観上「三井物産・林用軌道」（鉄地8，p13）の様相を呈していた。なお小

原野森林組合は 『尾鷲林業発達史』昭和29年，p70参照。

95) 大正15年現在、京都府の1森林組合による5,733間の軌道の施設があった。（農林省山林局編『森林組合一覧』昭和2年，p24）なお雲ケ畑～上賀茂の森林鉄道発起（T2.4.17日出①）や京北町にも森林軌道の構想が存在した。

96) 北今西施業森林組合は大正4年9月3日設立許可され、奈良市高細町に事務所を置き、組合員6人、地区面積・台帳158町7625、事業項目は「一伐木、二造材及製炭、三森林産物ノ搬出及販売、四造林、五森林ノ経営ト相反セサル土地ノ利用」（農商務省山林局編『森林組合一覧』大正8年4月末，p14）であった。弓手原索道会社が大正4年「吉野郡迫川村大字弓手原、和歌山県伊都郡花園村大字中南四哩四十二鎖、火力にして速力三百五十二呎の計画なるが大正四年許可され」（索道山間部の物資運輸機関大正7年4月11日大朝大和版）た索道（「架空鉄索道台帳」奈良県文書）を買取り「弓手原索道（自家用）」ないし「北今西林業索道 野迫川村弓手原～和歌山県花園村」（紀伊半島の貨物索道の話）として運営、その起点から奥への木軌道と木馬道を開設して「完全なる林道網」を開くべく大正6年6月19日県勧業課の斡旋でようやく日本勧業銀行からの融資を受け、高野竜神スカイラインの元になった辻ノ茶屋［有田街道と龍神道との合流点、昭和28年まで高野登りの休憩所の茶屋あり］から高野山大門まで「五哩五五」（技手視察復命書、S10低利融資申請書、北今西施業森林組合）の軌道を事業費95,200円での築造に7万円供給された。（一班#9，p370,「北今西土工森林組合低利資金償還」『森林組合一件（S4～5）勧業課』）旧道倶樂部録"（2012-08-22）http://www.kyudou.org/cgi-bin/tdiary/?date=20120822）。

97) 栗平施業土工森林組合（＝山五林業軌道）（奈良県十津川村大字内原41）は昭和5年3月31日設立、組合員数7名（『全国森林組合一覧』昭和7年，p40）、「昭和五年と同七年には栗平土工施業森林組合が栗平線を開設した」（『奈良県史：地理』，p566）、「昭和五年、内原の奥里一帯の大地主観谷氏らの栗平土工施業森林組合の施工によって滝川－栗原－魚の谷の木馬道が開設され、昭和一〇年山五林業が名義を借りて軌道に改修、水無まで延長した。いわゆる栗平林道である」（前掲『十津川』，p732）とされる山五林業軌道（軌道）を築設（「森林組合一件（S4～5）勧業課：奈良県庁文書）、奈良県十津川村滝川［滝川は天竺山の南、涅槃岳に源流ある沢、栗平の土砂ダムや蔭地橋あり］の森林軌道栗平線は現栗平林道の一部に相当か？（8月2日十津川村訪問し、「山五林業軌道（栗平土工森林組合軌道）」を調査（近遺調）、「旧道倶樂部録」（2013-04-07）http://www.kyudou.org/cgi-bin/tdiary/? date=20130407、「日本の廃道」第108号、2015年4月http://www.the-orj.org/ORJ_1504）。

98) 滝川森林土工組合は十津川村に軌道を敷設（『日本の廃道』第105号、2015年1月15日 http://www.the-orj.org/ORJ_1501）。

99) 奈良県図書館に吉野・下市町の林業家永田＜藤兵衛＞家文書など森林組合関係の奈良県文書が豊富にあり、川迫（こうせい）土工森林組合［吉野郡下市町大字下市1840、昭和2年3月31日設立、組合員数38名（『全国森林組合一覧』昭和7年，p40）、昭和7年経費14,716円で幅員2.2m、1,985m の軌道築造に国県から3,676円補助され（一班#18, p222）、「吉野郡天川村大字川合において経営の製材所に使用の軌道敷設」（12月

第7章 民営の森林鉄道・軌道

13日天川村訪問時に川迫土工森林組合の軌道跡？調査　近遺調）で永田藤兵衛と川迫土工森林組合の組合長久保音松が昭和3年6月7日付代金支払いに関する契約書を作成（「契約書」）、天川村川迫川の「鋼索吊橋設計図」（「森林組合一件　勧業課」）、奈良県吉野郡天川村洞川、309号線沿い。軌道はかなり残ってる筈]、笠捨土工森林組合[奈良県下北山村に笠捨山あり。下北山村の軌道は池郷川口軌道（仮称）など、大正末期から「複数回にわたって複数企業が入って林作業をしていたらしく、誰がいつ作ったものか特定し切れない」（2012-08-25［長年日記］奈良近遺調］調査票かく)]、伯母ヶ谷土工森林組合[野迫川村に伯母ヶ岳あり]、中奥土工森林組合などは軌道を敷設し、洞川土工森林組合[昭和4年4月15日設立、組合員数280名（『全国森林組合一覧』昭和7年，p40）]は奈良県当局から「技術員派遣」（「森林組合一件」S4～5）され、吉野銀行から資金2000円を借りたが、昭和14年までの時点で洞川電索の終点から山上川沿いに入っていく軌道敷設計画だけで着工すらできず。野川土工森林組合は紀和隧道を開削した。大和山林会は植林育林の技術指導や研究、林道敷設指導や設計請負も実施。旧道倶樂部録"（2012-08-22）http://www.kyudou.org/cgi-bin/tdiary/date=20120822）

100) 旭西部土工森林組合は昭和「一〇年には四キロメートルの軌道さえ敷設している」（『奈良県史：地理』，p566)。

101) 久留美谷土工森林組合（和歌山県東牟婁郡七川村大字佐田638）は昭和5年9月10日設立、組合員数61名（『全国森林組合一覧』昭和7年，p42）七川村端郷＜ハジコ＞から久留美までの「久留美谷林道」（端郷林用軌道）を築設。森林軌道の走行写真が『砂防工事及林道』のグラビア3にあり、昭和11年頃撮影の写真では材木を高々と満載した3台の手押トロリーが軌道上を自走する（「林道網の統一的計画の普及に依つて山村を開達せよ」全国山林会連合会、昭和11年8月、口絵)。『歴史地図帳　近畿』，p12の紀伊半島地図の古座川上流に鉄道名なしに描かれた赤線（森林・鉱山鉄道）がこれに相当する。ＷＥＢサイト「魚梁瀬森林鉄道・森林軌道（近畿）sinrinkidou.yumenogotoshi.com/kinki.html」では「⑬端郷林用軌道（民)」という名称で「③三井物産・軌道組合（民)、④大杉谷森林鉄道、⑤相賀林用軌道、⑥大又林用軌道、⑦鳴川山林用軌道、⑧高野山森林鉄道＋高野索道（民)、⑨亀谷林用軌道、⑩妹尾林用軌道、⑪坂泰林用軌道、⑫大塔林用軌道、⑭畑ケ平林用軌道…」などとともに紹介されている（平成28年8月閲覧)。相賀軌道は明治30年相賀町（現在梅山一町の一部）に敷設された最古の民営林用軌道（miuse.mie-u.ac.jp/bitstream/)。

102) 室川土工森林組合は日本勧業銀行より低利融資を受け、和歌山県有田川上流の湯川沿いの護摩檀山麓（鉄地8，p12）「和歌山市を距る東南十里、有田郡八幡村大字上湯川の内通称室川谷一円の地積千二百町歩（二十年生以上の杉檜用材二十一万木其他）を地区とし、之に四千二百間の林道を築設して全線に亘り十二ポンドの軌条を布設し、林産物搬出の便を計って居る」（『日本勧業銀行四十年志』昭和13年，p141)。

103) 角間木谷土工森林組合（和歌山県伊都郡花園村）は昭和7年経費14,550円での幅員1.8m、4,364mの軌道築造に国県の補助を受け（一班 #18, p224)、昭和10年事業費1,490円での幅員1.8m、268.0m軌道築造に補助を受けた（一班 #19, p218)。

104) 八重地土工森林組合は10％出資の原伊与次が組合長に就任、昭和2年3月3日事業

目的を「関係地内ノ軌道林道ノ築設及林産物搬出」(S2.4.22徳毎①)に変更、昭和5年「主として原の山林を開発するため、幅員二メートル、軌道三マイルを建設…昭和五年より八年ごろには、この軌道の沿線には約四〇基の製炭場ができ」(『上勝町誌』昭和54年, p635)た。

105) 相川土工森林組合(徳島県海部郡)は鉄地11, p13参照。

106) 木頭村森林組合の設立は大正15年「夏期、小幡知事は県外事業家と図り木頭に森林鉄道を敷設し、其条件として水利権を与へるの企画を起し」(郡誌, p194)、昭和2年6月「森林鉄道の敷設計画に関し先進地を視察研究」(S2.6.29徳毎②)すべく木曽、吉野等を実査した。なお昭和2年3月3日八重地土工森林組合は事業目的を「関係地内ノ軌道林道ノ築設及林産物搬出」(S2.4.22徳毎①)に変更し登録した。

107) 大正15年現在、高知県の1森林組合による45間の軌道の施設があった(農林省山林局編『森林組合一覧』昭和2年, p24)。

108) 加茂土工森林組合(愛媛県)は日本窒素肥料千町(せんじょう)鉱山の神戸村船形〜八の川の軌道を軌道使用料を払っての借り受けとその延長を目的に昭和2年設立、昭和3年軌道敷設開始、昭和5年神戸村船形〜加茂枝川来須15.7km軌道完成、同組合は「トロ引きの組合」と言われたが、予土産業開発道路(西条〜高知間)建設が進み、昭和32年全面撤去(前掲WEB 加茂川林業、鉄地11, p12参照)。

109) 越智今治森林組合の施業地である高縄山系、東三方森や楢原山に囲まれた玉川木地の谷には組合?の軌道があり、井門義博氏の聞書では「木材は『乗り下げ』をしていたらしい…運材台車は馬に牽かせて木材積み出し地点に運んで行った…開設も廃止も時期は分からない…廃止理由は林道の開通＋トラックの登場」(四国、山林管理|拝啓井門義博です (http://train.ap.teacup.com/yoshihiro/612.html))とされ、「軌道路盤あと、上側も下側も石垣が組まれて居て実にしっかり…岩場も切り開いて軌道を通して」(井門)ている。

110) 宮崎県諸塚村には昭和7年開設の宮崎県営森林軌道10,200mが存在した。(宮崎, p449) 諸塚付近の「森林組合軌道」は鉄地12, p13参照。「諸塚は「森林組合林用軌道」という名称のようである。しかしこの路線図は決定的にまちがっている。諸塚の軌道は柳原川沿いに敷かれたがこの地図では七ツ山川沿いに描かれている」(前掲WEB「宮崎の森林鉄道地図2」)。

111) 大正12年ごろから昭和33年まで富士山三合目と富士吉田駅を結ぶ林業用馬車軌道が存在した。(「富士山と北麓」)鳴沢村他の恩賜林組合の事業報告書(昭和8年7月)に「本組合人工部分林内ニ於ケル簡易軌道」(「テト馬車 富士みずほ通信 目次」http://www.fjsan.net/fj0205teto01.htm)の写真が掲載されている。

112) 小沢花次郎(札幌市北一条西七丁目)は木材業、大正13年小出熊吉らと会社を経営(『官報』大正13年、39ページ)、大正4年8月から佐呂間道路に沿う森林の伐採地「丸山地区で造材事業に着手し、現在の丸山・池田義雄宅付近から馬鉄を敷き、三号沢を経由して留辺築＜土場＞まで、トロリー搬出を行なっている。小沢は当時の事業益金の一部で、留辺蘂神社境内の石灯籠二基を寄進建立」(『留辺蘂町史』留辺蘂町、昭和39年, p338)した。

113) 岸尾義計（常呂郡武華村留辺蘂市街地）は大正7年銘酒「武華川」の醸造を開始、「本町開拓時代の唯一の酒屋だったが、四、五年で廃業」（前掲『留辺蘂町誌』p349）、岸尾木材店を経営、大正8年丸山から留辺蘂までの馬車軌道を前記の小沢花次郎から譲受し、蒸気機関車を導入した（『留辺蘂町開拓小史』昭和49年, p34）。

114) 永田藤兵衛（大和国吉野郡下市村）経営の天川村「永田神童子山製材所」の軌道は大正期の「運材簿」があり（永田家文書）、製材所軌道は昭和3年6月7日川迫土工森林組合（組合長久保音松）へ譲渡（「契約書」永田家文書）。

115) 薩摩藤太郎（徳島県那賀郡中島村）は木材商・角三商会（徳島市中州塀裏町、諸木材及製板）共同経営者（商工T3, pア5）、資産家、帝国森林会員（浅田頼重『帝国森林会史』昭和58年, p9）、大正7年3月3日富岡無尽合資会社を設立した無限責任社員14名の一人（『徳島市史・第三巻』）。大正6年自己山林の木材搬出のため軌道野浦線、杉山線（那賀郡日野谷村谷～日野谷）約15kmを起工、大正9年完成し、昭和初期まで運材（林技, p23）。鉄地11, p13の「私有林林用軌道」に相当か。

116) 長島政令（熊本県天草郡手野村）は大正14年所得税額247円（『所得便覧熊本県』大正14年）、10余万円を投じて宮崎県児湯郡三財村寒川の奥地林開発のため上三財字小豆野～大字寒川間に6.0kmの軌道を大正15年に敷設した（林技, p231, 宮崎, p448）。

117) 谷口善吉〔宮崎県宮崎郡清武村（帝T5職, p114）、大正2年1月設立の金銭貸付業の清武株式会社取締役（帝T5, p6）、日向醸造取締役（要T11, p3）〕は明治43年に宮崎県東米良村上揚～征矢抜ımに5.0kmの森林軌道を敷設した（宮崎, p448）。

118) 鹿川製材所主の谷五兵衛は大正3年に宮崎県北方村上鹿川で奥地林開発のため今村～下流間に16.0kmの森林軌道を敷設した（宮崎, p448）。

119) 由井安平は川上林業軌道（第二部第2章参照）の支線を敷設。

120) 〔西谷〕軽便軌道は高知県安芸郡北川村字長山～字西谷国有林9.8kmを1908年ころ敷設（林技, p225）。

121) 〔東股山〕軽便軌道は高知県安芸郡羽根村字東股山に1908年ころ11.5km敷設（林技, p225）。

122) 大城川（豊岡）林用軌道は山梨県営または大城に所有林のあった「長谷川木材、大昭和製紙」（『身延町史』, p523）か。「大城地区の恩賜県有林の蓄積量は膨大で、県がこれを民間に払下げた結果、伐採事業が盛んになり、木材搬出の必要に迫られて、波木井を起点に大城までの軌道が、昭和8年（一九三三）に敷設された…木材がトロッコに積まれて、波木井の宮の花の貯木場まで運ばれ」（『身延町史』, p525）た。身延駅に近い、富士川沿いの山梨県身延町小田船原～大城間を大城川に沿って遡ると、途中に大城渓谷の名勝あり、大城渓谷に沿った木材搬出用軌道の存在は敷設直後の案内書にも「小田の人家を過ぎてから、材木搬出用のトロ道も右に入って居るので、それについて行けば、左手の下手から大城川の瀬音が聞え…」（『懸賞当選ハイキングコース』東京鉄道局、昭和12年5月, p70）とある。TM7, p151に現地調査報告あり。

123) 富士宮林用馬車軌道は竹内昭氏作成の「関東周辺の森林鉄道」（TM5, p136）に図示され、今氏監修地図（鉄地7, p16）でも富士軌道の上井出以北に使用されている。

124) 東信電気は昭和2年3月10日発行の鉄道省編纂の『東京から一二泊名勝案内図』に

は信濃大町駅から葛温泉の手前の笹平までの一見「細い線路」らしきものが描かれている。「篠ノ井線松本駅から信濃鉄道に乗換、同終点信濃大町駅から三里十八丁、同駅から二里の笹平迄東信電気運輸軌道　（電車）は浴客に限って無賃輸送してゐる」(鉄道省『温泉案内』昭和2年，博文館，p100) これが北アルプスの登山客や葛温泉・高瀬渓谷への観光客にも親しまれた東信電気が建設した高瀬川渓谷沿いの資材運搬用軌道である。昭和28年8月には長野営林局との併用管理となり、さらに昭和35年には建設省が営林局からまたがりする形で三者共用軌道となっている (小林宇一郎『信州の鉄道物語』昭和62年，p131〜6)。

125)　「陶土運搬軌道」は「天草にかつてガソリン機関車を用いた比較的規模の大きな軌道が存在したと聞き、先日、現地を訪ね」た名取紀之氏は　「ガソリン軌道は採掘現場から港へ4キロにもわたって路線をのばしていた」「天草のガソリン軌道跡を探る。(上)」と紹介。鉄地12，p12参照。合名会社上田商店 (大正11年3月熊本県天草郡高浜村に「陶磁器原料天草石採掘販売」を目的として設立) の「上田発行　せのを写」なる絵葉書 (5葉) の内容は①「上田商店　鷹之巣陶石坑」、②「上田商店　吸風自動鉄条降送石」、③「上田軌道　椎葉堀割」、④「上田軌道　四万川内線路」、⑤「上田軌道　矢代倉自動送石」で、英文では Ueda & Co.'s Railroad と訳している。明治45年高浜村皿山に馬車軌道・自転巻軌道を設置し、大正元年陶石運搬馬車軌道・索道を開通させた同社は販売部を窯元が集積する佐賀県の藤津郡塩田町に置いて、昭和10年には内田八十松を販売部主任 (諸S10，下 p611) としており、絵葉書は陶石ユーザーへの販売促進ツールと考えられる。

126)　奥羽種畜牧場軌道の「おまけ」の乙供営林署坪川森林軌道はデータ東北，p122〜3。「東北本線乙供駅から西へ、南部縦貫鉄道後平駅付近を横切り、深く山中へ入る軌道で…昭和30年頃までには廃止されていたはず」「鉱山軌道と営林署の森林軌道が同居していたそうで、鉱山は閉山、営林署はトラック輸送にかえて廃止された」(「その8 奥羽種畜牧場の軌道跡 - Ne」「ちょっと古い鉄道のお話総目次 - Ne」http://www.ne.jp/asahi/tetsudo/miyata/home/list.html)。

127)　宝達軌道㈱は旧加賀藩の御用金山として栄えた宝達山の所在する石川県羽咋郡北荘村に明治27年2月「軽便鉄道ヲ敷設シ人車ヲ以テ貨物運搬業」(諸M39，p586) を目的として資本金18,000円で設立、1株45円、(商，く p41)、払込13,500円、積立金71円、専務田辺又五郎 [羽咋郡北荘村、田辺工業社長『北陸の産業と温泉』昭和7年，北日本社，p315)]、取締役室木弥八郎 [鹿嶋郡西岸村、熊木銀行専務 (諸M28，p373)]、谷本惣助、監査役阜薙尚志、甲藤助次郎 (諸M28，p376)。

128)　須縄軌道㈱は福井県遠敷郡口名田村に明治33年12月石灰の採掘・輸送のための「軌条及車両賃貸」(諸M39，p571) を目的に地元石灰業者らの発起により、1株20円、資本金8,000円で設立され、取締役藤本佐治右衛門 [口名田村、若狭石灰取締役 (諸M45，下 p690)]、藤本勇蔵 [口名田村、若狭石灰取締役 (諸M45，下 p690)] (日韓下，M41，p27) ほか、(「33 10 7　須縄軌道株|軌条及車輛賃貸/口名田村」(『福井銀行八十年史』20ページ)、取締役藤本佐治郎 [口名田村]、野田宗兵衛 [小浜町広峰、丹波屋・石灰製造販売、営業税15円94銭5厘、所得税9円00銭 (商，た p32)]、大鹽兵馬

[口名田村]、監査役藤本金助[口名田村、若狭石灰取締役（諸 M45, 下 p690）]、藤本仁助[口名田村]、西本作次郎[口名田村]（諸 M39, 下 p571）で、「須縄軌道跡」は掃苔履歴 平成22年度 - 日本掃苔録（http://soutairoku.com/02_s_rireki/02-d_H22.html）。

129) 房総石材運輸㈱は明治36年5月千葉県君津郡金谷村の鋸山を中心とする石材採掘業者により資本金1.2万円で設立され、明治41年末現在払込資本金9,600円、積立金420円（『君津郡々勢一班』明治42年, p207）、軌道により石材を鋸山山麓から海岸に運んでいた。専務鈴木誠之助[金谷村]、取締役安田房吉[金谷村]、関口二郎[安房郡保田村]、小野豊吉[金谷村]、岩野新三郎[金谷村]、監査役石井新七[金谷村]、吉本俊治[金谷村]（日韓下, M41, p35）、明治45年では払込高6,000円（諸下 M45, p72）明治45年には支配人関口二郎が取締役就任（『千葉県議会史：議員名鑑』昭和60年, p488）、大正13年房総石材運輸会社は「突如として…石工および運輸人夫…に対し賃金一割の値下げを申し渡し」（『千葉県労働運動史』千葉県労働組合連合協議会、昭和42年, p102）ため石工争議が勃発した。

130) 茨城軌道株式会社は大正9年中野喜三郎ら石材業者により設立され、大正12年版『専用線一覧』（『トワイライトゾーン10』平成13年10月, p364所収）には水戸線稲田駅を接続駅とする手押専用側線の契約相手方として登場、仏頂山から稲田駅まで9ポンド鉄製軌道6kmを敷設。（のちにトラック輸送に切替）（稲田, p106）。

131) 鍋島彦七郎（東京）は明治30年4月創業、職工男42人, 常東石材出資社員1,000円（要 M40, p48）, 帝国石材[西茨城郡西山内村稲田に支店]取締役（帝 T5, p219）、明治30年堂峰、西沢の自己の採石場から稲田駅まで木製軌道（鍋島線）2kmを最初に敷設した（稲田, p105）鍋島商店が「弊店特有稲田花崗岩ノ由来等開陳」（『営業案内　鍋島商店』明治37年12月以降発行, p4）した『営業案内　鍋島商店』（著者所蔵）の口絵には「稲田採掘地ヨリ本店私設軌道ニ依リ石材搬出ノ状況」の絵と、「笠間町井筒楼ニ於ケル稲田ナル当店支店職工新年宴会」の集合写真、「奥州白河駅構内石材置場及発送ノ図」の写真ほかが掲載され、本文に「探索ノ結果、常州笠間付近稲田村花崗岩…採掘ヲ開始スルノ端緒ニ至レリ。抑モ稲田村ハ山間僻陬ノ地ニシテ素ヨリ運搬ノ機関ナキヲ以テ目的ノ石材ヲ輸出スル不能、為メニ…花崗石採掘現場ヨリ鉄道沿線迄私設軽便軌道布設ニ着手、日ナラス完成セリ…人煙稀レナル一小地ナレハ斯ク機関車ノ運転シ来ルヲ見テ付近ノ村民ハ驚愕セシト云フ」（『営業案内　鍋島商店』明治37年12月以降発行, p6〜7）とある。

132) 中野喜三郎（稲田、後の中野組石材工業）は明治34年5月創業、職工男26人, 常東石材出資社員1,000円（要 M40, p48）, 帝国石材[西山内村に支店]取締役（帝 T5, p219）、「明治三十年茨城県稲田に於て偶然非常に良好なる花崗岩石山を発見し、忽ちにして之れを買収して経営に着手す。三十五年には終に二哩以上の軽便鉄道を敷設し終り、非常の大規模を以て採掘を創めた」（『京浜実業名鑑』明治40年, p381）、明治36年自己の烏帽子（→前山）採石場から稲田駅まで12ポンド鉄製軌条を敷設、昭和40年当地区の最後の軌道撤去（稲田, p105,313）。

133) 日東石材株式会社はトラック輸送に切り替えた茨城軌道の軌道線を譲受（稲田, p107）。

134) 土屋大次郎（稲田）は明治40年茅場～大広間に9ポンドの鉄製軌条を敷設、昭和27年撤去（稲田，p105，312）。
135) 長山佐七（稲田）は仏頂山裏の奈良駄峠の採掘場から鏡ヶ池を経て土屋線の茅場まで軌道を敷設（時期不明）、数年で閉山軌道撤去（稲田，p107）。
136) 高田愿一（鍋島商店稲田事務所支配人。高田商店、後の株式会社タカタ）は大正7年鍋島商店稲田事務所の事業と岩倉、西沢、堂峰の軌道を継承、昭和32年撤去（稲田，p108，313）。
137) 大貫亀吉ら羽黒の石材業者は明治38年池亀山（後に山口山まで延長）～羽黒駅間軌道6km敷設。水戸線羽黒駅周辺の「この山は花崗岩の産地で羽黒から石材運搬の人車軌道がある」（金尾種次郎『関東遊覧　その日帰り』編，大正15年，金尾文淵堂，p261）と紹介する。
138) 日本石材株式会社（東京神田）は明治45年頃難台山から岩間駅まで軌道を敷設（昭和初期に閉山撤去）。
139) 大山の人車軌道は上滝の裏の文殊寺から才覚地（小口川）の上流まで走っていた。大山人車軌道は和田川よりもちょっと西の小口川と上滝のあたりを常願寺川の左岸ぞいに走っていたトロッコ。昭和になって地鉄ができてからは地鉄の横江から常願寺川を渡って小口川と常願寺川の合流点である才覚寺を結んでいた。（新川軌道株式会社→大山軌道株式会社→立山軌道）。『富山廃線紀行』桂書房 p2～7、『おおやまの歴史』，p552～559によれば、明治30年代旧大山村、上滝町の有志が、石灰輸送のネックを打開し、同時に地域産業の振興と、立山登山、立山温泉客の交通の便宜を図るために鉄道の導入を計画した。しかし、当時の山村の零細資本では建設費が最も安価な鉄道しかも人力による「人車軌道」を建設する事しか出来なかった。明治30年8月20日付けで「上新川郡大山村大字小見村ヨリ同県同郡同村大字東文珠寺村ニ至ル間、別紙命令書ヲ遵守シ人車軌道ヲ営ムコトヲ特許ス」と特許状が下附された。軌道の幅員は内寸2尺5寸（75.75cm）、延長七哩（東文珠寺村～小見村11.2km）であった。明治33年（1900）6月から運行に入ったものと思われる。明治34年3月社名を新川軌道株式会社に改称。
140) 吉野山林鉄道は吉野村～川上村間22.23kmの地方鉄道の未開業線（鉄道省『昭和三年三月末日現在　日本全国鉄道線路粁程』，p39）。
141) 山梨県作成「調書」『鉄道省文書　身延製材軌道』。身延製材軌道㈱は大正2年5月現在では「製材資金を含む」資本金20万円、未成線は山梨県身延梅平～梅平字柏坂間1哩18鎖、梅平字亥ノ新田～身延村波木井間0哩43鎖、人力、軌間2呎0吋、軌條12封度（『私設鉄道軽便鉄道及軌道未開業線一覧表』大正2年5月15日調）、大正2年12月山梨県南巨摩郡身延村身延に「旅客荷物運搬、電気利用製材」を目的として資本金10万円で設立、B／S（帝T5, p19）。取締役勝呂松三、山本武彦（身延電灯監査役③350株主）、望月孝行（身延電灯社長）藤田佐一郎（身延電灯監査役）、杉原章弘、黒沢次郎、坂口貫太郎、監査役広瀬増治郎（呉服商、身延電灯①870株主）、望月宗太郎（身延電灯取締役）、石山弥平（帝T5, p19）。昭和3年3月末日現在では身延村地内2.84kmの軌道の未開業線（鉄道省『昭和三年三月末日現在　日本全国鉄道線路粁程』，p43）。身延製材軌道は大正2年4月23日身延村梅平を起点とする人力軌道2.8kmの特

許を得たが、昭和7年10月現在でも会社が未成立の長期未開業軌道。代表者の村越和一が転居し連絡不能で「事業遂行ニ対スル誠意…ナシ」として失効。同一起点の身延村梅平〜大河内村を大正11年10月12日身延山鉄道が免許され、大正14年11月30日会社を設立した。(鉄軌S7, p76) しかし一部着工した登山鉄道(身延駅－身延山総門)の「鉄道敷設工事も中途で挫折し、机上プランに終った」(『身延町史』, p881)。

142) 金沢木材㈱は本社を金沢市木ノ新保五番丁に置く「木材売買並ニ委託販売」を主要業務とする資本金15万円の会社で、金沢駅構内〜会社敷地間の0.1kmの「木材運搬」を目的とする人力の専用鉄道の免許を明治44年8月18日受け、大正4年5月2日運輸開始した(鉄軌S7, p24)。

143) 二ツ井製材㈱は二ツ井の五大木材会社の筆頭格、社紋マル山、昭和30年時点の社長成田重蔵、昭和29年全焼した工場を再建した新工場の写真には製材済の木材を積んだ貨車が置かれた専用側線が写っている(二ツ井, p66)。

144) 「雲ケ畑森林鉄道」は昭和24年京都市に合併された愛宕郡「雲ケ畑村にては予ねてより同村内に生産する木材即ち杉、桧、松を始め薪炭類の運輸を目的とする軽便鉄道を敷設し、同村と上賀茂村御園橋間の連絡を計らんとの計画ありしも、種々の事情に妨げられ」(T4.5.29日出②) 実現せず、大正5年3月6日雲ケ畑施業土工森林組合が設立許可され、同年5月17日14,976円の事業費での木馬道築造に1万円の低利資金を供給された(一班 #9, p370)。

145) 京北町の「祖父江谷軽便軌道」(T14.3.13日出)は「京北町史によれば、この森林鉄道は実現せず、後になって林道の形で目的が達せられた」(八丁平を守る会 木村一郎)。

146) 前掲平沼義之「『国有林森林鉄道全データ(東北編)』の功罪(読書感想文です)」ヨッキれん。

147) 前掲「いわきの森林鉄道」p168。

148) 磯部小山鉱山等に該当するかどうかは今後の課題としたい。

149) 下北山村の軌道は大正15年頃から複数回にわたって複数企業が入って林作業をしていたらしく、誰がいつ作ったものか特定し切れない(2012-08-25長年日記)とされる。下北山村には三芳索道も存在した。

150) 原全教によれば十文字峠小屋の手前に「不正手段により、森林官の何人かも関係して落葉松の大伐採を企て、木の軌條を敷き、目の廻るやうな桟道も多くかけられた」(『奥秩父 続編』木耳社、昭和10年, p126)。違法伐採用のヤミ軌道まで存在したとの巷説があるようで、「事成らずして主謀者は官民共に亡く、草に埋もれる軌道の如く、企業家達の骨も朽ちてしまった」(同, p126〜7)という。

151) 実川馬車軌道は第一部第5章参照。

152)154) 『合資会社 殿河内森林鉄道沿革』大正3年、総25頁。

153) 北海道の鉄道跡 廃線跡をたどる - 旅行情報 travelinfo-国内旅行(http://travelinfo.jp/hkd/guide-v6/2-6-1.htm)。

155) 『上勝町誌』昭和54年, p620。

156) 『製材工場一覧』大正5年12月現在、農商務省山林局、大正8年1月, p68。

157)160)161) 『天竜市史』下巻，昭和63年，p519。

158) 大石蜂郎（龍川村）は横山銀行取締役、天龍挽材監査役（要 T11役上，p134）、龍川村長、林業。

159) 天竜市三区楽友会「森林軌道ものがたり」。出かけよう！北遠へ ふるさと散歩道：龍川森林軌道について（http://www.somabito.org/hokuen/2014/03/post-5599.html）。

第8章　特殊鉄道と地域コミュニティ

1．はじめに

　本章[1)]では昭和戦前期埼玉県奥秩父の山間部を走る林用軌道群の非日常性を取り上げたい。歌人として有名な前田夕暮（本名前田洋造）は、昭和7(1932)年11月6日秩父鉄道「三峯口より宮の平[2)]迄五哩自動車…宮ノ平からトロで八哩、無蓋トロの上の風光もまたよい。正午山事務所着」[3)]、翌7日「正午、矢竹沢山前の山小舎に到着…さらにトロに乗りかへて帰る。忘れえぬ一日であつた」（全集五，p164）と日記にトロ＝林用軌道群への乗車体験を記す。さらに昭和20年4月27日、夫妻で東上線で池袋より疎開先の奥秩父に向かい大輪の旅館・山麓亭に一泊、「ここよりはトロに乗りねと人のいふ黒馬＜アオ＞の曳くといふその馬トロに」[4)]との一首を詠んで、トロの二瀬起点「そこからトロに乗る、頗る快適。午後二時前遂に入川谷山本方に到着、崖上の家に旅装を解」（評伝，p261）き、「わが入らむ谷の奥がにかそかにもつづく路あり草あかりして」[5)]と詠んで「渓谷に入る日」から1年8カ月の疎開生活を入川谷（現夕暮キャンプ場）で送った。疎開先からの帰り昭和21年11月「家内も小生も歩けないので、このトロで三里運んで貰う」（全集五，p274）「予定通り午後三時宮平着」（太田，p144）と手紙に書いている。栃本の広瀬平氏の話では「前田先生は戦争末期から2年現地に疎開し、当（広瀬）家にも何度か宿泊された」[6)]という。
　本章では夕暮が「妻と二人老いた身を馬の索くトロに載せて原生林の峡谷深く分け入り」[7)]長時間便乗し、恐らく相当に乗り心地が悪かったはずなのに、

意外にも「頗る快適」と感じた奥秩父のトロッコの非日常性を、観光社会学の視点から取り上げたい。また同時に、当時の要人も視察・遊覧を試み「渓谷を縫って走るトロのスリルがまた格別」[8]と惚れ込んだ奥秩父のトロッコを復元して観光資源とする地域振興策の可能性をも探りたい。

トロ乗客の夕暮はたまたま便乗した単なる観光客でも、「奥秩父の鉱泉」(全集五, p165) 執筆のために現地を訪れた物好きな文学者でもなく、トロ (ッコ) の短歌を少なくとも10首は詠むほど、この林用軌道と深い因縁ある「社会企業家」であることは追々明らかにしていく。

極めて特殊な鉄道分野である森林鉄道の数少ない先行研究者である西裕之、草卓人各氏らの成果[9]を直接に拝聴し、実際に奥秩父で車両が動く様子も辛うじて実見し得た著者の責務として、"無免許"鉄軌道[10]たる 「奥秩運輸組合」の果した正当な役割を、著者とも地縁ある埼玉県の鉄道[11]の一環として多少なりとも世の中に残しておきたいというのが著者の年齢相応の思いである。

2. 秩父の森林軌道の概要

奥秩父では「トロッコ軌道がかなりの山奥にまで伸び、材木や木炭の搬出に活躍していた。トロッコには、手押し式のほか、馬に引かせるものや気動車を利用したものもあった」[12]とされ、具体的には東京営林局秩父営林署武州中津川森林鉄道以外は任意組合、森林組合、営利企業、演習林等、種々雑多な所有・経営・監理形態の森林軌道群がお互いに密接なネットワークを構築し、他に類例を見ない独特の交通システムを形成していた。

秩父郡大滝村、両神村に所在する「民有林ニ於ケル林産物搬出ヲ目的トスル軌道及鉄道」は、昭和11 (1936) 年12月24日埼玉県経済部農務課が作成した「森林軌道ニ関スル調査」[13]によれば [**表－7**] の計5線である。このほか竹内昭氏らの近年の調査によれば、麻生からの和名倉林用軌道 (竹内10, p254〜260)、上中尾と栃本の中間からの大除沢林用軌道 (竹内10, p254)、両神山・三国山方面に日窒広河原軌道 (竹内7, p186〜195) 等の存在が指摘されてい

第 8 章　特殊鉄道と地域コミュニティ　355

[表－7]　秩父郡の民有森林軌道一覧（昭和11年現在）

管理者	所在地　自　　至	軌条延長米	瓦	動力	貨車
①両神施業森林組合	両神村字下原　字広河原	12,300	8	人力	9
②市之沢施業森林組合	大滝村字二瀬　字市之沢	7,460	8	人力	3
③奥秩運輸組合	大滝村字宮平　字川又	11,200	8	馬力	11
④秩父演習林	大滝村字川又　字六本木	2,914	8	人力	1
⑤秩父演習林	大滝村字川又　字入川	1,053	8	人力	1
5 線計		34,727			25

[資料]　埼玉県「森林軌道ニ関スル調査」[14]昭和11年12月。

る。

　大正11年１月秩父演習林は関東水電「川俣、民営軌道に接続して」「滝川林道新設工事を起工」（演習, p11）、昭和４年関東木材は演習林「入川林道の使用承認のもとに自社の軌条を敷設して川俣民営軌道に接続して軌道使用」（演習, p51）したため、昭和初期には関東水電「強石～川又線、＜関東木材・丸共＞入川および滝川線が川又の八間橋で連結され、互いに乗り入れが可能になり…さかんに搬出され」（大滝, p272）た上に、これら「六本松線及丸共線ノ軌道」群の「運輸ハ奥秩運輸組合ニ於テ管理ス」[15]るという軌道群の相互乗入・集中運行管理形態をとっていた。また奥秩運輸組合宮平川又線に接続する市之沢施業森林組合軌道も「木材木炭共施業地ヨリ二瀬県道終点迄ハ本組合軌道ヲ以テ運搬シ、二瀬ヨリ落合迄ハ奥秩運輸組合ト特約シ、同組合軌道ヲ以テ運搬シ、夫ヨリ＜秩父＞鉄道迄ハトラックヲ常置シテ運搬スルカ、或ハ特約ヲ以テ運搬セシム」[16]る輸送形態をとっていた。このように、他線との間で線区同士が多面的に連携し緩やかに結合した独特の軌道網であったものと推定される。

　木曽の王滝村では大部分が帝室林野を含む官有林で森林鉄道も官設であり、王滝森林鉄道を本線として多くの支線が本線に合流する、統一的官営森林鉄道システムを形成していた。これに対し、昭和初期秩父営林署の説明に「奥秩父は中腹以上が大体国有林、中腹以下が帝国大学農学部演習林、埼玉県有林及民

有林になってをり、各々独自の計画の下に各種の施業をして居る」[17]とあるように、秩父の軌道の最大の特色は、林業地の本場で見られたように統一的に形成された鉄軌道網ではなかった点にある。それゆえに複雑怪奇な軌道網の形成過程には不明瞭な点も多く、探求心を掻き立てる謎の存在といってよかろう。

3．関東水電専用軌道

　本章では上記軌道群の中で距離が長く、接続する他線の運行管理を担うなど基幹的脈絡を形成した奥秩運輸組合と、その前身・関東水電専用軌道を中心に考察したい。まず、秩父地方の公共交通の要である秩父鉄道は「当社の使命たる秩父開発の目的を達成せりし云ふ能はず。更に進んで奥秩父に於ける関東の霊場たる三峯登山者の便を始めとし、広漠たる原生林の開拓並に人跡未踏の大自然美を誇る連峰渓谷の紹介等交通機関として本来の使命を全うせん」[18]との意図で昭和3（1928）年2月21日着工、「影森駅より荒川の上流沿岸に線路を延長して白川村に至らしめ、本＜秩父＞郡西南部の開発と、三峯登山者の便利とを企て、工事費八十万円を投じ」（郡誌，p378）、工事中であった影森～三峯口間六哩一鎖の「区間の工を竣へ、本＜5＞年三月十五日を以て開通を告ぐるに至れり」[19]とようやくここに全通を見た。

　秩父鉄道は「三峯口開通と共に、尚奥地に線路延長の計画を立て、一部光岩までの布設免許を得」[20]昭和2（1927）年12月三峰口～大滝村大滝間9.7km免許を取得したが、「深刻な財界不況に累はされ、今日までその機運に至らなかった」[21]ため免許失効した。昭和8年当時、秩父自動車と平行し大滝村光岩まで鉄道延長の計画があったため、秩父自動車の支配権確保に熱意を見せなかった秩父鉄道は昭和10年5月3日「事業準備ノ為大滝村地内土地立入測量許可」を申請し許可[22]されるなど、奥地延長の夢を捨て切れずにいた。

　次に公共交通機関たる秩父自動車[23]は、大正9（1920）年2月28日資本金4.2万円で秩父町に設立、秩父～小鹿野～長瀞間乗合を開業、大正10年12月「発電所開発用の軌道、落合～川俣間延長開設」（演習，p11）にあわせ従前の

「秩父〜強石間乗合馬車にかわり、秩父自動車バス開通」（演習, p11）、大輪まで自動車が乗入れ（大滝, p380）、大正11年5月の画報には秩父自動車会社、西武銀行広告などとともに、「関東水電工事場」の写真が掲載されている[24]。「危巌を砕きて道路を通ぜられ、急湍を横断して橋梁を架せられ、三峯山下には乗合馬車・自動車の往復するあり」（郡誌, p501）、「自秩父町　至大滝強石」の区間は秩父自動車会社4台が「一日往復回数」5往復（郡誌, p380）、そこから先の「自大滝村強石　至同村大輪」の区間は乗合馬車1台がそれぞれ往復していた。大正13年1月「秩父町三峰山麓強石間の乗合馬権利を買収し、同時数台の自動車を購入して事業の拡張を計」（案内, p75）り、出張所を小鹿野町、大滝村強石に置いた。秩父鉄道が昭和初期に発行した『奥秩父登山案内略図』には三峰口駅〜大輪〜落合までバス20分と示され、別の『秩父の旅』でも「バスは三峰口より強石、大達原と三峰山麓の山崖をうねって行く」[25]と紹介されている。また昭和8（1933）年ごろ秩父自動車株式の過半数を獲得した武蔵野鉄道が昭和10年前後に発行した『武蔵野電車御案内』でも、「直営バス路線図」の中に秩父自動車の「秩父町〜三峯口〜大輪」[26]ほかの路線図を組み入れて一体で表示している。

　大正7（1918）年5月武蔵水電は大滝発電所を大滝村強石に着手、大正10年3月竣工（郡誌, p510）した。大正10年武蔵水電は「索道による資材運搬に代えて、発電所建設に必要な資材運搬用に」（大滝, p273）、大滝村「強石〜落合まで道路を開削してレールを敷設」（大滝, p272）した。武蔵水電が計画した宮平発電所は帝国電灯合併後の大正12年1月、川又発電所は昭和元（1926）年6月日それぞれ運転開始した。

　続いて栃本発電所（秩父市大滝、昭和2年9月運用開始）を計画したのが関東水電株式会社である[27]。発電所建設のために「関東水電が落合〜二瀬、川又まで道路を開削してレールを敷設した。建設資材の運搬が目的で、馬にトロッコを引かせる方式」（大滝, p272）であった。大正14（1925）年10月11日奥秩父を訪問した東邦電力の松永安左エ門は合併改称後の「帝電の宮の平の発電所を瞥見」[28]、栃本は「関東水電の発電所の出来る所で、鉄管と機械さへあれば

四千キロは何時でも発電する計りになってゐる」[29]と記したが、設備の手配が出来ぬ関東水電の苦境を暗示すると考えられる。また関東水電側の手配した自動車で「落合（中津川と荒川の合流点）に着く。是から徒歩で約一里の麻生と云ふ処に着いた」[30]と記し当時建設中の軌道には乗っていない。

　関東水電は馬越恭平、大橋新太郎、藤原銀次郎、藤山常一、大田黒重五郎、植村澄三郎、酒井匡（各2,000株引受）、高橋熊次（500株引受）らを発起人として、大正8（1919）年6月2日「埼玉県浦和隅田川上流に七千七百キロの発電をなし、電気冶金及化学工業品の販売をなす」（T8.6.3読売③）目的で資本金300万円で設立された。株式申込取扱は豊国銀行（東京）、武州銀行（浦和）、第八十五銀行（川越）、忍商業銀行（忍）、深谷銀行（深谷）、西武商工銀行（秩父）、秩父銀行（秩父）の7行であった[31]。社長は藤山常一、常務は酒井匡（T8.10.26読売③）、大株主は①三井合名7.5万株、②電気化学工業6万株、③三菱合資4万株、④王子製紙1万株、⑤藤山常一[32]5,200株ほかであった。

　関東水電は「大正九年創立後、秩父郡大滝村に起業し、第一期工事に於て三千五百キロ、第二期工事に於て三千キロ発電の予定で、目下工事進捗中で、創業当時は資本金三百万円内百五十万円の払込なりしが、第二関東水電九百万円を設立し、二百二十五万円の払込を為し群馬県に起業せるものを合併し、現在は資本金一千二百万円にして群馬、秩父の二ヶ所にて起業中なるも、工事頗る至難なり」（案内，p67）と観察されていた。

　関東水電は大正8（1919）年に、三峰口から直線距離で1.3km先の「強石～大輪～川俣間発電所建設工事用軌道の開設工事を計画着工」（演習，p11）、「強石より栃本に至る十哩の専用軌道」[33]を建設し、大正10年9月には「専用軌道も已に敷設を完了」[34]、10年10月12日「発電所開発用の軌道、落合～川俣間延長開設」（演習，p11）された。このうち併用軌道区間である「強石二瀬間は県道上に敷設…道路開鑿費の大部分を両会社から負担」[35]させた。このため関東水電と武蔵水電の両会社は連名で大正9年11月3日「秩父郡大滝道ノ内登竜橋ヨリ麻生ニ至ル県道開鑿工事費中ヘ両社ヨリ寄付仕度候」[36]として1万円を寄付し、大正12年12月26日県知事から内務大臣に賞与方を申請、寄付金は

「大正十四年十二月迄使用」される予定であった。なお帝大秩父演習林も大正8年8月8日着工した「大滝村強石～大輪登竜橋間、県道改修工事」（演習，p11）に関して大滝村に2,000円交付した。大正12年12月、関東水電は埼玉県から表彰された[37]。

これに対して専用軌道区間である「二瀬川又間は県道にあらずして、関東水電会社は麻生、寺井、上中尾、栃本の四耕地に水利使用の代償として、埼玉県の県道々路規定による道路の開鑿をなすを条件に用地は全部無償で提供することに約し、軌道ノ敷設をせるもの」（閉校，p88）であった。即ち二瀬川又間軌道の沿道の「麻生・寺井・上中尾・栃本の人たちが用地を無償提供し、関東水電が敷設した」（大滝，p273）旨は、県道「三峯新道開通記念碑」にも「大滝村民は工費の中金一万円を寄付し、関係地主は敷地を無償提供し協同戮力以て其の完成を期したり」（大滝，p349）と記載されている。なお、水電会社の軌道敷設には「交通往来上危険なれば之が布設を許可せざらん事を希ふとの陳情書を県知事に提出して、同布設工事に反対し一時不穏の模様ありし」（M44.2.14東朝③）鬼怒川水力電気の「材料運搬専用の軌道」（M44.2.14東朝③）の栃木県河内郡豊岡村の反対運動が知られている。

4．関東水電と地域社会との関係

地元に精通した太田巌氏は、関東水電と地域社会との関係について「ダム建設の必要上、川を堰止めるので材木を流すことが出来なくなる見返りとして、強石から川又間に＜軌道を＞設備したものである。会社は勿論、器材運搬に使用する目的であった。用地は地元民の使用を認めることで、無償提供する約束にした」（太田，p97）と説明する。関東水電は地元民の山林・地所等を買収せずに無償で供出させる見返りに将来「落合川又間ヲ本県道路規定ニ基キテ、道路ヲ開設シ之ヲ提供スル」（閉校，p91）ほか、地元民の便宜を図ること、軌道の譲渡転貸等をしないことを地元民との間で約束した[38]。

関東水電の後身企業の社史[39]は「栃本発電所は大滝村落合から奥へ一里、途

中の険しい山々と深い渓谷によって阻まれ機械設備、資材の運搬にはたとえようのない辛苦をなめた…軽量物は地元の椿屋運送店、重量物は横浜の鉄道木下組に夫々請負わせた。途中補強した橋梁の数は51に及んだ。当時の報告書には事故の頻発、悪天候、仮橋の流出等で辛苦の限りをつくし、約半年の日時を費して大正15年11月1日に資材の運搬を完了した」(昭電, p5)と記す。影森～関東水電工場間は「専用鉄道」[40]として認可され、『昭和三年三月末日現在日本全国鉄道線路粁程』にも関東水電の秩父郡影森村地内0.97kmは専用鉄道敷設免許線として記載（粁程S3, p45）されたが、同一軌間で、車両も共通の実質的に同一路線を形成したと見なせる奥秩父軌道の方は「軌道法ニ依ラザル専用軌道」[41]扱いとされた。

　昭和3（1928）年4月26日関東水電は影森大沼間専用鉄道を運輸開始した。この鉄道はナローゲージで「当時栃本発電所の建設工事用として、既に駅前の米国ポーター社製の蒸気機関車を利用」(昭電, p12)するなど栃本発電所軌道と共用されていた。関東水電の後身企業の社史には当時の親会社であった電気化学側が「秩父鉄道の本線引込案」(昭電, p12)という標準軌間を起案したのに対し「関東水電の伊藤忠蔵の強い主張によって、電化側の本線案は、遂にその実現を見ずに終った」(昭電, p13)との興味深い記載がある。

　親会社の起案に強く抵抗した伊藤忠蔵は関東水電工務部長(昭電, p11)として工場用地買収責任者(昭電, p8)であり、部下の土木技師で工場の建設責任者(昭電, p8)の佐藤堤、専用線担当者の「管野」(昭電, p11)ら沿線住民との直接交渉に当たっていた関東水電幹部らは輸入済みの狭軌用蒸機を活用して、地元の要望を受けて近い将来に専用鉄道区間と奥秩父軌道とを一体運営し相互乗入れさせようと構想していたのではなかろうかと著者は異例の狭軌主張の背景を推測している。

　奥秩父では「荒川、中津川（以上、大滝村）、小森川、薄川（以上、両神村）などの谷筋に、昭和のはじめまで馬方が残って」(県史, p648)、炭焼きが盛んに行われた。『大滝村誌』はこうした小荷駄馬方の一日の仕事を「大久保・麻生・寺井・上中尾・栃本には十七、八人の馬トロひきがいた。朝、二瀬の事

務所へ行き、トロッコに米・味噌・酒・雑貨などを積み、入川まで運んでいった。…入川で荷をおろすと、こんどは木材や木炭を積み、二瀬を通過して宮平・強石まで運んだ。それから二瀬の事務所に帰り、翌日の予定を確認し、賃銭を受けとって家にもどった」（大滝，p372）と要約している。この「二瀬の事務所」というのは、関東水電が栃本発電所に近い二瀬に置いた馬トロの倉庫（現地事務所）で、ここで軌道全線の運行管理[42]を行った。工事中は資材輸送が最優先され、全体を水電用と民貨用にどう配分するか、どの馬方に何をどこまで運ばせるか、単線軌道を有効活用するため何台を続行[43]させるか、いかにダイヤを組むかなど「二瀬の事務所」係員（たとえば栗原房吉）が日々管理したのであろう。後に関東水電は軌道を直営から請負業者の川村組[44]委託に切換え、さらに昭和5（1930）年以降は後述のように奥秩運輸組合が監理することに変更された。

　昭和2（1927）年8月栃本発電所が竣工した後、信越電力は昭和3年12月1日関東水電と東北電力を合併、当初新社名は「東京電力とほぼ定まってゐたが…旧東力とまぎらはしきため」（S3.7.27東朝⑧）東京発電と改称した。関東水電「二十五円払込済二株半に対し、当社＜東京発電＞の五十円払込済一株を交付」[45]して解散した。しかし「東京発電と改称後、頓に成績は悪化し…無理決算を続けて来た処、とうとう整理を行ふ事となった」[46]と合併後の東京発電も相当に苦しかったことが判明する。

　栃本発電所工事を急いでいた頃の関東水電と、結束力を誇る地元民との微妙な関係を窺わせる史料が存在する。関東水電が工事に伴って官有水路位置変更を申請した際、昭和2（1927）年8月18日埼玉県土木課長は「下流関係者ノ同意書」の提出を求めた。この指示を受けた秩父工区長が「同意書ニ付キテハ同社ニ於テ交渉中」[47]であったが、交渉はかなり難航した。結局関東水電は昭和2年10月13日「河川付替願ノ儀ニ付歎願」を提出、その中で「同村ノ一部ニハ弊社ノ工場設置ヲ奇貨トシ種々ナル利慾ノ要求ヲ提出セルモノ有之候折柄、右様ノ書類ニ調印ヲ求ムルコトハ頗ル困難ニ候間…此段歎願仕候也」[48]と同意書免除を歎願した。後身の社史でも工場「用地買収の方法に誤りがあり地元の一

部より反感を買った」（昭電，p13）とし、買収遅延の原因を「土地への永年の愛着と農民一般の保守性」（昭電，p8）に帰着させているが、このあたりの微妙な関係が、次項の「第二の秩父事件」発生の伏線に繋るように感じられる。

「関東水電会社が水電工事々業末頃、川村組の受負工事中の一部休止に対する損害補償の意味にて同組に＜軌道＞経営を任せ、川村組よりは栗原房吉氏に托して＜軌道＞運営せしめ居りし」（閉校，p89）との軌道経営委託も、請負契約の履行を迫る川村組から損害賠償請求を受けて困窮する関東水電の内情を示すものであろう。関東水電は「創業以来影森工場の営業実績は全く上らず、苦境の断崖をさまよっていた」（昭電，p23）のである。

さらに「＜東京発電＞会社は其工事が終らば、元関東水電会社の常務取締役たりし酒井匡の退職手当に＜軌道の権利を＞振り替えんとする形勢」（閉校，p89）という記述の意味は、①関東水電を合併した東京発電新経営陣に残留できない酒井常務の退職手当が発生するも、②東京発電側に支払能力乏しく、③吸収される弱い立場の関東水電側では工事完成後、不要となる軌道の権利を見積もって酒井常務の退職手当に充当しようとの苦肉の策を弄したものかと推測される。軌道の権利とは①関東水電が住民の敷地に敷設した軌条の鉄材としてのスクラップ価格だけでなく、②住民から軌道の使用料を対価として受け取るなど、有料運行していた事実上の営業用軌道の収益価格をも意味していたと考えられる。

どうやら当該軌道は当時の親会社の電気化学の統制下に属さない、いわば"関東軍"の存在であったものかと推測される。すなわち①栃本発電所の本体工事自体が「関東水電在籍者だけの手で建設され」（昭電，p10）、②電化側で取り仕切った工場建設工事でも「土木部門も一切電気化学が受託したが、適人不在のため関東水電の伊藤忠蔵及びその下にいた佐藤堤に下請契約する形で行われ」（昭電，p10）、③伊藤忠蔵らの孫請けの形で「福井県から川村組を招き、その下に安場、清水両組が参画する」（昭電，p10）という、極めて変則的な請負形態であった。酒井常務を盟主とする関東水電の生え抜き組と川村組との間に妙な癒着関係が生じかねない危険性が指摘できよう。

『大滝村誌』は「落合〜川又間の軌道は、発電所の建設工事終了後は、地元へ道路として提供する契約になっていたが、容易に履行されずに紛糾」(大滝,p273)、「工事終了後も軌道を残して、元常務取締役に委譲しようとした」(大滝,p150)とする。煮え切らない会社側の態度に対し「麻生、寺井、上中尾、栃本の四耕地は此のままに推移せんか、水電工事に就て会社と契約の唯一の代償とせる道路の開鑿は到底会社が其実行をする見込なくして再三会社に迫りたるも、語を左右にして誠意を示さず、止むを得ず遂に訴訟を提起」(閉校,p89)した。「同会社ニ交渉ヲ進メタルニ会社ハ容易ニ之ニ応セス、而カモ幾多ノ策謀介入シテ葛藤紛争ノ続出ヲ見タ」[49]のであった。

5．裁判の和解と奥秩運輸組合結成

奥秩運輸組合理事に就任する広瀬角平の子息・広瀬平氏（当時68歳）の回顧によれば「会社側と約2年間裁判で争い、原告の地元住民が勝訴した」[50]とする。また「頌徳碑」の文面にも「弁護士石川浅、前三井銀行取締役会長今井利喜三郎両氏ノ尽力ヲ得、右会社ヲ併合シタル東京発電株式会社並ニ其ノ関係者ト和解融和」[51]したとある。関東水電の大株主たる三井合名にとって「東京発電（昭和三年に信越電力株式会社が関東水電株式会社を合併し、名称変更）への出資は、増資引受けや電気化学工業株式会社（以下、電化と略）の所有株の肩代りなどによる。この結果、東京発電は三井合名の支配力が強まった」[52]という事情があり、三井銀行常務今井利喜三郎[53]の名が登場するのは自然ではあるが、この間の住民の動きと今井との関係について広瀬氏は親から聞いた話をされた。大正15（1926）年に小学校を卒業した広瀬氏が中学生になっていた昭和初期に、関東水電は地元との軌道の譲渡転貸等をしないとの約束を破り、地元民に無断で軌道の権利を他社に売却し、当初からの軌道改修の約束をなかなか履行しないため地元民は大いに怒り、千島祐三、大村与一、広瀬角平らの代表者は親族が大滝に居た財界有力者の今井にどうすべきか相談した。地元民から詳しく事情を聞いた今井は「当件は地元民の方に理があるので、弁護士を立

てて訴訟せよ」[54]と忠告した。

　広瀬氏は今井面会時の愉快なエピソードも次のように話された。今をときめく天下の三井銀行常務取締役閣下に正式に集団陳情に行く時、今井は村民に「きちんと洋服を着て来い」と命じた。村民は借金をして裁判準備のため日夜奔走していて洋服を買う金などなく困っていると、今井の意を受けた東京の洋服屋が宿屋に来て寸法を計り上等の洋服を一晩で仕立ててくれた。一行の洋服代全部を今井がポケットマネーで出したのだった。面会の当日、真新しい洋服に身を包み、颯爽と正装した秩父の農民達は胸を張って三井銀行本店を堂々と訪れた。厳めしい守衛も常務の大事なお客さんということでフリーパス。こうして無事集団陳情を終えた一行を常務閣下が御自ら玄関まで親しく見送ってくれたので、村民は大感激した。面会時には大村雅敏の祖父[55]や広瀬氏の父（広瀬角平）も千島祐三らに同行したので、私（広瀬平）はこの人たちから何度もこの時の自慢話を聞かされたものだ。頌徳碑の碑文に今井の名が刻まれた背景はこのようなものであった[56]。

　昭和2（1927）年7月軌道沿線の大滝村栃本、寺井、麻生、上中尾の4集落（「四耕地」）の住民代表を原告とし、関東水電の代表者・酒井匡[57]を被告とする裁判がはじまった。住民は多額の訴訟費用を工面するため借金を重ね、訴訟に走り回った。大正3（1914）年生まれの広瀬氏が中学にあがった頃の記憶として、裁判所執達吏が二瀬の集落に来た際には、地元民の決意のほどを裁判所に誇示するため四耕地の12歳以上の男子は全員竹槍で武装、「要求が通らなければ皆殺しにするぞ」[58]との決意を誇示した。今井は秩父事件再来のような不穏な決起に驚き、「地元に理が有り、勝訴の可能性があるので、よくよく自重せよ」[59]と軽挙妄動の自制を諭した。住民パワーの示威行動が効いたためか、2年後の判決は地元が勝訴、「和解融合シ、愛ニ同会社ニ属スル強石川又間軌道ヲ監理経営」（閉校, p91）する運行権は地元に戻った。太田厳氏によれば「丸太材を運搬できるような軌道」（太田, p97）への改善を要求する住民は「会社側と交渉し、軌道の使用料で改善して、運営に当ることになった」（太田, p97）と解する。こうした経緯で関係四耕地の地元民全員を組合員とする「奥

秩運輸組合」[60]が結成された。

　奥地からの林産物の搬出を主目的とする森林鉄道の役割に加え、復路には住民の生活物資の運搬を行い、当然住民の便乗も許した。1日に何便か定期的に住民を乗せる車両を落合まで運行した。登山客等の便乗記録は見当たらず、案内書にも便乗可能の記載はない模様だが、冒頭の夕暮は当然に組合員たる沿線事業者として便乗を許されたのであろう。毎年度末には組合員に奥秩運輸組合の事業報告書を配ったが、業績は概ね良好で、その収益は大滝村と村内の社会奉仕団等の公益団体に寄付した。組合長だけが僅かな報酬を受け、あとは一切無報酬という低コストのボランティア組織であったためだ。組合長の千島祐三は訴訟費用捻出のため、私財をなげうち、山林を売り、親類から借金するなど、当時の金で何万円も投じて苦しい裁判[61]を続けた。

　「昭和三年一月より昭和五年十一月に至る間、競争せし会社及び酒井との問題も十一月十五日を以って和解なり、四耕地は軌道の全線を経営することになり、先ず組合組織をなし次の通り各耕地に役員を置き、組合の名称を奥秩運輸

[表－8] 奥秩運輸組合の役員

理事組合長	千島祐三[62]	麻生	訴訟委員長、秩父林業監査役、昭和13年下戻訴訟に参加、学校専任委員、埼玉県議、秩父林業対策協議会長、市之沢施業森林組合理事長、在郷軍人会分会長、秩父湖畔埼玉大学寮に千島祐三記念像を建立
常務理事	山中一郎	上中尾	訴訟副委員長、下戻訴訟協力者、学校専任委員、昭和4年上中尾分校起債委員長、昭和3年度所得税18円、戦後の村長
理事	千島義一	麻生	千島祐三の兄、訴訟専任委員、昭和7年下戻訴訟に参加、大滝村誌編さん委員長
理事	広瀬角平[63]	栃本	訴訟専任委員、学校工事責任者、大正8年演習林に立木払下出願した荒川興民会代表
理事	大村与一	栃本	訴訟専任委員、綴保管者、下戻訴訟に参加、学校専任委員、市之沢施業森林組合理事
理事	千島亀松	寺井	訴訟専任委員
顧問	山中大作	上中尾	訴訟委員、所有の桑畑300坪を上中尾校舎敷地に提供

(資料) 頌徳碑文面、『あゆみ』p75, 78, 81、『東京大学演習林50年誌』昭和41年, p11、西沢栄次郎『埼玉県昭和興信録』昭和4年, p313。

組合とす」(閉校, p90) として、東京発電から強石〜川又軌道を昭和5 (1930) 年11月15日以降組合が借受けて運行した。

　大村家所蔵の「二瀬川俣間軌道訴訟関係書綴　附強石川又間軌道の歴史」に「奥秩運輸組合ハ四耕地ノ原動力ニシテ将来奥秩ノ開発ハ勿論区域ノ産業、教育其ノ他公共的ニ社会的ニ資スル所極メテ重大ナル可キヲ予想シ、委員各自ノ偉大ナル名誉ヲ後世ニ伝フヘク、本綴ヲ大切ニ処理保管シ以テ家宝ト為スモノ也」[64] (閉校, p93) とまで地域の歴史に刻むべき名誉ある快挙と認識されていた。太田厳氏も「この軌道はその後の産業開発に大いに役立った」(太田, p97) と、軌道の改善、運営に当った住民が作った運輸組合を高く評価した。

　昭和15 (1940) 年「組合役員として功績を残した千島祐三、山中一郎、千島義一、広瀬角平、大村与一、千島亀松、山中大作ら七氏の『頌徳碑』が上中尾地区に建立され」(大滝, p151)、昭和15年11月23日頌徳碑の建碑式が挙行された (閉校, p97)。

　『大滝村誌』は「軌道を利用した物資の輸送は、村外への搬出作業を容易にしただけではなく、下流域から強石に到着する生活必需品を上流域へ搬入するためにも威力を発揮した」(大滝, p108)、「昭和二〇年代後半まで、軌道は本村の産物 (木材・薪炭・その他の物資)、搬入物資などを輸送する大動脈となって地域振興に貢献した」(大滝, p150) と地域貢献を高く評価した。軌道の初荷風景について、太田氏は「一台のトロ馬に約七十俵くらい積んで、列をなして軌道を走ったものである。トロ馬で最も華やかな時は初荷で、馬に飾りをつけ、幟を押立てて何台ものトロが軌道を走り、各耕地の登り口で、待ち構えている人々の前へ、蜜柑を撒き歩く時である」(太田, p98) と回顧している。運輸組合の運営する「トロ馬」が沿線集落の生活を支え、その初荷が集落の大事な年中行事となるほど、集落の生業と一体化していた。しかし「馬トロも昭和二五年頃、機関車やボギー車が導入され、輸送力が増大すると姿を消した」(大滝, p373) とされる。

　広瀬氏の記憶では、東京電力が川又発電所を建設する時期が軌道の最盛期で、資材輸送に軌道が活用された。

6．両神施業森林組合

　大正11（1922）年3月11日柿原定吉[65]、松本仙三郎[66]、井上重一郎[67]、平嘉之（国神村金崎、監事）、新井定三郎（樋口村野上下郷、監事）、棚山栄蔵[68]、原善太郎（秩父町大宮）の7名を設立発起人として、秩父林業株式会社を設立同意者として両神施業森林組合の設立許可が申請された。7名の発起人と同意者1社は約644町歩の森林の各1／8の持分を共同所有した。宮本常一は『林道と山村社会』の中で「森林組合は昭和一七年の法改正までは山林地主の有志的な組合で、中小地主は一般に組合に参加していなかった…したがって…一七年以前の組合布設林道は、地主の私有的な性格をおびている」[69]と指摘し、山中正彦氏も「広域の森林組合とは違い、数人の山林所有者で運営されている」（小森，p16）点に特徴があると指摘する。

　両神施業森林組合は造林、伐木、造材及製炭、運材、立木竹及産物の処分、森林ノ保護、森林経営ト相反セサル土地ノ利用を「施行スル事業」として大正12（1923）年秩父郡両神村に設立され、大正12年3月20日埼玉県農務部から設立奨励金を交付された[70]。大正13年11月両神施業森林組合は滝前分教室の新築費として関東木材合資会社1,700円に次ぐ、300円を寄付した（小森，p85）。山中氏は大正14年関東木材合資会社の軌道を両神施業森林組合が引継ぎ、「その時に木製のレールから鋼製のレールに替えられ、ルートも数カ所変更された」（小森，p25）とする。当初「丸共が…地元に対し当時の金額で50円で譲るという持ちかけ」（小森，p25）るという、分教室の寄付と比べても信じがたいほど破格の安値での閉店セールのごとき「軌道売却の話があったが、一個人がそう簡単に購入できるものではない。結局のところ、山林を多く管理する『両神施業森林組合』が引き継いだ」（小森，p16）と、珍しい軌道売却に至る事情を紹介している。昭和7（1932）年両神施業森林組合は幅員1.8mと2.1mの2種、延長3,488.54mの軌道を経費16,481円48銭で築造、国から2,394円、県から1,261円の補助を受けた。（一班 S10，p214）さらに別口で幅員1.8m、

延長4,291.81mの軌道を経費16,237円で築造、国から1,402円、県から1,402円の補助を受けた（一班S10, p214）。

　昭和10（1935）年前後に発行した『武蔵野電車沿線案内』のハイキング「両神山」のコース説明に「…両神山頂～白井差～広河原～トロ～小森～バス吾野駅～池袋駅」と広河原～小森間に「トロ」利用を窺わせる記述がある。さらに詳しい記述として東京鉄道局が昭和12年5月発行した『懸賞当選ハイキングコース』には浦和市在住の今尾利一が応募した「健脚向　選外佳作　両神山コース」の中には「穴倉＜トロ事務所＞トロに乗る。一二キロ一時間一〇分」が含まれ次の記述がある。「小森川の渓流に沿って下る、次の部落は広河原。道を急いで穴倉の、トロの事務所でトロに乗ります。［トロ便乗料］穴倉より小森まで、一〇人乗一台三円、六人乗一台二円、一人四〇銭、五人以上三〇銭、一〇人以上二〇銭。小人半額、夜は五割増、午後九時まで運転。トロは頗る頑丈に出来てゐます。小森川の渓谷の素晴しい美しさ、紅葉によく（十一月十日頃）、新緑によい。トロは連りに煤川～鳶岩～川塩～大谷の部落を過ぎて小森へ着きます。人家は立派に立列んで商家多く、都へ出たやうな感じが致します。ここへの到着は大体午後五時頃になるでせう」[71]。

　文中の穴倉の「トロの事務所」とは大字小森字赤井沢に所在した関東木材のトロッコの車庫を兼ねた旧「滝前事務所」（小森, p6）で、「丸共が大滝に事業を移した後も＜両神＞施業森林組合に依って使用され」（小森, p7）組合時代の施業林事務所の主任は大畑梅次郎は「料金は三里半の間一人五十銭くらい」（小森, p70）と語っていた。昭和13（1938）年8月29日軌道の鉄材を献納することが決められ、軌道は姿を消した（小森, p17）。

7．市之沢施業森林組合「大洞川森林軌道」の敷設

　登山家の原全教は大洞川森林軌道の計画について昭和8（1933）年の著書で「大洞谷に就て最近悲しむべき情報に接した。それは三峯神社対個人の所有権争ひが、裁判の結果個人の勝となり、時を移さず抜打的大伐採が計画され…二

瀬あたりから谷沿ひに軌道が建設され、市ノ沢源頭あたりまで全滅の悲運に遭遇して居る由。核心地帯とも云ふべき通ラズの深潭が、開鑿された土砂に埋められる日も遠くないだらう」[72)]と軌道敷設を嘆いている。原は「大正の終り頃から戦争の少し前まで足繁く訪れた村々の長老達」[73)]から聴取した「積り積って莫大な量に達した」[74)]村の情報を上記の著書に纏めていたから、当時としては確度の高い現地情報に接したものと思われる。

　三峯神社の西麓山林を市之沢まで軌道を敷設しようとした市之沢施業森林組合は「一造林、二伐木、三造材及製炭、四搬出ノ設備及保持、五立木竹及産物ノ処分、六森林ノ保護、七森林経営ト相反セサル土地ノ利用」[75)]を「施行スル事業」とすることを目的として、昭和7（1932）年11月21日秩父郡大滝村大字大滝1304番地に設立が許可された[76)]。組合地区の面積は台帳面積45町6反3畝10歩（実測295.97ヘクタール）、組合員数は **[表－9]** の8名[77)]であった。

[表－9]　市之沢施業森林組合の組合員一覧（昭和7年11月）

千島祐三	組合長理事、奥秩運輸組合組合長、埼玉県県議会議員
大村与一	大滝村栃本、理事、第一回通常総会で「索道ノ機構及購入機械ノ単価等」[78)]の希望を述べた。決議録署名委員
千島義一	理事　千島祐三の兄、第一回通常総会で「署名委員ノ選挙」に関し「議長ノ指名」を動議[79)]
松岡誠作	監事
松岡茂	監事の松岡誠作関係者か、千島祐三、大村与一とともに昭和10年9月設立の広告会社取締役[80)]
千島多郎	決議録署名委員、大正8年上中尾小学校卒業
大村金子	大村家関係者か
千島ミツ	千島家関係者か

［資料］　市之沢施業森林組合『起債関係調書』昭和8年9月、『あゆみ　上中尾小学校閉校記念誌』昭和56年, p198。

　この市之沢施業森林組合も前述のように「山林地主によって牛耳られている」[81)]タイプと思われる。前掲「協議ノ件」には「林道新設事業ノ施行」として「秩父郡大滝村大字大滝及大字三峯地内ニ延長七千四百五十米、巾員二米ノ軌道ヲ新設スルモノナリ。経費金五万五千円」[82)]とあり、昭和8（1933）年度

農林省山林局予算の県割当総額35,000円ののうち、市之沢施業森林組合の「軌道ノ新設」[83]に32,000円を配分する案が協議された。林道工事費の不足額は「借入ニ依ル」[84]こととなり、そのために同組合が作成した『起債関係調書』[85]の計画書には「本組合ハ設立前ヨリ森林経営ノ基本ハ適当ナル運輸施設ノ合理化ニ在リト認メ、之レカ調査研究ヲ遂ゲタル結果、組合地区森林ノ経営ヲ為スニハ林道（軌道）開設ヲ最モ適当ナリトシ、直ニ測量設計ニ着手シ、昭和八年四月三日林道開鑿工事計画並ニ設計認可申請書ヲ埼玉県知事へ提出シ、同年四月二十二日付ヲ以テ認可セラレ…」[86]た。

軌道は「秩父郡大滝村大字大滝字麻生、二瀬県道終点ヨリ同村大字三峯ヲ経テ同村大字大滝字麻生地内樽沢ニ至ル軌道開設工事ニシテ其ノ延長四千一百間、巾員六尺、勾配平均四六、四六分ノ一、最急三十分ノ一、最小半径四間」[87]に設計されていた。二瀬県道終点において、同組合長理事の千島祐三がやはり組合長を兼ねる奥秩運輸組合の軌道宮平川又線に接続し、「木材木炭共施業地ヨリ二瀬県道終点迄ハ本組合軌道ヲ以テ運搬シ、二瀬ヨリ落合迄ハ奥秩運輸組合ト特約シ、同組合軌道ヲ以テ運搬シ、夫ヨリ＜秩父＞鉄道迄ハトラックヲ常置シテ運搬スルカ、或ハ特約ヲ以テ運搬セシム」[88]ものと計画していた。

市之沢施業森林組合によって軌道は麻生・二瀬の対岸中腹位置から昭和「一〇年、大洞川の大聖沢（荒沢谷手前）まで」（大滝, p277）の幅員2.0の軌道1,740.0を9,260円で設置（一班 #19, p216）、昭和11（1936）年では「大滝村字二瀬　字市之沢7,460　8　人力　3」[89]であった。

昭和8（1933）年に同森林組合と木村一夫[90]ら当該三峰区域内の山林所有者は「①＜大洞川森林＞軌道を敷設した場合には三峰区域内の居住者の所有山林から生産する物資は、同組合の生産物と同率の運賃で運搬すること。②借地期間中、組合は三峰分教場の維持費として毎年百円宛の寄付をすること。③組合の承諾がなければ第三者にたいして本軌道と併行する用地を譲渡したり賃借はしないこと。④契約期限は五十カ年とすることなど」（大滝, p277）をこと細かく契約書に定めていた。法廷闘争の経験豊富な組合長千島祐三あたりの几帳面な性格を反映したもので、その後の村政に影響を与えることにもなった。ま

た、組合が軌道経営で収得する運賃の一部を分教場維持費として毎年寄付する利益還元方式も、奥秩運輸組合の方式に準じている。

　戦後に至り二瀬ダム工事に伴い開始された埼玉県の大洞発電所工事の際に、「その堰堤建設に必要な資機材はこの軌道をつかって運ばれた」（大滝，p277）という。竹内氏の調査では「終戦後、軌道は50年の使用権と共に東洋産業（本社横浜）が組合より買い取り運材を続け」（竹内11，p234）たとある。東洋産業の名は竹内氏の和名倉林用軌道の報告の中でも昭和30（1955）年ごろ「この軌道は東洋産業や間組が使用…」（竹内10，p255）と、ほぼ同時期の隣接軌道でも伐採搬出業者として登場する。このように大洞谷共有林や大滝村有林等の伐出開発事業を行っていた東洋木材工業が昭和35年「山林部を独立させ、東洋産業株式会社を設立」[91]したのが正確な社名のようである。

　昭和8（1933）年締結した50年もの長期の契約書がまだ有効だった昭和36年当時、大洞川森林軌道の「軌道管理権は、大洞谷を請け負って伐採搬出をおこなっていた東洋産業に関係する人物」（大滝，p277）が保有していた。埼玉県による雲取林道開設計画に協力し「大洞谷軌道の廃線」（大滝，p278）方を迫る大滝村に対し、東洋産業は「雲取林道開設に伴う陳情書」（大滝，p277）を提出、当初契約書③にあった本軌道と「平行した車道は造らないといった項目」（竹内11，p238）に基き軌道の撤去の対価を要求し「軌道管理と＜大滝＞村のあいだに一波乱もちあがった」（大滝，p277）。

　結局大滝村は大洞谷軌道の「既存の軌道使用権をもつ東洋産業㈱に五千万円の代償を支払ったうえ、林道流域にひろがる三五〇ヘクタールの原生林を同社に払い下げることを条件にして軌道の撤去・林道開削にこぎつけた」（大滝，p384）結果、「既存の＜大洞谷＞軌道にかわって、延長一一キロメートルにおよぶ雲取林道の開削がはじまった」（大滝，p280）。現地調査した竹内氏は「三峰観光道路…建設のために＜大洞谷軌道の＞道床は完全に埋まってしまった」（竹内7，p181）とし、上記「林道化が進み軌道は全線廃止され」（竹内11，p238）たとする。しかしその後雲取林道開設計画自体が見直されたことに伴って、「昭和五〇年にいたって…村議会・特別委員会は東洋産業と交渉を

つづけ、損害賠償金三千万円を支出して＜開発中止で＞妥結した」（大滝，p384）とされるなど、当該軌道撤去の巨額の代償支払は小さな村を揺るがす大騒動に発展したのであった。

8．関東木材小森川事業所（夕暮の事業①）

　大正後期から昭和初期に両神村小森と大滝村入川の原生林を開発したのが、歌人として有名な前田夕暮である。本名前田洋造は明治16（1883）年7月27日、神奈川県大住郡南矢名村（現秦野市）の豪農前田久治（関東木材合名会社代表）の子として生まれた。丹沢で伐木、製炭するという久治の構想は、後に玄倉山の山林開発となって実現し、「関東木材合名会社」ができた」（評伝，p26）とされる。夕暮の子前田透著『評伝前田夕暮』では歌道に専念していた夕暮が、父の山林事業を引継いだのは父の死後2年であった。夕暮は久治の死後統轄者となっていた横尾吉五郎[92]に説得され、大正8（1919）年関東木材の事業地を奥秩父両神村小森の山狭地帯に移した。夕暮自身は自叙伝で「大正八年の秋、私は奥秩父の原生林に入つた。…その原生林といふのは、奥秩父荒川支流の赤平川のさらに支流、小森川の水源地帯であった。…埼玉県秩父郡両神村大字小森で、両神山北麓の森林であった。…私がこの原生林に入つたのは、亡くなつた父の遺業である山林の仕事を継承したためであった」（素描，p75）と書いている。最盛期の大正11年ころには関東各県等から来た300名の林業作業員を擁していた（評伝，p191）。

　評伝に「夕暮は久治の持分を継承して代表社員にさせられた」（評伝，p166）、大正6（1917）年11月「駿河から甲駿相国境地帯の森林を跋渉」（評伝，p293）、「大正七年には彼は現実に、父の遺した山林事業に深入りしていた」（評伝，p167）とあるのは関東木材合名会社の持分や業務であり、「1919年9月関東木材合資会社の代表になった」（荒川，p278）、「1919年小森川流域へ進出した時は関東木材合資会社」（荒川，p279）と、小森川進出を機に合名会社から合資会社に組織変更されている。

『帝国銀行会社要録』『銀行会社要録』によれば、関東木材合資会社は大正9（1920）年3月22日夕暮の自宅のある東京府豊多摩郡大久保町西久保128番地に「一、木材山林の売買、二、製材製炭及其販売右ニ付帯スル一切ノ業務」[93]を目的に資本金18万円で設立された。関東木材合資会社は埼玉県秩父郡小鹿野町に暫定的に秩父出張所（要T11, p132）を置いたが、これが山中氏の調査された一等地の「小鹿野町の追分に居を構えた」（小森, p4）支配人「百瀬＜忠衛＞の家の一隅を事務所とした」（小森, p4）「仮事務所」（小森, p3）に当ると解される。百瀬忠衛の家には鄙には稀な長距離電話を示す「長七」番が架設されており、関東木材合資会社本社の東京からの長距離電話が頻繁にかかって来たことになる。大正11年9月30日付の山中要市[94]宛文書に用いられた〇に共の社紋入りの「丸共の便箋」（小森, p80）には「埼玉県秩父郡両神村　関東木材合資会社　両神出材部」（小森, p80）と印刷されていた。山中氏は山中要市と前田との間の借地契約書の写真を示し「契約者が『関東木材合資会社』という法人ではなく、前田洋造個人となっている点が興味深い」（小森, p14）と指摘する。著者は関東木材合資会社設立の直前の大正9年2月17日付に着目すれば、大正7年末「秩父の奥に新事業地を発見」[95]し、「此二ケ月間いろいろ考へに考へぬいた結果、我が『詩歌』を廃刊する様にいよいよ決し」[96]た前田個人が、かような利害関係者多数との間に借地契約等を締結する手間隙をも考えて法人化を急ぎ「小森谷に事業地を移した時に合資会社として設立」（小森, p1）したものと解する。

　また相模時代からの社紋「丸共」[97]は継続しつつも、従前の関東木材合名会社の名義をあえて継続使用しなかった理由も、「今後猶十数年に亘りて伐採し、伐採したる跡地を整理して年々植林をなしつつ事業を進捗せしめん」（評伝, p176）、「五千尺の数里に亘る秩父連峰より十年間の計画で木材を伐採するのです。それがため七八哩林間鉄道を布設準備中」[98]という壮大な新事業に際し、映画監督の五所平之助の実父の五所平助[99]（小森, p6）など新たな出資者を募り、新会社として小森川プロジェクトを推進していたためと考えられる[100]。

　新会社の出資社員は6名（帝T9, p187）であり、資本金18万円の明細は

[表-10]　関東木材合資会社出資社員一覧（大正9年設立時）

氏名	住所	出資金額
前田洋造	豊多摩郡大久保町西久保128番地	4.7万円（無限責任社員・代表社員）
横尾吉五郎	秦野町曾屋2831番地ノ1	4.7万円（無限）
百瀬忠衛[101]	足柄上郡寄村4044番地	2.1万円（無限）
支配人堀川源之丞[102]	東京市深川区冬木町10番地	3.6万円（有限）
五所平助	東京市神田区鍋町12番地	2.0万円（有限）
塚田文之助[103]	東京市本郷区真砂町7番地	1.0万円（有限）

［資料］　大正9年6月28日『官報』第2371号, p759。

[表-10]の通りであった。

『荒川』によれば「山林事業にはあまり積極的でない夕暮は、父の死後2年間に、野栗沢原生林事業を行っていた百瀬＜忠衛小森川事業所支配人＞と手を組み、新たに合資会社として山林事業の続行を計ったと考えられる。後に、入川原生林事業所の支配人となった山本琴三郎[104]は、百瀬忠衛の日露戦争の戦友であった」（荒川, p279）。

夕暮は合資会社設立前の大正8（1919）年11月5日付で本名の前田洋造名で「小鹿野三峯道改築費ノ内へ寄付仕度候」[105]として5,000円を埼玉県へ寄付した。しかし県の「寄付者取調表」の寄付受入年月日は「大正十年一月十二日」と1年2か月もずれており、さらに「調査上必要ノ為遅引ス　武笠印」[106]との事情を付した上ではあるが、大幅に5年も遅れて大正13年11月6日埼玉県からようやく表彰された。受け取った県としても、なぜ東京在住の著名な歌人が個人として遠く奥秩父の県道工事に多額の寄付をしたのか、関東木材合資会社の名義が出ないままではよく事情を理解できなかったかもしれない。多額の寄付をしながらも県からの反応をほとんど気にしない鷹揚な点は、「山林事業にはあまり積極的でない」（荒川, p279）上に、いかにも金銭に無頓着な歌人夕暮らしい一面とも言えよう。大正13年11月関東木材合資会社は滝前分教室の新築費として1,700円を大口寄付した（小森, p85）。夕暮の長男透は謙遜して「商号丸共。炭焼や、伐採夫の家族の面倒をよくみて『マルキョウの子育て会社』とも云われた」（年譜, p404）、「会社は従業員の子弟の面倒をよく見たが事業は儲

からず『マルキョー（関東木材の屋号はマル共）の子育て会社』と言われた」（解説，p570）と記しているように、丸共はその通称通り純然たる営利資本というよりむしろ今日の「ソーシャルビジネス」「コミュニティビジネス」の系譜に近く、夕暮は「社会起業家」の先駆的存在であったことが判明する。

関東木材は東大演習林（大正5［1916］年開設）の林産物払下げを受け、竹内昭氏の調査によれば「大正7～8年頃関東木材（丸共製材所）によって」（竹内10，p253）小森三又路の集材場から丸神の滝にある工場まで林用軌道を敷設した。東京鉄道局が昭和12（1937）年5月発行した『懸賞当選ハイキングコース』は昭和11年秋に東京鉄道局が懸賞募集した原稿を東鉄局旅客課員の実地踏査を経て厳選・採録したものである。この中には浦和市在住の今尾利一が応募した「選外佳作」「健脚向　選外佳作　両神山コース」には「穴倉（トロ事務所）トロに乗る。一二キロ一時間一〇分　小森」[107]との「穴倉－小森（トロ便乗…）」が含まれており、次のような今尾利一による貴重な記述がある。「一位ガタワと云ふ所から小森川の谷へ出て下れば、三四軒の部落がある。一白井差です。白井差からは一筋道で、小森川の渓流に沿って下る、次の部落は広河原。道を急いで穴倉の、トロの事務所でトロに乗ります。［トロ便乗料］穴倉より小森まで、一〇人乗一台三円、六人乗一台二円、一人四〇銭、五人以上三〇銭、一〇人以上二〇銭。小人半額、夜は五割増、午後九時まで運転。トロは頗る頑丈に出来てゐます。小森川の渓谷の素晴しい美しさ、紅葉によく（十一月十日頃）、新緑によい。トロは連りに煤川～鳶岩～川塩～大谷の部落を過ぎて小森へ着きます。人家は立派に立列んで商家多く、都へ出たやうな感じが致します。ここへの到着は大体午後五時頃になるでせう」[108]と両神山軌道は1km当り約3.3銭のトロ便乗料をとって、なかば公然と無免許で鉄道営業を行っていた。

9．関東木材入川事業所（夕暮の事業②）

大正14（1925）年関東木材は小森川事業所を川又の奥約1kmの「荒川本流

の…流水源地帯に近く、中津渓谷との分水界をなす」(評伝, p262) 大滝村入川谷に移し入拓、「奥秩父の帝大演習林の払下げを受け」(評伝, p26)、民有林を買受け、製材工場を建設した。入川は「奥秩父栃本より荒川本流を十粁ほど遡った山奥で白泰山の南裾の峡谷にある戸数二十戸足らずの小集落。多くは関東木材の林業要員の家で、山本＜琴三郎＞は現地支配人」(評伝, p306) で、現・夕暮キャンプ場の所に関東木材の事務所・製材所があった。夕暮自身は「私の山小屋のある位置は、奥秩父荒川の上流、入川谷の雁坂峠寄りの、谷底からは約半粁ほど林道をあがつた帝大農学部演習林つづきの民有林である」[109] と説明している。

　昭和戦前期の関東木材の経営について、透は「秩父の山奥で山林伐採、製材、木炭製造などを行うこの小企業の経営者として夕暮はよく働いた。たえず電話や手紙で秩父の現場に指図したり、銀行や取引先を訪問する合間には、大久保＜自宅＞と奥秩父の間を往復し、かえりには必ず熊谷の五家宝を土産に買ってきた。会社は発展もしなかったが固い販路をもっていたために収支償って多少の利益を代表社員たる夕暮にもたらしていたのであろう」(評伝, p2397) と推測している。

　大正10 (1921) 年関東木材は二瀬から川又八間橋まで敷設されていた「関東水電の軌道を、更に上流赤沢谷まで延長…労務者の宿舎や事務所の建設が進められた。主要集落と事務所は白泰山から流出して入川に注ぐ矢竹沢の合流点近くに設置」(荒川, p279) された「入川部落は昭和初期に忽然として生れた林業者のみの集落」[110] であった。大正13年関東水電軌道終点である「川又・八間橋を起点として、矢竹沢入口までの二・六キロメートル」(大滝, p272) に林用軌道を敷設した。昭和2 (1927) 年川又～矢竹沢（ヤタケ）（＝入川の手前付近）間の軌道を関東木材が開設した (閉校, p92)。

　昭和4 (1929) 年関東木材は「入川林道の使用承認のもとに自社の軌条を敷設して、川俣民営軌道に接続して軌道使用するに及んだ」(演習, p51) 昭和4年9月東京大学入川軌道の先に矢竹沢まで「同社経費をもって軌条敷設を願い出て」(西, p95) 軌道2,167m 敷設した。登山家・原全教がこの地を訪れた

昭和初年には川又からヤタケ沢出合まで運行しており、「軌道・ヤタケ沢　右の分岐から十分も下れば、荒川本流に沿う軌道へ出る。川又と云ふ新開地である。西北へ進むと入川と滝川の出合を堰いた、発電所の取入口がある。間もなく橋を渡れば滝川や雁坂へ行く小径となる。渡らずに右手を進めば、入川と平行した立派な運材軌道の上を進むやうになる。…川又から四十分で軌道の終端となり、右から注ぐ支流がヤタケ沢である。この谷は源頭の白泰山の方まで伐採されてしまった」[111]と嘆いている。

　夕暮は入川地内に入拓、製材工場を建設し、幅広く「製材、製炭を中心に、杓子、木鉢、臼等の木工品を製造販売」（閉校, p72）、地元では「丸共といえば当時は製材・木工で隆盛をきわめ、栃本以西の人の大半はここで働いた」（閉校, p70）と地域に雇用を生むコミュニティビジネスとして定着していった。その一方で、「立派な運材軌道」の敷設を計画しつつあった頃の関東木材の内実・資金繰りはどのようなものであったか。大正12（1923）年1月までに夕暮が作歌した百二十四首の中には、年末に苦悶する中小企業主の生々しい窮状を訴える次のようなものが散見される。「年の暮ちかし、三百二十三人の職工に支払ふ金のともし。うとましき手形支払ふ日はちかししかすがに吾は朝寝なしえず。爪さきの切れし靴下をきづきつつ銀行頭取を口説くかなしさや。うとましくなりぬ手形の二三枚不渡となさむと真面目に思へり。まことに吾を生かさむ事業なりしいないな吾を苦しましめし…かく苦しく夜さへ眠りえぬ我を猶苦しめむとて金貸せといふ人二三人きたる」[112]。

　323人もの従業員の越年資金に加え、軌道敷設等の巨額の設備資金借入れの重圧から不渡も覚悟して、夜も眠れぬ年末の日々であったものと推察される。資金調達のためか「僅に売残せる郷里の田を売りに行きて」（全集二, p485）詠んだ短歌もこの頃であった。こうした夕暮の必死の金策の甲斐あって「昭和初期になると〈関東水電〉強石〜川又線、〈関東木材〉入川および滝川線が川又の八間橋で連結され、互いに乗り入れが可能になり…さかんに搬出」（大滝, p272）された。川又八間橋〜赤沢出合間5.6kmの入川線と川又八間橋〜豆焼沢5.3kmの滝川線の「軌道は二本に分れていて、車の溜り場となり、物資の

積み」113)下ろしを行い、「軌道によって物資を調達したので、商店はなかったが、川又部落などよりずっと大きくて立派な集落であった」114)。豆焼沢への滝川線と赤沢への入川線2本の「軌道利用により利用価値がなくなってしまった」115)旧林道の川又～豆焼沢間、川又～胴本小屋沢間は「廃道化した」116)ほどであった。「多くの倉庫は入川の谷上にあり、支配人山本琴三郎の住宅も入川の真上にあった。その他、川又及び赤沢谷にも小集落があった。また、製炭の人々の集落は移動したが数戸がまとまって数年間の集落を作っていた」(荒川, p280)とされた。

関東木材合資会社は大正9 (1920) 年3月設立され、本店を前田洋造の自宅である東京市淀橋区西久保三丁目128番地に置き、資本金は20万円、代表社員(無限責任社員)前田洋造の出資額は11.75万円であった(要S8, p115)。前田洋造の自宅は東京市淀橋区西久保三丁目128番地で、代表社員前田洋造の出資額は資本金の58.75%に相当する117,500円で、残り出資社員が82,500円を出資した117)。

昭和13 (1938) 年8月25日秩父を襲った大水害で「本＜大滝＞村創史以来未曾有の大惨害を被るに至」(閉校, p95)り、死者28名、建築物は関東木材丸共工場を含め45.5万円の損害を被り、「村道、林道の崩壊　無数」(閉校, p96)であった。夕暮は早速昭和13年9月「洪水後の奥秩父を歩く」(年譜、全集五, p410)、「九月、洪水後の奥秩父荒川上流をひとり歩く」(年譜、評伝, p303)が、全集の第五巻「日記」には昭和13年5月5日から14年1月1日まで収録されておらず、全集に関連する記事も見出だせないため、この間の消息は不明である。しかし奥秩父の水害で「関東木材においても工場、住居等流出していちじるしく痛手を被り、自社の軌道保守管理にいたらず、同年同＜関東木材会＞社との協議がととのい、該＜入川軌道線＞軌条は買収され演習林の管理に属することとなった」(演習, p52)結果、関東木材の入川軌道を「演習林で買収」(閉校, p92)したため、トロッコの管理権が夕暮の手を離れるという重大な出来事が生じている。その後、東大秩父演習林の入川軌道が東大の手で延長され軌道が布設されている様子は、演習林の教官の著書(萩原,

p298）に写真として掲げられている。

10. 前田夕暮の疎開と秩父兵器工業への家業売却

　老人強制疎開の命令を受けた夕暮は若狭、近江、郡山、鶴巻、四万温泉等（評伝，p305）疎開先をあれこれ考え抜いた末に、昭和20（1945）年3月2日交流の長い「奥秩父栃本の大村与一氏の家に一年ほど厄介になる…大村旅館に身を寄せる」（評伝，p261）原案を再考して「入川谷の山林事務所の小舎に半農民として移住するのがよいといふことに気がつく」（評伝，p261）と日記に記した。昭和20年「四月二十七日未明、白日社の留守を小関茂に頼み、妻を伴い池袋より東上線にて疎開先（埼玉県秩父郡大滝村入川山本琴三郎方）に向う。同日大輪に一泊、翌日トロに乗り入川谷崖上の小屋に落着く。夕暮自身は4月28日「夜来の雨なごりなく晴れて青天朗か、落合まで三粁徒歩、そこからトロに乗る、頗る快適。午後二時前遂に入川谷山本方に到着、崖上の家に旅装を解く、この家は八畳、三室、他に八坪程の物置がついてゐる。入川谷を眼下に眺め展望甚だ佳」（評伝，p261）と記す。

　夕暮夫妻がトロに乗車した当時、すなわち昭和19（1944）年から20年ごろにかけて、落合まで1日に何便もの定期列車が運行され、関東木材の手で工芸品や木工製品を搬出していたといわれる[118]。長男の透は「妻と二人老いた身を、馬の索くトロに載せて奥秩父の峡谷深く入り、そこに住む人々と素朴にまじわり」（評伝，p270）詠んだ「黒馬の曳くトロにわが乗るかたはらに妻も乗るなりさ筵を敷きて」「トロ道に蹲りつつ馬糞拾ふ吾をみいでてわが驚かず」（評伝，p268）など、馬車軌道を素材とした夕暮の歌を紹介している。

　昭和20（1945）年7月17日知人への書簡に「一方会社関係も小生当地に来ると同時に窮境打開　偶然なる機会より軍関係の信用も得て予想せざる有利なる条件にて軍管理工場秩父兵器工業会社（社長は旦那トンネル工事完成者日野原節三　日本鉄道工業（資本金一千万円）の社長に候　秩父兵器は現資本金五百万円）と合併致し今後更に一飛躍の計画にて着々として進捗いたしをり候間

左様御安心下され度候　唯小生は名義と地位は関東木材の社長であり　要請せられて秩父兵器の監査役に就任せる…」[119]、10月5日の書簡にも「ここにきて半月もたたぬまに夢のやうな幸運が待ってをり秩父兵器木材工業会社といふ会社より提携の申込あり（甚だ有利な条件）」（全集五，p204所収）を喜んでいる。8月9日の日記にも「秩父演習林長住田芳太郎、秩父兵器社長日野原節三両氏来訪、山本君を加へ、大に歓談…氏は鉄道工業、日本酸素、日本化生其他諸々の軍需会社の社長であり、重役である」[120]と記している。9月6日の日記にも「関係会社秩父兵器木材工業は軍管理の軍需工場であったので、停戦協定の調印を契機に平和産業に転換、秩父木材工業と改称の上新発足」（全集五，p204所収）との顛末を記している。

　昭和12（1937）年には日本自動車道社長となり、昭和18年では鉄道工業常務（帝S18, p192）であった日野原の辣腕について義兄の菅原通済は自らの随筆で「三十五のときに、私の下で四、五年使ってゐた義弟に＜日本自動車道＞社長を譲った。この義弟が日野原（節三）で、会計が藤井（孝）、共に昭電事件の立役者だ」[121]、「日野原も相当な男で、或一部のものは、あれこそ乱世の英雄として寧ろ感心してる連中もあり、アンチャン仲間には、崇拝してるものすらあるくらゐ」[122]、「非常識なことをやったり、大風呂敷を拡げるところもある」[123]とする一方、「帳簿とか数字についてはゼロである。貸借といふことが解らない…もっとも事業家といふものは、数字の解らない方がいいコトもあるので、数字が解ると、大きなことや、思ひきった仕事はできないものだ。だから数字に暗いことは、日野原の欠点であると同時に、彼の長所でもある」[124]と評している。麻島昭一氏はアメリカ国立公文書館資料[125]に依拠して「一九年日野原＜節三＞は社長、藤井＜孝＞は取締役として秩父木材＜工業＞に共に入り、専務に昇格した」[126]とする。麻島氏の閲覧された藤井孝の「聴取書」[127]によれば、「藤井孝は昭和五年高岡高商を卒業、常盤生命に入社、一一年日本自動車＜道＞経理課長となり、鎌倉山住宅＜地＞の経理課長も兼任、一六年旭日写真工業に転じて支配人、一九年企業整備のため退社、秩父木材＜工業＞に転じて専務」[128]となった日野原直系の人物である。

西裕之氏によれば、日野原、藤井らが相次いで入社した「秩父兵器木材工業（後の秩父木材工業）が開発に名乗りを上げ、関東木材と秩父木材工業の2社が分け合う形で＜演習林から＞請け負った」（西，p96）から、昭和19（1944）〜20年時点で両社は完全なライバル企業であった。麻島氏は昭電事件の分析の文脈で「身体頑健、仕事が趣味のような日野原は…財界人としてのモラルや識見が不足し、いくら裏工作が当然視される環境でも、非常識な積極さであった」[129]と評している。義兄の菅原や麻島氏の指摘した日野原の特徴は、著者の想定する「虚業家」像とも概ね一致するように思われる。昭和20年「七月、演習林長の斡旋により」（評伝，p306）日野原の秩父兵器工業株式会社と前田の関東木材が合併し「名称も秩父木材工業株式会社と改称し」（全集五，p268）た。

後発企業社長の日野原は夕暮の疎開を奇貨として、戦時統合を名目とすべく会談に住田演習林長を同席させ、事情に疎い歌人を甘言で弄して自家薬籠中の物としたのであろうか。子育て主眼の「社会起業家」夕暮と、寝技師の日野原とでは勝負は明らかである。夕暮の長男前田透は関東木材の事業は「戦争と共に労力不足から操業できにくくなり、そこを捨値で昭電系の秩父木材兵器工業に買収された、対価として夕暮がもらった株券は敗戦でその会社が解散すると共に紙屑になった」（解説，p570）、「昭和二十年六月昭和電工系秩父兵器木材（日野原節三社長）に併合された。同社は敗戦と共に倒産、夕暮がもらった株券は紙屑となり、父譲りの全資産を失う」（評伝，p297）と繰り返し、繰り言のように書いている。

前田家側の理解では、軍需工場の秩父木材が敗戦と共に倒産となっているが、実は秩父木材工業はその後も存続していて、昭和28（1953）年頃には奥秩運輸組合の二瀬〜川又間軌道も譲受（西，p97）、奥秩父の軌道群を統合した。その後、西武系列の復興社[130]も演習林の入札に参加、結局昭和32年11月新興勢力の復興社は秩父木材工業を合併し、資本金2,519万円とした。秩父木材工業から復興社が継承した山林事業は西武建設山林部秩父事業所（荒川村白久）となって、引き続き秩父地方の山林を開発し、原木の生産を行った[131]。こうし

て関東木材、秩父木材工業、奥秩運輸組合の敷設ないし運営した奥秩父の軌道群は、いずれも西武建設の山林部[132]に発展的解消し、西武の社紋をつけた内燃機関車が秩父の山中を盛んに運行した（西，p96）。

　広瀬平氏の記憶でも日野原節三が設立した秩父兵器木材に、奥秩運輸組合も身売りした結果として、西武建設は最終的にかなりの規模の林用軌道と砂利用軌道をそれぞれ敷設、運行した産業用鉄道の保有企業となった。

　[写真－22] は昭和35年刊行の写真集に掲載された、秩父の「原生林の木材は林道をすべるように、ふもとへ運ばれる」[133]と題して、KATO WARKS（加藤製作所）のディーゼル機関車が丸太を満載した3台以上の運材台車を牽引して木製の小橋（場所未詳）を渡る、復興社が運行管理を行っていた昭和30年代前半の軌道運材風景である。ちょうどこの頃に二瀬～川又間が廃止されており、川又以西の入川・滝川線の架橋の可能性もある。

　広瀬平氏によれば川又発電所の建設工事で秩父湖まで軌道を運行してきた復興社・西武建設でもトロッコ輸送では台頭してきたトラック輸送に太刀打ちで

[写真－22]　加藤製作所製機関車
（昭和34年頃。アサヒ写真ブック・清水武甲撮影）

きず、採算に乗らないとして赤字を理由に廃止を決意し、借用していた軌道敷地を地主に返還したいと申し出て、地元も承諾した由である。

夕暮といい、秩父の農民たちといい、こんな日野原と邂逅して「乱世の英雄として寧ろ感心」[134]したり、「ボロ会社たて直しの名人」[135]と錯覚したとしても無理からぬことでもあろう。恐らくは折からの企業再建整備法に基づく新会社設立スキーム等を巧みに活用するなど役者が数倍も上の日野原に、いいようにしてやられたとしか思われない。昭和21（1946）年11月末東京に戻った前田夕暮は疎開で健康を損ね、昭和24年持病の糖尿病が悪化し、昭和26年4月20日69歳で死亡、多磨霊園に葬られた。法号は青天院靜観夕暮居士（評伝、p310）。なお製材事業そのものは秩父兵器工業株式会社との提携の後も山本琴三郎が個人経営の有限会社丸共製材所（屋号マルキョーも継承）として継承した[136]。

11. 小括

演習林入川軌道が一時的ではあるが、奇跡の復活を遂げ、「赤沢取水口補修工事のために再び軌道が使用」[137]されたことがある。名取紀之氏らが最初に復活情報を「得たのは1982（昭和57）年冬」[138]であったという。この貴重な情報を間接的に漏れ聞いた著者は、姫川電力[139]本社土木部に出向き確めた結果「姫川電力としては東大演習林の正式許可を受けて当該軌道を借用し、川又発電所取入口工事の資材運搬に昭和58年4月から使用中である。既に枕木2,000本の取替、橋梁の強化工事等軌道の全面的な改修に相当額を投じた。ディーゼル機関車は地元大滝村の三国建設[140]の保有機を使用した。工事の背景としては姫川電力が国有林を借地して建設した索道をこのほど撤去することになり、当該索道と東大演習林軌道との接続が今後不可能となるため、川又発電所取入口工事を今やっておかないと永久に出来なくなるので、今回着手した」との詳細な説明を受けた。

著者はすでに昭和53（1978）年6月3日秩父大滝村を訪問して、川俣集落の屋根や林道上のレール、西武建設当時のトロッコ車庫などを撮影していた。5

年後の昭和58年8月8日秩父鉄道の「秩父湖～関所前経由～川俣」バス路線で「栃本」前の広瀬平氏経営民宿「ひろせ」に泊った。翌9日早朝秩父鉄道バスの川俣終点から徒歩で昔関東木材事務所・製材所のあった夕暮キャンプ場を経て「入川軌道改修工事　始点」から現地調査を開始した。矢竹沢までの軌道跡の林道入口には「東京大学秩父演習林」の標識と「"注意"この林道は東京大学秩父演習林入川林道です。これより先は車両通行禁止です。駐車禁止　東京大学秩父演習林」との看板が立つ。取水えん堤付近には「川又発水路5号横坑入口」の看板があり、設置者名の「東京電力」部分を上から「姫川電力（株）」に修正している。歩行者に対して　「軌條車に注意して下さい」「＋歩行者の皆様へご協力のお願い　このより入川の上流二・二キロの間土木工事の為軌道車を運行しております。細心の注意を以て運転しておりますが歩行者の皆様におかれてもご注意下さいますようご協力お願い申し上げます。運行期間　昭和58年4月1日より9月30日まで　鹿島建設株式会社・三国建設株式会社」と題した注意看板があった。軌道始点の鹿島建設「喫煙所」付近にも「川又発電所増設関連入川軌道改修工事　発注者姫川電力（株）　施工者三国建設（株）57.12.8～58.3.31」の看板が立つ。

　三国建設の作業員が運転するディーゼル機関車2両（2号車、3号車）が矢竹沢～小赤沢～取水えん堤の間を資材を満載し盛んに運行していた。**[写真-23]**の2号車には「出張所秩父　機械ヂーゼルロコ　業者三国建設　検査日58年4月15日　検査員塩田　運転員正＜空欄＞、副＜空欄＞鹿島建設 No.2」「機関車取扱責任者　正　山中玉吉、副　山中友春」との「使用許可証」が、3号車にも「機関車 No.3　取扱責任者　森下五男　田村守男」の板がそれぞれ貼られていた。

　一時的な軌道運行が終了して約31年後、平成26（2014）年8月29日著者は校務出張の合間の寸暇を縫って、午前7時30分発の特急「ちちぶ5号」で8時58分西武秩父駅に降り立ち、奥秩父を再訪したが、秩父鉄道バスが秩父市営コミュニティバスに代替するなど、地域コミュニティの厳しい現実が眼前に展開していた。頌徳碑等を除けば軌道群の痕跡[141]をとどめるものはほとんど残され

第8章　特殊鉄道と地域コミュニティ　385

[写真-23]　三国建設ＤＬ「２号車」
(昭和58年8月9日著者撮影)

ていない。ただ一つ工事が終了した後、いよいよ完全に廃止されたはずの秩父演習林入川線の廃線跡には使用された軌条が何ゆえにか撤去・回収されることなくそのままの形で現地に放置されている[142]。さらに昭和58 (1983) 年の復活時に製造された2号車はエンジンを取り外された状態で東京大学秩父演習林に保存されている[143]。

　昭和58 (1983) 年軌道を復活させ、放置した姫川電力側の当時の真意が果して奈辺にあったにせよ、帝国大学時代とは異なり今や身動き取り難い国立大学法人になり代わり、演習林軌道の再現という稀有な産業遺産保存活動に結果として多大の貢献をなしたことは認めてしかるべきと考える。そもそも我が国ではこの奥秩父のように軌道が走行可能な状態で相当の距離にわたって残存し、比較的容易な林用手押軌道・林用馬車軌道レベルの再現にとどまらず、手を加えれば走行可能性ある機関車も近傍に保存されているという、恵まれた森林鉄

道遺産はそう多く残っているわけでなない。しかも遠方の台湾、屋久島、津軽、芦生などのように、時間と交通費の要なく、東京・池袋から西武鉄道の豪華な特急車両に乗って合計2時間余で到達可能な緑豊かな森林地帯の中に設備一式が現存するのである。加えて文学・短歌の香り高い前田夕暮の愛した故地が当該軌道の出発点にほど近く、キャンプ場・民宿等の宿泊施設も幾分減少したとはいえ周辺一帯に存在している。しかも、かって奥秩父一帯の軌道群を運営していた諸企業をルーツとする西武建設[144]という森林鉄道運行実績はもちろん、中古鉄道車両修繕実績をも誇る斯界の名門企業も、秩父の観光振興に格段に熱心な西武鉄道グループの有力な一員として健在である。東京の大手私鉄ではSL運転の復活に相当の投資を敢行する例も聞き及ぶ昨今、秩父方面を重視される西武グループも同系企業で運行していた森林鉄道の復活プランを本章の舞台・奥秩父の入川線あたりでご検討されて然るべきかと思考する。

最近の国立歴史民俗博物館フォーラムでも屋久島の森林鉄道便乗風景等[145]が大きく紹介されるなど、全国各地の森林鉄道遺産が観光コンテンツとして相応の評価を受け、地元有志を中心に熱心に保存・啓蒙・発信・活用等を進めている（第9章参照）。こうした中、これだけ好条件のそろった奥秩父の草蒸す軌道をあたら朽ち果てさせ、空しく林間に廃絶せしめるのは森林鉄道に非日常の極致を見出だす著者として心情的に忍び難い。なお未解明の部分が多く残る拙いものではあるが、奥秩父の軌道群の有する独特の歴史・文化・風土等に由来する観光社会学的な価値[146]を、著名にして探究者の多い「秩父事件」などと同様に広く関係者に少しでもご認識いただき、その保存・活用策等をご考慮賜る一助ともなれば幸いである。

注
1) 本章では頻出資料と会社録等に関して『前田夕暮全集』を単に全集と省略するなど、以下の略号を用いた。／素描…前田夕暮『素描』昭和15年 『前田夕暮全集 第四巻』角川書店、昭和48年、竹内5…竹内昭「関東周辺『林鉄』行脚」TM 5, p136〜175、竹内7…竹内昭「続・関東周辺『林鉄』行脚」TM 7, p150〜195、竹内10…竹内昭「奥秩父の森林鉄道」TM10, p252〜272、竹内11…竹内昭「大洞川森林鉄道」TM11,

第8章　特殊鉄道と地域コミュニティ　387

p233～238、／評伝…前田透『評伝前田夕暮』昭和54年、桜楓社、／年譜…前田透「年譜」『前田夕暮全集　第五巻』角川書店、昭和48年、／解説…前田透「解説」『前田夕暮全集　第四巻』角川書店、昭和48年、／郡誌…『埼玉県秩父郡誌』秩父郡教育会、大正13年、千秋社復刻、／県史…『新編埼玉県史：別編』第1巻、昭和56年、／大観…江森泰吉『秩父大観』東西時報社、大正2年、／案内…野原剛堂『秩父案内記』時声社、大正14年、／太田…太田巌『奥秩父の伝説と史話』さきたま出版会、昭和58年、／昭電…『昭和電工秩父工場六十年史』昭和電工秩父工場、昭和62年、／閉校…『あゆみ　上中尾小学校閉校記念誌』大滝村教育委員会、昭和56年、／荒川…『荒川』第3巻、埼玉県、／県文…埼玉県立文書館所蔵文書。

2) 宮の平（宮ノ平・宮平）は落合の別名（太田巌『奥秩父の伝説と史話』さきたま出版会、昭和58年、p97）。二瀬と強石とはごく近接した集落名。原全教校訂「大秩父山岳図」縮尺7.5万分の1、JCC編、昭和8年6月。

3) 『雑草園日記』『前田夕暮全集　第五巻』, p164所収。

4)5) 前田夕暮『耕土』昭和21年、『昭和万葉集』巻六、p191～2所収。大輪で一泊した旅館「山麓亭」は昭和7年に秩父鉄道発行『奥秩父登山案内』で「宿泊…大輪　吉田屋、山麓亭　一泊一、五〇銭　二、〇〇銭位」と紹介。

6)50)54)56)58)59) 栃本の「民宿ひろせ」経営者の広瀬平氏（当時68歳）談話。昭和58年8月8日夕刻に聴取した内容の要点を宿泊時に書き取った数枚のメモ（保存）に基づき、帰宅後、公民館等関係機関への問合わせと並行して昭和58年11月頃までに作成した聴取記録（未定稿）に準拠。先代の広瀬角平氏ら住民が「第二の秩父事件」と呼ぶ軌道騒動にも直接参加するなど、当該鉄道群との因縁も浅からぬ広瀬家の当主・平氏から拝聴したもので、村誌編纂時に公民館長等にも話された由だが、平成23年刊行の村誌に収録部分を見出だせなかった。逐一録音した訳ではなく、先行研究者の竹内昭氏も危惧されるように「聞き取り調査では思い違いがそのまま記録として残ってしまう」（竹内10, p272）が、このまま貴重な証言が散逸するに忍びず、著者の文責として本章の随所に織り込んだ。

7) 「前田夕暮歌碑記」夕暮キャンプ場。

8) 昭和13年8月30日『東京日日新聞』埼玉版（小森, p18）。

9) 西裕之『未知なる"森"の軌道をもとめて　全国森林鉄道』JTBパブリッシング、平成13年、同『木曽谷の森林鉄道』ネコ・パブリッシング、平成18年、同『特撰森林鉄道情景』講談社、平成26年ほか鉄道雑誌記事多数。草卓人『鉄道の記憶』桂書房、平成18年、同『富山廃線紀行』桂書房、平成20年ほか、秩父森林鉄道に関する鉄道史研究会例会報告（昭和58年12月11日）あり。著者との接点に関しては福田行高ほか『鉄道史研究会40年の記録』鉄道史研究会、リーブルテック、平成26年, p7参照。

10) 無免許鉄軌道は拙稿「語られざる鉄道史」『大正期鉄道史資料月報』第9号、昭和59年1月、日本経済評論社ほか拙稿参照。

11) 埼玉県の普通鉄道に関しては老川慶喜氏の膨大な先行研究の蓄積があり、実に多様な鉄道群が重層的に集積・連携していたことが明らかになっている（老川慶喜『埼玉の鉄道』埼玉新聞社、昭和57年、同『川越商工会議所と鉄道問題』川越商工会議所、

平成7年、同『埼玉鉄道物語　鉄道・地域・経済』日本経済評論社、平成23年ほか論文、自治体史多数)。
12)　『新編埼玉県史：別編』第1巻、昭和56年、p451。
13)14)15)　昭和11年11月27日大滝村長磯田正則回答、埼玉県経済部農務課「森林軌道ニ関スル調査」昭和11年12月24日（県文）。
16)　『起債関係調書』昭和8年9月（県文）。
17)　「登山家諸氏へ御願ひ」『奥秩父登山案内署図』秩父鉄道、行田今津印刷所印行（著者所蔵）。同署図には二瀬〜栃本〜川又〜ヤタケ沢間の「トロ道」や山梨県側の「重川採石用手押軌道」、長野側の川上林業「林用手押軌道」等も丁寧に描かれている。なお「川又」を「川俣」と標記する文献（演習林関係）も多く本稿では原文通り引用し統一しなかった。
18)19)　『秩父線影森三峯口間延長工事沿革並報告書』昭和5年3月（著者所蔵）。
20)21)　『秩父鉄道五十年史』秩父鉄道、昭和25年、p46、p39。『交通と電気』7巻10号、昭和3年10月、p133。なお恩田睦「戦前期秩父鉄道にみる資金調達と企業者活動」『経営史学』45巻3号、平成22年12月、経営史学会参照。奥地延長の夢は昭和60年ころでも「かねて同＜大滝＞村が秩父鉄道に要望している三峯山のふもとまでの鉄道延長も、具体化に向けて動き出す公算もある」（S60.2.2日経⑩）との希望的記事もみられた。
22)　『埼玉県報』179号、C779（県文）。
23)　秩父自動車株式会社は昭和3年5月機業関係者により秩父町大宮に資本金40万円で設立、その後昭和8年7月以降に「株式の買収に奔走し、その過半を獲得した」（『秩父鉄道五十年史』p39）武蔵野鉄道に系列化された。
24)　『秩父写真大鑑　埼玉写真画報第1巻第1号』埼玉写真通信社、大正11年5月。
25)　『秩父の旅』秩父鉄道、昭和初期。
26)　『武蔵野電車御案内』武蔵野鉄道、昭和10年頃。後版の『武蔵野電車沿線案内』では終点の大輪は落合に変更。
27)　『水力発電所データベース』（社）電力土木技術協会。
28)29)30)　松永安左エ門『山登り』昭和3年、p108〜109。川越電気鉄道が大正3年2月神流川水力電気と合併して武蔵水電と改称、さらに大正11年11月帝国電灯（帝電）に合併された。
31)　「株式申込証」大正8年4月、関東水電設立書類（県文）。
32)　藤山常一は日本窒素肥料常務から明治45年5月退社し、三井合名が設立した電気化学工業常務に就任。
33)34)　T10.9.2『帝国興信所内報』①。
35)64)　大村与一「強石川又間軌道之歴史」（閉校, p88所収）。
36)　「寄付申請書」大正9年11月3日（県文）。
37)　「褒賞東京市関東水電株式会社行賞ノ件」大165882（県文）。
38)　同様に旧東京電力が地元との間で発電所建設の代償として道路を開削し軌道を敷設した早川軌道の例がある。
39)　関東水電後身の社史は『昭和電工秩父工場六十年史』昭和62年。

40) 関東水電影森大沼間専用鉄道の後身・昭和電工㈱秩父工場専用軌道については、名取紀之「影森、魔境の残り香」http://rail.hobidas.com/blog/natori09/archives/2005/11/post-116.html 参照。
41) 府県の鉄道軌道監督行政において、「軌道条例ニ依ラサル専用鉄道」をどう取扱うべきかという課題が古くから存在した。埼玉県でも鉄軌道を所管する内務部第二課が内務省土木局長、鉄道局長に取扱方を照会・照合する文書が存在する。
42) 奥秩運輸組合時代も二瀬に組合事務所を置いて運行管理したが、竹内氏作成の「二瀬土場略図」(竹内10, p266)によれば二瀬の最盛期には各方面からの3本の索道、1本のインクラインが集中し、「集積した物資を軌道を使って搬出する中継基地」(大滝, p112)だったことが判明する。信和林業など民間6社へ軌道を開放していた遠山森林鉄道の例では「運行管理は営林署が行なっていて、梨元の営林署と電話で連絡をして走らせていた」(『遠山 森林鉄道と山で働いた人々の記録』南信州新聞社出版局、平成16年、p31)という。また八ヶ岳の富士見軌道でも「事務所」に電話で「今トロッコが下る…今米を上げるとか」(牛山芳久氏証言『よみがえれ、八ヶ岳森林軌道』, p119)を連絡したという。
43) 大正14年12月21日徳川義親侯爵一行は小森川森林軌道の「材木運搬用のトロ五台に分乗して下り」(大正15年2月『主婦之友』)、夕暮も滝前分校の「学校の下の釣橋人を乗せたトロが幾つもつづいて通る」「汚れた顔の重なりあへる窓の下をトロッコが通る、一つ又一つ」(全集二, p499)と軌道のトロッコ続行運転の様子を詠んでいる。
44) 川村組は福井県に本社を置く土木請負業者で、軌道工事にとっての本体に該当する関東水電栃本発電所の土木工事を請負い、さらに地元の安場組、清水組を下請とした(昭電, p10)。関東水電は「軌道の運営を川村組に任せ」(大滝, p150)ていた。
45)46) 昭和6年『銀行会社の実質 A編』「ダイヤモンド」臨時増刊、昭和6年4月5日, p191, p189。
47) 昭和2年9月20日秩父工区長文書。大正10年10月27日「関東水電株式会社より当〔大滝〕分教場に対し、金一千五百円の寄付申し出」(閉校, p54)もあった。
48) 昭和2年10月13日大橋社長「河川付替願ノ儀ニ付歎願」(県文)。
49)51) 「頌徳碑」(昭和15年11月23日建碑)。なお竹内氏は関東水電との交渉ないし軌道建設の主体として大滝森林組合(竹内10, p261,262)を挙げるが、管見の限りでは碑文等に当該字句は見当たらず、森林法に準拠して農林省が許可する正式の森林組合と任意組合とでは法制上も差異があり、詳細な検討は今後の課題としたい。
52) 『三井事業史本篇三中』平成6年, p11。
53) 今井利喜三郎は埼玉県寄居町の「土着せる豪農にして同地方著名の旧家」(『代表的日本之人物』, p440)出身、かつ子夫人も埼玉県の加藤普四郎の妹であり、埼玉県との地縁が濃厚な人物。慶応義塾卒、明治31年三井銀行入行、取締役営業部長を経て大正12年常務、昭和11年会長就任。戦後千代田生命社長、昭和23年8月11日「鎌倉の自宅で死去、七十八歳」(S23.8.14東朝②)昭和12年三井報恩会が大滝小学校を視察(閉校, p95)したのも今井の配慮か。
55) 大村家は栃本関の関守の子孫(郡誌, p509)で、大村与一は「山案内人の必要ある

57) 酒井匡は大正8年6月2日関東水電創立総会で取締役選任（T8.6.3読売③）、大正8年10月24日常務選任（T8.10.26読売③）。

60) 『大滝村誌　上巻』は「奥秩"父"運輸組合」を「和解成立直後、村内の軌道全線を経営するために結成された事業団」（大滝，p150）とし、「奥秩父運輸組合」と記する文献（竹内10，p261, 岡本憲之「入川森林鉄道」廃線10，p81）も少なくないが、当事者による頌徳碑は「強石川又間軌道ヲ監理経営シソノ収益ヲ以テ前記ノ目的達成ヲ期シ、昭和五年十一月奥秩運輸組合ヲ組織」と刻んでおり、当時の地域での通称「奥秩」を冠した奥秩運輸組合が正式名称と考えられ、本稿でも使用した。

61) 広瀬氏は同村が関わった訴訟の例として国有林下戻し裁判を話され、昭和21年ころ行政裁判所で千島側が勝訴したため、入手した土地は大滝村が6割、千島が4割を取得、支援者・広瀬角平にも千島は「少ないが…」と2万円持参したが、2千円しか受け取らなかった由である。

62) 千島祐三（大滝村麻生）は明治22年8月26日千島義一の弟に生まれ、「青年期より政治産業文化教育の各方面に亘り顕著なる功績を積み」（大滝下，p383）、秩父林業監査役（諸S10下，p9）、秩父林業対策協議会長、勲8等単光旭日章受賞。秩父湖畔の埼玉大学山寮脇に銅像あり。

63) 広瀬角平（大滝村栃本）は証言者・広瀬平氏の尊父で荒川興民会代表者（演習，p11）。

65) 柿原定吉（秩父町大宮）は「本〔埼玉〕県実業界の五人男」（案内，p61）、秩父林業、秩父鉄道各社長、西武銀行頭取、秩父木材取締役（要T11職上，p6）。

66) 松本仙三郎（秩父町大宮）は理事。蚕種製造・ヤマ十（商M31ち，p5）、蚕糸商（日韓下，p34）、山林大地主。

67) 井上重一郎（秩父町大宮）は理事、明治31年機業を開業（帝信T14，p1）、秩父林業、西武銀行、武州製氷各取締役、秩父絹織物共同販売監査役（要T11職上，p6）。

68) 棚山栄蔵（大滝村大滝）は富山県出身の木材業者、理事、秩父木材乾餾取締役（帝T5職，p122）、「大正4年共有林訴訟の原告に参加。大正7年ころ棚山林業は水力を利用した製材を実施中（大滝，写真集，p157）。

69)81) 宮本常一、田村善次郎『林道と山村社会』、『宮本常一著作集』第48巻、平成18年，p41。

70) 「農務部林務秩父郡秩父町両神施業森林組合設立奨励金交付ノ件」大14936（県文）。

71) 「両神山コース」『懸賞当選ハイキングコース』鉄道省，p65～6。ただし『奥秩父登山案内署図』の中に二瀬～栃本～川又～ヤタケ沢間の「トロ道」を示した秩父鉄道も昭和7年発行の『奥秩父登山案内』などでは両神の場合と異なり登山客の軌道便乗に関して一切記載していない。

72) 原全教『奥秩父』朋文堂、昭和8年, p431。
73) 74) 原全教『奥秩父研究』朋文堂、昭和34年, p324。
75) 76) 「定款」『起債関係調書』昭和8年9月（県文）。
77) 78) 「昭和八年度森林組合普通地方資金供給ニ関シ協議ノ件」（県文）。
79) 82) 第一回通常総会「決議録」（県文）
80) 『一九五三年の日本』昭和28年, p53。
83) 84) 85) 86) 88) 『起債関係調書』昭和8年9月（県文）。
87) 「林道開鑿工事計画書」『起債関係調書』昭和8年9月（県文）。
89) 昭和11年11月27日大滝村長磯田正則の回答（県文）。
90) 木村一夫は大滝村誌編纂委員、三峰区域内の山林所有者。
91) 「東洋木材会社沿革」（東洋木材ＨＰ）によればは昭和23年合資会社東洋製材所が株式会社に改組した東洋木材工業は昭和30年山林部事業として、埼玉県秩父大洞谷共有林並びに大滝村有林約50万石を、10年計画にて伐出開発事業を行うこととなった。
92) 横尾吉五郎は夕暮の母イセの実妹・高橋コウの嫁ぎ先、「十一屋」（評伝, p14）。
93) 大正9年6月28日『官報』第2371号, p759。
94) 山中要市（両神村小森）は小森谷集落の有力地主で滝前分教室の新築委員、500円寄付（小森, p85）、昭和3年度所得税21円（西沢栄次郎『埼玉県昭和興信録』昭和4年, p313）
95) 96) 98) 大正7年11月9日付、大正7年11月29日付米田雄郎宛書簡 （香川進・佐久間晟『夕暮の書簡 上』秦野市立図書館、平成5年, p17〜18所収）。
97) マルキョウは「伐採・製材した木材に記す刻印が〇に「共」の文字であった」（小森, p1）ことから付いた関東木材会社の通称。
99) 五所平助（神田区鍋町）は維新前開業の鰹節鶏卵砂糖商（帝信T14, p283）、所得税7.97円、営業税19.75円（日韓上, p121）、乾物問屋、煙草元売捌取締役（要M40役, p431）、東京紙料工業常務、泰和商事監査役（要T11役下, p47）。なお「若かりし日の映画監督五所平之助がその父の命令でこの事務所に住み込んでいた」（評伝, p191）が、平助次男の五所平之助は生まれは煙草屋で葉煙草の仕入先の秦野の「葉煙草屋さんと私の家は姻戚関係にもなり、その親類に歌人前田夕暮氏がいて」（五所平之助『わが青春』昭和53年, p106）と前田家との姻戚関係を語り、「私の父は事業好きで、関東木材株式会社という伐木、製材の会社を造った。その社長に夕暮先生が就任されていた」（五所平之助「夕暮先生と私」『詩歌500号記念増刊号』47巻6号、昭和51年5月）と証言する。
100) 鉱山や「焼き畑農業」ではないが、同様に依拠する資源が有限な山林業では無限に存続する前提の「継続企業」ではなく、事業地を移した時には「航海完了主義」的な「終山」主義、「巡業完了主義」とでもいうべきか、活動拠点たる「巡業地」「事業地」ごとに一区切りを付け、全事業資産を換価する全体損益計算を行って、旧社を一旦清算・残余財産の分配を完了した上で、新たな出資者を募り新社で他事業地へ巡業・展開していく、負担すべきリスクと分配に与かるべきリターンとの対応関係を、個別のヤマごとに区分して明確にする、いわば「終山」「ご破算」のような会計慣行があった

のかも知れない。

101) 百瀬忠衛は関東木材合名会社時代の支配人で、召集時の部下だった山本琴三郎をスカウトした。(太田，p134)。

102) 堀川源之丞(東京市深川区冬木町)は明治40年開業の材木商(帝信T14, p55)、正味身代負2,000～3,000円、商内高20,000～35,000円、取引先の信用の程度普通、所得税大正2年度6円(大正2年6月調査、『商工信用録』東京興信所、大正3年、p80)。

103) 塚田文之助(東京市本郷区真砂町)は明治41年開業の味噌会社役員(帝信T14, p173)、「帝都屈指の味噌醸造家として知らる…煙草元売捌…取締役」(『代表的人物及事業』大正2年、p62)、7年前開業の味噌、正味身代未詳、商内高100,000～150,000円、取引先の信用の程度普通、所得税大正2年度27円(大正3年5月調査、『商工信用録』東京興信所、大正3年、p252)。

104) 山本琴三郎は群馬県吾妻郡の出身、軍隊時代の上官・百瀬忠衛に招聘され関東木材合資会社支配人(太田，p134)となり、上中尾分校専任委員(閉校，p76)等を勤めた。夕暮は昭和元年「奥秩父原生林開発の為めに入山…民間稀に観る林業家で…人格資質素樸の為め人望篤く」(「巻末小記」『耕土』昭和21年『前田夕暮全集 第二巻』角川書店、昭和47年、p313所収)と評す。山本琴三郎は戦後死亡、長男山本徳一が相続(評伝，p62)。

105)106) 大正8年11月5日付「寄付願」「官房部寄附行賞ニ関スル件東京市外大久保町前田洋造行賞ノ件」大15107(県文)。

107)108) 「両神山コース」『懸賞当選ハイキングコース』東京鉄道局、昭和12年5月、p65～6。

109) 『青天祭』昭和18年、明治美術研究所(全集四巻，p265所収)。

110)113)114) 清水武甲『秩父学入門：わが愛する風土へ』さきたま出版会、昭和59年、p129～130。

111) 原全教『奥秩父 続編』木耳社、昭和16年，p116, p131。

112) 「天然更新歌稿」『全集 第二巻』、p486所収。前田洋造(大正9年材木伐採開業)の大正末期の対物信用は「未詳ナルモ判明額」(帝信 符号手引)3万円以上5万円迄、対人信用は普通、年商内高又ハ収入は未詳、盛衰は常態(帝信T14, p253)。

115)116) 原全教『奥秩父研究』朋文堂、昭和34年、p323。

117) 『銀行会社要録 第三十七版』昭和8年，p115。肩書は「関東木材(名)代表社員」(要S8役下，p30)と誤記(ないし改組前の修正モレ)。出資額は評伝，p191の11万1千円に近似。その後『銀行会社要録 第四十一版』(昭和12年、東京)、『銀行会社要録 第四十六版』(昭和16年、東京)に収録なし。なお「昭和10年(1935)頃には関東木材製炭株式会社と商号を変更した」(小森，p8)との説あるが、この関東木材製炭株式会社は昭和16年時点で神田区鍛冶町1-1-2に本店を置き、資本金は6万円(払込済)(要，S16、東京p276)と本店、資本金とも関東木材合資会社時代とは一致せず、改組の事実は確認できない。

118)136) 昭和58年8月9日広瀬平氏より聴取。

119) 昭和20年7月17日付高橋良蔵宛書簡、全集五，p204所収。

120) 「入川谷山荘日記」全集五, p202所収。
121)123) 菅原通済『瓢たんなまづ』昭和25年, p81。日野原節三は明治36年山梨に生れ、昭和2年東大卒、千葉天然瓦斯取締役を経て日本自動車道代表取締役、鎌倉山住宅地専務、保工業、千葉天然瓦斯各取締役、第三旭日写真工業監査役、日本特殊鋼材工業、鉄道工業常務、昭和不動産代表取締役、旭日写真工業取締役などを歴任。
122)124)134)135) 菅原通済『やまかん烏』昭和28年, p261, 231。
125)127) 「昭和電工株式会社被疑事件記録（東京地方裁判所第一〇刑事部）」文書中の藤井孝「聴取書」。藤井孝（藤沢市鵠沼橘通）は昭和16年では昭和不動産取締役（要S16役下, p115）。
126)128) 麻島昭一『企業再建整備期の昭和電工』学術出版会、平成18年, p162～3。
129) 麻島昭一「戦後復興期における昭和電工の経営体制」『専修大学経営学論集』第76号、平成15年3月, p135～6。
130) 復興社は昭和24年日本工機㈱、三浦木工所を吸収合併し、昭和32年11月秩父木材工業を合併し、資本金2,519万円とした。
131) 西武建設『会社概要』昭和47年。なお西武鉄道は入川渓谷のパンフレットの中に「川又（徒歩）→入川軌道跡終点」を含む軌道跡のウォーキングコースを都心からの日帰りが可能と推奨している。
132) 西武建設山林部現地事務所は入川線、滝川線の分岐点である川又八間橋南西詰に所在、昭和44年時点で加藤製作所製ガソリン機関車を運行。
133) 「ふもとの村　盆地の町」の項『アサヒ写真ブックNo.101　秩父多摩』朝日新聞社、昭和35年, p12。（場所の明記なし）入川線への数台の機関車導入は戦後秩父木材時代からで「加藤製作所製の4～5ｔクラスのガソリンおよびディーゼルエンジン車」（竹内10, p263）も配備されていた。ＫＳＴ（加藤製作所型）はＳＫＷ（酒井工作所型）、ＳＫＳ（斎木軌道製作所型）などとともに森林鉄道で多用された国産ガソリン機関車（萩原, p310）。
137)143) 岡本憲之「入川森林鉄道」（廃線10, p81～82）。
138) 「入川森林軌道」名取紀之氏のブログ『編集長敬白』。名取氏が昭和58年3月以降"入川通い"をした経緯は名取紀之「つかの間の夏～入川森林鉄道復活の日々～」ＴＭ5, p150～159に詳しい。
139) 姫川電力は昭和54年4月東京電力から川又発電所を譲受した東電グループの受皿企業。
140) 三国建設は昭和35年8月20日秩父郡大滝村大字大滝に設立、代表取締役千島正雄、専務取締役千島宏喜、資本金3千万円、主要工事として平成18年秩父演習林入川軌道桟橋他修繕工事ほか（三国建設ＨＰ http://www.mikuni-kensetsu.co.jp/）。
141) 竹内氏の現地調査では「直接軌道関係の建物として残っているのはこれが唯一のもの」（竹内10, p271）とする「秩父木材のモーターカーの元車庫」（竹内10, p271）などの遺跡が報告されている。
142) 竹内氏は「現在も一部軌道が残されているのは歩道としての路盤保持のため」（竹内10, p262）と解する。

144) 西武建設のことを広瀬平氏ら地元の方は「西武木材」と通称。
145) 平成28年2月20日開催「屋久島の森に眠る人々の記憶」のパンフレットには昭和30年代に粗末な木製車両に鈴なりになった多数の便乗客の貴重な写真が掲載されている。
146) 当事者間に争論がある事案に関わらず、後継電力業者の一つ・姫川電力に問い合わせたほかは関東水電サイドの史料・証言が大幅不足しており、その主張を十分反映できていないからでもある。今後は地元国立大学等に移管されたという下級審裁判記録の所在を突き止めるなど、両者の主張を客観的に検証する必要性を痛感している。

第9章　特殊鉄道遺産の活用・復元

1．草の根の動き

　本章では現在、各地で巻き起こっている、森林鉄道などの特殊鉄道遺産を活用し、できれば往時の姿に復元したいとする草の根の動きを紹介する。従来の地域研究分野では、この種の特殊鉄道の歴史的意義はさほど重視されてこなかった。千歳市の自治体史を例にとると、千歳市西方約55kmにあった金山や「千歳鉱山軌道」に関する記述は「小中学校の記念誌を除くとないに等しい」[1]状態で、「鉱石・産材の輸送、そして鉱山に住む人々の生活にと活躍した…軌道は、人々の記憶から完全に忘れ去られようとしている」[2]という。しかし今回の市史編集委員会専門部員の守屋憲治氏は特殊鉄道の意義を認識して「『新千歳市史』では千歳鉱山軌道に多くの紙面は割けないが、少しでも充実させたものにしたい」[3]と数少ない史料を探索し、優れた成果を既に公表している。

　王滝村や木曽町でみてきた、この種の廃線、廃墟となった鉄道遺産や遺跡を生かして、観光に繋げていこうとの草の根のコミュニティデザイン活動が今、全国各地で数限りなく盛んに展開されている。沖縄大学らの若手グループは観光コース開発を目的にした軽便鉄道遺跡ウォークの成果を『おきなわ軽便鉄道マップ』[4]に纏め上げ、多くの人々に散策を呼び掛けている。また「日本一の軽便鉄道」を誇りにする旧静岡鉄道駿遠線では沿線「各地で、軽便ウォークや軽便鉄道展が開催され…駅名標も復活しています。営業距離だけでなく、沿線各地の取り組みも日本一の軽便鉄道です」[5]と、貴重な資料の保存・復刻・出版活動の中心人物・阿形昭氏は、最新作のあとがきに誇らしく書いている。

2．八ヶ岳での草の根の動き

　森林軌道に関する典型的な地域活動として「八ヶ岳森林軌道」[6]のトロッコを自分達で手作りして「八ヶ岳自然文化園」と「四季の森別荘地」管理事務所の前に復元・展示し、将来は動態保存を目指している長野県諏訪郡原村の例を見てみよう。村役場のむらづくり生涯学習推進委員会の「村民の森づくり」専門部会は昔、山の仕事をしていた人から話を聞く集いを開き[7]、原村図書館で森林軌道の歴史を紹介する資料や写真などを展示し、平成20（2008）年3月活動の集大成として142ページ、DVDも付録に付けた立派な資料集『よみがえれ、八ヶ岳森林軌道』[8]を刊行した。直接の運営機関や男性主体の愛好者ではなく、地域コミュニティが総力を挙げて地元の森林軌道の歴史を発掘、発信した全国的にも希有な事例であろう。軌道を職場とした元従業員、女性を含めた地域住民等が軌道にどのように関わり、どのような思い入れを抱いているか、詳細な証言を収集して活字化した努力は高く評価されよう。

　さらに「よみがえれ、八ヶ岳森林軌道」専門部会（部会長小川千里）では平成25（2013）年4月「ガソリン機関車やトロッコの復元を目指し…『機関車が八ヶ岳自然文化園の中を走るようにできたら』という構想もあり…現在までにレールや車輪を寄贈していただいておりますが、不足分のレールや部品の一部を購入するために現在募金」[9]も呼び掛けている。

　地元紙の報道は以下のとおり。「昭和10－20年代に原村を走っていた木材運搬用トロッコを村づくりに生かす活動をしている同村の住民グループが、当時のトロッコ運行の様子を紹介する資料集『よみがえれ、八ヶ岳森林軌道』をまとめ、20日に村役場で刊行発表会を開いた。資料集はA4判142ページで、むらづくり生涯学習推進委員会の『よみがえれ、八ヶ岳森林軌道専門部会』が編集し、村教育委員会が発行した。木材を積んで橋の上を進み、上り坂で機関車に引かれるトロッコの姿を、当時の運転手などが保管していた写真で紹介。2006年度に森林軌道について学習した原小学校の当時の6年3組の取り組みも

掲載している。発表会には、住民や同部会員ら約40人が出席。小川千里部会長（58）は「働いていた人たちの写真と証言で、初めて村の埋もれた歴史が分かってきた」と活動を振り返っていた。森林軌道は、現在のJR富士見駅から原村を経由し、茅野市郊外に至る延長約20キロ。1939（昭和14）年に着工し、50年に撤去された。400部作り、村教委文化財係で販売する」[10]。

　原村の場合は、一連の運動の目標を機関決定として「史料を収集記録して、子ども達にもわかるように伝え、原村の誇りとして未来に生かす」[11]と共に、「歴史の中に埋もれてしまっていった」「軌道を部分的に復元し、村づくりに役立てよう」[12]と、「新しいコンセプトで理想の原村をデザイン」[13]するコミュニティデザインの一環として明確に位置付けている。運動に参加した児童は「トロッコがまだ通っていたら、原村の宝物だった」[14]はずと感想文に書いている。こうした原村の草の根の成果は、中部森林管理局の肝煎りで今回編纂された権威ある『国有林森林鉄道全データ　中部編』の中で「森林管理局の林道台帳への記載は見当たらない」[15]富士見作業軌道を、追録という形で公式の森林鉄道リストに加えさせるまでに至った。

3．続々生まれる森林鉄道等のツアー

　例えば宮崎県日之影町の『石垣の村　トロッコ道』は「日本の遊歩100選」に選ばれ、森林ウォークの拠点の一つになっている[16]。試みにネットで「森林鉄道ツアー」を検索すると、現役の著名な施設見学以外に各種各様の遺産ツアーが目白押しである。ほんの一部を抜き出してみると①北海道「滝上町民有志が歴史を調べて発掘してきた町内の森林鉄道遺産をめぐる札幌発着のバスツアーを、町観光協会が初めて企画した」（H24.10.13道新）、②「魚梁瀬森林鉄道と同じく、狭軌の鉄道遺産を保存活用している全国各地の活動グループの方々を中心に馬路村魚梁瀬地区に招く」「中芸地区森林鉄道遺産を保存・活用する会」主催の『全国せまい線路サミットIN高知』[17]、③旧吾北村「レールも枕木も全てと言っていいほど消え失せてもなお、深い山の中に埋もれつつありな

がらも、延々と続く敷設道を辿り歩く」「いの町の森林軌道探検ツアー」[18]、④高知県の「四万十川　森林の楽校」では森林鉄道（トロッコ列車）の軌道の跡の整備を四万十の人と自然を満喫する2泊3日の体験学習に組み込んでいる[19]、⑤橋本市主催「森林鉄道跡ウォークイベント」[20]や高野「めざめ」の森づくり実行委員会が主催する「高野山森林セラピー体験ツアー」では「昔、林業で使われていたトロッコ軌道の跡」[21]を目的地としている。⑥浅間・吾妻エコツーリズム協会員向けのエコツアーガイド研修会「草軽電鉄廃線跡を歩く」[22]、⑦庄川美術館「庄川軌道再発見てくてく＆ゆらり旅」など、こうした草の根の特殊鉄道遺跡巡りツアーは着地型観光の目玉として一種のブームとなっている。これらのツアーに共通する売り物は、「昭和の10年代にかけて、滝上の栄華産業「林業」で活躍した森林鉄道。いまでもその功績は橋脚跡や線路跡として残されています。その栄光をガイドが紐解きながら、軌跡をたどる産業遺産ツアー」[23]であり、そのキーワードは、廃線で山中に埋もれ朽ち果て、過去の遺物となって人々の記憶からも消えつつある特殊鉄道という観光資源に着目した住民有志[24]が必死に直接関わった古老達の昔話を聞き出し、関連文献の所在を調べ、山中に分け入って軌道跡を見つけ、往年の姿を掘り起こし、狭い線路遺産を活かした地域づくりを考えて山中に埋もれた轍の跡を辿り歩く、手作りのツアーを造成し、その結果参加者が「お墓のすぐそばを森林鉄道が走っていたのです。すごいですね。総延長約40kmの線路が奥の院に‼」[25]、「もしこの鉄道が今でも残っていたら、夢の高原列車として観光の目玉になっただろう」[26]などと森林鉄道等の魅力を広く全国・全世界に発信する住民自身の発掘発信力の発揮こそにあると考える。

　単に森林鉄道だけの運動ではない。林鉄と深く結び付いていた貨物索道にも同様の動きがある。奈良県特有の産業遺産ともいうべき幻の貨物索道の遺産・遺跡を丹念に発掘・発信する努力が地元を中心に継続されており、奈良安全索道については写真・資料等の提供の呼び掛けがなされた結果、昭和18（1933）年ごろ旅客3人が荷物とともに八反田〜天満間を便乗する乗客の氏名まで付された貴重な写真[27]なども、入江泰吉記念奈良市写真美術館に収蔵されている[28]。

4．道南トロッコ鉄道など、最近に誕生した道内の虚偽鉄道群

　北海道内にはかつて徹底的な虚偽鉄道であった殖民軌道・簡易軌道や炭礦軌道、森林鉄道など多数存在したが、昭和40年代までにはほとんど姿を消してしまった。しかし虚偽鉄道は決して過去の存在というわけではなく、最近に道内では新しく虚偽鉄道群が誕生しつつある。旧国鉄やJRのローカル線の廃止が相次いだ北海道内では上川管内美深町のトロッコ王国美深、十勝管内新得町の狩勝高原エコトロッコ鉄道、小樽市の北海道鉄道文化保存会などの団体が旧線路敷等を活用してトロッコの運行を行っている。このうち平成20（2008）年9月7日オープンした狩勝高原エコトロッコ鉄道の料金は大人700円、子供400円で「まさに気分は運転士そのもの」だが、「旧根室本線新内駅（現在廃駅）構内で保線用軌道自転車でのレール走行楽しむ施設」[29]を名乗っている。雨の日にはカッパで乗車するが、「せめて屋根があればということで、エコトロッコ初の屋根付車両」[30]EF65あさかぜ号を導入した。

　黒部峡谷鉄道の「リラックス車両」並に「屋根付車両利用料」200円を追加で必要とする豪華な屋根付車両とはいうものの、利用料を払い保線用軌道自転車を借りて自分で旧線路の上を走行するだけの「エコトロッコ」は、戦前期に道東に存在した「殖民軌道」のスキームに近い低規格のため、鉄道を名乗るものの「真正鉄道」とはほど遠く、この狩勝高原エコトロッコ鉄道が「第三種鉄道事業者」に認定される恐れはあるまい。

　しかしさらに最新の「道南トロッコ鉄道」は硬券の乗車券を自前の駅で発売するばかりでなく、「殖民軌道」レベルの「エコトロッコ」に比べて、内燃機関による動力を導入した「急行」を運行するなど、自走客車を走らせた「簡易軌道」並の格段の進化をみせており、戦前期の鉄道省のお役人が視察すると「運行組合」ならぬ地域団体に対して「鉄道省との協議」？を要求するかもしれない。運行する地域団体・北海道夢れいる倶楽部は自身のサイトでは「2014（平成26）年5月に廃止されたJR江差線（木古内－江差間）のうち、木古内

町市街地の北海道新幹線高架付近から、旧渡島鶴岡駅付近までの約1.6kmの区間の線路を使用して、トロッコの乗車体験ができる施設」[31]と紹介している。外部Webでは「運行区間　旧JR江差線新幹線高架付近～旧渡島鶴岡駅～禅燈寺踏切北300m付近　全長約1.5km　※途中の旧鶴岡踏切は、仮設線路で繋ぐ。〇利用料金・乗車券（一般）500円（小学生以下）半額　※足漕ぎトロッコは小学生以下の方のみでの乗車は不可。・急行券（一般）200円（小学生以下）150円　※エンジントロッコ利用の場合は、乗車券と急行券が必要。※悪天等の場合は、トロッコの運行を中止もしくは中断する場合がある」[32]と説明されている。

　記者TT氏が平成28（2016）年4月24日取材した「道南トロッコ鉄道　体験」レポートでも、「2014（平成26）年5月に廃線となったJR江差線の木古内～江差間の線路を生かしたいという思いから、地域団体『北海道夢れいる倶楽部』の手によって、北海道内で走っているトロッコを使って運営されています。乗り場は木古内町郷土資料館（いかりん館）近く、旧江差線・渡島鶴岡駅の跡地。当時、駅の待合室だった建物が、トロッコ乗車の切符売り場に生まれ変わりました。切符は硬い厚紙で作られた乗車券（硬券）で、昔ながらの改札鋏を入れてもらって乗車します」[33]と報じている。

　外部報道の限りでは、「道南トロッコ鉄道」はトロッコ乗車の切符売り場を有し乗車券（硬券）を発売して、廃線となったとはいえJR江差線の線路の上を有料で常時旅客輸送する、あたかも鉄道事業者であるかのような印象を一見与えている。しかし道南トロッコ鉄道を運営する「北海道夢れいる倶楽部」自身の説明を注意深く読み解くと、「切符は今まで通りの硬券で、グループ単位で発行しておりますが、ご希望の方にはオプションで、乗車記念用の単独小児券（有料）も発行します」[34]「5/21より当面、普通（足漕ぎトロッコ）は禅燈寺方面北鶴岡（往復）ゆきで運行します。急行（動力付トロッコ）はそれにともない経路を変更して、鶴岡公園→南鶴岡→北鶴岡→鶴岡公園ゆきで、運行します」[35]とあり、鶴岡公園を出発した利用者は再び出発点に戻る「往復」のみ発売されており、平成28（2016）年8月2日のTV番組でも急行に乗った家

族連れ4人は実際に鶴岡公園→南鶴岡→北鶴岡→鶴岡公園のコースで移動した[36]。購入した「切符」も「連続1　鶴岡公園→南鶴岡」「連続2　南鶴岡→北鶴岡」「連続3　北鶴岡→鶴岡公園」の3片が一体化し、切り離し不可能な大判で、途中駅の南鶴岡、北鶴岡では車両を転車台で反転させるだけで、利用者は下車していない。持ち帰りできるものも「乗車記念用の単独小児券」という苦心の表現に見られるように決して「乗車券」とは名乗っていない。かつ区間の選択でも禅燈寺踏切のような境内地を除き旧踏切部分を回避することで、線路が公道にはみ出さない配慮をしていることが窺える。

　道南トロッコ鉄道は旧線路を使用したとはいえ、2点間を有料で運行する「真正鉄道」ではなく、運行担当の小橋達也氏が「実際の鉄道会社というイメージで、切符とかいったものも、こだわってやっています」[37]と語った通り、細かい気遣いの結果、随所に鉄道らしき雰囲気を多分に織り込んだ「トロッコの乗車体験ができる施設」＝遊戯鉄道という「擬制鉄道」であることが判明する。

5．安房森林鉄道を活用した屋久島の観光トロッコ復活

　「道南トロッコ鉄道」など最近に誕生した道内の虚偽鉄道群とともに、今一つの動きは、本書のカバーにも掲げている、かつて屋久杉の運搬に使われていた旧安房森林鉄道の屋久島電工の軌道を活用して屋久島にも赤沢で実現したような観光トロッコを走らせようとの地元のNPO法人「屋久島森林トロッコ」の以下のような多彩な活動である。平成3（1991）年12月に林鉄に便乗した旅行作家の宮脇俊三氏も「この森林軽便鉄道を歴史的記念物として保存し、学習観光に活用しようという話が地元からもち上っている」[38]と紹介している。平成24年には一部具体化して、健康の森公園から荒川登山口までの間を旅客化する調査の一環として、平成25年地元関係者を乗せた試乗会も苗畑で行われた[39]。『毎日新聞』によれば以下の通りである。「『観光に生かさない手はない』と住民ら約20人が2012年、プロジェクトチームを結成。14年にNPO法人『屋久島

森林トロッコ』に移行した。この間、廃線後に観光トロッコとして復活し、年間約7万人が訪れる長野県上松町の赤沢森林鉄道を視察。整備マニュアルを入手し、運行のノウハウも教わった。ふもと側約1.5キロの区間に6両編成のトロッコを1日5往復させる。自信を持って電工側に計画を打診したが、発電所運営に支障が出ると難色を示された。このため、ふもとから1.5キロ地点まで道路で行けるようにして、NPO法人がそこに電工の作業拠点も整備。ふもとから1.5キロは買い取って観光トロッコ専用とする妥協案を提示した。『すみ分けできるなら協力する』。昨年12月、電工から前向きな答えを引き出した。トロッコは時速約8キロとゆっくりで、遊園地の遊具と同じ扱い。鉄道事業の許可は不要という。ただ線路、車両の購入などに計約1億円がかかると見込まれる。全国の企業や鉄道ファンの寄付金で賄い、町にも支援を要請する予定だ。旧屋久町職員でNPO法人理事長の小脇清治さんは『観光客を呼び戻したい。トロッコの動力を蓄電池にする構想もある』と夢を膨らませている」[40]。

6．特殊鉄道復活プロジェクトの直面する諸課題

　森林鉄道等を含む機関車等の保存活動に取り組む各地の諸団体で構成する日本鉄道保存協会の総会が平成18（2006）年上松町で開催され、王滝村の藤沢滋教育長らも参加し林鉄復活を目指しての活動の現状を報告、「森林鉄道を木曾全体で全国に発信できる財産に育てたい」[41]と意欲を述べた。代表幹事の菅建彦氏も上松町、王滝村のように「地域活動の柱として保存鉄道の利用が増えており、喜ばしい」[42]とエールを送った。
　確かに地域社会が森林鉄道等の観光資源としての価値を再認識し、地域振興の起爆剤として自治体と連携して保存鉄道復活を推進することは誠に喜ばしい限りであるが、建設費・維持費・協力者等の確保以外にも課題は山積している。屋久島の事例でもその筋に思惑通り「遊園地の遊具と同じ扱い」[43]と見做され、都合よく「鉄道事業の許可は不要」[44]と判断されるかどうかが懸念されているように思われる。近年、運輸行政はタクシー、高速バス、LCCなどの幅広い

分野で規制緩和が格段に進み、自由放任傾向が定着している中、不思議なことに鉄道分野だけはかたくなに戦前基準が墨守されているという矛盾がある。しかしながら山奥でトロッコが転落し怪我人が出るような森林鉄道等の重大事故は戦前の厳しい統制下でも日常茶飯事であった。仮に屋久島や王滝の森林鉄道のごく一部区間の復活を当局が"擬制鉄道"として放置したとしても、北海道の殖民軌道・簡易軌道のごとく森林鉄道ブームが巻き起こって模倣者が続出…よもや全国各地にかつて何万キロも存在した"虚偽鉄道"が我も我もと復活を遂げて、"擬制鉄道"が跳梁跋扈して全国の交通統制に支障が出るような事態は（著者は密かに夢想するところながら）現実問題としては全くありえない。山間僻地の貴重な観光資源となって、観光立国に貢献する観光トロッコが幾分でも出現して地域振興に役立ってくれればしめたものだ。ぜひとも経済特区なみに、かっての林業地などを鉄道事業法等の関係法令の適用除外地として、「思う存分自由にトロッコを復活させてよろしい」との趣旨の「トロッコ特区」にでもご指定賜りたい。紹介した廃線ウォークなど各種の草の根運動の中には屋久島や王滝に続け…とばかり地元の熱心なNPOなどが観光トロッコ実現にむけて動きだすところも出てくるかもしれない。その際の黙認条件としては酒や煙草の健康被害の前例にならって、せいぜい「便乗ノ安全ニ付テハ一切保証致シマセン」[45]との戦前の名文句を切符に刷り込ませ、乗り手に自己責任原則の重要性を徹底させる程度の注意喚起でよかろう。

7．猪苗代町「軽便ウォーク」とくびき野レールパークの活動

　こうした鉄道遺産を貴重な地域資源として活かそうとする試みが各地で開始されている中で、すでに歴史を積み重ねている同趣旨の老舗イベントの一つ、猪苗代町商工会主催の「軽便ウォーク」は平成26（2014）年10月5日に第16回目を数え、200人募集、町外、県外の人も多く、リピーターも多い。しかし現地を訪れた著者に対して回を重ねるにつれて、歴史の継承が大きな課題となってきているとの商工会の回答であった。廃線跡を案内する者も軽便を知らぬ若

い世代となってきたからである。そこで毎回「軽便ウォーク」の実施に先立って事前勉強会を開催し、講師に安部なかさんら地元の歴史や軽便に詳しい方々を招いてしっかり学習し、かつ当時の映像や史料も持ち寄って流し、案内役があたかも実際に見て、乗って、体験してきたかのように名講釈師として生き生きと説明できるように工夫を重ねているとのことであった[46]。

　また旧頸城鉄道の百間町駅周辺の軽便鉄道の景観の価値を認識してNPO法人くびきのお宝のこす会が保存・活用・発信等の活動を根気強く継続している。お宝をのこす会は、"○にアルファベットのK（マルケー）"の旧頸城鉄道で活躍していた保存車両や、頸城の豪農・瀧本邸など、頸城地域に点在する貴重な歴史・文化遺産や自然環境資源などを掘り起こし、磨きをかけ、賑わいと潤いのあるまちづくりの推進に寄与し、さらに広く紹介することを目的として活動している。中心となるくびき野レールパークは、かつての頸城鉄道の中心駅であった百間町駅や機関区の跡地にあり、2号蒸気機関車やDC92、ホジ3などの頸城鉄道で活躍した貴重な車両たちを保存している。構内には幸いなことに頸城鉄道旧本社屋や一部の車庫建屋が奇跡的に残り、軽便鉄道黄金時代当時の雰囲気を伝えている。車両展示資料館周辺の構内には全長数百メートルの線路が復元され、定期公開時にはこれらの車両を間近に見ることができる。頸城鉄道旧本社屋は頸城鉄道が昭和46（1971）年百間町～飯室間5.9kmを全線廃止して改称した頸城自動車の創立100周年事業の一環として平成25年リニューアルされた。旧本社は「軽便歴史資料館」として整備され、開業当時のポスターや駅名標、ナンバープレートなどの貴重な鉄道資料の数々を展示している[47]。平成24（2012）年8月21日、お宝をのこす会の下間一久、村椿明両氏に直接お話をお聞きする機会を得たが、車両群を愛蔵していた神戸の篤志家の寄贈という奇跡的な幸運のお陰で郷里に里帰りできた車両群を活かし、地元の住民たちの共通の願いとして、「くびき野レールパーク」を日本を代表する軽便鉄道のひとつである頸城鉄道の雄姿を後世に伝え、夢をひとつひとつ花咲かせる場にしたいとの発起であり、定期公開イベントには近隣の北越急行社員やOB、新潟大学鉄道研究部の学生、近隣の鉄道保存団体のスタッフなどが応援に駆け付

けてくださっているとの感謝のお言葉を聞いた。しかしやはり保存に携わる人間の高齢化や技術の継承、保存、公開、路線延長の夢等に伴う困難な問題が多々あるとのご意見であった[48]。

8．奥秩父等での展開の可能性の検討（沼尻と比較して）

　第8章で著者が取り上げた奥秩父には管見の限りであるが、こうした森林鉄道遺産を後世に伝えたいとの具体的な動きは乏しく、残念ながらこのままでは価値ある歴史や産業遺産そのものが風化して消失しまう恐れもあるように感じられる。そこで遺産の風化防止に積極的な前述の沼尻の軽便こと磐梯急行電鉄（旧日本硫黄観光鉄道・日硫）と奥秩父の奥秩運輸組合（奥秩）とを比較して、両者の観光コンテンツとしての価値を総合的に判断してみよう。
①正規の営業用鉄道か否か
　沼尻は専用軌道が早い時期に軌道法の適用を受け正規の営業用鉄道に転換したのに対して、奥秩は実質的に有料運行していたが、埼玉県当局は「軌道法ニ依ラサル専用軌道」として黙認したため、県庁文書にも殆んど登場しない"幻の鉄路"として長期存続した。
②このため、写真・資料等の残存状態が大きく異なる
　沼尻は関係者の努力もあって豊富に残存するも、奥秩は石碑等を除けば残存物はレアであり、奥秩運輸組合文書を含む「大滝村の記録を残している」大村家文書も「若い当主が焼却しようとして住民が止めた」[49]こともあったという。情報源として最も信頼できる大滝村公民館村誌係に著者が組合文書の所在を問合わせたところ、昭和58（1983）年11月12日付で「当方には資料として残っておりません。ご教示すべき何物もないのに申訳ありません」[50]との残念な回答を得た。
③歴史を語り継ぐ層にも差異がある。
　沼尻には田中新一[51]（日硫）、佐々木誠（労組）、安部なか（地域）等、立場を異にしつつも、いずれも記録を積極的に残して後世に伝えようとする熱心な

人々が一致協力して努力してきた。奥秩にも『大滝村誌　資料編』11冊刊行という、村の規模を考慮すれば史料保存上の空前絶後の快挙がありながら、なぜか軌道にはさほどの関心が払われてこなかったように感じる。

④地元に伝承されているか否か

　上記の結果として、沼尻の歴史は地元に正しく伝承[52]され、地域共有財産である産業遺産として保存・活用[53]されているが、奥秩は、このままでは価値ある歴史や産業遺産が風化して消失しまう恐れもある。

　次に両者の共通点をみてみよう。

⑤出発点は奥地の産業鉄道

　沼尻は日硫前身企業の沼尻硫黄鉱山の製品搬出用の専用軌道に端を発したものであり、奥秩も前述のように関東水電の発電所建設資材搬出用の専用軌道であった。

⑥主役には魅力的な企業家が登場

　沼尻には原安三郎、小野弥太郎ら、奥秩には千島祐三、前田洋造（前田夕暮）らが登場する。

⑦脇役には個性的な"悪役"・"怪人物"が登場

　沼尻には薬師寺一馬[54]、住谷甲子郎[55]ら、奥秩には日野原節三らが登場する。

⑧主役が脇役に籠絡される悲劇性の存在

　沼尻では地域コミュニティの尊敬を集めてきた小野弥太郎[56]が薬師寺一馬に、奥秩では歌人として愛好者も多い前田洋造が日野原節三に籠絡される。

⑨地域側が軌道等を奪還した非公然性・裏面性の存在

　沼尻では労働債権を有する地域を代表する労組が債権者代位で軌道等を差押え競落し、ごく短期間ながら自主経営をした後に廃止手続きに踏み切った。

　奥秩では地域側が電力会社と裁判で争い、和解という形で軌道等の管理権・占有権を公然、合法的に取得し、かなりの長期間自主経営を継続した。奥秩の中心人物は同時期に国や神社等とも山林所有権を巡って訴訟を起し共に勝訴するという辣腕ぶりを遺憾なく発揮した。敗訴した被告側の視点から見ると、例えば乾新兵衛から高利の金を借り庄川水力電気（第二部第5章参照）側と長期

間闘争した平野増吉（太田雪松の盟友）の如き"怪人物"に映じたことでもあろう。

　両者に共通する地域コミュニティによる運行権等の奪還過程という、最も感動的な場面については、表沙汰にしづらいある種の裏面史的な要素など、語りづらい側面も含まれているためか、関係者の中にもすべてを語ることにはなお、ある種のためらい[57]があったようにも感じられる。奥秩でも村誌編纂委員のひとりであった木村一夫氏も裏の歴史として「ダムや山林の利権がらみの話も書けなかった」[58]と語っている。軌道運行権とその背後の山林の開発・伐採権は表裏一体の関係にあるから、付近山林所有者として事情に精通した木村氏にしてみれば、やはり「利権がらみの話」との認識ではなかろうか。

　近村では「ぶっ壊し屋」と呼ばれ続けた秩父事件の主人公たちの「末は肩身の狭い思いで暮らしていた」[59]との伝承もある。この種の英雄的行動には毀誉褒貶が付き物であり、客観的な評価が極めて困難なため、関係者以外への口外が禁じられ、当然に文書にも残されず、その結果歴史として残りにくい場合が多いようである。逆にいえば正規の歴史としては残しにくい、密やかな、秘めたる事情がこのあたりに存在したようにも感じられ、探訪好きなディープな観光客には魅力的な観光コンテンツとして評価されよう。

⑩地域側が奪還した軌道等の資産や権利の活用を通じて長らく地域に貢献

　沼尻では労働債権代位により労組が主体となって観光企業を設立し、スキー場、温泉、宿泊施設等のリゾート開発を行い、雇用機会を生み出すなど長らく地域に貢献した。　奥秩でも電力会社から取得した軌道を有料運行して、利用者から徴収した使用料の収益の相当部分を小学校の教育施設の整備など地域の文教・福利厚生に大きく貢献した。

⑪ドラマ性のあるストーリー

　上記のような検討の結果、両者とも軌道等の謎めいた秘めたる歴史には魅力的なストーリー性があり、将来なんらかの小説・映画・ドラマ・アニメ等に仕上げることなどの創意と工夫次第では、近い将来観光コンテンツとして評価される可能性があるように感じられる。同様に、全国各地に眠る特殊鉄道等の遺

産においても地元の熱心な研究者等の発掘努力により、秘めたる歴史、魅力的なストーリーが明らかにされることを期待してやまない。本書の粗雑な記述が何らかのヒントにでもなれば幸いである。

注

1)2)3)　守屋憲治『美笛・千歳鉱山専用軌道の一考察』千歳市（http://www.city.chitose.hokkaido.jp/shishi_hp/paper/sikotsu05_01.htm）。

4)　おきなわ散策はんじゃ会編『歩いてみよう！おきなわ軽便鉄道マップ』ボーダーインク、平成20年。

5)　阿形昭『歴史に残す静岡鉄道駿遠線－日本一の軽便鉄道－』静岡新聞社、平成27年、p178。

6)　「八ヶ岳森林軌道」は昭和5年4月には「木材商電気会社」が臨時使用して「木材其他」を民貨輸送し、272円05銭を徴収している。（便乗調、第二表）。

7)　『長野日報』（http://www.nagano-np.co.jp/modules/news/article.php?storyid=2698）。

8)11)12)　よみがえれ、八ヶ岳森林軌道専門部会編『よみがえれ、八ヶ岳森林軌道』原村教育委員会、ほおずき書籍、平成20年、p4、p5。

9)　「森林軌道の復元にご協力下さい｜お知らせ｜原村（http://www.vill.hara.nagano.jp/www/info/detail1.jsp?id=1510）。

10)　「タイトル資料集『よみがえれ、八ヶ岳森林軌道』が完成」H20.3.11信毎（http://www.shinmai.co.jp/news/20080321/KT080320GHI090012000022.htm）。

13)14)　前掲八ヶ岳森林軌道、p83。

15)　データ中部、p17には「20kmもの延長を有し、専用の動力車まで保有していた路線が作業軌道扱いのままであったというのは疑問も残る」との編纂者によるコメントがある。著者が確認した『長野営林局管内図』（昭和23年調製林野局、昭和24年3月印刷地理調査所）は富士見駅・落合～八ヶ岳間の軌道に「八ヶ岳森林鉄道」との固有の名称を付した上で、赤字の「森林鉄道（二級）」++++の印で描いており、決して作業軌道扱いではない。このことから営林局レベルの保存台帳そのものが必ずしも正確に記入されているとは限らないことがわかる。『国有林森林鉄道全データ（東北編）』でも青森県鰺ヶ沢の赤石川沿いの路線は「鰺ヶ沢営林署の歴とした林鉄だったが、本書の記載漏れである〔原因は不明〕」（前掲『国有林森林鉄道全データ（東北編）』の功罪（読書感想文）｜ヨッキれん（http://yamaiga.jugem.jp/?eid=80））との平沼義之氏の同様な指摘がある。

16)　日之影町「石垣の村」森林ウォーク　イベント情報（http://www.discover-miyazaki.jp）。

17)　全国せまい線路サミットIN高知（http://umaj.gr.jp/jng_summit/）。

18)　B「いの町の森林軌道」探検ツアー：Happy山歩き四国　～四国の山（http://blog.livedoor.jp/sikokuyama/blog-entry-5.html）の主催者は「いの町にひっそり眠

第 9 章　特殊鉄道遺産の活用・復元　409

る森林軌道を歩いて愛着を深め、ハイキングコースの開拓を目指しているグループ」と自己紹介している。

19)　四万十川　森林の楽校2016| 林業に就職・転職したい方の応援．(http://www.nw-mori.or.jp/?p=3788)。
20)25)　ばあむ「高野七口活性化プロジェクト」調査報告 (http://ikoya.blogspot.jp/2012_10_01_archive.html?view=classic)。
21)　高野山森林セラピー｜イベント・特集｜南海高野ほっと・ねっと (http://www.nankaikoya.jp)。
22)26)　「草軽電鉄廃線跡を歩く」浅間・吾妻エコツーリズム協会 (ecotourism.or.jp/kyuseki_haisen/kusakarudentetsu.html)。
23)　滝上町観光協会体験プログラム (http://takinoue.com/taiken)。
24)　遠山郷木沢地区住民らによる「夢をつなごう遠山森林鉄道の会」は「旧遠山森林鉄道ウォーキングツアー」を開催、ディーゼル機関車を動態保存している「梨元ていしゃば」の軌道をさらに延伸する計画という (旧遠山森林鉄道ウォーキングツアー－遠山郷 (http://tohyamago.com/pdf/tour-201311.pdf))。
27)　『明治時代のレール AND　大佛鉄道』社会福祉法人中川会、平成19年。
28)　詳細は山添村の大和高原民俗資料館や奈良市写真美術館での展示を詳しく紹介した「幻のロープウェイを訪ねて　1～4」『針テラス情報館』facebook (http://www.hariinfo.jp/blog/other/2957.html) 参照。
29)30)　「エコトロッコとは？-狩勝高原エコトロッコ鉄道」(ecotorocco.jp/about/)
31)　senro.donan.net/donan20160326
32)　「木古内鶴岡せんろフェスタ開催｜最新鉄道情報｜前掲鉄道ホビダス」(rail.hobidas.com)
33)　「函館市公式観光情報サイトはこぶら」(http://www.hakobura.jp/db/db-fun/2016/04/post-146.html)。
34)35)　Facebook 北海道夢れいる倶楽部。
36)37)　ＢＳジャパン「空から日本を見てみよう　北海道松前～函館」19:22～。「美深トロッコ王国」でも乗車券とは呼ばず、「トロッコ王国の入国（乗車）手続き」(岡本Ⅱ, p25) に必要な「入国料金」。
38)　「夢の山岳鉄道」『旅』平成4年3月号, p62。
39)　現地視察に撮影したトロッコ試乗の動画は、NPO法人屋久島森林トロッコ (http://www.yakushima-forest-railway.com/vision) で公開。ＷＥＢ「安房森林軌道2012年屋久島旅行記19)」平成24年9月20日参照。
40)43)44)　H28.1.18毎日 (mainichi.jp/articles/20160118/k00/00e/040/131000c)。トロッコＨＰでは「1.5kmを観光用として」「ディーゼル機関車と20人乗りの5両編成のトロッコに置き換え、1日5往復」「起点である「苗畑停車場」を出発し、終点の「トンゴ渕の上停車場」で折り返し往復運行」し、「屋久島森林鉄道」乗車料金収入で「観光産業を拡大」しようと企画中。
41)42)　H18.10.20信毎中信版。木曽森林管理署から赤沢森林鉄道施設を賃借している上

松町は平成21年度から赤沢森林鉄道の森林鉄道事業に指定管理者制度を導入、同町出資の第三セクター・上松観光開発有限会社に運行業務を移管した。この結果、林鉄は所有者（署）、賃借人（町）、指定管理者（三セク）、切符販売窓口（上松町観光協会）という重層構造となった（13番まどぐち：保存鉄道・博物館 – livedoor Blog (http://blog.livedoor.jp/madoguchi13ban/archives/cat_23908.html?p=3)）。

45) 昭和26年8月19日付「便乗証」日本発送電黒部川支社発行。あまりに有名な黒部峡谷のほかにも、殖民軌道藻琴線の乗車券にも「本軌道乗車中に起きた事故一切は組合で責任を持ちません」（『東藻琴村誌』昭和34年, p.392）旨の文言があり、旅行客は「いくら便乗でも乗車賃を支払っての乗車だのに、驚きもしどんなことが起きるかと不安にかられた」（『東藻琴村誌』昭和34年, p.392）というから、旅行客に非日常性を認識させる特別の効果もあろう。

46) 平成26年9月1日猪苗代町商工会の「軽便ウォーク」担当者談。頸城でも保存に携わる人間の高齢化や技術の継承など、保存そのものに伴う解決困難な問題がある由を伺った。継承者の継続的育成という難問については徳島県上勝町の殿内川森林鉄道（第7章）を復元・運行した松岡敏彦氏らの「町おこし」の先例がある。昭和63年11月模擬ＳＬを新造して150メートル運行し、当時全国紙・ＴＶ番組等でも大きく取り上げられたが、著者が28年後に現地に問い合わせすると、ＳＬは辛くも原型をとどめているようだが、地元における森林鉄道保存活動の着実な伝承の様子は残念ながら確認できなかった。

47) 『NPO法人くびきのお宝のこす会瓦版』平成28年8月15日、NPO法人くびきのお宝のこす会事務局発行。

48) 参考文献『頸城自動車100年史』頸城自動車、平成25年、p38〜39、松本和明「両大戦間期における新潟県の産業発展と企業家グループ（下）―郡部の場合―」本学専任講師・地域研究センター運営委員松本和明 (http://www.nagaokauniv.ac.jp/m-center/chiken/pdf/vol_13/04_2.pdf)、久保田好郎「上越軽便鉄道の発起から頚城鉄道へ」『頚城文化』上越郷土研究会4、1985年7月、石塚英一「戦後人物往来 ある記者の35年」新潟日報事業社出版部、『新潟県史』通史編 9現代、新潟日報事業社、『新潟県大百科事典 下巻』、『東頸城郡誌』ほか。上越市観光局長を勤めた同僚の村上雅巳氏には上記NPOを紹介頂くなど、種々ご教示を賜った。

49) 昭和58年8月9日広瀬平氏聴取。

50) 昭和58年11月12日付大滝村公民館村誌係より著者宛返信葉書。

51) 田中新一元経理課長は日硫「会社の人だが、客観的、冷静に物事を判断する人で記憶力が抜群。しかも資料を残すことに全力を尽くしてきた沼尻の生き字引」と評価されている。

52) 安部なか氏（猪苗代町生涯学習課）は「猪苗代の地域にかって存在した硫黄産業と、地域の足の軽便が、かく存在し、当時の人々の生活になくてはならぬものだったことを客観的に記録することこそが大切と考えて、数多くの写真・資料・証言を収集して編纂した」と『写真でつづる 沼尻軽便鉄道』、『写真でつづる 続・沼尻軽便鉄道』（歴史春秋社、平成12,13年）という上下二冊の出版の動機を語っている。

53) 猪苗代町商工会主催の「軽便ウォーク」は平成26年10月5日に第16回目。200人募集、町外県外の人も多くリピーターも多い。案内役も軽便を知らぬ世代となり、毎回事前に勉強会を開催し、講師に安部なかさんらを招き、当時の映像も持ち寄って流し、案内役が生き生きと説明できるようにしている。（大坂悌造商工会事務局長、「軽便ウォーク」担当者談）。
54) 安部なか氏がかつて田中新一氏に「薬師寺一馬とはどういう人か」と聞いたところ、即座に「企業家でもない、100％産業発展のためでもない。地域振興とは一切無縁」との最低の評価を吐いて捨てるように語ったという。
55) 住谷甲子郎は大蔵省東京財務局勤務後、昭和35年城南興業代表取締役、昭和42年7月日硫取締役副社長就任。（日硫『有価証券報告書』役員の略歴、昭和43年6月）。
56) 猪苗代町長としても尊敬されている日硫元社長の小野弥太郎が信頼して後任社長に選んだのが薬師寺一馬であったため、薬師寺への批判は「小野町長の信用を傷を付けることになる」のでタブー視されてきた側面もある由。
57) 悪者の薬師寺一派と全面対決した正義の労組にも「債権回収のために、かなりの荒技を繰り返した」という弱みもあってか、佐々木誠（労組）は軽便の出版物を企画中の安部なかに「一体何を書く気なのか」と危ぶんだという。彼女から相談を受けた父も「利害関係が複雑な労組のことには立ち入って書くな」と忠告した。しかし「もはや、書かれて困る人はもう生きていない」（以上51）〜57）安部なか氏談）由。
58) 木村一夫は「ダムや山林の利権がらみの話も書けなかった。村の歴史は表の歴史もあり、当然ながら裏の歴史もある。利害関係は複雑に絡み合い、片方の利益が片方の不利益になる。そういった内容を含む記述は後の混乱を招くので書かなかった」（大滝村誌編さん：木村一夫さん 山里の記憶111（http://www.e-zabuton.net/image/yamazato-111.html））と語っている。木村は三峰区域内の山林所有者の一人として市之沢施業森林組合と軌道での運搬契約を締結した当事者。
59) 吟「神保町の窓から」『評論』197号、日本経済評論社、平成26年10月，p14。

終章 "森の轍" 森林鉄道の非日常性・虚構性

1. "擬制鉄道" の非日常性

　本書の冒頭で述べたように、我が国の観光客は観光行動において一概に真正性なるもののみを信奉し、虚偽性あるものを邪悪なるものとして一律に排斥するほど敬虔なる一神教の教徒ではない。少なくとも著者は仏教徒の最末端に属するが、西欧流の教会建築群を仏教の教義に反する邪悪なものと感じたことは一度もない。もし、潔癖な仏教徒が欧米各地を観光旅行して一神教の教会建築群や宗教色に染まった諸施設を "幕府のご禁制" に触れる邪教なりと目的地から一切排除したら凡そ観光にはならないであろう。同様に鉄道においても真正鉄道のみによる旅行こそ真正性ある観光なりとの固い信念から、嵐山のトロッコなどという怪しげなる邪鉄には一切乗車せず、何も見えない山陰本線の暗黒のトンネルの中で「この辺りがおそらく名高い保津峡か？」と想像するだけで我慢していては観光にはならない。

　鉄道には第二部第1章で述べた通り、①公然性の高い真正鉄道と②非公然たる虚偽鉄道がある。非公然性の高い虚偽鉄道においては、日常目にする公然性の高い真正鉄道での一般的常識が全く通用しない、いわば非常識の世界である。すなわち虚偽鉄道では常識、すなわち一般の社会人が共通に持っている鉄道・軌道等の知識体系から大きく逸脱した、常識破りの信じられない光景がそこかしこに展開し、とてもこれが鉄道・軌道だとは信じられず懐疑的になる。

　しかし、この虚偽鉄道にひとたび「便乗」という魔法の呪文を吹き掛けたとたんに、あたかも真正鉄道かと誤認させかねないような数々の虚偽・虚構が重

畳的に累積して新たなステージである"擬制鉄道"へと劇的に変身する。その結果明治期の農商務省高官が危惧していた森林鉄道の人民への解放であったり、あるいは昭和初期の鉄道官僚が著しく不穏当と非難した専用鉄道の目的外使用という、違法・異例・異常なありうべからざる破天荒・驚天動地の状況が生まれる。一般の人はともかく、少なくとも著者一個人は今までだれもが思いも及ばなかった驚くべきことだとして、この虚構を重ねた"擬制鉄道"にこそ限りなく非日常性を感じるのである。

2. "虚偽鉄道"の発生・展開

　第二部の各章で取り上げたように、我が国の最広義鉄道界には実に多種多様なタイプの"虚偽鉄道"や一部"擬制鉄道"が古くから各地に存在し、やがて消滅していった事実を、簡単な素年表の [**表－11**] に整理した。これらはあくまで著者の目にとまって、代表的なものと感じ本文で多少とも言及した"虚偽鉄道"・"擬制鉄道"等の例示に過ぎず、決して網羅的なものではない。また非公然性を有する日陰の身の"虚偽鉄道"のことゆえ、正確な年次の解明はもともと無理な面もあり、一部の年次は著者による推定にとどまる点もお許しいただきたい。

[表－11]　代表的な"虚偽鉄道"の事例（年代順）

年　次	鉄道名称	運営主体等	内容／特色
明治2年	茅沼炭坑鉄道		木製軌条
明治23年	自動鉄道		上野公園東照宮境内
明治23年	自動鉄道	今宮臥龍館	大阪
明治24年	足尾銅山電気鉄道		電機を運転
明治25年	淀橋浄水場工事用材料運搬鉄道		東京市が専用鉄道敷設
明治26年	三池鉱山運炭鉄道		逓信大臣所管を閣議決定
明治？年	加波山石材用軌道　採石場～岩瀬駅	日本石材会社	8 km 英人技師の指導
明治29年	岡山銀行専用側線		山陽線岡山駅の構内
明治29年	秋田馬車鉄道	秋田株式会社	「線路ヲ賃貸」後に譲渡
明治29年	鍋島彦七郎　木製軌條で石材軌道		加波山を模倣 2 km 敷設
明治38年	高萩炭砿専用鉄道	桑田知明	郡長が竣工と虚偽報告

終章 "森の轍" 森林鉄道の非日常性・虚構性

年　次	鉄道名称	運営主体等	内容／特色
明治40年	豆相鉄道	伊豆鉄道[1)	債権者逃れの「夜逃げ」
明治40年	鈴木藤三郎経営の小名浜馬車軌道		虚偽→真正→虚偽を繰返
明治40年	堀之内自動鉄道→西武軌道		設立着工、完工寸前で？
明治42年	国有林軌道[2)		民間物資運搬許可方制定
明治42年	殿川内森林鉄道（資）	原伊代次	11.6km 軌道竣工
明治44年	薮塚石材鉄道		専用軌道から軽便鉄道に
大正2年	八幡電気軌道		後年に設立無効の判決
大正4年	真谷地専用鉄道	北炭	便乗扱客車運行　勘合証
大正4年	初瀬鉄道	長谷鉄道	鉄道奪われ"抜け殻"
大正5年？	二股清水沢専用線	大夕張炭鉱㈱	乗車勘合証を発行
大正5年	奥川森林軌道	奥川運輸㈱	東京大林区署が業者委託
大正5年	発電所資材運搬軌道→藤原軌道		鬼怒川水力電気軌道買収
大正6年	王滝森林鉄道	王滝村	便乗と民貨運搬を陳情
大正6年？	揖斐川電気専用軌道	北山産業軌道利用組合[3)	横山～杉原軌道譲受計画
大正7年	鷲沢鉱山専用軌道	温泉軌道㈱	ヤミ運行露見しダミー設立
大正8年？	新得厳松間[4)	軌道会社設立	王子製紙中村組 JV
大正9年	津軽森林鉄道	油川町ら	林鉄解放・移管を請願
大正9年	内郷電車[5)	磐城炭礦	電機定期運行　無料便乗
大正9年	小西可東著「鉱山鉄道便乗記」刊		有料での軌道解放を提言
大正9年	日立鉱山		無料便乗　小西記事
〃	藤田組小坂鉱山		有料便乗　〃
〃	三菱　綱取鉱山		有料便乗　〃
大正9年	茨城軌道㈱　資本金30万円		6 km石材軌道で有料営業
大正10年	大宮製材専用軌道		知事許可で御料林に敷設
大正11年	王子製紙山線		支笏湖観光客へ開放
大正11年？	秋田県某村温泉へ数哩の手押軌道		スコット体験談新聞掲載
大正12年？	生保内線を借用し業者が観光トロ		抱瀧渓谷探勝客台車便乗
大正13年	早川発電所工事用軌道	東京電力	直営形態でトロ馬車運行
大正14年	両神施業森林組合	関東木材	トロ便乗料
大正15年？	大畑線	営林署	薬研湯治客台車便乗
大正15年	日本電力専用鉄道	黒部保勝会	無料便乗開始
大正15年	木村林業森林鉄道	銀鏡軌道	槙ノ鼻～銀鏡間を買収
昭和2年？	船津～鳴沢間軌道	富士回遊軌道[6)	
昭和3年	水窪川水力電気専用軌道→軌道化へ		地元の要望を黙過できず
昭和3年	平井軌道	平井土工森林組合	滝見客のトロリー貸切
昭和3年	早川軌道組合	東京電力より	軌道借受運行 S8軌条撤収
昭和3年	大河内土工保護森林組合		帝室林野局との JV 契約
昭和4年	島根県と恵県有林軌道民間使用規定		昭和3年県有林軌道敷設
昭和4年	殖民軌道根室線		特許に代え、承認
昭和4年	日本電力専用鉄道		有料便乗に切替
昭和4年？	魚梁瀬森林鉄道	野村自動車	GC 運転出願、不許可
昭和5年	奥秩運輸組合	東京発電より	借受運行

年　次	鉄道名称	運営主体等	内容／特色
昭和5年	加茂土工森林組合	日窒より借受	生活必需品等運搬
昭和5〜7年		農林省山林局	便乗調
昭和6年	庄川水力電気→「庄川遊覧電車」		便乗券　昭和13年廃止
昭和6年	常葉軌道	請負業者に軌条売渡し	完工するも軌条欠き解散
昭和6年	里見軌道	石材用専用軌道に変更	上州石材㈱に譲渡か？
昭和7年	殖民軌道枝幸線	工施認可に代え、承認	
昭和7年	寸又川専用軌道	第二富士電力	便乗許可
昭和7年	宮崎県営森林軌道57,600m 開設		渡川、村所、塚原、郷之原
昭和8年？	松尾鉱業専用鉄道		便乗券　通学児童輸送
昭和8年？	新町軌道	新町商事	増資困難で変態増資か？
昭和10年	寸又森林軌道	竣工祝賀会	沿線名所図絵画家に発注
昭和15年	鉄道建設用側線7)	小名浜臨港鉄道	日本水素製品を違法輸送
昭和15年	日曹鉱業専用鉄道		開業　社外者に差別運賃
昭和15年？	温根湯林鉄を野村鉱業が線路借用		軌道利用組合で切符発行
昭和16年	殖民軌道雪裡線	藤村敏一	自走車を運行し営業
昭和19年	鷹来工廠専用側線名鉄小牧線		DCで軍工廠へ工具輸送
昭和21年	津軽森林鉄道	森林鉄道利用組合	乗車券発行有料運行開始
昭和22年	温根湯軌道利用組合設立		留邊蘂大町間乗車券発売
昭和22年〜	東上線啓志線池袋〜グランドハイツ		貨物線に米軍用GC運行
昭和23年	屋敷台〜大更間	松尾鉱業	地方鉄道に変更
昭和24年	魚梁瀬線	農協／森林組合	維持費徴収
昭和25年？	専用側線	大浜臨港線運送	お伽の国電車運行
昭和25年	旧日発専用鉄道	京阪	宇治川遊園おとぎ電車
昭和26年	旧汽車製造側線	岡山臨港鉄道	専用側線の旅客化事例
昭和26年	日発黒部専用鉄道→黒部峡谷鉄道へ		地方鉄道変更を指導
昭和27年	入山専用鉄道8)	常磐炭礦会社	気動車新造し通勤列車
昭和27年？	野村鉱業	温根湯林鉄借用収束か	線路使用料不払で差押
昭和27年	津軽森林鉄道	森林鉄道利用組合	乗車券発行有料運行廃止
昭和28年〜	千頭森林鉄道	地元観光協会	観光列車すまた号〜38年
昭和36年	奈良ドリームランド鉄道		実物大、1067mm、1.84km
昭和38年	蔵王モノレール	蔵王後楽園	無届試運転中に転落事故
昭和38年	奥行臼〜風連間	別海村	自走車導入昭和46年廃止
昭和41年〜	王滝森林鉄道	廃止反対運動展開	同事務局9)
昭和42年	磐梯急行電鉄←日本硫黄観光鉄道		非電化低速実質専用鉄道
昭和43年	最後の民有林軌道廃止10)		昭和42年31km廃止でゼロ
昭和47年	最後の簡易軌道茶内線廃止		浜中町営軌道
昭和48年	遠山森林鉄道中根〜梨元間撤去		下請・信和林業が運行
昭和50年	最後の王滝森林鉄道廃止		
昭和58年	大東糖業専用鉄道廃止11)		客車保有し島内旅客輸送

［典拠］　第二部各章で記した箇所に注記した先行研究・資料等による。？印は推定。

終章 "森の轍"森林鉄道の非日常性・虚構性 417

　時代背景を反映して、時期ごとに虚偽鉄道、擬制鉄道の態様、観光客への解放動向にも特徴が見出だせる。すなわち明治・大正初期には技術革新の進行により鉄道・軌道の新しい形態が次々と登場し、従前の役所の所管区分からはみ出す結果として、監督官庁の定まらない混乱が相次いで生じた。地域社会でも住民の権利意識が高まり、津軽人民が森林鉄道の「線路車体ニ改良変更ヲ加ヘ」、「軌道車体ヲ改造拡張セハ」一般鉄道となるはずと主張した森林鉄道解放運動に象徴されるような、普通鉄道化の要求が各地で巻き起こった。小西可東も神岡軌道に便乗した際の紀行文の中で「山水奇勝の地を走る軌道にして、安坐の席を設けられん」と専用軌道の旅行者への有料解放[12]を提言した。しかし物見遊山にすぎぬ観光を蔑視し、国家に不要の存在とする伝統的思考[13]に囚われた官庁側の抵抗は強く、便乗・民貨輸送・目的外使用、とりわけ不特定多数による観光利用は容易に認められなかった。大正期から昭和戦前期にかけて多様な産業の発展が顕著なため、各種の産業目的の専用鉄道・専用軌道の類が各地に敷設された。軌道に類似の貨物索道の場合、旅客輸送は明らかに目的外使用、違法行為であったが、山間部を走る貨物索道に地元民がこっそり内緒で便乗（廃線Ⅵ，p142）することがなかば常態化しており、当然ながら森林軌道でも「無断でトロを乗り下げる不届き者」（データ中部，p224）も少なくなかったと思われる。すなわち目前に存在する特殊鉄道の偉大なる効能を知ってしまった民衆は監督、法令、通達等の有無如何に拘らず、自己の乗車欲求を抑制できず、多くの場合内緒、顔パス等で、便乗・無断乗り下げという鉄道の便益を享受する違法行為に走りがちであったものと考えられる。ある地域では、そうした偶発的行動の累積が特殊鉄道の解放要求の力強い民衆の声として、果敢な集団的行動にも繋がっていく。

　こうした民衆の特殊鉄道への底知れぬニーズを熟知した当事者の中には、現場サイドでの黙認・放置・消極的容認の域を越えて、お上の目を盗んで便乗をおおっぴらに許可する勇気ある異端者もあらわれ始めた。観光客が押しかけた日電軌道は当初黒部鉄道別働隊「黒部保勝会」の手を経て無償で便乗させていたが、昭和4（1929）年から本格的に便乗料金を徴収開始した。ほかにも非公

然性の高い何らかの便乗システムを密かに構築して、「勘合証」「便乗証」「便乗券」等の名で実質的に「乗車券」相当を発行し、「維持費」「組合費」「協力金」「謝礼」「寸志」等の名目で、実質的には運送実費ないし「運賃」相当額（内部者と外部者との間の差別運賃制も含め）を受領していた特殊鉄道も決して少なくないものかと想像される。多くの場合、こうした証拠品の「便乗券」等は係員が極めて厳格に便乗時に即刻回収し廃棄するため、温根湯軌道利用組合のように、ネットオークション等に登場するのは極くまれかと思われる。

　昭和初期には不況による山村の疲弊甚だしく、企業が臨時に敷設した専用軌道の存続、軌道法適用、払下げ、軌道組合での利用等の多種多様な要求が噴出し、その一部は示威行動、実力行使、組合結成等が奏功して要求が実現した。さらに戦時期には軍事優先のため、鉄道・軌道法令の規制が緩み、平時では認められ難い特例・特認措置がとられた結果、軍需産業等の「産業戦士」輸送に専用鉄道等が堂々と駆り出される事例が続出した。さらに戦争直後も占領下の特殊事情に加え極度の食料難、交通難等のため、戦時期に引き続き法令の規制が緩み、同種の特認・黙認事例が続出した。例えば東武東上線の貨物輸送の通称啓志線はなんと米軍中尉殿の御名を戴き、恐らくは連合軍の超法規的な命令下、昭和22（1947）〜3年のごく短期間駐留軍人とその家族専用の旅客輸送をガソリンカー10両で、池袋－グランドハイツ間ノンストップの30分間隔のシャトル輸送を強制された異例づくめの珍事であった。あろうことか「軍当局の方針としては、このガソリンカーを東京駅まで直通運転の計画」[14)]だったというから、私鉄・国鉄とも全面接収したかの如き"軍政"の横暴に「日本人の対米感情に悪影響を与え」[15)]かねない事情からか実現はしなかったという。

　森林鉄道にあっても、少なくとも北見、青森、秋田、長野、高知[16)]の数営林局管内の幹線系の線区を中心に、軌道利用組合、運行組合、森林組合、保勝会・観光協会などの多種多様な関係外郭団体等に客車等を保有させる形態で、不特定多数の利用者に有料の乗車券を発売して広く便乗という名目の運輸営業を実質的に行っていたものと想定される。西裕之氏は「魚梁瀬のように森林組合がその運行を委託されていたところが多い」（西，p116）と指摘する。

終章 "森の轍" 森林鉄道の非日常性・虚構性 419

　また西氏が指摘するように、「戦後の前橋局管内、大阪局管内の森林鉄道では、客車の使用例を聞かない。また名古屋局管内もほとんど使用されていない」（西，p116）という地域間格差は路線網の粗密、規格の高低差だけではない別の要因が介在したようにも著者には感じられる。こうして昭和10年代から昭和20年代にかけて前後20年余の混乱期は、日米両軍の権威に押されて伝統的鉄道行政・運輸行政が大きく後退させられた結果、虚偽鉄道から変じた擬制鉄道の続出した時期に相当する。当時は日刊新聞も記事の量が制限されて資料が乏しい時期であるが、丹念に探索すれば米軍人の人名を冠するケーシー線と同様にまだまだとんでもない擬制鉄道の発掘可能性がある宝庫でもあろう。

　これに対して昭和20年代末期は講和条約の発効により連合軍の占領政策の桎梏を脱して、本来の運輸行政に復帰すべき時期に当る。戦中戦後に乱れ切った法秩序の回復を目指して、運輸省も規制強化に乗り出し、"擬制鉄道"の跳梁跋扈に鉄鎚を下した。戦前の鉄道官僚も「景勝地の観光客を特に列車に便乗せしむる…如き目的外使用は甚だ好ましくない…専用鉄道は漸次に営利的性質を帯び…人の運送に付て乗車券を発売して、誰彼の区別なく、吟味を為さずして乗車せしむるなどは如何なものであらうか」（片山，p10）と、①貨物より「人の運送」、②無賃輸送より「乗車券を発売」、③関係者限定より「誰彼の区別なく」、④通勤・業務より「景勝地の観光客」、⑤貨車・台車より「列車に便乗」の5点を特に毛嫌いしていた。このため最も弊害が目立ち、看過できぬほどに観光鉄道化していた札付きの専用鉄道を普通鉄道に転換すべく強力に指導したり、恐らくや観光を単なる「物見遊山」と蔑視する意識の抜けぬ同一官僚らによる仕業でもあろうか、彼らが伝統的に毛嫌いする「景勝地の観光客」が乗り込むという偏見から山奥の旅館の自家用簡易ケーブルの類に至るまで普通鉄道の免許を強引に取得させるなど、擬制鉄道の取締・撲滅に躍起となった。昭和30年代から40年代は同時に森林鉄道・軌道、簡易軌道などの虚偽鉄道という種の絶滅期に当り、戦中戦後に虚偽鉄道が変身・変態して簇生した擬制鉄道も自然消滅した形となった。

3．虚偽鉄道と地域社会との関係

　上記の虚偽鉄道を巡る変遷は、要約すれば地域社会の思い描くコミュニティ・デザインと、敷設した官庁・企業等の論理との不一致に由来しよう。そもそも非公然性の高い虚偽鉄道は公共の用に供される真正鉄道とは異なり、元来が純粋に私的な都合で安価に軽便に拙速に粗雑に敷設された自家用の専用鉄道なるがゆえに、技術上、制度上、法制上、安全上種々の限界・制約・不都合があり、所在する沿線の地域社会にとっては真正鉄道と比して様々な不平・不満が存在する。一方で地域社会の中には被害者意識に陥りがちな発想を転換し、たまたま当地に存在する虚偽鉄道を奇貨居くべし、すなわち得がたい地域資源と見做す発想の豊かな人物も登場する。虚偽鉄道の設置主体の置かれた状況を観察して、好機をのがさずうまく虚偽鉄道を有力な素材として徹底的に利用・活用すべきと考え、地域の発展を願う名望家・有力者等を主軸にして、あわよくば真正鉄道への転換可能性までも夢想することになる。その好例が工事が終われば不要となる鬼怒川水力電気の危険で不評な専用軌道を「現今の価格の約三分の一」[17]という著しく低廉な価格で買収し、大正4年「今市町の衰勢を挽回す」[18]べく、星藤太ら沿線有力者により設立された藤原軌道であり、この発起には顕微鏡を製作して蓄積した資産を不動産、特に各地のリゾート開発に盛んに投じていた沿線の不在地主・田中杢次郎[19]らも広大な山林の値上がりを期待し大いに尽力した。鬼怒電の豊富な水力発電が箱根方面への小田急を生み出す原動力となったのと同様に、会津方面へ直結する現在の東武鬼怒川線も鬼怒電の専用軌道が転換した第二の小田急的存在であった。

　②の鉄道を①の鉄道に転換させるために地域社会がとり得る方策を、実施が比較的容易なものから、より本格的なやり方への順に模式的に列挙してみよう。
（1）当局に「村民ニ限リ搭乗ヲ許サレ度」と懇願するなど、部分的・限定的で半ば恩恵的な旅客「便乗」の制度的容認。
（2）「森林鉄道沿線住民必需日用品運搬」の便宜供与など限定的な「民貨輸

送」の容認。

（3）「屋根付台車」「箱型台車」の導入、低規格の「軌道車体ヲ改造拡張」したり、「ガソリン機関車」「自走客車」等を導入するなど物的な改造を施して、真正鉄道並の要求水準相当にまで順次引上げること。

（4）専用鉄道において「目的外に使用される範囲が、漸次拡張される」など広範囲な「目的外使用」の容認。

（5）業務の一部を民間の任意組合・個人等に外部委託し、本体では建前上実施し難い「便乗」「民貨輸送」「ガソリン機関車運行」等を脱法的に行わせること。（部分解放）

（6）広く「一般公衆ニ開放」するなど制度的な解放。

（7）虚偽鉄道のまま『時刻表』『旅行案内書』『新聞広告』等に掲載して、非公然の存在そのものを公然化すること。

（8）正規の手続きを踏まず、不特定多数の旅客等に対して、公然と有料便乗を反復継続し、恰も運輸営業行為を行うこと（無免許鉄道）。

（9）真正鉄道と遜色ない本格的な仕様であっても、建前上はあくまで鉄道に非ざる遊戯施設たることを強弁すること。

（10）「森林鉄道を鉄道省に移管」することを要求したり、専用鉄道・専用側線を地方鉄道に変更[20]するなど、真正鉄道への正規の転換手続きを実行すること。

　転換する主体としては、以下のように〔A〕～〔D〕の4つのタイプが想定される。例として挙げた実例は［表-11］参照のこと。

〔A〕従前の虚偽鉄道の設置・経営主体が自らの計算において転換を計る。

　　（例）：宮内省が森林鉄道計画を共同出資の坂川鉄道に変更。／磐城炭礦が内郷電車線に無料便乗用電機を定期運行。／水窪川水力電気の軌道特許取得。／日本電力の黒部専用鉄道、庄川水力電気の専用鉄道が観光鉄道化。／平井土工森林組合が観光鉄道化。／松尾鉱業が専用鉄道で便乗券発行、自ら観光鉄道化（後に地方鉄道に変更）。／JRが山陰本線の廃止線路を子会社にトロッコ運行させる

水窪川水力電気は大正12（1923）年2月5日電力供給を目的に資本金300万

円で設立された。「発電所工事用諸材料運搬ノ必要ニ迫ラレ自家専用トシテ」[21]、昭和2（1927）年3月29日付「土第五八一九号」で使用期限を昭和2年11月末日として静岡県知事より「発電水利使用事業ノ為メ…水窪川ノ左岸ニ沿ヒ…延長六哩余、軌間二呎、人力ニ依ル専用軌道」[22] 布設を許可され、静岡県山香村～城西村間に工事用軌道を「軌道法ノ軌道ノ施設ニ準拠シテ施工」[23] した。

　当初の使用期限を過ぎた昭和4（1929）年10月にも水窪水力電気の「貨物トロッコ運転手…四名をトロッコに乗せ疾走中」（S4.10.3東朝②）事故の報道があるように、現に発電所軌道として貨物用トロッコを継続して運転していた。同社がさらに「軌道法ノ適用ヲ受ケ度キ趣意」[24] から軌道特許を出願した理由は、①所期の目的たる発電工事が完成したので、②元来工事用に供する一時的施設ゆえ工事竣成後は廃却予定のところ、③地方民宿年の熱望たる専用軌道の一般使用化の地元町村の要望を受け、④「沿道町村民ノ之ガ存置ヲ強要スル切情ヲ黙過スルニ不忍」[25]、⑤たまたま「軌道法ノ軌道ノ施設ニ準拠シテ施工シタルモノニ有之候條、従テ些少ノ改修ヲ施サバ一般山間交通機関トシテ運用スルニ足ル」[26] という固有の事情があり、⑥電力会社として「山間開拓ノ使命ヲ全フ致シ度」[27]、⑦「山間ノ運輸ニ適スル機関トシテ先駆タラシムル可ク」[28]、⑧一般軌道（荷物専用）に改めたいというものであった。出願に対して静岡県知事も地元町村が「一般使用化ヲ要望シテ止マサルノ状況ニシテ…山村ノ啓発上有益ナル事業ト認ム」[29] と副申したため、昭和4年1月19日付で静岡県山香村～城西村14.5kmの人力軌道を特許され、昭和7年10月現在工事施行線であった（鉄軌 S7, p59）。なお、水窪川の右岸の林道を改修して昭和15年着工した水窪森林鉄道（情景, p102）開設以前の軌道の存在に関しては水窪町の詳細な実態調査報告書[30] にも当該軌道の記載はない。

〔B〕従前の虚偽鉄道の線路等を借り上げて、地域社会等の意向を汲んだ非営利目的の団体等が主体となって運行する。

　　（例）：正体未詳団体（保勝会などか？）が営林署資材・要員を動員し日曜祭日に手押トロ運行、抱還渓谷の探勝客を生保内線で有料輸送。／東京電力専用軌道を利用組合で有料輸送。／東京発電（旧関東水

電）の軌道運行権を地域社会が継承して運輸組合で運行。／正体未詳団体が大浜臨港線運送の専用側線を借り「お伽の国電車」運行。／津軽森林鉄道を借りて利用組合が客車を有料運行。／地域社会が利用組合を設立して温根湯森林鉄道を借りて専用車両を有料運行。／藤村敏一が殖民軌道雪裡線を借りて自己の自走車を運行し有料営業。／観光協会がガソリンカーを所有し寸又峡森林鉄道を借り観光列車「すまた号」を有料運行。／JR等の道内廃線を借りて地元有志がトロッコを運行

〔C〕地域社会が主体となって虚偽鉄道を譲受すべき運営主体を別に設ける。
（例）：大正4年鬼怒川水力電気の専用軌道をもとに藤原軌道を設立。／揖斐川電気の専用軌道を譲受して利用組合が運行を計画（挫折）。

〔D〕別の企業・団体が新たに転換後の経営主体となる。
（例）：富士軌道が代物弁済取得で大宮製材の専用軌道を自社線と一体運用。／野村自動車が魚梁瀬線にガソリンカー運転出願（不許可）。／野村鉱業が温根湯森林鉄道を借りて専用車両を有料運行。／京阪が日本発送電から宇治川の専用軌道を買収、お伽電車を運行。

4．細分化された上下分離方式と軌道利用組合

　鉄道システムは通常の場合、経営的にも技術的にも強固に結合した一体的トータル・システムとして把握され、真正鉄道は運搬具が通過する敷地、路盤、敷設する軌条、運搬具を牽引する各種の動力源、運搬具たる車両群などの構成要素を原則として、すべて自己の所有・占有ないし直接の管理下に置いてきた。しかし上述の雪裡線のごとき殖民軌道・簡易軌道など開拓途上にあった北海道の奥地や、内地でも山間僻地の地域住民限定の特殊な交通機関には真正鉄道には見られない独特の運営形態がある。すなわち［表－12］に示したように、敷地・軌条・動力・車両などの主要構成要素ごとに、所有者・管理者等や、資金

[表－12] 特殊鉄道を形成する各資産要素毎の出資・持寄者

			事例	①奥秩	②雪裡	③平井	④秋田	⑤大河内
		運営主体		組合	利用組合	森林組合	秋田㈱	森林組合
構成要素毎の出資者	動力	人力	運転手	住民	住民	住民		組合
		犬	飼主	……		組合		
		牛	牛方	……				
		馬	駅者	住民	住民		秋田㈱	
		機関車所有		復興社	藤村敏一			組合→帝室
		保守・整備						帝室
	運搬具	運搬具所有		住民	住民	住民	秋田㈱	組合／帝室
	軌條	敷設主体		関水電	国	組合	馬鉄	組合→帝室
	構築物	請負業者		川村組	国	組合	馬鉄	組合
	敷地	土地所有者		住民	国	地主	公道	地主／帝室

の出所が住民、組合、国など別々に存在するという、細分化された一種の「上下分離方式」としての社会資本整備の相互拠出型の「持ち寄り」ともいうべき特殊な方式である。資金力を誇る有力企業や経済力のある地域では単独の運営主体が上下すべての構成要素を保有する100％自前方式が当然ながら簡素で効率的である。しかし、経済力のない山間地域等では株式会社を設立するにもそもそも株式募集自体が地域内では絶望的であり、有望だとして他の地域から資本を導入できるほどの輸送需要も多くは期待できない。そこで、たまたま森林資源・鉱物資源・河川の水量等に目を付けた外部者が単に自己の資材等の輸送目的のみで敷設した専用軌道が域内を通過する機会を沿道地域が見逃さず、上記のように、虚偽鉄道から地域にとってより有益な真正鉄道へ転換させる方策がないかを模索するのである。

この省資本型の整備方式こそ①の奥秩運輸組合や③の平井軌道などの民営形態の森林鉄道・森林軌道等をはじめ、全国レベルでの特殊鉄道全般にも広く共通する普遍的な形態ではなかろうかと考えられる。この形態の特殊例として、⑤の大河内土工保護森林組合は士別軌道に近い「半官半民の第3セクターのような組合」（三重, p130）で、組合側が軌條、構築物、運転手、機関車、トロッコ（一部）を提供、大口ユーザーの帝室林野局は御料林内の敷地を提供、軌

終章 "森の轍"森林鉄道の非日常性・虚構性 425

道敷設費の相当額を補助、軌道使用料を支払って軌道を借用し自局トロッコを民間と「併用」(三重, p125)する一方、技術を要する機関車の整備を担当し修理・保守経費を負担した。戦後は機関車も提供、軌道廃止の際には軌條、機関車等を組合から買い取った(三重, p130)。このため組合は「経営的には恵まれていたので、民間業者の軌道使用料は無料」(三重, p130)であった。補助する帝室林野局にとっても全額自前で軌道を整備する場合に比してより割安についたのであろう。なお、④の秋田馬車鉄道の敷設した線路の上に、明治27(1894)年6月設立の「農商工業」(諸M29, p453)目的の秋田株式会社の車両が運行するという、珍しく上下分離方式が採用された経緯は未解明であるが、馬鉄取締役大貫敏蔵が秋田社長に就任し、馬鉄取締役に第四十八国立銀行取締役の金子小四郎が加わるなど秋田馬鉄の経営不振に伴う異常事態の一種かと推測される[31]。

こうした特殊鉄道において最も資金を要する軌道の下部構造の整備を国・帝室や電力会社など資力ある外部機関等に委ねつつも、利用する地域住民自らが利用組合・運行組合・運輸組合等の非営利団体を組織して公共交通機関に準ずるものとして「利益を目的とせず実費主義」(堀江, p649)で運営管理するという形で、「共同利用に供する」一種の住民参画システムと理解できる。換言すれば、今日の「コミュニティ・ビジネス」性を色濃く有する、地域密着型の公益事業でもある。そして、「コミュニティ・ビジネス」の運営主体としては、通常採用される営利を目的とする株式会社形態ではなく、むしろ特有の「軌道利用組合」[32]のごときNPO・NGO形態が好んで採用されてきた。

免許・特許の有無など、行政手続上の問題とは別に、山間僻地等に広く分布した「特殊鉄道」に共通する運行・運営方式の特徴として把握すべきものと考えられる。運営主体としてごく初期の利用組合発起例として、岐阜県藤橋村の北山産業軌道利用組合がある。大正初期に東横山発電所の建設資材を運搬するために揖斐川電気が敷設した横山～杉原間の馬車軌道が工事終了後に地元の東横山、東杉原、徳山在住の16名が北山産業軌道利用組合を設立して、格安に譲り受けて必要とする生活物資を運搬することを計画した。軌道利用組合とは①

特殊軌道等の、②沿線に暮らす住民などの利用者等により、③県知事の許可等を経て、④結成・組織・設立される、⑤会社組織でない任意団体で、⑥多数の組合員＝軌道利用者から、⑦軌道利用の対価としての運賃等を受領し、⑧軌道運行に要する経費一切を支払い、⑨収支が均衡するなど、⑩営利を目的としない実費主義の非営利組織をいう（森林軌道・林道を築設する土工森林組合もこれと類似の性格を有するが、森林法に基づき、農林大臣の許可を得た特殊な法人である点で異なる）。利用組合は①軌道沿線の地域社会の利害を代表する立場にあり、②沿線住民の大半を組合員として組織しており、かつ③営利を目的としないため、④住民自主管理組織として、⑤非公然性ある虚偽鉄道の運営を託する主体として、営利法人・会社組織に比してヨリ適格性があるものと考えられる。仮に鉄道監督当局が地方鉄道法・軌道法等の法令に違反した無免許の運輸営業であると目星をつけ、糾弾しようとした場合でも、非営利、実費主義、住民自主管理、法人格なき任意団体であるため、その非商人性・非厳格性[33]・朦朧性の故に責任の所在を明確化しにくく、専従の商人ではなく地域社会を代表する名誉職にすぎない組合関係者を処罰しにくいものと考えられる[34]。税務当局にあっても帳簿もない任意団体で、かつ収支が均衡していて利益が発生しない仕組では査察しても到底歯がたたないであろう。また観光協会・保勝会等の任意団体を運営団体にしておけば、裏に周辺私鉄の影を確実に感じたとしても同様に処罰しにくい。

5．注目すべき林鉄解放事例（生保内森林軌道）

　秋田県生保内森林軌道の「神の岩橋」（橋長78.8m）は「常設の鉄道吊橋としては最古期のもの」[35]と評価されている。ここでの課題は土木史上の産業遺産の調査ではなく、虚構性を探求する観光社会学の視点からの「非公然組織」による謎の虚偽鉄道の正体の解明作業の一例である[36]。

　[写真－24] は角館・宮本商店が発行した「羽後国仙北郡抱返名所」絵葉書10枚組の一つ「三百ノ洞門」である。紅葉の名所・抱返り渓谷の中間にある素

掘のトンネルで、「林区署の経営する林道の洞門の奇」[37]と紹介される景勝であるが、巌を貫く軌道の脇にたつ男性の山仕事向の服装はどうみても遠来の観光客とはみえず、大正末期から昭和初期に開始された軌道トロの手押し職員のようにも思われる。

　すなわち昭和4（1929）年7月28日発行の官製案内記には、国鉄の生保内線神代駅から玉川に沿って、抱返神社、夏瀬温泉を経て、上流の八木沢まで抱返り渓谷に林用手押軌道を案内図に記載した上、「神代駅から八木沢口までは日曜、祭日には林間軌道の手押トロに便乗することが出来る。(中略) 八木沢口

［写真－24］　「羽後抱還」絵葉書の「三百ノ洞門」
　　　　　　　（角館宮本商店発行、著者所蔵）

に着く。神代駅からここまで一六粁、徒歩四時間、トロ三時間を要する」（案内東，p227）とあり、鉄道監督をも兼ねる鉄道省自体が擬制鉄道たる生保内森林軌道の手押トロ便乗を探勝コースとして推奨している。次の「某村」がはたして夏瀬温泉かどうかの確証はないが、大正11（1922）年10月の国民新聞に掲載された外人記者J. W. スコットの体験談では「山形を去って秋田県へと志す汽車の中で秋田県某村の村長だと云う人と乗り合せ…その途中で下車して或る温泉の客となった。途中で汽車を降りて寧ろ原始的色彩に富んだ温泉で一夜を過すことにした。この温泉は山の中腹にあるのであるが麓からそこまでは四五哩もあって、粗末なレールが敷いてある。その上に函が載っていて数人の乗

客が坐るように出来ている。間もなく乗客が満員になると二人の若い男が汗を雨のように流して之れを押し上げるのである」（T11.10.16国民）との二人押し人車軌道の生々しい描写がある。おそらく生保内森林軌道でも同様な虚偽鉄道らしい情景が展開したものと想像される。

　農林省山林局が集計した前述の便乗調によれば、秋田局生保内森林軌道は昭和5（1930）年度に数量929立米、料金123円20銭、昭和6年度に数量833立米、料金79円40銭（昭和7年度は該当なし）の民貨輸送の実績を本省に報告しているが、肝心の秋田局の便乗者調には生保内森林軌道の名は全く見当たらない。「別記統計表ニ記載ナキモノハ其ノ便乗者数殆ンド数フルニ足ラザルモノ」（便乗調, p3）とあるので、生保内署は便乗者数を一切報告しなかったか、ごく少数のみ報告したかのいずれかであろう。上記の軌道の手押トロ便乗などは農林省の調査目的たる「各営林局主管ノ森林鉄道軌道ガ一般特ニ地元民ニ如何ニ利用サレツツアルカ」（便乗調、緒言）を端的に示す好例のはずであるのに、特筆大書されないのは実に不思議千万である。民貨輸送の項目を精査すると、生保内森林軌道は昭和5～6年度に「林産物其他」なる貨物を使用者たる「木材業者」が軌道を使用して民貨輸送し、上記の料金を営林署に納めたことになっている。「木材業者」が「林産物」を民貨輸送するなら、積雪時のゼロは別としてほぼ毎月定期的に出荷されそうなところ、たとえば昭和5年度で見ると毎月数円どまりな中に4月35円17銭、11月29円99銭、12月39円31銭と、この3カ月小計104円47銭で全体の84.8％を占めている（昭和6年度も4月と11月の両月に集中）。

　春秋の行楽シーズン、特に晩秋の紅葉の時期に出荷が集中する沿線特産の「林産物」とは一体何か、当地の事情に暗い著者には計り兼ねる。しかし観光客輸送を行った徳島県川上村の平井土工森林組合も虚偽報告をしていた裏事情を知る疑い深い著者の目には、「林産物／其他」という表現の後半の「其他」を紅葉期に集中する抱返渓谷の探勝客への貸切営業分を意図的に混入させて使用者たる「木材業者」が営林署に虚偽報告していたようにも映る。昭和10（1935）年6月5日発行のJTB編纂「旅程と費用概算」にも「神代駅から八

木沢口迄一四粁、徒歩四時間（この間林間軌道の手押トロがあり、日曜祭日には特に許可を得て便乗することが出来る」（旅程 S10, p215）と記載されている。神代駅接続の専用側線を有する高倉製材所（TM8, p79）高倉蔵之助[38]あたりが協賛したと目される抱返保勝会などが官営の営林署軌道を借用し、平日は営林署の手押し作業に従事するような現場労働者を臨時に雇用する形態で、日曜・祭日に有料運行していたのではないかと想像される。

橋本正夫氏が著書『汽車・水車・渡し舟』で引用された昭和14（1939）年10月の旅行案内では昭和10年版よりも内容が精緻となって、「日曜祭日には特に営林署の許可を得て便乗することができる。トロは無料であるが、手押人夫賃として一人に付一円位で、1台に2人を要する。ときには人夫雇入れ不能のため利用できないことがある」（水車, p123）と改訂されている。「特に営林署の許可を得て便乗」とあるので、当然ながら当該営林署も日曜祭日にトロが運行されることを百も承知であろう。

また昭和10年版にない表現として「トロは無料であるが、手押人夫賃…」とあるのは、観光客側が営林署とは無関係にその都度交渉して現地で「人夫雇入れ」る形をとり、あくまで好意に基づく単なる偶発的な謝礼[39]にすぎないとの建前で当該営林署はこの有料運行に直接関与していないとのメッセージの挿入をＪＴＢ側に要求したことの反映とも解される。農繁期など「人夫雇入れ不能」時には便乗不可との注意の意味するものは、探勝客が「一人に付一円位」で「人夫雇入れ」るのであって、運行主体が「人夫」を臨時雇用しているのではなく、単に口入屋の如く、農民等に対して人材派遣のあっせんをするに過ぎないことの念押しとも解される。つまり勘ぐれば、万一にも鉄道監督当局からモグリ運輸営業、農林省山林局から官の造営物の無断使用等のあらぬ嫌疑がかかった際に、その筋から睨まれる"待合"経営者のごとき位置にある当該営林署は出入りの「木材業者」等に所定の「林産物」等の民貨輸送を名目的に許可していただけで山深い現場の泥臭いことは露知らず、"検番"のごとき位置にある当該業者に言わせれば現金収入がほしい農民たちに頼まれて恰好のトロ押しの仕事をあっせん、遊覧上必要な交通機関を奨励していただけであって、悪

いのは農民等を雇入れ料金を払って軌道上を違法に走行するように直接に指示を与えた氏名不詳の遠方の"客"という「朦朧性」ある仕組みであろう。

しかし戦後版の『旅程と費用』には抱返り渓谷の挿入図に昭和36年廃止の森林軌道を記載するが、本文では「生保内線神代駅…下車、徒歩」（費用 S32, p105～6）として軌道には言及しておらず、「非公然組織」による謎の虚偽鉄道の怪しげな姿はもはや存在しない。

6．著者自身の森林鉄道便乗体験（御嶽、屋久島等）

（1）王滝森林鉄道

森林鉄道の敷設されるような場所は概ね俗界を遠く離れた、里とは地理的状況を全く異にする別世界の深山幽谷の地にある。とりわけ霊山・御嶽山の山麓を走行する王滝森林鉄道などは清浄な「ハレ」の世界を象徴しているものといえよう。世間一般の人々が住み、塵芥にまみれた「娑婆」・俗界に日頃身を置き、日々煩悩から離脱できない著者にとっては、御嶽山・立山など森林鉄道・特殊鉄道の多数存在した深山幽谷の地域は俗界を遠くはなれ、あたかも仙人でも住んでいる世界のように神秘的かつ清浄なものと感じて、苦しみから解放してくれる理想郷であるかのように夢想している。

こうした山岳信仰の対象となるような深山に、大正期以降に森林を破壊し、信仰の妨げともなりかねない森林鉄道という近代化の象徴が多く敷設されて来たのは偶然であろうか。鈴木昭英氏によれば、「特定の山が信仰の対象となるには、山麓に鬱蒼とした樹木が茂り、山の形姿・地形に特色があり…」[40]といった霊山たる条件が必要とされている。こうして信仰の対象となった霊山への「登山の簡便化による登山者の増加をはかり…登山口にあたる福島・黒沢の両村は経済的な潤いをうける」[41]こととなった。やがて戦前期に山麓一帯の森林資源の開発目的の森林鉄道がひとたび敷設されると、必然的に沿線集落や登山者等からの便乗要請[42]に発展していく可能性が高いことを意味する。

一方御嶽信仰での功労者として崇敬されている覚明・普寛両行者は「御嶽を一部特定の道者だけのものでなく広く一般にも解放するようにとする要望」[43]を尾張藩庁に出願し続けて実現させた霊山の開発者・解放者でもある。信仰面と林業面との差異はあるが、大都市から訪れる御嶽信者と森林鉄道とは、ともに山麓一帯の振興、地域住民の経済発展を意図した開発者サイドに位置付けられるものであって、必ずしも対立の図式にあるものでなく、信者等への森林鉄道便乗が認められた後には明確に共存関係に立つものとなろう。当事者は共に否定するであろうが、誤解を恐れずに断定すれば遠来の信者も山岳ツアーを楽しむ一種の観光客であり、信者等の便乗可能な森林鉄道も一種の観光鉄道と見做せるがゆえである。

昭和30年代になると各地の森林鉄道でも廃止が相次ぎ、昭和42（1967）年には31km残っていた民有林軌道（所在地は未詳）も昭和43年にはゼロ（50年史, p264）となり、最後の路線がひっそりと姿を消したことになる。折からの旅行ブームの中で一般向の旅行雑誌や週刊誌等でも、極めて物珍しい観光資源として未知の存在の森林鉄道を取り上げる動き[44]が出てきたのである。また「交通は殆んど森林鉄道の御厄介になる」[45]といわれた木曾地区でも昭和39年2月には森林軌道廃止反対運動の記事[46]が出始めている。

王滝森林鉄道の醸し出す非日常性の仕掛すなわち、①日常との隔絶感、②日常との連続性、③関門としての結界の存在、④潜入儀式・小道具・効果音、⑤回帰義務、⑥回帰儀式・小道具・効果音、⑦特別感・優待感・専有感、⑧五感へのほどよい刺激、⑨現実逃避性、⑩拘束性・不自由性、⑪非公開性、⑫非永続性、⑬夢幻性、⑭非公然性、⑮虚構性などの諸項目を著者自身が体験した旅で以下のように具体的に説明してみたい。

①日常との隔絶感を有する御嶽信仰の霊山・御嶽山麓を走る王滝森林鉄道の定期列車の運行廃止が迫ってきた昭和49（1974）年6月30日週刊誌[47]には東出版写真部員が撮影した当時まだ珍しかったカラー写真数葉とともに、「消える60年の歴史」「この姿も来年はもう見られない」といった⑫非永続性、「1日1往復しか走らない…マッチ箱のような客車が夢をかき立てる」「ゴトゴトとの

どかに走り続けたその使命を終えて来年廃線に。オモチャのような客車。メルヘンの世界にひたれる木曾谷の秘境」といった⑨現実逃避性、⑬夢幻性、「女駅長さんの活躍も林鉄の話題の一つ」「滝越地区の子供たちのための通学列車"やまばと号"」といった⑮普通鉄道モドキの虚構性の数々など、今再びの木曾路への旅心という著者の⑨現実逃避性を妙に刺激する憎らしいほど上手な林鉄の「非日常性」の要を得た解説が巧みにちりばめられていた。同誌は黒部峡谷鉄道、明神電車も併載した。実は著者も前年の昭和48年3月にも休暇をとって木曾路を旅行し、30日には上松の運輸営林署も見学させて頂いたが、⑪非公開性、⑭非公然性ゆえの情報不足もあって、残念ながら、この時点では実際に列車に便乗する機会を逸していた。

　このころ、廃止間近の林鉄の報道が相次ぎ、「近ごろは秘境ブーム、『森林鉄道に乗せて』と訪れる若い観光客も多」(S49.6.1朝日夕⑦)く、「頼みこんで列車に乗り込みごきげんの娘さんたち」(S49.6.1朝日夕⑦)が続出したため、困った上松運輸営林署では梅雨明けまで「観光客の乗車はおことわりいたします」との「観光客の乗車禁止[48]について」(S49.6.1朝日夕⑦)の張り紙をして一時観光客の便乗を制限したほど、徹底した⑪非公開性であった。昭和49(1974)年10月11日には林鉄に乗車するために神戸から来た2人の女性が早朝の定期列車の出発を待つ間に国鉄の線路を横切り即死(S49.10.11朝日夕⑨)するという痛ましい事故まで起きた。

　この事故の4日後の昭和49年10月15日早朝、入門を乞うため著者が再度訪れた上松駅に隣接する上松運輸営林署の楼閣は、禅宗寺院の楼門然として聳えていた。禅宗寺院などの山門は非日常的空間への開口部である茶室の躙口（にじりぐち）と同様、俗世界と仙界とを隔てる③関門としての結界が唯一開かれた入り口に相当する。上記のように滅多なことでは頂けない便乗許可証の厳かな発行手続きという④潜入儀式を無事に終えた著者は自らをようやく山門からの入山を特に許された⑦特別感・優待感を持つ修行僧のように感じた。容易に俗人の立ち入り・乗車を認めない森林鉄道こそ、全く別の非日常空間である深山幽谷へ潜入するための「狭き門」に相応しい仕掛け・しつらえである[49]。

終章 "森の轍" 森林鉄道の非日常性・虚構性　433

　上松駅ホームに掲示された数々の便乗者への禁止事項等の⑩拘束性・不自由性を示す注意書きでさえ、著者には禅宗の寺の門前にある「不許葷酒入山門」（葷酒山門に入るを許さず）と同様な結界の障壁のごとく感じた。誰もが単に金さえ払えば乗車できるような並の観光鉄道なんかではない、前夜から寒空の下で徹夜で並んで初めて、今回ごく少人数の幸運者のみに特別に便乗が許可され、数少ないレアな「便乗券」を手にすることができたという⑦特別感・優待感・専有感を味わうための装置であった。つまり、著者にとって森林鉄道という特別の存在は、上述のように何重にも複雑かつ厳重な結界を張りめぐらせ、容易に進入を許さぬ憎らしいほど空間演出された効果的な旅の舞台装置であったわけだ。

　霊山・御岳山麓の王滝村に張り巡らされていた森林鉄道の幹線を走る[**写真－25**]の定期列車「みやま」号[50]に途中駅の田島駅までの便乗を特に許されて、林鉄特有の激しい揺れやキシミ、摩擦音などの⑧五感へのほどよい刺激の快感に浸りながら、紅葉に彩られた王滝川を極低速でゆっくりと遡る山旅を謳歌することはまるで①日常と隔絶した仙境・仙界に遊ぶような素敵な「ハレ」の心地がしたのは当然と言えよう。こうして近日中に全面廃止を運命づけられた⑫非永続性の哀れな森林鉄道の狭く粗末な老朽木造客車（それは決して苦痛ではなく、非常なる快感を伴う非日常空間）という⑯非日常世界へ潜入のための特別の乗り物に揺られてようやく到着した田島駅のある王滝村は著者にとって、予定された単なる終着駅というにとどまらず、いつの日にか彼の地に到達すべく運命づけられた（destined）約束の地という特別の意味と、使命を無事に果たせたという感激を伴った目的地（destination）であり、切り離し難い宿命（destiny）の地であり続けた。

　しかし『林道事業50年史』は「既設の森林鉄道も次々に廃止され、昭和50（1975）年7月、長野営林局の王滝森林鉄道の廃止をもって、そのはなやかな歴史の幕を閉じた」（50年史，p238）と総括している。

[写真-25] 王滝森林鉄道の定期列車「みやま号」
(昭和49年10月15日田島駅で著者撮影)

(2) 安房森林鉄道ほか

　著者は王滝森林鉄道の乗車後に各地の営林局・営林署等に手紙を出して、直接軌道の残存の有無等を問い合わせ、昭和51 (1976) 年8月23日屋久島電工専用鉄道 (旧安房森林鉄道) をはじめ、51年12月台湾阿里山鉄道 (第一回)、52年10月15日「丸瀬布いこいの森」に整備される前の丸瀬布森林鉄道廃車体、53年6月3日埼玉県大滝村秩父森林鉄道跡 (第一回)、53年12月阿里山鉄道 (第二回)、54年12月阿里山鉄道 (第三回)、55年1月羅東森林鉄道、55年7月22日秋田県仁別森林博物館、57年6月8日宮崎営林署加江田の内郷森林鉄道跡、58年4月3日山梨県谷村の鹿留林用軌道跡、58年8月9日秩父森林鉄道の軌道車運行、60年6月3日赤沢森林鉄道の御神木搬出のための復活など、約10年間にわたり各地の森林鉄道跡の探訪を継続した。

　業務多忙な中、著者に御返答賜った例として、たとえば昭和51年3月熊本営林局からの回答「＜熊本営林局＞管内の森林軌道の現況について…輸送の現存するヶ所は、宮崎県自然休養林内に一部と、屋久島の安房林道のみです。現在

使用されているのは安房林道のみですが、これは営林署の事業用ではなく、屋久島電工KKの管理用としてモーターカーが運行されております。便乗については、その許可はしていないと聞いております」[51]。

昭和51 (1976) 年3月下屋久営林署からの回答「森林鉄道は安房〜荒川12kmは屋久島電工株式会社へ売払い、現在モーターカーで発電所までの通勤に使用しております。毎日走っております。便乗については屋久島電工へお願いして下さい。荒川〜小杉谷間は軌道約8km残っており、営林署で使用しておりますが、6月〜11月のころだけモーターカーが走っております」[52]。

どうやら著者が問い合わせた時期は偶然にも屋久島電工が国有財産の払い下げを受けた昭和51 (1976) 年1月の直後であったようで、熊本営林局、下屋久営林署からのご親切な回答内容は当時としては早耳に属するニュースであった。ところで屋久島便乗記録としては平成3 (1991) 年12月26日乗車した宮脇俊三氏の「夢の山岳鉄道　特別編」[53]が著名であるが、昭和52年11月22日NHKの「風景の記憶」で屋久島小杉谷の林鉄の映像（昭和39年「新日本紀行」の再放送）が放映された。また写真昭和52年8月宮田幸治氏が現地を訪問、昭和53年1月同好誌『キロポスト』第59号に「屋久島の軌道」として発表している。その後昭和55年12月、現地を訪れた斎藤保高氏は安房林鉄について、昭和56年8月「林鉄マニアの間では、だいぶ以前からいろいろなうわさがささやかれていたが、最近、ようやく鉄道雑誌などでも紹介されるようになった…かくして再び屋久島は、林鉄マニアの間でひそかなる注目を集めるようになった」[54]と述べている。これより先昭和51年8月21〜24日船で屋久島を訪れ、本書のカバーに掲げたように8月23日（月）保線専用車に便乗させていただき、千頭川の橋詰にある給水タンク（千頭川取水口）横で暫しの休憩をとるなど、旧安房森林鉄道の旅を堪能した著者には、当時こうした詳細な情報は事前に入手できておらず、上記のような当事者からの限られた情報だけを頼りに、船で揺られながら恐る恐る現地を訪れた次第である。

（3）赤沢森林鉄道（保存鉄道）

　赤沢地域は昭和44年日本最初の自然休養林に指定され、「森林浴」[55]の本場としての地位を確立している。

　この赤沢において伊勢神宮の第61回式年遷宮に使う天然ヒノキの御神木を伐採する昭和60（1985）年の御杣始祭に軌道約500mが使用され、仮奉安所まで運搬された。長野営林局からの事前のご教示によれば、昭和60年「六月三日に伊勢神宮の御神木（二本）搬出するに当たって、五百メートル一回運行するだけです。…実際に木材を引っぱるのは三日の午後三時ころの予定。この森林鉄道はS53年に森林鉄道記念館を作ったときの付属施設で、今回は神宮の御神木搬出に当たり、林道がないため、利用するのみで、あとは運行しません。…行事そのものは伊勢神宮が行う行事です」[56]と、「あとは運行しません」とご親切にも注意喚起があったため、著者も万難を排して現地に駆け付け、6月3日当日「131号機関車が牽引する森林鉄道最後の運材列車」（データ中部，p223）の晴れ姿を「あすなろ橋」上で［**写真−26**］のように撮影することができた。当事者の向井弘氏の回顧によれば「橋で一時停車し見学者へのサービス、そしてカメラの放列の中をゆっくり進み、15分かけて停車場に到着」（データ中部，p223）とある。道理で著者でさえも何枚か撮影できたはずだ[57]。

　翌日の新聞にもディーゼル機関車が台車4両を牽引する写真付で「木曾谷に森林鉄道復活　10年ぶり伊勢神宮の御神木運ぶ」（S60.6.4読売）と大きく報じられた。

　これをを契機に、昭和62（1987）年7月25日（土）上松町観光協会主催のイベントの一環として現在の保存鉄道たる赤沢森林鉄道の運行が1日10回開始され、8月23日（日）まで継続した[58]。

　区間は森林鉄道記念館と丸山渡停車場間1.5kmである。パンフには「赤沢森林鉄道は赤沢自然休養林内を周遊する遊具施設です。丸山渡折返し点からは乗車できませんのでご留意ください。（片道料金は設定がありません。）」との注意がある。夏休み期間は「イベント参加券の料金」1000円で、「イベント参

終章 "森の轍" 森林鉄道の非日常性・虚構性　437

[写真－26]　森林鉄道最後の運材列車による御神木運材
（昭和60年6月3日著者撮影）

加券1枚につき、1便ご乗車できます」とあり、「森林鉄道のみの乗車券販売は行われておりません」とある。運行開始時の態様も、あくまで「森林鉄道のみの乗車券」販売は行わなかったのであろう。特殊鉄道変じて遊戯鉄道になった赤沢森林鉄道が、その類希なる優れた虚構性の故に、真正なる鉄道かと当局から誤って認定されることを回避するため、遊具施設である旨をことさら強調するためのご苦心の方策[59]かと推察した次第である。

（4）王滝森林鉄道（保存鉄道）の再訪と女子学生たちの反応

　一部の路線を除き、本格的な現役の森林鉄道がほぼ絶滅した今日、森林鉄道乗車から約41年後の平成27（2015）年9月2日夕刻、機会があって再訪した懐かしい王滝村で著者も参加した地域コミュニティの寄合いで西村勲氏ら年配の方々と森林鉄道のお話を始めると、皆さん懐かしそうに口々に思い出を語ってくださった。即ち森林鉄道は本場の地元の方々にとってさえ、過ぎ去った過去の栄光の日々の光景であって、今や現実世界には実在しない非日常世界、いわば虚偽・虚構・架空・空想の過去世界に残念ながら転換してしまったことが判

明する。

　平成27（2015）年9月1日の午前中に赤沢の森林鉄道に散策好きそうな（現に終点でほとんど降り、周辺の散策に向かった）中高年層の乗客たちと乗り合わした。赤沢が国有林の中に公的資金を元手に「小川森林鉄道の赤沢支線の路線をそのまま利用して」[60]建設された、いわば公設の保存鉄道の先駆けであるのに対して王滝村の松原スポーツ公園の王滝森林鉄道の方は平成17年5月第1回王滝森林鉄道フェスティバル開催を契機として、地域の熱い支援を受けながら愛好者団体のボランティア活動の積み重ねにより、毎年100m、150mという具合に少しづつ着実に延長されてきた、文字通り"手作り"の私設トロッコ鉄道である[61]。観光運行用に新造された「北陸重機製の５ｔディーゼル機関車」を導入できた赤沢に比べ、年代物の古びた林鉄の老朽車両群を自分達で愛情を込めて修復して走行可能にするなど、関係者の粘り強い努力の賜物である。3年に1回開催の森林鉄道フェスティバルでは、枕木を1本ずつ寄付し続けるなど建設に協力してきた会員達がさらに「乗車協力金」300円を支払って乗車を楽しむ。このような今日までの遅々とした敷設の苦労話をお聞きして、著者は地域住民たちが零細な資金を出し合って建設を根気強く進めた光明電気鉄道[62]の苦闘の歴史をふと思い出した次第である。運営団体の植木雅史氏の話[63]ではあと数百メートル延長できれば待望の環状運転が可能になるとして、内外からの息の長い支援を渇望している由であった。

　このように狭い木曽谷の中に、性格を異にする2つの森林鉄道が仲良く併存することは、さすが森林鉄道の本場・聖地たる木曽地域として広く内外に誇るに足ることである。できれば両者・両自治体が情報発信等の面でお互い上手に連携して、相乗効果を発揮できればいうことはない。平成22（2010）年10月10～11日第3回フェスティバルに参加した森口誠之氏も「目の前を行くホンモノの森林鉄道に興奮する」と題して、「木曽森林鉄道で走っていたヤツですよね。大昔、後ろに人を載せ、いや乗せたりしていた。それが40年の時を越えて本当に動いているんだ」[64]と「ホンモノ」に再会できた感想を興奮気味に述べている。

終章 "森の轍" 森林鉄道の非日常性・虚構性　439

　著者は王滝森林鉄道の定期列車運行の最終段階で幸いにも「便乗」許可を得て、辛くも昭和49（1974）年10月15日森林鉄道定期列車の最末期の乗車体験を享受できた。今回関係者の格別のご配慮のお陰で、平成28（2016）年10月9日の第5回王滝森林鉄道フェスティバルでの一般公開を待つことなく、平成27年9月1日の午前中に赤沢森林鉄道を視察したその日の午後に、年若い女子学生たちと約40年ぶりに松原スポーツ公園に保存中の王滝森林鉄道に再度乗車させて頂く機会に恵まれた。この際に多数観光客の観光現象を冷徹に観察すべき観光社会学者として本書執筆の契機ともなる大きな衝撃を受けた。前述の森口氏と同じく絶滅種と思っていた前世紀の遺物の動態保存と体験乗車の嬉しさの余り、随喜の涙を流したという著者個人の衝撃ではない。年配者に囲まれての赤沢乗車の際には全く感じなかったが、王滝森林鉄道の狭苦しい車両に学生たちと同乗して、著者一人だけ「非日常性」感覚の大きなズレの存在を実体験することとなったからである。

　同行の女子学生達は、絶叫型遊戯鉄道の生涯延べ乗車回数では目下年齢制限を受けて停滞中の著者の到底かなうところではないが、真正なる特殊鉄道乗車はほぼ未体験であろう。生まれて初めて森林鉄道という異形・異様なシロモノを見せられ、不本意な乗車を強制？された若い女性の意外な"拒否反応"[65]という、予期せぬ奇妙な観光現象に対しての衝撃である。[**写真−27**]のように折しも降り止まぬ小雨の中、王滝森林鉄道の古色蒼然たる保存車両に恐る恐る乗り込んだ女子学生達の第一声は「虫がいる！」であり、長らくの沈黙の後、突然に赤錆びた細いレールの上を心もとない古びた老朽車体がよたよたと走り出した途端、「揺れる！」「ヤバイ！」などという甚だ想定外の拒絶反応の続出であった。

　どうやら彼女たちの感じる森林鉄道の乗心地（accommodation）たるや、夢に見てきた「非日常世界」にしばし酔いしれた著者とは正反対の最低レベルに近い水準であったようだ。学生たちは翌々日3日公民館で訪れた王滝村内9地点の観光資源評価を多数の村民の皆さんに発表したが、最高点は滝修行の聖地・清滝で、ドングリの菓子なども高得点であった。心密かに観光振興の切り

[写真－27] 王滝森林鉄道（保存）ヘコワゴワの乗車風景
（平成27年9月3日松原公園で著者撮影）

札として期待していたエース級の林鉄が上位に入らなかったためかどうか、「発表を聞いていた村職員ら約20人は意外そうな顔」[66]だったと地元紙の記者も報じている。

　そもそも大都市の近代的高速鉄道には非ずして、大自然の中を往くワイルドな森林鉄道の車内に各種各様の野生の昆虫や野草が自由自在に飛び込んで来るのは当然の成り行きで野趣溢れる「しつらえ」である。また本来旅客を乗せない建前の貨物専用の鉄道への乗車を特別に許可されるという多分に恩恵的な「便乗」である以上、そもそも乗心地の良し悪しなど考慮外のはずで、往時は「生命の保証せず」とさえ注意を喚起したほどの尋常ならざる振動と摩擦音こそリスキーな森林鉄道便乗の醍醐味…というのが、森林鉄道を知る著者ら旧世代の常識であろう。また同じく特殊鉄道たる殖民軌道雪裡線の事例では距離が28.8kmと長く、「中幌呂から釧路まで大人一人五〇銭で、時間はおよそ八時間を要した」（鶴居, p240）ため、長時間「風雨に曝されつつトロッコの上に

うずくまって往復」(鶴居，p240) するのに慣れていた。このため昭和16年雪裡線運行組合二代目組合長藤村敏一が初めて運行した「自動車を改造した粗末な」(鶴居，p240) 旅客車 (ガソリンカー) でさえ、「当時は屋根の掛かった客車らしいものが珍しく、住民の好評を得た」(鶴居，p240) という。つまり当時は雨露がしのげる屋根があるだけでもとても有り難かったわけだ。

　しかも由緒正しい帝室林野局の流れを汲む王滝森林鉄道伝来の年代物の「本物」の車両と軽軌條という「真正性」ある素材をそっくり用いて、数多くの熱心なボランティアが何年もの歳月をかけて手弁当で、旧軌道敷であった現地に相当する松原スポーツ公園に往時そのままにほぼ忠実に再現した正真正銘の正統派の保存鉄道であって、営利目的の遊園地の「まがいもの」[67]の類とは格が違う。観光社会学の視点でいうなら定評ある英国流の保存鉄道と同程度に、西欧の価値尺度でもまさに「真正性」(authenticity) あふれる「本物」の観光コンテンツということになるはずである。

　しかし彼女たちは、あたかもどこかの有名テーマパークの完全にコンピューター制御された現代的遊戯施設にでも乗る感覚、いわば日常的な行楽気分の延長線上で国宝級の森林鉄道に乗り込んだかのようである。その結果、彼女たちの感じた森林鉄道なるシロモノは同乗した著者の観察では、①レールの規格が相当低い。②保線状態が劣悪。③老朽化した木造車両の木製の椅子は直角で堅く、クッションが一切なく座り心地が極端に悪い。④揺れを抑制する装置が皆無で車体が前後左右に不気味に揺れ動く。⑤ギシギシと妙な摩擦音を立てる。⑥窓にガラスがなく、室内の気密性が保たれていない。⑦雨水や昆虫が車内に這入り放題で居住性が最悪。⑧それでいて、超低速ののろのろよたよた運転のため絶叫型コースターのようなスリルも一切ない。以上の理由により、「真正性」ある観光鉄道に対する彼女たちの採点結果は、森林鉄道の側で歓迎の手？を振ってくれた王滝村の「ゆるきゃら『くりぴー』がとび跳ねる姿」[68]に歓声をあげ、彼女たちの合宿レポートにおいても「くりぴー…ゆるきゃらがいることでテンションが上がる。触れ合いたくなる」[69]と「良かった点」にあげた反面で、「改善すべき点」に林鉄車内で初遭遇した「虫対策」[70]をあげている。

かくして「真正性」を欠く遊園地などの「まがいもの」以下のレベルという著者にとって甚だ心外な結果となったものと推定される。本来、本物の森林鉄道たる「非日常世界」を醸成する野趣・素朴・無骨・荒削り・珍奇・驚愕・感動等の好ましいはずの諸要素が、御嶽山麓で生まれて初めて遭遇した若い彼女たちにはあろうことか偽物との比較上の劣後要因となったようである。これにより、「真正性」ある森林鉄道の採点結果は、「真正性」を欠く遊園地などの「まがいもの」以下のレベルという、いわば悪貨が良貨を駆逐するような意外な結果となった。たとえ「まがいもの」と呼ばれようとも、彼女たちにとって、きっちりと提供される品質がコンピュータ管理された名だたるテーマパーク等が「遊戯鉄道」という名前で、比較的「御手軽」に提供している綺麗で快適な、ほどほどの「非日常世界」で十分に満足できるのであって、ことさらに「真正性」云々などというような「重苦しい」「ホンモノ」である必要性をさらさら感じていないようである。ましてや、「非日常」の程度が強烈な「ホンモノ」であるがゆえに、彼女たちが日常大切にしている「清潔感」などの価値観が崩れて、快適な「日常性」が維持できないようなものは到底許容できないと考えるゆえでもあろう。

　旅先にあって、なおかつ彼女たちの日常性が保持できる条件がいかなるものかは、年配の異性たる著者のよく知り得るところではないが、敬虔なるムスリムにとって礼拝環境やハラール食が必須なごとく、スマホが常時使用できるワイファイ環境や、清潔感ある居住環境などが含まれるのであろう。つまり、彼女たちにとって王滝村での森林鉄道の短期間の乗車体験は快適な日常生活の維持が不可能に感じたのではないかと思われるほど、許容限度を超えた過度かつ過酷な「非日常」体験の強制行為であったと結論できる。

　一方、彼女たちとは世代も性別、諸条件を大きく異にする著者の場合は、おそらく水、空気、最低限の衣食住程度が確保されれば、仮に山間僻地に所在する非電化のランプの湯治宿の老朽建物であって文明的な機器が一切機能しないような一見過酷な環境といえども、昭和20年代の米軍占領下での過去の屈辱的な窮乏生活体験の一端を垣間見た世代の者としては、何のこれしきのことでは

終章 "森の轍" 森林鉄道の非日常性・虚構性 443

自己の日常生活は十分に維持可能であると自負している。そのような"非文明人"の著者にとっては保線劣悪で超低速でもやたら揺れ動く森林鉄道の危なかしい老朽車両は、ガラスがなくて虫が入ろうが、妙な摩擦音を立てようが、脱線でもしては困るからと安全を確認する義務を負う引率教員の特権をフルに発揮して連続して二度乗車してもなお到底乗り足らない、何度も乗りたい…とまで感じるほど、真に快適そのものの「非日常」体験であったことはいうまでもない。木曽谷での1日で異なる2つの森林鉄道の「はしご」体験、異世代の女子学生との狭い社内での短い乗車体験は、観光現象における「非日常」の大きな意味を著者に強く再認識させ、本書を纏めようとの動機を起こさせる絶好の機会となった。

　同僚の磯貝政弘氏の分析によれば、やたらに記念撮影をする女子学生たちのスマホ撮影対象のルールは「いま最も話題を集めているスポット」[71]だそうで、一見女子学生同様に、あるいは枚数では彼女たちを遥かに凌ぐ勢いで、やたらに非スマホの旧型機で撮影をする著者なりのルールの「いま最も消え去りそうなスポット」とは真逆であるということも確認できた。確かに著者が王滝森林鉄道に便乗した昭和49（1974）年当時は前述のとおり新聞・雑誌・週刊誌・ＴＶ番組で林鉄の特集記事を組んでおり、その当時「最も話題を集めているスポット」の一つであったことは否定できず、一連の記事に誘発される形で、名目上は「いま最も消え去りそうなスポット」と称して上司に休暇を申請して現地にかけつけた著者の当時の観光動機と、彼女たちの現在の撮影動機とを峻別することは困難であろう。

　とすれば、森林鉄道・特殊鉄道が世の中のそこそこの話題となり、少なくとも全く存在そのものを忘れ去られないように、関心を持ってくれそうな人々を継続して増やし、各地で次々と新しい森林鉄道・特殊鉄道等の探検ツアーを造成し、関連遺跡を発掘・保存し、さらに赤沢・王滝、屋久島等のようにより本格的に復活・運行させる草の根の動きを加速する方向に本書がいささかなりと関わることができれば…と考えた次第である。

注

1) 伊豆鉄道は不純な意図の特別目的会社にありがちな非公然性選好の故か、情報が極めて乏しい。(拙著『企業破綻と金融破綻：負の連鎖とリスク増幅のメカニズム』、p153)。
2) 『林道事業のあゆみ』日本林道協会、昭和39年、p823。
3) 『藤橋村史 上巻』、p889、Blue Stars：旧藤橋村での馬車軌道計画 – livedoor Blog (http://blog.livedoor.jp/meteor63/archives/51418275.html)。
4) 小林實『十勝の森林鉄道』森林舎、平成24年、p257。
5) 小宅幸一『常磐地方の鉄道』昭和62年、p61。
6) 大正2年5月現在では富北軌道は資本金4.5万円、未成線は山梨県福地〜鳴沢間7哩50鎖、馬匹、軌間2呎6吋、軌條16封度(鉄道省『私設鉄道軽便鉄道及軌道未開業線一覧表』大正2年5月15日調)。
7) 小宅幸一『小名浜・鉄道往来記』平成6年、p44。
8) 小宅幸一『常磐地方の鉄道』私家版、昭和62年、p52。
9) 『王滝森林鉄道廃止反対運動資料関係綴』同事務局、昭和41年(扶桑文庫在庫目録)
10) 所在地、路線名未詳。統計数値は『林道事業50年史』日本林道協会、昭和52年、p264、林野庁監修『林業統計要覧時系列版 1982』林野弘済会、昭和57年、p11に掲載。なお山梨県の三塩軌道の廃止は西裕之氏によれば「昭和44年9月まで」(TM3、p160)と明確にされている一方、昭和40年とも43年とも諸説ある。いずれにせよ最終民営軌道群の一つと考えられる。
11) 竹内昭『南大東島シュガートレイン』岩崎電子出版、平成14年、p17。
12) 神岡鉱山の場合は生活物資の輸送のため軌道の一般公開の地元からの切実な願いを受け入れて、線路、施設の改修、市街地乗りれのため鹿間〜船津町(後の東町)間1.6kmを敷設し、大正11年に神岡軌道として発足した。昭和2年以降には内燃機関車を購入し山間部の住民の足にも活用した。(三井金属修史委員会編「三井鉱山史 奥飛騨の交通発達史」『三井金属修史論叢』第4号、昭和45年9月、p84〜88。また宮内省も森林鉄道計画を「地域住民からの旅客輸送要望が強く」(データ中部、p13)地域と共同出資の地方鉄道たる坂川鉄道株式会社に変更。
13) 明治30年の鉄道会議での免許申請の審査でも「おもちゃ鉄道、遊ビ鉄道ト云フ」(『第八回鉄道会議議事速記録』第11号、明治30年4月5日、p123〜7)べき、観光客の利用を主眼とする遊覧鉄道は「国家必要ノ線」でないとして軒並み却下された。その背景として、第二次産業優先の思想が根強い、明治大正期には観光を蔑視し、国家に不要の存在とする伝統的思考が蔓延していたことがある。
14)15) 『東武鉄道六十五年史』昭和39年、p430。他にも東京宝塚劇場が「アーニーパイル劇場」、京都市の市民図書館が「クルーガー図書館」を名乗らされるなど米軍人名を戴く暗黒時代であった。
16) 東谷望史氏は「A地点からB地点へ実際にお金をもらって運行していた鉄道もあったということです。私たちは隣の町まで出るのに、この森林鉄道の客車に乗って1時間かけて20キロ区間を通っていました。そんな不便な村だったということです」(東谷望史「講演 ゆずの村の産直が村へ人を呼ぶ 1000人の村の観光振興」『北海道大学地

域経済経営ネットワーク研究センター年報』第３号、2014年３月）と、林鉄の有料運行を語っている。
17)18) 『いまいち市史通史編』第６巻、今市市，平成18年，p213～214。
19) 曾孫に当る田中輝一氏の話。大町雅美『郷愁の野州鉄道』随想舎、平成16年，p254。
20) 明治44年５月「軌道条例ニヨラザル専用軌道」として開通した薮塚石材軌道が直後に軽便鉄道法への変更、同年７月免許下付され旅客も開始したものや、鬼怒川水力電気の専用軌道を利用して下野軌道を設立した例など。
21)23)24)25)26)27)28) 「副申」昭和２年９月１日、水窪。
22)29) 「軌道敷設ノ件」昭和３年８月10日両大臣宛知事、水窪。
30) 『林業金融基礎調査報告（七七）』昭和36年。
31) 営業目的を明示せぬ秋田株式会社の朦朧性は受皿会社の特有と見られる。新旧会社方式は拙著『企業破綻と金融破綻－負の連鎖とリスク増幅のメカニズム－』九州大学出版会、平成14年，p107以下参照。
32) 特許を受けた開業軌道に銀鏡軌道組合、未開業軌道に若柳石越間軌道、磐城共益軽便軌道など組合形態が存在した。（『鉄道院年報　軌道之部』鉄道院、明治43年，p170～171)
33) 養老牛線では「養老牛運行組合」が「北海道庁養老牛線運行組合規約」を作成し、公印として「養老牛軌道運行組合印」を押印するなど、法令に基づくことなく法人格もない任意団体の「ゆるさ」ゆえでもあろうか、当事者そのものが同時に様々な組合名称を平然と併用・混用していた（道東への旅 その13 ２日目 殖民軌道養老牛線に関わる情報入手）(http://sentimental-journey.blog.so-net.ne.jp/2009-09-08) 公開画像を解析）。
34) 戦前の鉄道官僚・堀江貞男は専用鉄道の目的外使用の許可基準について「有償の場合は利益を目的とせず実費主義なること」（堀江，p649）などとした。また西鉛温泉の馬車軌道の無許可営業の処罰でさえ、結局「始末書」徴求で矛を収めている。鉄道行政とは異分野の保険行政の例でも営利法人でない非営利の共済事業を従前の保険業法で取締ることは至難であった。
35) 森陽子ほか「四日市製紙専用鉄道の吊橋－富士橋の再評価」『土木史研究　論文集』23巻、平成16年，p51。
36) 拙稿「生保内営林署生保内森林鉄道について」『急行第二いぶき』滋賀大学鉄道研究会、平成12年３月。
37) 大石時治『生保内線案内』抱渓舎、大正12年，p4。
38) 営林署と専用側線を共用するなど取引の濃密な高倉蔵之助（神代村梅沢）は神代駅前の運送部と各種木材、木炭、土石を扱う販売部を兼営（『抱返案内』、巻末広告）しており、当然に「交通機関…遊覧上必要ナル設備ノ調査及奨励」（同上，ｐ１）等を目的とする抱返保勝会の有力会員にふさわしいと思われる。
39) 真正鉄道たる鋼索鉄道を運営する鞍馬寺も乗車に際して利用者に「鞍馬山ケーブルについて…鞍馬山内の堂舎維持のためにご寄付いただいた方に、お礼の気持をこめて、一回ご乗車ご利用いただいております」と、宗教法人としての宗教活動の一環として

の寄付金の受領であって、決して鉄道事業者の営業活動たる有料運行ではない旨、厳密に掲示している。同様な配慮からでもあろうか、仙台市の佛國寺愛子大仏の虚偽鉄道「スロープカー・ナムナム号」も以前は1人片道10円の有料制であったが、その後何らかの環境変化で料金投入口を覆い隠すように浄財箱がかけられ、原則無料に改めた由である。

40) 鈴木昭英「富士・御嶽と中部霊山」鈴木昭英編『富士・御嶽と中部霊山』名著出版、昭和53年、p4。
42) 第6章でみたように、登山口として上松と競合する「福島町民は上松駅より王滝村に対する森林鉄道開通の暁に至れば…御嶽登山の旅客も亦該鉄道を利用する為め将来福島町の衰微を来すものと誤信」(御料、p282)して猛反対するなど、森林鉄道と御嶽登山客との関係は極めて関係町村の関心事であった。
41)43) 生駒勘七「御嶽信仰の成立と御嶽講」鈴木昭英編『富士・御嶽と中部霊山』名著出版、昭和53年、p144~5。
44) たとえば小塩佳司「森林軌道に乗って秘境・魚梁瀬へ」『旅』昭和34年12月、p94、「グラビア 森林軌道に乗って薬研・湯ノ股へ」『旅』昭和36年11月、グラビア、「安田川森林軌道」『アサヒグラフ』昭和37年1月19日、グラビアなど。
45) 『木曾-岩波写真文庫147』岩波書店、昭和30年、p51。
46) 「森林軌道と部落インサイドストーリー」『グリーン・エージ』14(2)、森林資源総合対策協議会昭和39年2月、p52~53。注9)の『王滝森林鉄道廃止反対運動資料関係綴』も昭和41年が起点。
47) 昭和49年6月30日『サンデー毎日』グラビア「ニッポンのミニ鉄道」。
48) 明延鉱山「一円電車」も一般客が殺到して閉山2年前に⑪非公開・便乗禁止となった(岡本、p109)例がある。
49) 小野十三郎は詩集『異郷』で飯田線に乗り換えて、何十番目かの駅で降りて、大きな杉や檜の丸太を搬ぶ森林鉄道に便乗して、木曾路の山奥に入って終着地の伐木場から道らしい道もない山ふところに分け入る旅や、「エレベーターやインクラインや軌道でつながれた」(小野十三郎『異郷』思潮社、昭和41年、p106)「黒四の地下」を描くなど著者同様虚偽鉄道に非日常性を強く認識しているようである。
50) ディーゼル機関車がマッチ箱のような可愛らしい客車を2両、貨車を1両牽引し、時速15キロで1日1往復する。
51) 昭和51年3月17日付熊本営林局人事課広報係返書。
52) 昭和51年3月26日付下屋久営林署庶務課奥課員返書。
53) 『旅』平成4年3月号、p65~。
54) 斎藤保高ほか『知られざるナローたち』昭和56年、丸善出版、p96~7。
55) 森林浴はストレスを軽減させる効果があり、森林内の散策は心理的にリラックスさせるだけでなく、活気も与えると言われる。(大井玄・宮崎良文・平野秀樹『森林医学Ⅱ』朝倉書店、平成21年、p194)。
56) 昭和60年5月22日付宮崎勇長野営林局広報室返書。
57) 「赤沢自然林 式典は10:00から。索道、鉄線で順次送る。林鉄3:00~林鉄はスグ終る

（見学可能）」（昭和60年6月3日付著者日記）。
58）　昭和62年6月10日付長野営林局広報室返書。
59）　赤沢自然休養林のトロッコについて森口誠之氏は「この路線には記念館駅と丸山渡駅の２つの駅があるのだが、私が92年に訪れたときは丸山渡駅で降ろしてくれなかった。…同施設のＨＰを見ると、赤沢森林鉄道は、保存鉄道として１駅のみの周遊運行認可を受けています。丸山渡停車場駅は折り返し点となっており、片道運行の設定はございませんのでご了承下さい…と赤書きして明示している。…何か言い淀んだ表現だ。そこまで気を遣ってるというのは、お役所からの指導を過去に受けたからであろうか」（前掲森口誠之「２点間輸送で移動が発生した場合、鉄道の免許は必要か否か」「さよなら箱根対星館のケーブルカー（ただし鉄道にあらず）」(d.hatena.ne.jp/katamachi/20090513/1242220110)) と指摘する。
60）　林野庁／森林鉄道：林野庁 (http://www.rinya.maff.go.jp/j/kouhou/eizou/sinrin_tetsudou.html)。
61）　「第４回　王滝森林鉄道フェスティバル2013」パンフ、平成25年10月
62）　光明電気鉄道は『静岡県鉄道物語』静岡新聞社、昭和56年、山崎覚「光明電気鉄道」『鉄道ピクトリアル』554号、平成４年１月, p52～53参照。
63）　平成27年９月１日聴取。
64）　「第３回王滝森林鉄道フェスティバルが凄かった！前編とれいん工房の汽車旅12ヵ月 (http://d.hatena.ne.jp/katamachi)。
65）　明治末期に東葛人車鉄道に初乗車した幼女も「鎧戸…で中がうす暗く、スプリングがないので直接線路と車両のひびきがゴトンゴトンと伝わり」終点の「馬込沢につくまで泣き止まなかった」（前掲『法典の昔ばなし』, p78）との伝承がある。
66）　H27.9.26信毎。同傾向の反応の報告例として　「「赤沢森林鉄道」などでは「期待以下」…観光地の評価が「下がる」割合が高い傾向にあり、町並み以外の観光資源が充分に確立されていない」（伊藤恵、松永瑛生、兼井聖太、張桐、佐々木邦博「木曽路の観光地における期待要素と観光地評価との関連性」『ランドスケープ』(https://www.jstage.jst.go.jp/article/jila/75/5/75_571/_article/-char/ja/)) との報告がみられる。
67）　鉄筋コンクリートの大阪城に慣れた観光客が国宝彦根城に上る際にエレベーター設備がないと文句を言うような構図か。
68）69)70)　磯貝政弘「長野県と本学の包括協定に基づく２大プロジェクト実施報告－王滝村の新観光戦略提案事業と峰の原ペンション村インターンシップ事業」『観光コミュニティ学部紀要』第一号、平成28年３月, p121, p126。
71）　磯貝前掲論文, p133。

結論

1.「非日常性」の根源

　本書の結論としての本論では、単なる観光客一個人として観光の対象物は「本物」でも「ニセモノ」でも楽しく興味を持てればそれでよいと考える著者自身の旅の目的として「森の轍」森林鉄道に代表される虚偽鉄道、なかんづく「本物」と「ニセモノ」の境界にあって虚と実とが混然一体となっている"擬制鉄道"のかそけき遺跡に熱中してしまう著者の抱く特異な観光動機である「非日常性」がいかなる意味をもつものか、その根源に迫ってみたい。

　古来地域社会外での神詣・巡礼等に代表される「旅」という特殊な行為は、①地域社会・家族等の相互監視を含む在地性の諸束縛からの解放、②日常業務（労働）からの解放という二重の意味での特殊な解放時間（ハレ）と認識されていた。我が国で「非日常」と「日常」との区別を論じた研究者としてまず柳田國男が挙げらる。柳田は「非日常」と「日常」との区別を折り目・節目を指す概念である「ハレとケ」という日本人の伝統的な世界観として示し、柳田の構想を発展させる形で民俗学や文化人類学等において「聖」と「俗」の観念を説明する際などに広く使用されている[1]。「ハレの日」の意味は「伝統的な日本人の生活の中には日常普段の日とは異なった特別な日があり、その日には人々は労働から離れ、特別の衣服を着、特別の食事を食べ、特別の活動を行う…『俗なる時間』から切り取られ区別された『聖なる時間』としてとらえ…神と人とが関り合い、接触を持つ日である」[2]と説明されている。民俗学者の波平恵美子氏によれば「労働から離れるということは日常性から（換言すればケの状況から）切り離されてハレの状態に入ることを意味」[3]し、「ハレの日」は

「人間の幸せに関するもの、人にとって善いことであり、望ましい事柄に関するもの」[4]に拡張可能と考えられている。

　観光社会学でも柳田流の「ハレ」の概念を、お伊勢参りなど神詣に由来する旅行に援用し、労働から離れ異郷に出た観光客は日常とは異なった特別な「非日常」を本来的に志向するものと捉えてきた。見知らぬ異郷＝「非日常」世界へ旅立つに際して人々は別れの宴を催し、金品や詩歌などを贈ったり、村境まで見送るという特別の儀礼で遇するのを通例としてきた。これらは現在でも職場等での送別会や餞別の習慣として残っている。地域によっては出立した旅人が無事に郷里に戻ってきた際に、異郷での「非日常」生活で一時的に喪失した日常性を取り戻すための諸儀礼[5]も行われて来た。これらの風習・伝統儀礼は当時の日本人が旅というものを日常の生活の時間とは隔絶した特殊な時間と強く認識していたことを端的に示すものであろう。現代でも"舞浜詣"など「ハレ」の行動の最終場面である帰郷の際に近隣・知人・職場の仲間等に分かちあうグッズ・お土産を必ず大量に購入するわが国独特の風習も地域を代表して「代参」した旅人が送別・餞別・帰郷儀礼等を受けた地域への返礼に由来するのであろうか。

2．観光現象における「非日常性」の意味

　これらの先行研究を著者なりに観光の領域に引きつけて、その当時の平均的日本人にとっての「非日常性」とは何か、これを醸成するための仕掛けはどんなものかを考えてみたい。「非日常性」とは字句通りの解釈では日常・普段とは異なる、特別性・異常性・虚構性ということになるから、同じ日本人でも江戸時代の庶民と現代の都市住民とでは「非日常性」の中味は全く異なる。

　柳田國男が設定した概念である「ハレ」と「ケ」、すなわち冠婚葬祭などの非日常的な時空と労働を中心とする日常的な時空との循環のリズムの中に民俗生活をとらえようとした二元論が日本人には馴染み深い。しかし柳田自身による定義は明確ではないとされている。波平氏のいう「労働から離れ、特別の衣

服を着、特別の食物を食べ、特別の活動を行う」[6]特別な日とは貧乏人が夢に抱いてきた「竜宮城」のような金持ちの贅沢な生活をほんの一部、ほんの一瞬だけ味わせてもらえるような、特別の仕掛けを施した消費・遊興・蕩尽をキーワードとする虚偽・虚構の日（決して実際の経済力や豊かさを反映した持続可能な現実の日ではない）である。盆や正月には「よそゆき」と呼ばれる普段は身に着けることのない相対的に高価な衣装を一時的に支給される。しかしひとたびその期間が満了すると、浦島太郎ではないが、はかない夢から覚めたかのように粗末な普段着に着替え、元の質素な生活に必ず舞い戻らねばならないという輪廻転生、循環の宿命なのである。

　元の生活に戻らない極めて特殊な旅に、「死出の山」へ行く「死出の旅」がある。「死出の旅」には葬儀など特別の儀式が存在し、いやでも日常とは異なる特別な時間であることを喪に服する関係者や周辺に強く意識させる特別の仕掛けが必ず用意されている。

　同様に一般の旅における非日常感、すなわち旅人が今まさに特別な時間を過ごしているのだという高揚感をことさらに醸成するために必要な仕掛け・構成要素を列挙すれば、①日常生活との隔絶感、②日常生活圏とのある程度の連続性、③潜入する関門としての結界の存在、④潜入儀式・小道具・効果音、⑤日常圏への回帰義務、⑥回帰儀式・小道具・効果音、⑦特別感・優待感・専有感、⑧五感へのほどよい刺激、⑨現実逃避性、⑩拘束性・不自由性、⑪非公開性、⑫非永続性、⑬夢幻性、⑭虚構性、⑮非公然性など相互に相反する要素を含む事項が想定される。

　これらの諸要素が相互に影響しあって、外部から来た客人に対して、これといった変化もなく毎日くり返される常日頃の、平凡で淡々としたありふれた日常生活の中では絶対に味わうことのない「特別感」である「非日常性」を感じさせているのではなかろうか。

　②の「日常生活圏との連続性」は、①の「日常生活との隔絶感」と矛盾するようだが、かつて自分達にとってごく普通の日常であったモノ、状態や環境等が、転居、経年、破壊等の諸要因で既に日常とはいえなくなった際に、旅先の

風物（たとえば昭和レトロの建築）などにかつての日常（たとえば郷里の生家）を思い起こし思わず感じるような懐かしさ、懐古の情は旅の目的たる非日常性の一つと思われる。

⑤の「回帰義務」は（社）日本観光協会が制定した「ヘルスツーリズム」の定義にも「…非日常的な体験、あるいは異日常的な体験を行い、必ず居住地に帰ってくる活動」[7]と特記されている。逆に、宇宙飛行士等に選ばれて宇宙ロケットに乗ることになった場合など、日常と全く隔絶した、日常との連続性が一切なく、⑤の「回帰義務」も免除（行ったきり）されるような、非日常性の域を遥かに超越した「超日常性」とでもいうべき世界は、大の宇宙愛好家はともかく、飛行機さえ不得手な著者の観光目的には少なくとも該当しない。そして最後に著者が最も重視するのが日常世界から非日常世界へ潜入・ワープするため、併せて無事に日常世界へ回帰するのための⑯特別の乗り物（決して宇宙ロケットの類ではない）の用意である。

3．旅と「日常性」との乖離度

まず旅行者・滞在者等の置かれた環境を「日常性」との乖離の程度如何によって、仮に区分を試みると「準日常性」「半日常性」「異日常性」「非日常性」「脱日常性」「超日常性」などの数段階となろう。

①「準日常性」「半日常性」

「準日常性」「半日常性」の段階では日常生活に準じた、その延長上にあるにすぎない「旅」である。旅から旅を続ける旅芸人、他国稼ぎを生業とする行商人ら旅に生きる職業人にとっては、旅は日常業務（労働）の場そのものであって決して「ハレ」の場ではなかった。現代のサラリーマンも上司から命じられて強いられる業務上出張は表面的には異郷での「非日常」生活のようでもあるが、心が晴れる「旅」とはほど遠い。実は著者もサラリーマン時代に折角の遠方への出張中に寸暇を盗んで幾分なりとも「非日常」の瞬間を持とうと精一杯の努力をしてみたが、旅先の古本屋での若干の掘り出し物発見（ネット普及で

楽しみ消滅）等を除けば多くの場合徒労に終わった。そもそも「旅」とは自己の自由裁量時間の中で日常生活圏を離れるものと解すれば、労働ないし拘束時間の中での業務上出張は純粋の「旅」とは言い難く、いわば行商人らの旅にすぎないゆえ、十分な「非日常感」に浸れないのも致し方ない。まして満員電車での通勤・通学＝痛勤・痛学は日常生活の一部であって「ハレ」ではない。

②有名テーマパークの「非日常」

つぎに「非日常」をお馴染みの有名遊園地を例に考察してみよう。「『非日常』と『日常』とは、対立的な関係にあるのではない。それはちょうど一枚のカードの表と裏のようなもの」[8]と見る長谷川一氏によれば、「『非日常』とは、この語の字句が端的にあらわしているように、『日常にとってなじみのないモノやコト』という否定形として示されるものであり、あくまで『日常』という語を基準としたうえで、これを参照することによってのみ成り立つ二次的な概念である。非日常は日常の外部などではない。日常の一部なのだ」[9]と解される。そして「ディズニーランド的な非日常とは、日常のなかに予定調和的に仕込まれた非日常として、日常を根本から支えている」[10]、「ディズニーランドがわたしたちの『日常』をもっとも純度高く先取りした場所」[11]と主張する。

創業資金の供給に関わった奇縁[12]で開園の数年前から浦安に住み、女子大に通勤する著者の周辺にも散見される週に２〜３回は平然と舞浜に通う「舞浜ゆめの」[13]的重度のリピーター（２パークの年パス保有者）にとって、人生の大半を過ごす場としてのディズニーはいわば「非日常」という名の「日常」なのでもあろうか。

近隣に住む特権で著者も「非日常」の「非日常」なる題材を求め専ら最悪期の大震災・台風・大雪時等のパークの超閑散ぶりを観察するのを旨とするが、稀にしか起らない。大震災直後の平成23（2011）年４月15日ＴＤＬ再開当日の早朝、震災疲れの著者も長蛇の列に並び、キャラクター達の出迎えを受けて勇躍入園した。当時パーク外の姿婆は大震災、ライフライン喪失、液状化、原発放射能、計画停電の真っ最中の地獄絵の世界なのに、結界を一歩入ると平穏無事という「夢かなう場所」が確かにそこに存在した。もちろん「舞浜ゆめの」

ほどでないが、進んで「資本による搾取の恰好の標的」[14]となって開業当初から何回となく来園してきた著者にとっても「非日常」世界から「日常」世界へ戻ったような妙な逆転気分を味わったのは初めてである。ことごとく「日常生活」が破壊され尽した震災直後の居住地一帯は正に「非日常」世界そのものであり、逆に須藤廣氏により「空間の虚構化のテクノロジーと虚構消費の深化」から構成される「虚構観光システム」[15]とされた観光資本による"虚構の世界"こそが夢と希望に溢れた平穏な「日常」世界であるという、摩訶不思議なる逆転現象が生じていたからである。著者もパーク内に滞在した数時間だけは3月11日以降に累積した不安・不平・不満・不自由等の悪感情[16]から一切解放され、教科書が教えるテーマパークの癒し効果を文字通りフルに享受することができた。長谷川氏は「今日ディズニーランド…とその外部、換言するなら、『非日常』と『日常』とのあいだには本質的なちがいはない」[17]と主張するが、著者はこの貴重な自身の逆転経験から「非日常」「日常」の絶対的区分などはあまり意味がなく、所詮は人間の相対的な感覚にすぎないものと考えを改めるようになった。

③「異日常性」という表現

山田桂一郎氏など論者[18]によっては「非日常性」とは別に「異日常性」なる概念を唱えている。前項で分析したテーマパークや、ハロウィーン行事など各種イベントなどのように日常の生活にないもの、それ自身珍しいもので観光（sightseeing）の対象となるが、その地域の生活文化と直接的な関連を持たないものだけを「非日常性」と解して、例えば都会人にとっての田舎生活、田植え、地引網、蕎麦打ちなどのように地域住民にとっては日常的な活動であるが、地域外の者にとって珍しく体験してみたい日常生活とは異なるライフスタイルを「異日常性」と解して両者を区別する。この考え方では観光客は非日常性より異日常性の豊かさを追い求めるものとされ、異日常性の豊かな土地に何度も訪れたくなるものと解している。

若年層の多くのリピーターを確保しているという点ではディズニーランドやＵＳＪなどの「非日常性」を売り物とする施設の信者（固定ファン）づくりの

実績を無視できないし、近年のアニメ主人公等への仮装に憧れて渋谷や舞浜に続々終結する若者達のハロウィーン熱の爆発的流行現象を十分に説明できないと著者は考えている。

4．「日常性」と「非日常性」の同質化

　柳田國男が「祭礼その他の晴の日の式といふものは、其自身が昂奮の力を有つて居た」[19]と提示した「ハレ（晴）」の場では衣食住や振る舞い、言葉遣いなど、普段の「ケ（褻）」の場とは明確に区別されていた風習が近代化によって、「褻と晴との混乱、即ち稀に出現する所の昂奮といふものの意義を、段々に軽く見るやうになった」[20]として区別の曖昧化が進んでいると分析した。近代までの旅での日常と非日常との区分はきわめて厳格に扱われていたかもしれないが、古く柳田國男がハレとケの区別の曖昧化など近代化による民俗の変容を指摘したように、現代においては日常と非日常との区分は多分に主観的なもので、相互に転換ではなかろうか。

　そこそこの文明人と自覚している現代人にとっては、衣食住や移動等において文明生活としての快適な日常性が必要最低限は確保されなければ、利便性の欠如というマイナス要素の方が「非日常世界」で得られるプラス要素より大きくなってしまうこととなろう。この日常性なる足枷を旅行中にも持ち込み、ずっと保持しようと考える程度やその必要条件も個人間、男女間、さらに地域間、世代間、当然に各宗派間等で大きく異なる。

　著者の幼少期を思い返すと、生活水準がきわめて低く、甘い物など滅多に口に出来なかった戦後の物不足の時代に特別の日、たとえば学校の記念日か何かに押し頂いた（恐らく地場の無名の）「紅白の饅頭」などの有り難さは格別のものがあった。しかし、その後の近代化で生活水準が向上した昨今では、つまり「ハレ」と「ケ」の越え難い隔絶が平準化されてしまった現代社会では、人々が「非日常」と感じるような機会は滅多なことでは訪れなくなったのである。占領下で四等国民扱いされ、日本文化そのものを完全否定された上に社会

資本整備が最低レベルという物心両面で劣悪環境のもとで生まれ育ったため、文明人としての日常生活の要求レベルが格段に低い著者の前後の旧世代と、平成２ケタ前後の世代とではお互いに認識する「ケ」の範囲が大きく異なる。近代化によって、旧世代ではめったにお目にかかれない「ハレ」の日だけの特別の衣食住（たとえばバナナ・玉子・牛乳の類）であったものが、新世代では当然のように「ケ」の範囲に包含されて「日常」化しているわけである。逆に夜間での昆虫の飛来、停電の発生など、旧世代では「日常茶飯事」であって、とりたてて不快に感じることのない軽微なマイナス要素が、新世代では「まれに出現する」「異物」「異常」事態と深刻に受け取って過剰に反応する（と旧世代の著者には映る）。つまり柳田の見たように「非日常」と「日常」との領域の想定範囲は近代化によって日々大きく変化していくのである。したがって「非日常」をウリとする観光も大きく変化せざるをえない。

　平成13（2001）年「観光における非（異）日常性と日常のボーダーレス化」現象を論じた海老澤昭郎氏によれば、①日常生活のレベルアップ、②価値観の多様化と観光経験の蓄積、③生活様式の変化、④技術革新、⑤流通の発達などの結果、「昭和30年代は旅行に行くこと自体が非（異）日常であり…夢の空間としての旅館の非（異）日常性は相対的にどんどん減少」[21]したとする。海老澤氏は「かつての団体旅行は激減し、個人旅行が主流になっているから、自分という切っても切り離せないまさに日常という存在を中心に観光旅行が考えられるのだから、観光に日常性が持ち込まれるのは当然のこと」[22]と分析した。しかし海老澤氏の説く近年の「非日常と日常のボーダーレス化」なる現象について、柳田國男は早くも昭和６年刊行の著書で「汽車の中」の「我儘」という表現で「此流儀は少しづつ独り旅をする者にも移つて行つて、出来るだけ自宅と同じやうな生活をすることを、交通の便だと解して居る者も稀で無い」[23]と彼らの「我儘」ぶりを非難している。

　100％ちかく自己流「日常性」をゴリ押しで確保した異邦人の長期滞在例も存在する。たとえば昭和20年占領軍が日本に進駐してきた時、軍隊としての戦闘能力を最高度に発揮させるため、本国の生活程度に極力近付ける努力がなさ

れた。その結果、接収した和風の数寄屋建築でさえペンキでド派手な原色に塗りたくり、見るも無残な改造を施してまで、彼らが文明的と信じる本国での日常性を強制的に確保しようとした。日本趣味あふれる粋な数寄屋建築など、文明人には一切許容できぬ「四等国」の野蛮な荒ら屋と見做して接収住宅に入居した駐留米軍の将校・家族連中は遠慮がちな旅行者・賃借人にあらずして、軍事力をもって異国を強制的に統治する占領者という最高権力者の立場で接収・乗り込んで来たのであったから、彼らの「非日常性」の強権的な徹底排除もむべなるかなである。

著者には観光に日常性を過度に持ち込もうとする輩の好き放題の言動が柳田のいう「我儘」と映り、かつての占領軍の蛮行と二重写しに見えるのは、占領軍に支配されサンマータイムをはじめ施設名から台風名まで米国流に変えられ、日夜FEN放送の雑音楽を聞かされ続けた屈辱の歴史を肌で知る旧世代ゆえのひがみでもあろうか。

5．非日常性を味わう疑似体験装置としての茶道

非日常性を味わうのは「旅」だけの専売特許ではない。池田光穂氏の提唱する「虚構観光」は宗教、薬物利用、精神分析・深層心理学、疑似体験メディアなど即物的な空間移動を伴わない観光的体験を「フィクショナル・ツーリズム」[24]として類型化を試みた。著者は我が国の伝統文化である茶道もフィクショナル・ツーリズムの一形態であると考える。すなわち「非日常」と「日常」との区別を重視する茶道では「市中の山居」をキーワードとしてきた。「市中の山居」とは都会にいながらにして山里の風情を味わうとか、都市の中に設えた山里の住まいというような意味であろう。利休は都会にいながらにして山里の風情を味わう「市中山居」という非日常を醸し出す一種の「虚構」を新たに構想して、現実は市中にありながらも、あたかも深山の静寂の中に遊ぶかのような爽快な気分にさせるための茶室や周辺のしつらえに創意と工夫を凝らした創始者とされている。利休が生きた15世紀ころの堺の豪商たちの間で裏庭に茶

室を拵え、樹木を植栽して山里の風情を演出し、茶会などを催すイベントが流行した。南蛮貿易などで活躍する堺の豪商は今様・総合商社の如き機能を果し、ハイテク産業（鉄砲の輸入・製造・販売など）にも深く関わっていたから、日々異文化や高度な技術に接するストレスに晒されていた。利休の「市中の山居」という「しつらえ」（装置、仕掛け）による「山居」の気分は意図的に醸し出された全くの虚構、俗世とは離れた幻想を生む仕掛けで、真実は依然として「市中」に身を置いているのに過ぎない、いわば架空の空想旅行を味わう、現代風にいうならバーチャル・リアリティの如き「非日常」発生装置で、暫しビジネスのストレスから解放されたことであろう。

　こうした茶道の本質と観光現象との相似性を分析した和歌山大学の竹鼻圭子氏も「山里を思わせる露地を通って、外界から遮断され、彩光もほとんどない茶室に入る…亭主も客も、茶の湯の世界にのみ通じる『茶名』が象徴する、俗世とは離れたキャラクターであり、変容した自己表出を満たす。このように、茶の湯あるいは事象としての茶事は、観光に求められる要素を、あたかもミニアチュアのように、満たしているのである」[25]と両者の類似性を指摘している。

6．著者の希求する「非日常性」「虚構性」

　「真正性」といった西欧基準で日本の近世以降の観光現象をも把握出来るとするのはいささか単純化に過ぎるのではないかと著者は考えている。多くの「ニセモノ」が併存するから、希有なる「ホンモノ」が光り輝くのは贋作が横行する書画骨董の世界だけではない。江戸時代の庶民は遠くにあって容易に手に入れられぬ「ホンモノ」の代替品として日常的に「ニセモノ」を愛用して、観光においても「旅の疑似体験」で十分満足してきた。伊勢参りが叶わぬ高齢・病弱の身で、せめて愛犬に代参させようと送り出せば、道中では見つけた民衆が迷い犬を優しく伊勢へと順々に誘導する文化が根付いていた。「ホンモノ」と「ニセモノ」が織りなす虚々実々、虚実混淆の世界こそ恐怖と歓喜がまじりあい、まことに興味が尽きぬ超常・魔性の世界ともいえよう。

(1)「超日常性」世界

　日常生活を遥かに突き抜け、日常の完全な外部・埒外に存在する「超日常性」ははたして快適な旅となり得るかどうか。海老澤昭郎氏は「南極のような人跡未踏の秘境など、冒険旅行の範疇に入るツアーにすら、まるで日常生活の延長であるかのように誤解し、参加してしまう観光客が出てきている」[26]と警告している。全くもって意気地無しの著者と、怖い物無しの冒険家・登山家の三浦雄一郎氏とでは快適と感じる「非日常性」の範囲が同じ日本人男性でも全く異なる。三浦氏が旅の目的地として好むであろう厳寒期のエベレストなどは、著者にとっては鍛練・冒険・探検の域すら遥かに超越した異常・即死の「超日常性」世界への死出の旅を意味する。また冒険家・金満家の堀江貴文氏[27]が大金を払っても観光旅行に行きたいと語っている宇宙の彼方も、過去の苦い搭乗体験から通常の飛行機すら忌避するほどの臆病者の著者には、仮に先方から搭乗手当として大金を支払われたとしても金輪際ロケットなどに搭乗する気にはなれない。逆に著者が長年選好して来た鈍行列車での貧乏旅行などにお誘いしたと仮定しても、両氏にとっては金を貰っても嫌かもしれない。

　三浦氏自身の話ではエベレストは危険な場所というより、地球上で最も宇宙に近い場所で、宇宙・神の存在を肌で感じる彼岸である。敬虔な仏教徒として輪廻転生を信じ、生まれ変わって何になるのかが楽しみな氏は少しも死の恐怖を感じず、ヒマラヤの神から招かれる神聖な場所は年をとっても、いかなる困難を克服しても、何度も行きたくなる約束された旅の目的地だという[28]。彼が単なる向う見ずの猪突猛進主義者ではなく、彼の宗教観に基づく信念の行動だったことがよくわかる談話である。ただし御嶽山か立山の山麓を走る軌道の旅程度で十分満足してきた著者に万一お誘いがあっても同行は丁重にお断りする。

(2)「非日常」と「虚構」とを繋ぐ「神秘性」「霊異性」「非公然性」

　非日常と類似の概念に「超自然」(paranormal)「超常」がある。ふつうの、平常の状態を超越した摩訶不思議な領域を指す用語である。「非日常」の用語

が「日常」と容易に入れ替わり可能なレベルの対比であるのに対して、「超自然」「超常」は日常との遊離の程度が飛躍的で容易に越え難いものを突き抜けており、かつオーソドックスな科学の知見では合理的に説明できない、虚偽レベルのものと考えられる。

また「神秘性」「霊異性」とは人間の知恵では到底計り知れない不思議なことを指し、多くの場合神仏など何かあるようにも感じられるが、実体としては捉え難い現象をいう。観光ではパワー（霊力）スポット等と称されるスピリチュアル（宗教・聖霊）領域などがこれに関係する。古来日本人が観光目的地として好んで来た「神域」「霊地」「霊場」「霊山」「霊泉」等の特別の場所がこれに該当しよう。

いずれも現代科学のみでは十分に説明し兼ねるような虚偽的側面を多分に包含した概念と考えられる。したがって事実関係が科学的に、論理的に、すべて開示されているわけではなく、むしろ説明されない、開示されない秘密のベールに包まれた非公然部分を多く残している。ここでの「非公然」の意味は公然と名乗り難く世を忍ぶが如き反社会性を指すのではなく、法律の世界でいう「公然性」（ある事柄を不特定又は多数の者が認識できる状態）の逆、内容が人目を避け隠れているため、ごく一部の特定者しか認識できず、外部からは判然としない状態をいう。非公然性の具体的要素として閉鎖性、非公開性、秘密性、珍奇性、短命性、危険性、朦朧性、幽寂性等が考えられる。

旅行者にとって親切な観光案内が増えて、当地の情報開示が進むことは一般論としては歓迎すべきことではある。しかし観光現象は一筋縄では行かない部分があり、すべてを公開し、開示し尽くせば解決というわけではない。「一見さんお断り」とか、非公開寺院とか、秘仏とか、何年に1回ご開帳とか、提供される情報が断片的で全貌が把握できないなどの適度の不親切さが逆に旅行者にとって解明し難い"謎"の部分が残る結果、ある種の欲求不満が生じて、なんとか答えを出したいという人間の知的好奇心・探求心を強く喚起することも少なくない。夙に観光における非日常性に着眼した木村尚三郎氏も「これからの観光では、もっと知的な勉強、つまり『ためになる観光（自分の知識欲を

満たし、ノウハウを得る)』を目指す」[29]べきとの提言をしている。一例を挙げると、神社仏閣の多い京都はそれだけでも十分に霊異性に富む魅力的な場所柄であるが、とりわけ中枢部に住まいするピュアな京都人の素直に本音を語らぬ摩訶不思議な唯我独尊的・排他的・閉鎖的言動が優雅な京都弁とは裏腹に他国者には真意を理解し難く、いやがうえにも神秘的に映る結果、一部に「京都嫌い」も生む反面、独特の魅力を感じて是非とも京都人の非公然性を解明したいと考える、熱心な京都崇拝のリピーター[30]をも中高年を中心に多数増殖させるのである。

(3) 深山の奥に潜む森林鉄道の「非日常性」

こうした「非日常性」と「虚構性」とを繋ぐ「神秘性」ある特殊な「物神崇拝」[31]的観光の一例を崇拝者の一人である著者自身の特異な個人的体験として本書第二部に詳述した。一人の観光客として著者の好奇心溢れた「まなざし」の先にある執着・愛着物たる特殊な鉄道の代表格である森林鉄道の所在地は樹齢何百年もの古木が繁茂する深山、その多くは山岳信仰の対象ともなった霊山の麓を運行していたが、北海道の未開地を走った殖民軌道と同様に極めて情報が乏しく、多くは謎めいた非公然な存在でもある。しかも一部の路線では客車を連結して便乗を許可し、有料の乗車券すら発行した"擬制鉄道"でもあった。これらの中には日常生活で利用する普通鉄道とも連絡・接続する路線もあって、かつては探勝客・湯治客に利用された観光鉄道としての側面を持つ事例も少数ながらみられる。

しかし、普通鉄道の法制上は無免許の違法営業行為というほかなく、非公然性、虚偽性の高い"キワモノ"観光（あえていうなら fetishistic tourism）とでもいうべきものでもあった。すくなくとも権威ある観光社会学の教科書が指し示すような、観光客が追い求める「真正性」ある観光対象とはどう贔屓的に観察してもほど遠く、「紛い物」「如何様（イカサマ）」的存在であることだけは間違いがない。かように「神秘性」「霊異性」ある森林鉄道の虜（とりこ）になり、その「虚構性」に夢中になった著者個人は、他者（正常な鉄道愛好者を含む）からは十分に理

解され難いかも知れないが、言い知れぬ非日常性を感じて心を奪われ、何とかして謎を解明して、全貌を明らかにしてやろうとのはかない妄想を抱き、著者なりに空しい努力を重ねて来た。しかし山奥にひっそりと隠れた非公然な存在ゆえに元来が資料乏しく、加えて関係者の高齢化・死亡等により、解明の困難性は年々増すばかり。元来の鉄道主義者の意地として車も免許もなく、雑木が生い茂り草蒸す廃道跡を一人歩くしか移動手段のない腰抜けの年配者には離村した廃屋の痕跡があるだけで凶暴なクマ・イノシシ・サル等が跋扈する野獣支配地域への立入調査とてままならず、依然として民有林の森林鉄道・軌道という未解明の"暗黒大陸"がそっくり手付かずのまま残っていることは、肝心の運営主体、開設年月、廃止年月、経由地等の基本情報すら定かでない、あやふや路線が少なくないなど、第二部の記述の朦朧性が示す通りである。

　野獣支配地域へも敢然と立入調査を長年継続されている斯界の先達「ヨッキれん」こと平沼義之氏も『国有林森林鉄道全データ（東北編）』の書評の中で「この地図を鵜呑みにして探索を行うのは危険だ」[32]と批判した。その理由は「橋の位置はもちろん、沢の右岸左岸のどちらを通っていたか、沢底からどのくらい高い所を通っていたかというようなことは、本書の地図からはほとんど把握出来ない」[33]と述べ、「この点についてはがっかりしたと同時に、我々の＜探索を行う＞最大の楽しみが奪われなかったという安心もありました（笑）」[34]と本音とも取れる発言をしている。つまり、万一森林鉄道の全データが100％全面的に開示された事態を想定すると、謎の暗黒大陸を探険する楽しみが半減（消滅）するわけであろう。かかる森林鉄道の非日常性、朦朧性こそが斯界の旅行者（平沼氏の如き探険家を含め）の挑戦すべき課題、探険の主要な動機であることを示している。

7．非日常性を求めて旅する観光客は本当に真正性を探求するか

　「本物指向の観光客」という流行の字句があるが、一方で観光客は小説の中の主人公になったような感動を期待してストーリー性（物語性）を求めている。

ストーリーには作り話、うその意味がある。近現代の観光客が日常の生活の場を一旦離脱してまで、見知らぬ遠くの旅に出ようと決断する動機は日常とは異質な魅力ある世界に身を置こうとするだけの妖しい吸引力が彼の地にあると感じるからであろう。日常世界に実在する人々は不動の大地に根をおろし、大地に根付き、汗水を垂らして、その土地に生きる恒久的な「真」の生活者である。これに対して一時的に街道を通り過ぎるだけの「旅の人」は、風習や物の考え方を異にする「他国者」のニュアンスを色濃く含み、たとえ暫くの間滞在したとしても、やがて当地を立ち去るべき「虚」の臨時的滞在者・居留民のことである。

　観光客は現実の日常世界からの離脱を志向して、在地性を自ら返上してまで、当地を暫時の間離れて他地域、他国を通過する人々で構成されている。現実の日常世界の中に実在する生活者・住民を「公然性」ある「実」的な存在とすれば、観光客は非日常世界の中に仮に一時的に置かれ、恒久的には存在しない「無宿者」「遊芸の徒」的な「非公然性」を有する「虚」的な存在ということになる。したがって在地性を自ら放棄し、本来あるべき地域を一時的に遊離・逸脱し、当地を瞬間的に通過するに過ぎない「旅の人」は在地性がなく、「虚」的な「非公然」的存在としての非生活者であり、堂々と「真正性」を主張するだけの資格も、能力も、意欲も本来具備していないのではなかろうか。

　そもそも観光や休暇（vacation）の動機そのものが、「行方定めぬ」浮遊性、遊戯性、娯楽性、虚無性（vacancy）、逸脱性、反体制性を具備した「非公然性」に起因しており、切実感に溢れ切迫した義務感のあるような実需性に乏しく、二重の日常性の桎梏から解き放され、鳥のように自由の天地に遊ぶ旅人はとかく「非日常」を謳歌しようと羽目を外し、羽根を伸ばそうとする傾向があり、「旅の恥は掻き捨て」との言葉があるほど、しばしば虚偽の情報に踊らされ、浮かれ出した「ええじゃないか」のごとき不和雷同性、騒乱・騒擾性をも伴いがちである。昨今のハロウィーン特有のスタイルで厚化粧し、仮装し、仮面を被って、遠方からもお目当ての"解放区"たる渋谷・舞浜・安治川口界隈などに仲間と示し合わせて大挙繰り出し、束縛された日常の自己本来の姿形

から完全に遊離し、恰もアニメの主人公か魑魅魍魎の類にでも変身したかのような解放的な気分で自由奔放に踊り騒ぐ今時の若者らの虚偽・虚構的行動にも同様の「非日常」を求め、日常生活との差異を感じて、特殊な時間にいることを強く認識し開放感を存分に謳歌する日本人の伝統としての「ええじゃないか」的傾向が多分に窺える。

　こうした観光現象を規定する本源的で避け難い虚偽・虚構的性向は、いずれも「真正性」とは親和性を欠いているものが多い。「虚」の「旅の人」である観光客の視点に立って考察すれば、まなざしをむける先の観光対象にとって「本物」「正解」は一つとは限らず、多種多様に存在するはずであろう。したがって「本物」と「ニセモノ」の境界も狭く考えず、かなりの幅で許容範囲があると考え、双方の中間に曖昧模糊とした中間形態（twilight zone）の存在を許容すべきであろう。

　正か邪か、単純な二者択一でなく、現実（本物）ではない架空（ニセモノ）の世界を、そうと知った上で受け入れて、ニセモノの効用をも余裕をもって楽しむべきではなかろうか。真っ当な本物だけの純粋な世界だけが楽しいわけでなく、多種多様な不純物が混入している現実世界は本物とニセモノとが入り乱れ、どこまでが真実でどこからが虚偽なのかの境界も不明瞭で、玉石混淆というか、無秩序、未分化の混沌状態で虚と実とが融合して混然一体となっているカオスのようなものである。「本物」だけが観光目的だと決め付けて、一神教的「真正性」原理主義を採る結果、自己の判断によらず特定の権威者による"観光格付"を絶対的な教義と考え、その上位ランクのみを機械的に自己の観光目的地に組み込むが如き教条主義的立場は、極論すれば世界遺産に登録し得ない「常若」の神宮をも目的地から排除しかねないなど、自由な観光市場を拘束すると考えるのが著者の結論である。

8．"擬制鉄道"の真の意味

　それでは著者が本書の第二部で「非日常性」の極致と感じて自己の観光目

としてひたすら追い求めた「擬制鉄道」の真の意味合いを結論の最後に提示したい。第二部第1章での著者の一応の定義は「虚偽鉄道」が継続・反復して便乗、目的外使用等の手段により実質的に旅客運輸の"ヤミ営業"を行って恰も「真正鉄道」であるかの如く仮装し、外観上区別が困難な場合の呼称としていた。これらを違法行為として問題視して取り締まろうとする鉄道監督当局の視点からは唾棄すべき「ニセモノ」であるが、交通の便に恵まれぬ僻陬の地域コミュニティにとっては地域に不可欠な交通資源として「真正鉄道」と寸分たがわぬ社会的共通資本と見做していた。

しかし、素材となる「虚偽鉄道」の多くは、企業等が自己都合で自家用の専用軌道として敷設した低規格・低コスト等を旨とするLCCであり、地域住民の期待する輸送サービスを提供するだけの設備内容を当然に具備はしていない。著者は前著『観光デザインとコミュニティデザイン』の中で、観光デザインとコミュニティデザインとの間に生じかねない不調和の克服のため"観光デザイナー"が果すべき地域融合型観光ビジネスモデルの創造者としての役割を解明しようと試みたことがある。

これと同様の発想に立脚すれば、「虚偽鉄道」は林業者・鉱業者など自家用軌道敷設者の経済合理的な企業デザインに準拠しており、地域コミュニティが思い描く住民本位のコミュニティデザインの内容とは遊離・隔絶している。双方のデザインの間に生じる不調和の克服のため様々な経緯を経て、地域融合型ビジネスモデルとして本書のキーワード・「擬制鉄道」が誕生したとは考えられないだろうか。とりわけ第一部第4章で紹介した平井土工森林組合の犬引きトロ便乗による王余魚滝探勝や、第二部終章の生保内森林軌道の手押トロ便乗による抱返渓谷探勝などは当時の鉄道省も官製『日本案内記』等で推奨するなど観光鉄道として一定の評価を得た「擬制鉄道」であった。ほかにも同種の観光鉄道がまだまだ存在した可能性のあることを第二部第7章での民営の森林鉄道・軌道の中間的な探索結果が示している。

しかしクマも出没する深い森の暗い闇と体力、気力、歩行力の経年劣化・消失等に阻まれ、非公然領域を明るく照らし出す（クルマも持たぬ）著者の探照

灯の能力の限界や探索努力が及ばず、はたしてどのような知恵者たちが不調和を克服し利害関係者の対立を調整してかような地域融合型観光ビジネスモデルにまで仕上げたのかまでは結局突き止めるには至らなかった。しかし彼らが鉄道監督当局から「ニセモノ」呼ばわりされることを承知の上で、かように魅力的な観光商品を造成し、少なからず地域振興に貢献した類希なる"観光デザイナー"でもあったことはほぼ間違いなかろう。

「ニセモノ」であるがゆえに、本物以上に楽しいなどと勝手なる持説を主張して、恐らく「ニセモノ」呼ばわりされかねない拙著の擱筆を了した著者としては、ここらで長旅の疲れを癒すためにご町内の「疑似温泉」[35]巡りで「真正温泉」との違いか、はたまたご町内の鉄道巡りの旅に出て「真正鉄道」ディズニー・リゾート・ラインと、「虚偽鉄道」ウェスタン・リバー鉄道、ディズニー・シー・エレクトリック・レールウェイとの違い、さらに隣ムラまで遠出して行徳橋から浦安まで延長予定の人車鉄道[36]と簡易軌道との違いでもじっくり観察することとしよう。

注
1) 和歌森太郎『年中行事』至文堂、1966年，p10。
2) 波平恵美子『ケガレの構造』青土社、昭和59年，p22。
3) 波平前掲書，p197。
4) 波平前掲書，p26。
5) 「サカムカエ」「お講びらき」「ハバキヌギ」等の名前で呼ばれる行事は集落内に悪霊が侵入するのを防護する「塞の神」の鎮座する村境において「伊勢参宮などの社寺参詣や長旅の所用から郷里に帰る村人や家族を、親戚知友隣組一同が出迎え…疲労も募り、体力も衰えたであろうことを懸念して…おおいに栄養を補給」(桜井徳太郎『民間信仰』塙書房、昭和43年，p30)させる入関・検疫の意味合いを含む内容であった。
6) 桜井徳太郎、谷川、坪井、宮田、波平ほか『共同討議　ハレ・ケ・ケガレ』、青土社、1984年，p23〜25。
7) 篠原靖ほか編『ヘルスツーリズムの手引き』日本観光協会、平成22年3月(http://www.nihon-kankou.or.jp/jirei/kako/pdf/20090701000000.pdf)。編者の篠原氏自身のご説明によれば旅先での健康的な非日常体験の良き習慣を、日常生活に戻った際に忘れず実践し続けることこそヘルスツーリズムの極意であり、その意味から特に回帰義務を明記したとのこと。

8)11)17) 長谷川一『わたしたちはなぜディズニーランドへゆくのか－遊園地の政治学①～⑥』大修館書店、⑥（http://www.taishukan.co.jp）。
9)10) 前掲長谷川③。
12) 拙稿「海浜リゾートの創設と観光資本家－東京ベイ臨海型テーマパークの魁・三田浜楽園を中心に－」『跡見学園女子大学マネジメント学部紀要』第7号、平成21年3月。
13) ＴＤＬ開園30周年記念ＣＭアニメの主人公の名。アニメを解析した長谷川氏は「非日常を体験させてくれる日常とよべるほど深くなじんだ場所」への「『年パス』（年間パスポート）さえ所持しかねないような中度以上のリピーター」（前掲長谷川①）で、「ゆめのにとって東京ディズニーランドのない人生などありえない」と解説する。
14) 前掲長谷川②。
15) 須藤廣「ディズニーランド化」『よくわかる観光社会学』ミネルヴァ書店、平成23年, p76
16) 当時の極度の自粛ムードの中「我が家にはまだ飲み水すらまともに来てないのに、あそこのウチはうきうきでディズニーランドに行って…」「今の時期にディズニーランドに行くことがみっともないとか、非常識だとか、反社会的だとか思われる」（早稲田大学ビジネススクールでの議論「もしあなたが東京ディズニーランドの責任者だったら、どんな顧客を対象において営業再開を決めますか」2011/11/29）との発言もあった。
18) 『関東経済産業局管内におけるヒアリング結果概要　観光産業・集客交流事業を成功させるためのポイントについて』関東経済産業局、平成18年2月28日（経済産業省「参考資料（3）」(http://www.meti.go.jp/committee/materials/downloadfiles/g60309c06j.pdf 2006/02/28)。観光カリスマの山田桂一郎氏は「"非日常"はディズニーランドやユニバーサルスタジオなどに行くこと。旅は"非日常"ではなく"異日常"、日常とは異なる世界に行くこと…自分が生きている日常とは異なる日常、つまり、その土地ならではのライフスタイルがあること、その土地ならではの豊かさがあるということです」（「Mt.6第2回山田　桂一郎「旅の途上」(http://www.mt6.jp/modules/interview/index.php?id=2)）と語る。
19) 柳田國男『明治大正史　世相篇』朝日新聞社、昭和6年, p200。
20) 柳田前掲書, p10。
21) 海老沢昭郎「観光における非（異）日常性と日常のボーダーレス化」『長崎国際大学論叢』第1巻、平成13年3月, p67。
22) 前掲海老澤, p67。
23) 柳田前掲書, p184。
24) 池田光穂「虚構観光論－移動なんて糞喰らえ！－」(http://www.cscd.osaka-u.ac.jp/user/rosaldo/990310ft.html)。
25) 竹鼻圭子「観光と茶の湯に見られる非日常の洗練と成熟－希求されるもう一つの日常」『観光学』和歌山大学、平成21年11月, p23～。
26) 海老澤昭郎「観光における非（異）日常と日常のボーダレス化」『長崎国際大学論叢』第1巻、平成13年 (ci.nii.ac.jp)。

27) 堀江貴文は拙稿「買占め・乗取りを多用する資本家の虚像と実像―企業家と対立する「非企業家」概念の構築のための問題提起―」『企業家研究』第4号、企業家研究フォーラム、平成19年6月参照。
28) 平成20年1月11日NHK総合「生活ホット・モーニング」。
29) 木村尚三郎「非日常性から日常性へ」『月刊観光』379号、平成10年4月，p10～13。
30) NHK BSプレミアムの不定期放送番組『京都人の密かな愉しみ』シリーズに登場する英国人の京都の大学教授などの言動にも窺える。同番組の監督の源孝志氏も岡山県出身で京都の大学に学ぶなど、非京都人として「京都に深い愛憎（？）を持つ」（制作統括の伊藤純氏談）由。拙稿「着実に成果を上げていった京都嵐山の事例」跡見学園女子大学観光マネジメント研究会編『逆転の日本力』イースト・プレス、平成24年参照。なお多数のご当地検定のうち「一人勝ちの様相を呈し、まさに他の自治体の羨望の的となっているのが、『京都検定』…受検者数は3万2000人を超えるなどダントツの人気を誇る」（地域ブランド NEWS by ブランド総合研究所 http://tiiki.jp/ex_news/org_news/00report/2007_04_25gotouchikentei.html）といわれるのも京都が知的好奇心を満足させる謎めいた土壌があるゆえか。
31) 特定の物体を超自然的な力があるものとして崇拝すること、転じてあるものに病的に熱中して心を奪われる結果、そこから容易に抜け出せない呪縛状態をいう。恐らく観光社会学を志す学徒の中に著者と同病を患う人物は見当たらないので注解を施した。
32) 33) 34) 平沼義之「『国有林森林鉄道全データ（東北編）』の功罪 （読書感想文です）」ヨッキれん（http://yamaiga.jugem.jp/month=201207）。
35) 拙稿「明治期東京の"擬似温泉"の興亡－観光デザインの視点からビジネスモデルの変遷に着目して－」『跡見学園女子大学観光マネジメント学科紀要』第3号、平成25年3月参照。
36) 拙稿「海浜リゾートの創設と観光資本家：東京ベイ臨海型テーマパークの魁・三田浜楽園を中心に 」『跡見学園女子大学マネジメント学部紀要』平成21年3月。

あとがき

　能の世界には「修羅物」と呼ばれる複式夢幻能の形式の演目がある。最初土地の翁（実は武将の化身）が前シテとして現れ、ワキの旅の僧に在りし日の合戦の様子を語って聞かせるという現世の場面で始まる。中入後に後シテの武将亡霊が勇ましく登場し、旅の僧の眼前で往時の武勇を華々しく演じてみせる。修羅道に墜ちた塗炭の苦しみを訴える亡霊を旅の僧が懇ろに回向するとかき消す如く消え去り、旅の僧が実際に観賞したと思い込んだ亡霊の武勇劇は実は夢・幻に過ぎなかったという変化に富んだ展開である。

　観光社会学の視点からこの古典的な能を観賞してみよう。諸国を巡る旅の僧を歴史好きの年配の観光客に見立てると、客が最初に会った前シテはボランティアガイドを務める土地の古老であり、後シテは古老の話に登場する歴史上の著名な武将である。まるで見て来たかのような古老の巧みな話術に聞き入る観光客が想像力を掻き立てられるあまり、在りし日の世界を空想し恰も過去の世界に迷い込んだか…と錯覚してしまうほど強く感動するという、観光客にとって得がたい最高の「非日常」のステージを「修羅能」は見事に描いているとも解釈される。「虚構観光論」の提唱者・池田光穂氏も「我々自身の観光の経験から、観光という行為は我々の"想像力"を刺激するものであり、時には完全な"虚構"や"幻想"までをも喚起するものである」[1]と的確に指摘している。

　修羅能の幽玄な展開と同様に、論理上そこには存在しえない「虚」が、眼前に「実」として見えてしまうなど、いずれが「虚」か「実」か判然とし難い不思議な世界、「本物」と「ニセモノ」との区分を超越した世界こそが、旅人に感動を与える観光として常に目指すべき、ありふれた日常を超えた非日常世界そのものではなかろうか。多くの観光客を繰り返し受け入れてきた定評ある施設は、必ずしも西欧基準の「真正性」追及一本槍ではなく、観光客の想像力を

掻き立て、いつしか現実世界を忘れさせて夢とロマンに満ちた空想世界に引きずり込む、虚構性に満ち満ちた修羅能の如き非日常世界ではなかろうかと考えるこのごろである。

　ゴールデンルートを高速で驀進するホンモノ志向の他人様はいざ知らず、ニセモノ志向派として裏街道をひたすら歩む"毛細管"観光者たる著者一個人にとっては、幽寂の森に消えた不思議の"森の轍"、虚構性に満ちた"擬制鉄道"という本書のカバー（実体験）・裏カバー（保存と公開）に掲げ、主題とした"秘宝"発掘の旅こそが、この複式夢幻能のハレの舞台に該当する。西裕之氏は『全国森林鉄道』の「あとがき」で「人々の記憶が薄れる中でまぎれもなく、かつてそこに在った森林鉄道のことを後世に伝える意味」（西，p128）を強調され、また森林鉄道の内部資料の整理・保存・公開に熱心に取り組まれた当局者・鈴木信哉氏も森林鉄道の「鉄橋や路盤等も残っているが、これも次世代には何なのかも分からなくなってしまうことを危惧」（データ中部，p4）されている。著者も全く同感であって、観光を学ぶ女子学生と一緒に王滝村の保存森林鉄道に乗車した際に、車内に「虫がいる！」と毛嫌いした現場に目の前で遭遇して以来、本書の執筆こそ森林鉄道を愛好し、その非日常性を享受してきた年配者の一人たる著者の果たすべき責務と考えるようになった。

　本書「あとがき」を推敲している最中に王滝村を再訪、平成28（2016）年10月9日裏カバーに掲げた「第五回　王滝森林鉄道フェスティバル」に参加する機会を得て、かつては王滝村の地を快走していたホンモノの老朽車両たちが、半世紀後に老躯に鞭打ちながらも必死にヨタヨタ走行する非日常の情景を堪能させて頂いた。配布数が限られた体験乗車の整理券を貰おうと並んでいると、思い出すのは廃止が目前の林鉄便乗のため早朝から上松運輸営林署の前で寒さに震えながら列を作ったことなどである。またガタガタ揺れる車内からの森林風景も各地の林鉄便乗の楽しい思い出をしみじみ喚起させてくれた。しかし、こうした林鉄の思い出を有する年配者は、林鉄の聖地・王滝村での今回の祭典で遠来の客人をもてなすために特産品や記念品の準備に大童の運営者・奉仕者・参加者各位のお顔ぶれを見ていても、めっきり少なくなったように感じる。

もし3年に1度のこの林鉄の祭典がないとすれば、祖父が孫たちに林鉄の懐かしい思い出を語り掛け、孫が体験乗車して祖父の話に納得する機会がなくなる。この「まつり」が林業に生きた当地の森林鉄道文化という伝統を地域コミュニティの次世代に確実に継承していく役割の重要性も再認識させられた。

　本書は著者らが同志と共に鋭意推進中の、観光を中核に地域コミュニティの歴史、風土、文化の堆積を重視すべき新たなる「観光社会学」の視点から新たに再構築したものである。本書の後半部分はむしろ鉄道専門書として刊行すべき内容かとも思われたが、おそらく森林鉄道や特殊鉄道の持つ潜在的な観光価値にまだ十分には気付かれていない全国各地の多くの観光関係者等が、是非我がムラの貴重な観光コンテンツの一つなりと認識され、活用の途を検討される際に何らかの参考にでもなれば…と愚考し、敢えて場違いの観光の学術書として出版する道を選んだ。第7章の民営軌道の項で学術書としてさえ不必要なまでに、かつ不正確かもしれない微細にわたる膨大な注記を施した真意もここにある（これまでの拙著に施した微細な人物注記をご覧になったご子孫等から問い合わせや資料を提供された例も少なからず存在した）。当該分野に不可避である根本的な資料不足に加えて十分な渉猟も意にまかせなかった憾みもあるが、従来あまり評価・検討されてこなかった産業遺産たる森林鉄道など特殊鉄道を「fiktiv（架空の、虚構の）」な"擬制鉄道"として把えて、その虚偽性・虚構性の意味するところを社会科学たる観光社会学の視点から考察することで、当該分野に少しでも広範な観光学的関心を呼ぶ一助にでもなればと念じている。また種々の制約下で時間切れ等のため、残念ながら本書に収録できなかったいくつかの興味深い事例については今後別稿[2]を予定している。

　ところで柳田國男は観光学も観光社会学も旗上げ以前の昭和6（1931）年の著書で「旅の文芸家は、いつの時代にも気まぐれなる批評を濫発して…自分にもあてはまらぬ法則を立てて見ようとして居る」（柳田前掲書，p114）と皮肉っている。柳田がいう「旅の文芸家」が如何なる人種を指すのか勉強不足だが、恐らくや今日の観光社会学者にも一部は該当するだろうから我々には耳の痛い忠告である。

本書が上梓されるまでには実に数多くの方々のご厚意を頂戴した。まず元となった各論文執筆に際して種々ご教示を賜るなど、お世話になった各地の関係機関・関係各位（敬称略）[3]に厚く御礼申し上げたい。特に本書のような極めて限定された特殊な研究領域で数多くの先行研究を公刊し、林鉄を活かそうとする地域社会の支援にも多大の貢献をされている西裕之氏には、著者が最初に当該分野に関心を持つ契機を頂き、日頃から多くのご示唆を頂いている上に、今回新たに種々ご教示を賜わったことを特記しておきたい。また湯口徹、今井啓輔両氏をはじめとするこの分野の先行研究者各位の著作物（ごく一部のみ巻末の参考文献一覧に例示）、とりわけ著者が夢に見つつも叶わぬ昭和30年代に奥地に迷い込んでまで決死的に撮影された驚くべき写真群の存在にはどれだけの刺激を受け続けたことか、はるか後進の一人として感謝のことばもない。

こうした先駆者・先学各位の業績がなければ、我が国の森林鉄道・特殊鉄道は解明する手段もないままに、おそらく闇から闇に葬られて消え去っていたものと思われる。もはや深山幽谷に埋もれた廃墟に分け入るだけの身体的能力を喪失し、現地の事情に通じ得ない年配の著者にとっては、竹内昭、山中正彦、片岡督、草卓人各氏らをはじめとする熱心な研究家各位による長年の地をはうような丹念な現地調査と近年の成果の公開に負うところが大きく、また虚偽鉄道等の分野での岡本憲之、森口誠之各氏らの一連の先行研究には圧倒されて来た。これら労作揃いの研究業績の成果を本書の随所で参照・引用・活用させて頂いた点に深謝する。

また学生達と共に現地を訪問した際に、多忙な中にも拘らず親しく地域振興の構想を熱心にお話し下さった王滝村の瀬戸普村長以下の職員各位をはじめ、種々お世話を頂き細かくご教示を賜った長野県地域振興課の佐藤公俊氏、上松運輸営林署OBで観光案内人の西村勲氏、王滝森林鉄道の会事務局の植木雅史氏、地元旅館主の胡桃澤公司氏など、本書の出発点における着想に貴重な示唆を頂いた関係各位に改めて感謝する。また長野県阿部守一知事をはじめとして地域連携のパートナーでもある長野原町の萩原睦男町長など各地の知事・自治体首長、王滝村村おこし推進課の大家親氏ら各自治体幹部職員・観光振興の推

進者各位の地域への熱い姿勢にも大いに啓発された。

　これまでにも森林鉄道という特殊な存在を、従来著者が主に依拠して来た経営史・産業史・企業者史等の経済学・歴史学的視点からなんとか俯瞰できないものかと過去に何度か試みたこともあるが、林業経営史といった形ででも森林鉄道部分のみになかなか焦点を合わせにくく、学術的なアプローチが極めて困難であると感じていた次第である。したがって本書第二部第8章の奥秩父の未定稿など20数年暖めてきた手持ちの材料も少なくなかったが、適当と感じる発表の場や媒体を見出せぬまま、不良在庫となっていた。しかるに勤務先・跡見学園女子大学学長の山田徹雄教授より偶然に本書の主題となるべき「観光社会学」でのアプローチを強くご示唆頂く機会を頂戴し、長年解けずにいた宿題を果たす契機ともなった。また平成27（2015）年観光コミュニティ学部の新設を契機に多数の新任教員を従来からの「ウルサ型」論客集団にお迎えすることとなった。観光分野でも老川慶喜、安島博幸、須藤廣各氏らをはじめとする重鎮教授陣をお迎えしたが、各氏の自己の専門領域への深い造詣と尋常ならざる「こだわり」に日々圧倒される思いである。また地域との連携協定締結に尽力され著者を王滝村に保存中の森林鉄道便乗の好機に誘った磯貝政弘氏や、本書の章名にも概念を有難く拝借した"毛細管観光"提案者の松坂健氏など多士済々の同僚各位からも学問的な刺激を受け続け、絶えず観光学の学術論争に明け暮れる競争的環境に置かれたことが、独断と偏見に満ち溢れた本書が成る大きな促進要因の一つでもあった。

　なお本書の出版に際して跡見学園女子大学の学術図書出版助成金の交付を受けたこと、ならびに出版事情の厳しい中、大部の学術書刊行を快諾賜った日本経済評論社柿﨑均社長、谷口京延取締役、編集担当の梶原千恵氏から絶大なご支援を頂いたことを付記する。

注
1）　池田光穂「虚構観光論－移動なんて糞喰らえ！－」(http://www.cscd.osaka-u.ac.jp/user/rosaldo/990310ft.html)

2) 予定稿「森林鉄道・軌道を築設した資本家－福川忠平・木村桂七郎らの虚業家集団を中心に－」『彦根論叢』第411号、平成28年12月、同「真正鉄道と虚偽鉄道との混然一体性－世界遺産の地を走る富士軌道の非公然部分を中心に－」『跡見学園女子大学観光コミュニティ学部紀要』第2号、平成29年3月など。
3) 青木栄一、赤羽孝一郎、朝生充治、安部なか、飯村武司、伊藤正、井藤千秋、石川浩稔、伊勢戸佐一郎、今井壽子、今城光英、岩川満明、植木雅史、大浦治雄、太田稔、太田清子、太田真美、大塚融、大原皓二、岡藤政子、小川一博、小田禎彦、小田與之彦、風間純子、加藤新一、菅野正道、北原征浄、木村邦男、草卓人、久保逸郎、胡桃澤公司、黒澤保夫、古口達也、古仁榮、紺木久弘、西城浩志、四角澄朗、篠原靖、鳥影教子、嶋村一之、下間一久、白井昭、菅原成也、杉本俊比古、大宮司裕子、高木晴秀、田中輝一、田辺賢行、田守信子、千葉千恵、手島孝雄、堂前吉宏、徳江順一郎、徳永慶太郎、富井盛雄、中川浩一、中谷健太郎、中路裕、中村剛、西村繡、萩原睦男、萩原芳樹、長谷川健二郎、林裕介、原口誠二、広瀬平、藤井建、藤城城一、藤間秀之、舟橋貴之、古川茂紀、堀野宗俊、溝畑宏、三木理史、三木正夫、宮崎勇、宗像精、村上雅巳、村椿明、室井照平、師橋辰夫、矢嶋敏朗、柳清治、山口有次、山崎一眞、山澤成康、山下和正、山田勲、山田公一、山田伸一、山田俊明、山田充郎、山本直子、四辻一臣、米田誠司、廊坊篤、和久田康雄、和田浩明、渡部幸男の各氏

会津若松市、青森営林局、青森県立図書館、赤沢自然休養林、赤沢森林鉄道記念館、秋田営林局、秋田県仁別森林博物館、上松運輸営林署、上松町観光協会、浦安市立図書館、大井川鉄道、大滝村、王滝村、男鹿市、月山の酒蔵資料館、軽井沢町立図書館、川上村森林組合、川上村森の交流館、北見営林局、北軽井沢観光協会、九州大学石炭研究資料センター、京都大学芦生演習林、京都府総合資料館、京都府立図書館、近鉄資料室、熊本営林局、頸城自動車、頸城のお宝を残す会、神戸大学経済経営研究所、国際日本文化研究センター、国立公文書館、国立国会図書館、埼玉県立文書館、滋賀大学史料館、下屋久営林署、証券図書館、新聞博物館、須坂市、仙台市史編さん室、太平洋炭礦、大和証券、台湾省林務局玉山林区管理処、同　蘭陽林区管理処、立山黒部貫光株式会社・立山研修会館、立山町、立山博物館、株式会社たてやま、千葉県立図書館、地方銀行協会、鉄道史研究会、東京大学秩父演習林、東京都北区図書館、同志社大学人文研究所、富山地方鉄道株式会社・佐伯宗義記念室、長野営林局、長野県、長野原町、南木曾町山の歴史館、那智勝浦町森林組合、奈良県立奈良情報図書館、奈良大学、奈良女子大学図書館、新潟県公文書館、新潟県立図書館、日本銀行金融研究所、阪急学園池田文庫、磐梯町、磐梯町商工会、一橋大学図書館、姫川電力、福岡県地域史研究所、富士急行、船橋市立西船橋図書館、別府市観光協会、別府市立図書館、北海道開拓記念館、北海道立文書館、丸瀬布町教育委員会、三国建設、美里町図書館、南佐久南部森林組合、宮城県公文書館、宮崎営林署、向日市立図書館、明治大学図書館、真岡鐵道、茂木町、桃介記念館、屋久島電工、夕暮キャンプ場、雄別鉄道資料館、横浜開港資料館、由布院観光総合事務所、龍谷大学図書館・長尾文庫、林野庁図書館などの各機関（敬称略、順不同、訪問時の名称）

参考文献・略号一覧

[頻出文献の略号表示]
本書では森林鉄道研究の二大基本書として日々愛読・参照させて頂いている西裕之氏の著書『全国森林鉄道』JTBパブリッシング、平成13年を単に「西」と、『特撰　森林鉄道情景』講談社、平成26年を単に「情景」と略して本文内に直接示したように、新聞・頻出資料・基本文献等について以下のような略号を用いた。王滝村など全国に影響が及ぶ場合を除き、奈良、徳島両県、秩父地域に限定した文献など、その地域固有の地誌類等は、第3章、第4章、第二部第8章の注記の最初に略号を示した。

①全般・地方誌・自治体史・社史
　M：明治、T：大正、S：昭和、H：平成
　長谷川：長谷川一『わたしたちはなぜディズニーランドへゆくのか－遊園地の政治学①～⑥』大修館書店（http://www.taishukan.co.jp）
　吾妻：『吾妻郡誌』昭和4年、
　付近：成田重郎『二ツ井及び其の付近』成田先史学研究所、昭和30年
　藻琴：『東藻琴村誌』昭和34年
　里見村：『里見村誌』昭和35年
　村誌：『村誌　王滝』下巻、昭和36年
　演習：『東京大学秩父演習林50年誌』昭和41年
　秘境：渡辺弘之『京都の秘境　芦生』ナカニシヤ書店、昭和45年
　二ツ井：二ッ井町町史編纂委員会編『二ッ井町史』昭和52年
　長谷部：長谷部秀見『日本一赤字ローカル線物語』草思社、昭和57年
　鶴居：『鶴居村史』昭和62年
　小野：『小野町史通史編』平成4年
　川内：『川内村史第一巻通史篇』平成4年
　馬路：安岡大六『馬路村史』昭和41年
　大滝：大滝村誌編さん委員会編『大滝村誌　上巻』秩父市、平成23年

②旅行案内、地図、紀行等
　安治：安治博道『全国鉄道旅行案内』大正11年
　案内東：鉄道省編『日本案内記　東北編』昭和4年
　鉄旅：鉄道省編『鉄道旅行案内』博文館、昭和5年
　案内関：鉄道省編『日本案内記　関東編』昭和5年

案内中：鉄道省編『日本案内記　中部篇』昭和7年
北産：『北陸の産業と温泉』北日本社、昭和7年
案内四：鉄道省編『日本案内記　中国四国編』昭和9年
案内九：鉄道省編『日本案内記　九州編』昭和10年
旅程：『旅程と費用概算』ジャパン・ツーリスト・ビューロー、昭和10年、昭和14年
台案：『台湾鉄道旅行案内』日本旅行協会台湾支部、昭和15年5月
費用：『旅程と費用』日本交通公社、昭和32年ほか
武田：武田久吉「飯豊山に登る」『山岳』昭和20年2号、『山への足跡』昭和45年
鉄地：今尾恵介監修『日本鉄道旅行歴史地図帳-全線・全駅・全廃線』1～12、新潮社

③新聞・雑誌
道新：北海道新聞、魁：秋田魁新聞、岩日：岩手日報、福島：福島民報、東朝：東京朝日新聞、朝日：朝日新聞（東京本社）、東日：東京日日新聞、毎日：毎日新聞、読売：読売新聞、中外：中外商業新報、日経：日本経済新聞、国民：国民新聞、中央：中央新聞、信毎：信濃毎日新聞、長野：長野日報、北陸：北陸タイムス、北国：北国新聞、日出：京都日出新聞、大朝：大阪朝日新聞、大毎：大阪毎日新聞、大阪読売：読売新聞（大阪本社）、読奈良：読売新聞（奈良版）、大阪産経：産経新聞（大阪本社）、大和：大和新聞、徳毎：徳島毎日新聞、徳日：徳島日日新聞、徳島：徳島新聞、台日：台湾日日新報、京城：京城日報、内報：帝国興信所内報、R：鉄道時報

④会社録・会社基本資料
要：『銀行会社要録』東京興信所
帝：『帝国銀行会社要録』帝国興信所
諸：牧野元良編『日本全国諸会社役員録』商業興信所
紳：『日本紳士録』交詢社
商：鈴木喜八・関伊太郎編『日本全国商工人名録』明治31年
日韓：『日韓商工人名録』実業興信所、明治41年
資信：『商工資産信用録』商業興信所、大正元年
商工：鈴木喜八・関伊太郎編『日本全国商工人名録』大正3年
製材：『製材工場一覧』大正5年12月現在、農商務省山林局、大正8年1月
民設：『民設製材工場一覧』大正12年11月現在、農商務省山林局、大正14年
林組：農林省山林局編『森林組合一覧』大正8年、昭和元年、昭和2年
通覧：農商務省編『会社通覧』大正8年12月末現在、大正10年
名宝：『帝国実業名宝　醤油、味噌之部』商進社、大正8年
工場：『工場通覧』大正10年
一班：農林省山林局編『地方林務一班』第1回～第20回（昭和12年）
通俗：通俗経済新聞社編『全国株式総覧』通俗経済新聞社、大正14年
帝信：『帝国信用録』帝国興信所、大正14年、昭和11年
商録：『大日本商工録』昭和5年

優良：大日本山林会編『優良森林組合事例』昭和6年
林組S7：『全国森林組合一覧』昭和7年
渋谷：「大地主名簿」ほか渋谷隆一編『都道府県別資産家地主総覧　徳島・香川・高知編』日本図書センター、平成10年

⑤鉄道法規・実務書等
堀江：堀江貞男『地方鉄道指針』鉄道新聞社、昭和2年
法令：木下武之助編『地方鉄道法令全集　附　軌道法令』鉄道時報局、昭和2年
武井：武井群嗣『道路及道路交通　土木行政要義第一編』良書普及会、昭和3年
中山：中山隆吉『鉄道運送施設綱要』鉄道省運輸局、昭和3年
片山：片山広丘『地方鉄道軌道専用鉄道　運輸関係手続精義』鉄道図書刊行会、昭和5年
常識：鉄道研究社編『鉄道常識叢書』第2編、鉄道研究社、昭和9年10月
壹田：大山秀雄、壹田修『鉄道監督法規論』春秋社、昭和10年
専用線：国鉄貨物課・貨物事務研究会『専用線解説』交通日本社、昭和34年
資料：和久田康雄『新版資料・日本の私鉄』昭和43年
和久田：和久田康雄『やさしい鉄道の法規』成山堂書店、平成9年
私鉄：和久田康雄『鉄道ファンのための私鉄史研究資料』電気車研究会、平成26年

⑥年報／年鑑／公文書
局年：『鉄道局年報』鉄道局、明治26年〜
要鑑3：『帝国鉄道要鑑　第三版』鉄道時報局、明治38年
院報：『鉄道院年報』鉄道院
年報：『鉄道院年報　軌道之部』鉄道院
統計：鉄道院『鉄道統計資料』大正7年度版
粁程：鉄道省『日本全国鉄道線路粁程』昭和3年〜
線路図：昭和2年7月1日『鉄道監督局調　地方鉄道軌道線路図　全』
要鑑4：『帝国鉄道要鑑 第四版』鉄道時報局、大正7年
鉄年：帝国鉄道協会編『帝国鉄道年鑑』昭和3年版、帝国鉄道協会、
営年：『地方鉄道軌道営業年鑑』昭和4年、
鉄軌：『地方鉄道軌道一覧』鉄道同志会、昭和4年〜
一覧：鉄道時報局編『昭和11年版　地方鉄道・軌道一覧』木下武之助、昭和11年2月
要覧：『私鉄要覧』昭和23年〜
枝幸：『鉄道省文書　枝幸殖民軌道』昭和7〜13年（国立公文書館）
住民：『王滝森林鉄道沿線住民必需日用品運搬の件』平19農水18616100（国立公文書館分館）
庄電：『鉄道省文書　庄川水力電気巻一』大正9年〜昭和14年
水窪：内務省文書『水窪川水力電気会社軌道一　静岡』記録掛、昭和4年、（国立公文書館）

⑦森林鉄道・特殊鉄道基本資料
　鉱業：鉱山懇話会編『日本鉱業発達史　上巻』鉱山懇話会、昭和7年
　芦生：『芦生演習林』京都帝国大学、昭和7年
　便乗調：『森林鉄道軌道ノ便乗者及民貨輸送ニ関スル調』農林省山林局、昭和9年3月
　御料：和田國次郎『明治大正御料事業誌』林野会、昭和10年
　林道網：全国山林会連合会『林道網の統一的計画の普及に依つて山村を開達せよ』昭和
　　11年8月
　福田：福田次郎「林道」萩原貞夫・福田次郎『砂防工事及林道』薗部一郎・三浦伊八郎、
　　明文堂、昭和12年
　帝室：『帝室林野局五十年史』昭和14年
　萩原：萩原貞夫・福田次郎『砂防工事及林道』明文堂、昭和22年
　現況：林野庁調査「全国林道現況調書」加藤誠平『林業土木学』産業図書、昭和26年
　加藤：加藤誠平『林業土木学』産業図書、昭和26年
　道林：『道有林五十年誌』北海道、昭和31年
　林史：林業発達史調査会『日本林業発達史：明治以降の展開過程上巻』林野庁、昭和35
　　年
　北見：北見林政記者会編『森林鉄道　北見地方における45年の記録』北見林友会、昭和
　　37年（頁付なし）
　あゆみ：『林道事業のあゆみ』日本林道協会、昭和39年
　帯広：『森林鉄道』帯広営林局、昭和41年
　津軽：『津軽森林鉄道のあしあと』青森運輸営林署、昭和42年
　千頭：『千頭森林鉄道　30年のあゆみをふりかえって』千頭営林署、昭和44年
　川内：『森林鉄道のあしあと』川内営林署、昭和45年
　九州：『九州の国有林百年』昭和46年
　高知局：『高知営林局史』高知営林局、昭和47年
　林技：『林業技術史第四巻　経営編、防災編、機械・作業編』日本林業技術協会、昭和
　　49年
　50年史：林野庁監修『林道事業50年史』日本林道協会、昭和52年
　大杉：『大杉谷国有林の施設変遷史』尾鷲営林署、昭和56年
　物語：朝日新聞高知支局編『森林鉄道物語』馬路村教育委員会、昭和56年
　東営：『東京営林局百年史』林野弘済会東京支部、昭和63年
　データ東北：隅田達人『国有林森林鉄道全データ　東北編』（財）日本森林林業振興会
　　秋田支部、秋田魁新報社、平成24年
　データ九州：矢部三雄『近代化遺産　国有林森林鉄道全データ　九州・沖縄編』熊本日
　　日新聞社、平成25年
　データ中部：『国有林森林鉄道全データ　中部編』平成27年

⑧先行研究（発行順）
　庄川：石山賢吉『庄川問題』ダイヤモンド社、昭和7年

小熊：小熊米雄『日本における森林鉄道用蒸気機関車について―北海道大学農学部演習林　業務資料別冊』北海道大学農学部演習林、昭和36年
小林：小林裕『林業経営と機械化の歴史：林業機械の発展過程について』日本林業調査会、昭和38年
笠原：笠原六郎「尾鷲林業の成立と展開」『三重大学農学部演習林報告』昭和60年（三重県 http://www.pref.mie.lg.jp/common/content/000617563.pdf）
湯口：湯口徹『簡易軌道見聞録』エリエイ出版部／プレス・アイゼンバーン、昭和54年
橋本：橋本正夫『小さな軌道を訪ねて』朝日カルチャーセンター制作、昭和57年
柴田：柴田勇一郎『鉱山電車むかし話　無賃電車が走った町・日立』筑波書林、昭和60年
斎藤：斎藤達男『日本近代の架空索道』コロナ社、昭和60年
稲田：小林三郎『稲田御影石材史』稲田石材商工業協同組合、昭和60年
小宅：小宅幸一『常磐地方の鉄道』私家版、昭和62年
水車：橋本正夫著『汽車・水車・渡し舟』私家版、平成5年
小名浜：小宅幸一『小名浜・鉄道往来記』平成6年
廃線：宮脇俊三編『鉄道廃線跡を歩く』Ⅰ～Ⅹ、ＪＴＢパブリッシング、平成7年～15年
今井理・森川幸一『簡易軌道写真帖』モデルワーゲン、平成9年
宮崎：『宮崎県林業史』宮崎県、平成9年
信州：『信州の廃線紀行』郷土出版社、平成10年
岡本Ⅰ：岡本憲之『全国軽便鉄道』ＪＴＢパブリッシング、平成11年
西：西裕之『全国森林鉄道』ＪＴＢパブリッシング、平成13年
魚梁瀬：『魚梁瀬森林鉄道』平成13年
岡本Ⅱ：せんろ商会『知られざる鉄道Ⅱ』JTBパブリッシング、平成15年
遠山：『遠山－森林鉄道と山で働いた人々の記録－』南信州新聞社出版局、平成16年
青木29：青木栄一『昭和29年夏　北海道私鉄めぐり（上）』ネコ・パブリッシング、平成16年
トロッコ：青木栄一・三宅俊彦『森林鉄道からトロッコまで』大正出版、平成17年
民鉄：青木栄一編『日本の地方民鉄と地域社会』古今書院、平成18年
宮本：宮本常一、田村善次郎『林道と山村社会』，宮本常一『宮本常一著作集』第48巻、平成18年
八ヶ岳：よみがえれ、八ヶ岳森林軌道専門部会編『よみがえれ、八ヶ岳森林軌道』長野県原村教育委員会、ほおずき書籍、平成20年
草卓人『富山廃線紀行』桂書房、平成20年
田沼健治『幻の北海道殖民軌道を訪ねる』交通新聞社新書、平成21年
今井1～4：今井啓輔『私が見た特殊狭軌鉄道』第1～4巻、レイルロード、平成23年～27年
十勝：小林實『十勝の森林鉄道　森とともに生きた幻の鉄路を捜して』森林舎、平成24年

三重：片岡督・曽野和郎『三重県の森林鉄道〜知られざる東紀州の鉄道網〜』オンデマンド出版ＣＡＲＧＯ、平成25年
小森：山中正彦『小森森林軌道　マルキョウが刻んだ生活の轍』私家版、平成25年
小林宇：小林宇一郎『信州鉄道の物語　上』信濃毎日新聞社、平成26年
花巻上：湯口徹『花巻電鉄（上）』ネコ・パブリッシング、平成26年
情景：西裕之『特撰　森林鉄道情景』平成26年
岡本Ⅲ：岡本憲之『知られざる鉄道 決定版』ＪＴＢパブリッシング、平成26年
究極：岡本憲之『究極のナローゲージ鉄道　せまい鉄路の記録集』講談社、平成27年
谷田部：谷田部英雄『賛歌　千頭森林鉄道』文芸社、平成28年

⑨専門誌、トワイライトゾ〜ンマニュアルほか
月刊『レイル・マガジン』
名取紀之・滝沢隆久『模「景」を歩く―モデラーの眼で見た鉄道シーン』Neko mook442、ネコ・パブリッシング、平成15年（『Rail Magazin』195号、平成11年12月号）
名取紀之・滝沢隆久編『トワイライトゾーンマニュアル』全16巻、平成4〜21年、ネコ・パブリッシング
ＴＭ２：『トワイライトゾ〜ンマニュアル２』ネコ・パブリッシング『レイル・マガジン』平成5年9月号増刊
ＴＭ３：名取紀之・滝沢隆久『トワイライトゾ〜ンマニュアル３』ネコ・パブリッシング『レイル・マガジン』平成6年10月号増刊
ＴＭ５：名取紀之・滝沢隆久『トワイライトゾ〜ンマニュアル５』ネコ・パブリッシング『レイル・マガジン』平成8年11月
ＴＭ７：『トワイライトゾ〜ンマニュアル７』平成10年11月
ＴＭ10：『トワイライトゾ〜ンマニュアル10』ネコ・パブリッシング、平成13年10月
ＴＭ11：『トワイライトゾ〜ンマニュアル11』ネコ・パブリッシング、平成14年9月
ＴＭ12：『トワイライトゾ〜ンマニュアル12』ネコ・パブリッシング、平成15年9月

索　　引

森林鉄道の名称
森林鉄道の名称については当局の「林道台帳」では自動車道と区別することなく「〇〇林道」というのが正式名称ではあるが、慣例により動力を用いたものを「〇〇森林鉄道」、人力・畜力によるものを「〇〇森林軌道」（ないし慣例として「〇〇林用軌道」）と呼ぶこととした。また民有林等の場合、敷設主体による正式名称が不明な場合も多いので、地域での通称、各文献の執筆者による便宜的呼称も多く混在しているのが実情である。先行研究等が見当たらず、著者が初めて示す必要がある場合には「軌道名不詳」と注記して、適宜起点・終点・経由地等の地名で表記した。

〈あ行〉

アーニーパイル劇場　444
相内支線　304, 315
相川土工森林組合　329
愛知電気鉄道（愛電）　33
愛林　327, 342
アウストロダイムラー　299
青木栄一　325
青森市森林博物館　303
あかいし号　273
赤沢自然休養林　436
赤沢森林鉄道　409, 436, 447
吾妻山搬出専用軌道　179, 181
赤羽土工保護森林組合　328, 343
赤水林道　185
秋田株式会社　210, 414, 425, 445
秋田木材㈱　326, 331, 336
秋田馬車鉄道　210, 414, 425
上松運輸営林署　286, 432
浅野製材㈱　177, 326, 336
旭西部土工森林組合　329, 345
芦生演習林　154, 156, 183, 309, 316
足尾銅山電気鉄道　414
足寄森林鉄道　287
あすなろ号　302, 303～305, 315
阿寺森林軌道　144, 158, 184
阿南自動車協会　86, 90
阿南鉄道　81
雨宮敬次郎　17
安部なか　404, 410
愛子大仏ナムナム号　446
あやめ池遊園地　232, 242, 243

嵐山　i, ii, 25, 26
嵐山トロッコ　i, ii
阿里山森林鉄道　309
有峰軌道　98
有吉忠一知事　229, 242
安五軌道㈱　326, 337
安房森林鉄道　326, 327, 401, 434
飯田営林署　286
飯豊山系　106
伊尾木営林署　290
イギリス初期鉄道　246
井桁商会　337
池田製菓　58
石川若蔵　230
石河内営林署　290～292
石間金造　iii
伊豆鉄道　414, 444
板室軌道　312
一円電車　133
一ノ木林用軌道　109
市之沢施業森林組合　328, 368, 411
一ノ橋御料森林軌道　317
1級線　157
イトムカ　301
伊那営林署　289, 311
猪苗代営林署　290～299, 300
猪苗代森林鉄道　299, 300
猪苗代町軽便ウォーク　403, 410
異日常性　454, 467
乾逸太郎製板会社専用軌道　327
乾新兵衛　254
犬の伊勢参り　19
茨城軌道㈱　330, 349, 415

揖斐川電気（揖斐電）　415,426
今井利喜三郎　363,389
新熊野　27
今宮臥龍館　414
入山専用鉄道　416
岩川営林署　290
岩川森林鉄道　313
磐城海岸軌道　211,271
磐城炭礦　251,415
岩瀬営林署　290
岩手木材㈱（盛岡駅）　331
岩見営林署　290
インクライン　98,145,146,275,311,313
(名)上田商店　330,348
上野営林署　290
鶯沢鉱山専用軌道　211,220,415
宇治川電気専用鉄道　230
宇治川遊園　416
内郷電車　415
内山鉄之助　145,330
写し霊場　26
馬路営林署　305〜308
馬路村森林組合　306,316
馬路村農業協同組合　306,316
浦島伝説　iii,iv
浦森林鉄道　277
運行組合　141
枝幸殖民軌道　133,137,140,207
ＬＣＣ　134,465
エンジン　260
遠藤林業　327,341
大石蜂郎　334
奥羽種畜牧場の軌道　330,348
王子　28
王子製紙山線　252,415
王滝森林鉄道　282,319,415,430
王滝森林鉄道フェスティバル　137,470
王滝村　415
大江本家　314
相賀軌道　123,124,144,327,341
相賀付近の森林組合　328,343
大野海水浴場　33
大河内土工保護森林組合　126,145,415,425
扇田営林署　290
大城川（豊岡）林用軌道　330,347
大茂内営林署　290
大台林業専用軌道　326,337,338

大谷光瑞　222
大貫亀吉（羽黒軌道）　330,350
大畑営林署　290,415
大畑森林鉄道　297
大浜臨港線運送㈱　38,250,270,416
大洞川森林鉄道　368
大宮製材専用軌道　190,341,415
大山軌道㈱　330,350
大夕張炭鉱㈱　272,415
御陰参り　19
岡山銀行専用側線　414
岡山臨港鉄道　250,416
沖ノ山森林鉄道（智頭町）　327
奥沢線　324
奥千丈線　324
奥秩運輸組合　363〜366,389,415
奥秩父　353〜383,405
奥川水力電気　209
奥川森林鉄道　107〜115,327,107,209,415
奥川運輸㈱　107,327,415
奥行臼　137,138,416
尾崎天風　301
小佐谷の弾丸列車　103
小沢花次郎　330,347
尾鈴営林署　292
御杣始祭　436,437
小田川支線　280
小田急　vi
越智今治森組合　329,346
おとぎ電車　230,231,242,416
お伽の国電車　38,416
乙姫　iii,iv
小名浜臨港鉄道　211,271,416
尾之間軌道　327,342
小野弥太郎　406,410
伯母ヶ谷土工森林組合　328
小原井施業森林組合　329,346
小原野土工保護森林組合　126,328,343
帯広営林局　287
生保内森林鉄道　330,415,426
おもちゃ鉄道　241,444
御室八十八ヶ所霊場　41
折合営林署　290
オリエンタルランド　7,15
温泉軌道㈱　415
温根湯温泉鉄道　302,314
温根湯軌道利用組合　302,314,416

索　引　483

温根湯森林鉄道　301

〈か行〉

外周鉄道　64,222,233〜235,243
海部郡町村自動車公営組合　86
加越鉄道　254
加越能鉄道　257,258
加賀屋　273
加藤製作所　383
金沢木材㈱　330,351
角間木谷土工森林組合　329,346
笠捨土工森林組合　328
雅叙園観光　52
勝浦索道　99,113
釜石馬車鉄道　197
釜無線　324
上磯鉄道　284,312
上磯鉄道期成同盟会　284
神岡鉱山　316,444
神金軌道　218,324
上里森林組合　328,343
加波山石材用軌道　414
樺穂興業　209,220
加茂土工森林組合　75,328,329,346,416
茅沼炭坑鉄道　414
樺太軍用軽便鉄道　278
からまつ号　302,303〜305,315
狩勝高原エコトロッコ鉄道　399
王余魚滝　74
王余魚滝保勝会　83
川内営林署　290〜296
川内森林鉄道　296
川上愛太郎　173
川上犬　175,176,186
川上村森林組合　175
川上村森の交流館　175
川上林業㈱　173,176,326,337
川上林業専用軌道　172
川崎千春　62
川迫土工森林組合　328
簡易軌道　134
観光協会　260
観光現象　i
勘合証　272,310,418
観光鉄道　235
関西電力専用鉄道　137,266,268,363
勧請　14

関東鉱産　182,187
関東水電㈱　326,355,356,359,388
関東ぶな材工業　326,337
関東木材（名）　326
関東木材（資）　372,415
関東木材入川事業所　375〜379
関東木材小森川事業所　372〜374
紀伊自動車　146
基隆炭坑　128
岸尾木材店（留辺蘂）　326,340
疑似（擬似）温泉　19,122
擬似鉄道　122
汽車活動写真館　226
汽車製造　416
汽車製造側線　250
紀州林業（木軌道）　326,338
擬制鉄道　122,144,166,204,275,413,464
北今西施業森林組合（奈良）　328,329,344
北恵那鉄道　321
北日本製材㈱（苗穂駅）　331
北山索道　99
北山産業軌道利用組合　214,415,329,425
木頭村森林組合　329,346
軌道民間使用規定　218,325
軌道利用組合　302,423,426
木戸川軌道　336
軌道条例　194
鬼怒川水力電気（鬼怒電）　192,248,415,420,445
岐阜城　3
木村桂七郎　104
木村工業（木村林業）　326,339
木村林業森林軌道　415
キャロルウッド・パシフィック鉄道　224,241
共栄土地　215,217,326
境界型鉄道　209
京都嫌い　461
京都検定　468
京都人　461
京都鉄道　i
京都府未詳の森林組合　328,344
虚偽性　7〜11,134
虚偽鉄道　122,199,209,211,414〜420
虚構観光　457,469
キワモノ観光　461
銀山平事業所軌道　336
草軽電気鉄道　133,147,180

草津営林署　182, 187
久原鉱業　164, 326, 337
久原鉱業木材部　337
久原邸　222
久原房之助　221
くびきのお宝のこす会　404
くびき野レールパーク　403
熊沢一衛　338
熊野簡易軌道　244
熊野地方　123～126
熊本電気　326, 339
雲井林業㈱（奥入瀬）　326, 336
雲ケ畑施業土工森林組合　329
雲ケ畑森林鉄道　332, 351
久良谷森林軌道　108
鞍馬寺ケーブル　445
栗平施業土工森林組合　344
クルーガー図書館　444
久留美谷土工森林組合　329, 345
黒部峡谷鉄道　263, 265, 273
黒部峡谷パノラマ展望ツアー　243, 266, 273
黒部谷　265, 273
黒部保勝会　265, 273, 415, 417
桑田知明　133, 148, 414
軍事鉄道　278, 279
軍用軽便鉄道　278
啓志線　416, 418
京阪おとぎ電車　230
華厳滝エレベーター　236
気多村保護造林土工森林組合　328, 343
気多森林鉄道　328, 337, 343
結界　451
犬車鉄道　167, 176
玄妙遊園　iv
小阿仁営林署　290
恋の逃避行　v
小岩井農場　95
豪華列車の旅　153
鉱山鉄道便乗記　310, 316, 415, 417
公然性　460
高知営林局　305
構内鉄道　202
高熱隧道　263, 266
郷之原森林軌道（宮崎県）　416
抗火木材㈱　326, 340
高野山森林軌道　123
国有林森林鉄道全データ　462

小坂鉱山　97
五所平助　373, 374, 391
個人経営　330
御神木運材　436, 437
児玉誉士夫　313
小西可東　310, 316, 415, 417
小林一三　29
小松木材㈱（小松駅）　331
コミュニティビジネス　425
小森営林署　290～292
小森川森林軌道　389
コモン・キャリア　279

〈さ行〉

サーレイ鉄道　210
最後の王滝森林鉄道廃止　416
最後の簡易軌道茶内線廃止　416
最後の民有林軌道廃止　416
蔵王高速電鉄　120, 133
蔵王後楽園　120, 416
蔵王モノレール　120, 416
酒井匡　362, 390
栄銀行　186
寒河江営林署　332
坂川鉄道　312, 444
坂上勉　53
坂下森林鉄道　145, 312
嵯峨野観光鉄道　i
サカムカエ　466
佐喜浜営林署　290～292
作業軌道　133, 408
佐久鉄道　174
桜谷軽便鉄道　223
薩摩藤太郎　330, 347
里見軌道　416
茶道　15, 457
実川馬車軌道　107, 332
サルバドール・ダリ　224
三塩軌道　324, 444
三熊野　27
三山電気鉄道　332
サンタフェディズニーランド鉄道　93
山東鉄道　278, 311
三百の洞門　427
サンル森林軌道　317
自家用鉄道　196
式年遷宮　6

索　引　485

シグナス森林鉄道　239
鹿留線　324
静岡鉄道駿遠線　395
市中の山居　457
自動鉄道　133,226,414
士別軌道　321
士別御料森林軌道　317,321
自動鉄道　133,226,414
四万簡易製板（四万）　327,340
シミュレーショントラベル　42
下頓別宇津内官行軌道　317
縮景庭園　26
修羅能　469
準森林鉄道・軌道　330
準日常性　452
庄川事件　253
庄川水力電気　253,416
庄川遊覧電車　257,416
上下分離方式　211,423,424
乗車規則　286
乗車整理券　470
上部軌道　268,269,273
上州石材㈱　416
庄電軌道　255,271
常磐炭礦　416
昭和鉱業　108
殖民軌道　134～140,200
殖民軌道枝幸線　133,140,416
殖民軌道雪裡線　138,141,416,440
殖民軌道問寒別線　141
殖民軌道仁宇布線　213
殖民軌道根室線　138,415
殖民軌道藻琴線　141,316,409
白井昭　260,272
白河営林署　337
銀鏡軌道　104,203,415,445
新明石海水浴場　36
信越木材㈱　177,186,326,337
神新軌道　164,184
新宮木材　327,341
新興鉄道㈱　275,311
新須磨　34
真正性　4,6,7,8,132,462
真正鉄道　199,209,211
人造富士山　17
新得厳松間軌道会社　415
進藤林業　164,326,338

新日本八景　88
新箱根　37
新浜寺海水浴場　36
神秘性　460
新舞子土地㈱　34
新和歌浦　30
森林組合　74,81,327
森林鉄道　156,277
森林鉄道会社　333
森林鉄道解放（開放）　280,282
森林鉄道軌道ノ便乗者…調　288
森林鉄道記念館　436
森林鉄道建設規程　285
森林鉄道ツアー　397
森林鉄道便乗許可証　310
森林鉄道フェスティバル　438
スウィッチバックレーウェイ　227
豆相人車鉄道　131
豆相鉄道　415
菅原光珀　336
鈴木藤三郎　415
硯島線　324
ストックトン・ダーリントン鉄道　210,246
須縄軌道　330,349
素破里　206
寸又川専用軌道　416
寸又（すまた）号　259,261,273,416
寸又森林軌道　258,272,416
住吉人車鉄道　228,242
西武軌道　415
西武建設㈱　346,382,393
西武建設山林部　381,386
瀬尾清一　259
瀬尾南海　259
雪裡線運行組合　141
千頭森林鉄道　272,416
全島軌道業者懇話会　130
潜入儀式　451
専用軌道　192,193
専用側線　416
専用鉄道　192,193,245～248
専用鉄道規則　196
専用鉄道規程　245,247
占領軍　456
粗悪性　136
総合森林博物館　298
祖父江谷軽便軌道　332,351

〈た行〉

代参犬　19
台車　127〜131
帝釈人車鉄道　132
大正森林鉄道　327
対星館ケーブルカー　238,243
台中軽鉄　321
大東糖業専用鉄道　270,416
第二富士電力　416
大宝正鑒　103
大門沢川俣林用軌道　98
台湾　127
台湾私設鉄道規則　127
台湾煉瓦会社　130
高木道之助　127,145,146
鷹来工廠専用側線　416
高倉蔵之助　429,445
高倉製材所（神代駅）　327,331,340,429
高瀬川森林鉄道　163
高田愿一　330,350
高萩炭砿専用鉄道　414
宝塚新温泉　30
抱還　427
抱返保勝会　429,445
滝川森林土工組合　328,344
拓殖水電興業　326,339
田口鉄道　321
武田産業　327,342
岳詣り　299
田城製材所　172,327,340
田立森林鉄道　321
橘秀夫　333
立山軌道　330,350
立山砂防軌道　309
田中新一　405,410
谷口善吉　330,347
谷五兵衛　330,347
谷崎加太郎　79
旅の疑似体験　5,18
旅の文芸史　471
多摩川園　235
玉川森林軌道　96
玉津浦海水浴場　37
玉手箱　iii, v
俵松木材拓殖　326,339
丹波森林組合軌道（山梨県）　328,343

近川営林署　290
千島祐三　364,365,390
智者山軌道　272,328,343
知多　32
秩父　353〜394,405
秩父自動車　357,388
秩父兵器木材工業㈱　326,379
秩父木材工業㈱　380
千歳鉱山軌道　395
千葉観光　56
地方鉄道軌道線路図　205
中部電力　262
朝鮮窒素肥料（朝窒）　275
超日常性　459
通貨偽造罪　11
塚原森林軌道（宮崎県）　416
津軽森林鉄道　158,201,282,290〜302,415
津軽森林鉄道相内支線　303
津軽森林鉄道利用組合　302,416
付知森林鉄道　292
対馬・製材事務所軌道　327,341
土屋大次郎・土屋線　330,350
嬬恋村　179〜182
手賀沼ドリームランド　56
適用除外　189
鉄道院年報軌道之部　198
鉄道史研究会　387
鉄道省移管要求　283
鉄道省監督局　193
鉄道省所管外線　190
鉄道モドキ　122
転換可能性　211
電気索道㈱　99
天龍運輸㈱　326,337
土井林業　326,338
桃園軌道　95
東葛人車鉄道　133,209,447
東京行進曲　v
東京ディズニーランド　62〜64
東京トワイライトゾーン　22
東京日光電鉄　132,147
東京発電　415
東京木材㈱　326,337
東上線啓志線　416,418
東信電気　95,326,330,337,348
東信電気専用鉄道　163
道南トロッコ鉄道　399

東邦電力　326,337
東北建設　301
東北須磨　30
東北炭坑　299
東北地方　293〜300
東北ノ宝塚　30
東北パルプ　326,336
遠山森林鉄道　163,313,409
十勝上川森林鉄道　287
渡川森林軌道（宮崎県）　416
戸草森林軌道　291,292
徳島県　75
特殊鉄道　100,159,
特殊鉄道復活　402
常葉軌道　133,147,416
常若　6
栃代川線　324
砺波鉄道　271
殿川内森林鉄道（資）　77,123,326,333,410,
　415
土工森林組合　74,328
土木取締規定　247
富岡営林署　337
豊岡ダム資材運搬軌道　347
豊川鉄道　321
洞川電気索道（軌道出願）　326
トロッコ（トロ）　2,122,264,265
トロッコ特区　403
ドリームホルン　51
ドリームランド　52〜66,232〜235,243
トワイライトゾーン　13,123,144
トンプソン式コースター　227

〈な行〉

内大臣森林鉄道　162
中奥土工森林組合　329
中川営林署　290
長木沢森林鉄道　97
長島政令　330,347
永田神童子山製材所　330,347
永田藤兵衛　330,347
永田雅一　7,57
中根〜梨元間撤去　416
中野喜三郎　330,349,350
中野組（中野組石材工業）　330,349,350
中野線　330,349,350
長野原町　19

中村組（新得）　326,340,415
長山佐七　330,350
南木山組合　180
奈半利営林署　290〜292
奈半利森林鉄道　291,292
鍋島彦七郎石材軌道　330,349,414
鍋島彦七郎・鍋島線　330,349
奈良安全索道　100,113,398
奈良ドリームランド　52〜66
奈良ドリームランド鉄道　55,416
成井農林　326,337
成井林業　326,337
新潟水力電気　109,326,
新川軌道㈱　330
新町軌道　215,416
新町商事　215,416
２級線　157
西川営林署　290〜292
虹具営林署　290
西沢線　324
西谷軽便軌道　330,347
西目町　325
西目森林軌道　325,332
ニセモノ　13〜20,25
日常性　455
新田川森林鉄道　292,300
日曹鉱業専用鉄道　272,416
日窒軌道　75
日東山林（資）　326,337
日東石材㈱　326,330,350
日発黒部専用鉄道　416
日肥林業㈱　162,326,339
日本硫黄観光鉄道　416
日本軽金属　326,337
日本三景　13
日本新百景　76,88
日本石材㈱　330,350
日本全国鉄道線路粁程　190,204
日本拓殖興業　326,339
日本窒素肥料（日窒）　253,271,311,416
日本鉄道保存協会　402
日本電力黒部専用鉄道　255,264,415
日本土地山林㈱　326,331,338
日本発送電　265
仁鮒　292
仁鮒営林署　290〜294
仁鮒森林鉄道　292,294

仁別森林鉄道　　290~298,314
入山許可証　　310
二楽荘　　222
抜participating　19
沼崎貯木場製材所軌道　326,340
根室殖民軌道　142,206
根室拓殖鉄道　138
農林省山林局　416
野沢温泉村・製材所林用軌道　327,341
能代営林署　313
能勢電気軌道　239
延岡営林署並松森林軌道　170,185
野村組工作所　315
野村鉱業　301,416
野村自動車　306,415
野村鉄工所　306
野村茂久馬　306
野呂川線　324

〈は行〉

羽黒軌道　330,350
初瀬鉄道　415
長谷鉄道　415
花電車　38,221
花巻電鉄　240
花嫁のれん　273
早川軌道組合　415
早川発電所工事用軌道　415
早口森林鉄道　280,290
流行神　19
原伊代次　415
原安三郎　406
ハレとケ　449
ハレの日　449
磐梯急行電鉄　133,416
半日常性　452
B級列車　152
東中川営林署　290
東股山軽便軌道　330,347
東藻琴交通　143
東藻琴村営軌道　143
非京都人　468
非公然性　166,460
彦根城　3
飛州木材　254,271
日立鉱山　221
直根保護土工森林組合　212,328,342,

直根森林鉄道　212
人穴　18
非日常性　85,94,450~462
日野原節三　379,392
姫川電力　383,393
日向軌道　203,242,321
平井森林軌道　85,415,
平泉文化　40
平井土工森林組合　74,329,415
平沼義之　319
平野増吉　254,271
広瀬角平　365,390
弘世現　57,61,69
広瀬平　353,365,387
便乗　275~317
便乗許可証　278,310,315,409
便乗券　270,416
フィクショナルツーリズム　457
風連　137
深田久弥　94
福川林業㈱（小林）　326,339
藤井孝　380,393
富士回遊軌道　415
藤琴営林署　290~292,295
藤田組　326,339,415
富士宮林用馬車軌道　330,348
藤原軌道　415,420
富士見軌道　112
藤村敏一　136,138,416,441
富士林用軌道　329
双葉軌道会社　326,336,337
二ッ井製材㈱（二ッ井駅）　295,331,351
二股清水沢専用線　272,415
復興社　381,382,393
物神崇拝　461
不動滝　300
船津~鳴沢間軌道　415
プライベート・キャリア　279
フリーダムランド　60
プロメテウス火山　51
別海村営軌道　136,137,416
ヘルスツーリズム　466
房総石材運輸　330,349
宝達軌道㈱　330,348
北秋木材㈱（大館駅）　326,331,336
北炭　316,415
鉾田馬車鉄道　133,148

索　引　489

北海木材㈱(美深)　326,336
ホテル浦島　238,243
堀之内軌道　133
堀之内自動鉄道　415
本歌取り　15
盆栽　5
本多静六　26

〈ま行〉

舞子　27
舞浜　40
舞浜ゆめの　453,467
前田夕暮　353,372〜379,392
益田索道　99
松尾国三　53,232
松尾鉱業専用鉄道　248,273,416
松形祐堯　306
松島遊園　30
松原スポーツ公園　438,439
松本営林署　96
松本小林区署　97
真谷地専用鉄道　316,415
マルキョー　374
丸三(資)　326,338
丸三製材所　336
万座森林鉄道　179,182
三池鉱山運炭鉄道　195,414
三河鉄道　34
三国建設　383,385,392,393
三国木材㈱　126,145,146,326
水窪川水力電気専用軌道　326,415,422
水谷孝三　338
見立て　13
三井物産林用軌道　178,185
ミッキーマウスパーク　224
ミッキーマウスビレッジ　93
三菱綱取鉱山　415
ミニ霊場　42
峰村商会(厚別)　326,340
身延製材軌道　330,332,350
宮城電気鉄道　30
宮崎県営森林軌道　416
宮崎県営鉄道　229
宮田又沢営林署　292
宮本商店(角館)　427
宮本常一　319
みやま号　154,433,434

深山土工森林組合(黒磯市)　328,342
妙見杉　104
明神電車　164
民営森林鉄道軌道　309〜352
民貨輸送　288
無軌條電車　147,199,219
武蔵嵐山　26
無免許私鉄　120
村所森林軌道(宮崎県)　416
村野藤吾　54,67
室川土工森林組合　329,345
明治29年12月23日閣議決定　196
毛細管観光　151,152,182,470
模擬　10
模擬城　3
木軌道　173
目的外使用　245,248,250
模型　9
模型鉄道　224〜226,239,240
模造　9
物見遊山　viii
模倣ゾーン　26〜29,32〜36
模倣地名　26〜37
百瀬忠衛　373,374,391
森ケ内営林署　290
森下元太郎　79
森田庄兵衛　30,45
森の轍　153,413
森吉森林鉄道　290〜292,299
森六郎　78
諸戸林業㈱　326,337

〈や行〉

矢板営林署板室軌道　312
八重地土工森林組合　329,346
八木山土工保護森林組合　126,328,342
薬師寺一馬　406
屋久島　401,430
屋久島森林トロッコ　401
屋久島電工㈱　326,435
薬研温泉　297,298
やげん号　298
八ヶ岳　277,396
八ヶ岳森林軌道　396,408
魚梁瀬営林署　290
魚梁瀬線　415,416
薮塚石材軌道　415

耶馬渓　　27
山鹿温泉鉄道　　138
山五林業㈱　　326,338
山梨県営軌道　　189
山梨県営神金軌道　　212,218
やまばと号　　165,182
山本琴三郎　　376,383,392
山本豊次　　31
八幡電気軌道　　133,147,415
由井安平　　174,186,330,347
友蚋炭坑人車軌道　　128,129,146
遊戯鉄道　　221～238
優良森林組合
湯ノ川（湯野川）温泉
ゆるさ　　159
養老牛線運行組合　　445
横沢森林軌道　　112
横浜ドリームランド　　62,65
吉野山林鉄道　　157,330,350

与志本（資）　　179,181,326,331
四日市製紙大台専用軌道　　326,337,338
淀橋浄水場工事用材料運搬鉄道　　414
読売ランド　　59
余目永綱　　337

〈ら行〉

龍宮城　　iii
龍宮殿　　ix
龍川森林軌道㈱（天龍）　　326,333,334
霊異性　　460
両神施業森林組合　　328,367,415
両備軽鉄　　257
リリーベル号　　224
ロマンスカー　　iii,iv,vii

〈わ行〉

和恵島根県有林軌道　　415
若柳営林署　　290

【著者略歴】

小川　功（おがわ・いさお）

　1945年　　疎開先・滋賀県五個荘に生れ，兵庫県出身
　1968年　　神戸大学経営学部経営学科卒業
　1990年　　九州大学経済学部客員教授
　1992年　　ニッセイ基礎研究所産業調査部長
　1993年　　滋賀大学経済学部ファイナンス学科教授
　2007年　　跡見学園女子大学（現　観光コミュニティ学部長）教授
〔著書〕
『民間活力による社会資本整備』（鹿島出版会，1987年）
『地方企業集団の財務破綻と投機的経営者』（滋賀大学研究叢書，2000年）
『破綻銀行経営者の行動と責任』（滋賀大学研究叢書，2001年）
『企業破綻と金融破綻──負の連鎖とリスク増幅のメカニズム──』（九州大学出版会，2002年）
『「虚業家」による泡沫会社乱造・自己破綻と株主リスク』（滋賀大学研究叢書，2006年）
『虚構ビジネスモデル──観光・鉱業・金融の大正バブル史』（日本経済評論社，2009年）
『観光デザインとコミュニティデザイン──地域融合型観光ビジネスモデルの創造者〈観光デザイナー〉』（日本経済評論社，2014年）

非日常の観光社会学──森林鉄道・旅の虚構性──

2017年3月30日　　第1刷発行　　　定価（本体9600円＋税）

　　　　　　　　著　者　　小　　川　　　　功
　　　　　　　　発行者　　柿　　﨑　　　　均

　　　　　　　　発行所　　株式会社　日本経済評論社

〒101-0051　東京都千代田区神田神保町3-2
　　　　電話　03-3230-1661　FAX　03-3265-2993
　　　　　　　　info8188@nikkeihy.co.jp
　　　　　URL：http://www.nikkeihyo.co.jp/
　　　　　印刷＊藤原印刷・製本＊高地製本所

装幀＊渡辺美知子

乱丁落丁本はお取り替えいたします。　　　Printed in Japan
Ⓒ OGAWA Isao 2017　　　　　　　ISBN978-4-8188-2386-0

・本書の複製権・翻訳権・上映権・譲渡権・公衆送信権（送信可能化権を含む）は、㈱日本経済評論社が保有します。
・JCOPY 〈(社)出版者著作権管理機構　委託出版物〉
本書の無断複写は著作権法上での例外を除き禁じられています。複写される場合は、そのつど事前に、(社)出版者著作権管理機構（電話 03-3513-6969、FAX 03-3513-6979、e-mail: info@jcopy.or.jp）の許諾を得てください。

小川功著
観光デザインとコミュニティデザイン
――地域融合型観光ビジネスモデルの創造者〈観光デザイナー〉――

A5判　五二〇〇円

進出企業の思い描く観光構想と、受入地域独特の流儀・掟との相克、葛藤を解きほぐし、双方の融合を図るべき〈観光デザイナー〉の役割を歴史的事例で解明。

小川功著
虚構ビジネス・モデル
――観光・鉱業・金融の大正バブル史――

A5判　五六〇〇円

ハイリスクを選好する虚業家はいつの世にも存在した。本書は大正バブル期の泡沫会社の典型的事例を収録する。現下の金融危機での虚構とのあまりの酷似に驚かされよう。

山田徹雄著
ドイツ資本主義と観光

A5判　六五〇〇円

ドイツ資本主義の空間的構成、地域の経済圏を基盤とする官民一体の地域間競争のあり方、国境を跨ぐ観光圏の存在、という三つの論点について観光客の動向から検証する。

宇田正・畠山秀樹編著
日本鉄道史像の多面的考察

A5判　六〇〇〇円

鉄道創業から一四〇年余、文明の利器として地域社会や産業経済の進展に果たした役割、さらに近代日本人の内面的形成など文化の面からも、鉄道の豊かな歴史像を描き出す。

篠崎尚夫編著
鉄道と地域の社会経済史

A5判　六〇〇〇円

鉄道と地域が、社会経済すなわち人間の営みを醸すうえでの道具と場になるということを踏まえて、新進気鋭の研究者たちが歴史という名の物語に果敢に挑む。

（価格は税抜）　日本経済評論社